Manual de cinesiologia estrutural

Manual de cinesiologia estrutural

19ª edição

R.T. Floyd, EdD, ATC, CSCS

Director of Athletic Training and Sports Medicine
Professor of Physical Education and Athletic Training
Chair, Department of Physical Education and
   Athletic Training
   The University of West Alabama
   (antiga Livingston University)
   Livingstone, Alabama

Título original em inglês: *Manual of Structural Kinesiology, 19th edition*
Copyright © 2015, 2012, 2009 e 2007 by McGraw-Hill Education. Todos os direitos reservados.

Este livro contempla as regras do Acordo Ortográfico da Língua Portuguesa.

Editor-gestor: Walter Luiz Coutinho
Editora de traduções: Denise Yumi Chinem
Produção editorial: Priscila Pereira Mota Hidaka

Tradução: Luiz Euclydes Trindade Frazão Filho

Revisão científica: Prof. Dr. Daniel Camargo Pimentel
  Médico pela Faculdade de Medicina da Universidade de São Paulo (FM-USP)
  Especialista em Medicina Física e Reabilitação pela FMUSP
  Doutor pela pela FMUSP
  Pós-Doutor pela Universidade de Harvard
  Professor Colaborador da FMUSP
  Diretor do Spine Center

Diagramação: Luargraf Serviços Gráficos
Revisão de tradução e revisão de prova: Depto. editorial da Editora Manole
Adaptação da capa para a 19ª edição brasileira: Daniel Justi

Dados Internacionais de Catalogação na Publicação (CIP)
(Câmara Brasileira do Livro, SP, Brasil)

Floyd, R. T.
  Manual de cinesiologia estrutural / R. T. Floyd ; [tradução Luiz Euclydes Trindade Frazão Filho]. – 19. ed. – Barueri, SP : Manole, 2016.

Título original: Manual of structural kinesiology
Bibliografia.
ISBN 978-85-204-4592-1

1. Cinesiologia 2. Locomoção humana 3. Músculos I. Título.

16-05798
CDD-612.76
NLM-WE 103

Índices para catálogo sistemático:
1. Cinesiologia : Biomecânica : Sistema musculoesquelético :
Fisiologia humana : Ciências médicas   612.76

Nenhuma parte deste livro poderá ser reproduzida, por qualquer processo, sem a permissão expressa dos editores.
É proibida a reprodução por xerox.
A Editora Manole é filiada à ABDR – Associação Brasileira de Direitos Reprográficos.

Edição brasileira – 2016

Direitos em língua portuguesa adquiridos pela:
Editora Manole Ltda.
Av. Ceci, 672 – Tamboré
06460-120 – Barueri – SP – Brasil
Fone: (11) 4196-6000
Fax: (11) 4196-6021
www.manole.com.br
info@manole.com.br

Impresso no Brasil
Printed in Brazil

Nota: Foram feitos todos os esforços para que as informações contidas neste livro fossem o mais precisas possível. Os autores e os editores não se responsabilizam por quaisquer lesões ou danos decorrentes da aplicação das informações aqui apresentadas. É aconselhável a supervisão de um profissional ao realizar os exercícios.

Sumário

Prefácio, vii

1. Fundamentos de cinesiologia estrutural, 1
2. Fundamentos neuromusculares, 36
3. Fatores e conceitos biomecânicos básicos, 71
4. Cíngulo do membro superior, 91
5. A articulação do ombro, 112
6. Articulações radioulnares e do cotovelo, 145
7. As articulações dos punhos e das mãos, 170
8. Análise muscular dos exercícios do membro superior, 209
9. Articulação do quadril e cíngulo do membro inferior, 229
10. A articulação do joelho, 272
11. As articulações dos tornozelos e dos pés, 292
12. O tronco e a coluna vertebral, 327
13. Análise dos exercícios do tronco e do membro inferior, 361

Apêndices, 372
Glossário, 385
Créditos das imagens, 396
Índice remissivo, 399
Fichas de exercícios, 411

Prefácio

Nesta revisão, procurei atualizar as informações e melhorar a clareza dos conceitos e ilustrações, mantendo, ao mesmo tempo, a bem-sucedida abordagem de apresentação adotada pelo falecido dr. Clem Thompson de 1961 a 1989. Utilizei este livro pela primeira vez quando estudante universitário, e, mais tarde, em meus ensinamentos no decorrer dos anos. Tendo desenvolvido grande respeito por esta obra e pelo estilo do dr. Thompson, a minha intenção é continuar a preservar a eficácia de uma obra que sobreviveu à prova do tempo, acrescentando material pertinente às profissões que lidam com a crescente população fisicamente ativa de hoje. Espero ter conseguido manter um método de apresentação claro, conciso e simples suplementado por informações relevantes adquiridas por meio de minhas pesquisas e experiências profissionais.

Este livro, hoje com 67 anos, passou por muitas revisões ao longo dos anos. O meu objetivo continua sendo o de manter, na medida do possível, a aplicabilidade do material à atividade física, tornando-o de mais fácil compreensão e uso para o estudante e o profissional. Por meio da leitura desta obra, desafio estudantes e profissionais de cinesiologia a aplicar de imediato seu conteúdo às atividades físicas com as quais estejam individualmente familiarizados. Espero que o leitor, ao mesmo tempo, palpe as suas próprias articulações em movimento e músculos em contração para que possa adquirir prática. Incentivo os estudantes a palpar também as articulações e músculos de seus colegas a fim de perceberem melhor a ampla variedade de estruturas anatômicas normais e, quando possível, a variação encontrada na anatomia musculoesquelética lesionada e patológica em relação à anatomia normal. Além disso, com o enorme crescimento do volume de informações e da mídia, disponibilizados pela internet e por outros meios tecnológicos, incentivo a exploração cuidadosa e contínua desses recursos, os quais provavelmente serão úteis, mas devem ser revistos com olhos críticos, como toda informação deve ser.

Público

Este livro foi desenvolvido para estudantes de cinesiologia estrutural, no contexto da graduação, após a conclusão das disciplinas de anatomia e fisiologia humanas. Embora utilizado principalmente nos currículos de educação física, ciência do exercício, treinamento esportivo, fisioterapia e massoterapia, trata-se de um material em geral utilizado também como referência contínua por outros clínicos e educadores que lidam com as preocupações musculoesqueléticas das pessoas fisicamente ativas. Profissionais de cinesiologia aplicada, treinadores e técnicos esportivos, instrutores de educação física, fisioterapeutas, terapeutas ocupacionais, instrutores de academias de ginástica, especialistas em força e condicionamento, *personal trainers*, massoterapeutas, médicos e outros responsáveis por avaliar, melhorar e manter a força, resistência e flexibilidade dos músculos e a saúde das pessoas se beneficiarão desta obra.

Com o constante crescimento do número de participantes de todas as idades em uma ampla variedade de atividades físicas, é imperativo que os profissionais das áreas médica, de saúde, condicionamento e educação, envolvidos em ministrar instrução e prestar informação às pessoas fisicamente ativas, atuem em conformidade com os padrões estabelecidos e sejam responsáveis pelos ensinamentos que transmitem. A variedade de aparelhos de exercício, técnicas, programas de fortalecimento e flexibilidade, bem como de programas de treinamento, está sempre se expandindo e se modificando, mas o sistema musculoesquelético é constante em sua forma e arquitetura. Independentemente dos objetivos almejados ou das abordagens utilizadas em relação à prática de atividade física e exercícios, o corpo humano é o ingrediente básico e deve ser totalmente conhecido e considerado no intuito de maximizar a capacidade de desempenho e minimizar os resultados indesejáveis. A maioria dos avanços no campo da cinesiologia e da ciência do exercício continua a ser o resultado de um melhor conhecimento do corpo e de seu funcionamento. Acredito que um profissional dessa área nunca conseguirá aprender o suficiente sobre a estrutura e a função do corpo humano, aspectos que normalmente se aprendem melhor por meio da aplicação prática.

Aqueles responsáveis por examinar, instruir e orientar as pessoas fisicamente ativas encontrarão nesta obra um recurso útil e valioso em sua incansável busca por conhecer e entender os movimentos humanos.

Novidades desta edição

Esta edição traz novos conteúdos e revisões pontuais em diversos tópicos. As tabelas e ilustrações foram aprimoradas e atualizadas com a adição ou a substituição de uma série de fotografias e figuras com o intuito de melhorar a qualidade visual e a clareza do texto. Algumas das fichas de exercícios dos capítulos, incluídas no final do livro, também foram revisadas. E vários termos novos foram acrescentados ao Glossário.

Material complementar on-line

Esta edição conta ainda com um material disponível on-line que ajudará o leitor a testar os conhecimentos adquiridos com a leitura da obra. No endereço indicado a seguir, terá acesso a:

- questões de múltipla escolha;
- questões do tipo verdadeiro ou falso;
- respostas aos exercícios de revisão e de laboratório presentes no final de cada capítulo;
- relação de sites úteis (em inglês).

Para acessar, siga estas instruções:

1. Entre na página http://manoleeducacao.com.br/manualdecinesiologiaestrutural
2. Clique em "Conteúdo complementar".
3. Responda às perguntas indicadas no site e realize seu cadastro.
4. Com seu usuário e senha criados, acesse o conteúdo de seu interesse.

Agradecimentos

Agradeço imensamente os diversos comentários, ideias e sugestões apresentados pelos oito revisores, que foram uma fonte de orientação extremamente útil e cujas sugestões foram incorporadas sempre que possível:

Andrew J. Accacian, University of Dubuque
Jessica Adams, Kean University
Pam Brown, The University of North Carolina at Greensboro
Adam Bruenger, University of Central Arkansas
Phillip Morgan, Washington State University
Dean Smith, Miami University
Scott Strohmeyer, University of Central Missouri
Traci Worby, Eastern Illinois University

Gostaria de agradecer especialmente aos alunos de cinesiologia/treinamento esportivo e ao corpo docente da University of West Alabama por suas sugestões, orientações e contribuições durante toda esta revisão. A assistência e as sugestões dessas pessoas foram muito úteis. Sou particularmente grato a Britt Jones, de Livingston, Alabama, por sua notável fotografia. Agradeço também a John Hood e Lisa Floyd, de Birmingham e Livingston, Alabama, respectivamente, pelas belas fotos. Meus especiais agradecimentos a Linda Kimbrough, de Birmingham, Alabama, por suas magníficas ilustrações e esclarecimentos. Agradeço aos modelos das fotos, Audrey Crawford, Fred Knighten, Darrell Locket, Amy Menzies, Matthew Phillips, Jay Sears, Marcus Shapiro e David Whitaker. Gostaria de expressar meus agradecimentos também a Emily Nesheim e Erin Guendelsberger, Sara Jaeger, Adina Lonn e à equipe da McGraw-Hill, que muito contribuíram com sua assistência e suas sugestões durante a elaboração da obra.

R. T. Floyd

Sobre o autor

R. T. Floyd presta serviços de treinamento esportivo para a University of West Alabama há quarenta anos. Atualmente, atua como Diretor de Treinamento Esportivo e Medicina do Esporte do centro de mesmo nome, da UWA, Diretor de Programas de Credenciamento Curricular do CAATE, da UWA, e professor do Departamento de Educação Física e Treinamento Esportivo, que ele preside. Desde 1980, o autor já ministrou vários cursos de educação física e treinamento esportivo, inclusive de cinesiologia, tanto em nível de graduação quanto de pós-graduação.

Floyd sempre manteve uma vida profissional ativa durante a sua carreira. Atualmente preside a Research & Education Foundation, da National Athletic Trainers' Association (NATA), já tendo desempenhado diversas funções de diretoria desde 2002. Recentemente, ele completou oito anos de serviços prestados à diretoria da NATA como representante do Distrito IX, a Southeast Athletic Trainers' Association (SEATA). Anteriormente, Floyd serviu de 1988 a 2002 como representante do Distrito IX no NATA Educational Multimedia Committee. Presidente do Conselho do Convention Site Selection para o Distrito IX de 1986 a 2004, ele dirige, desde 1997, o evento anual SEATA Competencies in Athletic Training Student Workshop. Por mais de uma década, atuou como examinador do BOC, da NATA, tendo, por várias vezes, servido como inspetor de instalações do Joint Review Committee on Educational Programs in Athletic Training. O autor contabiliza mais de cem apresentações profissionais em níveis local, estadual, regional e nacional, já tendo publicado vários artigos e vídeos sobre os aspectos práticos do treinamento esportivo. Ele começou como autor do *Manual de cinesiologia estrutural* em 1992, em sua 12ª edição na época, após o falecimento do dr. Clem W. Thompson, autor da 4ª à 11ª edições da obra. Em 2010, grande parte do conteúdo desta obra foi incorporada ao *Kinesiology for Manual Therapies*, um trabalho de coautoria de Floyd com Nancy Dail e Tim Agnew.

Floyd é membro credenciado da National Athletic Trainers' Association, especialista credenciado em força e condicionamento, e *personal trainer* credenciado pela National Strength and Conditioning Association. Ele é também gerente credenciado de equipamentos esportivos pela Athletic Equipment Managers' Association e membro do American College of Sports Medicine, da American Orthopaedic Society for Sports Medicine, da American Osteopathic Academy of Sports Medicine, da American Sports Medicine Fellowship Society e da American Alliance for Health, Physical Education, Recreation and Dance. Além disso, o autor é licenciado no Alabama como treinador esportivo e técnico em medicina de emergência.

Floyd foi agraciado com os prêmios NATA Athletic Trainer Service Award em 1996, NATA Most Distinguished Athletic Trainer Award em 2003, e NATA Sayers "Bud" Miller Distinguished Educator Award em 2007. Em 2013, foi introduzido no Hall da Fama da NATA. Em 1990, recebeu o prêmio District IX Award for Outstanding Contribution to the Field of Athletic Training, concedido pela SEATA e, em 2001, o prêmio Award of Merit, antes de ser introduzido no Hall da Fama da instituição em 2008. Floyd foi nomeado para integrar a lista Who's Who Among America's Teachers em 1996, 2000, 2004 e 2005. Em 2001, foi admitido na Honor Society of Phi Kappa Phi e no Hall da Fama Esportivo da University of West Alabama. Em maio de 2004, foi convocado para o Hall da Fama da Alabama Athletic Trainers' Association.

À minha família,
Lisa, Robert Thomas, Jeanna, Rebecca e Kate,
que compreendem, apoiam e me permitem exercer
a minha profissão

e aos meus pais,
Ruby e George Franklin,
que me ensinaram a importância de uma sólida ética
profissional com resultados de qualidade.

R.T.F.

Capítulo 1

Fundamentos de cinesiologia estrutural

Objetivos

- Rever a anatomia do sistema esquelético.
- Rever e compreender a terminologia utilizada para descrever a localização das partes do corpo, as posições de referência e as direções anatômicas.
- Rever os planos de movimento e seus respectivos eixos de rotação em relação aos movimentos do corpo humano.
- Descrever e compreender os diversos tipos de ossos e articulações existentes no corpo humano e suas funções, aspectos e características.
- Descrever e demonstrar os movimentos articulares.

A cinesiologia pode ser definida como o estudo dos princípios de anatomia (estruturas ativas e passivas), fisiologia e mecânica em relação aos movimentos do corpo humano. Este livro enfatiza a **cinesiologia estrutural** – o estudo dos músculos, ossos e articulações envolvidos na ciência do movimento. Em menor proporção, o livro trata dos princípios fisiológicos e mecânicos para um melhor entendimento das estruturas abordadas.

Os ossos apresentam tamanhos e formas variados, o que influencia a quantidade e o tipo de movimento que ocorre entre eles nas articulações. Os tipos de articulação variam tanto em termos de estrutura como de função. Os músculos também variam muito em tamanho, forma e estrutura de uma parte do corpo para outra.

Anatomistas, treinadores esportivos, fisioterapeutas, terapeutas ocupacionais, médicos, enfermeiras, massoterapeutas, técnicos esportivos, especialistas em força e condicionamento físico, especialistas em melhoria do desempenho, *personal trainers*, educadores físicos e outros profissionais de áreas da saúde correlatas devem ter o conhecimento e o entendimento adequados de todos os grupos de músculos grandes para que possam ensinar às pessoas como fortalecer, melhorar e manter essas partes do corpo humano. Esse conhecimento constitui a base dos programas de exercício a serem seguidos para o fortalecimento e a manutenção de todos os músculos. Na maioria dos casos, os exercícios que envolvem os músculos motores primários maiores também envolvem os músculos menores.

O corpo humano possui mais de 600 músculos. Este livro enfatiza os músculos maiores primariamente envolvidos no movimento das articulações, fornecendo, em menor profundidade, detalhes relacionados a muitos dos músculos pequenos localizados nas mãos, nos pés e na coluna vertebral.

Menos de 100 dos maiores e mais importantes músculos, os músculos motores primários, são abordados nesta obra. Alguns músculos pequenos existentes no corpo humano, como os músculos multífido, plantar, escaleno e serrátil posterior, foram omitidos porque são exercitados juntamente com outros músculos motores primários maiores. Além disso, a maioria dos músculos pequenos das mãos e dos pés não recebeu a mesma atenção dispensada aos músculos maiores, assim como muitos músculos pequenos da coluna vertebral também não são abordados em detalhes.

Em geral, os estudantes de cinesiologia estão tão empenhados em aprender os músculos individuais que perdem de vista o sistema muscular como um todo. Eles não atentam para o panorama geral, ou seja, para o fato de que os grupos musculares acionam as articulações em determinados movimentos necessários para o deslocamento corporal e o desempenho hábil. Embora seja fundamental conhecer os pequenos detalhes das inserções musculares, é mais importante ainda saber aplicar os dados a situações reais. A partir do momento em que conseguimos aplicar as informações de maneira útil, torna-se muito mais fácil entender e valorizar os detalhes específicos.

Posições de referência

É fundamental que os estudantes de cinesiologia comecem com um ponto de referência para compreender melhor o sistema musculoesquelético, os seus planos de movimento, a classificação das articulações e a terminologia do movimento articular. Duas posições de referência podem servir de base para a descrição dos movimentos das articulações. A **posição anatômica** é a mais utilizada e aplica-se precisamente a todos os aspectos do corpo. A Figura 1.1 demonstra essa posição de referência, com o indivíduo em pé na posição ereta, olhando para a frente, com os pés paralelos e próximos um do outro e as palmas das mãos voltadas para a frente. A **posição fundamental** é basicamente a mesma que a posição anatômica, a não ser pela posição dos braços, que ficam estendidos ao longo do corpo com as palmas das mãos voltadas para o corpo.

Linhas de referência

Para ajudar a entender a localização de uma determinada parte do corpo em relação a outra, é possível utilizar algumas linhas de referência imaginárias. A Figura 1.2 contém alguns exemplos.

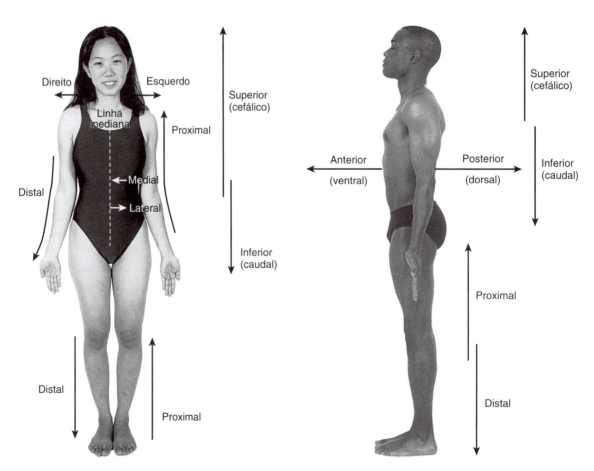

FIGURA 1.1 • Posição anatômica e direções anatômicas. As direções anatômicas correspondem à posição de uma determinada parte do corpo em relação a outra.

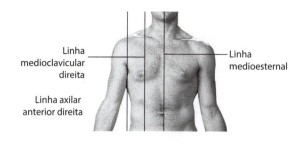
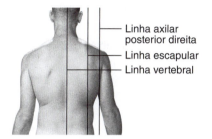

FIGURA 1.2 • Linhas de referência.

Linha axilar posterior: linha paralela à linha axilar média que passa pela dobra cutânea da região axilar posterior.
Linha medioclavicular: linha que desce verticalmente pela superfície do corpo, passando pelo ponto médio da clavícula.
Ponto médio inguinal: ponto localizado a meio caminho entre a porção anterossuperior da espinha ilíaca e a sínfise púbica.
Linha escapular: linha que desce verticalmente pela superfície posterior do corpo, passando pelo ângulo inferior da escápula.
Linha vertebral: linha que desce verticalmente, passando pelos processos espinhosos da coluna.

Terminologia direcional anatômica (Figuras 1.1, 1.3, 1.4)

Linha axilar média: linha que desce verticalmente pela superfície do corpo, passando pelo vértice (ou ápice) da axila.
Linha medioesternal: linha que desce verticalmente pela superfície do corpo passando pelo meio do esterno.
Linha axilar anterior: linha paralela à linha axilar média que passa pela dobra cutânea da região axilar anterior.

É importante que sejamos capazes de nos orientar no corpo humano. De certa forma, podemos imaginar algo como dar e receber indicações de como ir de uma localidade geográfica a outra. Assim como usamos os termos *direita, esquerda, sul, oeste, nordeste* etc., para descrever direções geográficas, existem termos como *lateral, medial, inferior, anterior, inferomedial* etc. que utilizamos para indicar direções anatômicas. Para direções geográficas, pode-

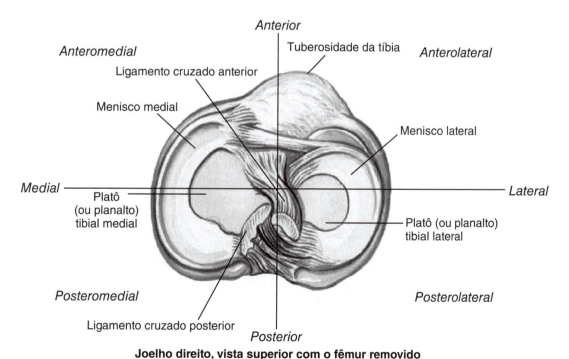

FIGURA 1.3 • Terminologia direcional anatômica.

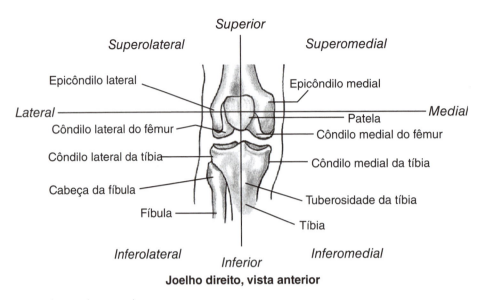

FIGURA 1.4 • Terminologia direcional anatômica.

mos usar *oeste* para indicar o lado oeste de uma rua ou o oeste do país, por exemplo. O mesmo acontece quando se trata de direções anatômicas. Podemos usar o termo *superior* para indicar a extremidade de um osso localizado na parte inferior de nossa perna, próximo ao joelho, ou para nos referir à parte superior do crânio. Tudo depende do contexto em que o termo está inserido. Assim como combinamos os termos *sul* e *leste* para formar a palavra *sudeste* com a finalidade de indicar um lugar situado entre essas duas direções, podemos combinar *anterior* e *lateral* e obter o termo *anterolateral* com a finalidade de descrever a direção geral ou a localização "na frente e voltado para o lado de fora". As Figuras 1.3 e 1.4 contêm outros exemplos.

Anterior: na frente ou na parte da frente.
Anteroinferior: na frente e abaixo.
Anterolateral: na frente e voltado para o lado de fora.
Anteromedial: na frente e em direção à linha mediana ou ao lado de dentro.
Anteroposterior: relacionado às partes da frente e de trás.
Anterossuperior: na frente e acima.
Bilateral: relacionado aos lados direito e esquerdo do corpo ou de uma estrutura do corpo, como os membros direito e esquerdo.
Caudal: abaixo em relação a outra estrutura; inferior.
Cefálico: acima em relação a outra estrutura; mais elevado, superior.

Contralateral: pertencente ou relacionado ao lado oposto.
Decúbito dorsal: posição do corpo deitado com a face voltada para cima; deitado de costas.
Decúbito ventral: posição do corpo deitado com a face voltada para baixo; deitado de bruços.
Distal: situado distante do centro ou da linha mediana do corpo, ou afastado do ponto de origem.
Dorsal (dorso): relacionado às costas; localizado próximo, sobre ou em direção à parte de trás, porção posterior ou superfície superior de algo; relacionado também à parte superior do pé.
Fibular: relacionado ao lado fibular (lateral) do membro inferior.
Inferior (infra): abaixo em relação a outra estrutura; caudal.
Inferolateral: abaixo e voltado para o lado de fora.
Inferomedial: abaixo e em direção à linha mediana ou ao lado de dentro.
Ipsilateral: no mesmo lado.
Lateral: do lado ou para o lado; lado de fora, distante do plano mediano ou sagital mediano.
Medial: relacionado ao meio ou centro; mais próximo do plano mediano ou sagital mediano.
Mediano: relacionado, localizado ou que se estende em direção ao meio; situado no meio, medial.
Palmar: relacionado à palma ou à face volar da mão.
Plano escapular: alinhado com a posição normal de repouso da escápula na porção posterior da caixa torácica; os movimentos no plano escapular ocorrem

de forma alinhada à escápula, que forma um ângulo de 30 a 45 graus a partir do plano frontal.

Plantar: relacionado à sola ou superfície inferior do pé.
Posterior: por trás, atrás ou nas costas.
Posteroinferior: por trás ou atrás e abaixo.
Posterolateral: por trás e para um dos lados, especificamente voltado para o lado de fora.
Posteromedial: por trás e voltado para o lado de dentro.
Posterossuperior: por trás ou atrás e acima.
Profundo: por baixo ou abaixo da superfície; usado para descrever a profundidade relativa ou a localização de músculos ou tecidos.
Proximal: mais próximo do tronco ou do ponto de origem.
Radial: relacionado ao lado (lateral) radial do antebraço ou da mão.
Superficial: próximo à superfície; usado para descrever a profundidade relativa ou a localização de músculos ou tecidos.
Superior (supra): acima em relação a outra estrutura; mais elevado, cefálico.
Superolateral: acima e voltado para o lado de fora.
Superomedial: acima e em direção à linha mediana ou ao lado de dentro.
Tibial: relacionado ao lado tibial (medial) do membro inferior.
Ulnar: relacionado ao lado ulnar (medial) do antebraço ou da mão.
Ventral: relacionado ao ventre ou abdome; na frente ou em direção à parte da frente, ou anterior, de algo.
Volar: relacionado à palma da mão ou à planta do pé.

Terminologia da variação de alinhamento

Anteversão: rotação anormal ou excessiva de uma estrutura para a frente, como a anteversão femoral.
Cifose: aumento do ângulo de curvatura da coluna para fora ou para trás no plano sagital.
Escoliose: curvatura lateral da coluna.
Recurvado: curvado para trás, como na hiperextensão do joelho.
Retroversão: rotação anormal ou excessiva de uma estrutura para trás, como a retroversão femoral.
Valgo: angulação externa (para fora) do segmento distal de um osso ou uma articulação, como no joelho valgo.
Varo: angulação interna (para dentro) do segmento distal de um osso ou de uma articulação, como nas pernas arqueadas (joelho varo).

Planos de movimento

Ao estudar as diversas articulações do corpo e analisamos seus movimentos, convém caracterizá-las de acordo com os planos específicos de movimento (Fig. 1.5). Um plano de movimento pode ser definido como uma superfície bidimensional imaginária através da qual um membro ou segmento do corpo se movimenta.

Os diversos movimentos articulares são classificados em três planos específicos, ou **cardinais**, de movimento. Os planos específicos que dividem o corpo exatamente em duas metades geralmente são chamados de planos cardinais. Os planos cardinais se dividem em sagital, frontal e transverso. Em cada metade, existe um número infinito de planos paralelos aos planos cardinais. É possível entender melhor essa questão por meio dos exemplos de movimentos no plano sagital apresentados a seguir. As flexões abdominais envolvem a coluna e, como resultado, são executadas no plano cardinal sagital, também conhecido como plano **sagital mediano** ou **mediano**. As flexões de bíceps e as extensões de joelho são executadas nos planos **parassagitais**, paralelos ao plano sagital mediano. Ainda que não estejam no plano cardinal, os últimos exemplos são considerados movimentos no plano sagital.

Embora cada movimento articular específico possa ser classificado como um dos três planos de movimento, os nossos movimentos, em geral, não ocorrem totalmente em um plano específico, mas como uma combinação de movimentos em mais de um plano. Esses movimentos nos planos combinados podem ser descritos como ocorrências nos planos de movimento diagonal, ou oblíquo.

Plano sagital, anteroposterior ou AP

O plano sagital, anteroposterior ou AP bissecta o corpo da frente para trás, dividindo-o em metades simétricas direita e esquerda. Em geral, os movimentos de flexão e extensão, como as flexões de bíceps, as extensões de joelho e as flexões abdominais, ocorrem nesse plano.

Plano frontal, coronal ou lateral

O plano frontal, também conhecido como plano coronal ou lateral, bissecta o corpo lateralmente de lado a lado, dividindo-o nas metades da frente (ventral) e de trás (dorsal). Os movimentos de abdução e

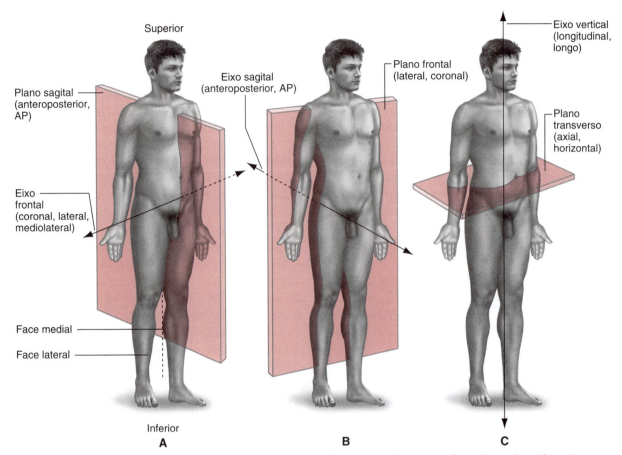

FIGURA 1.5 • Planos de movimento e eixos de rotação. **A**, Plano sagital com eixo frontal; **B**, Plano frontal com eixo sagital; **C**, Plano transverso com eixo vertical.

adução, como polichinelos (ombro e quadril) e a flexão lateral da coluna ocorrem nesse plano.

Plano transverso, axial ou horizontal

O plano transverso, também conhecido como plano axial ou horizontal, divide o corpo nas metades superior (cefálica) e inferior (caudal). Em geral, os movimentos rotacionais, como a pronação e a supinação do antebraço, assim como a rotação da coluna, ocorrem nesse plano.

Plano diagonal ou oblíquo (Figura 1.6)

O plano diagonal ou oblíquo é uma combinação de mais de um plano de movimento. Na realidade, a maioria de nossos movimentos durante a prática de atividades esportivas se enquadra em algum ponto entre as posições paralela e perpendicular aos planos anteriormente descritos e ocorre no plano diagonal.

Para descrever melhor, todos os movimentos nos planos diagonais ocorrem em um plano diagonal elevado ou em um dos dois planos diagonais baixos. O plano diagonal elevado é utilizado para movimentos do membro superior executados com a mão levantada acima do ombro, enquanto os dois planos diagonais baixos são utilizados para estabelecer a diferença entre os movimentos do membro superior executados com a mão abaixo do nível do ombro e os movimentos diagonais do membro inferior.

Eixos de rotação

À medida que o movimento ocorre em um determinado plano, a articulação se movimenta ou gira em torno de um eixo que mantém uma relação de 90 graus com esse plano. Os eixos são denominados de acordo com a sua orientação (Fig. 1.5). A Tabela 1.1 relaciona os planos de movimento com seus respectivos eixos de rotação.

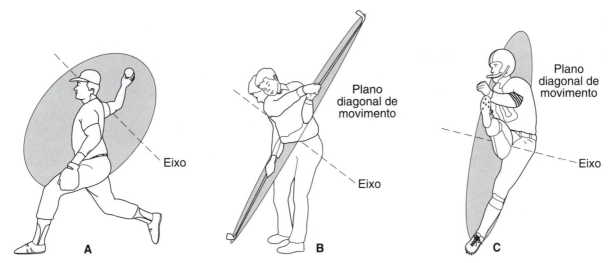

FIGURA 1.6 • Planos diagonais e eixos de rotação. **A**, Movimento e eixo do membro superior no plano diagonal elevado. **B**, Movimento e eixo do membro superior no plano diagonal baixo. **C**, Movimento e eixo do membro inferior no plano diagonal baixo.

TABELA 1.1 • Planos de movimento e seus eixos de rotação

Plano	Descrição do plano	Eixo de rotação	Descrição do eixo	Movimentos comuns
Sagital (anteroposterior ou AP)	Divide o corpo nas porções direita e esquerda	Frontal (coronal, lateral ou mediolateral)	Corre em sentido medial/lateral	Flexão, extensão
Frontal (coronal ou lateral)	Divide o corpo nas porções anterior e posterior	Sagital (anteroposterior ou AP)	Corre no sentido anterior/posterior	Abdução, adução
Transverso (axial, horizontal)	Divide o corpo nas porções superior e inferior	Vertical (longitudinal ou longo)	Corre no sentido superior/inferior	Rotação medial, rotação lateral

Eixo frontal, coronal, lateral ou mediolateral

Se o plano sagital corre no sentido anterior para posterior, o seu eixo deve se estender de lado a lado. Por seguir na mesma orientação direcional que o plano de movimento frontal, esse eixo recebe uma denominação similar. À medida que o cotovelo flexiona e estende no plano sagital durante uma flexão de bíceps, o antebraço gira em torno de um eixo frontal que corre lateralmente através da articulação do cotovelo. O eixo frontal também pode receber a denominação de eixo bilateral.

Eixo sagital ou anteroposterior

O movimento que ocorre no plano frontal gira em torno de um eixo sagital que segue a mesma orientação direcional que o plano de movimento sagital e corre da parte da frente para trás em um ângulo reto em relação ao plano frontal de movimento. Com a abdução e a adução do quadril durante os polichinelos, o fêmur gira em torno de um eixo que corre da parte da frente para trás através da articulação do quadril.

Eixo vertical ou longitudinal

O eixo vertical, também conhecido como eixo longitudinal ou longo, desce em linha reta pelo topo da cabeça, formando um ângulo reto com o plano de movimento transverso. Quando a cabeça gira ou vira da esquerda para a direita indicando desaprovação, o crânio e as vértebras cervicais giram em torno de um eixo que desce verticalmente pela coluna vertebral.

Eixo diagonal ou oblíquo (Figura 1.6)

O eixo diagonal, também conhecido como eixo oblíquo, corre em ângulo reto com o plano diagonal.

Quando a articulação do ombro (glenoumeral) se movimenta no sentido de abdução diagonal para adução diagonal durante um lançamento/arremesso em um nível por cima da cabeça, o seu eixo corre perpendicularmente ao plano através da cabeça do úmero.

Regiões do corpo

Conforme mencionado mais adiante em relação ao sistema esquelético, pode-se dividir o corpo humano nas regiões axial e apendicular. Cada uma dessas regiões pode ser dividida ainda em diferentes sub-regiões, como cefálica, cervical, tronco, membros superiores membros inferiores. Em cada uma dessas regiões, existem muitas outras sub-regiões e regiões específicas. A Tabela 1.2 desmembra detalhadamente essas regiões e seus nomes comuns, ilustrados na Figura 1.7.

Sistemas esqueléticos

A Figura 1.8 mostra as vistas anterior e posterior do sistema esquelético. Cerca de 206 ossos compõem o sistema esquelético, que oferece sustentação e proteção a outros sistemas do corpo, assim como permite as cone-

TABELA 1.2 • Partes e regiões do corpo

	Nome da região	Nome comum	Sub-região	Nome da região específica	Nome comum da região específica
Axial	Cefálica	Cabeça	Craniana (crânio)	Frontal	Testa
				Occipital	Base do crânio
			Facial (face)	Orbital	Olho
				Ótica	Orelha
				Nasal	Nariz
				Bucal	Bochecha
				Oral	Boca
				Mentual	Queixo
	Cervical	Pescoço		Nucal	Região posterior do pescoço
				Garganta	Região anterior do pescoço
	Tronco	Torácica	Tórax	Clavicular	Clavícula
				Peitoral	Peito
				Esternal	Esterno
				Costal	Costelas
				Mamária	Mama
		Dorsal	Costas	Escapular	Escápula
				Vertebralç	Coluna vertebral
				Lombar	Região inferior das costas
		Abdominal	Abdome	Celíaca	Abdome
				Umbilical	Umbigo
		Pélvica	Pelve	Inguinal	Virilha
				Púbica	Genital
				Coxal	Quadril
				Sacral	Entre os quadris
				Glútea	Nádegas
				Perineal	Períneo

(continua)

TABELA 1.2 • Partes e regiões do corpo *(continuação)*

	Nome da região	Nome comum	Sub-região	Nome da região específica	Nome comum da região específica
Apendicular	Membros superiores	Ombro		Acromial	Ponta do ombro
				Umeral	Deltoide
				Axilar	Axila
				Braquial	Braço
				Olécrano	Ponta do cotovelo
				Cubital	Cotovelo
				Antecubital	Parte da frente do cotovelo
				Antebraquial	Antebraço
				Carpal	Punho
		Manual		Palmar	Palma da mão
				Dorsal	Dorso da mão
				Digital	Dedo
	Membros inferiores			Femoral	Coxa
				Patelar	Patela
				Poplítea	Parte de trás do joelho
				Sural	Panturrilha
				Crural	Perna
		Podal	Pé	Tálus	Tornozelo
				Calcânea	Calcanhar
				Dorso	Peito do pé
				Tarsal	Curva (ou arco) do pé
				Plantar	Planta do pé
				Digital	Dedo do pé

xões dos músculos com os ossos, as quais produzem os movimentos. O sistema esquelético exerce ainda outras funções, como o armazenamento mineral e a hemopoiese, que envolve a formação das células do sangue na medula óssea vermelha. O esqueleto pode ser dividido em apendicular e axial. O esqueleto apendicular é formado pelos apêndices – ou membros superior e inferior – e pelos cíngulos do membro superior e inferior. O esqueleto axial é formado pelo crânio, pela coluna vertebral, pelas costelas e pelo esterno. A maioria dos estudantes que fizer este curso já terá feito algum curso de anatomia humana, mas é recomendável uma breve revisão antes de iniciar o estudo da cinesiologia. Os capítulos subsequentes fornecem informações adicionais e ilustrações mais detalhadas dos ossos específicos.

Osteologia

O esqueleto adulto, que consiste em aproximadamente 206 ossos, pode ser dividido em esqueleto axial e esqueleto apendicular. O esqueleto axial é formado por 80 ossos, entre os quais, o crânio, a coluna vertebral, o esterno e as costelas. O esqueleto apendicular contém 126 ossos, incluindo todos os ossos dos membros superior e inferior. A pelve, às vezes, é classificada como parte do esqueleto axial em virtude de sua importância na ligação do esqueleto axial com os membros inferiores do esqueleto apendicular. O número exato de ossos, bem como as suas características específicas, variam eventualmente de uma pessoa para outra.

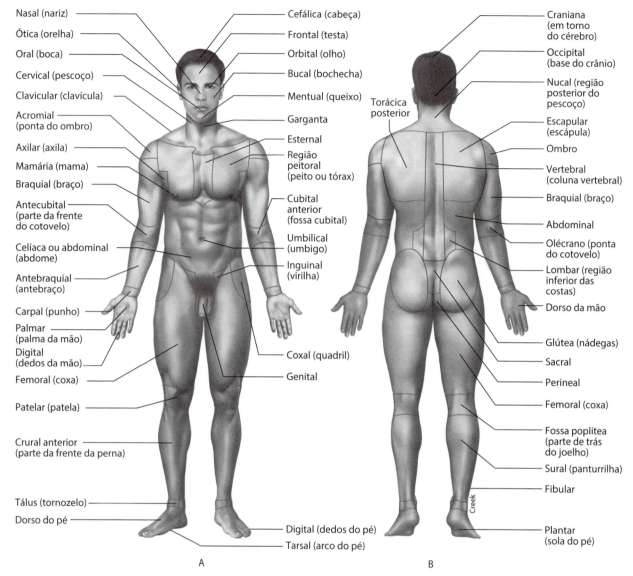

FIGURA 1.7 • Regiões do corpo. **A**, Vista anterior; **B**, Vista posterior.

Funções esqueléticas

O esqueleto possui cinco funções principais:

1. Proteção dos tecidos moles vitais, como o coração, os pulmões e o cérebro.
2. Sustentação para manutenção da postura.
3. Movimento, servindo como pontos de conexão para os músculos e atuando como alavancas.
4. Armazenamento de minerais, como cálcio e fósforo.
5. Hemopoiese, que é o processo de formação do sangue que ocorre na medula óssea vermelha localizada nos corpos vertebrais, no fêmur, no úmero, nas costelas e no esterno.

Tipos de ossos

Embora muito variáveis em forma e tamanho, os ossos podem ser classificados em cinco categorias principais (Fig. 1.9).

Ossos longos: formados por um eixo cilíndrico longo com extremidades relativamente largas e salientes; servem de alavanca. O eixo contém a cavidade medular. Exemplos de osso longos incluem: as falanges, os metatarsais, os metacarpais, a tíbia, a fíbula, o fêmur, o rádio, a ulna e o úmero.

Ossos curtos: pequenos ossos sólidos em forma de cubo que em geral possuem uma superfície articular proporcionalmente grande para articular com mais de

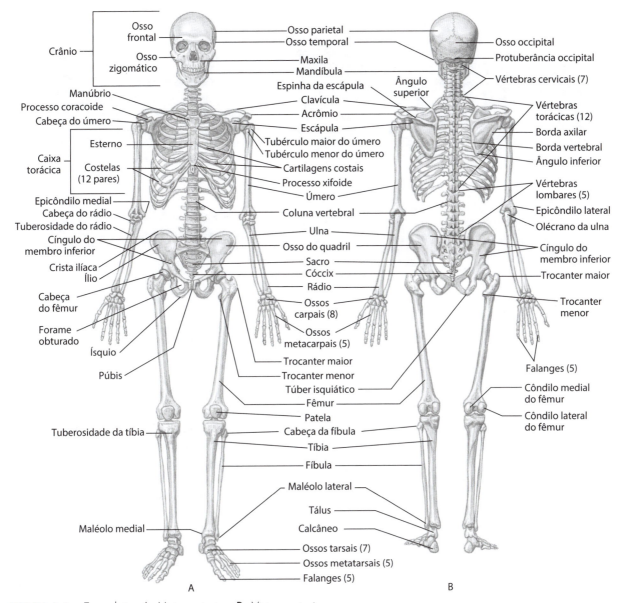

FIGURA 1.8 • Esqueleto. **A**, Vista anterior; **B**, Vista posterior.

um osso. Os ossos curtos permitem alguma absorção de choques e incluem os ossos carpais e tarsais.

Ossos chatos (ou achatados): normalmente possuem uma superfície curva (ou curvada) e variam de espessos (na conexão dos tendões) a muito finos. Os ossos chatos, que geralmente oferecem proteção, incluem o ílio, as costelas, o esterno, a clavícula e a escápula.

Ossos irregulares: os ossos de forma irregular servem a diversas finalidades e incluem os ossos de toda a coluna, bem como o ísquio, o púbis e a maxila.

Ossos sesamoides: pequenos ossos encravados no tendão de uma unidade musculotendínea que oferecem proteção e melhoram a vantagem mecânica dessas unidades musculotendíneas. Além da patela, existem pequenos ossos sesamoides no interior dos tendões flexores do hálux e do polegar. Ocasionalmente, os ossos sesamoides são denominados ossos acessórios e, além daqueles já mencionados, podem estar presentes em números que variam de uma pessoa para outra e encontram-se com mais frequência nas articulações menores das extremidades distais dos pés, tornozelos e mãos.

Características ósseas típicas

Os ossos longos possuem características típicas dos ossos em geral, como ilustra a Figura 1.10. Esses ossos possuem um eixo ou **diáfise**, que é a porção ci-

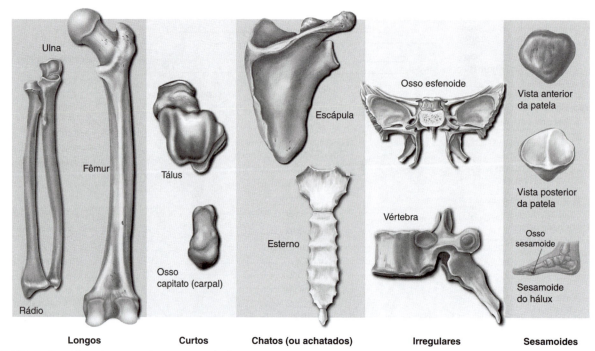

FIGURA 1.9 • Classificação dos ossos pela forma.

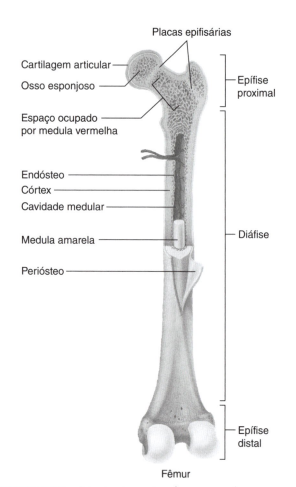

FIGURA 1.10 • Principais partes de um osso longo.

líndrica longa do osso. A parede da diáfise, formada a partir de osso duro, denso e compacto, é o **córtex**. A superfície externa da diáfise apresenta-se recoberta por uma membrana densa e fibrosa conhecida como **periósteo**. Uma membrana fibrosa semelhante conhecida como **endósteo** recobre o interior do córtex. Entre as paredes da diáfise está a cavidade **medular** ou **medula**, que contém medula amarela ou gordurosa. Em cada extremidade de um osso longo encontra-se a **epífise**, em geral dilatada e moldada especificamente para se unir à epífise de um osso adjacente em uma articulação. A epífise se forma a partir de osso **esponjoso** ou **trabecular**.

Durante o crescimento ósseo, a diáfise e a epífise apresentam-se separadas por uma fina placa de cartilagem conhecida como **placa epifisária**, normalmente denominada placa de crescimento (Fig. 1.11). Ao se alcançar a maturidade esquelética, em um cronograma que varia de osso para osso, conforme detalha a Tabela 1.3, as placas são substituídas por osso e se fecham. Para facilitar a movimentação fácil e suave das articulações, a epífise é recoberta por cartilagem **articular** ou **hialina**, que proporciona um efeito amortecedor e reduz o atrito.

Desenvolvimento e crescimento ósseo

A maioria dos ossos esqueléticos que nos interessam na cinesiologia estrutural é de **ossos endocondrais**, que se desenvolvem a partir da cartilagem hia-

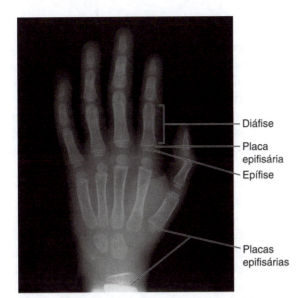

FIGURA 1.11 • A presença de placas epifisárias, conforme observado na radiografia da mão de uma criança, indica que os ossos ainda estão crescendo em comprimento.

TABELA 1.3 • Cronograma de fechamento epifisário

Idade aproximada	Ossos
7-8	Ramos inferiores do púbis e ísquio (quase completos)
15-17	Escápula, epicôndilo lateral do úmero, olécrano da ulna
18-19	Epicôndilo medial do úmero, cabeça e eixo do rádio
Cerca de 20	Cabeça do úmero, extremidades distais do rádio e da ulna, extremidades distais do fêmur e da fíbula, extremidade proximal da tíbia
20-25	Acetábulo da pelve
25	Vértebras e sacro, clavícula, extremidade proximal da fíbula, esterno e costelas

Adaptado de Goss CM: *Gray's anatomy of the human body*, ed. 29, Philadelphia, 1973, Lea & Febiger.

lina. À medida que nos desenvolvemos a partir de um embrião, essas massas de cartilagem hialina crescem rapidamente, formando estruturas de formas semelhantes aos ossos em que elas acabam por se transformar. Esse crescimento continua, e a cartilagem gradativamente passa por mudanças significativas para se desenvolver e transformar em osso, como mostra a Figura 1.12.

Os ossos continuam a crescer longitudinalmente, desde que as placas epifisárias estejam abertas. Essas placas começam a se fechar por volta da adolescência e desaparecem. A maioria se fecha até os 18 anos de idade, mas algumas podem permanecer abertas até os 25. O crescimento em diâmetro continua por toda a vida, propiciado por uma camada interna de periósteo que

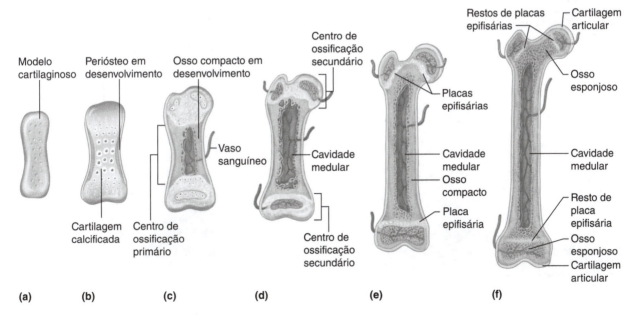

FIGURA 1.12 • Principais estágios (A-F) do desenvolvimento de um osso endocondral (os tamanhos relativos dos ossos não estão em escala).

forma novas camadas concêntricas sobre as camadas antigas. Ao mesmo tempo, o osso em torno da cavidade medular é reabsorvido e o diâmetro continua a aumentar. Células especializadas conhecidas como **osteoblastos** formam o novo osso, enquanto as células que reabsorvem o osso antigo são os **osteoclastos**. Essa remodelação óssea, como mostra a Figura 1.13, é necessária para a continuação do crescimento ósseo, as mudanças de formato dos ossos, o ajuste dos ossos às tensões e o reparo ósseo.

Propriedades dos ossos

O carbonato de cálcio, o fosfato de cálcio, o colágeno e a água são a base da composição óssea. Cerca de 60 a 70% do peso ósseo é composto por carbonato de cálcio e fosfato de cálcio, com a água perfazendo aproximadamente 25 a 30% do peso. O colágeno oferece alguma flexibilidade e força de resistência à sobrecarga. O envelhecimento provoca a perda progressiva do colágeno e aumenta a fragilidade dos ossos, resultando em uma maior probabilidade de fraturas.

A maior parte da superfície externa dos ossos é composta por osso cortical; o osso esponjoso está por baixo. O osso cortical é mais duro e mais compacto, com apenas cerca de 5 a 30% de volume poroso, com tecido não mineralizado. Por outro lado, o osso esponjoso apresenta cerca de 30 a 90% de volume poroso. O osso cortical é mais rígido e capaz de suportar maior sobrecarga, porém com menos tensão, do que o osso esponjoso. Por causa de sua natureza esponjosa, o osso esponjoso é capaz de suportar mais tensão antes de sofrer fratura.

O tamanho e a forma dos ossos são influenciados pela direção e magnitude das forças a que habitualmente eles são submetidos. Os ossos se remodelam de acordo com o nível de sobrecarga sofrido, e, com o tempo, a sua massa aumenta à medida que a sobrecarga se intensifica.

Esse conceito da adaptação óssea à sobrecarga é conhecido como **Lei de Wolff**, a qual afirma essencialmente que os ossos de uma pessoa saudável se adaptam às cargas que lhe são impostas. Quando determinado osso é submetido a aumento de carga, ele se remodela com o passar do tempo, fortalecendo-se de modo a resistir àquele tipo de carga em particular. Consequentemente, a porção cortical externa do osso torna-se mais espessa. O contrário também acontece: quando a carga sobre um osso diminui, o osso enfraquece.

Referências ósseas

Os ossos possuem referências específicas que existem para aumentar sua relação funcional com as articulações, os músculos, os tendões, os nervos e os vasos sanguíneos. Muitas dessas referências servem como

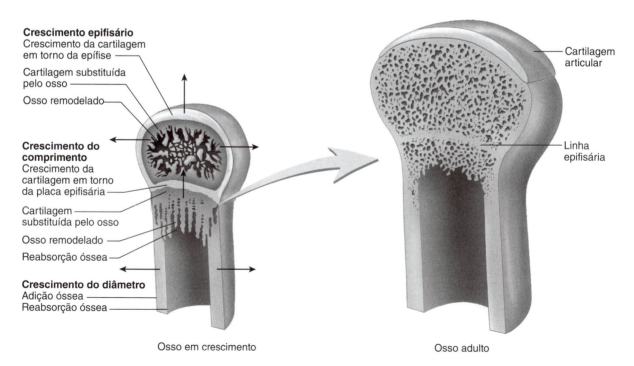

FIGURA 1.13 • Remodelação de um osso longo.

importantes pontos de referência óssea para determinar a localização e inserções dos músculos, assim como a função das articulações. Essencialmente, é possível dividir todas as referências ósseas em:

1. Processos (inclusive elevações e projeções), que formam as articulações ou servem de ponto de inserção para os músculos, tendões ou ligamentos, e
2. Cavidades (depressões), que incluem as aberturas e sulcos que contêm tendões, vasos sanguíneos, nervos e espaços para outras estruturas. A Tabela 1.4 contém descrições e exemplos detalhados de muitas referências ósseas.

TABELA 1.4 • Referências ósseas

	Referência	Descrição	Exemplos	Página
Processos formadores das articulações	Côndilo	Projeção grande e arredondada normalmente articulada com outro osso	Côndilo medial ou lateral do fêmur	276
	Faceta	Superfície pequena e plana ou quase plana	Faceta articular de vértebra	331
	Cabeça	Projeção proeminente e arredondada da extremidade proximal de um osso, normalmente articulado	Cabeça do fêmur, cabeça do úmero	230, 232, 233, 113
Processos aos quais os músculos, tendões e ligamentos se conectam	Ângulo	Curvatura ou projeção angular proeminente	Ângulo superior e inferior da escápula	90, 91
	Borda ou margem	Borda ou linha limítrofe de um osso	Borda lateral ou medial da escápula	90, 91
	Crista	Projeção ou saliência proeminente e estreita	Crista ilíaca da pelve	230, 231, 232
	Epicôndilo	Projeção localizada acima do côndilo	Epicôndilo medial ou lateral do úmero	144
	Linha	Saliência óssea menos proeminente que uma crista	Linha áspera do fêmur	232
	Processo	Qualquer projeção proeminente	Acrômio da escápula, olécrano do úmero	90, 91, 113, 114, 144
	Ramo	Parte de um osso de forma irregular que é mais espessa que um processo e que forma um ângulo com o corpo principal	Ramo superior e inferior do púbis	230
	Espinha (processo espinhoso)	Projeção pontuda e delgada	Processo espinhoso da vértebra, espinha da escápula	330, 331, 91
	Sutura	Linha de união entre os ossos	Sutura sagital entre os ossos parietais do crânio	16
	Trocanter	Projeção muito grande	Trocanter maior ou menor do fêmur	230, 232
	Tubérculo	Projeção pequena e arredondada	Tubérculos maior e menor do úmero	113
	Tuberosidade	Projeção grande e arredondada ou irregular	Tuberosidade do rádio, tuberosidade da tíbia	144, 276

(continua)

TABELA 1.4 • Referências ósseas *(continuação)*

	Referência	Descrição	Exemplos	Página
Cavidades (depressões)	Faceta	Superfície articulada achatada ou rasa	Facetas intervertebrais nas regiões cervical, torácica e lombar da coluna vertebral	331
	Forame	Furo ou abertura arredondada em um osso	Forame obturado da pelve	230, 231
	Fossa	Superfície oca, rebaixada ou achatada	Fossa supraespinal, fossa ilíaca	90, 230
	Fóvea	Fossa ou depressão muito pequena	Fóvea da cabeça do fêmur	233
	Meato	Canal semelhante a um tubo dentro de um osso	Meato acústico externo do osso temporal	343
	Incisura	Depressão na margem de um osso	Incisura troclear e radial da ulna	144
	Seio	Cavidade ou espaço oco dentro de um osso	Seio frontal	
	Sulco (ranhura)	Sulco ou depressão semelhante a uma ranhura em um osso	Sulco intertubercular (bicipital) do úmero	113

Tipos de articulações

A articulação de dois ou mais ossos permite a realização de diversos tipos de movimento. A extensão e o tipo de movimento determinam o nome atribuído à articulação. A estrutura óssea limita o tipo e a quantidade de movimento de cada articulação. Algumas articulações não têm movimento, outras são apenas ligeiramente móveis, e existem aquelas, ainda, que se movimentam de forma livre com diversos graus de amplitude. Os tipos e a amplitude dos movimentos são semelhantes em todo ser humano; mas a liberdade, a amplitude e o vigor dos movimentos são limitados pela configuração dos ossos em que eles se encaixam, bem como pelos ligamentos e músculos.

As articulações podem ser classificadas de acordo com a sua estrutura ou função. A classificação pela estrutura enquadra as articulações em uma das seguintes categorias: fibrosas, cartilaginosas ou sinoviais. A classificação funcional resulta também em três categorias: sinartrose (sinartrodial), anfiartrose (anfiartrodial) e diartrose (diartrodial). Cada classificação contém ainda subcategorias. Por causa da forte relação entre estrutura e função, existe uma sobreposição significativa entre os sistemas de classificação. Ou seja, existem mais semelhanças do que diferenças entre os dois membros em cada um dos seguintes pares: articulações fibrosas e sinartrodiais, e articulações sinoviais e diartrodiais. Entretanto, nem todas as articulações se enquadram perfeitamente em ambos os sistemas. A Tabela 1.5 fornece uma lista detalhada de todos os tipos de articulação de acordo com ambos os sistemas de classificação. Por estar focada basicamente nos movimentos, esta obra utilizará o sistema mais funcional (articulações sinartrodiais, anfiartrodiais e diartrodiais), após uma breve explicação sobre a classificação estrutural.

As articulações fibrosas são conectadas por fibras de tecido conjuntivo e geralmente são imóveis. As subcategorias incluem a sutura e a gonfose, que são imóveis, e a sindesmose, que permite um leve movimento. As articulações cartilaginosas são unidas por cartilagem hialina ou fibrocartilagem, que permite uma quantidade de movimento muito pequena. As sincondroses e sínfises constituem subcategorias. As articulações sinoviais são totalmente móveis e, em geral, diartrodiais. A seção sobre articulações diartrodiais aborda a sua estrutura e as subcategorias de forma detalhada.

As articulações são agrupadas em três classes com base, essencialmente, na quantidade de movimento permitida, considerando-se suas respectivas estruturas.

Articulações sinartrodiais (imóveis) (Figura 1.14)

Do ponto de vista estrutural, essas articulações se dividem em dois tipos:

TABELA 1.5 • Classificação das articulações por estrutura e função

		Classificação estrutural		
		Fibrosa	Cartilaginosa	Sinovial
Classificação funcional	Sinartrodial	Gonfose Sutura	—	—
	Anfiartrodial	Sindesmose	Sínfise Sincondrose	—
	Diartrodial	—	—	Artrodial Condilar Enartrodial Gínglimo Selar Trocóidea

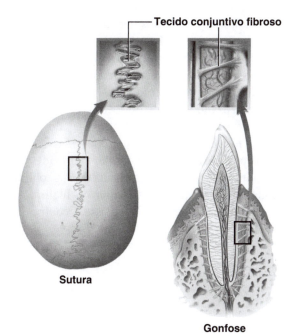

FIGURA 1.14 • Articulações sinartrodiais.

Sutura

Localizada nas suturas dos ossos cranianos. As suturas do crânio permanecem totalmente imóveis além do período neonatal.

Gonfose

Localizada nos alvéolos (soquetes) dos dentes. O alvéolo de um dente geralmente é denominado gonfose (tipo de articulação em que uma cavilha cônica se encaixa em um soquete). Em geral, não deve haver essencialmente nenhum tipo de movimento dos dentes na mandíbula ou na maxila.

Articulações anfiartrodiais (ligeiramente móveis) (Figura 1.15)

Do ponto de vista estrutural, essas articulações se dividem em três tipos:

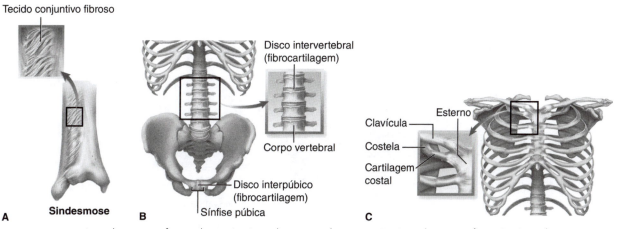

FIGURA 1.15 • Articulações anfiartrodiais. **A**, Articulação sindesmose; **B**, Articulação sínfise; **C**, Articulação sincondrose.

Sindesmose

Tipo de articulação fixada por fortes estruturas ligamentares que permitem um movimento mínimo entre os ossos. Constituem exemplos de sindesmose a articulação coracoclavicular e a articulação tibiofibular inferior.

Sínfise

Tipo de articulação separada por um disco (ou placa) de fibrocartilagem que permite movimentos muito leves entre os ossos. A sínfise púbica e os discos intervertebrais são alguns exemplos.

Sincondrose

Tipo de articulação separada por cartilagem hialina que permite um movimento muito leve entre os ossos. As articulações costocondrais das costelas com o esterno são um exemplo.

Articulações diartrodiais (totalmente móveis) (Figura 1.16)

As articulações diartrodiais, também conhecidas como articulações sinoviais, são totalmente móveis. Uma cobertura semelhante a uma luva de tecido ligamentar, conhecida como **cápsula articular**, circunda as extremidades dos ossos, formando as articulações. Essa cápsula ligamentar é revestida por uma fina cápsula vascular sinovial que secreta líquido sinovial para lubrificar o interior da cápsula articular, conhecida como **cavidade articular**. Em determinadas áreas, a cápsula se apresenta espessada e forma **ligamentos** duros e rígidos que oferecem uma sustentação adicional contra movimentos anormais ou a abertura das articulações. Dependendo do tipo específico de articulação, esses ligamentos variam em termos de localização, tamanho e resistência. Os ligamentos, ao conectar os ossos entre si, oferecem estabilidade estática às articulações.

Em muitos casos, alguns ligamentos adicionais – não contínuos com a cápsula articular – oferecem sustentação extra. Existem casos em que esses ligamentos podem estar inteiramente contidos na cápsula articular; ou em uma posição intra-articular, como o ligamento cruzado anterior do joelho; ou extra-articular, como o ligamento colateral fibular do joelho, localizado fora da cápsula articular.

As superfícies articulares das extremidades dos ossos contidos na cavidade articular são recobertas por camadas de cartilagem articular ou **hialina** que ajuda a proteger as extremidades ósseas contra des-

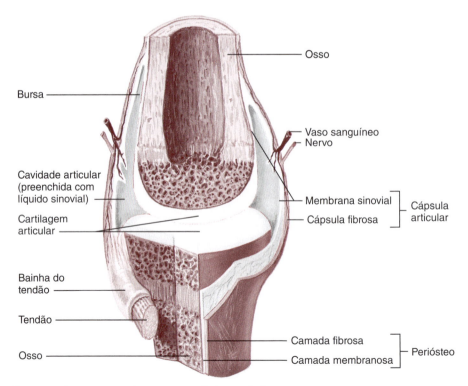

FIGURA 1.16 • Estrutura de uma articulação sinovial diartrodial.

gaste e lesões. Essa cartilagem é bastante resiliente, dada a sua natureza ligeiramente compressível e elástica que lhe permite absorver forças de compressão e cisalhamento. Graças, em parte, à lubrificação proporcionada pelo líquido sinovial, a superfície articular sofre um nível de atrito muito baixo e é muito durável. Na ausência de carga ou distração das superfícies articulares, essa cartilagem articular absorve lentamente uma pequena quantidade do líquido sinovial das articulações para secretá-lo aos poucos somente durante o apoio de peso ou a compressão subsequente. O suprimento sanguíneo da cartilagem articular é muito limitado, o que a torna dependente do movimento das articulações para se alimentar durante esse fluxo sinovial. Portanto, manter e utilizar uma articulação dentro da sua amplitude normal de movimento é importante para preservar a saúde e a função dessa articulação.

Além disso, algumas articulações diartrodiais possuem um disco de fibrocartilagem entre as suas superfícies articulares para absorver impactos adicionais e aumentar a estabilidade articular. Os meniscos medial e lateral do joelho e os lábios do acetábulo e glenoidal do quadril e do ombro, respectivamente, são alguns exemplos. Do ponto de vista estrutural, esse tipo de articulação pode ser dividido em seis grupos, como mostra a Figura 1.17.

As articulações diartrodiais são capazes de executar movimentos em um ou mais planos. Diz-se que as articulações que se movimentam em um único plano possuem um grau de liberdade de movimento, enquanto aquelas que executam movimentos em dois e três planos possuem dois e três graus de liberdade de movimento, respectivamente. A Tabela 1.6 apresenta um quadro comparativo das características das articulações diartrodiais por subcategoria.

Articulação artrodial (deslizante e plana)

Esse tipo de articulação caracteriza-se por duas superfícies ósseas planas adjacentes e permite movimentos deslizantes limitados. Os ossos carpais do punho e as articulações tarsometatarsais do pé são alguns exemplos.

Articulação condilar (elipsóidea, ovoide, bola e soquete biaxial)

Tipo de articulação em que os ossos permitem movimentos em dois planos sem rotação, como no caso do

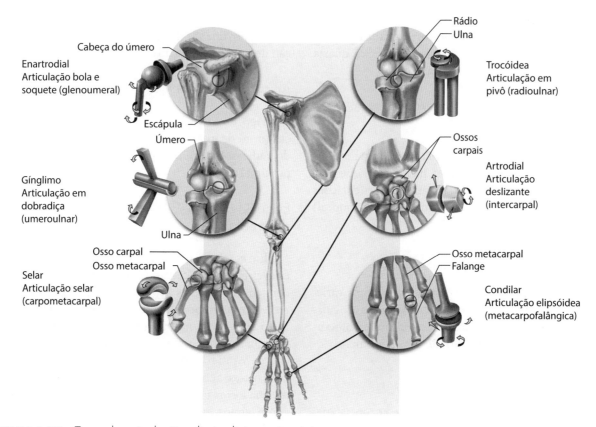

FIGURA 1.17 • Tipos de articulações diartrodiais ou sinoviais.

TABELA 1.6 • Classificação das articulações diartrodiais

Nome de classificação	Número de eixos	Graus de liberdade	Movimentos característicos	Exemplos de articulações	Plano exemplificativo	Eixo exemplificativo
Gínglimo (dobradiça)	Uniaxial	Um	Flexão, extensão	Articulação do cotovelo (umeroulnar) Articulação do tornozelo (talocrural)	Sagital	Frontal
Trocóidea (pivô)			Rotação medial, rotação lateral	Articulação radioulnar proximal e distal Articulação atlantoaxial	Transverso	Vertical
Condilar (elipsóidea, bola e soquete, ovoide)	Biaxial	Dois	Flexão, extensão, abdução, adução	Punho (radiocarpal) 2ª - 5ª articulações metacarpofalângicas	Sagital Frontal	Frontal Sagital
Artrodial (deslizante, plana)	Multiaxial	Três	Flexão, extensão, abdução, adução, rotação medial, rotação lateral	Articulação transversa do tarso Facetas vertebrais da coluna vertebral Articulações intercarpais do punho	Variável Frontal Variável	Variável Sagital Variável
Enartrodial (bola e soquete, esferóidea)				Articulação glenoumeral Articulação do quadril (coxofemoral)	Sagital Frontal Transverso	Frontal Sagital Vertical
Selar				1ª articulação carpometacarpal	Sagital Frontal Transverso	Frontal Sagital Vertical

punho (articulação radiocarpal) entre o rádio e a fileira proximal de ossos carpais ou a segunda, terceira, quarta e quinta articulações metacarpofalângicas.

Articulação enartrodial (esferóidea, multiaxial, bola e soquete)

Articulação que se assemelha mais a uma articulação do tipo bola e soquete na medida em que permite movimentos em todos os planos. As articulações do ombro (glenoumeral) e do quadril (coxofemoral) são alguns exemplos.

Articulação gínglimo (dobradiça)

Tipo de articulação que permite uma ampla variedade de movimentos em um único plano. As articulações do cotovelo (umeroulnar), do tornozelo (talocrural) e do joelho (tibiofemoral) são alguns exemplos.

Articulação selar (em sela)

Esse tipo de recepção recíproca se encontra apenas na articulação carpometacarpal do polegar e permite o movimento do tipo bola e soquete, com exceção de uma leve rotação.

Articulação trocóidea (pivô, parafuso)

Tipo de articulação com movimento rotacional em torno de um eixo longo. Um exemplo é a rotação do rádio sobre a ulna nas articulações radioulnares proximal e distal.

Estabilidade e mobilidade das articulações diartrodiais

Em geral, quanto mais móvel a articulação, menos estável ela é, e vice-versa. Isso acontece quando se compara as mesmas articulações entre pessoas diferentes, mas também quando se compara uma articulação com outra na mesma pessoa. Tanto os fatores hereditários quanto os fatores de desenvolvimento (Lei de Wolff para os ossos e Lei de Davis para os tecidos moles) contribuem para essas variações. Da mesma forma que a adaptação óssea ao nível de carga, como vimos anteriormente ao mencionar a Lei de Wolff, os tecidos moles também se adaptam à sobrecarga e à sua falta. Essa consequência da Lei de Wolff é conhecida como **Lei de Davis**, a qual afirma essencialmente que, quando submetidos à tensão adequada, os ligamentos, músculos e outros tecidos moles, com o tempo, se adaptam e se alongam; por outro lado, quando mantidos relaxados ou encurtados durante algum tempo, eles gradativamente se atrofiam.

Cinco importantes fatores afetam a estabilidade geral e, consequentemente, a mobilidade de uma articulação (ver Fig. 1.18).

- Ossos – Embora os ossos normalmente sejam muito semelhantes em comparações bilaterais em uma mesma pessoa, a verdadeira configuração anatômica das superfícies articulares em termos de profundidade e superficialidade pode variar significativamente entre pessoas diferentes.
- Cartilagem – Tanto as estruturas de cartilagem hialina quanto as estruturas cartilaginosas especializadas, como os meniscos do joelho, o lábio glenoidal e o lábio do acetábulo, contribuem para a congruência e estabilidade das articulações. Assim como os ossos, essas estruturas normalmente são as mesmas em comparações bilaterais em uma mesma pessoa, mas podem variar em tamanho e configuração entre pessoas diferentes.
- Ligamentos e tecido conjuntivo – Os ligamentos e o tecido conjuntivo proporcionam estabilidade estática às articulações. Assim como ocorre com os ossos e cartilagens, existem variações entre as pessoas quanto ao grau de restrição do tecido ligamentar. A quantidade de hipolassidão (ou hipofrouxidão) ou hiperlassidão (ou hiperfrouxidão) se deve basicamente à quantidade proporcional de elastina em relação à quantidade de colágeno no interior das estruturas articulares. Em outras palavras, pessoas com relações elastina-colágeno proporcionalmente maiores apresentam hiperlassidão, ou "articulações soltas", enquanto aquelas com relações mais baixas têm articulações mais rígidas.
- Músculos – Os músculos oferecem estabilidade dinâmica às articulações quando ativamente contraídos. Sem tensão ativa por meio da contração, os músculos proporcionam uma estabilidade estática mínima. Consequentemente, a força e a resistência são fatores significativos para a estabilização das articulações, enquanto a flexibilidade muscular pode afetar a amplitude total do movimento articular possível.
- Propriocepção e controle motor – A propriocepção é o mecanismo subconsciente pelo qual o corpo é capaz de regular a postura e os movimentos, respondendo a estímulos originários dos proprioceptores existentes nas articulações, nos tendões, nos músculos e no ouvido. O controle motor é o processo pelo qual as ações e movimentos corporais são organizados e executados. Para determinar a quantidade adequada de forças musculares e ativações articulares necessárias, é preciso que as informações sensoriais fornecidas pelo ambiente e o corpo estejam integradas e coordenadas de forma cooperativa entre o sistema nervoso central e o sistema musculoesquelético. A força e a resistência musculares não são muito úteis como forma de oferecer estabilidade às articulações, a menos que possam ser ativadas precisamente quando necessário.

As lesões agudas e crônicas podem afetar a integridade de quaisquer dessas estruturas. Com o tempo, essas estruturas adaptam-se positiva e negativamente

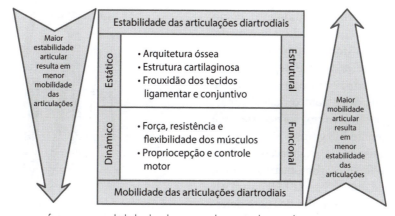

FIGURA 1.18 • Fatores que afetam a estabilidade das articulações diartrodiais.

às demandas biomecânicas específicas que lhes são impostas. Em caso de comprometimento de quaisquer dos fatores citados, surgem demandas adicionais no sentido de que as estruturas restantes ofereçam estabilidade, o que, por sua vez, pode comprometer a integridade dessas estruturas, resultando em uma mobilidade anormal. Essa mobilidade anormal, seja hipermobilidade ou hipomobilidade, pode levar a outras condições patológicas como tendinite, bursite, artrite, distúrbios internos e subluxações articulares.

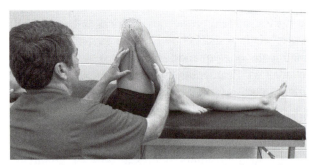

FIGURA 1.19 • Medição goniométrica da flexão da articulação do joelho.

Movimentos das articulações

Muitas articulações são capazes de executar vários movimentos diferentes. Algumas permitem apenas flexão e extensão; outras permitem uma ampla variedade de movimentos, dependendo, em grande parte, da estrutura articular. A área pela qual uma articulação normalmente pode se movimentar de forma livre e sem dor chama-se **amplitude de movimento (ADM)**. Pode-se medir a quantidade específica de movimento possível – ou amplitude de movimento – de uma articulação com um instrumento conhecido como **goniômetro**, para comparar as alterações ocorridas nos ângulos das articulações. O goniômetro possui um braço móvel, um braço estacionário e um eixo ou fulcro. A medição da amplitude de movimento permitida por uma articulação ou os ângulos criados pelos ossos de uma articulação é conhecida como **goniometria**.

O eixo do goniômetro, ou ponto de articulação, é nivelado ao eixo de rotação na linha articular. O braço estacionário é posicionado em sentido longitudinal ou paralelo ao eixo longo do osso mais estacionário (normalmente o osso mais proximal), enquanto o braço móvel é colocado na posição longitudinal ou paralela ao eixo longo do osso que mais se movimenta (geralmente o osso mais distal). Pode-se então ler o ângulo da articulação a partir do goniômetro, como mostra a Figura 1.19. Por exemplo, poderíamos medir o ângulo entre o fêmur e o tronco na posição anatômica (que normalmente seria zero), e depois pedir à pessoa que flexione o quadril o máximo possível. Se medíssemos o ângulo de novo com o quadril totalmente flexionado, o goniômetro nos forneceria uma leitura de aproximadamente 130 graus.

Dependendo do tamanho da articulação e de seu possível movimento, diferentes goniômetros podem ser mais ou menos adequados. A Figura 1.20 ilustra vários goniômetros que podem ser utilizados para determinar a amplitude de movimento de uma determinada articulação. Pode-se usar também um inclinômetro para medir a amplitude de movimento, particularmente da coluna vertebral.

Contudo, é importante observar que a amplitude de movimento normal de uma determinada articulação varia, até certo ponto, de pessoa para pessoa. Os Apêndices 1 e 2 fornecem as amplitudes de movimento médias de todas as articulações.

Ao utilizar a terminologia do movimento, é importante entender que os termos são usados para descrever a mudança real de posição dos ossos entre si. Ou seja, os ângulos entre os ossos mudam, enquanto, por outro lado, o movimento ocorre entre as superfícies das articulações. Ao descrever os movimentos do joelho, podemos dizer "flexionar a perna na altura do joelho"; esse movimento leva a perna a se aproximar da coxa. Há quem descreva esse movimento como uma flexão de perna que ocorre na articulação do joelho, podendo dizer "flexionar a perna" no sentido de flexionar o joelho. Além disso, utiliza-se a terminologia do movimento

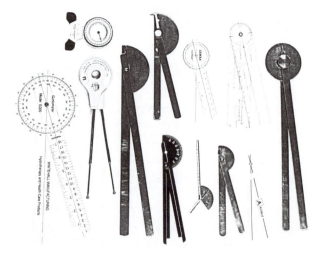

FIGURA 1.20 • Diversos goniômetros utilizados para medir a amplitude de movimento das articulações.

para descrever movimentos realizados com amplitude total ou com uma amplitude, muito pequena. Usando novamente o exemplo da flexão, podemos flexionar o joelho em toda a sua amplitude, começando com uma extensão total (zero grau de flexão de joelho) e flexionando-o por completo, de modo a encostar o calcanhar nos glúteos; isso seria uma flexão de aproximadamente 140 graus. Podemos começar também com o joelho flexionado em um ângulo de 90 graus e depois flexioná-lo mais 30 graus; esse movimento resulta em um ângulo de flexão do joelho de 120 graus, embora ele esteja flexionado apenas em 30 graus. Em ambos os exemplos, o joelho está em diferentes graus de flexão. Podemos começar também com o joelho flexionado em 90 graus e estendê-lo 40 graus, o que resultaria em um ângulo de flexão de 50 graus. Embora estendido, o joelho continua flexionado, mas apenas menos do que antes.

Nesse exemplo, é mais comum movimentarmos a extremidade distal em relação à extremidade proximal, normalmente mais estacionária. Entretanto, existem exemplos que envolvem todos os tipos de articulação em que o segmento distal pode ser mais estacionário e o segmento proximal ser movimentado em relação a ele. Um exemplo é o movimento do joelho ao fazer um agachamento a partir da posição ereta. Ao executar o agachamento, a coxa se movimenta em direção à perna mais estável, resultando em uma flexão do joelho que poderia ser considerada uma flexão da coxa na altura do joelho.

Alguns termos de movimento podem ser utilizados para descrever o movimento de várias articulações do corpo, enquanto outros são relativamente específicos de uma determinada articulação ou grupo de articulações (Fig. 1.21). Em vez de relacionar os termos em ordem alfabética, optamos por agrupá-los de acordo com a região do corpo e combiná-los a termos opostos quando for o caso. Além disso, os prefixos **hiper** e **hipo** podem ser combinados a esses termos para enfatizar a ideia de movimento além e aquém do normal, respectivamente. Entre esses termos combinados, **hiperextensão** é o mais utilizado.

FIGURA 1.21 • Movimentos articulares. **A**, Exemplos de movimentos no plano sagital: extensão dos artelhos do lado esquerdo, do tornozelo (flexão plantar), do joelho, do quadril, do ombro, do cotovelo, do punho, dos dedos da mão e das partes lombar e cervical da coluna vertebral; flexão dos artelhos do lado direito, do tornozelo (dorsiflexão), do joelho, do quadril, do ombro, do cotovelo, do punho e dos dedos da mão.
B, Exemplos de movimentos no plano frontal: abdução das articulações transversa do tarso/subtalar esquerdas (eversão), do ombro, do punho, dos dedos da mão, do cíngulo do membro superior (rotação ascendente), das partes lombar (flexão lateral para a direita) e cervical da coluna vertebral (flexão lateral para a esquerda), e do quadril direito; adução das articulações transversa do tarso/subtalar direitas (inversão), do ombro, do punho, dos dedos da mão e do cíngulo do membro superior (rotação descendente). **C**, Exemplos de movimentos no plano transverso: rotação medial do quadril direito, do ombro esquerdo, das articulações radioulnares (pronação); rotação lateral do joelho esquerdo, do quadril, do ombro direito, das articulações radioulnares (supinação) e das partes lombar (rotação para a direita) e cervical (rotação para a direita) da coluna vertebral.

Termos descritivos de movimentos gerais

Abdução: movimento lateral de distanciamento da linha mediana do tronco no plano frontal. Levantar os braços ou as pernas horizontalmente para o lado é um exemplo.

Adução: movimento medial em direção à linha mediana do tronco no plano frontal. Um exemplo é abaixar o braço para o lado ou a coxa de volta à posição anatômica.

Flexão: movimento de curvatura que resulta na redução do ângulo de uma articulação com a aproximação dos ossos, normalmente no plano sagital. Um exemplo é a articulação do cotovelo quando a mão se aproxima do ombro.

Extensão: movimento de estiramento que resulta no aumento do ângulo de uma articulação com o afastamento dos ossos, normalmente no plano sagital. Um exemplo é a articulação do cotovelo quando a mão se afasta do ombro.

Circundução: movimento circular de um membro que descreve um arco ou um cone. Consiste em uma combinação de flexão, extensão, abdução e adução. Às vezes é denominado circunflexão. Um exemplo ocorre quando a articulação do ombro ou do quadril faz um movimento circular em torno de um ponto fixo, em sentido horário ou anti-horário.

Abdução diagonal: movimento em que um membro se afasta da linha mediana do corpo em um plano diagonal, como na articulação do quadril ou na articulação do ombro (glenoumeral).

Adução diagonal: movimento em que um membro se aproxima e cruza a linha mediana do corpo em um plano diagonal, como na articulação do quadril ou na articulação do ombro (glenoumeral).

Rotação lateral: movimento de rotação em torno do eixo longitudinal de um osso, afastando-se da linha mediana do corpo. Ocorre no plano transverso.

Rotação medial: movimento de rotação em torno do eixo longitudinal de um osso em direção à linha mediana do corpo. Ocorre no plano transverso.

Termos descritivos dos movimentos do tornozelo e do pé

Eversão: consiste em girar a planta do pé para fora ou lateralmente no plano frontal; abdução. Um exemplo é colocar-se em pé com o peso apoiado sobre a borda interna do pé.

Inversão: consiste em girar a planta do pé para dentro ou medialmente no plano frontal; adução. Um exemplo é colocar-se em pé com o peso apoiado sobre a borda externa do pé.

Flexão dorsal (dorsiflexão): movimento de flexão do tornozelo no qual o dorso do pé se movimenta em direção à região anterior da tíbia no plano sagital.

Flexão plantar: movimento de extensão do tornozelo em que o pé e/ou os artelhos se afastam do corpo no plano sagital.

Pronação: posição do pé e do tornozelo resultante de uma combinação de dorsiflexão, eversão subtalar e abdução da parte anterior do pé (ponta do pé virada para fora).

Supinação: posição do pé e do tornozelo resultante de uma combinação de flexão plantar do tornozelo, inversão subtalar e adução da parte anterior do pé (ponta do pé virada para dentro).

Termos descritivos dos movimentos das articulações radioulnares

Pronação: rotação medial do rádio no plano transverso de modo a posicioná-lo diagonalmente à ulna, resultando na posição em que o antebraço fica com a palma da mão voltada para baixo.

Supinação: rotação lateral do rádio no plano transverso de modo a posicioná-lo paralelamente à ulna, resultando na posição em que o antebraço fica com a palma da mão voltada para cima.

Termos descritivos dos movimentos do cíngulo do membro superior (escapulotorácicos)

Abaixamento: movimento descendente do cíngulo do membro superior no plano frontal. Um exemplo é o retorno à posição normal após encolher os ombros.

Elevação: movimento ascendente do cíngulo do membro superior no plano frontal. O ato de encolher os ombros é um exemplo.

Protração (abdução): movimento do cíngulo do membro superior para a frente no plano horizontal, afastando-se da coluna vertebral. Abdução da escápula.

Retração (adução): movimento do cíngulo do membro superior para trás no plano horizontal em direção à coluna vertebral. Adução da escápula.

Rotação descendente: movimento de giro da escápula no plano frontal, com o ângulo inferior da escápula movimentando-se medialmente em sentido descendente. Ocorre basicamente no retorno à posição normal após uma rotação ascendente. O ângulo inferior pode movimentar-se ligeiramente para cima à medida que a escápula continua em extrema rotação descendente.

Rotação ascendente: movimento de giro da escápula no plano frontal, com o ângulo inferior da escápula movimentando-se lateralmente em sentido ascendente.

Termos descritivos dos movimentos da articulação do ombro (glenoumeral)

Abdução horizontal: movimento do úmero ou do fêmur no plano horizontal, afastando-se da linha mediana do corpo. Também conhecido como extensão horizontal ou abdução transversa.

Adução horizontal: movimento do úmero ou do fêmur no plano horizontal em direção à linha mediana do corpo. Também conhecido como flexão horizontal ou adução transversa.

Scaption **(movimento do úmero no plano da escápula):** movimento em que o úmero se afasta do corpo no plano da escápula. Abdução glenoumeral em um plano de 30 a 45 graus entre os planos sagital e frontal.

Termos descritivos dos movimentos da coluna vertebral

Flexão lateral: movimento da cabeça e/ou do tronco lateralmente no plano frontal, afastando-se da linha mediana do corpo. Abdução da coluna vertebral.

Redução: retorno da coluna vertebral à posição anatômica no plano frontal após uma flexão lateral. Adução da coluna vertebral.

Termos descritivos dos movimentos dos punhos e das mãos

Flexão dorsal (dorsiflexão): movimento de extensão do punho no plano sagital com a parte dorsal ou posterior da mão movimentando-se em direção à porção posterior do antebraço.

Flexão palmar: movimento de flexão do punho no plano sagital com a parte volar ou anterior da mão movimentando-se em direção à porção anterior do antebraço.

Flexão radial (desvio radial): movimento de abdução do punho no plano frontal da mão do lado do polegar, em direção à porção lateral do antebraço.

Flexão ulnar (desvio ulnar): movimento de adução do punho no plano frontal da mão do lado do dedo mínimo, em direção à porção medial do antebraço.

Oposição do polegar: movimento diagonal do polegar sobre a superfície palmar da mão para fazer contato com os demais dedos.

Reposição do polegar: movimento diagonal do polegar durante o seu retorno à posição anatômica após oposição com a mão e/ou os dedos.

Os capítulos que se seguem abordam detalhadamente esses movimentos e sua aplicação às articulações individuais.

Pode haver combinações de movimentos. A flexão ou a extensão pode ocorrer com a abdução, a adução ou a rotação.

Ícones de movimento (recurso didático do livro)

Ao longo de todo este livro, será utilizada uma série de ícones para representar os diferentes movimentos articulares. Esses ícones aparecerão logo após a indicação das ações articulares dos músculos apresentados. Conforme explicado de forma mais detalhada no Capítulo 2, as ações descritas representam os movimentos que ocorrem quando os músculos se contraem concentricamente. A Tabela 1.7 apresenta uma lista completa dos ícones. Consulte-a conforme necessário durante a leitura dos Capítulos 4, 5, 6, 7, 9, 10, 11 e 12.

Movimentos fisiológicos *versus* movimentos acessórios

Os movimentos de flexão, extensão, abdução, adução e rotação são produzidos pela movimentação dos ossos nos planos de movimento em torno de um eixo de rotação localizado na articulação. Esses movimentos podem ser chamados de movimentos fisiológicos. A movimentação dos ossos em relação aos três planos cardinais resultantes desses movimentos fisiológicos denomina-se **movimento osteocinemático**. Para que esses movimentos osteocinemáticos ocorram, deve haver movimento entre as superfícies articulares. Esse movimento entre as superfícies articulares é conhecido como **artrocinemática** e inclui três tipos específicos de **movimentos acessórios**. Esses movimentos acessórios, cujas denominações descrevem especificamente as mudanças efetivas na relação entre a superfície articular de um osso em relação a outro, são **giro, rolamento e deslizamento** (Fig. 1.22).

Ocasionalmente, o rolamento é chamado de oscilação, enquanto o deslizamento, às vezes, é chamado

TABELA 1.7 • Ícones de movimentos representativos das ações articulares

(continua)

TABELA 1.7 • Ícones de movimentos representativos das ações articulares *(continuação)*

2ª, 3ª, 4ª e 5ª articulações MCF, IFP e IFD	2ª, 3ª, 4ª e 5ª articulações MCF e IFP	2ª, 3ª, 4ª e 5ª articulações metacarpofalângicas	2ª, 3ª, 4ª e 5ª articulações IFP	2ª, 3ª, 4ª e 5ª articulações IFD
Flexão 2ª-5ª articulações MCF, IFP e IFD / Extensão 2ª-5ª articulações MCF, IFP e IFD	Flexão 2ª-5ª articulações MCF e IFP	Flexão 2ª-5ª articulações MCF / Extensão 2ª-5ª articulações MCF	Flexão 2ª-5ª articulações IFP	Flexão 2ª-5ª articulações IFD

Quadril

| Flexão do quadril | Extensão do quadril | Abdução do quadril | Adução do quadril | Rotação lateral do quadril | Rotação medial do quadril |

Joelho

| Flexão do joelho | Extensão do joelho | Rotação lateral do joelho | Rotação medial do joelho |

Tornozelo	Articulações transversas do tarso e subtalares
Flexão plantar do tornozelo / Dorsiflexão do tornozelo	Inversão da articulação transversa do tarso e da subtalar / Eversão da articulação transversa do tarso e da subtalar

Articulações metatarsofalângicas e interfalângicas do hálux	2ª-5ª articulações metatarsofalângicas, interfalângicas proximais e interfalângicas distais
Flexão das articulações MTF e IF do hálux / Extensão das articulações MTF e IF do hálux	Flexão 2ª-5ª articulações MTF, IFP e IFD / Extensão 2ª-5ª articulações MTF, IFP e IFD

(continua)

TABELA 1.7 • Ícones de movimentos representativos das ações articulares *(continuação)*

Parte cervical da coluna vertebral			
Flexão cervical	Extensão cervical	Flexão cervical lateral	Rotação cervical unilateral
Parte lombar da coluna vertebral			
Flexão lombar	Extensão lombar	Flexão lombar lateral	Rotação lombar unilateral

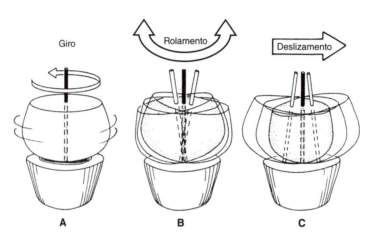

FIGURA 1.22 • Artrocinemática das articulações. **A**, Giro; **B**, Rolamento; **C**, Deslizamento.

de escorregamento ou translação. Se o movimento acessório for impedido de ocorrer, o movimento fisiológico, por sua vez, também não tem como ocorrer em qualquer grau substancial, a não ser por compressão ou distração das articulações. Como a maioria das articulações diartrodiais do corpo consiste em uma superfície côncava articulada com uma superfície convexa, o rolamento e o deslizamento devem ocorrer juntos até certo ponto. Por exemplo, conforme ilustrado na Figura 1.23, quando uma pessoa se põe em pé a partir de uma posição agachada, para que o joelho se estenda, o fêmur precisa rolar para a frente e, simultaneamente, deslizar para trás sobre a tíbia. Se não fosse o deslizamento, o fêmur rolaria pela frente da tíbia, e se não fosse o rolamento, ele escorregaria por trás dela.

O giro pode ocorrer isoladamente ou combinado com o rolamento e o deslizamento, dependendo da estrutura articular. Até certo ponto, o giro ocorre no joelho durante a flexão e a extensão. No exemplo do retorno à posição ereta após o agachamento, o fêmur gira medialmente ao alcançar sua extensão máxima. A Tabela 1.8 fornece exemplos de movimento acessório.

Rolamento (oscilação): uma série de pontos em uma superfície articular entra em contato com uma série de pontos em outra superfície articular.
Deslizamento (escorregamento, translação): um ponto específico em uma superfície articulada entra em contato com uma série de pontos em outra superfície.
Giro: um único ponto em uma determinada superfície articular gira em torno de um único ponto localizado em outra superfície articular. O movimento ocorre em torno de algum eixo mecânico longitudinal estacionário em sentido horário ou anti-horário.

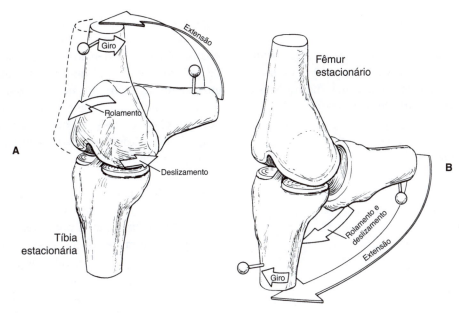

FIGURA 1.23 • Artrocinemática das articulações do joelho. **A**, Mudança para a posição ereta a partir do agachamento; **B**, Flexão a partir de uma posição sem apoio de peso.

TABELA 1.8 • Movimento acessório

Movimento acessório	Exemplo de articulação anatômica	Analogia	
Rolamento (oscilação)	Extensão do joelho que ocorre a partir do rolamento dos côndilos femorais para a frente sobre a tíbia quando o indivíduo se põe em pé a partir da posição de agachamento	Pneu rodando sobre a superfície de uma estrada, em condições normais de rodagem com boa tração	Combinação de rolamento e deslizamento: Pneu girando sobre gelo fino (i.e., tração precária), mas ainda produzindo movimento sobre a superfície da estrada
Deslizamento (escorregamento ou translação)	Extensão do joelho que ocorre a partir do deslizamento dos côndilos femorais para trás sobre a tíbia quando o indivíduo se põe em pé a partir da posição de agachamento	Pneu derrapando em uma superfície escorregadia quando os freios são acionados	
Giro	Pronação/supinação radioulnar que ocorre a partir do giro da cabeça do rádio contra o capítulo do úmero	Ponta de um pião girando em torno de um determinado ponto no chão	

Exercícios de revisão

1. Preencha as lacunas nos seguintes parágrafos utilizando somente uma vez cada palavra da lista a seguir, exceto aquelas assinaladas com dois asteriscos,**, que são utilizadas duas vezes.

   a. anterior**
   b. anteroinferior
   c. anterolateral
   d. anteromedial
   e. anteroposterior
   f. anterossuperior
   g. bilateral
   h. caudal
   i. cefálico
   j. contralateral
   k. decúbito dorsal
   l. decúbito ventral
   m. distal
   n. dorsal
   o. inferior
   p. inferolateral
   q. inferomedial
   r. ipsilateral
   s. lateral
   t. medial
   u. palmar
   v. plantar
   w. posterior**
   x. posteroinferior
   y. posterolateral
   z. posteromedial
   aa. posterossuperior
   ab. profundo
   ac. proximal
   ad. superficial
   ae. superior
   af. superolateral**
   ag. superomedial
   ah. ventral
   ai. volar

   Quando Jacob cumprimentou Stephanie na praia, ele estendeu a superfície ____ de sua mão para segurar a superfície ____ da mão dela e trocar um aperto de mãos. Quando as faces ____ de seus corpos se viraram frente a frente, Jacob notou que o cabelo localizado na região mais ____ da cabeça de Stephanie parecia estar com uma cor diferente da que ele se recordava. Ele lhe pediu então que se virasse para que ele pudesse vê-lo por um ângulo ____. Quando Stephanie se virou, evidenciou-se para Jacob a presença de reflexos loiros que desciam da região ____ seguindo uma direção ____ até embaixo na região ____.

   Stephanie então perguntou a Jacob se a queimadura de sol nas partes ____ de seus ombros era decorrente da exposição propiciada por sua camiseta. Ele respondeu que sim, mas que era apenas uma queimadura ____ e que não havia sido ____ demais. Ele disse: "Eu deveria ter tirado a camisa para pegar mais sol na parte ____ dos ombros até o pescoço."

   Stephanie disse que há pouco tempo havia sofrido uma queimadura de sol nas costas enquanto estava deitada ____ na praia. Ela, então, jogou o cabelo para o lado ____ do pescoço em direção à parte ____ do tronco para mostrar a região ____. Jacob observou: "Uau, em vez do biquíni que você está vestindo hoje, com tiras que vão da região ____ do tórax até a parte ____ dos ombros, você devia estar usando um modelo com tiras cruzadas, como se pode ver pelas linhas bronzeadas que descem da face ____ dos seus ombros seguindo em direção ____ até a parte ____ de suas costas. Você deve ter passado mais tempo deitada ____."

   Stephanie respondeu: "Bem, eu fiquei parcialmente deitada de costas e do lado direito por um tempo. Você pode ver que a parte ____ da minha coxa direita e a parte ____ da minha coxa esquerda estão bronzeadas de modo uniforme, mas, infelizmente, nessa posição, a ____ da coxa direita e a ____ da coxa esquerda ficaram relativamente pouco expostas." Jacob comentou: "Sim, quando você se deita de um lado durante a maior parte do tempo, você recebe todo o sol no lado ____ e nada no lado ____. Parece que você cobriu os pés e tornozelos com uma toalha, uma vez que o bronzeamento ____ dos seus membros inferiores nem se compara ao ____ dessa região do corpo." Stephanie respondeu: "Você tem razão. Eu mantive a parte de baixo das pernas cobertas durante quase todo o tempo enquanto estava deitada de lado para que a pele sensível das minhas ____ e ____ da canela não se queimassem. Mas eu peguei um bom bronzeado ____ na parte ____ do tronco, exceto na face ____ do cotovelo direito sobre a qual eu estava apoiada." Ao calçar suas sandálias para proteger a face ____ dos pés da areia quente, Jacob disse: "Bem, foi um prazer revê-la. Eu tenho uma consulta médica e vou tirar um raio X da região ____ do tórax para verificar se minha pneumonia regrediu."

2. **Quadro com a terminologia dos movimentos das articulações**

A terminologia dos movimentos das articulações para áreas específicas do corpo é oriunda dos movimentos básicos nos três planos específicos: flexão/extensão no plano sagital, abdução/adução no plano frontal, e rotação no plano transverso. Com esse pensamento em mente, preencha o quadro escrevendo o movimento básico na coluna da direita para cada movimento específico relacionado na coluna da esquerda utilizando os termos flexão, extensão, abdução, adução ou rotação (lateral ou medial).

Movimento específico	Movimento básico
Eversão	
Inversão	
Flexão dorsal	
Flexão plantar	
Pronação (radioulnar)	
Supinação (radioulnar)	
Flexão lateral	
Redução	
Flexão radial	
Flexão ulnar	

3. **Quadro dos tipos de ossos**

Utilizando a Figura 1.8 e outros recursos, assinale com "X" a coluna apropriada para indicar sua classificação.

Osso	Longo	Curto	Chato (ou achatado)	Irregular	Sesamoide
Frontal					
Zigomático					
Parietal					

(continua)

(continuação)

Temporal					
Occipital					
Maxila					
Mandíbula					
Vértebras cervicais					
Clavícula					
Escápula					
Úmero					
Ulna					
Rádio					
Ossos carpais					
Ossos metacarpais					
Falanges					
Costelas					
Esterno					
Vértebras lombares					
Ílio					
Ísquio					
Púbis					
Fêmur					
Patela					
Fabela					
Tíbia					
Fíbula					
Tálus					
Calcâneo					
Navicular					
Cuneiformes					
Ossos metatarsais					

4. Quais as cinco funções do esqueleto?

5. Cite os ossos do membro superior.

6. Cite os ossos do membro inferior.

7. Cite os ossos do cíngulo do membro superior.

8. Cite os ossos do cíngulo do membro inferior.

9. Descreva e explique as diferenças e semelhanças entre o rádio e a ulna.

10. Descreva e explique as diferenças e semelhanças entre o úmero e o fêmur.

11. Utilizando pontos de referência do corpo, como você sugere que se determine o comprimento de cada membro inferior a título de comparação para verificar se uma pessoa apresenta alguma discrepância significativa no comprimento total das pernas?

12. Explique por que a fíbula é mais suscetível a fraturas do que a tíbia.

13. Por que a posição anatômica é tão importante para que se compreenda a anatomia e os movimentos das articulações?

14. Identifique as partes de um osso longo.

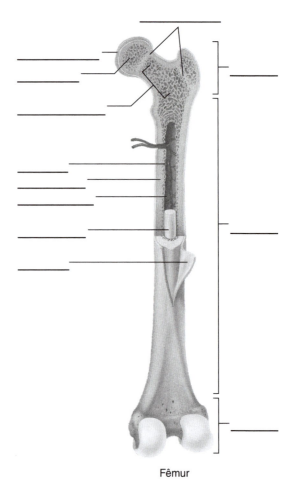

Fêmur

15. Quadro do tipo, do movimento e dos planos de movimento das articulações

Preencha o quadro com o tipo de articulação diartrodial e relacione os movimentos da articulação na coluna correspondente ao plano de movimento em que eles ocorrem.

Articulação	Tipo	Planos de movimento		
		Sagital	Lateral	Transverso
Articulação escapulotorácica (do cíngulo do membro superior)				
Esternoclavicular				
Acromioclavicular				
Articulação glenoumeral				
Do cotovelo				
Articulação radioulnar				
Punho				
1ª articulação carpometacarpal				
1ª articulação metacarpofalângica				
Articulação interfalângica do polegar				
2ª, 3ª, 4ª e 5ª articulações metacarpofalângicas				

(continua)

(continuação)

Articulação	Tipo	Planos de movimento		
		Sagital	Lateral	Transverso
2ª, 3ª, 4ª e 5ª articulações interfalângicas proximais				
2ª, 3ª, 4ª e 5ª articulações interfalângicas distais				
Parte cervical da coluna vertebral C1-C2				
Parte cervical da coluna vertebral C2-C7				
Parte lombar da coluna vertebral				
Quadril				
Joelho (articulação tibiofemoral)				
Joelho (articulação patelofemoral)				
Tornozelo				
Articulações transversa do tarso e subtalar				
Articulações metatarsofalângicas				
Articulação interfalângica do hálux				
2ª, 3ª, 4ª e 5ª articulações interfalângicas proximais				
2ª, 3ª, 4ª e 5ª articulações interfalângicas distais				

16. Quadro da posição das articulações

Utilizando a terminologia adequada, preencha o quadro relacionando o nome de cada articulação envolvida e a sua posição ao concluir o movimento multiarticular.

Movimento multiarticular	Articulações e respectiva posição de cada uma
Erga o braço por cima da parte superior da cabeça e toque a orelha contralateral	
Coloque o artelho de um pé contra a parte posterior da panturrilha contralateral	
Estique o braço por trás das costas e use o polegar para tocar o processo espinhoso	
Aproxime o joelho o máximo possível do ombro ipsilateral	
Coloque a face plantar de um pé contra a do outro	

17. Quadro dos planos de movimento e dos eixos de rotação

Para cada movimento articular relacionado no quadro, indique o plano de movimento em que o movimento ocorre e o seu eixo de rotação

Movimento	Plano de movimento	Eixo de rotação
Rotação cervical		
Elevação do cíngulo do membro superior		
Adução glenoumeral horizontal		
Flexão do cotovelo		
Pronação radioulnar		
Desvio radial do punho		
Abdução metacarpofalângica		
Flexão lombar lateral		
Rotação medial do quadril		
Extensão do joelho		
Inversão do tornozelo		
Extensão do hálux		

18. Cite duas habilidades esportivas que envolvam movimentos observados mais claramente pela lateral. Relacione os movimentos primários executados pelo tornozelo, joelho, quadril, coluna vertebral, articulação glenoumeral (do ombro), cotovelo e punho. Em que plano, principalmente, os movimentos ocorrem? Qual o eixo de rotação essencialmente envolvido?

19. Cite duas habilidades esportivas que envolvam movimentos observados mais claramente pela frente ou por trás. Relacione os movimentos primários executados pela articulação transversa do tarso/subtalar, quadril, coluna vertebral, articulação glenoumeral (do ombro) e punho. Principalmente em que plano esses movimentos ocorrem? Qual o eixo de rotação essencialmente envolvido?

20. Cite as semelhanças entre o tornozelo/pé/artelhos e o punho/mão/dedos em relação aos ossos, estruturas articulares e movimentos. Quais as diferenças?

21. Compare e contraste as articulações glenoumeral (do ombro) e coxofemoral (do quadril). Qual a mais suscetível a luxações e por quê?

22. Compare e contraste as articulações do cotovelo e do joelho. Considerando as estruturas ósseas e articulares e suas funções, quais as semelhanças e diferenças?

Exercícios de laboratório

1. Escolha de forma aleatória várias partes diferentes do seu corpo e descreva-as detalhadamente utilizando a terminologia direcional anatômica correta.

2. Determine as articulações com movimentos possíveis em cada um dos seguintes planos:

    a. Sagital
    b. Frontal
    c. Transverso

3. Relacione todas as articulações diartrodiais do corpo capazes de executar os seguintes pares de movimentos:

    a. Flexão/extensão
    b. Abdução/adução
    c. Rotação (esquerda e direita)
    d. Rotação (medial e lateral)

4. Determine os planos em que ocorrem as seguintes atividades. Utilize um lápis para visualizar o eixo de cada uma delas.

    a. Subir escadas
    b. Girar a maçaneta para abrir uma porta
    c. Acenar a cabeça em sinal de aprovação
    d. Balançar a cabeça em sinal de desaprovação
    e. Movimentar/mexer o corpo de um lado para o outro
    f. Olhar por cima do ombro para ver atrás de você

5. Pratique individualmente os diversos movimentos articulares em você ou com outra pessoa.

6. Localize os diversos tipos de articulações existentes no esqueleto humano palpando seus movimentos em um indivíduo vivo.

7. Fique em pé na posição anatômica de frente para uma porta fechada. Estenda o braço e segure a maçaneta da porta com a mão direita. Gire-a e abra bem a porta em sua direção. Determine todas as articulações envolvidas nessa atividade e relacione os movimentos de cada uma delas.

8. Utilize um goniômetro para medir as amplitudes de movimento das articulações de vários alunos da sua turma para cada um dos seguintes movimentos. Compare os seus resultados com as amplitudes médias fornecidas nos Apêndices 1 e 2.

    a. Rotação lateral e medial do ombro, que deve estar em 90 graus de abdução em decúbito dorsal
    b. Flexão do cotovelo em decúbito dorsal
    c. Extensão do punho com o antebraço na posição neutra e o cotovelo flexionado a 90 graus
    d. Rotação lateral e medial do quadril na posição sentada com o quadril e o joelho flexionados a 90 graus
    e. Flexão do joelho em decúbito ventral
    f. Dorsiflexão do tornozelo com o joelho em flexão de 90 graus e extensão total

9. Discuta as seguintes articulações com os seus colegas de turma, ordenando-as a partir daquela

com menor amplitude total de movimento até a de maior amplitude. Esteja preparado para defender a sua resposta.

a. Tornozelo
b. Cotovelo
c. Glenoumeral (do ombro)
d. Quadril
e. Joelho
f. Punho

10. Existe mais inversão ou mais eversão possível nas articulações transversa do tarso e subtalar? Explique essa ocorrência fundamentando-a na anatomia.

11. Existe mais abdução ou mais adução possível na articulação do punho? Explique essa ocorrência fundamentando-a na anatomia.

Referências bibliográficas

Anthony C, Thibodeau G: *Textbook of anatomy and physiology*, ed 10, St. Louis, 1979, Mosby.
Booher JM, Thibodeau GA: *Athletic injury assessment*, ed 4, New York, 2000, McGraw-Hill.
Goss CM: *Gray's anatomy of the human body*, ed 29, Philadelphia, 1973, Lea & Febiger.
Hamilton N, Weimar W, Luttgens K: *Kinesiology: scientific basis of human motion*, ed 12, New York, 2012, McGraw-Hill.
Lindsay DT: *Functional human anatomy*, St. Louis, 1996, Mosby.
Logan GA, McKinney WC: *Anatomic kinesiology*, ed 3, Dubuque, IA, 1982, Brown.
National Strength and Conditioning Association; Baechle TR, Earle RW: *Essentials of strength training and conditioning*, ed 2, Champaign, IL, 2000, Human Kinetics.
Neumann, DA: *Kinesiology of the musculoskeletal system: foundations for physical rehabilitation*, ed 2, St. Louis, 2010, Mosby.
Northrip JW, Logan GA, McKinney WC: *Analysis of sport motion: anatomic and biomechanic perspectives*, ed 3, Dubuque, IA, 1983, Brown.
Prentice WE: *Principles of athletic training: a competency based approach*, ed 15, New York, 2014, McGraw-Hill.
Prentice WE: *Rehabilitation techniques in sports medicine*, ed 5, New York, 2011, McGraw-Hill.
Seeley RR, Stephens TD, Tate P: *Anatomy & physiology*, ed 8, New York, 2008, McGraw-Hill.
Shier D, Butler J, Lewis R: *Hole's essentials of human anatomy and physiology*, ed 10, New York, 2009, McGraw-Hill.
Stedman TL: *Stedman's medical dictionary*, ed 28, Baltimore, 2005, Lippincott Williams & Wilkins.
Steindler A: *Kinesiology of the human body*, Springfield, IL, 1970, Thomas.
Van De Graaff KM: *Human anatomy*, ed 6, New York, 2002, McGraw-Hill. [Edição brasileira: *Anatomia humana*, 6.ed., Barueri: Manole, 2003.]
Van De Graaff KM, Fox SI, LaFleur KM: *Synopsis of human anatomy & physiology*, Dubuque, IA, 1997, Brown.

Acesse a página http://manoleeducacao.com.br/manualdecinesiologiaestrutural, siga as instruções e desfrute de recursos adicionais associados a este capítulo, incluindo:
- questões de múltipla escolha
- questões do tipo verdadeiro ou falso
- respostas aos exercícios de revisão e de laboratório
- relação de sites úteis (em inglês)

Capítulo 2

Fundamentos neuromusculares

> ## Objetivos
>
> - Rever a anatomia básica e a função dos sistemas muscular e nervoso.
> - Rever e compreender a terminologia básica utilizada para descrever a localização, a organização, as características e os papéis dos músculos, bem como as funções neuromusculares.
> - Aprender e conhecer os diferentes tipos de contração muscular e os fatores envolvidos em cada um.
> - Aprender e conhecer conceitos neuromusculares básicos relacionados à maneira como os músculos funcionam articuladamente e trabalham juntos para produzir movimento.
> - Desenvolver um conhecimento básico dos mecanismos de controle neural do movimento.

Os músculos esqueléticos são responsáveis pelos movimentos do corpo e de todas as suas articulações. A contração muscular produz a força geradora dos movimentos articulares do corpo. Além da função de movimento, os músculos oferecem estabilidade dinâmica às articulações e proteção, contribuem para a postura e sustentação do corpo e produzem grande parte do calor total do corpo. Os músculos esqueléticos totalizam mais de 600, o que constitui cerca de 40 a 50% do peso corporal, e entre eles existem 215 pares de músculos. Esses músculos normalmente funcionam de forma coordenada entre si para executar ações opostas nas articulações que atravessam. Na maioria dos casos, os músculos trabalham em grupos – e não de forma independente – para executar um determinado movimento articular. É o que se chama de **ação muscular agregada**.

Nomenclatura muscular

Ao tentar aprender sobre os músculos esqueléticos, convém saber como eles se chamam. Os músculos normalmente são denominados de acordo com uma ou mais características distintas, como sua aparência visual, localização anatômica ou função. Eis alguns exemplos de denominação dos músculos esqueléticos:

Forma – deltoide, romboide.
Tamanho – glúteo máximo, redondo menor.
Número de divisões – tríceps braquial.
Direção das fibras – oblíquo externo do abdome.
Localização – reto femoral, palmar longo.
Pontos de conexão – coracobraquial, extensor longo do hálux, flexor longo dos dedos.
Ação – eretor da espinha, supinador, extensor do dedo mínimo.
Ação e forma – pronador quadrado.
Ação e tamanho – adutor magno.
Forma e localização – serrátil anterior.
Localização e inserção – braquiorradial.
Localização e número de divisões – bíceps femoral.

Nas discussões sobre os músculos, eles geralmente são agrupados para que o debate seja breve, e o entendimento, mais claro. A denominação dos grupos musculares segue um padrão semelhante. Eis alguns grupos de músculos formados de acordo com as diferentes lógicas de denominação:

Forma – redondo maior, reto do abdome.
Número de divisões – quadríceps, tríceps sural.

Localização – fibular, abdominal, cíngulo do membro superior.
Ação – flexores do quadril, manguito rotador.

As Figuras 2.1 e 2.2 ilustram o sistema muscular tanto por uma perspectiva superficial como por uma perspectiva profunda.

Os músculos mostrados nessas figuras e muitos outros serão estudados de forma mais detalhada à

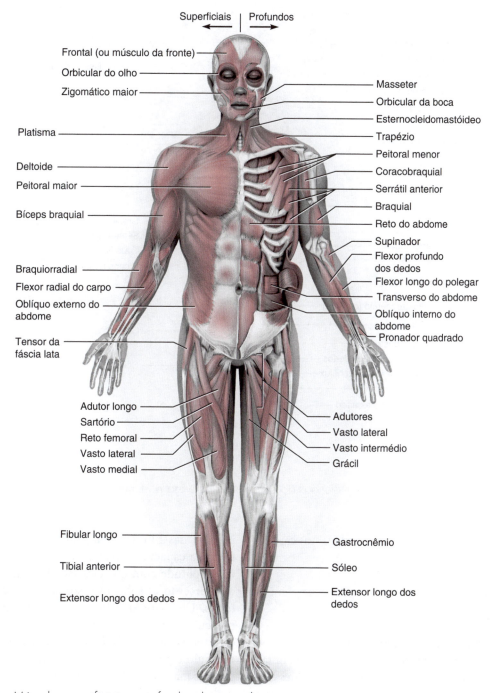

FIGURA 2.1 • Músculos superficiais e profundos do corpo humano, vista anterior.

38 Manual de cinesiologia estrutural

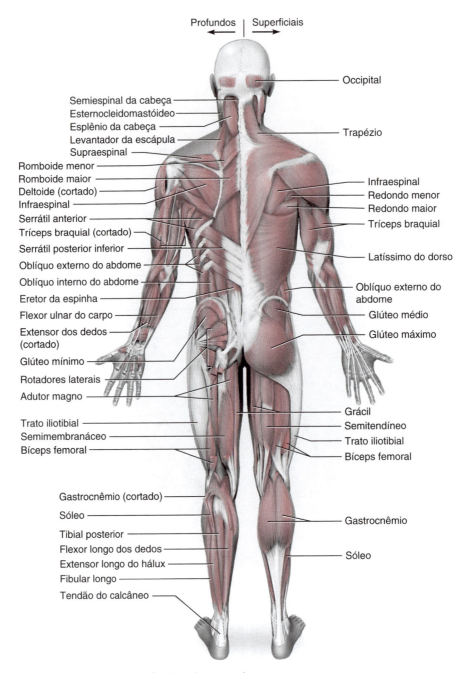

FIGURA 2.2 • Músculos superficiais e profundos do corpo humano, vista posterior.

medida que cada articulação for abordada nos capítulos seguintes.

Forma dos músculos e disposição das fibras

Os diversos músculos têm formas diferentes, e suas fibras podem se apresentar dispostas de distintas maneiras em relação umas às outras e aos tendões que as conectam aos ossos. A forma dos músculos e a disposição das fibras desempenham um papel importante na capacidade dos músculos de exercer força e na amplitude com que eles são efetivamente capazes de exercer força sobre os ossos aos quais estão conectados. Um fator que influencia essa capacidade do músculo é o seu diâmetro transversal. Supondo-se que todos os demais fatores sejam constantes, um músculo com maior diâmetro transversal é capaz de exercer mais força. Já um fator importante na capacidade do músculo de mover uma articulação com grande amplitude de movimento é a sua capacidade de se encurtar (contratilidade). Em geral, os músculos mais longos apresentam maior amplitude de contração e, consequentemente, são mais eficazes para movimentar as articulações com uma grande amplitude de movimento.

Essencialmente, todos os músculos esqueléticos podem ser agrupados de acordo com dois tipos principais de disposição de fibras, cada um subdividido de acordo com a forma.

As fibras dos músculos paralelos são organizadas paralelamente à extensão do músculo. Em geral, os músculos paralelos produzem maior amplitude de movimento do que os músculos de tamanho similar dispostos de forma penada. Os músculos paralelos são categorizados de acordo com as seguintes formas:

- Os músculos *lisos* normalmente são finos e largos, oriundos de aponeuroses em forma de lâminas planas, largas e fibrosas que lhes permitem distribuir suas forças por uma vasta área. O reto do abdome e o oblíquo externo são alguns exemplos.
- Os músculos *fusiformes* apresentam uma forma alongada com uma porção central volumosa que se afunila nas extremidades para formar os tendões, o que lhes permite concentrar a sua força em pequenos alvos ósseos. Os exemplos incluem os músculos braquial e braquiorradial.
- Os músculos *estriados* apresentam um diâmetro mais uniforme, com todas as suas fibras dispostas essencialmente de forma longa e paralela, o que também lhes permite uma concentração de forças em pequenos alvos ósseos. O músculo sartório é um exemplo.
- Os músculos *radiados*, às vezes, são descritos também como triangulares, em forma de leque ou convergentes. Eles apresentam uma disposição combinada de músculos lisos e fusiformes na medida em que se originam em forma de uma ampla superfície ou de uma aponeurose, depois convergindo para formar um tendão. Entre os exemplos estão os músculos peitoral maior e trapézio.
- Os músculos *esfíncteres* ou circulares são tecnicamente infinitos músculos estriados que circundam os orifícios existentes e funcionam de modo a fechá-los mediante contração. Um exemplo é o músculo orbicular da boca, que circunda a boca.

Os músculos peniformes possuem fibras mais curtas dispostas obliquamente aos seus tendões em uma estrutura semelhante à de uma pena. Essa disposição aumenta a área transversal do músculo, desse modo aumentando a sua capacidade de produção de força. Os músculos peniformes são categorizados com base na organização exata entre as fibras e o tendão da seguinte maneira:

- As fibras dos músculos *unipeniformes* correm obliquamente a partir de um tendão em um único lado. Os músculos bíceps femoral, extensor longo dos dedos e tibial posterior constituem alguns exemplos.
- As fibras dos músculos *bipeniformes* correm obliquamente a partir de um tendão central em ambos os lados, como o músculo reto femoral e flexor longo do hálux.
- Os músculos *multipeniformes* possuem vários tendões com fibras dispostas diagonalmente entre eles, como no caso do músculo deltoide.

Os músculos bipeniformes e unipeniformes são os que produzem as contrações mais fortes. A Tabela 2.1 ilustra as formas dos músculos e a disposição de suas fibras.

Propriedades dos tecidos musculares

O tecido musculoesquelético possui quatro propriedades relacionadas à sua capacidade de produzir força para a execução de movimentos em torno das articulações. A **irritabilidade** ou **excitabilidade** é a propriedade do músculo de reagir ou responder a estímulos químicos, elétricos ou mecânicos. Quando estimulado adequadamente, o músculo responde desenvolvendo tensão. A **contratilidade** é a capacidade do músculo de se contrair e desenvolver tensão ou força interna contra resistência quando estimulado. A capacidade do tecido muscular de desenvolver tensão ou se contrair é única, considerando-se que outros tecidos do corpo não apresentam essa propriedade. A **extensibilidade** é a capacidade do músculo de se alongar passivamente além de seu comprimento normal de repouso. O tríceps braquial, por exemplo, apresenta extensibilidade quando alongado além de seu comprimento normal de repouso por ação do bíceps braquial e outros flexores do cotovelo que se contraem para produzir a flexão total do cotovelo. A **elasticidade** é a capacidade do músculo de retornar ao seu comprimento normal de repouso depois de alongado. Continuando com o exemplo do cotovelo, o tríceps braquial apresenta elasticidade ao retornar ao seu comprimento original de repouso quando os flexores do cotovelo deixam de se contrair e relaxam.

TABELA 2.1 • Forma dos músculos e disposição das fibras musculares

Disposição das fibras	Vantagem	Forma	Aparência	Características/descrição	Exemplos
Paralela (fibras dispostas paralelamente à extensão do músculo)	Produz maior amplitude de movimento do que músculos peniformes de tamanho similar; longa excursão (longo curso de contração); boa resistência	Lisa		Normalmente finos e largos, oriundos de aponeuroses em forma de lâminas planas, largas e fibrosas que lhes permitem distribuir suas forças por uma vasta área	Reto do abdome, oblíquo externo
		Fusiforme	Tendão / Ventre / Tendão	Forma alongada com uma porção central volumosa (ventre) que se afunila nas extremidades para formar os tendões; capazes de concentrar sua força em pequenos alvos ósseos	Bíceps braquial, músculo braquial
		Estriada		Diâmetro mais uniforme, com todas as suas fibras dispostas essencialmente de forma longa e paralela; capazes de concentrar sua força em pequenos alvos ósseos	Sartório
		Radiada (triangular, em forma de leque, convergente)		Disposição combinada de músculos lisos e fusiformes; originários a partir de amplas aponeuroses, convergem para um único ponto de conexão por meio de um tendão	Peitoral maior, trapézio
		Esfíncter (circular)		Fibras dispostas concentricamente em torno de um orifício do corpo; tecnicamente, são infinitos músculos estriados que circundam os orifícios existentes e funcionam de modo a fechá-los mediante contração	Orbicular da boca, orbicular do olho
Peniforme (fibras mais curtas, dispostas obliquamente a seus tendões)	Produz força maior do que os músculos paralelos de igual tamanho em virtude do aumento da área de secção transversal; músculos fortes; excursão curta	Unipenada		Dispõe-se obliquamente a partir de um tendão em um único lado	Bíceps femoral, extensor longo dos dedos, tibial posterior
		Bipenada		Dispõe-se obliquamente a partir de um tendão central em ambos os lados	Reto femoral, flexor longo do hálux
		Multipenada		Vários tendões com fibras dispostas diagonalmente entre eles	Deltoide

Modificado de Saladin, KS: *Anatomy & physiology: the unity of form and function*, ed. 4, Nova York, 2007, McGraw-Hill; e Seeley RR, Stephens TD, Tate P: *Anatomy & physiology*, ed. 7, Nova York, 2008, McGraw-Hill.

Terminologia muscular

A localização dos músculos, suas inserções proximais e distais, e a sua relação com as articulações que eles atravessam são fundamentais para determinar os efeitos dos músculos sobre as articulações. Quando se trata dos movimentos do corpo, é necessário também conhecer determinados termos.

Intrínseco

Termo normalmente usado para designar os músculos que fazem parte ou pertencem exclusivamente à parte do corpo em que atuam. Os pequenos músculos intrínsecos encontrados inteiramente na mão são um exemplo. Ver página 197.

Extrínseco

Termo normalmente usado para designar os músculos que surgem ou se originam fora (em posição proximal) da parte do corpo em que atuam. Os músculos do antebraço conectados em posição proximal à porção distal do úmero e inseridos nos dedos são exemplos de músculos extrínsecos da mão. Ver o Capítulo 7.

Ação

Ação é o movimento específico da articulação resultante de uma contração concêntrica de um músculo que atravessa a articulação. Um exemplo é o bíceps braquial, que exerce a ação de flexão no cotovelo. Na maioria dos casos, uma determinada ação é causada por um grupo de músculos que trabalham juntos. Pode-se dizer que qualquer músculo do grupo produz a ação, embora esse normalmente seja um esforço de todo o grupo. Um determinado músculo pode produzir mais de uma ação na mesma articulação ou em uma articulação diferente, dependendo das características das articulações atravessadas pelo músculo e da localização exata do músculo e de suas inserções em relação à(s) articulação(ões).

Inervação

A inervação ocorre em um segmento do sistema nervoso responsável por produzir estímulo para as fibras de um músculo específico ou parte de um músculo. Um determinado músculo pode ser inervado por mais de um nervo, e um determinado nervo pode inervar mais de um músculo ou parte de um músculo.

Amplitude

A amplitude é a faixa de comprimento de uma fibra muscular entre os alongamentos máximo e mínimo.

Ventre muscular (ou corpo)

O **ventre muscular** é a parte carnosa central do músculo. Em geral, o diâmetro dessa porção contrátil do músculo aumenta à medida que o músculo se contrai.

Quando um determinado músculo se contrai, ele tende a tracionar ambas as extremidades em direção ao ventre, ou para o meio, do músculo. Consequentemente, se nenhum dos dois ossos aos quais o músculo está conectado estivesse estabilizado, ambos se movimentariam em direção um ao outro durante a contração. O caso mais comum, no entanto, é que um osso se apresenta mais estabilizado por diversos fatores, e, em consequência, o osso menos estabilizado normalmente se movimenta em direção ao mais estabilizado durante a contração.

Tendão

Os tendões são faixas duras, porém flexíveis, de tecido conjuntivo fibroso, geralmente com aparência de corda, que conectam os músculos aos ossos e outras estruturas. Por meio dessa conexão, os tendões transmitem aos ossos a força gerada pela contração dos músculos. Em alguns casos, dois músculos podem compartilhar um tendão comum, como o tendão do calcâneo dos músculos gastrocnêmio e sóleo. Em outros, pode haver diversos tendões conectando um músculo a um ou mais ossos, como as três inserções proximais do tríceps braquial.

Aponeurose

Aponeurose é uma expansão tendínea de tecido conjuntivo fibroso denso semelhante a uma lâmina ou uma fita e lembra um tendão achatado. As aponeuroses funcionam como uma fáscia de ligação entre os músculos ou como um meio de conexão entre os músculos e os ossos.

Fáscia

A fáscia é uma lâmina ou faixa de tecido conjuntivo fibroso que envolve, separa ou liga partes do corpo, como músculos, órgãos e outras estruturas de tecido mole. Em determinados locais do corpo, como em torno de articulações como o punho e o tornozelo, por exemplo, o tecido fascial forma um **retináculo** para manter os tendões próximos ao corpo.

Origem

Do ponto de vista estrutural, a conexão proximal de um músculo ou ponto de conexão mais próximo à linha mediana ou centro do corpo normalmente é considerada a origem. Do ponto de vista funcional ou histórico, a parte ou a conexão do músculo com menor mobilidade geralmente é considerada a origem.

Inserção

Estruturalmente, a conexão distal, ou a parte cujo ponto de conexão está mais afastado da linha mediana ou centro do corpo, é considerada a inserção. Do ponto de vista funcional e histórico, a parte com maior mobilidade geralmente é considerada a inserção.

Para exemplificar, no exercício de contração do bíceps, o músculo bíceps braquial do braço tem a sua origem na escápula (osso com menor mobilidade) e a sua inserção no rádio (osso com maior mobilidade). Em alguns movimentos, esse processo pode se inverter. Pode-se observar um exemplo dessa reversão no exercício de barra fixa pronada (*pull-up*), no qual o rádio se mantém relativamente estável e a escápula se movimenta para cima. Embora nesse exemplo o osso com maior mobilidade se inverta, a conexão proximal do bíceps braquial está sempre na escápula e continua sendo considerada a sua origem, enquanto a inserção permanece no rádio. O bíceps braquial seria um músculo extrínseco do cotovelo, enquanto o músculo braquial seria intrínseco ao cotovelo. Para cada músculo estudado, a origem e a inserção aparecem indicadas.

Tipos de contração muscular (ação)

Quando um músculo é tensionado em consequência de estímulo, ocorre uma contração. O termo *contração muscular* pode ser confuso, uma vez que, em alguns tipos de contração, o músculo não se contrai na acepção do termo *contração*. Consequentemente, é cada vez mais comum utilizar o termo *ações musculares* para designar os diversos tipos de contrações musculares.

As contrações musculares podem ser utilizadas para *gerar*, *controlar* ou *evitar* movimentos articulares. Em outras palavras, as contrações musculares podem ser utilizadas para acionar ou acelerar, para reduzir ou desacelerar ou para evitar os movimentos de um segmento do corpo por ação de forças externas. Todas as contrações ou ações musculares podem ser classificadas como isométricas ou isotônicas. Uma contração isométrica ocorre quando a tensão se desenvolve no interior do músculo, mas os ângulos de articulação permanecem constantes. As contrações isométricas podem ser consideradas como contrações **estáticas**, uma vez que um nível significativo de tensão ativa pode se desenvolver no músculo para manter o ângulo de articulação em uma posição relativamente estática ou estável. As contrações isométricas podem ser utilizadas para estabilizar um segmento do corpo e impedi-lo de ser movimentado por forças externas.

As contrações isotônicas envolvem o desenvolvimento de tensão muscular para gerar ou controlar movimentos articulares. Essas contrações podem ser consideradas **dinâmicas**, na medida em que os diferentes níveis de tensão ativa nos músculos provocam alterações nos ângulos de articulação ou controlam as mudanças dos ângulos de articulação causadas por forças externas. O tipo isotônico de contração muscular classifica-se ainda como concêntrico ou excêntrico, de acordo com o encurtamento ou alongamento ocorrido. As contrações concêntricas consistem no desenvolvimento de tensão muscular ativa, enquanto as contrações excêntricas envolvem o alongamento do músculo sob tensão ativa. Na Figura 2.3, *A*, *B*, *E* e *F* ilustram as contrações isotônicas, enquanto *C* e *D* demonstram as contrações isométricas.

É importante notar também que o movimento pode ocorrer em qualquer articulação sem que haja qualquer contração muscular. Esse tipo de movimento é conhecido como passivo e se deve exclusivamente à ação de forças externas, como aquelas aplicadas por outra pessoa, por um objeto ou pela força de resistência, ou, ainda, pela força da gravidade na presença de relaxamento do músculo.

Contração concêntrica

As contrações concêntricas envolvem o desenvolvimento de tensão muscular ativa à medida que o músculo se encurta e ocorrem quando o músculo desenvolve força suficiente para vencer a resistência aplicada. As contrações concêntricas podem ser consideradas geradoras de movimento contra a gravidade ou a força de resistência e são descritas como contrações positivas. A força desenvolvida pelo músculo é maior do que aquela da resistência, o que resulta na mudança do ângulo de articulação na direção da força muscular apli-

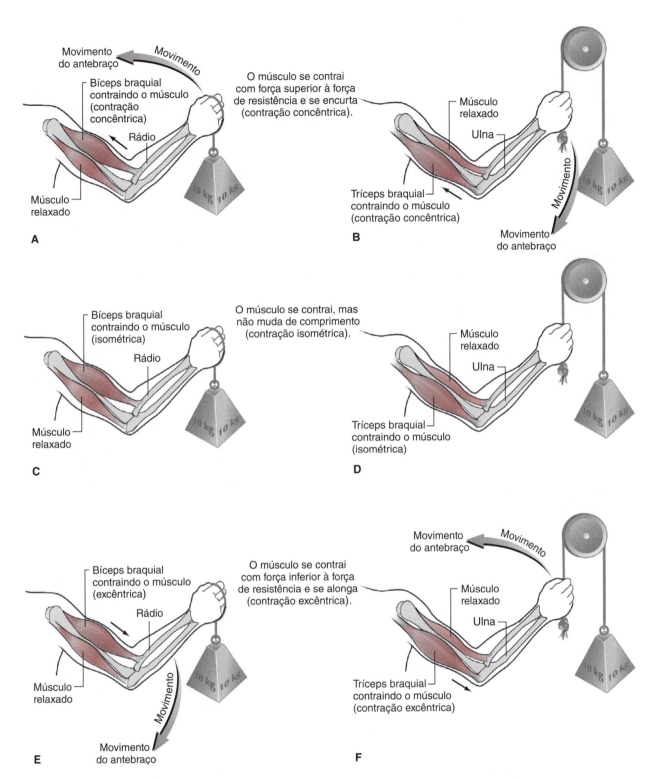

FIGURA 2.3 • Relação agonista-antagonista com contrações isotônicas e isométricas. **A**, O bíceps é agonista na flexão do cotovelo com uma contração concêntrica, e o tríceps é antagonista. **B**, O tríceps é agonista na extensão do cotovelo com uma contração concêntrica, e o bíceps é antagonista. **C**, O bíceps mantém o cotovelo em uma posição flexionada com uma contração isométrica, e o tríceps é antagonista. **D**, O tríceps mantém o cotovelo em uma posição flexionada com uma contração isométrica, e o bíceps é antagonista. **E**, O bíceps controla a extensão do cotovelo com uma contração excêntrica, e o tríceps é antagonista. **F**, O tríceps controla a flexão do cotovelo com uma contração excêntrica, e o bíceps é antagonista.

cada e faz com que a parte do corpo se mova contra a ação da gravidade ou das forças externas. Esse tipo de contração é utilizado para acelerar o movimento de um segmento do corpo, passando de uma velocidade mais baixa a uma velocidade mais elevada.

Contração excêntrica (ação muscular)

As contrações excêntricas envolvem o alongamento muscular sob tensão ativa e ocorrem quando o músculo diminui gradativamente a tensão de controle de redução da resistência. O peso, ou a resistência, pode ser considerado capaz de superar a contração muscular, mas não a ponto de o músculo não conseguir controlar o movimento descendente. As ações musculares excêntricas controlam o movimento com a gravidade ou a resistência e são descritas como contrações negativas. A força desenvolvida pelo músculo é menor do que a da resistência, o que resulta em uma alteração no ângulo de articulação na direção da força de resistência ou da força externa, permitindo que a parte do corpo se movimente sob a ação da força da gravidade ou de forças externas (resistência). As contrações excêntricas são utilizadas para desacelerar o movimento de um segmento do corpo, passando de uma velocidade mais elevada para uma velocidade mais baixa ou interrompendo o movimento de uma articulação que já se encontre em movimento. Como o músculo está se alongando, e não se encurtando, a mudança de terminologia relativamente recente de contração muscular para ação muscular está sendo cada vez mais aceita.

Diferenciação dos movimentos

Existe alguma confusão em relação aos movimentos do corpo e aos fatores que o afetam. O movimento articular pode ocorrer com grupos de músculos em um ou em ambos os lados da articulação sob contração ativa ou sem qualquer contração dos músculos. De modo semelhante, na ausência de movimento, pode ou não haver contração muscular, dependendo das forças externas que atuam sobre a articulação. Para aumentar ainda mais a confusão, vários termos e frases descritivas são utilizados por diversos especialistas para descrever esses fenômenos. A Tabela 2.2 é uma tentativa de oferecer uma explicação detalhada dos diversos tipos de contração e dos consequentes movimentos articulares, incluindo a terminologia variável utilizada para definir e descrever essas ações. O Apêndice 5 fornece um algoritmo que permite determinar se um músculo ou grupo de músculos está sob contração e, em caso afirmativo, o tipo de contração.

Diversos exercícios podem utilizar qualquer um ou todos esses tipos de contração para o desenvolvimento muscular. O desenvolvimento dos aparelhos de exercícios resultou em outro tipo de exercício muscular conhecido como **isocinética**. Essa modalidade não é outro tipo de contração, como erroneamente descrito por algumas autoridades, mas uma técnica específica que pode utilizar qualquer um ou todos os diferentes tipos de contração. A isocinética é um tipo de exercício dinâmico que normalmente utiliza as contrações musculares concêntricas e/ou excêntricas, nas quais a velocidade do movimento é constante e a contração muscular (de preferência, a contração máxima) ocorre ao longo do movimento. O Biodex, o Cybex e outros tipos de aparelhos são projetados para permitir esse tipo de exercício.

Os estudantes com uma boa formação em cinesiologia devem estar habilitados a prescrever exercícios e atividade para o desenvolvimento dos grandes músculos e dos grupos musculares do corpo humano. Eles devem ser capazes de ler a descrição de um exercício ou observar um exercício e imediatamente identificar os músculos mais importantes que estão sendo utilizados. Seguem-se os termos descritivos das funções musculares nos movimentos articulares.

Função dos músculos

Quando um músculo se contrai, ele simplesmente tenta tracionar os ossos aos quais ambas as suas extremidades estão conectadas entre si. Entretanto, isso não acontece de modo geral, porque um dos ossos normalmente é mais estável do que o outro. Consequentemente, o osso menos estável se movimenta em direção ao osso mais estável. Quando um músculo capaz de executar diversas ações se contrai, ele tenta executar todas as suas ações, a menos que outras forças, como aquelas produzidas por outros músculos, impeçam as ações indesejadas.

Agonistas (Figura 2.3)

Quando contraídos concentricamente, os músculos agonistas produzem um movimento articular em determinado plano de movimento. Qualquer músculo sob contração concêntrica que produz o mesmo movimento articular é um agonista para o movimento. Entretanto, alguns músculos, por causa de sua localização relativa, tamanho, comprimento ou capa-

TABELA 2.2 • Matriz de contrações e movimentos musculares

Fatores definitivos e descritivos	Tipo de contração (ação muscular)			Movimento sem contração
	Isométrica	Isotônica		
		Concêntrica	Excêntrica	
Comprimento do músculo agonista	Nenhuma alteração significativa	Encurtamento → ←	Alongamento ← →	Ditado exclusivamente pela força da gravidade e/ou forças externas
Comprimento do músculo antagonista	Nenhuma alteração significativa	Alongamento ← →	Encurtamento → ←	Ditado exclusivamente pela força da gravidade e/ou forças externas
Alterações no ângulo da articulação	Nenhuma alteração significativa	Na direção da força muscular aplicada	Na direção da força externa (resistência)	Ditado exclusivamente pela força da gravidade e/ou forças externas
Direção da parte do corpo	Contra objeto imóvel ou forças externas equiparadas (resistência)	Contra a força da gravidade e/ou outra força externa (resistência)	Com a força da gravidade e/ou outra força externa (resistência)	Compatível com a força da gravidade e/ou outras forças externas
Movimento	Impede o movimento; pressão (força) aplicada, mas sem movimento resultante	Produz movimento	Controla o movimento	Sem movimento ou movimento passivo por ação da gravidade e/ou de outras forças externas
Descrição	Estática; fixa	Encurtamento dinâmico; trabalho positivo	Alongamento dinâmico; trabalho negativo	Passivo; relaxamento
Força muscular aplicada *versus* resistência	Força = resistência	Força > resistência	Força < resistência	Ausência de força, somente resistência
Velocidade em relação à gravidade ou à força de resistência aplicada, incluindo as forças inerciais	Igual à velocidade da força de resistência aplicada	Mais rápida do que a inércia da resistência	Mais lenta do que a velocidade da gravidade ou das forças inerciais aplicadas	Compatível com a inércia das forças externas aplicadas ou a velocidade da gravidade
Aceleração/desaceleração	Aceleração zero	Aceleração ↗	Desaceleração ↘	Aceleração zero ou compatível com as forças externas aplicadas
Símbolo descritivo	(=)	(+)	(−)	(0)
Aplicação prática	Impede a produção de movimento por forças externas	Gera movimento ou acelera a taxa de movimento	Reduz a taxa de movimento ou interrompe o movimento, "freando a ação"	Movimento passivo produzido pela força da gravidade e/ou outras forças externas

cidade de geração de força, podem contribuir bem mais para os movimentos articulares do que outros agonistas. Esses músculos são conhecidos como **movimentadores primários** ou como os músculos mais envolvidos. Os músculos agonistas que contribuem significativamente menos para o movimento das articulações em geral são chamados de assistentes ou movimentadores assistentes. Não existe um consenso geral entre os especialistas em relação aos músculos que são movimentadores primários e aqueles que são movimentadores assistentes fracos. Este livro enfatizará os movimentadores primários. Os demais agonistas ou assistentes, quando indicados, serão designados como fracos contribuintes para o movimento envolvido. Os músculos posteriores da coxa (semitendíneo, semimembranáceo, bíceps femoral), sartório, grácil, poplíteo e gastrocnêmio são todos agonistas na flexão do joelho, mas a maioria dos cinesiologistas considera apenas os músculos posteriores da coxa como movimentadores primários.

Antagonistas (Figura 2.3)

Os músculos antagonistas executam a ação concêntrica oposta à dos agonistas. Chamados músculos contralaterais, os antagonistas estão localizados do lado oposto à articulação em relação aos agonistas e funcionam em cooperação com os músculos agonistas, relaxando e favorecendo os movimentos; mas quando contraídos concentricamente, eles executam o movimento articular oposto àquele do agonista. Utilizando o exemplo anterior, os músculos quadríceps são antagonistas dos músculos posteriores da coxa na flexão do joelho.

Estabilizadores

Os músculos estabilizadores circundam a articulação ou parte do corpo e contraem-se para fixar ou estabilizar a região em questão e permitir que outro membro ou segmento do corpo exerça força e se movimente. Conhecidos como fixadores, esses músculos são essenciais para criar uma base relativamente firme para o funcionamento das articulações mais distais durante a execução dos movimentos. Na contração do bíceps, por exemplo, os músculos da escápula e da articulação do ombro (glenoumeral) devem se contrair para manter o complexo do ombro e o úmero em uma posição relativamente estática para que o bíceps braquial possa executar as contrações com mais eficácia. Os antagonistas para cada movimento da articulação proximal se cocontraem ou se contraem uns contra os outros para impedir o movimento. Esse é um exemplo de estabilização proximal destinada a aumentar a eficácia dos movimentos da articulação distal, o que ocorre normalmente com o membro superior.

Sinergistas

Músculos que auxiliam na ação de um agonista, mas não são necessariamente movimentadores primários para a ação, conhecidos como músculos orientadores, auxiliam nos movimentos refinados e desprezam os movimentos indesejados. Os músculos sinergistas podem ser sinergistas auxiliares ou sinergistas verdadeiros. Os **sinergistas auxiliares** executam uma ação em comum, mas também ações antagonistas entre si. Eles ajudam outro músculo a movimentar a articulação da maneira desejada, impedindo, ao mesmo tempo, ações indesejadas. Um exemplo são as partes clavicular e espinal do deltoide. A parte clavicular atua como agonista na flexão do ombro, enquanto a parte espinal atua como extensora. Ajudando uma à outra, elas trabalham em sinergia com a parte acromial do deltoide para executar a abdução. Os **sinergistas verdadeiros** contraem-se para impedir uma ação articular indesejada do agonista e não têm efeito direto sobre a ação do agonista. Os extensores do punho fornecem sinergia verdadeira aos flexores dos dedos quando o indivíduo executa a ação de segurar um objeto. Os flexores dos dedos originários do antebraço e do úmero são agonistas tanto na flexão do punho como na flexão dos dedos. Os extensores do punho contraem-se para impedir que os flexores dos dedos flexionem o punho. Isso permite que os flexores dos dedos preservem mais o seu comprimento e, consequentemente, utilizem mais a sua força ao flexionar os dedos.

Neutralizadores

Os músculos neutralizadores contrabalançam ou neutralizam a ação de outros músculos para impedir movimentos indesejáveis, como, por exemplo, substituições musculares inadequadas. Eles se contraem para resistir a ações específicas de outros músculos. Por exemplo, quando se deseja apenas a ação de supinação do bíceps braquial, o tríceps braquial se contrai para neutralizar a ação de flexão do bíceps braquial. Observa-se outro exemplo na contração do bíceps, quando se deseja apenas a força de flexão do bíceps braquial. Ao se contrair, o bíceps braquial normalmente tenta flexionar o cotovelo e supinar o antebraço. Nesse caso, o pronador redondo se contrai para neutralizar o componente de supinação do bíceps.

Pares de forças

Os pares de força ocorrem quando duas ou mais forças puxam um objeto em diferentes direções, fazendo-o girar sobre o seu próprio eixo. A Figura 2.4, A ilustra um par de forças composto por uma mão de cada lado do volante de um automóvel. Uma das mãos puxa o volante para cima e para a direita, enquanto a outra mão o puxa para baixo e para a esquerda. A formação de pares de forças musculares no corpo pode resultar em um movimento mais eficiente. A Figura 2.4 B ilustra um par de forças em que a parte transversa do trapézio, sua parte ascendente e o serrátil anterior conectam-se a diferentes pontos da escápula. Cada músculo traciona a escápula a partir de uma direção diferente para produzir o resultado combinado da rotação ascendente. Outro exemplo de pares de forças ocorre quando se está em pé, posição em que os flexores do quadril (iliopsoas e reto femoral) são utilizados para puxar a parte frontal da pelve para baixo, e os eretores da espinha são utilizados para puxar a parte posterior da pelve para cima, resultando na rotação pélvica anterior (rotação medial).

Agrupamento das funções musculares

Quando um músculo com diversas ações agonistas se contrai, ele tenta executar todas as suas ações. Os músculos não conseguem determinar quais funções são adequadas para a tarefa em questão. As consequentes ações efetivamente executadas dependem de vários fatores, como as unidades motoras ativadas, a posição da articulação no momento da contração, os planos de movimento permitidos na articulação, o eixo de rotação possível na articulação, o comprimento do músculo e a contração relativa ou o relaxamento de outros músculos que atuam sobre a articulação. Em determinados casos, dois músculos podem trabalhar em sinergia neutralizando suas ações opostas para executar uma ação comum.

Conforme discutido anteriormente, os músculos agonistas são basicamente responsáveis por determinados movimentos, como aqueles de flexão do quadril e extensão do joelho quando se chuta uma bola. Nesse exemplo, os músculos posteriores da coxa são antagonistas e relaxam para permitir a execução do chute. Isso não significa que os demais músculos da região do quadril não participem do processo. A precisão do chute depende do envolvimento de muitos outros músculos. À medida que o membro inferior se movimenta para a frente, o seu curso e o subsequente ân-

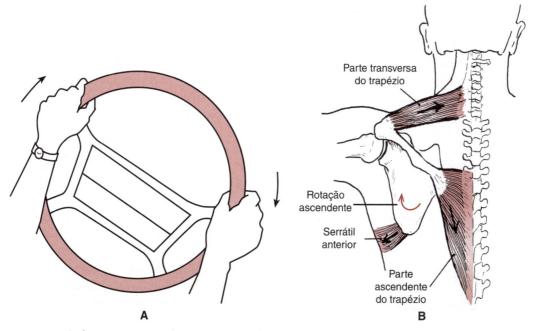

FIGURA 2.4 • Pares de forças. A, Quando uma pessoa dirige com as duas mãos, elas agem como um par de forças; B, Dois pares de forças atuam sobre a escápula para girá-la para cima. A parte transversa do trapézio e a parte inferior do serrátil anterior são excelentes exemplos. As partes transversa e ascendente do trapézio também tendem a atuar como um par de forças, embora não puxem em direções opostas.

gulo formado no ponto de contato dependem de um determinado grau de contração ou relaxamento relativo nos abdutores do quadril, nos adutores, nos rotadores internos e nos rotadores externos. Esses músculos agem de forma sinergística para orientar o membro inferior de maneira precisa. Ou seja, eles não são essencialmente responsáveis pela extensão do joelho e pela flexão do quadril, mas contribuem para a precisão do movimento total. Esses músculos orientadores ajudam a aprimorar o chute e evitam movimentos incomuns. Além disso, os músculos da parte contralateral do quadril e da região pélvica devem estar sob relativa tensão para ajudar a fixar ou estabilizar a pelve desse lado, a fim de mantê-la relativamente estável para que os flexores do quadril do lado envolvido possam se contrair contra ela. Ao chutar a bola, o pectíneo e o tensor da fáscia lata são adutores e abdutores, respectivamente, além dos flexores. As ações de adução e abdução são mutuamente neutralizadas, e a ação comum dos dois músculos resulta na flexão do quadril.

Do ponto de vista prático, não é essencial que as pessoas saibam a força exata exercida por cada um dos flexores do cotovelo – bíceps, bíceps braquial e braquiorradial – na barra fixa. É importante entender que esse grupo de músculos é o agonista ou o movimentador primário responsável pela flexão da articulação do cotovelo. Da mesma forma, é importante entender que esses músculos se contraem concentricamente quando o queixo é puxado à altura da barra e contraem-se excentricamente quando o corpo é abaixado devagar. Os músculos antagonistas produzem ações opostas àquelas do agonista. Por exemplo, os músculos que produzem a extensão da articulação do cotovelo são antagonistas dos músculos que produzem a flexão dessa articulação. É importante entender que é preciso prescrever exercícios específicos para o desenvolvimento de cada grupo de músculos antagonistas. O movimento de retorno à posição de corpo pendente na articulação do cotovelo após o exercício de barra fixa é a extensão da articulação do cotovelo, mas o tríceps e o ancôneo não estão se fortalecendo. Ocorre uma contração concêntrica dos flexores da articulação do cotovelo, seguida por uma contração excêntrica dos mesmos músculos.

Inversão da função muscular

Um grupo de músculos descrito como capaz de executar uma determinada função pode se contrair para controlar o movimento exatamente oposto. A Figura 2.3 *A* ilustra como o bíceps atua como um agonista ao se contrair concentricamente para flexionar o cotovelo. O tríceps age como antagonista para a flexão do cotovelo, e o pronador redondo é considerado um sinergista em relação ao bíceps nesse exemplo. Se o bíceps se alongasse lentamente para controlar a extensão do cotovelo, como na Figura 2.3 *E*, ele continuaria sendo o agonista, mas estaria se contraindo excentricamente. A Figura 2.3 *B* ilustra como o tríceps atua como um agonista ao se contrair concentricamente para estender o cotovelo. O bíceps é um antagonista para a extensão do cotovelo nesse exemplo. Se o tríceps se alongasse lentamente para controlar a flexão do cotovelo, como na Figura 2.3 *F*, ele continuaria sendo o agonista, mas estaria se contraindo excentricamente. Nesses dois exemplos, o deltoide, o trapézio e vários outros músculos do ombro servem de estabilizadores da região do ombro.

Determinação da ação muscular

Pode-se determinar a ação específica de um músculo por vários métodos, como linhas anatômicas de tração, dissecação anatômica, palpação, modelos, eletromiografia e estimulação elétrica.

Conhecendo a linha de tração de um músculo em relação a uma articulação, é possível determinar a ação do músculo na articulação. (Ver linhas de tração a seguir.) Embora não disponível para todos os estudantes, a dissecação de músculos e articulações em cadáveres é uma excelente maneira de compreender melhor a ação dos músculos.

Para a maioria dos músculos esqueléticos, a **palpação** é uma maneira muito útil de determinar a ação muscular, o que se faz utilizando o tato para sentir ou examinar um músculo durante a contração. A palpação é limitada aos músculos superficiais, mas é útil para se compreender melhor a mecânica das articulações. Podem-se utilizar modelos, como elásticos longos, para facilitar o entendimento das linhas de tração e para simular o alongamento ou o encurtamento dos músculos à medida que as articulações se movimentam em diversas amplitudes de movimento.

A eletromiografia (EMG) utiliza eletrodos de superfície que são colocados sobre o músculo ou finos eletrodos de fio/agulha que são inseridos no músculo. Quando a pessoa movimenta a articulação e contrai os músculos, a unidade de EMG detecta os potenciais de ação dos músculos e produz uma leitura eletrônica da intensidade e da duração da contração. A EMG é a forma mais precisa de detectar a presença e a extensão da atividade muscular.

A estimulação elétrica dos músculos é uma abordagem de certa forma inversa da eletromiografia. Em vez de utilizá-la para detectar a ação dos músculos, utiliza-se a eletricidade para produzir atividade muscular. Os eletrodos de superfície são colocados sobre o músculo e o estimulador faz com que o músculo se contraia. É possível então observar as ações da articulação para ver o efeito da contração muscular sobre ela.

Linhas de tração (Figura 2.5)

A combinação do conhecimento da configuração funcional e da classificação diartrodial de uma determinada articulação com o conhecimento da localização específica de uma unidade musculotendínea que atravessa uma articulação é extremamente útil para que se compreenda a sua ação sobre a articulação. Por exemplo, sabendo que o reto femoral tem a sua origem na porção anteroinferior da espinha ilíaca e a sua inserção na tuberosidade da tíbia através da patela, pode-se determinar que o músculo deve ter uma relação anterior com o joelho e o quadril. Combinando esse conhecimento com o entendimento de que ambas as articulações são capazes de executar movimentos no plano sagital, como flexão/extensão, é possível determinar então que, ao se contrair concentricamente, o reto femoral deve produzir a extensão do joelho e a flexão do quadril.

Além disso, sabendo que os músculos semitendíneo, semimembranáceo e bíceps femoral originam-se todos no túber isquiático, e que o semitendíneo e o semimembranáceo cruzam o joelho em sentido posteromedial antes de se inserirem na tíbia, mas que o bíceps femoral cruza o joelho posterolateralmente antes de se inserir na cabeça da fíbula, pode-se determinar que os três músculos têm uma relação posterior com o quadril e o joelho, o que lhes permite atuar como extensores do quadril e flexores do joelho por meio de contração concêntrica. O conhecimento específico das suas inserções distais e da capacidade do joelho de girar quando flexionado permite que se determine que os músculos semitendíneo e semimembranáceo produzam rotação medial, enquanto o músculo bíceps femoral produza rotação lateral. Sabendo que os eixos de rotação do joelho são apenas frontal e vertical, mas não sagital, é possível determinar que, embora os músculos semitendíneo e semimembranáceo possuam uma linha de tração posteromedial e o bíceps femoral tenha uma linha de tração posterolateral, eles não são capazes de gerar adução ou abdução do joelho, respectivamente.

É possível aplicar esse conceito também em sentido inverso. Por exemplo, se a única ação de um músculo, como o músculo braquial, que você conhecesse fosse a flexão do cotovelo, você conseguiria determinar que a sua linha de tração deve ser anterior à articulação. Além disso, você saberia que a origem do músculo braquial deve estar localizada em algum ponto na parte anterior do úmero, e a sua inserção, em algum ponto da face anterior da ulna.

Ao estudar os movimentos do corpo, considere os seguintes fatores e suas relações para adquirir um entendimento mais completo.

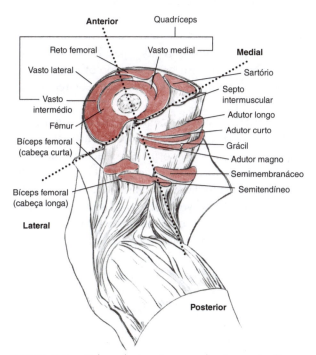

FIGURA 2.5 • Linhas de tração em relação ao joelho esquerdo. O bíceps femoral com uma relação posterolateral possibilita girar o joelho lateralmente; os músculos semitendíneo e semimembranáceo têm uma relação posteromedial que lhes permite girar o joelho medialmente; os músculos posteriores da coxa (bíceps femoral, semitendíneo e semimembranáceo) têm uma relação posterior que lhes permite flexionar o joelho; e os músculos quadríceps têm uma relação anterior que lhes permite estender o joelho.

1. A localização exata dos pontos de referência ósseos aos quais os músculos estão ligados proximal e distalmente e sua relação com as articulações.
2. Os planos de movimento pelos quais uma articulação é capaz de se movimentar.
3. A posição do músculo ou da linha de tração em relação aos eixos de rotação da articulação.

4. À medida que a articulação se movimenta em uma determinada amplitude de movimento, a capacidade da linha de tração de um músculo específico de mudar e até mesmo levar a uma ação diferente ou oposta daquela executada na posição original.
5. O efeito potencial da contração ou do relaxamento relativo de outros músculos sobre a capacidade de um determinado músculo de gerar movimento.
6. O efeito do comprimento relativo de um músculo sobre a sua capacidade de gerar força (ver relação tensão-comprimento muscular, p. 60, e insuficiência ativa e passiva, p. 65).
7. O efeito da posição de outras articulações sobre a capacidade de um músculo biarticular ou multiarticular de gerar força ou permitir alongamento (ver músculos uniarticulares, biarticulares e multiarticulares, p. 64).

Controle neural de movimentos voluntários

Quando discutimos a atividade muscular, devemos, na realidade, tratá-la como atividade neuromuscular, uma vez que os músculos não podem ser ativos sem a inervação. Todo movimento voluntário é resultante do funcionamento conjunto dos sistemas muscular e nervoso. Toda contração muscular acontece em decorrência de estimulação do sistema nervoso. Em última análise, toda fibra muscular é inervada por um neurônio motor somático, que, sob o estímulo adequado, resulta em uma contração muscular. Dependendo de vários fatores, esse estímulo pode ser processado em diversos graus em diferentes níveis do **sistema nervoso central (SNC)**. Para os fins desta discussão, pode-se dividir o SNC em cinco níveis de controle. Relacionados em ordem do nível de controle mais geral e da localização no plano mais elevado para o nível de controle mais específico e o plano de localização mais inferior, esses níveis são o córtex cerebral, os núcleos da base, o cerebelo, o tronco encefálico e a medula espinal.

O **córtex cerebral**, o nível mais elevado de controle, permite a produção de movimentos voluntários como ação agregada, mas não como atividade muscular específica. Nesse caso, interpretam-se até certo ponto também os estímulos sensoriais produzidos pelo corpo para determinar as respostas necessárias.

No nível seguinte, os **núcleos da base** controlam a manutenção das posturas e do equilíbrio e os movimentos aprendidos, como dirigir um automóvel, por exemplo. Nesse caso, controla-se a integração sensorial para o equilíbrio e as atividades rítmicas.

O **cerebelo** é um importante integrador dos impulsos sensoriais e fornece *feedback* em relação aos movimentos; controla o tempo e a intensidade da atividade muscular para auxiliar no aprimoramento dos movimentos.

Em seguida, o **tronco encefálico** integra toda a atividade do sistema nervoso central por meio da estimulação e da inibição das ações e funções neuromusculares desejadas no sentido de estimular ou manter um estado vigilante.

Por fim, a **medula espinal** é a via comum entre o SNC e o **sistema nervoso periférico (SNP)**, que contém todos os demais nervos do corpo; exerce o controle mais específico e integra diversos reflexos espinais simples e complexos, bem como as atividades cortical e dos núcleos da base.

Do ponto de vista funcional, pode-se dividir o SNP em divisões sensoriais e motoras. Os nervos sensoriais ou **nervos aferentes** trazem os impulsos dos receptores existentes na pele, nas articulações, nos músculos e em outras regiões periféricas do corpo para o SNC, enquanto os nervos motores ou **nervos eferentes** transmitem os impulsos para as regiões remotas do corpo.

Os nervos vertebrais, ilustrados na Figura 2.6, também fornecem função motora e sensorial às suas respectivas regiões do corpo e são denominados de acordo com os locais de onde saem da coluna vertebral. De cada lado da coluna vertebral, existem 8 nervos cervicais, 12 nervos torácicos, 5 nervos lombares, 5 nervos sacrais e 1 nervo coccígeo. Os nervos cervicais 1 a 4 formam o plexo cervical, geralmente responsável pela sensação da parte superior dos ombros até as partes posterior da cabeça e frontal do pescoço. O plexo cervical fornece inervação motora a vários músculos do pescoço. Os nervos cervicais 5 a 8, juntamente com o nervo torácico 1, formam o plexo braquial, que proporciona função motora e sensorial ao membro superior e à maior parte da escápula. Os nervos torácicos 2 a 12 correm diretamente para locais anatômicos específicos no tórax. Os nervos lombares, sacrais e coccígeos em conjunto formam o plexo lombossacral, que fornece função sensorial e motora à parte inferior do tronco e a todo o membro inferior e ao períneo.

Um dos aspectos da função sensorial dos nervos espinais consiste em fornecer *feedback* ao SNC em relação à sensação cutânea. Uma área definida da pele

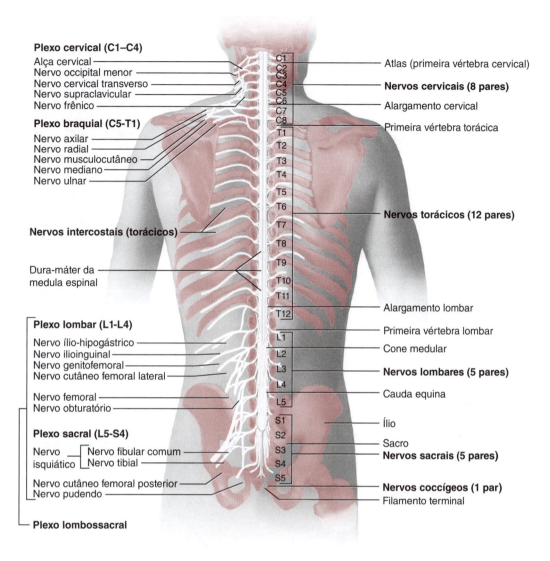

FIGURA 2.6 • Raízes e plexos dos nervos espinais.

suprida por um nervo espinal específico é conhecida como **dermátomo** (Fig. 2.7). No que diz respeito à função motora dos nervos espinais, um **miótomo** é definido como um músculo ou grupo de músculos supridos por um nervo espinal específico. Determinados nervos espinais são responsáveis também pelos reflexos. A Tabela 2.3 resume as funções específicas dos nervos espinais.

As unidades funcionais básicas do sistema nervoso responsáveis por gerar e transmitir impulsos são as células nervosas conhecidas como **neurônios**. Os neurônios consistem em um **corpo celular do neurônio**; um ou mais prolongamentos ramificados conhecidos como **dendritos**, que transmitem impulsos para o neurônio e o corpo celular; e um **axônio**, uma projeção alongada que transmite impulsos a partir dos corpos celulares neuronais. Como mostra a Figura 2.8, os neurônios são classificados em três tipos, de acordo com a direção em que transmitem impulsos. Os **neurônios sensoriais** transmitem impulsos à medula espinal e ao cérebro a partir de todas as partes do corpo, enquanto os **neurônios motores** transmitem impulsos a partir do cérebro e da medula espinal para os tecidos musculares e glandulares. Os **interneurônios** são neurônios centrais ou conectores que conduzem impulsos dos neurônios sensoriais para os neurônios motores.

Propriocepção e cinestesia

A realização de diversas atividades depende significativamente do *feedback* neurológico do corpo. Simplesmente, utilizamos os diversos sentidos para deter-

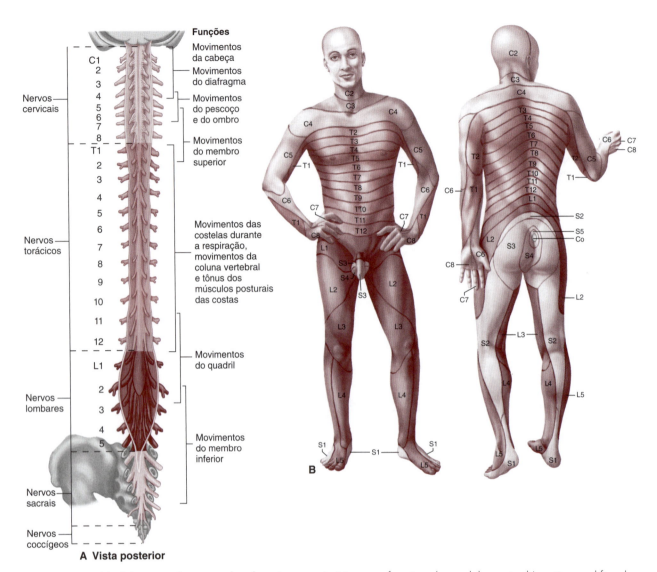

FIGURA 2.7 • Medula espinal e mapa dos dermátomos. **A**, Nervos e funções da medula espinal (regiões codificadas por cores). **B**, As letras e números indicam os nervos espinais que inervam uma determinada região cutânea.

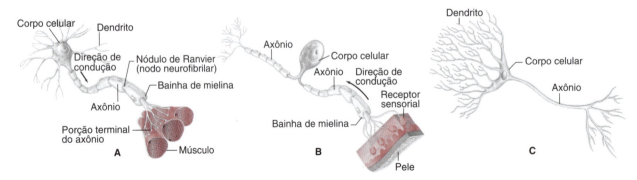

FIGURA 2.8 • Anatomia neuronal. **A**, Neurônio motor. Observe os dendritos ramificados e um único axônio longo, que se ramifica somente próximo à sua extremidade; **B**, Neurônio sensorial com estruturas dentríticas que se projetam a partir da extremidade periférica do axônio; **C**, Interneurônio (originário do córtex do cerebelo) com dendritos altamente ramificados.

TABELA 2.3 • Dermátomos, miótomos, reflexos e aplicações funcionais das raízes nervosas espinais

	Raiz nervosa	Inervação aferente do dermátomo (sensorial)	Inervação eferente do miótomo (motora)	Reflexos	Aplicação funcional
Plexo cervical	C1	Toque: vértice do crânio	Músculos da região superior do pescoço	Nenhum	Flexão e extensão da cabeça
	C2	Toque: têmpora, testa, região occipital	Músculos da região superior do pescoço	Nenhum	Sensação transmitida à parte posterior da orelha e do crânio Movimentos da cabeça e da região cervical superior
	C3	Toque: todo o pescoço, parte posterior da face, região temporal, região sob a mandíbula	Trapézio, esplênio, músculos da cabeça	Nenhum	Retração da escápula, extensão do pescoço Sensação transmitida à região da face e à lateral do pescoço
	C4	Toque: região do ombro, da clavícula e da parte superior da escápula	Trapézio, levantador da escápula	Nenhum	Retração e elevação da escápula Sensação transmitida à clavícula e à parte superior da escápula
Plexo braquial	C5	Toque: região do deltoide, face anterior de todo o braço até a base do polegar	Supraespinal, infraespinal, deltoide, bíceps braquial	Bíceps braquial	Abdução do ombro Sensação transmitida à face lateral do braço e do cotovelo
	C6	Toque: parte anterior do braço, face radial da mão até os dedos polegar e indicador	Bíceps, supinador, extensores do punho	Bíceps braquial, braquiorradial	Flexão do cotovelo, extensão do punho Sensação transmitida à face lateral do antebraço, incluindo os dedos polegar e indicador
	C7	Toque: face lateral do braço e do antebraço até os dedos indicador, médio e anelar	Tríceps braquial, flexores do punho	Tríceps braquial	Extensão do cotovelo, flexão do punho Sensação transmitida à porção central da face anterior do antebraço e ao dedo médio
	C8	Toque: face medial do antebraço até os dedos anelar e mínimo	Desviadores ulnares, extensores do polegar, adutores do polegar (raramente tríceps)	Nenhum	Desvio ulnar do punho, extensão do polegar Sensação transmitida às regiões posterior do cotovelo e medial do antebraço até os dedos mínimos
	T1	Toque: parte medial do braço e do antebraço até o punho	Músculos intrínsecos da mão, exceto o oponente do polegar e o abdutor curto do polegar	Nenhum	Abdução e adução dos dedos Sensação transmitida à região medial do braço e do cotovelo
Torácico	T2	Toque: face medial da parte superior do braço até as regiões medial do cotovelo, peitoral e mediana da escápula	Músculos intercostais	Nenhum	Sensação transmitida às regiões medial do braço, superior do tórax e mediana da escápula
	T3-T12	Toque: T3-T6, parte superior do tórax; T5-T7, margem costal; T8-T12, abdome e região lombar	Músculos intercostais/ músculos abdominais	Nenhum	Sensação transmitida ao tórax, ao abdome e à parte inferior das costas

(continua)

TABELA 2.3 • Dermátomos, miótomos, reflexos e aplicações funcionais das raízes nervosas espinais *(continuação)*

	Raiz nervosa	Inervação aferente do dermátomo (sensorial)	Inervação eferente do miótomo (motora)	Reflexos	Aplicação funcional
Plexo lombossacral	L1	Toque: parte inferior do abdome, virilha, região lombar da 2ª à 4ª vértebras, faces superior e externa dos glúteos	Quadrado do lombo	Nenhum	Sensação transmitida à parte inferior das costas, acima do trocânter e da virilha
	L2	Toque: região lombar inferior, região superior dos glúteos e face anterior da coxa	Iliopsoas, quadríceps	Nenhum	Flexão do quadril Sensação transmitida às costas e à região frontal da coxa até o joelho
	L3	Toque: face medial da coxa até o joelho, face anterior do terço inferior da coxa logo abaixo da patela	Psoas, quadríceps	Patela ou extensores do joelho	Flexão do quadril e extensão do joelho Sensação transmitida às costas e regiões superior dos glúteos, anterior da coxa e do joelho, e medial inferior da perna
	L4	Toque: face medial da parte inferior da perna e pé, borda interna do pé, hálux	Tibial anterior, extensor longo do hálux e dos dedos, fibulares	Patela ou extensores do joelho	Dorsiflexão do tornozelo, inversão transversa do tarso/subtalar Sensação transmitida às regiões medial dos glúteos, lateral da coxa e medial da perna, ao dorso do pé, ao hálux
	L5	Toque: borda lateral da perna, superfície anterior da parte inferior da perna, dorso do pé até os três artelhos do meio	Extensor longo do hálux e dos dedos, fibulares, glúteos máximo e médio, dorsiflexores	Nenhum	Extensão do hálux, eversão transversa do tarso/subtalar Sensação transmitida à parte superior lateral da perna, à superfície anterior da parte inferior da perna, aos três artelhos do meio
	S1	Toque: face posterior do quarto inferior da perna, face posterior do pé, incluindo o calcanhar, a borda lateral e a planta do pé	Gastrocnêmio, sóleo, glúteos máximo e médio, músculos posteriores da coxa, fibulares	Reflexo do tendão do calcâneo	Flexão plantar do tornozelo, flexão do joelho, eversão transversa do tarso/subtalar Sensação transmitida à lateral da perna, à lateral do pé, aos dois artelhos laterais, à face plantar do pé
	S2	Toque: faixa central posterior da perna, descendo desde abaixo da prega glútea até ¾ da superfície da perna	Gastrocnêmio, sóleo, glúteo máximo, músculos posteriores da coxa	Nenhum	Flexão plantar do tornozelo e dos artelhos Sensação transmitida à parte posterior da coxa e à região superior posterior da perna
	S3	Toque: virilha, parte medial da coxa até o joelho	Músculos intrínsecos dos pés	Nenhum	Sensação transmitida à virilha e à região adutora
	S4	Toque: períneo, genitália, porção inferior do sacro	Bexiga, reto	Nenhum	Controle urinário e intestinal Sensação transmitida à região selar, à genitália e ao ânus

minar uma resposta ao nosso ambiente, como quando usamos a visão para saber quando erguer a mão para agarrar uma bola em movimento, por exemplo. Estamos familiarizados com os sentidos do olfato, tato, visão, audição e paladar. Conhecemos também outras sensações como dor, pressão, calor e frio, mas geralmente não damos importância ao *feedback* sensorial fornecido pelos proprioceptores durante a atividade neuromuscular. Os proprioceptores são receptores internos localizados na pele, nas articulações, nos músculos e nos tendões que fornecem *feedback* em relação ao estado de tensão, extensão e contração dos músculos, à posição do corpo e dos membros, e aos movimentos das articulações. Esses proprioceptores, combinados a outros órgãos sensoriais do corpo, são vitais na **cinestesia**, o conhecimento consciente da posição e movimentação do corpo no espaço. Por exemplo, em pé sobre uma perna com o joelho do outro lado flexionado, você não precisa olhar para a perna que não está apoiando o peso para saber aproximadamente quantos graus você pode flexioná-la. Os proprioceptores existentes dentro e em torno do joelho fornecem informações para que você esteja cinestesicamente ciente da posição do seu joelho. Os fusos musculares e os órgãos tendinosos de Golgi (OTG) são proprioceptores específicos para os músculos, enquanto os corpúsculos de Meissner, os corpúsculos de Ruffini, os corpúsculos de Pacini e os bulbos terminais de Krause são proprioceptores específicos para as articulações e a pele.

Enquanto a cinestesia diz respeito ao conhecimento consciente da posição do corpo, a **propriocepção** é o mecanismo subconsciente pelo qual o corpo é capaz de regular a postura e os movimentos respondendo aos estímulos originários dos proprioceptores existentes nas articulações, nos tendões, nos músculos e no ouvido interno. Quando pisamos inesperadamente sobre uma superfície desnivelada ou instável, temos uma boa propriocepção de que os músculos de nosso membro inferior podem responder com muita rapidez, contraindo-se adequadamente para evitar uma queda ou lesão. Essa resposta protetora do corpo ocorre sem que tenhamos tempo de tomar uma decisão consciente sobre como responder.

Os fusos musculares (Fig. 2.9), concentrados basicamente no ventre muscular entre as fibras, são sensíveis ao alongamento e à taxa de alongamento. Eles estão inseridos especificamente no tecido conjuntivo dos músculos e correm paralelamente às fibras musculares. O número de fusos existentes em um determinado músculo varia de acordo com o nível de controle necessário para a região em questão. Consequente-

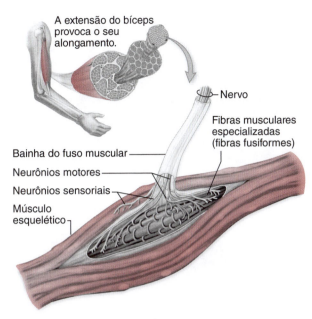

FIGURA 2.9 • Fusos musculares.

mente, a concentração de fusos musculares nas mãos é muito maior do que na coxa.

Quando ocorre um alongamento rápido, o sistema nervoso central recebe um impulso e ativa os neurônios motores do músculo, que se contrai. Todos os músculos possuem esse **reflexo miotático** ou de **alongamento**, mais notável, no entanto, nos músculos extensores dos membros. O reflexo do joelho ou reflexo do tendão patelar é um exemplo, como mostra a Figura 2.10. Ao atingir o tendão patelar, o martelo de reflexos provoca um rápido alongamento da unidade musculotendínea do quadríceps. Em resposta, o quadríceps é acionado e o joelho se estende. Até certo ponto, quanto mais brusca a pancadinha do martelo, mais significativa é a contração reflexiva. Um exemplo mais prático envolve a manutenção da postura, como quando um aluno começa a cochilar em sala de aula. Quando a cabeça começa a pender para a frente, os músculos extensores do pescoço sofrem um alongamento repentino que ativa os fusos musculares e acaba resultando em um brusco solavanco de volta para uma posição estendida.

Pode-se utilizar o reflexo de alongamento produzido pelo fuso muscular para facilitar uma resposta maior, como no caso de um rápido e breve agachamento antes de tentar dar um salto. O rápido alongamento imposto aos músculos no agachamento permite que os mesmos músculos gerem mais força no salto subsequente.

Os órgãos tendinosos de Golgi (Fig. 2.11), localizados de forma seriada no tendão próximo à junção

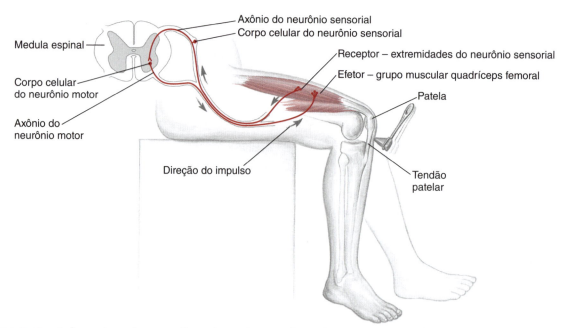

FIGURA 2.10 • Reflexo do joelho, ou reflexo do tendão patelar. A brusca percussão do tendão patelar provoca um rápido alongamento do quadríceps, ativando o fuso muscular. As informações relacionadas ao alongamento são enviadas através do axônio do neurônio sensorial para a medula espinal, onde ocorre a sinapse com o neurônio motor que, por sua vez, transmite através de seu axônio uma resposta motora para que o quadríceps se contraia.

1. Os órgãos tendinosos de Golgi detectam a tensão aplicada a um tendão.
2. Os neurônios sensoriais conduzem potenciais de ação para a medula espinal.
3. Os neurônios sensoriais formam sinapses com os interneurônios inibidores que, por sua vez, formam sinapses com os neurônios motores alfa.
4. A inibição dos neurônios motores alfa provoca o relaxamento muscular, aliviando a tensão aplicada ao tendão.

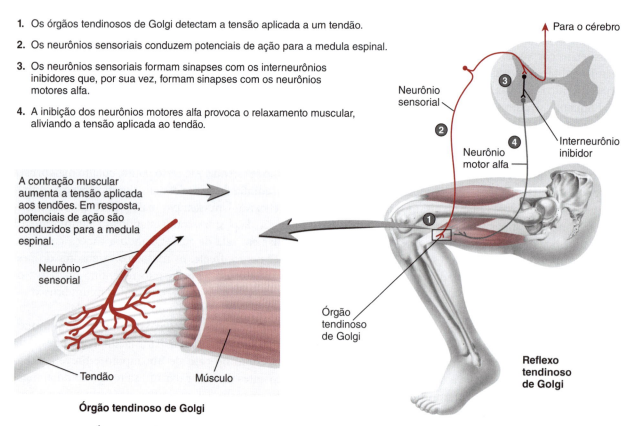

FIGURA 2.11 • Órgão tendinoso de Golgi. Os órgãos tendinosos de Golgi encontram-se localizados de forma seriada com os músculos e servem de "monitores de tensão" que agem como um dispositivo de proteção para os músculos.

musculotendínea, são continuamente sensíveis tanto à tensão muscular como à contração ativa. O OTG é muito menos sensível ao alongamento do que os fusos musculares e requer um alongamento mais vigoroso para ser ativado. A tensão gerada nos tendões e, consequentemente, no OTG aumenta à medida que o músculo se contrai, ativando, por sua vez, o OTG. Quando o OTG alcança o seu limite máximo de alongamento, um impulso é enviado ao SNC, o que, por sua vez, permite que o músculo relaxe e facilita a ativação dos antagonistas como mecanismo de proteção. Ou seja, por meio desse reflexo de alongamento inverso, o OTG nos protege de uma contração excessiva na medida em que permite que os músculos por ele supridos relaxem. Por exemplo, quando um levantador de peso tenta erguer uma carga muito pesada na contração do bíceps e atinge o ponto de sobrecarga extrema, o OTG é ativado, o bíceps relaxa repentinamente, e o tríceps se contrai. Daí a impressão de que o levantador está jogando o peso no chão.

Os corpúsculos de Pacini, concentrados em torno das cápsulas articulares, dos ligamentos e das bainhas dos tendões e embaixo da pele, são ativados por rápidas alterações no ângulo articular e pelas mudanças de pressão que afetam a cápsula. Essa ativação dura pouco tempo e não é eficaz para a detecção de uma pressão constante. Os corpúsculos de Pacini são úteis para fornecer *feedback* sobre a localização de uma parte do corpo no espaço após movimentos rápidos, como correr ou saltar.

Os corpúsculos de Ruffini, localizados nas camadas profundas da pele e na cápsula articular, são ativados por movimentos articulares fortes e bruscos, bem como por mudanças de pressão. Comparados aos corpúsculos de Pacini, eles reagem de forma mais lenta às mudanças de pressão, mas a sua ativação é contínua desde que a pressão seja mantida. Os corpúsculos de Ruffini são essenciais para detectar até mesmo as menores alterações na posição das articulações e fornecer informações sobre o ângulo articular exato.

Os corpúsculos de Meissner e os bulbos terminais de Krause, localizados na pele e nos tecidos subcutâneos, são importantes para a recepção de estímulos táteis, mas não são tão relevantes para a nossa discussão sobre cinestesia. A Tabela 2.4 contém mais comparações entre os receptores sensoriais.

A qualidade dos movimentos e a maneira como reagimos às mudanças de posição dependem muito do

TABELA 2.4 • Receptores sensoriais

Receptores	Sensibilidade	Localização	Resposta
Fusos musculares	Sensação muscular subconsciente, alterações no comprimento do músculo	Nos músculos esqueléticos, entre as fibras musculares – paralelamente às fibras	Iniciam a contração rápida do músculo estendido Inibem o desenvolvimento de tensão nos músculos antagonistas
Órgãos tendinosos de Golgi	Sensação muscular subconsciente, alterações no nível de tensão muscular	Nos tendões, próximo à junção musculotendínea, em série com as fibras musculares	Inibem o desenvolvimento de tensão nos músculos estendidos Iniciam o desenvolvimento de tensão nos músculos antagonistas
Corpúsculos de Pacini	Rápidas alterações nos ângulos articulares, pressão, vibração	Tecidos subcutâneo, submucoso e subseroso em torno das articulações e da genitália externa, glândulas mamárias	Fornecem *feedback* em relação à localização da parte do corpo no espaço após movimentos rápidos
Corpúsculos de Ruffini	Movimentos vigorosos e bruscos das articulações, toque, pressão	Pele e tecido subcutâneo dos dedos, fibras colagenosas da cápsula articular	Fornecem *feedback* em relação ao ângulo articular exato
Corpúsculos de Meissner	Toque suave, vibração	Na pele	Fornecem *feedback* em relação ao toque, discriminação entre dois pontos
Bulbos terminais de Krause	Toque, alterações térmicas	Pele, tecido subcutâneo, mucosa dos lábios e das pálpebras dos olhos, genitália externa	Fornecem *feedback* em relação ao toque

feedback proprioceptivo dos músculos e articulações. Assim como os demais fatores envolvidos na movimentação do corpo, a propriocepção pode melhorar por meio de treinamento específico que utilize intensamente os proprioceptores, como os exercícios de equilíbrio e as atividades funcionais. Tentar manter o equilíbrio sobre uma perna só, primeiro com os olhos abertos e sobre uma superfície nivelada, pode servir como uma atividade proprioceptiva inicial de nível básico, que pode acabar evoluindo para um nível mais elevado, como equilibrar-se sobre uma superfície desnivelada e instável com os olhos fechados. Existem várias outras atividades proprioceptivas limitadas apenas pela imaginação e pelo nível de propriocepção.

Conceitos neuromusculares

Unidades motoras e o princípio do tudo ou nada

Cada célula muscular está ligada a um neurônio motor na **junção neuromuscular**. Uma **unidade motora**, ilustrada na Figura 2.12, consiste em um único neurônio motor e todas as fibras musculares por ele inervadas. As unidades motoras funcionam como uma única unidade. Quando um determinado músculo se contrai, a contração, na verdade, ocorre no nível das fibras musculares contidas em uma determinada unidade motora. Em uma contração muscular normal, o número de unidades motoras que respondem e, consequentemente, o número de fibras musculares que se contraem no interior do músculo pode variar de modo significativo – de relativamente poucas a quase todas as fibras – dependendo do número de fibras contido em cada unidade motora ativada e do número de unidades motoras ativadas (Fig. 2.13). Independentemente do número envolvido, as fibras musculares individuais contidas em uma determinada unidade motora são acionadas, sofrendo contração máxima ou nenhuma contração. É o chamado princípio do **tudo ou nada**.

Tipos de fibras musculares

A maioria das pessoas concorda que os seres humanos possuem três tipos de fibras musculares – dois subtipos de fibras rápidas conhecidos como tipo IIa e tipo IIb (mais recentemente denominados tipo IIx), e uma fibra lenta conhecida como tipo I. As fibras rápidas são capazes de produzir níveis mais elevados de força em virtude de uma maior velocidade de encur-

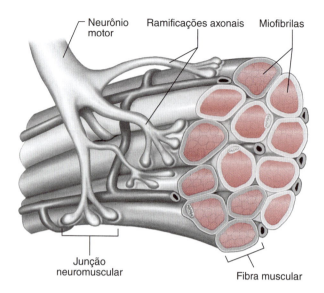

FIGURA 2.12 • Unidade motora. Uma unidade motora consiste em um único neurônio motor e todas as fibras musculares inervadas por suas ramificações.

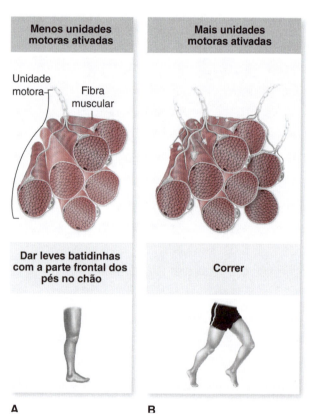

FIGURA 2.13 • O número e o tamanho das unidades motoras. **A**, As contrações musculares precisas exigem unidades motoras menores; **B**, Os movimentos dos músculos grandes requerem unidades motoras maiores.

tamento, mas sofrem fadiga mais rapidamente do que as fibras lentas. As fibras musculares lentas são mais resistentes à fadiga, mas em geral produzem menos tensão do que as fibras rápidas.

Fatores que afetam o desenvolvimento da tensão muscular

A diferença entre um determinado músculo que se contrai para erguer uma carga mínima e o mesmo músculo que se contrai para erguer uma carga máxima está no número de fibras musculares recrutado. Esse número pode aumentar com a ativação daquelas unidades motoras que contêm um grande número de fibras, a ativação de mais unidades motoras ou o aumento da frequência de ativação das unidades motoras. O número de fibras musculares por unidade motora varia significativamente, de menos de 10 nos músculos que exigem uma resposta muito precisa e detalhada, como os músculos do olho, a alguns milhares nos grupos dos músculos grandes, como o quadríceps, que realizam atividades menos complexas.

Além disso, o recrutamento de unidades motoras que contêm fibras musculares rápidas é útil para o desenvolvimento de maiores níveis de tensão. Por fim, o recrutamento de fibras com o comprimento ideal pode ajudar a gerar maiores níveis de tensão muscular. O desenvolvimento da tensão é minimizado nas fibras musculares encurtadas para cerca de 60% de seu comprimento de repouso, e as fibras alongadas além de 130% de seu comprimento de repouso têm a sua capacidade de desenvolvimento de tensão significativamente comprometida. (Ver relação tensão-comprimento muscular, p. 60.)

Para que as fibras musculares de uma determinada unidade motora se contraiam, a unidade motora deve primeiro receber um estímulo através de seus axônios por meio de um sinal elétrico conhecido como **potencial de ação**, proveniente do cérebro e da medula espinal. Se não for suficientemente forte para gerar um potencial de ação, o estímulo é conhecido como um **estímulo sublimiar** e não resulta em uma contração. Quando é suficientemente forte para produzir um potencial de ação no axônio de uma única unidade motora, o estímulo é conhecido como **estímulo limiar**, e todas as fibras musculares da unidade motora se contraem. Os estímulos mais fortes a ponto de produzir potenciais de ação em unidades motoras adicionais são conhecidos como **estímulos submáximos**. Para que se produzam potenciais de ação em todas as unidades motoras de um determinado músculo, é necessário um **estímulo máximo**. À medida que a força do estímulo passa do limiar ao nível máximo, mais unidades motoras são recrutadas e a força total da contração muscular aumenta gradualmente. O aumento do estímulo além do máximo não produz nenhum efeito. A Figura 2.14 mostra o efeito do aumento do número de unidades motoras ativadas.

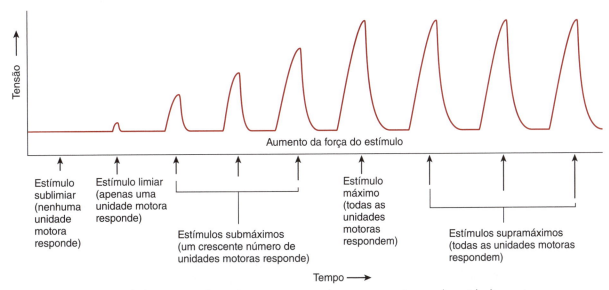

FIGURA 2.14 • O estímulo limiar e o efeito do recrutamento de um maior número de unidades motoras com o aumento da tensão. Se o estímulo não alcança o limiar, não há resposta da unidade motora. À medida que a força do estímulo aumenta, o número de unidades motoras recrutadas também aumenta, até que todas as unidades sejam recrutadas e se produza a tensão máxima dos músculos. O aumento do estímulo além desse ponto não produz nenhum efeito.

Também é possível alcançar maiores forças de contração pelo aumento da frequência de ativação das unidades motoras. Para simplificar as fases de uma única contração das fibras musculares, fornece-se um estímulo seguido por um breve **período latente** de alguns milissegundos. Em seguida, tem início a segunda fase, conhecida como **fase de contração**, e as fibras começam a se encurtar. A fase de contração, que dura cerca de 40 milissegundos, é seguida pela **fase de relaxamento**, com duração aproximada de 50 milissegundos. A Figura 2.15 ilustra essa sequência. Na presença de sucessivos estímulos antes de terminar a fase de relaxamento da primeira contração, as contrações subsequentes combinam-se à primeira para produzir uma contração contínua. Essa **somação** de contrações gera uma tensão maior do que uma única contração produziria isoladamente. À medida que a frequência dos estímulos aumenta, a soma resultante também aumenta, produzindo uma tensão muscular total cada vez maior. Se os estímulos forem fornecidos em uma frequência suficientemente alta a ponto de impedir qualquer tipo de relaxamento entre as contrações, ocorre a **tetania**. A Figura 2.16 ilustra o efeito do aumento da taxa de estimulação para a obtenção de uma maior tensão muscular.

O **efeito de escada** (*treppe*), outro fenômeno da contração muscular, ocorre quando se fornecem diversos estímulos máximos ao músculo em repouso em uma frequência suficientemente baixa para permitir total relaxamento entre as contrações. O segundo estí-

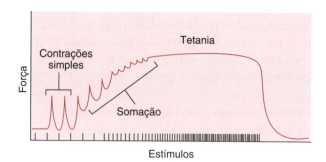

FIGURA 2.16 • O registro mostra a mudança de contrações simples para a somação e, por fim, a tetania. Os picos à esquerda representam as contrações simples. O aumento da frequência dos estímulos resulta em uma somação das contrações e, por fim, na tetania.

mulo produz uma tensão ligeiramente maior do que o primeiro; e o terceiro estímulo produz uma tensão ainda maior do que o segundo. Esse efeito de escada, ilustrado na Figura 2.17, ocorre somente com os primeiros estímulos, e as consequentes contrações após os estímulos iniciais resultam na produção do mesmo nível de tensão.

Relação tensão-comprimento muscular

A tensão em um músculo pode ser considerada uma força de tração. A tensão pode ser passiva, mediante a aplicação de forças externas, ou ativa, por

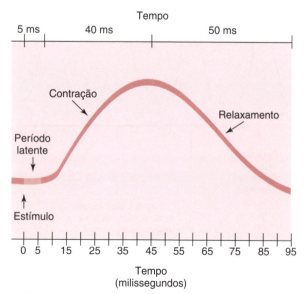

FIGURA 2.15 • Registro de uma contração simples. Observe os três intervalos de tempo (período latente, contração e relaxamento) após o estímulo.

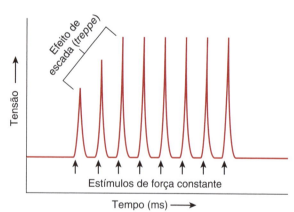

FIGURA 2.17 • Efeito de escada (*treppe*). Quando um músculo em repouso é repetidamente estimulado com um estímulo máximo em uma frequência que permite total relaxamento entre os estímulos, a segunda contração produz uma tensão ligeiramente maior do que a primeira, e a terceira, uma tensão ainda maior do que a segunda. Após algumas contrações, a tensão produzida por todas as contrações é igual.

meio de contração muscular. A **tensão passiva** se desenvolve quando se alonga um músculo além do seu comprimento normal de repouso. À medida que o músculo se alonga, a sua tensão passiva aumenta como quando se estica um elástico. A **tensão ativa** depende do número de unidades motoras e de suas respectivas fibras musculares recrutadas no momento de uma determinada contração. Entretanto, o comprimento do músculo durante a contração é um fator importante no grau de tensão ativa que o músculo é capaz de gerar.

Em geral, dependendo do músculo específico envolvido, é possível desenvolver o maior grau de tensão ativa quando se alonga o músculo entre 100 e 130% do seu comprimento de repouso. Quando se alonga um músculo além desse ponto, o nível de tensão ativa que ele é capaz de gerar diminui significativamente. Da mesma forma, à medida que o músculo se encurta, a sua capacidade de desenvolvimento de tensão diminui proporcionalmente. Quando o músculo se encurta para cerca de 50 a 60% de seu comprimento de repouso, a sua capacidade de desenvolver tensão contrátil é essencialmente reduzida a zero.

Na fase preparatória da maioria das atividades esportivas, em geral alongamos de forma ideal os músculos que pretendemos contrair vigorosamente no movimento subsequente ou na fase de ação da habilidade em questão. O Capítulo 8 aborda de forma mais detalhada as diversas fases de execução de uma habilidade de movimento. Pode-se ver esse princípio na prática quando nos agachamos ligeiramente para alongar a panturrilha, os músculos posteriores da coxa e o quadríceps antes de contraí-los concentricamente para dar um salto. Se não alongarmos primeiro esses músculos por meio de leves agachamentos, eles não conseguirão gerar força contrátil suficiente para nos permitir saltar muito alto. Se nos agacharmos totalmente e alongarmos demais os músculos, perdemos a capacidade de gerar muita força e não conseguimos saltar tão alto.

Podemos nos beneficiar desse princípio reduzindo efetivamente a contribuição de alguns músculos de um determinado grupo ao mantê-los em um estado encurtado, de modo a restringir o trabalho àquele(s) músculo(s) que permanece(m) em estado alongado. Por exemplo, na extensão do quadril, podemos isolar o trabalho do glúteo máximo como extensor do quadril encurtando ao máximo os músculos posteriores da coxa com a flexão do joelho, reduzindo, assim, a capacidade desses músculos de agir como extensores do quadril. Ver as Figuras 2.18 e 2.19.

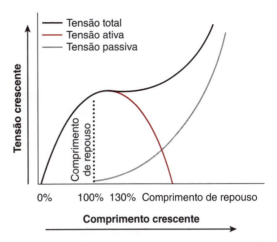

FIGURA 2.18 • Relação tensão-comprimento muscular. À medida que o comprimento aumenta, o grau de tensão ativa que pode se desenvolver aumenta até que cerca de 130% do comprimento de repouso do músculo seja alcançado. A partir desse ponto, o aumento de comprimento resulta na redução da capacidade de gerar tensão ativa. A tensão passiva começa a aumentar no músculo alongado além do seu comprimento de repouso.

FIGURA 2.19 • Aplicação prática da relação tensão-comprimento muscular envolvendo os grupos de músculos da panturrilha, posteriores da coxa e quadríceps no ato de saltar. **A**, Os músculos estão em uma posição relativamente encurtada e, consequentemente, não conseguem gerar muita tensão durante a contração; **B**, Os músculos estão em uma posição mais alongada e ideal para gerar uma tensão significativa que permita um salto em altura; **C**, Os músculos estão demasiadamente alongados e não conseguem gerar tanta força quanto em B.

Relação velocidade-força muscular

Quando o músculo se contrai de modo concêntrico ou excêntrico, o nível de mudança de comprimento está significativamente relacionado ao grau de potencial de força. Quando contraído concentricamente diante de uma leve resistência, o músculo consegue contrair-se em alta velocidade. À medida que a resistência aumenta, a velocidade máxima com que o músculo é capaz de se contrair diminui. E à medida que a carga aumenta, a velocidade cai para zero, resultando em uma contração isométrica.

Conforme a carga continua a aumentar e excede aquela que o músculo consegue manter com uma contração isométrica, ele começa a se alongar, resultando em uma contração ou ação excêntrica. Um ligeiro aumento da carga resulta em uma velocidade de alongamento relativamente baixa. Com o aumento da carga, a velocidade de alongamento também aumenta. A carga pode chegar a aumentar a ponto de o músculo não resistir, resultando em um alongamento incontrolável ou, mais provavelmente, em queda da carga.

Por essa explicação, você pode ver que existe uma relação inversa entre velocidade concêntrica e produção de força. Quando a força necessária para movimentar um objeto aumenta, a velocidade da contração concêntrica diminui. Além disso, existe uma relação um tanto proporcional entre velocidade excêntrica e produção de força. Quando a força necessária para controlar o movimento de um objeto aumenta, a velocidade de alongamento excêntrico também aumenta, pelo menos até o ponto em que haja perda de controle, conforme ilustrado na Figura 2.20.

Ciclo alongamento-encurtamento

Além dos fatores anteriormente citados que afetam a capacidade de produção de força dos músculos, o sequenciamento e o tempo das contrações podem aumentar a quantidade total de força produzida. Quando um músculo é bruscamente alongado, resultando em uma contração excêntrica seguida por uma contração concêntrica do mesmo músculo, a força total gerada na contração concêntrica é maior do que aquela de uma contração concêntrica isolada. É o que geralmente chamamos de **ciclo alongamento-encurtamento** e funciona mediante a integração do órgão tendinoso de Golgi (OTG) e do fuso muscular. A energia elástica é armazenada durante a fase de alongamento excêntrico, transicionada e utilizada na fase de contração concêntrica. Um reflexo de alongamento é provocado na fase excêntrica do movimento, aumentando subsequentemente a ativação do músculo alongado e resultando em uma contração concêntrica mais vigorosa. Para que isso seja eficaz, a fase de transição deve ser imediata, sob pena de a energia potencial adquirida na fase excêntrica se perder como calor. Quanto mais curta a fase de transição, mais eficaz a produção de força. Essa é a base do treinamento pliométrico. Um exemplo é quando um saltador faz um rápido movimento para baixo imediatamente antes de dar um salto para cima, alcançando maior altura no salto.

Inibição ou inervação recíproca

Como vimos anteriormente, os grupos de músculos antagonistas devem relaxar e alongar-se quando o grupo de músculos agonistas se contrai. Esse efeito, chamado inervação recíproca, ocorre por meio da inibição recíproca dos antagonistas. A ativação das unidades motoras dos agonistas provoca a inibição neu-

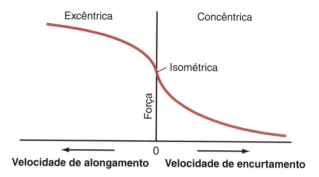

FIGURA 2.20 • Relação força-velocidade muscular. Da direita para a esquerda: Quando a força necessária para movimentar cargas relativamente leves é pequena, os músculos podem se contrair de forma concêntrica a uma velocidade relativamente alta. À medida que a quantidade de força necessária aumenta com cargas maiores, a velocidade de contração concêntrica diminui em igual proporção. Com o aumento da carga, a quantidade de força necessária continua a aumentar até que a carga não possa mais ser movimentada, resultando em velocidade zero e uma contração isométrica. Quando o músculo não consegue mais gerar a quantidade de força necessária para manter a carga em uma posição estática, ele começa a se contrair excentricamente para controlar a velocidade, e é capaz de fazer isso em uma velocidade relativamente baixa. Quando a quantidade de força necessária aumenta para controlar cargas maiores, a velocidade aumenta na mesma proporção.

ral recíproca das unidades motoras dos antagonistas. Essa redução da atividade neural dos antagonistas permite o subsequente alongamento desses músculos sob menos tensão. Esse processo pode ser demonstrado comparando-se a facilidade com que a pessoa consegue alongar os músculos posteriores da coxa enquanto contrai simultaneamente o quadríceps com a dificuldade de tentar alongar os músculos posteriores da coxa sem contrair o quadríceps. Ver Figura 2.21.

Ângulo de tração

Outro fator de considerável importância em relação ao uso do sistema de alavancagem é o ângulo de tração dos músculos sobre os ossos. Pode-se definir o ângulo de tração como o ângulo entre a linha de tração do músculo e o osso no qual ele está inserido. Para fins de clareza e consistência, precisamos especificar que o ângulo propriamente dito a que nos referimos é o ângulo em direção à articulação. O ângulo de tração muda a cada grau de movimento da articulação. Os movimentos articulares e os ângulos de inserção envolvem principalmente pequenos ângulos de tração. O ângulo de tração diminui à medida que o osso se afasta de sua posição anatômica por meio da contração do grupo muscular local. Essa amplitude de movimento depende do tipo de articulação e da estrutura óssea.

A maioria dos músculos funciona em um pequeno ângulo de tração – em geral, menos de 50 graus. O ângulo de tração afeta a quantidade de força muscular necessária para gerar o movimento da articulação. Três componentes da força muscular estão envolvidos. O **componente rotatório**, também conhecido como componente vertical, atua perpendicularmente ao eixo longo do osso (alavanca). Quando a linha de força muscular está a 90 graus em relação ao osso ao qual ela está conectada, toda a força muscular é constituída por força rotativa; consequentemente, 100% da força contribuem para o movimento. Ou seja, toda a força é utilizada para girar a alavanca em torno de seu próprio eixo. Quanto mais próximo de 90 graus o ângulo de tração, maior o componente rotatório. Em todos os outros graus do ângulo de tração, opera um dos outros dois componentes de força, além do componente rotatório. O mesmo componente rotatório continua a girar a alavanca em torno de seu próprio eixo, embora com menos força. O **componente não rotatório**, ou horizontal, é um **componente estabilizador** ou um **componente deslocador**, dependendo de o ângulo ser inferior ou superior a 90 graus. Se o ângulo for de menos de 90 graus, a força é estabilizadora, uma vez que a sua tração direciona o osso para o eixo articular, aumentando as forças compressivas no interior da articulação e a estabilidade articular geral. Se, por outro lado, o ângulo for de mais de 90 graus, a força é deslocadora, uma vez que a sua tração afasta o osso do eixo da articulação (Fig. 2.22). Os ângulos de tração superiores a 90 graus tendem a diminuir as forças articulares compressivas e aumentar as forças distrativas, depositando mais tensão, portanto, sobre as estruturas ligamentares da articulação. Existe uma variação significativa em ambos os casos, dependendo da estrutura articular efetiva.

Em algumas atividades, é desejável que a pessoa inicie o movimento quando o ângulo de tração está a 90 graus. Muitos rapazes e moças não conseguem fazer um exercício de tração na barra fixa supinada, a menos que comecem com o cotovelo em uma posição que permita que o grupo de músculos flexores do cotovelo forme um ângulo de aproximadamente 90 graus com o antebraço.

Esse ângulo facilita o exercício na barra fixa por causa do ângulo de tração mais vantajoso. A aplicação desse fato pode compensar a falta de força suficiente. Dentro da sua amplitude de movimento, o músculo puxa uma alavanca com uma amplitude que lhe é característica, mas é mais eficaz quando se aproxima ou vai além de 90 graus. O aumento da força é a única solução para os músculos que operam em ângulos de tração desvantajosos e exigem mais força para operar com eficiência.

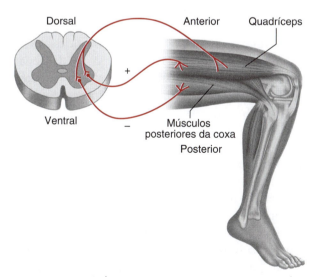

FIGURA 2.21 • Inibição recíproca. Uma contração do agonista (quadríceps) produzirá o relaxamento do antagonista (músculos posteriores da coxa).

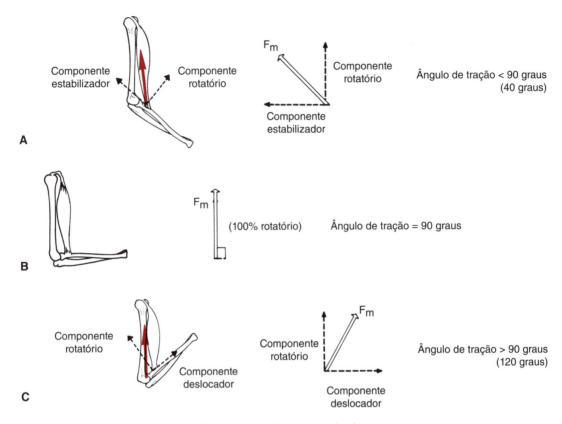

FIGURA 2.22 • **A** a **C**, Componentes de força em virtude do ângulo de tração.

Músculos uniarticulares, biarticulares e multiarticulares

Os músculos uniarticulares são aqueles que cruzam uma articulação e agem diretamente apenas sobre ela. O músculo braquial do cotovelo é um exemplo, na medida em que é capaz apenas de aproximar o úmero da ulna por meio de contração concêntrica. Quando o úmero está relativamente estabilizado, como em uma contração do cotovelo, o músculo braquial se contrai para flexionar o cotovelo, aproximando a ulna do úmero. Entretanto, quando a ulna está relativamente estabilizada, como durante a tração na barra fixa supinada, o músculo braquial gera indiretamente o movimento do ombro, embora não o cruze. Nesse exemplo, o músculo braquial se contrai e aproxima o úmero da ulna como um flexor do cotovelo. Consequentemente, o ombro tem que passar da flexão à extensão para que a tração na barra seja executada.

Os músculos biarticulares são aqueles que cruzam e agem diretamente sobre duas articulações diferentes. Dependendo de vários fatores, um músculo biarticular pode se contrair para gerar, controlar ou impedir movimentos em uma ou em ambas as suas articulações. Os músculos biarticulares apresentam duas vantagens sobre os músculos uniarticulares: eles conseguem gerar, controlar e/ou impedir movimentos em mais de uma articulação, e podem ser capazes de manter um comprimento relativamente constante em virtude do "encurtamento" de uma articulação e o "alongamento" de outra. O músculo, na realidade, não se encurta em uma articulação e se alonga na outra; em vez disso, o encurtamento concêntrico do músculo para movimentar uma articulação é compensado pelo movimento da outra articulação, que move a sua conexão com o músculo distante. Essa manutenção de um comprimento relativamente constante permite que o músculo seja capaz de continuar a exercer força. No exemplo da tração na barra fixa supinada, o bíceps braquial age como um flexor do cotovelo. No estágio inicial da tração, o bíceps braquial se encontra em um estado relativamente alongado no cotovelo por causa de sua posição estendida e em um estado relativamente encurtado no ombro em virtude de sua posição flexionada. Para executar a tração na barra fixa, o bíceps braquial contrai-se concentricamente para flexionar o cotovelo, "encurtando-se" efetivamente no cotovelo. De forma simultânea, o ombro se estende durante a tração na barra fixa, "alongando" efetivamente o bíceps braquial no ombro.

Os músculos biarticulares do quadril e do joelho são excelentes exemplos de dois padrões de ação. Os padrões de movimento **concorrente** permitem que o músculo biarticular envolvido mantenha um comprimento relativamente regular por causa da mesma ação (extensão) em suas duas articulações. Um exemplo ocorre no reto femoral (e também nos músculos posteriores da coxa) quando tanto o joelho como o quadril se estendem ao mesmo tempo, como na ação de nos colocarmos em pé a partir de uma posição agachada, como mostra a Figura 2.23. Se apenas o joelho se estendesse, o reto femoral se encurtaria e a sua capacidade de exercer força semelhante aos demais músculos quadríceps diminuiria, mas o seu comprimento relativo e a subsequente capacidade de produção de força se mantêm em virtude de seu alongamento relativo na articulação do quadril durante a extensão.

Por causa das ações opostas que ocorrem simultaneamente em ambas as articulações de um músculo biarticular, os padrões de movimento **contracorrente** resultam em um encurtamento substancial do músculo biarticular, ocorrendo também substancial encurtamento de seu antagonista biarticular. Pode-se observar essa condição no reto femoral ao chutar uma bola. Na fase do movimento para a frente executado pelo membro inferior, o reto femoral contrai-se concentricamente para flexionar o quadril e estender o joelho. Quando combinados, esses dois movimentos resultam na redução da capacidade de produção de força do reto femoral e no aumento da tensão ou do alongamento passivo dos músculos posteriores da coxa, tanto no joelho como no quadril, quando o chute está prestes a ser executado. Os padrões de movimento contracorrente resultam em insuficiência ativa nos músculos agonistas durante a contração e em insuficiência passiva nos músculos antagonistas. Ver Figura 2.24 B.

Os músculos multiarticulares agem sobre três ou mais articulações, uma vez que a linha de tração entre a origem e a inserção desses músculos cruza diversas articulações. Os princípios discutidos em relação aos músculos biarticulares aplicam-se também aos músculos multiarticulares.

Insuficiência ativa e passiva

Quando um músculo se encurta, a sua capacidade de exercer força diminui, como vimos anteriormente. Quando o músculo se encurta a ponto de não conseguir gerar ou manter tensão ativa, configura-se a **insuficiência ativa**. Consequentemente, o músculo não consegue se encurtar mais. Se o músculo oposto se alongar a ponto de não conseguir se alongar mais e permitir o movimento, ocorre a **insuficiência passiva**. É mais fácil observar esses princípios nos músculos biarticulares ou multiarticulares quando se tenta alcançar a amplitude total de movimento em todas as articulações que o músculo cruza.

Um exemplo é quando o reto femoral se contrai concentricamente para flexionar o quadril e estender o joelho, podendo executar plenamente uma dessas ações de cada vez, como mostra a Figura 2.24 A, mas é ativamente insuficiente para obter uma amplitude total em ambas as articulações de forma simultânea, como mostra a Figura 2.24 B. Da mesma forma, os músculos posteriores da coxa normalmente não se alongam o suficiente para permitir tanto a flexão máxima do quadril quanto a extensão máxima do joelho; daí eles serem insuficientes do ponto de vista passivo. É praticamente impossível obter a extensão ativa total do joelho começando com o quadril totalmente flexionado ou vice-versa.

FIGURA 2.23 • Exemplo de padrão de movimento concorrente. Durante o movimento de colocar-se em pé a partir de uma posição agachada, o padrão de movimento concorrente de extensão do quadril e do joelho permite que os músculos agonistas biarticulares (músculos posteriores da coxa e reto femoral, respectivamente) mantenham um comprimento relativamente regular.

FIGURA 2.24 • Insuficiência ativa e passiva. **A**, O reto femoral é facilmente capaz de flexionar ativamente o quadril ou estender o joelho dentro de suas respectivas amplitudes de movimento individuais sem alongar por completo os músculos posteriores da coxa; **B**, Entretanto, quando se tenta flexionar ativamente o quadril e estender simultaneamente o joelho (padrão de movimento contracorrente), configura-se a insuficiência ativa no reto femoral e a insuficiência passiva nos músculos posteriores da coxa, resultando na incapacidade de alcançar a amplitude total de movimento em ambas as articulações.

Exercícios de revisão

1. **Quadro da nomenclatura muscular**

COMPLETE O quadro preenchendo as características distintivas pelas quais cada um dos músculos é conhecido, como forma, tamanho, número de divisões, direção das fibras, localização e/ou ação. Alguns músculos possuem mais de uma característica. Consulte os Capítulos 4, 5 ,6, 7, 9, 10, 11 e 12 se necessário

Nome do músculo	Característica(s) distintiva(s) pela(s) qual(quais) o músculo é conhecido
Adutor magno	
Bíceps braquial	
Bíceps femoral	
Braquial	
Braquiorradial	
Coracobraquial	
Deltoide	

(continua)

(continuação)

Nome do músculo	Característica(s) distintiva(s) pela(s) qual(quais) o músculo é conhecido
Espinal do pescoço	
Esternocleidomastóideo	
Extensor curto do polegar	
Extensor do dedo mínimo	
Extensor do indicador	
Extensor dos dedos	
Extensor longo do hálux	
Extensor radial curto do carpo	
Extensor ulnar do carpo	
Fibular curto	
Fibular terceiro	
Flexor longo do polegar	
Flexor longo dos dedos	
Flexor profundo dos dedos	
Flexor radial do carpo	
Flexor superficial dos dedos	
Gastrocnêmio	
Glúteo máximo	
Glúteo médio	
Ilíaco	
Iliocostal do tórax	
Infraespinal	
Latíssimo do dorso	
Levantador da escápula	
Longuíssimo do dorso	
Oblíquo externo	
Obturador externo	
Palmar longo	
Peitoral menor	
Plantar	
Pronador quadrado	
Pronador redondo	
Psoas maior	
Redondo maior	

(continua)

(continuação)

Nome do músculo	Característica(s) distintiva(s) pela(s) qual(quais) o músculo é conhecido
Reto do abdome	
Reto femoral	
Romboide	
Semimembranáceo	
Semitendíneo	
Serrátil anterior	
Subclávio	
Subescapular	
Supinador	
Supraespinal	
Tensor da fáscia lata	
Tibial posterior	
Transverso do abdome	
Trapézio	
Tríceps braquial	
Vasto intermédio	
Vasto lateral	
Vasto medial	

2. **Quadro da forma dos músculos e disposição das fibras musculares**

   PARA CADA músculo relacionado, determine primeiro se o músculo deve ser classificado como paralelo ou peniforme. Complete o quadro preenchendo as palavras *liso*, *fusiforme*, *estriado*, *radiado* ou *esfíncter* na coluna daqueles músculos que você classifica como paralelos, e com as palavras *unipeniforme*, *bipeniforme* ou *multipeniforme* na coluna daqueles que você classifica como peniformes

Músculo	Paralelo	Peniforme
Adutor longo		
Adutor magno		
Braquiorradial		
Extensor dos dedos		
Flexor longo dos dedos		
Flexor ulnar do carpo		
Gastrocnêmio		
Glúteo máximo		
Iliopsoas		
Infraespinal		
Latíssimo do dorso		
Levantador da escápula		
Palmar longo		
Pronador quadrado		
Pronador redondo		
Romboide		
Serrátil anterior		
Subescapular		
Tríceps braquial		
Vasto intermédio		
Vasto medial		

3. Escolha uma determinada habilidade esportiva e determine os tipos de contração muscular que ocorrem nos diversos grupos de músculos grandes do corpo nas diferentes fases de execução da habilidade.

4. **Quadro dos tipos de contração muscular**

PARA CADA um dos seguintes exercícios, preencha o tipo de contração (isométrica, concêntrica ou excêntrica), se for o caso, na célula correspondente ao grupo de músculos que estiver sob contração. Coloque um travessão na célula em que não houver a ocorrência de contração. *Dica:* em alguns casos, é possível que haja mais de um tipo de contração nos mesmos grupos de músculos durante as diversas etapas dos exercícios. Nesse caso, relacione-os em ordem de ocorrência.

Exercício	Quadríceps	Músculos posteriores da coxa
a. Posicione-se em decúbito ventral sobre uma mesa com o joelho totalmente estendido.		
Mantenha o joelho totalmente estendido.		
Flexione lentamente o joelho até o ponto máximo de flexão.		
Mantenha o joelho totalmente flexionado.		
A partir da posição totalmente flexionada, estenda por completo o joelho o mais rápido possível, mas pare pouco antes de alcançar o ponto máximo de extensão.		
A partir da posição totalmente flexionada, estenda devagar o joelho até o ponto máximo de extensão.		
b. Comece sentando-se na borda da mesa com o joelho totalmente estendido.		
Mantenha o joelho totalmente estendido.		
Flexione lentamente o joelho até o ponto máximo de flexão.		
Mantenha o joelho totalmente flexionado.		
Mantenha o joelho em um ângulo de flexão de aproximadamente 90 graus.		
A partir da posição totalmente flexionada, estenda devagar o joelho até o ponto máximo de extensão.		

(continua)

(continuação)

Exercício	Quadríceps	Músculos posteriores da coxa
c. Fique em pé sobre uma perna e movimente o joelho do outro lado, conforme instruído.		
Mantenha o joelho totalmente estendido.		
Flexione lentamente o joelho até o ponto máximo de flexão.		
A partir da posição totalmente flexionada, estenda devagar o joelho até o ponto máximo de extensão.		
A partir da posição totalmente flexionada, estenda por completo o joelho o mais rápido possível.		

5. Com o punho em uma posição neutra, estenda ao máximo os dedos, procurando manter a posição; em seguida, estenda o máximo possível o punho. O que acontece com os dedos e por quê?

6. Flexione ao máximo os dedos em torno de um lápis com o punho em posição neutra. Com os dedos totalmente flexionados, permita que um parceiro segure o seu antebraço com uma das mãos e com a outra empurre o seu punho até o ponto máximo de flexão. Você consegue manter o controle do lápis? Explique.

7. Você está andando em linha reta na rua quando um estranho esbarra em você. Você tropeça, mas "recupera" o equilíbrio. Utilizando as informações deste capítulo e outros recursos, explique o que aconteceu.

8. Beber um copo de água é uma atividade cotidiana normal em que a mente e o corpo são envolvidos na tarefa controlada. Explique como os movimentos ocorrem em termos de raízes nervosas, contrações musculares e ângulo de tração a partir do momento em que você sente sede.

Exercícios de laboratório

1. Observe em um colega de turma alguns dos músculos mostrados nas Figuras 2.1 e 2.2.

2. Com um parceiro, escolha uma articulação diartrodial do corpo e execute cada um dos seguintes exercícios:

   a. Familiarize-se com os diversos movimentos das articulações, relacionando-os.
   b. Determine que músculos ou grupos de músculos são responsáveis por cada movimento citado no item 2a.
   c. Para os músculos ou grupos de músculos que você citou para cada movimento no item 2b, determine o tipo de contração ocorrido.
   d. Determine como mudar os parâmetros de gravidade e/ou resistência de modo que os músculos opostos se contraiam para controlar os mesmos movimentos citados no item 2c. Identifique o tipo de contração ocorrido.
   e. Determine como mudar os parâmetros de movimento, gravidade e/ou resistência de modo que os mesmos músculos citados no item 2c se contraiam de outra forma para controlar o movimento oposto.

3. Com o auxílio de um martelo de reflexos ou com o nó da articulação IFP do seu dedo médio flexionado, compare o reflexo patelar de vários indivíduos.

4. Peça a um parceiro que fique em pé com os olhos fechados enquanto você coloca os braços dele em uma posição estranha nos ombros, cotovelos e punhos. Peça-lhe que, com os olhos fechados, descreva a posição exata de cada articulação. Faça-o começar na posição anatômica, fechar os olhos e, em seguida, reassumir a posição em que você o havia colocado anteriormente. Explique os neuromecanismos envolvidos tanto na capacidade do seu parceiro de sentir a posição das articulações em que você o colocou quanto de, em seguida, reassumir a mesma posição.

5. Fique em pé em uma perna sobre uma superfície plana com o joelho do outro lado ligeiramente flexionado e sem contato com qualquer coisa. Olhe direto para a frente, procurando manter o equilíbrio nessa posição por até 5 minutos. O que você observa que acontece em relação aos músculos da parte inferior da sua perna? Tente novamente com o joelho da perna de apoio ligeiramente flexionado. Que diferenças você observa? Agora tente de novo em pé sobre um pedaço de espuma grossa. Experimente fazê-lo na posição original com os olhos fechados. Discorra sobre as diferenças entre as diversas tentativas.

6. Em pé, segure um livro pesado com o antebraço em posição supinada e o cotovelo flexionado a aproximadamente 90 graus. Peça a um parceiro que coloque outro livro pesado sobre o que você está segurando. Qual o resultado imediato em relação ao ângulo de flexão do seu cotovelo? Explique a razão desse resultado.

7. Sente-se em posição bem ereta sobre uma mesa com os joelhos flexionados 90 graus e os pés pendendo livremente. Nessa posição, flexione o quadril direito e tente cruzar as pernas para colocar a perna direta sobre o joelho esquerdo. É difícil? O que tende a acontecer com a parte inferior das costas e o tronco? Como você pode modificar essa atividade para torná-la mais fácil?

8. Determine a sua repetição máxima para uma contração de bíceps, começando com uma extensão total e terminando com uma flexão total. Execute cada um dos seguintes exercícios intercalando-os com intervalos adequados de recuperação:

   a. Comece com o cotovelo flexionado 45 graus e peça a um parceiro que lhe entregue um peso ligeiramente mais pesado do que a sua repetição máxima (cerca de 2 kg). Procure erguer esse peso com a amplitude de flexão restante. Você consegue alcançar o ponto de flexão total? Explique.
   b. Comece com o cotovelo flexionado 90 graus. Peça ao seu parceiro que lhe entregue um peso ligeiramente mais pesado do que aquele do item 8a. Procure manter o cotovelo flexionado nessa posição durante 10 segundos. Você consegue fazer isso? Explique.
   c. Comece com o cotovelo totalmente flexionado. Peça ao seu parceiro que lhe entregue um peso ainda mais pesado do que aquele do item 8b. Procure abaixar lentamente o peso, mantendo o controle até alcançar o ponto máximo de extensão. Você consegue fazer isso? Explique.

Referências bibliográficas

Bernier MR: Perturbation and agility training in the rehabilitation for soccer athletes, *Athletic Therapy Today* 8(3):20-22, 2003.

Blackburn T, Guskiewicz KM, Petschauer MA, Prentice WE: Balance and joint stability: the relative contributions of proprioception and muscular strength, *Journal of Sport Rehabilitation* 9(4):315-328, 2000.

Carter AM, Kinzey SJ, Chitwood LF, Cole JL: Proprioceptive neuromuscular facilitation decreases muscle activity during the stretch reflex in selected posterior thigh muscles, *Journal of Sport Rehabilitation* 9(4):269-278, 2000.

Chimera N, Swanik K, Swanik C: Effects of plyometric training on muscle activation strategies and performance in female athletes. *Journal of Athletic Training* 39(1):24, 2004.

Dover G, Powers ME: Reliability of joint position sense and force-reproduction measures during internal and external rotation of the shoulder, *Journal of Athletic Training* 38(4):304-310, 2003.

Hall SJ: *Basic biomechanics*, ed 6, New York, 2012, McGraw-Hill.

Hamill J, Knutzen KM: *Biomechanical basis of human movement*, ed 3, Baltimore, 2008, Lippincott Williams & Wilkins.

Hamilton N, Weimar W, Luttgens K: *Kinesiology: scientific basis of human motion*, ed 12, New York, 2012, McGraw-Hill.

Knight KL, Ingersoll CD, Bartholomew J: Isotonic contractions might be more effective than isokinetic contractions in developing muscle strength, *Journal of Sport Rehabilitation* 10(2):124-131, 2001.

Kreighbaum E, Barthels KM: *Biomechanics: a qualitative approach for studying human movement*, ed 4, Boston, 1996, Allyn & Bacon.

Lindsay DT: *Functional human anatomy*, St. Louis, 1996, Mosby.

Logan GA, McKinney WC: *Anatomic kinesiology*, ed 3, Dubuque, IA, 1982, Brown.

Mader SS: *Biology*, ed 9, New York, 2007, McGraw-Hill.

McArdle WD, Katch FI, Katch VI: *Exercise physiology: nutrition, energy, and human performance*, ed 7, Baltimore, 2009, Lippincott Williams & Wilkins.

McCrady BJ, Amato HK: Functional strength and proprioception testing of the lower extremity, *Athletic Therapy Today* 9(5):60-61, 2005.

Myers JB, Guskiewicz KM, Schneider, RA, Prentice WE: Proprioception and neuromuscular control of the shoulder after muscle fatigue, *Journal of Athletic Training* 34(4):362-367, 1999.

National Strength and Conditioning Association; Baechle TR, Earle RW: *Essentials of strength training and conditioning*, ed 2, Champaign, IL, 2000, Human Kinetics.

Neumann DA: *Kinesiology of the musculoskeletal system: foundations for physical rehabilitation*, ed 2, St. Louis, 2010, Mosby.

Norkin CC, Levangie PK: *Joint structure and function—a comprehensive analysis*, ed 5, Philadelphia, 2011, Davis.

Northrip JW, Logan GA, McKinney WC: *Analysis of sport motion*, ed 3, Dubuque, IA, 1983, Brown.

Olmsted-Kramer LC, Hertel J: Preventing recurrent lateral ankle sprains: an evidence-based approach, *Athletic Therapy Today* 9(2):19-22, 2004.

Powers ME, Buckley BD, Kaminski TW, Hubbard TJ, Ortiz C: Six weeks of strength and proprioception training does not affect muscle fatigue and static balance in functional ankle stability, *Journal of Sport Rehabilitation* 13(3):201-227, 2004.

Powers SK, Howley ET: *Exercise physiology: theory and application of fitness and performance*, ed 8, New York, 2012, McGraw-Hill.

Rasch PJ: *Kinesiology and applied anatomy*, ed 7, Philadelphia, 1989, Lea & Febiger.

Raven PH, Johnson GB, Losos JB, Mason KA, Singer SR: *Biology*, ed 8, New York, 2008, McGraw-Hill.

Riemann BL, Lephart SM: The sensorimotor system, part I: the physiological basis of functional joint stability, *Journal of Athletic Training* 37(1):71-79, 2002.

Riemann BL, Lephart SM: The sensorimotor system, part II: the role of proprioception in motor control and functional joint stability, *Journal of Athletic Training* 37(1):80-84, 2002.

Riemann BL, Myers JB, Lephart SM: Sensorimotor system measurement techniques, *Journal of Athletic Training* 37(1): 85-98, 2002.

Riemann BL, Tray NC, Lephart SM: Unilateral multiaxial coordination training and ankle kinesthesia, muscle strength, and postural control, *Journal of Sport Rehabilitation* 12(1):13-30, 2003.

Ross S, Guskiewicz K, Prentice W, Schneider R, Yu B: Comparison of biomechanical factors between the kicking and stance limbs, *Journal of Sport Rehabilitation* 13(2):135-150, 2004.

Saladin, KS: *Anatomy & physiology: the unity of form and function*, ed 5, New York, 2010, McGraw-Hill.

Sandrey MA: Using eccentric exercise in the treatment of lower extremity tendinopathies, *Athletic Therapy Today* 9(1):58-59, 2004.

Seeley RR, Stephens TD, Tate P: *Anatomy & physiology*, ed 7, New York, 2006, McGraw-Hill.

Shier D, Butler J, Lewis R: *Hole's essentials of human anatomy and physiology*, ed 10, New York, 2009, McGraw-Hill.

Shier D, Butler J, Lewis R: *Hole's human anatomy and physiology*, ed 12, New York, 2010, McGraw-Hill.

Van De Graaff KM: *Human anatomy*, ed 6, New York, 2002, McGraw-Hill.

Van De Graaf KM, Fox SI, LaFleur KM: *Synopsis of human anatomy & physiology*, Dubuque, IA, 1997, Brown.

Yaggie J, Armstrong WJ: Effects on lower extremity fatigue on indices of balance, *Journal of Sport Rehabilitation* 10(2):124-131, 2004.

Acesse a página http://manoleeducacao.com.br/manualdecinesiologiaestrutural, siga as instruções e desfrute de recursos adicionais associados a este capítulo, incluindo:
- questões de múltipla escolha
- questões do tipo verdadeiro ou falso
- respostas aos exercícios de revisão e de laboratório
- relação de sites úteis (em inglês)

Capítulo 3

Fatores e conceitos biomecânicos básicos

Objetivos

- Saber e entender como o conhecimento das alavancas pode ajudar a melhorar o desempenho físico.
- Saber e entender como o sistema musculoesquelético funciona como uma série de máquinas simples.
- Saber e entender como o conhecimento do torque e dos comprimentos dos braços de alavanca pode ajudar a melhorar o desempenho físico.
- Saber e entender como o conhecimento das leis do movimento de Newton pode ajudar a melhorar o desempenho físico.
- Saber e entender como o conhecimento do balanço, do equilíbrio e da estabilidade pode ajudar a melhorar o desempenho físico.
- Saber e entender como o conhecimento da força e do *momentum* pode ajudar a melhorar o desempenho físico.
- Saber e entender os efeitos básicos da carga mecânica sobre os tecidos do corpo.

No Capítulo 1, definimos cinesiologia, de maneira muito simples, como o estudo dos músculos, ossos e articulações de acordo com o seu envolvimento na ciência do movimento. A partir dessa definição geral, podemos nos aprofundar mais na exploração da ciência dos movimentos do corpo, que abrange basicamente áreas como anatomia, fisiologia e mecânica. Para se entender realmente o movimento, é necessário um amplo espectro de conhecimentos nessas três áreas. Este livro tem como foco básico a anatomia estrutural e funcional. Abordamos resumidamente alguns princípios de fisiologia nos dois primeiros capítulos. Um estudo mais profundo da relação da fisiologia com o movimento exigiria um curso sobre a fisiologia do exercício, para o qual existem excelentes obras e recursos. Da mesma forma, o estudo da relação da mecânica com a análise funcional e anatômica dos sistemas biológicos, conhecido como **biomecânica**, deve ser abordado com maior profundidade em um curso separado. Os movimentos humanos são bastante complexos. Para que sejam feitas recomendações para seu aperfeiçoamento, precisamos estudar os movimentos a partir de uma perspectiva biomecânica, tanto em termos qualitativos quanto quantitativos. Este capítulo apresenta alguns fatores e conceitos biomecânicos básicos, partindo do princípio de que muitos leitores posteriormente os estudarão com mais profundidade em um curso dedicado que utilize recursos muito mais completos.

Muitos estudantes nas aulas de cinesiologia possuem algum conhecimento – oriundo das aulas de física no colégio e na faculdade – das leis que afetam os movimentos. Este capítulo aborda sucintamente esses e outros princípios, devendo prepará-lo para começar a aplicá-los aos movimentos do corpo humano. Quanto mais você aplicar esses princípios e conceitos na prática, mais fácil será compreendê-los.

A **mecânica**, o estudo das ações físicas das forças, pode ser subdividida em **estática** e **dinâmica**. A estática envolve o estudo de sistemas que se encontram em um estado constante de movimento, seja em repouso sem nenhum movimento ou movimentando-se em velocidade constante sem aceleração. Na estática, todas as forças que atuam sobre o corpo estão balanceadas (em equilíbrio), resultando em um estado de equilíbrio do corpo. A dinâmica, por outro lado, envolve o estudo de sistemas em movimento com aceleração. Um sistema em aceleração está desequilibrado em virtude das forças desiguais em ação sobre o corpo. Os componentes adicionais do estudo da biomecânica incluem a **cinemática** e a **cinética**. A cinemática se ocupa da descrição dos movimentos, levando em consideração fatores como o tempo, o deslocamento, a velocidade, a aceleração e o espaço dos movimentos de um sistema. A cinética é o estudo das forças associadas aos movimentos de um corpo.

Tipos de máquinas encontrados no corpo

Como vimos no Capítulo 2, utilizamos os músculos para aplicar força nos ossos aos quais eles estão conectados e gerar, controlar ou impedir o movimento das articulações que eles cruzam. Em geral, utilizamos ossos como os das mãos para segurar, empurrar ou puxar um objeto e usamos uma série de ossos e articulações existentes no corpo para aplicar força por meio dos músculos e afetar a posição do objeto. Ao fazer isso, estamos utilizando uma série de máquinas simples para executar as tarefas. As máquinas são usadas para aumentar ou multiplicar a força aplicada na execução de uma tarefa ou para oferecer uma **vantagem mecânica**.

A vantagem mecânica proporcionada pelas máquinas nos permite aplicar uma força – ou um esforço – relativamente pequena para mover uma resistência muito maior ou para movimentar um ponto de um objeto por uma distância relativamente curta, gerando uma quantidade relativamente grande de movimento de outro ponto do mesmo objeto. É possível determinar a vantagem mecânica dividindo-se a carga pelo esforço. O aspecto mecânico de cada componente deve ser considerado em termos da função mecânica do componente.

Outra maneira de pensar em termos de máquinas consiste em observar que elas convertem uma quantidade menor de força exercida sobre uma distância maior em uma quantidade maior de força exercida sobre uma distância menor. Essa situação pode ser invertida de modo que uma quantidade maior de força exercida sobre uma distância menor seja convertida em uma quantidade menor de força exercida sobre uma distância maior. As máquinas funcionam de quatro maneiras:

1. Para equilibrar múltiplas forças.
2. Para aumentar a quantidade de força na tentativa de reduzir a força total necessária para vencer uma resistência.
3. Para aumentar a amplitude e a velocidade de movimento de modo a deslocar a resistência por uma distância maior ou de forma mais rápida do que as forças aplicadas.
4. Para alterar a consequente direção da força aplicada.

As máquinas simples são a alavanca, a roda e o eixo, a polia, o plano inclinado, o parafuso e a cunha. A organização do sistema musculoesquelético oferece três tipos de máquinas geradoras de movimento: alavancas, roda/eixos e polias. Cada um envolve o equilíbrio de forças rotacionais em torno de um eixo. A alavanca é a forma mais comum de máquina simples encontrada no corpo humano.

Alavancas

Pode ser difícil para uma pessoa visualizar o próprio corpo como um sistema de alavancas, mas, na verdade, é exatamente isso que acontece. Os movimentos humanos ocorrem mediante o uso organizado de um sistema de alavancas. Embora não se possam mudar as alavancas anatômicas, ao se conhecer bem o sistema, é possível utilizá-las de forma mais eficiente para maximizar os esforços musculares do corpo.

Uma alavanca é definida como uma barra rígida que gira em torno de um **eixo de rotação** ou fulcro. O eixo é o ponto de rotação em torno do qual a alavanca se move. A alavanca gira em torno do eixo como resultado da **força** (às vezes chamada de esforço) que lhe é aplicada para provocar o seu movimento contra uma **resistência** (às vezes chamado de carga ou peso). No corpo, os ossos representam as barras, as articulações são os eixos e os músculos se contraem para aplicar a força. O nível de resistência pode variar de máximo a mínimo. Na realidade, os próprios ossos ou o peso do segmento do corpo podem ser a única resistência aplicada. Todo sistema de alavanca possui cada um desses três componentes em uma das três formas de organização possíveis.

A disposição ou a localização de três pontos em relação um ao outro determina o tipo de alavanca e a aplicação para a qual ela é mais adequada. Esses pontos são o eixo, o ponto de aplicação da força (normalmente a inserção do músculo), e o ponto de aplicação da resistência (às vezes, o centro de gravidade da alavanca, e outras, a localização de uma resistência externa). Quando o eixo (*E*) está situado em algum ponto entre a força (*F*) e a resistência (*R*), tem-se uma alavanca de primeira classe (Fig. 3.1). Nas alavancas de segunda classe, a resistência fica situada em algum ponto entre o eixo e a força (Fig. 3.2). Quando a força é aplicada em algum ponto entre o eixo e a resistência, cria-se uma alavanca de terceira classe (Fig. 3.3). A Tabela 3.1 apresenta um resumo das três classes de alavanca e as características de cada uma.

É possível determinar a vantagem mecânica das alavancas utilizando-se as seguintes equações:

$$\text{Vantagem mecânica} = \frac{\text{resistência}}{\text{força}}$$

ou

$$\text{Vantagem mecânica} = \frac{\text{comprimento do braço de força}}{\text{comprimento do braço de resistência}}$$

Alavancas de primeira classe

O pé-de-cabra, a gangorra, os alicates, os remos e o tríceps no movimento de extensão do cotovelo por

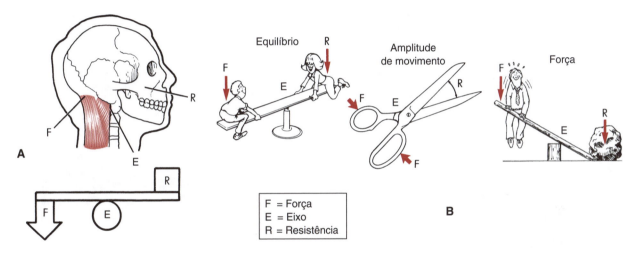

FIGURA 3.1 • **A** e **B**, Alavancas de primeira classe.

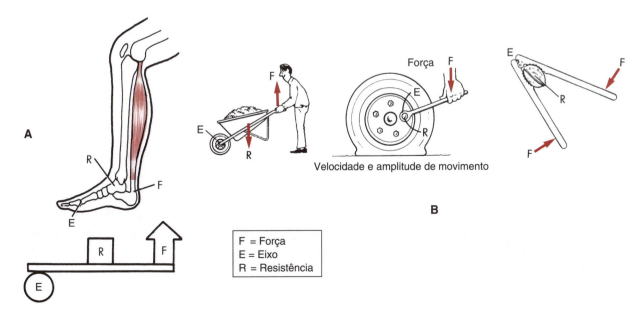

FIGURA 3.2 • **A** e **B**, Alavancas de segunda classe.

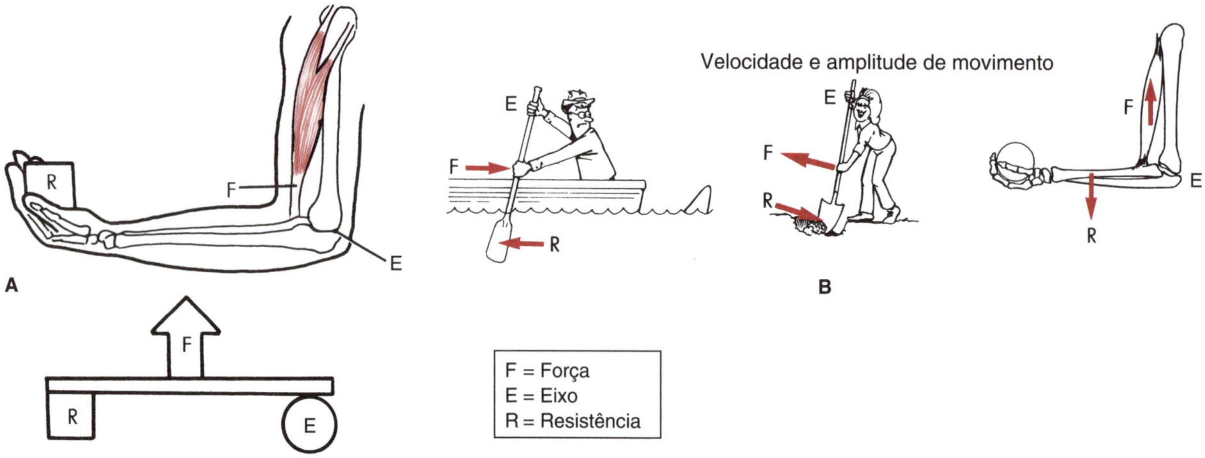

FIGURA 3.3 • **A** e **B**, Alavancas de terceira classe. Observe que o remo e a pá funcionam como alavancas de terceira classe somente quando a mão de cima não aplica força, mas age como um eixo de rotação fixo. Se a mão de cima aplicasse força e a mão de baixo agisse como o eixo, as figuras representariam alavancas de primeira classe.

TABELA 3.1 • Classificação das alavancas e características de cada uma

Classe	Ilustração	Disposição	Movimento do braço	Direção da força *versus* resistência	Finalidade funcional	Relação com o eixo	Vantagem mecânica	Exemplo prático	Exemplo humano
1ª	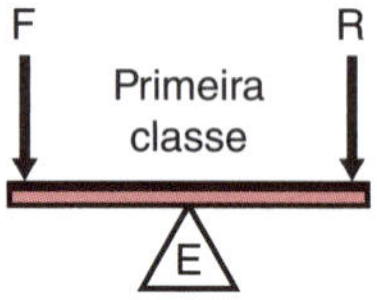 Primeira classe	F-E-R Eixo entre a força e a resistência	O braço de resistência e o braço de força movimentam-se em direções opostas	A resistência e a força são aplicadas na mesma direção	Movimentos equilibrados	Eixo no meio	Igual a 1	Gangorra	O músculo eretor da espinha executando o movimento de extensão da cabeça na região cervical da coluna
					Velocidade e amplitude de movimento	Eixo próximo à força	Menor que 1	Tesoura	O tríceps braquial no movimento de extensão do cotovelo
					Movimento de força	Eixo próximo à resistência	Maior que 1	Pé-de-cabra	
2ª	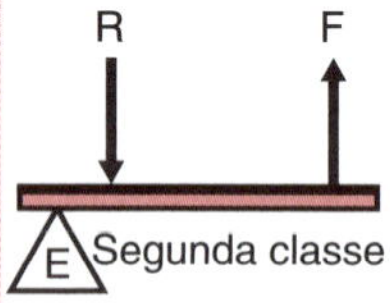 Segunda classe	E-R-F Resistência entre o eixo e a força	O braço de resistência e o braço de força movimentam-se na mesma direção	A resistência e a força são aplicadas em direções opostas	Movimento de força (uma grande resistência pode ser movida com uma força relativamente pequena)	Eixo próximo à resistência	Sempre maior que 1	Carrinho de mão, quebra-nozes	Os músculos gastrocnêmio e sóleo no movimento de flexão plantar do pé para elevar o corpo sobre a ponta dos pés (sobre os artelhos)
3ª	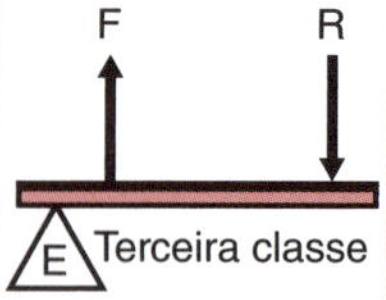 Terceira classe	E-F-R Força entre o eixo e a resistência	O braço de resistência e o braço de força movimentam-se na mesma direção	A resistência e a força são aplicadas em direções opostas	Velocidade e amplitude de movimento (requer grande força para mover uma resistência relativamente pequena)	Eixo próximo à força	Sempre menor que 1	Retirar terra com uma pá, catapulta	Os músculos bíceps braquial e braquial no movimento de flexão do cotovelo

cima da cabeça constituem exemplos típicos de uma alavanca de primeira classe. No corpo, um exemplo é quando o tríceps aplica a força ao olécrano (F) no movimento de extensão do antebraço sem apoio (R) no cotovelo (E). Outros exemplos são quando os grupos de músculos agonistas e antagonistas de cada lado de um eixo articular se contraem simultaneamente, com o agonista produzindo a força e o antagonista oferecendo a resistência. Uma alavanca de primeira classe (ver Fig. 3.1) tem por finalidade básica produzir movimentos equilibrados quando o eixo se encontra situado equidistante entre a força e a resistência (p. ex., uma gangorra). Quando o eixo está próximo à força, a alavanca produz velocidade e amplitude de movimento (p. ex., o tríceps na extensão do cotovelo). Quando, por outro lado, o eixo está próximo à resistência, a alavanca produz movimento de força (p. ex., um pé-de-cabra).

Ao aplicar o princípio das alavancas ao corpo, é importante lembrar que a força é aplicada no ponto de inserção do músculo no osso, não no ventre muscular. Por exemplo, na extensão do cotovelo com o ombro totalmente flexionado e o braço posicionado ao lado da orelha, o tríceps aplica a força ao olécrano da ulna por trás do eixo da articulação do cotovelo. Quando a força aplicada excede o grau de resistência do antebraço, o cotovelo se estende.

Pode-se mudar o tipo de alavanca para uma determinada articulação e músculo, dependendo se o segmento do corpo está em contato com uma superfície como um piso ou uma parede. Demonstramos, por exemplo, que o tríceps no movimento de extensão do cotovelo representa uma alavanca de primeira classe com a mão livre no espaço e o braço afastado do corpo. Se a mão for colocada em contato com o piso, como na execução de uma flexão de braços para erguer o corpo e afastá-lo do solo, a mesma ação muscular nessa articulação agora muda a alavanca para segunda classe, uma vez que o eixo está na mão e a resistência é o peso do corpo sobre a articulação do cotovelo.

Alavancas de segunda classe

Uma alavanca de segunda classe (ver Fig. 3.2) tem por finalidade produzir movimentos de força, uma vez que uma força relativamente pequena é capaz de mover uma grande resistência. Um abridor de garrafas, um carrinho de mão e um quebra-nozes constituem alguns exemplos de alavanca de segunda classe. Ainda há pouco, citamos o exemplo do tríceps no movimento de extensão do cotovelo durante uma flexão de braços. Um exemplo semelhante de alavanca de segunda classe no corpo é a flexão plantar do tornozelo para erguer o corpo nas pontas dos pés (sobre os artelhos). O antepé (E) serve de eixo de rotação à medida que os flexores plantares do tornozelo aplicam força ao calcâneo (F) para erguer a resistência do corpo na articulação tibiofibular (R) com o tálus. O movimento de abrir a boca contra a ação da resistência é outro exemplo de alavanca de segunda classe. Existem outros relativamente poucos exemplos de alavancas de segunda classe no corpo.

Alavancas de terceira classe

As alavancas de terceira classe (ver Fig. 3.3), com a força aplicada entre o eixo e a resistência, têm por finalidade produzir velocidade e amplitude de movimento. A maioria das alavancas existentes no corpo humano é desse tipo, que exige uma grande força para mover até mesmo uma pequena resistência. Uma catapulta, uma porta de tela operada por uma mola curta e a aplicação de força de sustentação ao cabo de uma pá com a mão de baixo, enquanto a mão de cima apoiada no cabo da pá serve de eixo de rotação, são alguns exemplos. O bíceps braquial é um exemplo típico no corpo. Utilizando a articulação do cotovelo (E) como eixo, o bíceps braquial aplica força ao seu ponto de inserção na tuberosidade do rádio (F) para girar o antebraço para cima, enquanto o seu centro de gravidade (R) serve de ponto de aplicação de resistência.

O músculo braquial é um exemplo de uma verdadeira alavanca de terceira classe na medida em que traciona a ulna pouco abaixo do cotovelo e, como a ulna não consegue girar, a tração é direta e precisa. O bíceps braquial, por outro lado, supina o antebraço durante o movimento de flexão, de modo que a alavanca de terceira classe se aplica apenas à flexão.

Outros exemplos incluem a contração dos músculos posteriores da coxa para flexionar a perna na altura do joelho na posição em pé e o uso do iliopsoas para flexionar a coxa na altura do quadril.

Fatores que atuam nas alavancas anatômicas

Podemos utilizar o nosso sistema de alavancas anatômicas para obter uma vantagem mecânica que melhore a execução de movimentos simples ou complexos. Algumas pessoas desenvolvem inconscientemente o hábito de fazer o uso correto das alavancas humanas, mas de modo geral esse não é o caso.

Torque e comprimento dos braços de alavanca

Para entender o sistema de alavancas, é preciso entender o conceito de torque. **Torque**, ou momento de força, é o efeito de rotação de uma força excêntrica. **Força excêntrica** é uma força aplicada fora do centro ou em uma direção não alinhada ao centro de rotação de um objeto com eixo fixo. Nos objetos sem eixo fixo, é uma força aplicada de forma não alinhada ao centro de gravidade do objeto; para que a rotação ocorra, é preciso aplicar uma força excêntrica. No corpo humano, o músculo que se contrai aplica uma força excêntrica (não deve ser confundida com contração excêntrica) ao osso ao qual ele está ligado, fazendo com que o osso gire em torno de um eixo na articulação. A quantidade de torque pode ser determinada multiplicando-se a **magnitude da força** (quantidade de força) pelo **braço de força**. A distância perpendicular entre o ponto de aplicação da força e o eixo é conhecida como braço de força, braço de momento ou braço de torque. Pode-se entender melhor o braço de força como a distância mais curta do eixo de rotação à linha de ação da força. Quanto maior a distância do braço de força, maior a quantidade de torque produzida pela força. Uma aplicação prática frequente do torque e das alavancas ocorre quando aumentamos propositalmente o comprimento do braço de força com o objetivo de aumentar o torque para que possamos mover com mais facilidade uma resistência relativamente grande. É o que normalmente chamamos de aumentar a nossa alavancagem.

É importante também observar o **braço de resistência**, que pode ser definido como a distância entre o eixo e o ponto de aplicação de resistência. Quando se trata da aplicação das alavancas, é necessário conhecer a relação de comprimento entre os dois braços de alavanca. Existe uma relação inversa entre a força e o braço de força, assim como entre a resistência e o braço de resistência. Quanto mais longo o braço de força, menor a força necessária para mover a alavanca, se a resistência e o braço de resistência permanecerem constantes, conforme mostrado no gráfico da Figura 3.4. Além disso, se a força e o braço de força permanecerem constantes, pode-se mover uma resistência maior encurtando o braço de resistência. Como a força muscular é aplicada internamente, no contexto musculoesquelético, o braço de força pode ser denominado também braço de momento interno; e como a carga é aplicada externamente, o braço de resistência pode ser chamado de braço de momento externo.

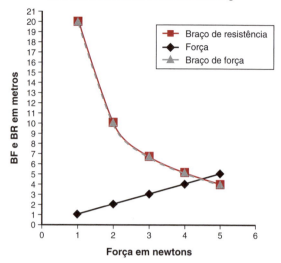

FIGURA 3.4 • Relações entre forças, braços de força e braços de resistência. (O gráfico supõe uma resistência constante de 20 kg; consequentemente, as representações gráficas do braço de resistência e do braço de força se apresentam diretamente sobrepostas uma à outra.) Mantendo-se a resistência constante em 20 kg e um braço de resistência de 1 m, o produto da (força) x (braço de força) deve ser igual a 20 newtons. Portanto, existe uma relação inversa entre a força e o braço de força. À medida que a força aumenta em newtons, o comprimento do braço de força diminui em metros, e vice-versa.

Existe também uma relação proporcional entre os componentes de força e os componentes de resistência. Ou seja, para que o movimento ocorra quando um dos componentes de resistência aumenta, é preciso que haja um aumento em um ou em ambos os componentes de força. As Figuras 3.5, 3.6 e 3.7 mostram como essas relações se aplicam às alavancas de primeira, segunda e terceira classe, respectivamente. Até mesmo ligeiras variações na localização da força e da resistência são importantes para determinar a vantagem mecânica (VM) e a força efetiva do músculo. Esse ponto pode ser ilustrado com a fórmula simples mostrada na Figura 3.8, utilizando o músculo bíceps braquial em cada exemplo.

No Exemplo A, a única maneira de mover a inserção do bíceps braquial é por meio de cirurgia; portanto, não é um procedimento prático. Em algumas condições ortopédicas, as inserções dos tendões são recolocadas cirurgicamente na tentativa de mudar as forças dinâmicas que os músculos exercem sobre as articulações. No Exemplo B, podemos encurtar, e geralmente encurtamos de fato, o braço de resistência

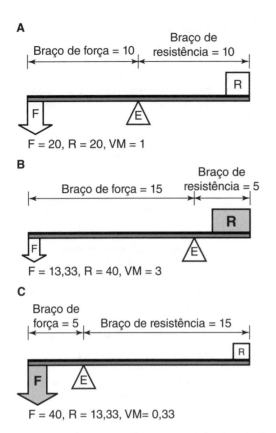

FIGURA 3.5 • Alavancas de primeira classe. **A**, Se o braço de força e o braço de resistência tiverem comprimentos iguais, é necessária uma força igual à resistência para equilibrá-la; **B**, À medida que o braço de força se alonga, menor é a quantidade de força necessária para mover uma resistência relativamente maior; **C**, À medida que o braço de força se encurta, maior é a quantidade de força necessária para mover uma resistência relativamente menor, mas a velocidade e a amplitude de movimento com que a resistência se move são maiores. *Calculam-se as forças (momentos) para equilibrar o sistema de alavancas. O esforço e as forças de resistência somam zero. Se quaisquer dos componentes se movimentarem uns em relação aos outros, será necessária uma força ou uma resistência maiores.*

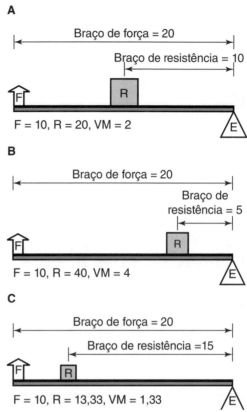

FIGURA 3.6 • As alavancas de segunda classe apresentam uma vantagem mecânica positiva pelo fato de o braço de força sempre ser mais longo do que o braço de resistência e são adequadas para mover resistências maiores com forças menores. **A**, A resistência aplicada equidistante entre o eixo e o ponto de aplicação de força oferece uma vantagem mecânica de 2; **B**, Aproximando-se a resistência do eixo, a vantagem mecânica aumenta, mas a distância pela qual a resistência se desloca diminui; **C**, Quanto mais próxima a resistência estiver posicionada do ponto de aplicação de força, menor a vantagem mecânica maior a distância pela qual a resistência é deslocada. *Calculam-se as forças (momentos) para equilibrar o sistema de alavancas. O esforço e as forças de resistência somam zero. Se quaisquer dos componentes se movimentarem uns em relação aos outros, será necessária uma força ou uma resistência maiores.*

para melhorar a nossa capacidade de mover um objeto. Ao tentar um peso máximo em um exercício de contração do bíceps, podemos flexionar o punho para aproximar um pouco o peso, encurtando, desse modo, o braço de resistência. O Exemplo C é objetivo na medida em que, obviamente, podemos reduzir a força necessária reduzindo a resistência.

O sistema de alavancas do corpo humano é voltado para a velocidade e a amplitude de movimento à custa da força. Os braços de força curtos e os braços de resistência longos exigem uma grande força muscular para gerar movimento. No antebraço, as inserções dos músculos bíceps e tríceps ilustram claramente essa questão, uma vez que o braço de força do bíceps tem de 2,5 a 5,0 cm, e o do tríceps menos de 2,5 cm. Existem muitos exemplos semelhantes em

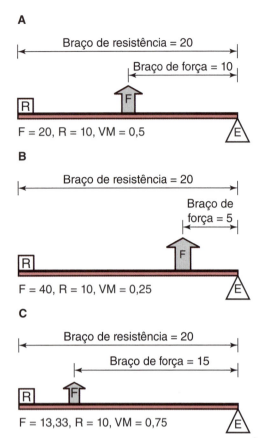

FIGURA 3.7 • Alavancas de terceira classe. **A**, É necessária uma força maior do que a resistência, independentemente do ponto de aplicação de força, pelo fato de o braço de resistência sempre ser mais longo; **B**, Aproximando-se o ponto de aplicação de força do eixo, a amplitude de movimento e a velocidade aumentam, mas é necessário mais força; **C**, Aproximando-se o ponto de aplicação de força à resistência, a força necessária diminui, mas a velocidade e a amplitude de movimento também diminuem. *Calculam-se as forças (momentos) para equilibrar o sistema de alavancas. O esforço e as forças de resistência somam zero. Se quaisquer dos componentes se movimentarem uns em relação aos outros, será necessária uma força ou uma resistência maiores.*

Equação da alavanca para a execução de rosca direta por uma criança
Equação da alavanca
F (Força) x BF (Braço de força) = R (Resistência) x BR (Braço de resistência)
Exemplo inicial
F x 0,1 = 45 newtons x 0,25 metro F x 0,1 = 11,25 newton-metros F = 112,5 newtons
Exemplo A – Alongamento do braço de força
Aumente BF movendo a inserção 0,05 m em sentido distal: F x 0,15 = 45 newtons x 0,25 metro F x 0,15 = 11,25 newton-metros F = 75 newtons Um aumento de 0,05 m na inserção a partir do eixo resulta em uma redução substancial da força necessária para mover a resistência.
Exemplo B – Encurtamento do braço de resistência
Reduza BR movendo o ponto de aplicação de resistência 0,05 m em sentido proximal: F x 0,1 = 45 newtons x 0,2 metro F x 0,1 = 9 newton-metros F = 90 newtons Uma redução de 0,05 m na aplicação de resistência a partir do eixo resulta em uma redução considerável da força necessária para mover a resistência.
Exemplo C – Redução da resistência
Reduza R diminuindo a resistência 1 newton: F x 0,1 = 44 newtons x 0,25 metro F x 0,1 = 11 newton-metros F = 110 newtons A redução do grau de resistência pode diminuir a quantidade de força necessária para mover a alavanca.

FIGURA 3.8 • Cálculos de torque com exemplos de alterações no braço de força, no braço de resistência e na resistência.

todo o corpo. Do ponto de vista prático, isso significa que o sistema muscular deve ser forte para fornecer a força necessária para os movimentos do corpo, especialmente nas atividades esportivas vigorosas.

Quando falamos de alavanca humana em termos de habilidades esportivas, em geral estamos nos referindo a várias alavancas. Por exemplo, o ato de arremessar uma bola envolve alavancas que atuam no ombro, no cotovelo e nas articulações dos punhos, bem como de baixo para cima, atravessando os membros inferiores e o tronco. Na realidade, pode-se dizer que existe uma longa alavanca que se estende dos pés até as mãos.

Quanto mais longa a alavanca, maior a sua eficácia para transmitir velocidade. Um tenista pode bater mais forte em uma bola de tênis (aplicar mais força a ela) conduzindo a raquete com o braço estendido do que com o cotovelo dobrado, uma vez que a alavanca (incluindo a raquete) é mais longa e se move com mais rapidez.

A Figura 3.9 indica que uma alavanca mais longa (Z1) desloca-se mais rápido do que uma alavanca mais curta (S1) ao descrever o mesmo ângulo. Nas

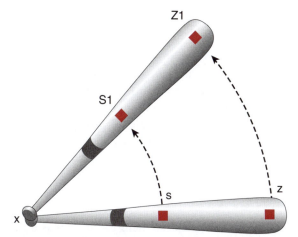

FIGURA 3.9 • Comprimento das alavancas. A extremidade de uma alavanca mais longa (Z1) desloca-se mais rápido do que uma alavanca mais curta (S1) ao descrever o mesmo ângulo no mesmo espaço de tempo. Quanto maior a distância entre a resistência e o eixo, maior a distância de deslocamento e maior a força aplicada, o que faz a resistência se deslocar com maior velocidade. O mesmo princípio se aplica aos esportes em que é possível aumentar o comprimento da alavanca com uma raquete ou um taco.

dade de movimento no sistema musculoesquelético. Uma roda e um eixo funcionam essencialmente como uma forma de alavanca. Quando a roda ou o eixo gira, o outro também deve girar. Os dois completam uma volta ao mesmo tempo. Os centros da roda e do eixo correspondem ao fulcro. Os raios da roda e do eixo correspondem aos braços de força. Se o raio da roda for maior do que o raio do eixo, a roda leva uma vantagem mecânica sobre o eixo em virtude do braço de força mais longo. Ou seja, pode-se aplicar uma força relativamente menor à roda para mover uma resistência relativamente maior aplicada ao eixo. Em outras palavras, se o raio da roda for cinco vezes maior do que o raio do eixo, a roda tem uma vantagem mecânica de 5 para 1 sobre o eixo, como mostra a Figura 3.10. Pode-se calcular a vantagem mecânica da roda e do eixo para essa situação considerando o raio da roda sobre o raio do eixo. Essa aplicação permite que a roda e o eixo atuem como uma alavanca de segunda classe para adquirir movimento de força.

$$\text{Vantagem mecânica} = \frac{\text{raio da roda}}{\text{raio do eixo}}$$

atividades esportivas em que é possível aumentar o comprimento de uma alavanca com uma raquete ou um taco de beisebol, aplica-se o mesmo princípio.

No beisebol, no hóquei no gelo, no golfe, no hóquei sobre a grama e em outros esportes, as alavancas longas produzem mais força linear e, consequentemente, um melhor desempenho. Entretanto, para conseguir executar de forma plena o movimento no menor espaço de tempo possível, às vezes, o ideal é que se tenha um braço de alavanca mais curto. Por exemplo, no beisebol, um receptor que tente eliminar um corredor na segunda base não precisa arremessar a bola de modo que ela atinja a mesma velocidade de quando o arremessador tenta lançar uma bola na zona de *strike*. No caso do receptor, é mais importante iniciar e finalizar o arremesso o mais rápido possível do que imprimir a maior velocidade possível à bola. Ao tentar arremessar uma bola a mais de 140 km/h, o arremessador utiliza o próprio corpo como um sistema de alavanca muito mais longo e com uma maior amplitude de movimento para imprimir velocidade à bola.

Rodas e eixos

As rodas e os eixos são utilizados basicamente para aumentar a amplitude de movimento e a veloci-

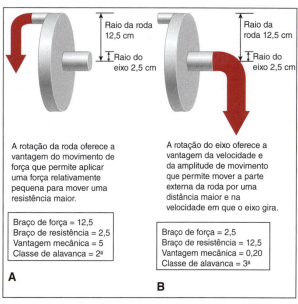

FIGURA 3.10 • Roda e eixo. **A**, A vantagem mecânica é adquirida mediante a aplicação de força à parte externa da roda para mover uma grande resistência com mais facilidade; **B**, Quando se aplica força ao eixo, a vantagem mecânica é sempre menor que 1 e requer uma força relativamente grande, mas a vantagem está na possibilidade de mover a roda maior por uma distância relativamente maior e com uma velocidade igualmente maior que a do eixo.

Nesse caso, a vantagem mecânica é sempre maior que 1. Uma aplicação prática desse exemplo é usar a parte externa do volante de um automóvel para girar o mecanismo de direção. Antes do advento da direção hidráulica, os volantes possuíam um diâmetro muito maior do que hoje para oferecer ao motorista mais vantagem mecânica. No corpo, um exemplo da aplicação de força ao volante ocorre quando tentamos forçar manualmente o ombro de uma pessoa a executar uma rotação medial enquanto ela mantém o ombro isometricamente em rotação lateral. O úmero age como eixo, e a mão e o punho da pessoa ficam posicionados próximo à parte externa do volante quando o cotovelo está flexionado cerca de 90 graus. Se tentarmos, sem sucesso, interromper a força da contração dos rotadores externos empurrando medialmente a parte mediana do antebraço, podemos aumentar a nossa alavancagem ou vantagem mecânica e a probabilidade de sucesso aplicando a força em um ponto mais próximo da mão e do punho.

Se a aplicação da força for invertida e aplicada ao eixo, a vantagem mecânica advirá da rotação da roda por uma distância maior e em maior velocidade. Utilizando o mesmo exemplo, se o raio da roda for cinco vezes maior do que o raio do eixo, a parte externa da roda girará a uma velocidade cinco vezes maior do que a do eixo. Além disso, a distância percorrida pelo giro da parte externa da roda será cinco vezes maior do que aquela da parte externa do eixo. Essa aplicação permite que a roda e o eixo atuem como uma alavanca de terceira classe para adquirir velocidade e amplitude de movimento. Pode-se calcular a vantagem mecânica de uma roda e um eixo para essa situação considerando o raio do eixo sobre o raio da roda.

$$\text{Vantagem mecânica} = \frac{\text{raio do eixo}}{\text{raio da roda}}$$

Nesse caso, a vantagem mecânica é sempre menor que 1. Esse é o princípio utilizado na unidade de tração de um automóvel para girar o eixo que, por conseguinte, gira o pneu uma revolução para cada volta do eixo. Utilizamos o potente motor do automóvel para gerar força, aumentar a velocidade do pneu e, subsequentemente, deslocar-nos por grandes distâncias. Pode-se observar também um exemplo da aplicação de força dos músculos ao eixo para produzir maior amplitude de movimento e velocidade no membro superior, no caso dos rotadores internos ligados ao úmero. Com o úmero agindo como eixo e a mão e o punho posicionados na parte externa do volante (quando o cotovelo está flexionado aproximadamente 90 graus), os rotadores internos aplicam força ao úmero. Com os rotadores internos produzindo uma rotação concêntrica relativamente pequena do úmero em sentido medial, a mão e o punho percorrem uma grande distância. Utilizando a roda e o eixo dessa maneira, é possível aumentar significativamente a velocidade com que arremessamos objetos.

Polias

As polias simples possuem um eixo fixo e funcionam para mudar a direção efetiva da aplicação de força. As polias simples têm uma vantagem mecânica de 1, como mostra a Figura 3.11 A. Vários aparelhos de levantamento de peso utilizam polias para alterar a direção da força resistiva. As polias podem ser móveis e combinadas de modo a formar polias compostas para aumentar a vantagem mecânica. Toda corda adicional conectada a uma polia móvel aumenta em 1 a vantagem mecânica, como mostra a Figura 3.11 B.

No corpo humano, um excelente exemplo é o do maléolo lateral, que age como uma polia em torno da qual corre o tendão do músculo fibular longo está disposto. Ao se contrair, esse músculo faz tração em direção ao seu ventre e, por conseguinte, em direção ao joelho. Como ele utiliza o maléolo lateral como polia (Fig. 3.12), a força se transmite à face plantar do pé, resultando no movimento descendente e lateral (para fora) do pé. Outros exemplos no corpo humano são as polias da face volar das falanges para redirecionar a força dos tendões flexores.

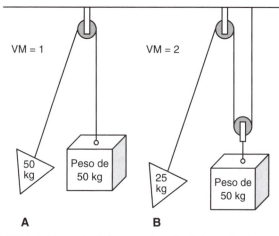

FIGURA 3.11. • A, Polia simples; B, Polia móvel composta.

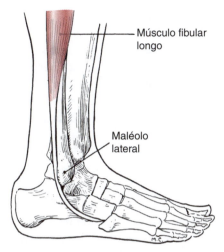

FIGURA 3.12 • Polia. O maléolo lateral atua como uma polia para o tendão do músculo fibular longo.

Leis do movimento e atividades físicas

O movimento é fundamental na educação física e nas atividades esportivas. Os movimentos do corpo geralmente são produzidos, ou pelo menos iniciados, por alguma ação do sistema muscular. Não existe movimento sem a ação de uma força, e o sistema muscular é a fonte de força do corpo humano. Portanto, o desenvolvimento do sistema muscular é indispensável para o movimento.

Basicamente, existem dois tipos de movimento: **movimento linear** e **movimento angular**. O movimento linear, também conhecido como movimento de translação, ocorre ao longo de uma linha. Se ocorrer ao longo de uma linha reta, é um movimento **retilíneo**, enquanto o movimento ao longo de uma linha curva é conhecido como movimento **curvilíneo**. O movimento angular, também conhecido como movimento rotativo, envolve a rotação em torno de um eixo. No corpo humano, o eixo de rotação é representado por diversas articulações. De certa forma, esses dois tipos de movimento estão relacionados, uma vez que o movimento angular das articulações é capaz de produzir o movimento linear de deambulação. Em muitas atividades esportivas, o movimento angular cumulativo das articulações do corpo transmite movimento linear a um objeto arremessado (bola, peso) ou a um objeto atingido por um instrumento (taco de beisebol, raquete). É importante considerar também o **centro de rotação**, que é o ponto ou a linha em torno da qual todos os demais pontos do corpo se movem. Na dobradiça de uma porta, o eixo de rotação é fixo e todos os pontos da porta descrevem arcos de rotação iguais em torno do centro da dobradiça. Contudo, nas articulações do corpo, o eixo normalmente não é fixo, em razão de seu movimento acessório, como vimos no Capítulo 1. Consequentemente, a localização do centro de rotação exato muda de acordo com as alterações ocorridas no ângulo articular. Por essa razão, é preciso levar em consideração o **centro de rotação instantâneo**, que é o centro de rotação em um instante específico de tempo durante o movimento. Ver Figura 3.13.

Medições quantitativas – escalares versus vetoriais

Para discutir as medidas de movimento, atribuímos-lhes uma quantidade de medição. Essas quantidades matemáticas utilizadas para descrever o movimento podem ser divididas em escalares ou vetoriais. As quantidades **escalares** são descritas apenas por uma grandeza (ou valor numérico), como velocidade em quilômetros por hora ou metros por segundo. Outras quantidades escalares são: comprimento, área, volume, massa, tempo, densidade, temperatura, pressão, energia, trabalho e potência. As quantidades **vetoriais** são descritas tanto por uma grandeza quanto por uma direção, como velocidade em quilômetros por hora em direção leste. Outras quantidades vetoriais são: aceleração, direção, deslocamento, força, arrasto, *momentum*, levantamento, peso e empuxo.

O **deslocamento** é uma mudança na posição ou na localização de um objeto em relação ao seu ponto de referência original, enquanto a **distância**, ou a trajetória do movimento, é a extensão total efetivamente percorrida. Portanto, o objeto pode percorrer uma distância de 10 metros seguindo uma trajetória linear

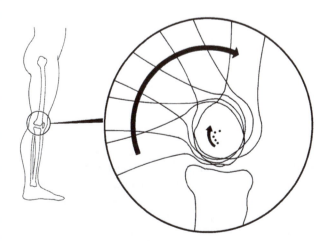

FIGURA 3.13 • Trajetória do centro de rotação instantâneo para o joelho durante o movimento de extensão.

em duas ou mais direções, mas deslocar-se apenas 6 metros a partir do seu ponto de referência original. A Figura 3.14 fornece um exemplo. O **deslocamento angular** é a mudança de localização de um corpo rotativo. O **deslocamento linear** é a distância que um sistema percorre em linha reta.

Às vezes, nos preocupamos com o tempo necessário para que o deslocamento ocorra. A **velocidade escalar** é a rapidez com que um objeto se desloca, ou a distância que um objeto percorre em um determinado intervalo de tempo. A **velocidade vetorial**, a taxa de variação (ou mudança) de posição de um objeto, inclui a direção e descreve a taxa de deslocamento.

Uma breve revisão das leis do movimento de Newton é suficiente para indicar as muitas aplicações dessas leis às atividades de educação física e aos esportes. As leis de Newton explicam todas as características do movimento e são fundamentais para o entendimento dos movimentos humanos.

Lei da inércia

Um corpo em movimento tende a permanecer em movimento retilíneo e na mesma velocidade se sobre ele não atuar nenhuma força; assim como um corpo em repouso tende a permanecer em repouso na ausência da atuação de força sobre ele.

Pode-se descrever a **inércia** como a resistência à ação ou à mudança. Em termos de movimento humano, *inércia* denota resistência à aceleração ou à desaceleração. Inércia é a tendência do estado atual a manter-se inalterado, quer o segmento do corpo em questão esteja se deslocando a uma determinada velocidade quer esteja imóvel.

Os músculos produzem a força necessária para iniciar, interromper, acelerar ou desacelerar o movimento, ou para alterar a direção do movimento. Em outras palavras, inércia é a relutância à mudança de estado, que somente pode ocorrer mediante a atuação de uma força. Quanto maior a massa de um objeto, maior a sua inércia. Consequentemente, quanto maior a massa, maior a força necessária para alterar significativamente a inércia de um objeto. As atividades de educação física oferecem vários exemplos dessa lei. Um velocista nos blocos de partida deve aplicar uma força considerável para vencer a inércia de repouso. Um corredor em uma pista coberta deve aplicar uma força considerável para vencer a inércia de movimento e parar antes de bater na parede. A Figura 3.15 apresenta um exemplo de como um esquiador em movimento permanece em movimento, embora suspenso no ar depois de saltar de uma colina. Vivenciamos rotineiramente forças inerciais quando a parte superior de nosso corpo tende a se mover para a frente quando estamos dirigindo um automóvel no limite de velocidade e, de repente, temos que reduzir a velocidade. Bolas e outros objetos que são arremessados ou atingidos requerem força para detê-los. As ações de dar partida, parar e mudar de direção, que fazem parte de muitas atividades físicas, oferecem diversos exemplos da lei da inércia aplicada aos movimentos do corpo.

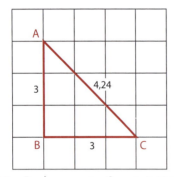

FIGURA 3.14 • Deslocamento. Se a trajetória do movimento for de A para B e depois de B para C, a distância percorrida será AB + BC, mas o deslocamento é a distância de A a C, ou AC. Se cada célula tiver 1 m², AB, então, tem 3 metros, e BC, 3 metros; portanto, a distância percorrida seria de 6 metros. Utilizando o Teorema de Pitágoras (em um triângulo retângulo, o quadrado da hipotenusa é igual à soma dos quadrados dos catetos, ou $a^2 + b^2 = c^2$), podemos determinar que o deslocamento (AC) é de 4,24 m por meio da fórmula $AB^2 + BC^2 = AC^2$.

FIGURA 3.15 • Exemplo da primeira lei do movimento de Newton. O esquiador continua suspenso no ar em virtude da inércia anteriormente gerada.

Como é preciso força para alterar a inércia, é óbvio que qualquer atividade realizada em um ritmo constante em uma direção regular conservará energia, e que qualquer atividade que segue um ritmo ou uma direção irregulares onerará muito as reservas de energia. Isso, em parte, explica por que atividades como handebol e basquete são muito mais fatigantes do que corrida e dança.

Lei da aceleração

A mudança de aceleração de um corpo ocorre na mesma direção da força que a gerou. A mudança de aceleração é diretamente proporcional à força incidente sobre o corpo e inversamente proporcional à sua massa.

Pode-se definir **aceleração** como a taxa de variação da velocidade. Para se atingir a velocidade suficiente para movimentar o corpo, em geral, é necessária uma forte força muscular. **Massa**, a quantidade de matéria contida em um corpo, afeta a velocidade e a aceleração nos movimentos físicos. É preciso uma força muito maior dos músculos para acelerar um homem de 80 kg do que para acelerar um homem de 58 kg à mesma velocidade de corrida. É possível também acelerar uma bola de beisebol mais rápido do que um peso por causa da diferença de massa. A força necessária para correr em média velocidade é menor do que aquela para correr em alta velocidade. Para imprimir velocidade a uma bola ou um objeto, é necessário acelerar rapidamente a parte do corpo que segura o objeto. O futebol, o basquete, o atletismo e o hóquei sobre a grama são alguns dos esportes que exigem velocidade e aceleração.

Lei da reação

Para cada ação existe uma reação igual e contrária.

Quando aplicamos força a uma superfície de apoio caminhando sobre ela, a superfície opõe igual resistência na direção contrária à sola de nossos pés. Nossos pés fazem força para baixo e para trás, enquanto a superfície empurra para cima e para a frente. A força da superfície que reage à força que lhe aplicamos é conhecida como **força de reação do solo**. Geramos a força de ação, enquanto a superfície gera a força de reação. É mais fácil correr sobre uma pista de superfície dura do que em uma praia arenosa, em virtude da diferença das forças de reação do solo das duas superfícies. A pista resiste à força de propulsão do corredor e a reação o impulsiona para a frente; a areia dissipa a força do corredor, e a força de reação, consequentemente, é reduzida, com uma aparente perda de força de avanço e velocidade (Fig. 3.16). Um velocista aplica uma força de 1.335 newtons aos blocos de partida, que resistem com igual força. Quando um corpo está suspenso no ar, como ocorre durante um salto, o movimento de uma parte do corpo produz uma reação em outra parte, dada a ausência de superfície resistiva para gerar uma força de reação.

Atrito

Atrito é a força resultante da resistência entre as superfícies de dois objetos que se movimentam um sobre o outro. Dependendo da atividade envolvida, é desejável mais ou menos atrito. Na corrida, dependemos das forças de atrito entre os pés e o solo para que possamos exercer força contra o solo e nos impulsionar para a frente. Quando o atrito é reduzido por causa da superfície lisa do piso ou do sapato, temos mais probabilidade de escorregar. Na patinação no gelo, o ideal é que haja menos atrito para que possamos deslizar com menos resistência. Pode-se caracterizar o atrito ainda como estático ou cinético – ver Figura 3.17, *A*, *B* e *C*. **Atrito estático** é a quantidade de atrito entre dois objetos que ainda não começaram a se mover, enquanto **atrito cinético** é o atrito que ocorre entre dois objetos pelo deslizamento de suas superfícies. O atrito estático é sempre maior do que o atrito cinético. Consequentemente, é sempre mais difícil começar a arrastar um objeto sobre uma superfície do que continuar a arrastá-lo depois que ele está

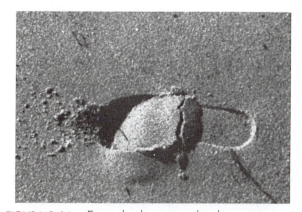

FIGURA 3.16 • Exemplo da terceira lei do movimento de Newton. Ao andar, para que consiga acelerar para a frente, o indivíduo precisa empurrar os pés para trás. Observe que a parte anterior da pegada na areia é mais profunda do que a parte posterior.

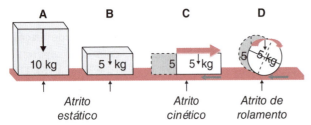

FIGURA 3.17 • Atrito. **A**, Atrito estático; **B**, Atrito estático também, porém menos do que em A porque a massa (peso) é menor; **C**, O atrito cinético é sempre menor do que o atrito estático; **D**, O atrito de rolamento é sempre menor do que o atrito cinético.

em movimento. Pode-se aumentar o atrito estático aumentando-se as forças normais ou perpendiculares que pressionam um objeto contra o outro, por exemplo acrescentando mais peso a um objeto que se encontra sobre outro. Para determinar a quantidade das forças de atrito, devemos considerar tanto as forças que pressionam um objeto contra o outro como o **coeficiente de atrito**, que depende da dureza e aspereza da textura da superfície. O coeficiente de atrito é a razão entre a força necessária para vencer o atrito e a força que mantém as superfícies juntas. O **atrito de rolamento** (Fig. 3.17, *D*) é a resistência a um objeto que executa um movimento de rolagem sobre uma superfície, como uma bola rolando sobre uma quadra ou um pneu rolando sobre a superfície do solo. O atrito de rolamento é sempre muito menor do que o atrito estático ou o atrito cinético.

Balanço, equilíbrio e estabilidade

Balanço é a capacidade de controlar o equilíbrio, estático ou dinâmico. Em termos de movimento humano, o **equilíbrio** denota um estado de aceleração zero, no qual não há nenhuma variação de velocidade ou direção do corpo. O equilíbrio pode ser estático ou dinâmico. Se o corpo estiver em repouso ou completamente imóvel, trata-se de um **equilíbrio estático**. O **equilíbrio dinâmico** ocorre quando todas as forças aplicadas e inerciais atuantes sobre o corpo em movimento encontram-se equilibradas, resultando em movimento com velocidade ou direção inalteradas. Para controlar o equilíbrio e, consequentemente, alcançar uma posição equilibradas, precisamos maximizar a **estabilidade**, que é a resistência a uma variação na aceleração do corpo ou, mais apropriadamente, a resistência a uma alteração do equilíbrio do corpo. Pode-se aumentar a estabilidade determinando o **centro de gravidade** e alterando-o adequadamente. O centro de gravidade é o ponto em que toda a massa e o peso do corpo estão equilibrados ou igualmente distribuídos em todas as direções. De forma muito genérica, o centro de gravidade para os seres humanos está localizado nas proximidades do umbigo.

O equilíbrio é tão importante para o corpo em repouso quanto para o corpo em movimento. Em geral, o estado de equilíbrio é desejável, mas existem circunstâncias em que o movimento melhora quando o corpo tende a estar desequilibrado. Veja a seguir alguns fatores gerais que se aplicam quando se tem por objetivo melhorar o equilíbrio, maximizar a estabilidade e alcançar uma posição balanceada.

1. Uma pessoa está em posição de equilíbrio quando o centro de gravidade coincide com a base de apoio (Fig. 3.18).
2. O grau de equilíbrio de uma pessoa é diretamente proporcional ao tamanho da base. Quanto maior a base de apoio, maior o grau de equilíbrio.
3. O grau de equilíbrio de uma pessoa depende do peso (massa). Quanto mais peso, mais equilíbrio.
4. O grau de equilíbrio de uma pessoa depende da altura do centro de gravidade. Quanto mais baixo o centro de gravidade, maior o equilíbrio.

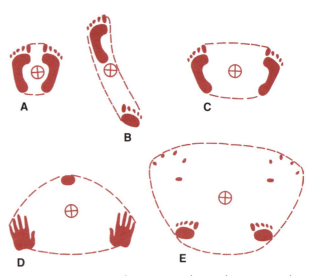

FIGURA 3.18 • Base de apoio. A base de apoio inclui a(s) parte(s) do corpo que estão em contato com a superfície de apoio e a área interveniente. **A**, **B** e **C**, O peso é sustentado pelos pés; **D**, O peso é sustentado pela testa e pelas mãos na posição de parada de mãos; **E**, O peso é sustentado pelas mãos e pelos pés quando o corpo está em uma posição agachada. As cruzes dentro dos círculos indicam o ponto de intersecção da linha de gravidade com a base de apoio.

5. O grau de equilíbrio de uma pessoa depende da posição do centro de gravidade em relação à base de apoio. O equilíbrio é menor se o centro de gravidade estiver próximo à borda da base. Entretanto, na iminência da ação de uma força, pode-se melhorar a estabilidade posicionando o centro de gravidade mais próximo da lateral da base de apoio que deverá receber a força.
6. Diante da iminente incidência de uma força, pode-se melhorar a estabilidade aumentando o tamanho da base de apoio na direção da força prevista.
7. Pode-se melhorar o equilíbrio aumentando o atrito entre o corpo e as suas superfícies de contato.
8. A rotação em torno de um eixo auxilia o equilíbrio. É mais fácil equilibrar uma bicicleta em movimento do que uma bicicleta parada.
9. As funções fisiológicas cinestésicas contribuem para o equilíbrio. Os canais semicirculares da orelha interna, a visão, o tato (pressão) e a sensação cinestésica fornecem ao executor do movimento informações sobre o seu equilíbrio. O balanço e os seus componentes de equilíbrio e estabilidade são essenciais em todos os movimentos. Todos são afetados pela constante força da gravidade e pela inércia. O ato de caminhar já foi descrito como uma atividade em que o corpo da pessoa assume posições de equilíbrio e desequilíbrio a cada passo. Nos movimentos rápidos de corrida, nos quais a inércia é alta, o indivíduo tem que abaixar o centro de gravidade para manter o equilíbrio ao parar ou mudar de direção. Por outro lado, nas atividades de salto, a pessoa procura elevar o centro de gravidade o máximo possível.

Força

Os músculos são a principal fonte de força que produz ou altera os movimentos de um segmento do corpo, de todo o corpo ou de um objeto arremessado, atingido ou parado. Como vimos anteriormente, vários fatores afetam a capacidade de um músculo de exercer força. Obviamente, precisamos compreender esses diversos fatores e utilizar esse conhecimento para conduzi-los de forma adequada e condicionar corretamente nossos músculos para obter a resposta desejada ao lidar tanto com as forças internas como externas. Consequentemente, em geral desejamos músculos mais fortes que nos permitam produzir mais força tanto para realizar um esforço máximo como um esforço prolongado.

As **forças** empurram ou puxam um objeto na tentativa de afetar o seu movimento ou a sua forma. Sem a atuação das forças sobre os objetos, não há movimento. A força é o produto da massa multiplicada pela aceleração. A massa de um segmento do corpo ou de todo o corpo multiplicada pela velocidade de aceleração determina a força. Obviamente, no futebol americano, esse é um fator muito importante, mas é igualmente importante também em outras atividades que utilizam apenas uma parte do corpo humano. Ao arremessar uma bola, a força aplicada à bola é igual à massa do braço multiplicada pela velocidade de aceleração do braço. Além disso, como vimos anteriormente, a alavancagem também é importante.

$$\text{Força} = \text{massa} \times \text{aceleração}$$
$$F = m \times a$$

A qualidade do movimento, ou, em termos mais científicos, o ***momentum***, que é igual à massa multiplicada pela velocidade, é importante nas atividades que envolvem habilidades. Quanto maior o *momentum*, maior a resistência à alteração da inércia ou do estado de movimento. Em outras palavras, uma pessoa maior e com mais massa que se desloca com a mesma velocidade que uma pessoa menor terá mais *momentum*. Por outro lado, uma pessoa com menos massa que se desloca com uma velocidade mais elevada pode ter mais *momentum* do que uma pessoa com menos massa que se desloca em uma velocidade mais baixa. O *momentum* pode ser alterado pelo **impulso**, que é o produto da força e do tempo.

Não é necessário aplicar força máxima em todas as situações e, desse modo, aumentar o *momentum* da bola ou do objeto atingido. Na execução de movimentos que envolvem habilidades, é necessário regular a quantidade de força. É importante o julgamento da quantidade de força necessária para arremessar uma bola de softbol a uma determinada distância, lançar uma bola de golfe a 180 metros ou bater em uma bola de tênis de modo que ela transponha a rede e caia dentro da quadra.

Nas atividades que envolvem o movimento de diversas articulações, como no arremesso de uma bola ou de um peso, deve haver uma somatória de forças do início do movimento no segmento inferior do corpo até o giro do tronco e o movimento do ombro, do cotovelo e das articulações do punho. A velocidade com que um taco de golfe atinge a bola é o resultado de uma somatória de forças dos membros inferiores, do tronco, dos ombros, dos braços e dos punhos. O arremesso de peso e o lançamento de disco e dardo são outros bons exemplos de que a somatória de forças é essencial.

Princípios básicos da carga mecânica

Quando utilizamos o sistema musculoesquelético para exercer força sobre o corpo, fazendo com que ele se movimente e interaja com o solo e outros objetos ou pessoas, os tecidos do corpo geram e absorvem cargas mecânicas significativas. As forças geradoras dessas cargas podem ser internas ou externas. Somente os músculos são capazes de gerar força interna ativa, mas a tensão dos tendões, tecidos conjuntivos, ligamentos e cápsulas articulares pode gerar forças internas passivas. As forças externas são produzidas do lado de fora do corpo e originam-se da gravidade, da inércia ou do contato direto. Todos os tecidos resistem, em graus variáveis, a alterações em sua forma. Obviamente, as forças externas podem provocar deformações teciduais, mas nós temos a capacidade também de gerar forças internas suficientemente fortes para fraturar ossos, luxar articulações e lesionar músculos e tecidos conjuntivos. Para evitar lesões ou danos decorrentes de deformações teciduais, devemos usar o corpo para absorver a energia gerada pelas forças internas e externas. De acordo com esse princípio, é recomendável absorver essa força nas superfícies maiores do nosso corpo, não nas menores, e distribuir a taxa de absorção por um espaço de tempo maior. Além disso, quanto mais fortes e saudáveis formos, maior a probabilidade de suportarmos cargas mecânicas excessivas e a consequente deformação em excesso dos tecidos. A tensão (alongamento ou estiramento), a compressão, o cisalhamento, o encurvamento e a torção (giro) são todas forças que atuam individualmente ou em conjunto para gerar uma carga mecânica que pode resultar na deformação excessiva dos tecidos. A Figura 3.19 ilustra as forças mecânicas que atuam sobre os tecidos do corpo.

Aplicação funcional

No desempenho de diversas habilidades esportivas, é possível encontrar muitas aplicações das leis de alavancagem, movimento e equilíbrio. Uma habilidade comum a muitas atividades é o arremesso. O objeto arremessado pode ser algum tipo de bola, mas geralmente é um objeto de outro tamanho ou forma, como uma pedra, um saquinho de feijão, um *frisbee*, um disco ou um dardo. Uma breve análise de alguns princípios mecânicos básicos envolvidos na habilidade do arremesso ajudará a indicar a importância de se conhecer as aplicações desses princípios. Muitas atividades envolvem esses e, frequen-

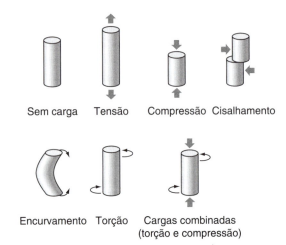

FIGURA 3.19 • Forças de carga mecânica.

temente, outros princípios mecânicos. O movimento é básico para o arremesso quando o movimento angular (Fig. 3.13) das alavancas (ossos) do corpo (tronco, ombro, cotovelo e punho) é usado para produzir um movimento linear na bola quando ela é liberada.

As leis de Newton aplicam-se ao arremesso, uma vez que a inércia da pessoa e a inércia da bola (ver p. 85) devem vencer a aplicação da força. Os músculos do corpo geram a força necessária para movimentar as partes do corpo e a bola segurada pela mão. A **lei da aceleração** (a segunda lei de Newton) entra em cena com a força muscular necessária para acelerar o braço, o punho e a mão. Quanto maior a força (a massa multiplicada pela aceleração) que a pessoa for capaz de produzir, mais rápido o braço se movimentará e, consequentemente, maior a velocidade transmitida à bola. A reação dos pés contra a superfície sobre a qual a pessoa está pisando ilustra a aplicação da **lei da reação**.

O fator de alavancagem é muito importante no arremesso de uma bola ou de um objeto. Para todos os fins práticos, o corpo, dos pés até os dedos da mão, pode ser considerado uma longa alavanca. Quanto mais longa a alavanca, seja a partir do comprimento natural do corpo ou do movimento do corpo até a posição de extensão para trás (como no arremesso de uma bola de softbol com extensão das articulações do ombro e do cotovelo), maior será o seu arco de aceleração e, consequentemente, maior a velocidade transmitida ao objeto arremessado.

Em determinadas circunstâncias, quando a bola deve ser lançada apenas a uma curta distância, como no beisebol, quando ela é arremessada pelo receptor para as bases, a alavanca curta é vantajosa porque requer menos tempo total para liberar a bola.

O equilíbrio é um fator importante no arremesso quando o corpo gira para trás no seu início. Esse movimento chega quase a desequilibrar o corpo para trás; em seguida, o ponto de equilíbrio do corpo muda novamente com o movimento para a frente, voltando a se estabelecer com a finalização, quando os pés se afastam e os joelhos e o tronco se flexionam para abaixar o centro de gravidade.

Resumo

A discussão anterior foi uma breve visão geral de alguns dos fatores que afetam o movimento. A análise dos movimentos humanos à luz das leis da física apresenta um problema: qual o nível de abrangência da análise? Ela pode ser muito complexa, especialmente quando o movimento do corpo é combinado à manipulação de um objeto pela mão envolvida no arremesso, chute, batida ou recepção.

Esses fatores entram em cena quando tentamos fazer uma análise das atividades comuns aos nossos programas de educação física – futebol, beisebol, basquete, atletismo, hóquei sobre a grama e natação, entre outros. Entretanto, para se ter uma visão completa dos fatores que controlam os movimentos humanos, devemos ter um conhecimento dos princípios fisiológicos e biomecânicos da cinesiologia.

Está além do escopo deste livro fazer uma análise detalhada de outras atividades. Algumas fontes que abordam detalhadamente esses problemas encontram-se relacionadas nas referências.

Exercícios de revisão e laboratório

1. Quadro de identificação dos componentes do sistema de alavancas

Defina e cite dois exemplos práticos de alavanca (no corpo ou na vida cotidiana) para cada classe de alavanca. Não use exemplos já apresentados neste capítulo. Para cada exemplo, identifique a força, o eixo e a resistência. Explique também a vantagem do uso de cada alavanca – isto é, se a finalidade é alcançar equilíbrio, força, movimento, velocidade ou amplitude de movimento.

Classe de alavanca	Exemplo	Força	Eixo	Resistência	Vantagem oferecida
1ª					
1ª					
2ª					
2ª					
3ª					
3ª					

2. As alavancas anatômicas podem melhorar o desempenho físico. Utilizando as informações fornecidas sobre o arremesso, explique como isso ocorre.

3. Se a inserção do seu músculo bíceps no antebraço está localizada 5 cm abaixo do cotovelo, a distância do cotovelo à palma da mão é de 45 cm e você ergue um peso de 9 kg, qual a força que o seu músculo precisa exercer para produzir a flexão do cotovelo?

4. Se o peso de um objeto for 50 kg e a sua vantagem mecânica 4, qual a força que você precisa exercer para erguer o objeto com um sistema de alavanca?

5. Para os fins do quadro de cálculo dos componentes do sistema de alavancas, organize os componentes das alavancas conforme relacionado para cada tarefa de a. a j. Determine a classe da alavanca e calcule os valores para o braço de força (BF), o braço de resistência (BR), a força e a vantagem mecânica (VM). Ilustre todas as diversas formas de organização dos componentes em uma folha de papel separada.

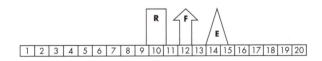

Cada linha vertical na barra de alavanca representa os pontos de localização dos componentes, em que a extremidade da esquerda representa 0, e a da direita 20.

Quadro de cálculo dos componentes do sistema de alavancas

	Componentes da alavanca			Variáveis				
	Força aplicada a	Eixo posicionado em	25 newtons de resistência aplicados a	Classe da alavanca	BF	BR	Força	VM
a.	0	2	20					
b.	0	9	15					
c.	3	17	13					
d.	8	4	19					
e.	12	0	18					
f.	19	9	3					
g.	16	2	7					
h.	13	20	4					
i.	8	17	1					
j.	20	4	11					

6. A que classe de alavanca pertence o volante de direção de um automóvel?

7. Cite dois sistemas diferentes de roda e eixo em que a força seja aplicada à roda. Baseado na sua observação, estime qual dos dois oferece maior vantagem mecânica.

8. Cite dois sistemas diferentes de roda e eixo em que a força seja aplicada ao eixo. Baseado na sua observação, estime qual dos dois oferece maior vantagem mecânica.

9. Ao tentar remover um parafuso, é mais fácil fazê-lo com o auxílio de uma chave de fenda com uma pegada maior no cabo? Por quê?

10. Se um conjunto de polias contiver cinco cordas de sustentação, qual a VM do conjunto?

11. Qual a força necessária para erguer um objeto com um sistema de polias se o objeto pesar 200 kg e o sistema contiver quadro cordas de sustentação?

12. Identifique um exemplo prático da lei da inércia de Newton. Explique de que maneira o exemplo ilustra a lei.

13. Identifique um exemplo prático da lei da aceleração de Newton. Explique de que maneira o exemplo ilustra a lei.

14. Identifique um exemplo prático da lei da reação de Newton. Explique de que maneira o exemplo ilustra a lei.

15. Se um jogador de beisebol rebatesse um triplo e corresse para a terceira base, qual seria o seu deslocamento? *Dica:* a distância entre as bases é de 27 metros.

16. Selecione uma atividade esportiva e explique como a quantidade excessiva de atrito representa um problema na atividade.

17. Selecione uma atividade esportiva e explique como a quantidade insuficiente de atrito representa um problema na atividade.

18. Utilizando as forças básicas de carga mecânica de compressão, torção e cisalhamento, descreva cada força utilizando exemplos do futebol ou do voleibol.

19. Quadro de comparação de tarefas das leis do movimento

Para os fins deste quadro, suponhamos que você possua a habilidade, força, etc. para executar cada par de tarefas. Assinale a tarefa mais fácil de realizar com base nas leis de Newton e explique por quê.

	Pares de tarefas	Explicação
a.	Arremessar uma bola de beisebol a 100 km/h OU arremessar uma bola metálica a 100 km/h.	
b.	Chutar uma bola de boliche a 35 m de distância OU chutar uma bola de futebol a 35 m de distância.	
c.	Rebater uma bola de whiffle por cima de uma cerca a 300 m de distância OU rebater uma bola de beisebol por cima de uma cerca a 300 m de distância.	
d.	Agarrar uma bola metálica arremessada a 100 km/h OU agarrar uma bola de softbol arremessada a 100 km/h.	
e.	Em um jogo de futebol americano, interceptar o avanço de um atacante de 110 kg que dispare em alta velocidade em sua direção OU em um jogo de futebol americano, interceptar o avanço de um atacante de 90 kg que dispare em alta velocidade em sua direção.	
f.	Faça um pique de 40 jardas (36 m) em 4,5 segundos em um campo molhado OU faça um pique de 40 jardas (36 m) em 4,5 segundos em um campo seco.	

20. Desenvolva projetos especiais e relatórios de aula individuais ou por pequenos grupos de alunos sobre a análise mecânica de todas as habilidades envolvidas nas seguintes atividades:

a. Basquete
b. Beisebol
c. Dança
d. Mergulho
e. Futebol americano
f. Hóquei sobre a grama
g. Golfe
h. Ginástica artística
i. Futebol
j. Natação
k. Tênis
l. Luta livre

21. Desenvolva projetos letivos e relatórios de aula individuais ou por pequenos grupos de alunos sobre os fatores envolvidos nas seguintes atividades:

a. Aceleração
b. Aerodinâmica
c. Deslocamento angular
d. Balanço
e. Base de apoio
f. Flutuabilidade
g. Centro de gravidade
h. Arrasto
i. Equilíbrio
j. Força
k. Atrito
l. Gravidade
m. Hidrodinâmica
n. Impulso
o. Inércia
p. Centro de rotação instantâneo
q. Alavancagem
r. Levantamento de peso
s. Deslocamento linear
t. Massa
u. *Momentum*
v. Movimento
w. Projéteis
x. Ângulo de rebote
y. Restituição
z. Velocidade escalar
aa. Giro
ab. Estabilidade
ac. Empuxo
ad. Torque
ae. Velocidade vetorial
af. Composição de vetores
ag. Resolução de vetores
ah. Peso
ai. Trabalho

22. Desenvolva demonstrações, projetos letivos ou relatórios especiais individuais ou por pequenos grupos de alunos sobre as seguintes atividades:

a. Levantamento de peso
b. Arremesso de peso
c. Ficar em pé
d. Caminhar
e. Correr
f. Saltar
g. Cair
h. Sentar-se
i. Empurrar e puxar
j. Bater (em uma bola ou em outro objeto)

Referências bibliográficas

Adrian MJ, Cooper JM: *The biomechanics of human movement,* Indianapolis, IN, 1989, Benchmark.

American Academy of Orthopaedic Surgeons; Schenck RC, ed.: *Athletic training and sports medicine,* ed 3, Rosemont, IL, 1999, American Academy of Orthopaedic Surgeons.

Barham JN: *Mechanical kinesiology,* St. Louis, 1978, Mosby.

Broer MR: *An introduction to kinesiology,* Englewood Cliffs, NJ, 1968, Prentice-Hall.

Broer MR, Zernicke RF: *Efficiency of human movement,* ed 3, Philadelphia, 1979, Saunders.

Bunn JW: *Scientific principles of coaching,* ed 2, Englewood Cliffs, NJ, 1972, Prentice-Hall.

Cooper JM, Adrian M, Glassow RB: *Kinesiology,* ed 5, St. Louis, 1982, Mosby.

Donatelli R, Wolf SL: *The biomechanics of the foot and ankle,* Philadelphia, 1990, Davis.

Hall SJ: *Basic biomechanics,* ed 6, New York, 2012, McGraw-Hill.

Hamill J, Knutzen KM: *Biomechanical basis of human movement,* ed 3, Baltimore, 2008, Lippincott Williams & Wilkins.

Hamilton N, Weimar W, Luttgens K: *Kinesiology: scientific basis of human motion,* ed 12, New York, 2012, McGraw-Hill.

Hinson M: *Kinesiology,* ed 4, New York, 1981, McGraw-Hill.

Kegerreis S, Jenkins WL, Malone TR: Throwing injuries, *Sports Injury Management* 2:4, 1989.

Kelley DL: *Kinesiology: fundamentals of motion description,* Englewood Cliffs, NJ, 1971, Prentice-Hall.

Kreighbaum E, Barthels KM: *Biomechanics: a qualitative approach for studying human movement,* ed 4, New York, 1996, Allyn & Bacon.

Logan GA, McKinney WC: *Anatomic kinesiology,* ed 3, New York, 1982, McGraw-Hill.

McCreary EK, Kendall FP, Rodgers MM, Provance PG, Romani WA: *Muscles: testing and function with posture and pain,* ed 5, Philadelphia, 2005, Lippincott Williams & Wilkins.

McGinnis PM: *Biomechanics of sport and exercise,* ed 2, Champaign, IL, 2005, Human Kinetics.

Neumann, DA: *Kinesiology of the musculoskeletal system: foundations for physical rehabilitation,* ed 2, St. Louis, 2010, Mosby.

Nordin M, Frankel VH: *Basic biomechanics of the musculoskeletal system,* ed 3, Philadelphia, 2001, Lippincott Williams & Wilkins.

Norkin CC, Levangie PK: *Joint structure and function—a comprehensive analysis,* ed 5, Philadelphia, 2011, Davis.

Northrip JW, Logan GA, McKinney WC: *Analysis of sport motion: anatomic and biomechanic perspectives,* ed 3, New York, 1983, McGraw-Hill.

Piscopo J, Baley J: *Kinesiology: the science of movement,* New York, 1981, Wiley.

Prentice WE: *Principles of athletic training: a competency based approach,* ed 15, New York, 2014, McGraw-Hill.

Rasch PJ: *Kinesiology and applied anatomy,* ed 7, Philadelphia, 1989, Lea & Febiger.

Scott MG: *Analysis of human motion,* ed 2, New York, 1963, Appleton-Century-Crofts.

Segedy A: Braces' joint effects spur research surge, *Biomechanics,* February 2005.

Weineck J: *Functional anatomy in sports,* ed 2, St. Louis, 1990, Mosby.

Whiting WC, Zermicke R: *Biomechanics of musculoskeletal injury,* ed 2, Champaign, IL, 2008, Human Kinetics.

Wirhed R: *Athletic ability and the anatomy of motion,* ed 3, St. Louis, 2006, Mosby Elsevier.

Acesse a página http://manoleeducacao.com.br/manualdecinesiologiaestrutural, siga as instruções e desfrute de recursos adicionais associados a este capítulo, incluindo:
- questões de múltipla escolha
- questões do tipo verdadeiro ou falso
- respostas aos exercícios de revisão e de laboratório
- relação de sites úteis (em inglês)

Capítulo 4

Cíngulo do membro superior

Objetivos

- Identificar no esqueleto importantes características ósseas do cíngulo do membro superior.
- Identificar em um quadro do sistema esquelético as características ósseas importantes do cíngulo do membro superior.
- Ilustrar em um quadro do sistema esquelético os músculos do cíngulo do membro superior e indicar com setas os movimentos do cíngulo do membro superior.
- Utilizando um modelo humano, demonstrar todos os movimentos do cíngulo do membro superior e relacionar os seus respectivos planos de movimento e eixos de rotação.
- Em um modelo humano, palpar os músculos do cíngulo do membro superior e relacionar os seus antagonistas.
- Em um modelo humano, palpar as articulações do cíngulo do membro superior durante cada movimento com amplitude total de movimento.
- Determinar, por meio de análise, os movimentos do cíngulo do membro superior e os músculos envolvidos em habilidades e exercícios específicos.

Todo o membro superior depende do cíngulo do membro superior como base para o seu funcionamento. A única conexão do membro superior ao esqueleto axial é a escápula e sua conexão pela clavícula na articulação esternoclavicular. Para entender melhor como a articulação do ombro e o restante do membro superior dependem do cíngulo do membro superior, abordaremos esse tópico separadamente das outras estruturas.

Breves descrições dos ossos mais importantes da região do ombro ajudarão você a compreender a estrutura esquelética e a sua relação com o sistema muscular.

Ossos

Dois ossos estão principalmente envolvidos nos movimentos do cíngulo do membro superior. Esses ossos são a escápula e a clavícula, que em geral se movimentam como uma unidade e cuja única conexão óssea com o esqueleto axial se dá por meio da articulação da clavícula com o esterno. Os principais pontos de referência ósseos para o estudo do cíngulo do membro superior são o manúbrio, a clavícula, o processo coracoide, o acrômio, a cavidade glenoidal, a borda lateral, o ângulo inferior, a borda medial, o ângulo superior e a espinha da escápula (Figs. 4.1, 4.2, 4.3 e 4.4).

Articulações

Ao analisar os movimentos (escapulotorácicos) do cíngulo do membro superior, é importante perceber que a escápula se movimenta na caixa torácica em consequência do movimento articular que ocorre efetivamente na articulação esternoclavicular e, em menor proporção, articulação acromioclavicular (ver Figs. 4.1 e 4.3).

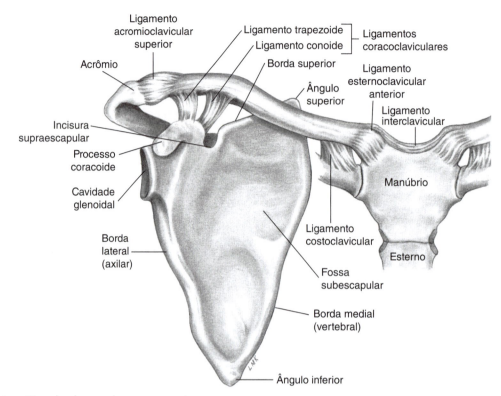

FIGURA 4.1 • Cíngulo do membro superior direito, vista anterior.

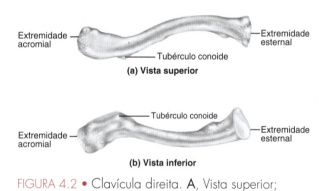

FIGURA 4.2 • Clavícula direita. A, Vista superior; B, Vista inferior.

Esternoclavicular (EC)

Trata-se de uma articulação classificada como articulação artrodial (multiaxial). Em relação ao manúbrio do esterno, a clavícula movimenta-se 15 graus em sentido anterior com protração e 15 graus em sentido posterior com retração. A rotação da clavícula ao longo do seu eixo durante diversos movimentos do cíngulo do membro superior resulta em um ligeiro movimento deslizante rotativo na articulação esternoclavicular. Ela é sustentada anteriormente pelo ligamento esternoclavicular anterior, e posteriormente, pelo ligamento esternoclavicular posterior. Os ligamentos costoclavicular e interclavicular também proporcionam estabilidade em relação ao deslocamento em sentido superior.

Acromioclavicular (AC)

É uma articulação classificada como articulação artrodial, com um deslizamento de 20 a 30 graus e um movimento rotacional que acompanha outros movimentos das articulações do cíngulo do membro superior e do ombro. Além do forte suporte oferecido pelos ligamentos coracoclaviculares (conoide e trapezoide), os ligamentos acromioclaviculares superior e inferior proporcionam estabilidade a essa articulação frequentemente lesionada. A articulação coracoclavicular, classificada como uma articulação do tipo sindesmótico, funciona por meio de seus ligamentos para aumentar significativamente a estabilidade da articulação acromioclavicular.

Escapulotorácica

Essa articulação não é uma articulação sinovial autêntica, uma vez que não possui características sinoviais regulares e pelo fato de seu movimento depender totalmente das articulações esternoclavicular e acromioclavicular. Embora os movimentos da escápula ocorram em

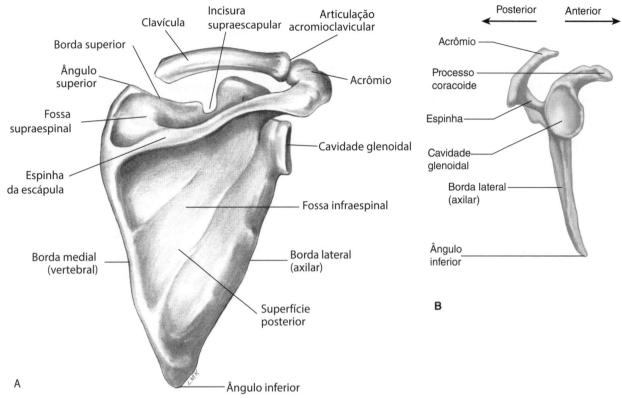

FIGURA 4.3 • Escápula direita. **A**, Vista posterior; **B**, Vista lateral.

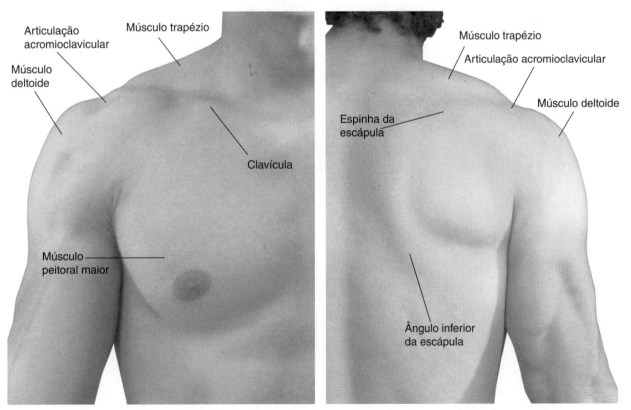

FIGURA 4.4 • Anatomia da superfície do cíngulo do membro superior direito, vistas anterior e posterior.

decorrência do movimento das articulações EC e AC, pode-se descrever a escápula como dotada de uma amplitude total de movimento de abdução-adução de 25 graus, uma rotação ascendente-descendente de 60 graus e uma elevação-abaixamento de 55 graus. A articulação escapulotorácica é sustentada dinamicamente por seus músculos e não conta com suporte ligamentar, uma vez que não possui características sinoviais.

Não existe uma articulação típica entre as porções anterior da escápula e posterior da caixa torácica. Entre essas duas estruturas ósseas está o músculo serrátil anterior, que se origina das nove costelas superiores lateralmente e corre no plano posterior logo atrás da caixa torácica, inserindo-se na borda medial da escápula. Na posição imediatamente posterior ao músculo serrátil anterior está o músculo subescapular (ver Cap. 5) na porção anterior da escápula.

Movimentos (Figuras 4.5, 4.6)

Ao analisar os movimentos do cíngulo do membro superior, geralmente convém concentrar-se em

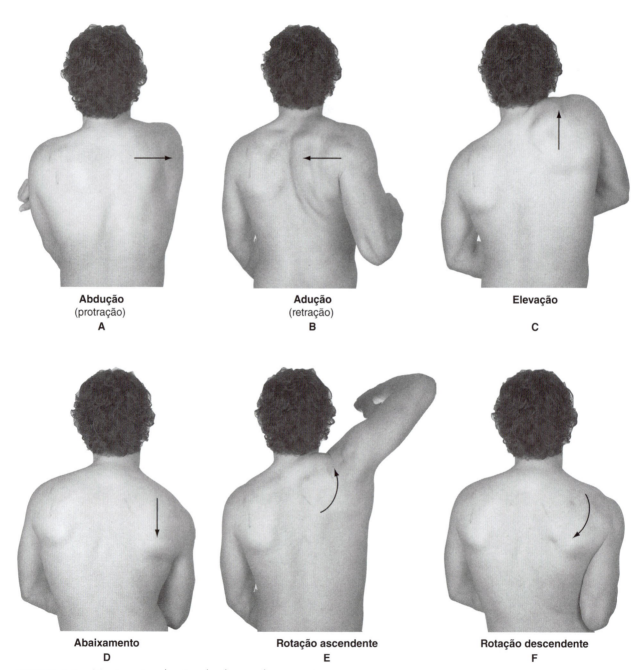

FIGURA 4.5 • Movimentos do cíngulo do membro superior.

um ponto de referência específico do osso escapular, como o ângulo inferior (posteriormente), a cavidade glenoidal (lateralmente) ou o acrômio (anteriormente). Todos esses movimentos têm o seu ponto pivotante onde a clavícula se une ao esterno na articulação esternoclavicular.

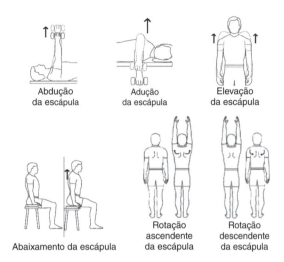

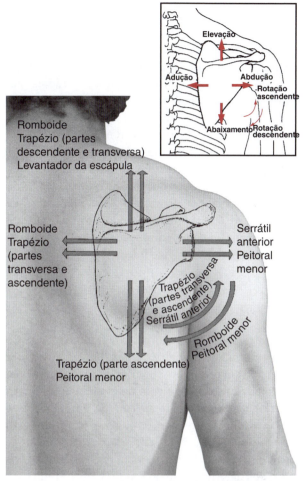

FIGURA 4.6 • Ações dos músculos da escápula. Vista posterior com as ações.

Os movimentos do cíngulo do membro superior podem ser descritos como movimentos da escápula, mas é importante lembrar que qualquer que seja o movimento da escápula, a clavícula o acompanha. As Figuras 4.5 e 4.6 mostram os movimentos do cíngulo do membro superior.

Abdução (protração): movimento lateral de distanciamento entre a escápula e a coluna vertebral, como ao alcançar um objeto à frente do corpo.

Adução (retração): movimento medial de aproximação entre a escápula e a coluna vertebral, como ao comprimir as escápulas uma contra a outra.

Elevação: movimento ascendente ou superior da escápula, como no movimento de encolhimento dos ombros.

Abaixamento: movimento descendente ou inferior da escápula, como ao retornar à posição normal após o movimento de encolhimento dos ombros.

Rotação ascendente: giro da cavidade glenoidal em sentido ascendente, com o distanciamento superolateral entre o ângulo inferior e a coluna vertebral para auxiliar na elevação do braço para o lado.

Rotação descendente: retorno do ângulo inferior à sua posição normal mediante o seu deslocamento nos sentidos medial e inferior em direção à coluna vertebral e à cavidade glenoidal, como ao abaixar o braço para o lado. (Depois que a escápula retorna à sua posição anatômica, qualquer rotação descendente adicional resulta, na verdade, em um ligeiro deslocamento superomedial do ângulo superior.)

Para realizar alguns dos movimentos do cíngulo do membro superior anteriormente citados, a escápula precisa girar ou inclinar-se sobre o seu próprio eixo. Embora não sejam movimentos básicos do cíngulo do membro superior, esses movimentos são necessários para que a escápula se movimente normalmente com a sua amplitude total de movimento durante os movimentos do cíngulo do membro superior.

Inclinação lateral (inclinação para fora): movimento consequencial no qual a escápula gira em torno de seu eixo vertical durante a abdução, resultando no movimento posterior da borda medial e no movimento anterior da borda lateral.

Inclinação medial (inclinação para dentro): retorno a partir da inclinação lateral; movimento consequencial durante a adução extrema em que a escápula gira em torno de seu eixo vertical, resultando no movimento anterior da borda medial e no movimento posterior da borda lateral.

Inclinação anterior (inclinação para cima): movimento rotacional consequencial da escápula em torno do eixo frontal que ocorre durante a hiperextensão da articulação do ombro, resultando no deslocamento anteroinferior da borda superior e no deslocamento posterossuperior do ângulo inferior.

Inclinação posterior (inclinação para baixo): movimento rotacional consequencial da escápula em torno do eixo frontal que ocorre durante a hiperflexão da articulação do ombro, resultando no deslocamento posteroinferior da borda superior e no deslocamento anterossuperior do ângulo inferior.

Sinergia com os músculos da articulação do ombro

A articulação do ombro e o cíngulo do membro superior funcionam juntos para realizar as atividades que envolvem o membro superior. É fundamental que se entenda que o movimento do cíngulo do membro superior não depende da articulação do ombro e de seus músculos. Entretanto, os músculos do cíngulo do membro superior são essenciais para produzir um efeito de estabilização da escápula, de modo que os músculos da articulação do ombro tenham uma base estável a partir da qual eles possam exercer força para executar os vigorosos movimentos que envolvem o úmero. Consequentemente, os músculos do cíngulo do membro superior se contraem para manter a escápula em uma posição relativamente estática durante muitas ações da articulação do ombro.

Quando a articulação do ombro experimenta amplitudes de movimento mais extremas, os músculos escapulares se contraem para movimentar o cíngulo do membro superior de modo que a sua cavidade glenoidal assuma uma posição mais adequada a partir da qual o úmero possa se movimentar. Sem o consequente movimento da escápula, pode-se erguer o úmero com cerca de apenas 90 a 120 graus de abdução e flexão totais do ombro. Isso funciona pela ação dos músculos adequados de ambas as articulações que trabalham em sinergia para executar a ação desejada de todo o membro superior. Por exemplo, se quisermos erguer a mão o mais alto possível lateralmente para o lado, os músculos serrátil anterior e trapézio (partes transversa e ascendente) giram a escápula para cima quando os músculos supraespinal e deltoide iniciam a abdução glenoumeral. Essa sinergia entre a escápula e os músculos da articulação do ombro melhora os movimentos de todo o membro superior. O Capítulo 5 contém mais detalhes sobre a interação e o trabalho conjunto entre essas articulações, e a Tabela 5.1 relaciona os movimentos do cíngulo do membro superior que normalmente acompanham os movimentos da articulação do ombro. O Capítulo 5 contém também uma discussão adicional sobre o ritmo escapuloumeral na seção intitulada "Articulação".

Músculos

Os movimentos do cíngulo do membro superior envolvem basicamente cinco músculos, como mostra a Figura 4.7: os músculos peitoral menor, serrátil anterior, trapézio, romboide e levantador da escápula. Para evitar confusão, recomenda-se agrupar os músculos do cíngulo do membro superior separadamente daqueles da articulação do ombro. Esse grupo inclui também o músculo subclávio, que não é considerado um movimentador primário em quaisquer ações do cíngulo do membro superior. Os cinco músculos do cíngulo do membro superior têm origem no esqueleto axial, com a sua inserção localizada na escápula e/ou na clavícula. Os músculos do cíngulo do membro superior não estão conectados ao úmero, tampouco geram ações da articulação do ombro. Os músculos peitoral menor e subclávio estão localizados na posição anterior em relação ao tronco. O músculo serrátil anterior está localizado na posição anterior em relação à escápula, mas posicionado posterior e lateralmente em relação ao tronco. Localizados posteriormente ao tronco e à parte cervical da coluna vertebral estão os músculos trapézio, romboide e levantador da escápula.

Os músculos do cíngulo do membro superior são essenciais para proporcionar estabilidade dinâmica à escápula a fim de que ela possa agir como uma base de apoio relativa para as atividades da articulação do ombro como arremessar, rebater e bloquear.

Os músculos da escápula desempenham um papel importante também na postura da coluna vertebral. Normalmente, em virtude da má postura e da maneira como utilizamos nossos músculos durante a vida, tendemos a desenvolver uma postura do ombro inclinado para a frente que resulta no fortalecimento e no enrijecimento dos músculos que protraem e dos abaixadores da escápula e no enfraquecimento dos retratores. Isso acaba aumentando o abaixamento e a protração ou provocando a postura do ombro inclinado para a frente, o que contribui também para agravar a cifose (maior convexidade posterior da parte

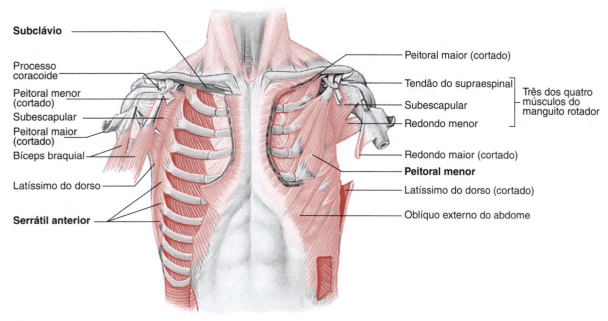

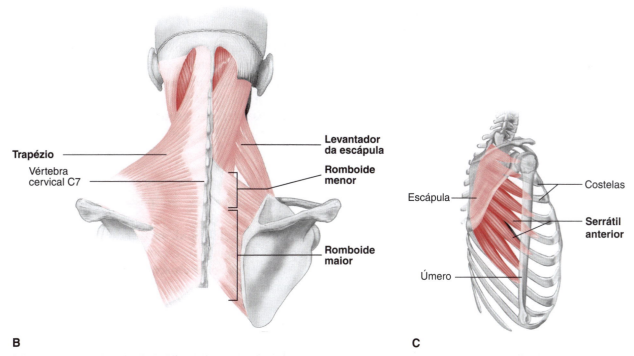

FIGURA 4.7 • Ação dos músculos sobre a escápula. **A**, Vista anterior: o músculo peitoral maior foi removido em ambos os lados; **B**, Vista posterior: o trapézio foi removido do lado direito para revelar os músculos mais profundos; **C**, Vista lateral: o músculo serrátil anterior.

torácica da coluna vertebral) e postura da cabeça avançada para a frente, aumentando a lordose (maior concavidade posterior da parte cervical da coluna vertebral) – ver Capítulo 12. Isso, por sua vez, deposita mais tensão sobre os músculos posteriores da coluna, além de colocar a articulação do ombro em uma posição menos funcional e mais comprometida. Para evitar isso, devemos praticar rotineiramente a boa postura, começando com uma curvatura lordótica lombar adequada, e manter o cíngulo do membro superior posicionado diretamente sobre a pelve, e não inclinado para a frente. Desse modo, será mais fácil manter a cabeça e a parte cervical da coluna vertebral em uma posição corretamente equilibrada sobre o tronco. Um benefício adicional da boa postura escapular e da coluna é a inspiração mais fácil por causa do menor peso e da menor massa sobre a caixa e a cavidade torácicas.

O alamento escapular é relativamente raro, mas pode afetar a atividade funcional normal do membro superior; em geral, afeta o músculo serrátil anterior, levando ao alamento medial ao exercer força para a frente ou erguer o braço. A fraqueza ou paralisia do músculo serrátil anterior normalmente se deve a lesões do nervo torácico longo, uma condição que pode ter várias causas. Embora uma ocorrência muito menos comum, o trapézio e/ou o romboide podem ser afetados, levando ao alamento lateral.

Músculos do cíngulo do membro superior – localização e ação

Anterior
   Peitoral menor – abdução, rotação descendente e abaixamento.
   Subclávio – abaixamento e abdução.
Posterior e lateralmente
   Serrátil anterior – abdução e rotação ascendente.
Posterior
   Trapézio
      Fibras superiores (parte descendente) – elevação e extensão e rotação da cabeça à altura do pescoço.
      Fibras médias (parte transversa) – elevação, adução e rotação ascendente.
      Fibras inferiores (parte ascendente) – adução, abaixamento e rotação ascendente.
   Romboide – adução, rotação descendente e elevação.
   Levantador da escápula – elevação.

É importante entender que os músculos podem não ser necessariamente ativos durante a amplitude total de movimento absoluta pela qual eles são considerados agonistas.

A Tabela 4.1 apresenta o detalhamento dos músculos responsáveis pelos movimentos primários do cíngulo do membro superior.

Nervos

Os músculos do cíngulo do membro superior são inervados basicamente a partir dos nervos do plexo cervical e do plexo braquial, conforme ilustrado nas Figuras 4.8 e 4.9. O trapézio é inervado pelo nervo espinal acessório e pelas ramificações de C3 e C4. Além de suprir o trapézio, C3 e C4 inervam também o músculo levantador da escápula. Esse músculo recebe inervação adicional do nervo dorsal da escápula originário de C5, que inerva também o músculo romboide. O nervo torácico longo origina-se de C5, C6 e C7 e inerva o músculo serrátil anterior. O nervo peitoral medial é oriundo de C8 e T1 e inerva o músculo peitoral menor.

Músculo trapézio (Figura 4.10)

Origem

Fibras superiores: base do crânio, protuberância occipital e ligamentos posteriores do pescoço.

Fibras médias: processos espinais da vértebra cervical C7 e das três vértebras torácicas superiores.

Fibras inferiores: processos espinais das vértebras torácicas T4 a T12.

Inserção

Fibras superiores: face posterior do terço lateral da clavícula.

Fibras médias: borda medial do acrômio e borda superior da espinha da escápula.

Fibras inferiores: espaço triangular na base da espinha da escápula.

Ação

Fibras superiores: elevação da escápula, rotação ascendente e extensão e rotação da cabeça à altura do pescoço.

Fibras médias: elevação, rotação ascendente e adução (retração) da escápula.

Fibras inferiores: abaixamento, adução (retração) e rotação ascendente da escápula.

TABELA 4.1 • Músculos agonistas do cíngulo do membro superior

	Músculo	Origem	Inserção	Ação	Plano de movimento	Palpação	Inervação
Músculo anterior	Peitoral menor	Superfícies anteriores da 3ª à 5ª costelas	Processo coracoide da escápula	Abdução	Transverso	Difícil, mas sob o músculo peitoral maior e logo abaixo do processo coracoide durante o abaixamento resistido; é melhorada posicionando-se a mão da pessoa atrás das costas para que ela a erga ativamente, afastando-a das costas.	Nervo peitoral medial (C8 e T1)
				Rotação descendente	Frontal		
				Abaixamento			
Músculo posterior e lateral	Serrátil anterior	Superfície das nove costelas superiores na porção lateral do tórax	Face anterior da extensão total da borda medial da escápula	Abdução	Transverso	Lados frontal e lateral do tórax abaixo da 5ª e 6ª costelas em posição imediatamente proximal à origem durante a abdução; mais bem-sucedida com a articulação do ombro flexionada 90 graus; na mesma posição, palpe as fibras superiores entre as bordas laterais dos músculos peitoral maior e latíssimo do dorso na axila	Nervo torácico longo (C5-C7)
				Rotação ascendente	Frontal		
Músculos posteriores	Fibras superiores do trapézio (parte descendente)	Base do crânio, protuberância occipital e ligamentos posteriores do pescoço	Face posterior do terço lateral da clavícula	Elevação	Frontal	Entre a protuberância occipital e C6 e lateralmente ao acrômio, especialmente durante a elevação e a extensão da cabeça à altura do pescoço	Nervo espinal acessório e ramificações de C3 e C4
				Rotação ascendente			
				Extensão da cabeça à altura do pescoço	Sagital		
				Rotação da cabeça à altura do pescoço	Transverso		
	Fibras médias do trapézio (parte transversa)	Processo espinhoso da vértebra cervical C7 e das três vértebras torácicas superiores	Borda medial do processo acrômio e borda superior da espinha da escápula	Elevação	Frontal	De C7 a T3 e lateralmente ao processo acrômio e à espinha da escápula, especialmente durante a adução	
				Adução	Transverso		
				Rotação ascendente	Frontal		
	Fibras inferiores do trapézio (parte ascendente)	Processo espinhoso da 4ª à 12ª vértebras torácicas	Espaço triangular na base da espinha da escápula	Adução	Transverso	De T4 a T12 e face medial da espinha da escápula, especialmente durante o abaixamento e a adução	
				Abaixamento	Frontal		
				Rotação ascendente			
	Romboide	Processos espinhosos da vértebra cervical C7 e das cinco primeiras vértebras torácicas	Borda medial da escápula, inferior à espinha da escápula	Adução	Transverso	Difícil em virtude da sua localização profunda no trapézio, mas a palpação pode ser feita através dele durante a adução; mais bem-sucedida se a pessoa estiver com a mão ipsilateral posicionada atrás das costas, de modo a permitir que o trapézio relaxe e o romboide entre em ação quando a pessoa erguer a mão, afastando-a das costas	Nervo dorsal da escápula (C5)
				Rotação descendente	Frontal		
				Elevação			
	Levantador da escápula	Processos transversos das quatro vértebras cervicais superiores	Borda medial da escápula do ângulo superior até a espinha da escápula	Elevação	Frontal	Difícil de palpar por causa da sua localização profunda no trapézio; a palpação é mais bem-sucedida na inserção localizada medialmente ao ângulo superior da escápula, especialmente durante uma ligeira elevação	Nervo dorsal da escápula C5 e ramificações de C3 e C4

Nota: o subclávio não está relacionado por não ser um movimentador primário nos movimentos do cíngulo do membro superior.

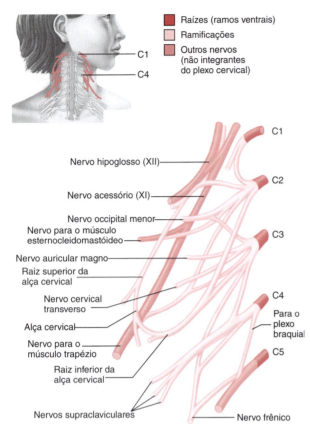

FIGURA 4.8 • Plexo cervical, vista anterior. As raízes do plexo cervical são formadas pelos ramos ventrais dos nervos espinais C1-C4.

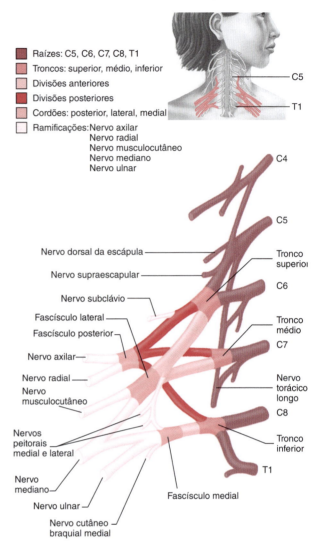

FIGURA 4.9 • Plexo braquial, vista anterior. As raízes do plexo são formadas pelos ramos ventrais dos nervos espinais C5-T1 e se unem para formar os troncos superior, médio e inferior. Cada tronco se subdivide em divisões anteriores e posteriores, que se unem para formar os cordões posterior, lateral e medial de onde se originam os principais nervos do plexo braquial.

Fibras médias: de C7 a T3 e lateralmente ao processo acrômio e à espinha da escápula, especialmente durante a adução.

Fibras inferiores: de T4 a T12 e face medial da espinha da escápula, especialmente durante o abaixamento e a adução.

Inervação

Nervo espinal acessório (nervo craniano XI) e ramificações de C3, C4.

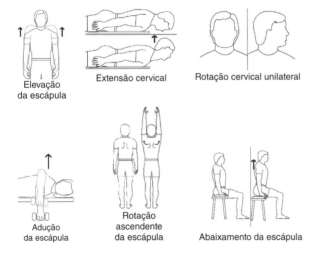

Palpação

Fibras superiores: entre a protuberância occipital e C6 e lateralmente ao acrômio, em especial durante a elevação e a extensão da cabeça.

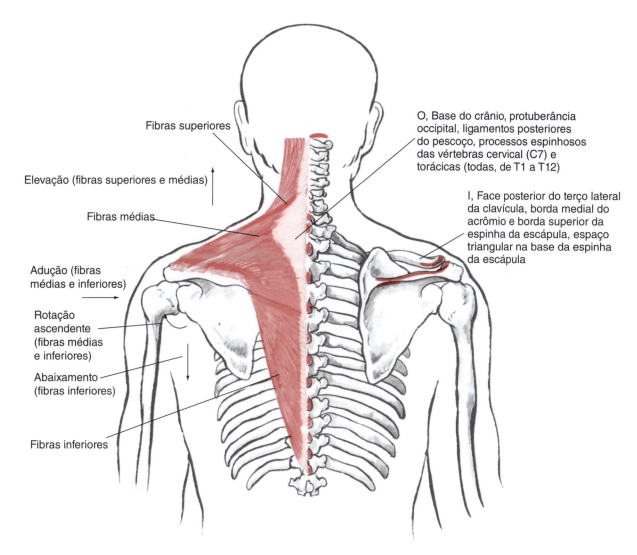

FIGURA 4.10 • Músculo trapézio, vista posterior. O, Origem; I, Inserção.

Aplicação, fortalecimento e flexibilidade

As fibras superiores (parte descendente do trapézio) são uma parte fina e relativamente fraca do músculo. Elas permitem alguma elevação da clavícula. Em virtude de sua origem na base do crânio, elas auxiliam na extensão da cabeça.

As fibras médias (parte transversa do trapézio) são mais fortes e mais espessas e permitem movimentos como elevação, rotação ascendente e adução (retração) da escápula. Raramente essa porção do músculo é fraca, dado o seu papel extremamente ativo no posicionamento do ombro para fins funcionais e posturais. Consequentemente, ela costuma ser uma fonte de sensibilidade e desconforto por causa da tensão crônica.

As fibras inferiores (parte ascendente do trapézio) auxiliam na adução (retração) e giram a escápula em sentido ascendente. Essa porção normalmente é fraca, sobretudo em pessoas cujas atividades exigem um grau significativo de abdução da escápula.

Quando todas as partes do trapézio estão funcionando juntas, elas tendem a executar os movimentos ascendente e de adução ao mesmo tempo. Pode-se observar isso ao levantar os cabos de um carrinho de mão. A ação normal do músculo trapézio consiste na fixação da escápula para a ação do deltoide. A ação contínua na rotação ascendente da escápula permite que os braços sejam erguidos acima da cabeça. O músculo sempre é usado para evitar que a cavidade glenoidal seja puxada para baixo durante o levantamento de objetos com os braços. Em geral, observa-se essa situação também quando se segura um objeto acima da cabeça. A sustentação do braço horizontalmente para o lado mostra a fixação normal da escápula pelo músculo trapézio, enquanto o músculo deltoide sustenta o braço nessa posição. O músculo é usado de forma extenuante quando se ergue algo com as mãos, como um carrinho de mão pesado, por exemplo. O trapézio deve impedir que a escápula seja puxada para baixo. Esse músculo entra em cena também quando se carrega objetos apoiados sobre a extremidade do ombro. É possível fortalecer as fibras superiores e médias com exercícios de encolhimento dos ombros. As fibras médias e inferiores, por outro lado, podem ser fortalecidas por meio de exercícios de remada curvada e abdução horizontal da articulação do ombro a partir da posição de decúbito ventral. Já o fortalecimento das fibras inferiores pode ser enfatizado com um vigoroso exercício de retração do ombro na tentativa de colocar os cotovelos nos bolsos de trás da calça com um movimento de abaixamento. Os exercícios de mergulho nas barras paralelas também ajudam a fortalecer a parte ascendente do trapézio. O Apêndice 3 contém os exercícios utilizados com mais frequência para trabalhar o trapézio e outros músculos apresentados neste capítulo.

Para alongar o trapézio, é preciso trabalhar especificamente cada porção. As fibras superiores podem ser alongadas utilizando-se uma das mãos para puxar a cabeça e o pescoço para a frente, flexionando-os, ou para executar uma ligeira flexão lateral para o lado oposto, enganchando-se a mão ipsilateral sob a borda de uma mesa para manter a escápula abaixada. As fibras médias são alongadas, até certo ponto, com o processo utilizado para as fibras superiores, podendo-se complementar o alongamento com o auxílio de um parceiro para puxar passivamente a escápula de modo a alcançar uma amplitude total de protração. A melhor maneira de alongar as fibras inferiores, por sua vez, talvez seja com a pessoa em decúbito lateral, enquanto um parceiro segura a borda lateral e o ângulo inferior da escápula, movimentando-a passivamente para alcançar níveis máximos de elevação e protração.

Músculo levantador da escápula

(Figura 4.11)

Origem

Processos transversos das quatro vértebras cervicais superiores.

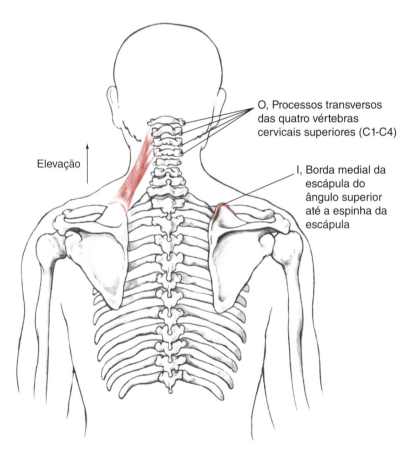

FIGURA 4.11 • Músculo levantador da escápula, vista posterior. O, Origem; I, Inserção.

Inserção

Borda medial da escápula do ângulo superior até a espinha da escápula.

Ação

Elevação da margem medial da escápula.
Rotação descendente fraca.
Adução fraca.

Elevação da escápula

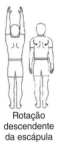
Rotação descendente da escápula

Adução da escápula

Palpação

Difícil em virtude da sua localização profunda no trapézio; mais bem-sucedida na inserção imediatamente medial ao ângulo superior da escápula, em especial durante uma ligeira elevação.

Inervação

Nervo dorsal da escápula C5 e ramificações de C3 e C4.

Aplicação, fortalecimento e flexibilidade

O movimento de encolhimento dos ombros coloca em cena o músculo levantador da escápula, juntamente com a parte descendente do músculo trapézio. A fixação da escápula pelo músculo peitoral menor permite que os músculos levantadores da escápula de ambos os lados estendam o pescoço ou se flexionem lateralmente se utilizados apenas de um lado.

A melhor maneira de alongar o levantador da escápula talvez seja girar a cabeça cerca de 45 graus em sentido contralateral e flexionar ativamente a parte cervical da coluna vertebral, mantendo a escápula em uma posição relaxada e abaixada.

Assim como o trapézio, o levantador da escápula é um ponto muito comum de rigidez, sensibilidade e desconforto decorrentes de tensão crônica e do esforço de carregar objetos no ombro.

Músculos romboides – maior e menor
(Figura 4.12)

Origem

Processos espinhosos da vértebra cervical C7 e das cinco primeiras vértebras torácicas.

Inserção

Borda medial da escápula, abaixo da espinha da escápula.

Ação

Os músculos romboide maior e menor trabalham juntos. Adução (retração): traciona a escápula na direção da coluna vertebral.

Rotação descendente: a partir da posição de giro ascendente; traciona a escápula em rotação descendente.

Elevação: ligeiro movimento ascendente que acompanha a adução.

Adução da escápula

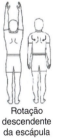
Rotação descendente da escápula

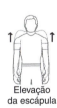
Elevação da escápula

Palpação

Difícil por causa da sua localização profunda no trapézio, mas é possível através do trapézio relaxado durante a adução; mais bem-sucedida se a pessoa estiver com a mão ipsilateral posicionada atrás das costas (rotação glenoumeral medial e rotação descendente da escápula), de modo a permitir que o trapézio relaxe e o romboide entre em ação quando a pessoa erguer a mão, afastando-a das costas.

Inervação

Nervo dorsal da escápula (C5).

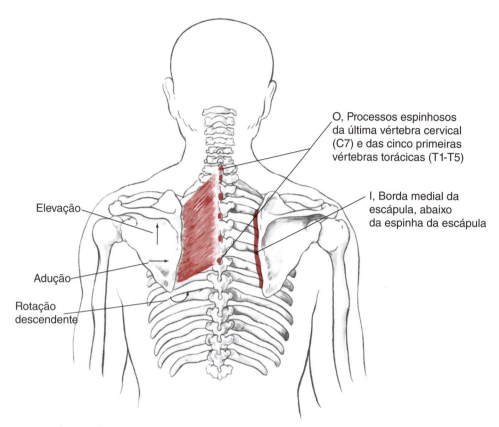

FIGURA 4.12 • Músculos romboides (maior e menor), vista posterior. O, Origem; I, Inserção.

Aplicação, fortalecimento e flexibilidade

Os músculos romboides fixam a escápula na adução (retração) quando os músculos da articulação do ombro executam a adução ou a extensão do braço. Esses músculos são utilizados vigorosamente nos exercícios de tração na barra fixa. Quando a pessoa está pendurada na barra horizontal, suspensa pelas mãos, a escápula tende a ser tracionada para baixo a partir da parte superior do tórax. Quando o movimento de tração na barra fixa começa, os músculos romboides giram a borda medial da escápula para baixo e para trás em direção à coluna vertebral. Observe a posição favorável deles para fazer isso. Nesse ponto, os romboides funcionam de forma semelhante para evitar o alamento escapular.

Ao trabalharem juntos, os músculos trapézio e romboide produzem adução com ligeira elevação da escápula. Para evitar essa elevação, entra em cena o músculo latíssimo do dorso.

Os exercícios de tração na barra fixa, mergulho nas barras paralelas e remada curvada são excelentes para o desenvolvimento da força nesses músculos. Pode-se alongar os romboides movimentando passivamente a escápula para alcançar uma amplitude total de protração, mantendo, ao mesmo tempo, o abaixamento. A rotação ascendente também pode auxiliar nesse alongamento.

Músculo serrátil anterior (Figura 4.13)

Origem

Superfície das nove costelas superiores na porção lateral do tórax.

Inserção

Face anterior da extensão total da borda medial da escápula.

Ação

Abdução (protração): traciona a borda medial da escápula, afastando-a das vértebras.

Rotação ascendente: as fibras inferiores mais longas tendem a tracionar o ângulo inferior da escápula, afastando-o das vértebras e, portanto, girando a escápula em sentido ligeiramente ascendente.

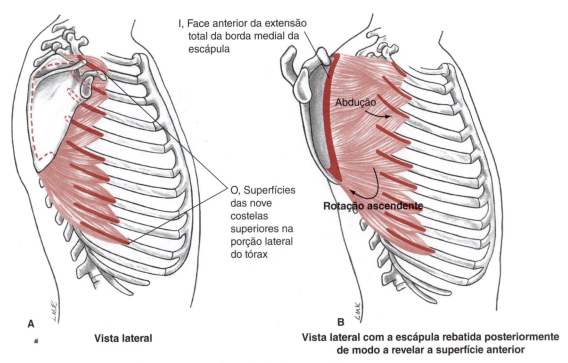

FIGURA 4.13 • Músculo serrátil anterior, vista lateral. O, Origem; I, Inserção.

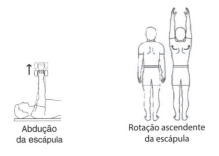

Palpação

Porções frontal e lateral do tórax abaixo da 5ª e 6ª costelas, na posição imediatamente proximal à sua origem durante a abdução; mais bem-sucedida a partir da posição de decúbito dorsal com a articulação do ombro flexionada 90 graus. As fibras superiores podem ser palpadas na mesma posição entre as bordas laterais dos músculos peitoral maior e latíssimo do dorso na axila.

Inervação

Nervo torácico longo (C5-C7).

Aplicação, fortalecimento e flexibilidade

O músculo serrátil anterior normalmente é utilizado em movimentos que puxam a escápula para a frente com uma ligeira rotação ascendente, como ao lançar uma bola de beisebol, desferir um soco no boxe, arremessar e proteger a bola no basquete, e neutralizar o avanço de um atacante no futebol americano. Ele funciona juntamente com o músculo peitoral maior na execução de ações típicas, como o lançamento de uma bola de beisebol.

O músculo serrátil anterior é muito utilizado nos exercícios de flexão de braço (ou apoio), especialmente nos últimos 5 a 10 graus do movimento. O supino reto com barra e o levantamento de barra acima da cabeça são bons exercícios para esse músculo. Uma condição de escápula alada normalmente é resultante da fraqueza do romboide e/ou serrátil anterior. A fraqueza do serrátil anterior pode ser decorrente de uma lesão no nervo torácico longo.

Pode-se alongar o músculo serrátil anterior ao ficar em pé de frente para um canto com as mãos apoiadas ao nível do ombro nas duas paredes. À medida que você se inclina para a frente na tentativa de colocar o nariz no canto, ambas as escápulas são empurradas para uma posição de adução que alonga o serrátil anterior.

Músculo peitoral menor (Figura 4.14)

Origem

Superfícies anteriores da 3ª à 5ª costelas.

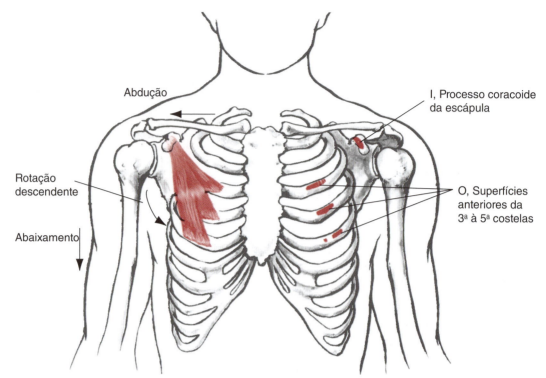

FIGURA 4.14 • Músculo peitoral menor, vista anterior. O, Origem; I, Inserção.

Inserção

Processo coracoide da escápula.

Ação

Abdução (protração): traciona a escápula para a frente e tende a inclinar a borda inferior, afastando-a das costelas.

Rotação descendente: durante a abdução, traciona a escápula para baixo.

Abaixamento: quando girada para cima, a escápula auxilia no abaixamento.

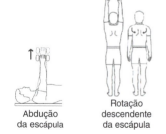

Palpação

Difícil, mas pode ser feita sob o músculo peitoral maior e logo abaixo do processo coracoide durante o abaixamento resistido. É possível melhorar o procedimento posicionando-se a mão da pessoa atrás das costas para que ela a erga ativamente, afastando-a das costas e gerando um movimento de rotação descendente.

Inervação

Nervo peitoral medial (C8-T1).

Aplicação, fortalecimento e flexibilidade

O músculo peitoral menor é utilizado, juntamente com o músculo serrátil anterior, na verdadeira abdução (protração) sem rotação. Observa-se essa situação especialmente em movimentos como as flexões de braço em que é necessária a verdadeira abdução da escápula. Portanto, o músculo serrátil anterior traciona a escápula para a frente com uma tendência à rotação ascendente, o músculo peitoral menor puxa para a frente com uma tendência à rotação descendente, e os dois, ao puxarem juntos, produzem a verdadeira abdução. Esses músculos trabalham em conjunto na maioria dos movimentos de empurrar com as mãos.

O músculo peitoral menor é utilizado principalmente para executar movimentos de abaixamento e rotação descendente da escápula a partir de uma posição de giro ascendente, como nos exercícios de elevação do corpo nas barras paralelas.

O músculo peitoral menor geralmente se enrijece pelo uso excessivo em atividades que envolvem abdução, o que pode levar a ombros arredondados e caídos para a frente. Consequentemente, o alongamento pode ser o procedimento indicado, podendo ser feito com uma flexão de braço com apoio no canto de uma parede, como para alongar o serrátil anterior. Além disso, esse músculo pode ser alongado também com a pessoa em decúbito dorsal com uma toalha enrolada diretamente sob a região torácica da coluna vertebral, enquanto um parceiro empurra as escápulas executando um movimento de retração.

Músculo subclávio (Figura 4.15)

Origem

Face superior da 1ª costela em sua junção com a cartilagem costal.

Inserção

Sulco inferior na porção mediana da clavícula.

Ação

Estabilização e proteção da articulação esternoclavicular.
Abaixamento.
Abdução (protração).

Abaixamento da escápula   Abdução da escápula

Palpação

Difícil de distinguir do músculo peitoral maior, mas pode ser feita logo abaixo do terço médio da clavícula com o indivíduo em decúbito lateral em uma posição de ligeira rotação ascendente e com o úmero apoiado em uma posição de flexão passiva parcial. Um leve grau de abaixamento e abdução ativos da escápula pode melhorar a palpação.

Inervação

Fibras nervosas de C5 e C6.

Aplicação, fortalecimento e flexibilidade

O músculo subclávio traciona a clavícula nos sentidos anterior e inferior, em direção ao esterno. Além de auxiliar na abdução e no abaixamento da clavícula e do cíngulo do membro superior, ele desempenha um papel importante na proteção e na estabilização da articulação esternoclavicular durante os movimentos do membro superior. O músculo pode ser alongado durante atividades em que haja abaixamento ativo (como mergulho nas barras paralelas) ou abdução (como flexões de braço). A elevação e a retração extremas do cíngulo do membro superior podem ter efeito de alongamento para o subclávio.

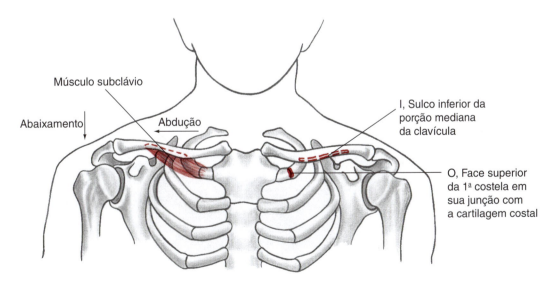

FIGURA 4.15 • Músculo subclávio, vista anterior. O, Origem; I, Inserção.

Exercícios de revisão

1. Cite os planos em que ocorre cada um dos seguintes movimentos do cíngulo do membro superior. Indique o respectivo eixo de rotação para cada movimento em cada plano.

   a. Adução
   b. Abdução
   c. Rotação ascendente
   d. Rotação descendente
   e. Elevação
   f. Abaixamento

2. Quadro de análise dos músculos • Cíngulo do membro superior

   Complete o quadro relacionando os músculos primariamente envolvidos em cada movimento.

Abdução	Adução
Elevação	Abaixamento
Rotação ascendente	Rotação descendente

3. Quadro das ações dos músculos antagonistas • Cíngulo do membro superior

   Complete o quadro relacionando o(s) músculo(s) ou as partes dos músculos que atuam como antagonistas em suas ações em relação aos músculos identificados na coluna da esquerda.

Agonista	Antagonista
Serrátil anterior	
Trapézio (parte descendente)	
Trapézio (parte transversa)	
Trapézio (parte ascendente)	
Romboide	
Levantador da escápula	
Peitoral menor	

Exercícios de laboratório

1. Localize as seguintes características esqueléticas proeminentes em um esqueleto humano e em um modelo humano:

   a. Escápula
      1. Borda medial
      2. Ângulo inferior
      3. Ângulo superior
      4. Processo coracoide
      5. Espinha da escápula
      6. Cavidade glenoidal
      7. Acrômio
      8. Fossa supraespinal
      9. Fossa infraespinal
   b. Clavícula
      1. Extremidade esternal
      2. Extremidade acromial
   c. Articulações
      1. Articulação esternoclavicular
      2. Articulação acromioclavicular

2. Descreva como e onde você palpa os seguintes músculos em um modelo humano:

   a. Serrátil anterior
   b. Trapézio
   c. Romboides maior e menor
   d. Levantador da escápula
   e. Peitoral menor

   Nota: "Como" significa palpar durante a contração ativa e possivelmente com oposição de resistência a um movimento primário do músculo. Alguns músculos executam vários movimentos primários, como o trapézio com a rotação ascendente e a adução. "Onde" refere-se a um local do corpo em que é possível sentir o músculo.

3. Palpe os movimentos das articulações esternoclavicular e acromioclavicular e os principais músculos envolvidos na demonstração dos seguintes movimentos do cíngulo do membro superior:

   a. Adução
   b. Abdução
   c. Rotação ascendente
   d. Rotação descendente
   e. Elevação
   f. Abaixamento

4. Quadro de análise dos movimentos do cíngulo do membro superior

Após analisar cada exercício apresentado no quadro, desmembre cada um em duas fases principais de movimento, como uma fase de levantamento e uma fase de abaixamento. Para cada fase, determine os movimentos do cíngulo do membro superior que ocorrem, relacionando os principais músculos do cíngulo do membro superior responsáveis por produzir/controlar esses movimentos. Ao lado de cada músculo em cada movimento, indique o tipo de contração da seguinte maneira: I – isométrica; C – concêntrica; E – excêntrica.

Exercício	Fase inicial do movimento (levantamento) Movimento(s)	Agonista(s) – (tipo de contração)	Fase secundária do movimento (abaixamento) Movimento(s)	Agonista(s) – (tipo de contração)
Flexão de braço				
Tração na barra fixa				
Supino reto com barra				
Mergulho nas barras paralelas				
Puxada pela frente na polia alta				
Levantamento de barra acima da cabeça				
Remada pronada				
Encolhimento de ombros com halteres				

5. **Quadro de análise de habilidades esportivas que envolvem o cíngulo do membro superior**

Analise cada habilidade no quadro e identifique os movimentos do cíngulo dos membros superiores direito e esquerdo em cada fase da habilidade. Talvez você prefira relacionar a posição inicial em que o cíngulo do membro superior se encontra na fase de posicionamento. Após cada movimento, identifique o(s) principal(is) músculo(s) do cíngulo do membro superior responsável(eis) por causar/controlar esse movimento. Ao lado de cada músculo em cada movimento, indique o tipo de contração da seguinte maneira: I – isométrica; C – concêntrica; E – excêntrica. Talvez seja recomendável rever os conceitos de análise no Capítulo 8 para as diversas fases.

Exercício		Fase de posicionamento	Fase preparatória	Fase de movimento	Fase de finalização
Arremesso do beisebol	(D)				
	(E)				
Saque do voleibol	(D)				
	(E)				
Saque (ou serviço) do tênis	(D)				
	(E)				
Arremesso do softbol	(D)				
	(E)				
Backhand do tênis	(D)				
	(E)				
Tacada do beisebol	(D)				
	(E)				
Boliche	(D)				
	(E)				
Lance livre do basquete	(D)				
	(E)				

Referências bibliográficas

Andrews JR, Zarins B, Wilk KE: *Injuries in baseball,* Philadelphia, 1998, Lippincott-Raven.

DePalma MJ, Johnson EW: Detecting and treating shoulder impingement syndrome: the role of scapulothoracic dyskinesis, *The Physician and Sportsmedicine* 31(7), 2003.

Field D: *Anatomy: palpation and surface markings,* ed 3, Oxford, 2001, Butterworth-Heinemann.

Hislop HJ, Montgomery J: *Daniels and Worthingham's muscle testing: techniques of manual examination,* ed 8, Philadelphia, 2007, Saunders.

Johnson RJ: Acromioclavicular joint injuries: identifying and treating "separated shoulder" and other conditions, Harmon K, Rubin A, eds: *The Physician and Sportsmedicine* 29(11), 2001.

Loftice JW, Fleisig GS, Wilk KE, Reinold MM, Chmielewski T, Escamilla RF, Andrews JR, eds: *Conditioning program for baseball pitchers,* Birmingham, AL, 2004, American Sports Medicine Institute.

McMurtrie H, Rikel JK: *The coloring review guide to human anatomy,* New York, 1991, McGraw-Hill.

Muscolino JE: *The muscular system manual: the skeletal muscles of the human body,* ed 3, St. Louis, 2010, Elsevier Mosby.

Neumann DA: *Kinesiology of the musculoskeletal system: foundations for physical rehabilitation,* ed 2, St. Louis, 2010, Mosby.

Norkin CC, Levangie PK: *Joint structure and function—a comprehensive analysis,* ed 5, Philadelphia, 2011, Davis.

Rasch PJ: *Kinesiology and applied anatomy,* ed 7, Philadelphia, 1989, Lea & Febiger.

Seeley RR, Stephens TD, Tate P: *Anatomy & physiology,* ed 8, Dubuque, IA, 2008, McGraw-Hill.

Smith LK, Weiss EL, Lehmkuhl LD: *Brunnstrom's clinical kinesiology,* ed 5, Philadelphia, 1996, Davis.

Sobush DC, et al: The Lennie test for measuring scapula position in healthy young adult females: a reliability and validity study, *Journal of Orthopedic and Sports Physical Therapy* 23:39, January 1996.

Soderburg GL: *Kinesiology—application to pathological motion,* Baltimore, 1986, Williams & Wilkins.

Van De Graaff KM: *Human anatomy,* ed 6, Dubuque, IA, 2002, McGraw-Hill.

Wilk KE, Reinold MM, Andrews JR, eds: *The athlete's shoulder,* ed 2, Philadelphia, 2009, Churchill Livingstone Elsevier.

Williams CC: Posterior sternoclavicular joint dislocation emergencies series, Howe WB, ed.: *The Physician and Sportsmedicine* 27(2), 1999.

Acesse a página http://manoleeducacao.com.br/manualdecinesiologiaestrutural, siga as instruções e desfrute de recursos adicionais associados a este capítulo, incluindo:
- questões de múltipla escolha
- questões do tipo verdadeiro ou falso
- respostas aos exercícios de revisão e de laboratório
- relação de sites úteis (em inglês)

Capítulo 5

A articulação do ombro

Objetivos

- Identificar em um esqueleto ou modelo humano estruturas ósseas específicas da articulação do ombro.
- Identificar em um quadro do sistema esquelético as estruturas ósseas específicas da articulação do ombro.
- Desenhar em um quadro do sistema esquelético os músculos da articulação do ombro e indicar com setas os movimentos dessa articulação.
- Demonstrar com um colega todos os movimentos das articulações do ombro, relacionando seus respectivos planos e eixos de rotação.
- Aprender e entender como os movimentos da escápula acompanham os movimentos do úmero na movimentação de todo o complexo do ombro.
- Determinar e relacionar os músculos da articulação do ombro e seus antagonistas.
- Organizar e relacionar os músculos que produzem os movimentos do cíngulo do membro superior e da articulação do ombro.
- Determinar, por meio de análise, os movimentos da articulação do ombro e os músculos envolvidos na execução de habilidades e exercícios específicos.

A única conexão da articulação do ombro com o esqueleto axial ocorre por meio da escápula e de sua conexão pela clavícula na articulação esternoclavicular. Os movimentos do ombro são muitos e variados. É incomum haver movimento do úmero sem movimento da escápula. Quando o úmero é flexionado acima do nível do ombro, a escápula se eleva, executando os movimentos de rotação ascendente e abdução. Com a abdução glenoumeral acima do nível do ombro, a escápula se eleva e gira em sentido ascendente. A adução do úmero resulta em abaixamento e rotação descendente, enquanto a sua extensão resulta em abaixamento, rotação descendente e adução da escápula. A escápula realiza abdução com a rotação medial e a adução horizontal do úmero, e faz adução com a sua rotação lateral e abdução horizontal. A Tabela 5.1 apresenta um resumo desses movimentos e dos músculos primariamente responsáveis por eles.

Dada a grande amplitude de movimento da articulação do ombro em tantos planos diferentes, o seu grau de frouxidão também é significativo, o que geralmente resulta em problemas de instabilidade, como impacto do manguito rotador, subluxações e luxações. O preço da mobilidade é a estabilidade reduzida. O conceito de que quanto maior a mobilidade de uma articulação, menor a sua estabilidade, e quanto maior a sua estabilidade, menor a sua mobilidade aplica-se a todo o corpo de um modo geral, mas sobretudo à articulação do ombro. Ver a seção "Estabilidade e mobilidade das articulações diartrodiais" no Capítulo 1.

TABELA 5.1 • Correlação de movimentos do cíngulo do membro superior e da articulação do ombro. Quando os músculos da articulação do ombro (segunda coluna) executam as ações descritas na primeira coluna com uma amplitude de movimento substancial, os músculos do cíngulo do membro superior (quarta coluna) executam de forma conjugada as ações apresentadas na terceira coluna.

Ações da articulação do ombro	Agonistas da articulação do ombro	Ações do cíngulo do membro superior	Agonistas do cíngulo do membro superior
Abdução	Supraespinal, deltoide, parte superior do peitoral maior	Rotação ascendente/elevação	Serrátil anterior, partes transversa e ascendente do trapézio, levantador da escápula, romboides
Adução	Latíssimo do dorso, redondo maior, parte inferior do peitoral maior	Rotação descendente	Peitoral menor, romboides
Flexão	Parte clavicular do deltoide, parte superior do peitoral maior, coracobraquial	Elevação/rotação ascendente	Levantador da escápula, serrátil anterior, partes descendente e transversa do trapézio, romboides
Extensão	Latíssimo do dorso, redondo maior, parte inferior do peitoral maior, parte espinal do deltoide	Abaixamento/rotação descendente	Peitoral menor, parte ascendente do trapézio
Rotação medial	Latíssimo do dorso, redondo maior, peitoral maior, subescapular	Abdução (protração)	Serrátil anterior, peitoral menor
Rotação lateral	Infraespinal, redondo menor	Adução (retração)	Partes transversa e ascendente do trapézio, romboides
Abdução horizontal	Partes acromial e espinal do deltoide, infraespinal, redondo menor	Adução (retração)	Partes transversa e ascendente do trapézio, romboides
Adução horizontal	Peitoral maior, parte clavicular do deltoide, coracobraquial	Abdução (protração)	Serrátil anterior, peitoral menor
Abdução diagonal (atividades que envolvem movimento de elevação do braço acima do ombro)	Parte espinal do deltoide, infraespinal, redondo menor	Adução (retração)/rotação ascendente/elevação	Trapézio, romboides, serrátil anterior, levantador da escápula
Adução diagonal (atividades que envolvem movimento de elevação do braço acima do ombro)	Peitoral maior, parte clavicular do deltoide, coracobraquial	Abdução (protração)/abaixamento/rotação descendente	Serrátil anterior, peitoral menor

Ossos

A escápula, a clavícula e o úmero servem de conexão para a maioria dos músculos da articulação do ombro. É fundamental que se saiba a localização específica e a importância de determinados pontos de referência ósseos para entender as funções do complexo do ombro. Alguns desses pontos de referência escapulares são a fossa supraespinal, a fossa infraespinal, a fossa subescapular, a espinha da escápula, a cavidade glenoidal, o processo coracoide, o acrômio e o ângulo inferior. Os pontos de referência umerais são a cabeça, o tubérculo maior, o tubérculo menor, o sulco intertubercular e a tuberosidade deltóidea (ver Figs. 5.1 e 5.2 e rever Figs. 4.1 e 4.3).

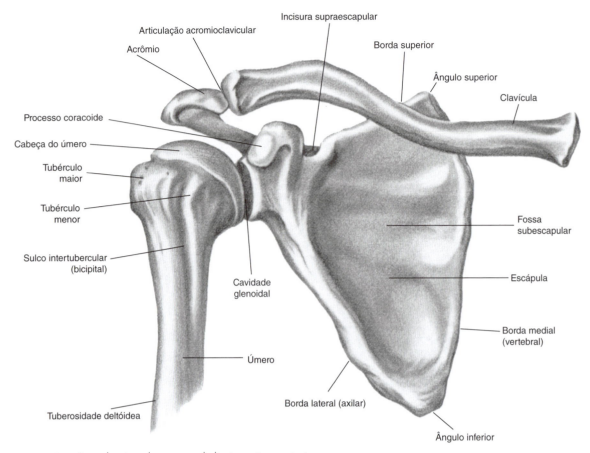

FIGURA 5.1 • Articulação glenoumeral direita, vista anterior.

Articulação

A articulação do ombro, conhecida especificamente como articulação glenoumeral, é uma articulação do tipo bola e soquete multiaxial classificada como enartrodial (ver Fig. 5.1). Como tal, ela se movimenta em todos os planos e é a articulação do corpo dotada de maior mobilidade, assemelhando-se ao quadril em termos de classificação de articulação; entretanto, o soquete criado pela cavidade glenoidal é muito mais raso e relativamente pequeno em comparação com a cabeça bastante grande do úmero. O lábio glenoidal, um anel cartilaginoso que circunda a cavidade glenoidal pelo lado de dentro de sua área periférica, melhora um pouco a sua estabilidade (Fig. 5.5). Os ligamentos glenoumerais também ajudam a estabilizá-la, especialmente nos planos anterior e inferior. Os ligamentos glenoumerais anteriores se tensionam quando há rotação lateral, extensão, abdução e abdução horizontal, enquanto os ligamentos capsulares posteriores muito finos se tensionam quando ocorre rotação medial, flexão e adução horizontal. Nos últimos anos, a importância do ligamento glenoumeral inferior em sua capacidade de proporcionar estabilidade nos planos anterior e posterior ganhou atenção (Figs. 5.3 e 5.4). Vale observar, no entanto, que, em virtude da grande amplitude de movimento envolvida na articulação do ombro, os ligamentos se mantêm bastante frouxos até que sejam alcançadas amplitudes de movimento extremas. Essa relativa falta de estabilidade estática proporcionada pelos ligamentos enfatiza a necessidade da estabilidade dinâmica ideal proporcionada por músculos como o grupo do manguito rotador. A estabilidade é sacrificada em favor da mobilidade.

O movimento do úmero a partir da posição lateral é comum nas atividades de arremesso de bola (no beisebol e no basquete, por exemplo), neutralização do avanço de um atacante (no futebol americano) e de rebate de bola (no beisebol e no tênis). Os movimentos de flexão e extensão da articulação do ombro são executados com frequência quando o peso do corpo é sustentado em uma posição pendente (pendurado) ou durante a execução de um movimento a partir de uma posição de decúbito ventral no solo.

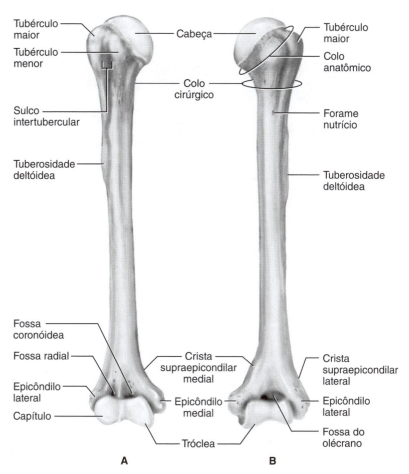

FIGURA 5.2 • O úmero direito. **A**, Vista anterior; **B**, Vista posterior.

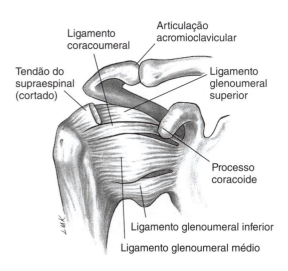

FIGURA 5.3 • Ligamentos glenoumerais, vista anterior.

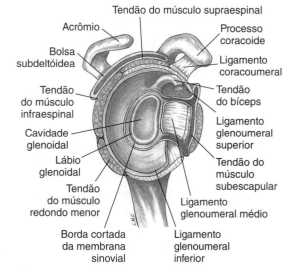

FIGURA 5.4 • Articulação glenoumeral direita, vista lateral com o úmero removido.

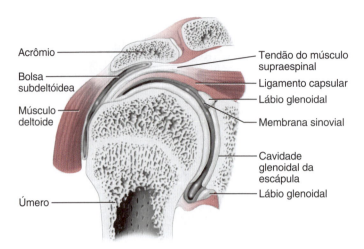

FIGURA 5.5 • Articulação glenoumeral direita, secção frontal.

É difícil determinar a amplitude exata de cada movimento da articulação do ombro por causa do movimento do cíngulo do membro superior que o acompanha. Entretanto, se o cíngulo do membro superior estiver impedido de se mover, entende-se que os movimentos da articulação do ombro geralmente ocorrem dentro das seguintes amplitudes: 90 a 100 graus de abdução, 0 grau de adução (impedida pelo tronco) ou 75 graus no plano anterior em relação ao tronco, 40 a 60 graus de extensão, 90 a 100 graus de flexão, 70 a 90 graus de rotação medial e lateral, 45 graus de abdução horizontal e 135 graus de adução horizontal. Se, por outro lado, o cíngulo do membro superior estiver livre para se mover, a amplitude total das articulações combinadas é de 170 a 180 graus de abdução, 170 a 180 graus de flexão e 140 a 150 graus de adução horizontal.

Conforme apresentado no Capítulo 4 e enfatizado na Tabela 5.1, a articulação do ombro trabalha de forma combinada com o cíngulo do membro superior para alcançar a amplitude de movimento total do ombro. Por exemplo, a amplitude de 170 a 180 graus de abdução total inclui aproximadamente 60 graus de rotação ascendente e 25 graus de elevação da escápula, e 95 graus de abdução glenoumeral. Essas respectivas ações não ocorrem necessariamente de forma sequencial na totalidade, mas essa relação sinergística em geral é conhecida como ritmo escapuloumeral. Embora o número exato de graus entre diferentes segmentos possa variar em uma mesma pessoa e de uma pessoa para outra, a relação comumente aceita é de 2 para 1; ou seja, para cada 2 graus de movimento glenoumeral, há 1 grau de movimento escapular.

A articulação do ombro é frequentemente lesionada por causa de seu desenho anatômico. Uma série de fatores contribui para essa taxa de incidência de lesões, entre os quais a superficialidade da cavidade glenoidal, a frouxidão das estruturas ligamentares necessárias para atender à sua grande amplitude de movimento e a falta de força e resistência dos músculos – essenciais para oferecer estabilidade dinâmica à articulação. Consequentemente, as subluxações e luxações glenoumerais anteriores ou anteroinferiores são bastante comuns com a atividade física. Embora as luxações posteriores sejam bastante raras, os problemas do ombro atribuídos à instabilidade posterior são um tanto comuns.

Outra lesão frequente é a do manguito rotador. Os músculos subescapular, supraespinal, infraespinal e redondo menor formam o manguito rotador. Esses são pequenos músculos cujos tendões cruzam as partes anterior, superior e posterior da cabeça do úmero, conectando-se aos tubérculos menor e maior, respectivamente. O ponto de inserção dos tendões lhes permite girar o úmero, um movimento essencial nessa articulação livremente móvel. O mais importante, no entanto, é o papel vital do manguito rotador em manter a cabeça do úmero na aproximação correta dentro da cavidade glenoidal, enquanto os músculos mais fortes da articulação movimentam o úmero dentro de sua grande amplitude de movimento.

Nos últimos anos, o fenômeno do déficit de rotação medial glenoumeral, ou GIRD (na sigla em inglês), tem sido objeto de atenção. O GIRD representa uma diferença na amplitude do movimento de rotação medial entre o ombro de uma pessoa que executa movimentos de arremesso e o que não executa tais movimentos. Estudos realizados demonstraram que os atletas que realizavam movimentos de elevação do braço acima da cabeça e que apresentavam um GIRD superior a 20% corriam mais risco de lesão do que aqueles que não apresentavam tal condição. Podem-se utilizar exercícios adequados de alongamento com a finalidade de recuperar o grau de rotação medial necessário para melhorar o desempenho e reduzir a probabilidade de lesões.

Movimentos (Figuras 5.6 e 5.7)

Flexão: movimento do úmero esticado anteriormente (para a frente) a partir de qualquer ponto no plano sagital.

Extensão: movimento do úmero esticado posteriormente (para trás) a partir de qualquer ponto no plano sagital; às vezes denominado hiperextensão.

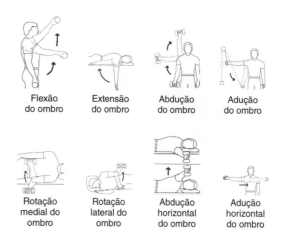

Abdução: movimento lateral ascendente do úmero no plano frontal, afastando-se do corpo para o lado.

Adução: movimento descendente do úmero no plano frontal, aproximando-se medialmente do corpo a partir da abdução.

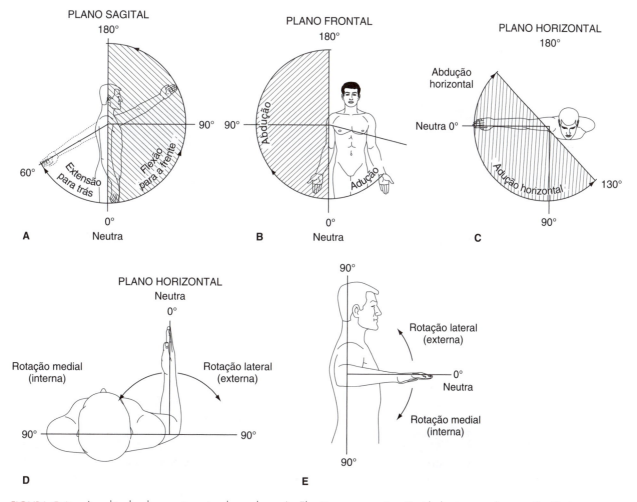

FIGURA 5.6 • Amplitude de movimento do ombro. **A**, Flexão e extensão; **B**, Abdução e adução; **C**, Abdução e adução horizontais; **D**, Rotação medial e lateral com o braço ao lado do corpo; **E**, Rotação medial e lateral com o braço abduzido em 90 graus.

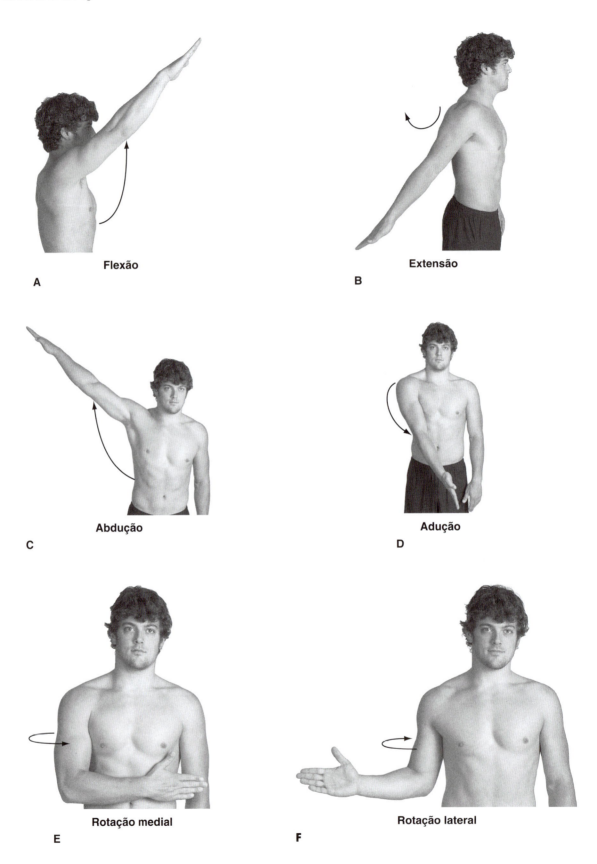

FIGURA 5.7 • Movimentos da articulação do ombro.

(continua)

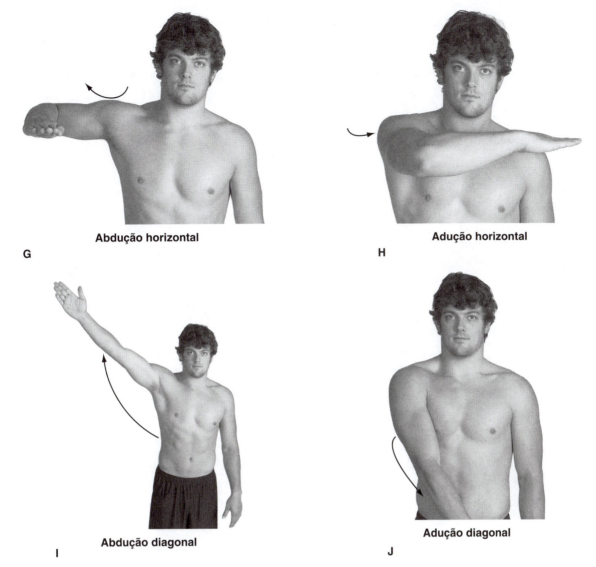

FIGURA 5.7 • *(continuação)* Movimentos da articulação do ombro.

Rotação lateral: movimento do úmero lateralmente no plano transverso em torno de seu eixo longo, afastando-se da linha mediana.

Rotação medial: movimento do úmero medialmente no plano transverso em torno de seu eixo longo em direção à linha mediana.

Abdução horizontal (extensão): movimento do úmero em um plano horizontal ou transverso, afastando-se do tórax.

Adução horizontal (flexão): movimento do úmero em um plano horizontal ou transverso em direção ao tórax, cruzando-o.

Abdução diagonal: movimento do úmero em um plano diagonal, afastando-se da linha mediana do corpo.

Adução diagonal: movimento do úmero em um plano diagonal em direção à linha mediana do corpo.

Músculos

Ao tentar aprender e reconhecer os músculos da articulação do ombro, talvez seja útil agrupá-los de acordo com a sua localização e função. Os músculos originários da escápula e da clavícula com inserção no úmero podem ser considerados músculos intrínsecos à articulação do ombro, enquanto os músculos originários do tronco com inserção no úmero são considerados extrínsecos à articulação. Entre os músculos intrínsecos estão o deltoide, o coracobraquial, o redondo maior e o grupo do manguito rotador, composto pelos músculos subescapular, supraespinal, infraespinal e redondo menor. Os músculos glenoumerais extrínsecos são o latíssimo do dorso e o peitoral maior. Pode ser útil também organizar os músculos de acordo com a sua localização geral.

O peitoral maior, o coracobraquial e o subescapular são músculos anteriores. O deltoide e o supraespinal estão localizados na posição superior. O latíssimo do dorso, o redondo maior, o infraespinal e o redondo menor estão localizados na posição posterior. A Tabela 5.1 relaciona os movimentos da articulação do ombro e os principais músculos responsáveis por eles, enquanto a Tabela 5.2 apresenta a ação executada por cada músculo.

TABELA 5.2 • Músculos agonistas da articulação glenoumeral

	Músculo	Origem	Inserção	Ação	Plano de movimento	Palpação	Inervação
Músculos anteriores	Fibras superiores do músculo peitoral maior	Metade medial da superfície anterior da clavícula	Tendão liso com 5 ou 7,5 cm de largura inserido no lábio lateral do sulco intertubercular do úmero	Rotação medial	Transverso	Da extremidade medial da clavícula ao sulco intertubercular do úmero, durante os movimentos de flexão e adução a partir da posição anatômica	Nervo peitoral lateral (C5, C6, C7)
				Adução horizontal	Transverso		
				Adução diagonal	Diagonal		
				Flexão	Sagital		
				Abdução	Frontal		
	Fibras inferiores do músculo peitoral maior	Superfície anterior das cartilagens costais das seis primeiras costelas e porção adjacente do esterno	Tendão liso com 5 ou 7,5 cm de largura inserido no lábio lateral do sulco intertubercular do úmero	Rotação medial	Transverso	Das costelas inferiores e do esterno ao sulco intertubercular do úmero, durante o movimento de extensão resistida a partir da posição flexionada	Nervo peitoral medial (C8, T1)
				Adução horizontal	Transverso		
				Adução diagonal	Diagonal		
				Extensão a partir da posição flexionada	Sagital		
				Adução	Frontal		
	Subescapular	Toda a superfície anterior da fossa subescapular	Tubérculo menor do úmero	Rotação medial	Transverso	Inacessível em sua maior parte, a porção lateral pode ser palpada com o indivíduo em decúbito dorsal (braço ligeiramente flexionado e aduzido com o cotovelo apoiado transversalmente sobre o abdome); puxe a borda medial lateralmente com uma das mãos, palpando com a outra mão a região entre a escápula e a caixa torácica (com a rotação medial ativa do indivíduo)	Nervos subescapulares superior e inferior (C5, C6)
				Adução	Frontal		
				Extensão	Sagital		
	Coracobraquial	Processo coracoide da escápula	Meio da borda medial da diáfise do úmero	Adução horizontal	Transverso	Pode-se palpar o ventre muscular no alto, na porção medial do braço posteriormente à cabeça curta do bíceps braquial em direção ao processo coracoide, especialmente com adução resistida	Nervo musculocutâneo (C5, C6, C7)
				Adução diagonal	Diagonal		

(continua)

TABELA 5.2 • Músculos agonistas da articulação glenoumeral *(continuação)*

Músculo		Origem	Inserção	Ação	Plano de movimento	Palpação	Inervação
Músculos superiores	Fibras anteriores do deltoide (parte clavicular)	Terço lateral anterior da clavícula	Tuberosidade deltóidea na porção lateral do úmero	Abdução	Frontal	A partir da clavícula em direção à parte anterior do úmero durante o movimento de flexão ou adução horizontal resistida	Nervo axilar (C5, C6)
				Flexão	Sagital		
				Adução horizontal	Transverso		
				Rotação medial			
				Adução diagonal	Diagonal		
	Fibras médias do deltoide (parte acromial)	Face lateral do acrômio	Tuberosidade deltóidea na porção lateral do úmero	Abdução	Frontal	Descendo da borda lateral do acrômio em direção à tuberosidade deltóidea durante o movimento de abdução resistida	
				Abdução horizontal	Transverso		
	Fibras posteriores do deltoide (parte espinal)	Borda inferior da espinha da escápula	Tuberosidade deltóidea na porção lateral do úmero	Abdução	Frontal	A partir do lábio inferior da espinha da escápula em direção à parte posterior do úmero durante o movimento de extensão ou abdução horizontal resistida	
				Abdução horizontal	Transverso		
				Rotação lateral			
				Abdução diagonal	Diagonal		
	Supraespinal	Dois terços mediais da fossa supraespinal	Superiormente no tubérculo maior do úmero	Abdução	Frontal	Acima da espinha da escápula na fossa supraespinal durante a abdução inicial no plano da escápula; pode-se palpar o tendão nas imediações do acrômio no tubérculo maior	Nervo supraescapular (C5)
Músculos posteriores	Latíssimo do dorso	Parte posterior da crista ilíaca, parte posterior do sacro e processos espinhosos das vértebras lombares e seis vértebras torácicas inferiores, tiras das três costelas inferiores	Porção medial do sulco intertubercular do úmero, anterior à inserção do músculo redondo maior	Extensão	Sagital	É possível palpar o tendão, que passa sob o músculo redondo maior na parede posterior da axila, especialmente durante os movimentos de extensão e rotação medial resistidas. Pode-se palpar o músculo na região lombar superior/torácica inferior durante a extensão a partir de uma posição flexionada e na maior parte de sua extensão durante a adução resistida a partir de uma posição ligeiramente abduzida	Nervo toracodorsal (C6, C7, C8)
				Adução	Frontal		
				Rotação medial	Transverso		
				Abdução horizontal			

(continua)

TABELA 5.2 • Músculos agonistas da articulação glenoumeral *(continuação)*

Músculo		Origem	Inserção	Ação	Plano de movimento	Palpação	Inervação
Músculos posteriores	Redondo maior	Posteriormente no terço inferior da borda lateral da escápula e logo acima do ângulo inferior	Lábio medial do sulco intertubercular do úmero, posteriormente à inserção do músculo latíssimo do dorso	Extensão	Sagital	Logo acima do músculo latíssimo do dorso e abaixo do músculo redondo menor na superfície posterior da escápula, deslocando-se diagonalmente em sentido ascendente e lateral a partir do ângulo inferior da escápula durante o movimento de rotação medial resistida	Nervo subescapular inferior (C5, C6)
				Adução	Frontal		
				Rotação medial	Transverso		
	Infraespinal	Fossa infraespinal logo abaixo da espinha da escápula	Posteriormente no tubérculo superior do úmero	Rotação lateral	Transverso	Logo abaixo da espinha da escápula, deslocando-se em sentido ascendente e lateral até o úmero durante o movimento de rotação lateral resistida	Nervo supraescapular (C5, C6)
				Abdução horizontal			
				Extensão	Sagital		
				Abdução diagonal	Diagonal		
	Redondo menor	Posteriormente nas faces superior e média da borda lateral da escápula	Posteriormente no tubérculo maior do úmero	Rotação lateral	Transverso	Logo acima do músculo redondo maior na superfície posterior da escápula, deslocando-se diagonalmente em sentido ascendente e lateral a partir do ângulo inferior da escápula durante o movimento de rotação lateral resistida	Nervo axilar (C5, C6)
				Abdução horizontal			
				Extensão	Sagital		
				Abdução diagonal	Diagonal		

Nota: O bíceps braquial auxilia na flexão, adução horizontal e adução diagonal, enquanto a cabeça longa do tríceps braquial auxilia na extensão, adução, abdução horizontal e abdução diagonal. Por constituírem assunto tratado no Capítulo 6, nenhum dos dois é mencionado nesta tabela.

O bíceps braquial e o tríceps braquial (cabeça longa) também são envolvidos nos movimentos glenoumerais. Primariamente, o bíceps braquial auxilia na flexão e na adução horizontal do ombro, enquanto a cabeça longa do tríceps braquial auxilia na extensão e na abdução horizontal. O Capítulo 6 aborda esses músculos de forma mais detalhada.

Músculos da articulação do ombro – localização

Anteriores
 Peitoral maior
 Coracobraquial
 Subescapular

Superiores
　Deltoide
　Supraespinal
Posteriores
　Latíssimo do dorso
　Redondo maior
　Infraespinal
　Redondo menor

Identificação dos músculos

As Figuras 5.8 e 5.9 identificam os músculos anteriores e posteriores da articulação do ombro e do cíngulo do membro superior. Compare a Figura 5.8 com a Figura 5.10 e a Figura 5.9 com a Figura 5.11, e veja o detalhamento dos músculos agonistas da articulação do ombro na Tabela 5.2.

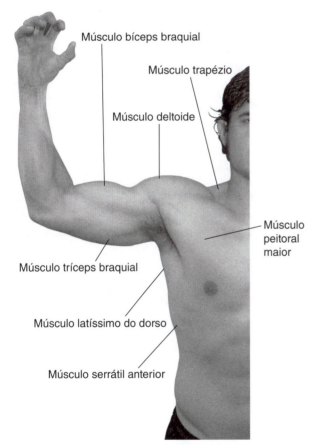

FIGURA 5.8 • Músculos anteriores da articulação do ombro e do cíngulo do membro superior.

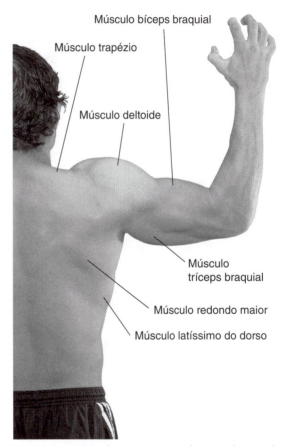

FIGURA 5.9 • Músculos posteriores da articulação do ombro e do cíngulo do membro superior.

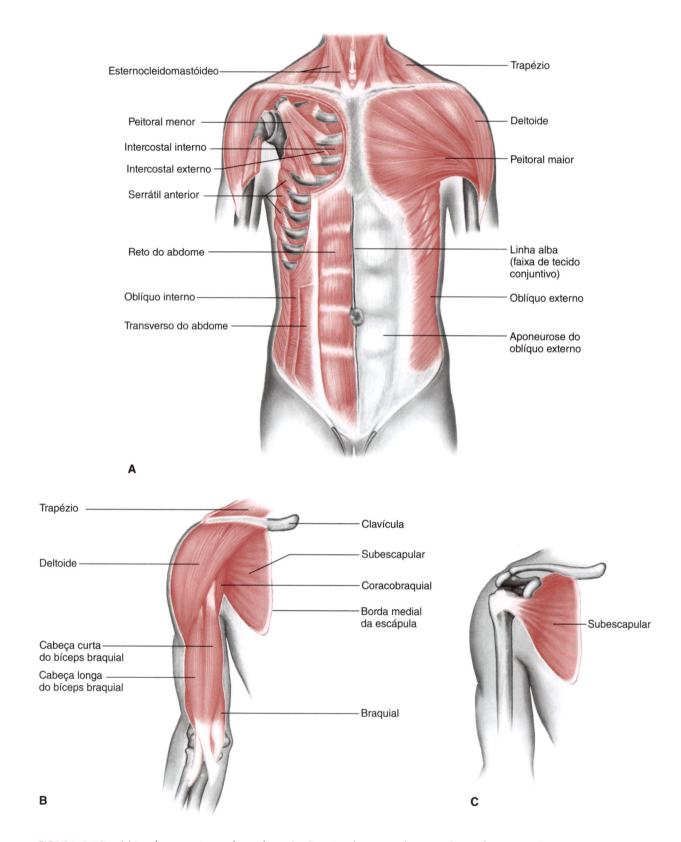

FIGURA 5.10 • Músculos anteriores do ombro. A, O músculo peitoral maior direito foi removido para mostrar os músculos peitoral menor e serrátil anterior; B, Músculos da parte anterior do ombro direito e do braço, com a caixa torácica removida; C, Músculo subescapular.

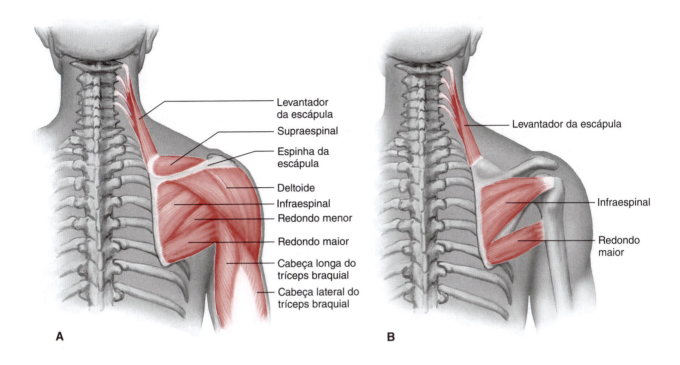
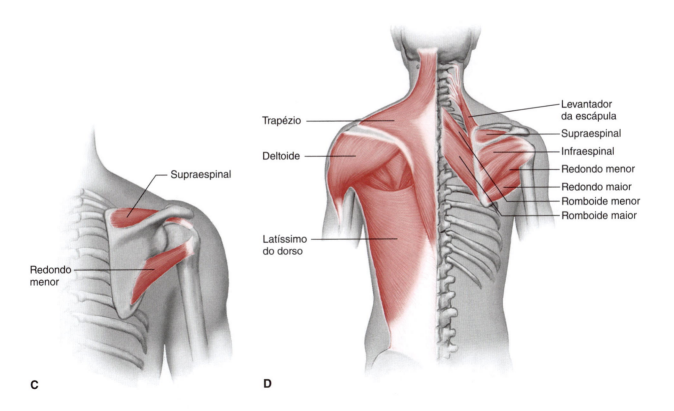

FIGURA 5.11 • Músculos posteriores do ombro. A, O trapézio e o deltoide do lado direito foram removidos para mostrar os músculos subjacentes; B, Levantador da escápula, infraespinal e redondo maior; C, Supraespinal e redondo menor; D, Músculos da superfície posterior da escápula e do braço.

Nervos (Figuras 5.12 e 5.13)

Os músculos da articulação do ombro são todos inervados pelos nervos do plexo braquial. O músculo peitoral maior é inervado pelos nervos peitorais. O nervo peitoral lateral originário de C5, C6 e C7, especificamente, inerva a cabeça clavicular, enquanto o nervo peitoral medial oriundo de C8 e T1 inerva da cabeça esternal. O nervo toracodorsal, proveniente de C6, C7 e C8, supre o músculo latíssimo do dorso. O nervo axilar (Fig. 5.12), originário de C5 e C6, inerva os músculos deltoide e redondo menor. Uma área lateral da pele na região deltóidea do braço é sensibilizada pelo nervo axilar. Tanto o nervo subescapular superior como o inferior, oriundos de C5 e C6, inervam o músculo subescapular, enquanto somente o nervo subescapular inferior supre o músculo redondo maior. Os músculos supraespinal e infraespinal são inervados pelo nervo supraescapular, originário de C5 e C6. O nervo musculocutâneo, ilustrado na Figura 5.13, origina-se de C5, C6 e C7 e inerva o músculo coracobraquial, sensibilizando a face radial do antebraço.

Músculo deltoide (Figura 5.14)

Origem

Fibras anteriores (parte clavicular): terço lateral anterior da clavícula.
Fibras médias (parte acromial): face lateral do acrômio.
Fibras posteriores (parte espinal): borda inferior da espinha da escápula.

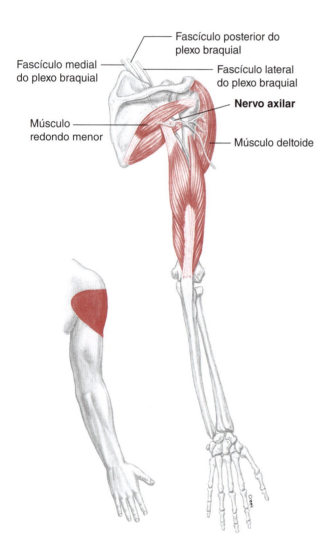

FIGURA 5.12 • Distribuição muscular e cutânea do nervo axilar.

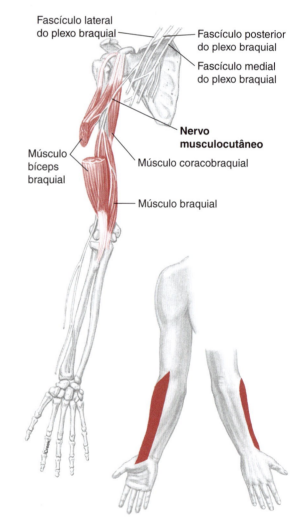

FIGURA 5.13 • Distribuição muscular e cutânea do nervo musculocutâneo.

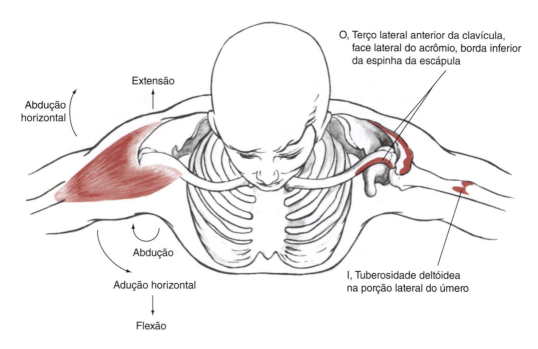

FIGURA 5.14 • Músculo deltoide, vista superior. O, Origem; I, Inserção.

Inserção

Tuberosidade deltóidea na porção lateral do úmero.

Ação

Fibras anteriores (parte clavicular): abdução, flexão, adução horizontal e rotação medial da articulação do ombro.
Fibras médias (parte acromial): abdução da articulação do ombro.
Fibras posteriores (parte espinal): abdução, extensão, abdução horizontal e rotação lateral da articulação do ombro.

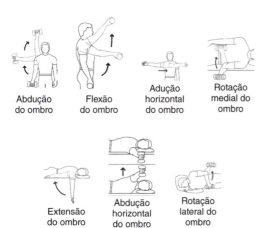

Palpação

Fibras anteriores (parte clavicular): a partir da clavícula em direção à porção anterior do úmero durante os movimentos de flexão ou adução horizontal resistida.
Fibras médias (parte acromial): descendo da borda lateral do acrômio em direção à tuberosidade deltóidea durante o movimento de abdução resistida.
Fibras posteriores (parte espinal): a partir do lábio inferior da espinha da escápula em direção à parte posterior do úmero durante o movimento de extensão ou abdução horizontal resistida.

Inervação

Nervo axilar (C5, C6).

Aplicação, fortalecimento e flexibilidade

O músculo deltoide é utilizado em qualquer movimento de levantamento. O músculo trapézio estabiliza a escápula à medida que o deltoide traciona sobre o úmero. As fibras anteriores do músculo deltoide flexionam e giram medialmente o úmero; as fibras posteriores o estendem e giram lateralmente. Além disso, as fibras anteriores fazem adução horizontal do úmero, enquanto as fibras posteriores o abduzem também horizontalmente.

Qualquer movimento do úmero na escápula envolve parte ou a totalidade do músculo deltoide.

A elevação do úmero da posição lateral para a posição de abdução é uma ação típica do deltoide. As elevações laterais com halteres são excelentes para fortalecer o deltoide, especialmente as fibras médias. A abdução do braço em uma posição ligeiramente aduzida (30 graus) na horizontal pode fortalecer as fibras anteriores do deltoide. É possível fortalecer melhor as fibras posteriores com uma ligeira abdução horizontal do braço (30 graus). O Apêndice 3 apresenta os exercícios mais utilizados para o deltoide e outros músculos abordados neste capítulo.

O alongamento do deltoide exige posições variadas, dependendo das fibras a serem alongadas. Alonga-se a parte clavicular do deltoide por meio da abdução horizontal extrema ou da extensão e adução extremas do úmero; a parte acromial mediante a adução extrema do úmero para trás das costas; e a parte espinal pela adução horizontal extrema.

Músculo peitoral maior (Figura 5.15)

Origem

Fibras superiores (cabeça clavicular): metade medial da superfície anterior da clavícula.

Fibras inferiores (cabeça esternal): superfície anterior das cartilagens costais das seis primeiras costelas, e porção adjacente do esterno.

Inserção

Tendão liso com 5 ou 7,5 cm de largura inserido no lábio lateral do sulco intertubercular do úmero.

Ação

Fibras superiores (cabeça clavicular): rotação medial, adução horizontal, flexão até cerca de 60 graus, abdução (com o braço abduzido 90 graus, as fibras su-

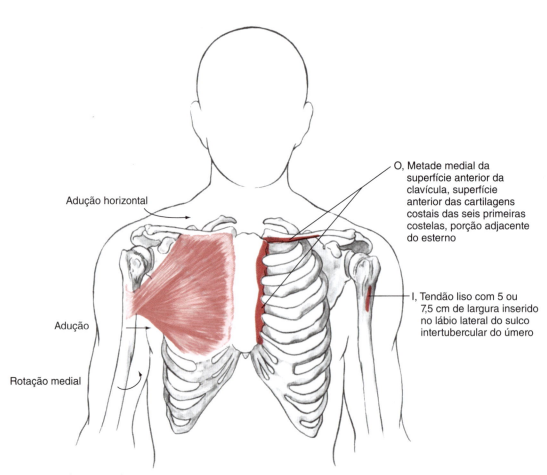

FIGURA 5.15 • Músculo peitoral maior, vista anterior. O, Origem; I, Inserção.

periores auxiliam na obtenção de um maior nível de abdução) e adução (com o braço abduzido menos de 90 graus) da articulação do ombro.

Fibras inferiores (cabeça esternal): rotação medial, adução horizontal e adução e extensão da articulação do ombro da posição flexionada para a posição anatômica.

Palpação

Fibras superiores: da extremidade medial da clavícula até o sulco intertubercular do úmero, durante os movimentos de flexão e adução a partir da posição anatômica.

Fibras inferiores: das costelas e do esterno até o sulco intertubercular do úmero, durante os movimentos de extensão resistida a partir de uma posição flexionada e de adução resistida a partir da posição anatômica.

Inervação

Fibras superiores: nervo peitoral lateral (C5-C7).
Fibras inferiores: nervo peitoral medial (C8, T1).

Aplicação, fortalecimento e flexibilidade

A prega axilar anterior é formada principalmente pelo músculo peitoral maior (Fig. 5.16) e ajuda o

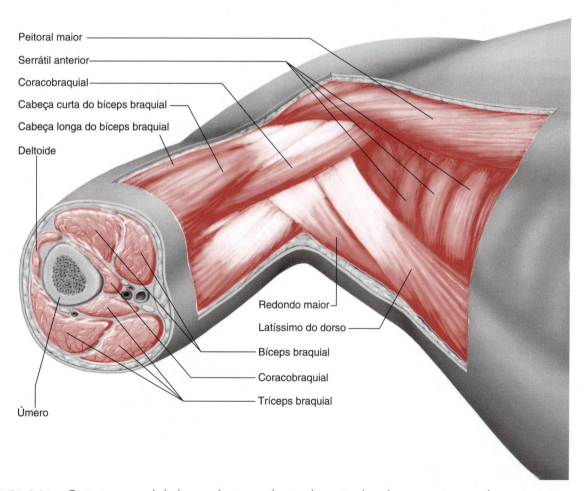

FIGURA 5.16 • Corte transversal do braço direito e relação dos músculos glenoumerais na axila.

músculo serrátil anterior a tracionar a escápula para a frente durante os movimentos de flexão e rotação medial do úmero. Embora não esteja ligado à escápula, o músculo peitoral maior é eficaz nessa protração da escápula por tracionar anteriormente o úmero, que se une à escápula na articulação do ombro. O movimento de arremesso de uma bola de beisebol constitui um exemplo típico dessa ação. Quando se flexiona a articulação do ombro, o úmero gira medialmente e a escápula é tracionada para a frente em rotação ascendente, servindo também de auxílio para o músculo latíssimo do dorso durante a extensão e adução do úmero a partir de uma posição elevada.

O músculo peitoral maior e a parte clavicular do deltoide funcionam em estreita sintonia. O peitoral maior é fortemente utilizado nos exercícios de flexão de braço e tração na barra fixa com pegada pronada, nos movimentos de arremesso e nos saques de tênis. Com uma barra, o indivíduo se posiciona em decúbito dorsal sobre um banco com os braços nas laterais do corpo e move os braços em adução horizontal. Esse exercício, conhecido como supino reto, é amplamente utilizado para o desenvolvimento do músculo peitoral maior.

Por causa da popularidade do supino reto e de outros exercícios de levantamento de peso que enfatizam o peitoral maior e a sua utilização na maioria das atividades esportivas, esse é um músculo geralmente superdesenvolvido em comparação com os seus antagonistas. Como resultado, o alongamento em geral é necessário e pode ser feito por meio de rotação lateral passiva. O alongamento ocorre também quando se realiza abdução horizontal do ombro. A extensão total do ombro alonga a parte superior do peitoral maior, enquanto a abdução total alonga a sua parte inferior.

Músculo latíssimo do dorso (Figura 5.17)

Origem

Parte posterior da crista ilíaca, parte posterior do sacro e processos espinhosos das vértebras lombares e das seis vértebras torácicas inferiores (T6-T12); tiras das três costelas inferiores.

Inserção

Lábio medial do sulco intertubercular do úmero, anteriormente à inserção do músculo redondo maior.

Ação

Adução da articulação do ombro.
Extensão da articulação do ombro.
Rotação medial da articulação do ombro.
Abdução horizontal da articulação do ombro.

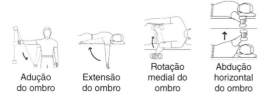

Adução do ombro   Extensão do ombro   Rotação medial do ombro   Abdução horizontal do ombro

Palpação

É possível palpar o tendão, que passa sob o músculo redondo maior na parede posterior da axila, especialmente durante os movimentos de extensão e rotação medial resistidas. Pode-se palpar o músculo na região lombar superior/torácica inferior durante a extensão a partir de uma posição flexionada e na maior parte de sua extensão durante a adução resistida a partir de uma posição ligeiramente abduzida.

Inervação

Nervo toracodorsal (C6-C8).

Aplicação, fortalecimento e flexibilidade

Latíssimo do dorso significa o músculo mais largo das costas. Esse músculo, juntamente com o redondo maior, forma a prega axilar posterior (ver Fig. 5.16), com uma forte ação nos movimentos de adução, extensão e rotação medial do úmero. Em virtude da rotação ascendente da escápula que acompanha a abdução glenoumeral, o latíssimo produz efetivamente a rotação descendente da escápula por meio de sua ação de puxar todo o cíngulo do membro superior para baixo na adução glenoumeral ativa. Um dos músculos extensores mais importantes do úmero, o latíssimo do dorso se contrai fortemente nos exercícios de tração na barra fixa com pegada supinada e é auxiliado em todas as suas ações pelo músculo redondo maior, sendo ocasionalmente chamado de músculo do nadador por causa de sua função de tracionar o corpo para a frente na água durante a rotação medial, a adução e a extensão. O desenvolvimento desse músculo contribui significativamente para o que se conhece como uma "constituição física de nadador".

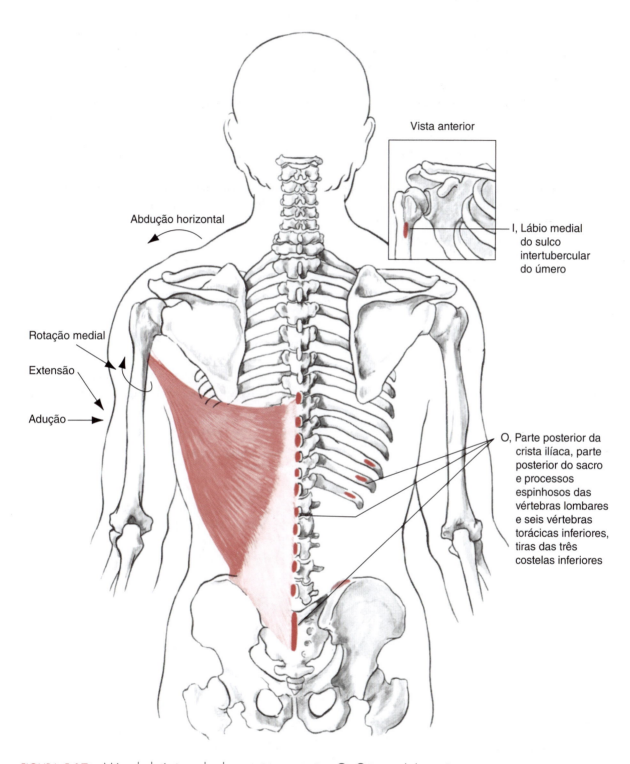

FIGURA 5.17 • Músculo latíssimo do dorso, vista posterior. O, Origem; I, Inserção.

Os exercícios em que os braços são puxados para baixo produzem uma poderosa contração do músculo latíssimo do dorso. A tração na barra fixa com pegada supinada, escalada de corda e outros movimentos de elevação vertical na barra horizontal são bons exemplos. Nos exercícios com barra, os exercícios básicos de remada e *pullover* (extensão do cotovelo com o braço esticado) são bons para desenvolver o latíssimo do dorso. O exercício de puxar a barra de um sistema de polia suspensa para baixo em direção aos ombros, conhecido como "puxada pela frente com polia alta", é um exercício comum para esse músculo.

O latíssimo do dorso se alonga com o redondo maior quando o ombro gira medialmente enquanto abduzido em 90 graus. Pode-se acentuar esse alongamento com a abdução total do ombro, mantendo a rotação medial enquanto se flexiona e gira lateralmente o tronco para o lado oposto.

Músculo redondo maior (Figura 5.18)

Origem

Posteriormente no terço inferior da borda lateral da escápula e logo acima do ângulo inferior.

Inserção

Lábio medial do sulco intertubercular do úmero, posteriormente à inserção do latíssimo do dorso.

Ação

Extensão da articulação do ombro, em especial da posição flexionada para a posição posteriormente estendida.
Rotação medial da articulação do ombro.
Adução da articulação do ombro, especialmente a partir da posição abduzida, descendo pela lateral em direção à linha mediana do corpo.

Palpação

Logo acima do músculo latíssimo do dorso e abaixo do músculo redondo menor na superfície posterior da

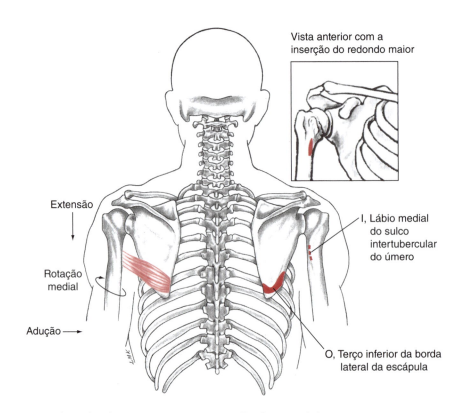

FIGURA 5.18 • Músculo redondo maior, vista posterior. O, Origem; I, Inserção.

escápula, deslocando-se diagonalmente em sentido ascendente e lateral a partir do ângulo inferior da escápula durante o movimento de rotação medial resistida.

Inervação

Nervo subescapular inferior (C5, C6).

Aplicação, fortalecimento e flexibilidade

O músculo redondo maior só é eficaz quando os músculos romboides estabilizam a escápula ou a movimentam em rotação descendente. Do contrário, a escápula se movimentaria para a frente para encontrar o braço.

Esse músculo funciona de modo eficaz com o latíssimo do dorso e auxilia, além do próprio latíssimo do dorso, o peitoral maior e o subescapular nos movimentos de adução, rotação medial e extensão do úmero. Conhecido como o "pequeno ajudante" do latíssimo do dorso, ele pode ser fortalecido com exercícios de puxada pela frente com polia alta, escalada de corda e rotação medial contra resistência.

A rotação lateral do ombro em uma posição abduzida em 90 graus alonga o músculo redondo maior.

Músculo coracobraquial (Figura 5.19)

Origem

Processo coracoide da escápula.

Inserção

Meio da borda medial da diáfise do úmero.

Ação

Flexão da articulação do ombro.
Adução da articulação do ombro.
Adução horizontal da articulação do ombro.

Flexão do ombro   Adução do ombro   Adução horizontal do ombro

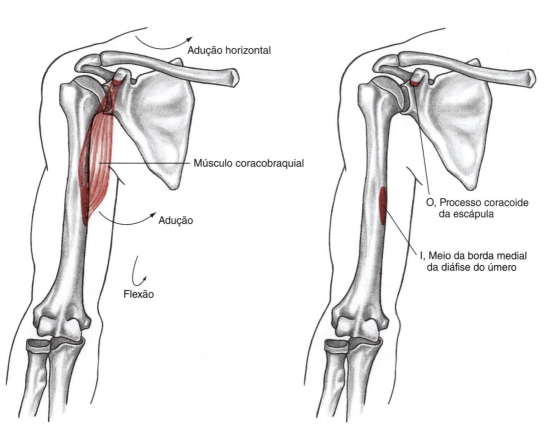

FIGURA 5.19 • Músculo coracobraquial, vista anterior. O, Origem; I, Inserção.

Palpação

Pode-se palpar o ventre muscular no alto, na porção medial do braço posteriormente à cabeça curta do bíceps braquial em direção ao processo coracoide, especialmente com adução resistida.

Inervação

Nervo musculocutâneo (C5-C7).

Aplicação, fortalecimento e flexibilidade

O coracobraquial não é um músculo potente, mas auxilia na flexão e na adução e tem por função principal movimentar o braço horizontalmente em direção ao tórax, cruzando-o. A melhor forma de fortalecê-lo é realizando adução horizontal do braço contra resistência, como no supino reto. É possível fortalecê-lo também com exercícios de puxada pela frente com polia alta (tópico definido na p. 134).

A abdução horizontal extrema é a melhor forma de alongar o músculo coracobraquial, embora a extensão extrema também sirva para alongá-lo.

Músculos do manguito rotador

As Figuras 5.20 e 5.21 ilustram o grupo de músculos do manguito rotador, que, como vimos anteriormente, é importante sobretudo para manter a cabeça do úmero em sua posição correta no interior da cavidade glenoidal. A sigla **SIRS** pode ser utilizada para se aprender os nomes supraespinal, infraespinal, redondo menor e subescapular. Esses músculos, que não são muito grandes em comparação com o del-

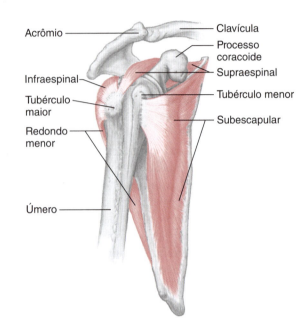

FIGURA 5.20 • Músculos do manguito rotador, vista anterolateral, ombro direito.

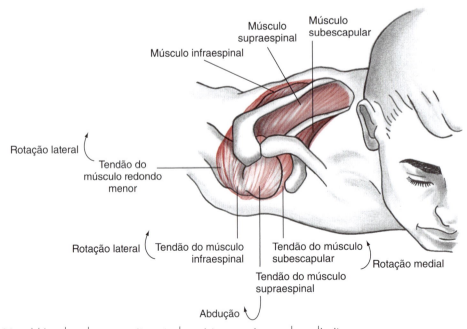

FIGURA 5.21 • Músculos do manguito rotador, vista superior, ombro direito.

toide e o peitoral maior, devem ter não apenas o comprimento adequado, mas também uma capacidade significativa de resistência muscular para garantir o seu correto funcionamento, especialmente em atividades que envolvam movimentos repetitivos acima da cabeça, como arremessos, natação e lançamentos. Em geral, quando esses tipos de atividades são realizados com uma técnica inadequada, fadiga muscular, aquecimento ou condicionamento incorretos, o grupo de músculos do manguito rotador – em especial o músculo supraespinal – não consegue estabilizar dinamicamente a cabeça do úmero na cavidade glenoidal, causando mais problemas ao manguito rotador, como tendinite e impacto do manguito rotador dentro do espaço subacromial.

A **síndrome do impacto** do manguito rotador ocorre quando os tendões desses músculos, especificamente o supraespinal e o infraespinal, se tornam irritados e inflamados, uma vez que atravessam o espaço subacromial entre o acrômio da escápula e a cabeça do úmero, podendo resultar em dor, fraqueza e perda de movimento na região do ombro. A perda de função dos músculos do manguito rotador – decorrente de lesão ou perda de força e resistência – pode fazer com que o úmero se movimente na direção superior, resultando nesse impacto.

Músculo subescapular (Figura 5.22)

Origem

Toda a superfície anterior da fossa subescapular.

Inserção

Tubérculo menor do úmero.

Ação

Rotação medial da articulação do ombro.
Adução da articulação do ombro.
Extensão da articulação do ombro.
Estabilização da cabeça do úmero na cavidade glenoidal.

Palpação

Juntos, os músculos subescapular, latíssimo do dorso e redondo maior formam a prega axilar posterior. A maior parte do subescapular é inacessível na porção anterior da escápula por trás da caixa torácica. É possível palpar a porção lateral com a pessoa em decúbito dorsal com o braço ligeiramente flexionado e aduzido, de modo que o cotovelo fique apoiado transversalmente sobre o abdome. Use uma das mãos para segurar a borda medial pela parte posterior e puxá-la lateralmente, palpando com a outra mão a região entre a escápula e a caixa torácica, enquanto a pessoa gira ativamente em sentido medial pressionando o antebraço contra o tórax.

Inervação

Nervos subescapulares superior e inferior (C5, C6).

Aplicação, fortalecimento e flexibilidade

O músculo subescapular, outro músculo do manguito rotador, sustenta a cabeça do úmero na cavidade glenoidal pelas partes frontal e inferior, atuando com os músculos latíssimo do dorso e redondo maior em sua movimentação normal, mas é menos potente em sua ação por causa de sua proximidade da articulação. Esse músculo requer também a ajuda do músculo romboide para estabilizar a escápula e torná-la eficaz nos movimentos descritos. O músculo subescapular está relativamente escondido por trás da caixa torácica em sua posição na face anterior da escápula na fossa subescapular. É possível fortalecê-lo com exercícios semelhantes àqueles utilizados para o latíssimo do dorso e o redondo maior, como escalada de corda e puxada pela frente com polia alta. Um exercício específico para o seu desenvolvimento consiste em girar medialmente o

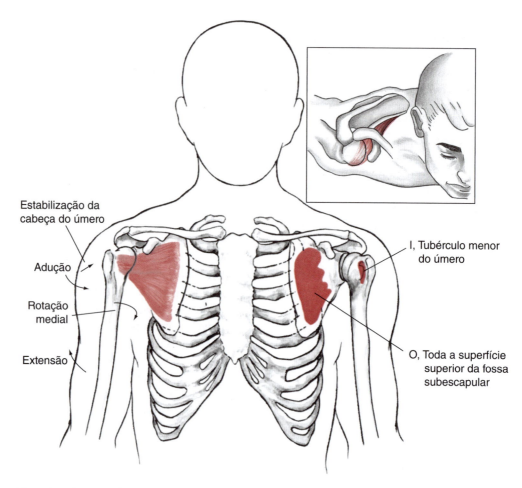

FIGURA 5.22 • Músculo subescapular, vista anterior. O, Origem; I, Inserção.

braço contra resistência, mantendo-o posicionado ao lado do corpo a 0 grau de abdução glenoumeral.

A rotação lateral com o braço aduzido ao lado do corpo alonga o músculo subescapular.

Músculo supraespinal (Figura 5.23)

Origem

Dois terços mediais da fossa supraespinal.

Inserção

Superiormente no tubérculo maior do úmero.

Ação

Abdução da articulação do ombro.

Estabilização da cabeça do úmero na cavidade glenoidal.

Abdução do ombro

Palpação

Anterior e superior à espinha da escápula na fossa supraespinal durante a abdução inicial no plano da escápula. Com o indivíduo sentado, é possível também palpar o tendão nas imediações do acrômio, no tubérculo maior.

Inervação

Nervo supraescapular (C5).

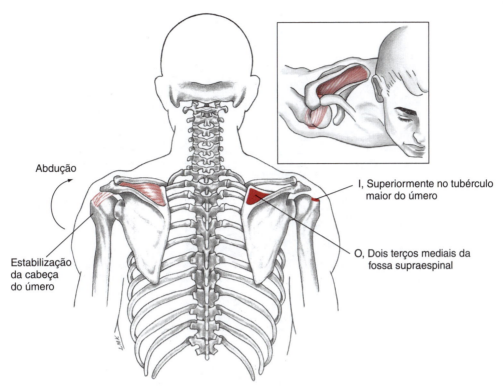

FIGURA 5.23 • Músculo supraespinal, vista posterior. O, Origem; I, Inserção.

Aplicação, fortalecimento e flexibilidade

O músculo supraespinal sustenta a cabeça do úmero na cavidade glenoidal. Nos movimentos de arremesso, ele oferece uma importante estabilidade dinâmica, mantendo a relação adequada entre a cabeça do úmero e a cavidade glenoidal. Na fase de apoio do arremesso, existe uma tendência a ocorrências de subluxação anterior da cabeça do úmero. Na fase de finalização, a cabeça do úmero tende a se mover na direção posterior.

O músculo supraespinal, juntamente com os demais músculos do manguito rotador, deve ser dotado de excelente força e resistência para evitar movimentos anormais e excessivos da cabeça do úmero na fossa supraespinal. É o músculo do manguito rotador mais sujeito a lesões, podendo sofrer lesões agudas graves decorrentes de traumatismo do ombro. Entretanto, geralmente ocorrem estiramentos ou rupturas com a atividade atlética, sobretudo quando a atividade envolve a execução de movimentos repetitivos acima da cabeça, como arremessos ou natação.

É possível detectar a presença de lesões ou fraqueza no músculo supraespinal quando o atleta tenta substituir os levantadores e rotadores ascendentes da escápula visando à abdução do úmero. A incapacidade de abduzir suavemente o braço contra resistência é sinal de uma possível lesão do manguito rotador.

O músculo supraespinal pode entrar em cena sempre que as fibras médias (parte acromial) do músculo deltoide são utilizadas. Pode-se utilizar o "teste do copo cheio" para enfatizar a ação do supraespinal. Esse teste é realizado posicionando-se o braço com o polegar para cima e abduzido a 90 graus em uma posição de adução horizontal de 30 a 45 graus (*scaption*, movimento do úmero no plano da escápula), como se a pessoa estivesse segurando um copo cheio.

A adução do braço para trás das costas com o ombro girado medialmente e estendido serve para alongar o músculo supraespinal.

Músculo infraespinal (Figura 5.24)

Origem

Superfície posterior da escápula abaixo da espinha.

Inserção

Tubérculo maior na porção posterior do úmero.

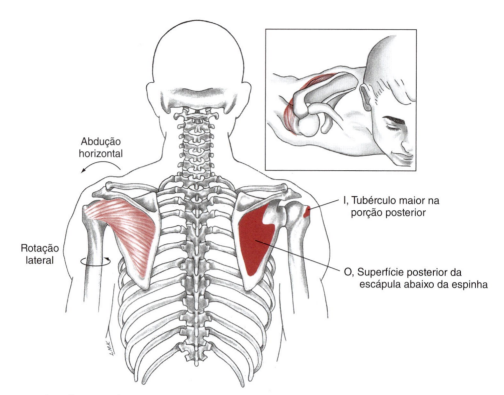

FIGURA 5.24 • Músculo infraespinal, vista posterior. O, Origem; I, Inserção.

Ação

Rotação lateral da articulação do ombro.
Abdução horizontal da articulação do ombro.
Extensão da articulação do ombro.
Estabilização da cabeça do úmero na cavidade glenoidal.

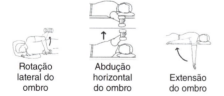

Palpação

Logo abaixo da espinha da escápula, deslocando-se em sentido ascendente e lateral até o úmero durante o movimento de rotação lateral resistida.

Inervação

Nervo supraescapular (C5, C6).

Aplicação, fortalecimento e flexibilidade

Os músculos infraespinal e redondo menor são eficazes quando os músculos romboides estabilizam a escápula. Quando se gira o úmero para fora, os músculos romboides achatam (ou aplanam) a escápula para trás, fixando-a de modo a permitir a rotação do úmero.

O nível de força e resistência adequado é fundamental, tanto no infraespinal quanto no redondo menor, quando esses músculos são acionados excentricamente para reduzir a alta velocidade das atividades de rotação medial do braço, como no lançamento da bola no beisebol ou no saque (ou serviço) no tênis. O músculo infraespinal é vital para manter a estabilidade posterior da articulação do ombro. É o mais potente dos rotadores externos e o segundo músculo do manguito rotador mais suscetível a lesões.

A melhor forma de fortalecer tanto o infraespinal quanto o redondo menor é girando lateralmente o braço contra resistência na posição abduzida de 15 a 20 graus e com uma abdução de 90 graus.

O alongamento do infraespinal é feito por meio de rotação medial e adução horizontal extrema.

Músculo redondo menor (Figura 5.25)

Origem

Posteriormente nas faces superior e média da borda lateral da escápula.

Inserção

Posteriormente no tubérculo maior do úmero.

Ação

Rotação lateral da articulação do ombro.
Abdução horizontal da articulação do ombro.
Extensão da articulação do ombro.
Estabilização da cabeça do úmero na cavidade glenoidal.

Rotação lateral do ombro   Abdução horizontal do ombro   Extensão do ombro

Palpação

Logo acima do músculo redondo maior na superfície posterior da escápula, deslocando-se diagonalmente em sentido ascendente e lateral a partir do ângulo inferior da escápula durante o movimento de rotação lateral resistida.

Inervação

Nervo axilar (C5, C6).

Aplicação, fortalecimento e flexibilidade

As funções do músculo redondo menor são muito semelhantes àquelas do músculo infraespinal no sentido de oferecer estabilidade dinâmica posterior à articulação do ombro. Esses dois músculos executam as mesmas ações juntos. Os mesmos exercícios de fortalecimento do redondo menor são utilizados para fortalecer o infraespinal.

Alonga-se o redondo menor de forma semelhante ao infraespinal, por meio da rotação medial do ombro e adução horizontal extrema.

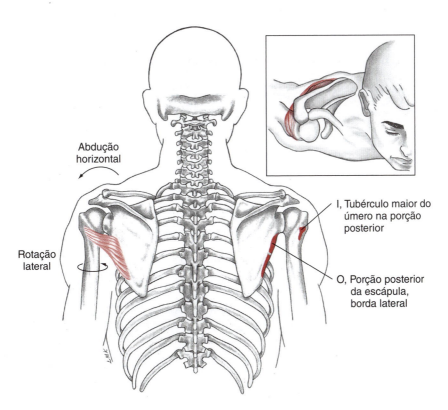

FIGURA 5.25 • Músculo redondo menor, vista posterior. O, Origem; I, Inserção.

Exercícios de revisão

1. Cite os planos em que ocorre cada um dos seguintes movimentos da articulação do ombro. Relacione o respectivo eixo de rotação para cada movimento em cada plano.

    a. Abdução
    b. Adução
    c. Flexão
    d. Extensão
    e. Adução horizontal
    f. Abdução horizontal
    g. Rotação lateral
    h. Rotação medial

2. Por que é essencial que tanto os músculos anteriores quanto posteriores da articulação do ombro sejam adequadamente desenvolvidos? Quais são algumas das atividades ou esportes que resultariam em um desenvolvimento desigual? E em um desenvolvimento igual?

3. Qual aplicação prática das atividades ou esportes da Pergunta 2 respalda cada um dos seguintes casos?

    a. Os músculos do manguito rotador não estão funcionando corretamente em virtude da fadiga ou falta de força e resistência adequadas.
    b. Os estabilizadores da escápula não estão funcionando corretamente por causa da fadiga ou falta de força e resistência.

4. Os movimentos da escápula em relação ao úmero podem ser explicados abordando-se a questão do movimento do complexo do ombro em sua totalidade. De que maneira a posição da escápula afeta a abdução da articulação do ombro? De que maneira a posição da escápula afeta a flexão da articulação do ombro?

5. Descreva as articulações ósseas e os movimentos específicos envolvidos na rotação da articulação do ombro durante a fase de aceleração do movimento de arremesso e como um atleta pode trabalhar para aumentar a velocidade do arremesso. Que fatores afetam a velocidade do arremesso?

6. Utilizando as informações deste capítulo e outros recursos, como você fortaleceria os quatro músculos do manguito rotador? Cite vários exemplos de como esses músculos são utilizados nas atividades cotidianas.

7. Quadro de análise dos músculos • Cíngulo do membro superior e articulação do ombro

Complete o quadro relacionando os músculos primariamente envolvidos em cada movimento.

Cíngulo do membro superior	Articulação do ombro
Rotação ascendente	Abdução
Rotação descendente	Adução
Abaixamento	Extensão
Elevação	Flexão
Abdução	Adução horizontal
	Rotação medial
Adução	Abdução horizontal
	Rotação lateral

8. **Quadro das ações dos músculos antagonistas • Articulação do ombro**

Complete o quadro relacionando o(s) músculo(s) ou as partes dos músculos que atuam como antagonistas em suas ações em relação aos músculos identificados na coluna da esquerda.

Agonista	Antagonista
Deltoide (fibras anteriores, parte clavicular)	
Deltoide (fibras médias, parte acromial)	
Deltoide (fibras posteriores, parte espinal)	
Supraespinal	
Subescapular	
Redondo maior	
Infraespinal/redondo menor	
Latíssimo do dorso	
Peitoral maior (fibras superiores)	
Peitoral maior (fibras inferiores)	
Coracobraquial	

Exercícios de laboratório

1. Localize as seguintes partes do úmero e da escápula em um esqueleto humano e/ou modelo humano:

   a. Tubérculo maior
   b. Tubérculo menor
   c. Colo
   d. Diáfise
   e. Sulco intertubercular
   f. Epicôndilo medial
   g. Epicôndilo lateral
   h. Tróclea
   i. Capítulo
   j. Fossa supraespinal
   k. Fossa infraespinal
   l. Espinha da escápula

2. Como e onde os seguintes músculos podem ser palpados em um modelo humano?

   a. Deltoide
   b. Redondo maior
   c. Infraespinal
   d. Redondo menor
   e. Latíssimo do dorso
   f. Peitoral maior (porções superior e inferior)

NOTA: utilizando o músculo peitoral maior, indique como as diversas ações permitem a palpação do músculo.

3. Demonstre e localize em um modelo humano os músculos primariamente utilizados nos seguintes movimentos da articulação do ombro:

   a. Abdução
   b. Adução
   c. Flexão
   d. Extensão
   e. Adução horizontal
   f. Abdução horizontal
   g. Rotação lateral
   h. Rotação medial

4. Utilizando um esqueleto articulado, compare a relação do tubérculo maior com a subsuperfície do acrômio em cada uma das seguintes situações:

   a. Flexão com a rotação medial *versus* lateral do úmero
   b. Abdução com a rotação medial *versus* lateral do úmero
   c. Adução horizontal com a rotação medial *versus* lateral do úmero

5. Trabalhando com um parceiro com as costas expostas, segure a escápula direita dele pela borda lateral para evitar o movimento da escápula. Faça com que ele, lentamente, abduza a articulação do ombro o máximo possível. Observe a diferença na abdução total possível em condições normais e quando você restringe o movimento da escápula.

Repita o mesmo exercício, mas agora segurando firmemente o ângulo inferior da escápula contra a parede do tórax, enquanto o seu parceiro gira medialmente o úmero. Observe a diferença na rotação medial total possível em condições normais e quando você restringe o movimento da escápula.

6. Quadro de análise dos movimentos da articulação do ombro

Após analisar cada exercício apresentado no quadro, desmembre cada um em duas fases principais de movimento, como uma fase de levantamento e uma fase de abaixamento. Para cada fase, determine os movimentos da articulação do ombro que ocorrem, relacionando os músculos da articulação do ombro primariamente responsáveis por produzir/controlar esses movimentos. Ao lado de cada músculo em cada movimento, indique o tipo de contração da seguinte maneira: I – isométrica; C – concêntrica; E – excêntrica.

Exercício	Fase inicial do movimento (levantamento)		Fase secundária do movimento (abaixamento)	
	Movimento(s)	Agonista(s) – (tipo de contração)	Movimento(s)	Agonista(s) – (tipo de contração)
Flexão de braço				
Tração na barra fixa com pegada supinada				
Supino reto				
Mergulho nas barras paralelas				
Puxada pela frente com polia alta				
Levantamento de barra acima da cabeça				
Remada pronada				
Encolhimento de ombros com barra				

7. **Quadro de análise de habilidades esportivas que envolvem a articulação do ombro**

Analise cada habilidade apresentada no quadro e relacione os movimentos da articulação do ombro dos lados direito e esquerdo em cada fase da habilidade. Você pode relacionar a posição inicial em que a articulação do ombro se encontra na fase de apoio. Após cada movimento, identifique o(s) músculo(s) da articulação do ombro primariamente responsável(eis) por produzir/controlar esse movimento. Ao lado de cada músculo, em cada movimento, indique o tipo de contração da seguinte maneira: I – isométrica; C – concêntrica; E – excêntrica. Pode ser útil rever os conceitos de análise no Capítulo 8 para as diversas fases.

Exercício		Fase de apoio	Fase preparatória	Fase de movimento	Fase de finalização
Arremesso do beisebol	(D)				
	(E)				
Saque do voleibol	(D)				
	(E)				
Saque (ou serviço) do tênis	(D)				
	(E)				
Arremesso do softbol	(D)				
	(E)				
Backhand do tênis	(D)				
	(E)				
Tacada do beisebol	(D)				
	(E)				
Boliche	(D)				
	(E)				
Lance livre do basquete	(D)				
	(E)				

Referências bibliográficas

Andrews JR, Zarins B, Wilk KE: *Injuries in baseball,* Philadelphia, 1988, Lippincott-Raven.

Bach HG, Goldberg BA: Posterior capsular contracture of the shoulder, *Journal of the American Academy of Orthopaedic Surgery* 14(5):265-277, 2006.

Field D: *Anatomy: palpation and surface markings,* ed 3, Oxford, 2001, Butterworth-Heinemann.

Fongemie AE, Buss DD, Rolnick SJ: Management of shoulder impingement syndrome and rotator cuff tears, *American Family Physician,* 57(4):667-674, 680-682, Feburary 1998.

Garth WP, et al: Occult anterior subluxations of the shoulder in noncontact sports, *American Journal of Sports Medicine* 15:579, November-December 1987.

Hislop HJ, Montgomery J: *Daniels and Worthingham's muscle testing: techniques of manual examination,* ed 8, Philadelphia, 2007, Saunders.

Loftice JW, Fleisig GS, Wilk KE, Reinold MM, Chmielewski T, Escamilla RF, Andrews JR, eds: *Conditioning program for baseball pitchers,* Birmingham, 2004, American Sports Medicine Institute.

Muscolino JE: *The muscular system manual: the skeletal muscles of the human body,* ed 3, St. Louis, 2010, Elsevier Mosby.

Myers JB, et al: Glenohumeral range of motion deficits and posterior shoulder tightness in throwers with pathologic internal impingement, *American Journal of Sports Medicine* 34:385-391, 2006.

Neumann DA: *Kinesiology of the musculoskeletal system: foundations for physical rehabilitation,* ed 2, St. Louis, 2010, Mosby.

Oatis CA: *Kinesiology: the mechanics and pathomechanics of human movement,* ed 2, Philadelphia, 2008, Lippincott Williams & Wilkins.

Perry JF, Rohe DA, Garcia AO: *The kinesiology workbook,* Philadelphia, 1992, Davis.

Rasch PJ: *Kinesiology and applied anatomy,* ed 7, Philadelphia, 1989, Lea & Febiger.

Reinold MM, Macrina LC, Wilk KE, Fleisig GS, Dun S, Barrentine SW, Ellerbusch MT, Andrews JR: Electromyographic analysis of the supraspinatus and deltoid muscles during 3 common rehabilitation exercises, *Journal of Athletic Training* 42(4):464-469, 2007.

Seeley RR, Stephens TD, Tate P: *Anatomy & physiology,* ed 8, New York, 2008, McGraw-Hill.

Sieg KW, Adams SP: *Illustrated essentials of musculoskeletal anatomy,* ed 4, Gainesville, FL, 2002, Megabooks.

Smith LK, Weiss EL, Lehmkuhl LD: *Brunnstrom's clinical kinesiology,* ed 5, Philadelphia, 1996, Davis.

Spigelman T: Identifying and assessing glenohumeral internal-rotation deficit, *Athletic Therapy Today* 6:29-31, 2006.

Stacey E: Pitching injuries to the shoulder, *Athletic Journal* 65:44, January 1984.

Wilk KE, Reinold MM, Andrews JR, eds: *The athlete's shoulder,* ed 2, Philadelphia, 2009, Churchill Livingstone Elsevier.

Acesse a página http://manoleeducacao.com.br/manualdecinesiologiaestrutural, siga as instruções e desfrute de recursos adicionais associados a este capítulo, incluindo:
- questões de múltipla escolha
- questões do tipo verdadeiro ou falso
- respostas aos exercícios de revisão e de laboratório
- relação de sites úteis (em inglês)

Capítulo 6

Articulações radioulnares e do cotovelo

Objetivos

- Identificar em um esqueleto humano características ósseas específicas das articulações radioulnares e do cotovelo.
- Indicar características ósseas específicas em um quadro do sistema esquelético.
- Ilustrar e indicar os músculos em um quadro do sistema esquelético.
- Palpar os músculos em um modelo humano e relacionar seus antagonistas.
- Identificar os planos de movimento e seus respectivos eixos de rotação.
- Organizar e identificar os músculos que produzem os movimentos primários da articulação do cotovelo e da articulação radioulnar.
- Determinar, por meio de análise, os movimentos das articulações radioulnares e do cotovelo e os músculos envolvidos em exercícios e habilidades específicos.

Praticamente qualquer movimento do membro superior envolve as articulações radioulnares e do cotovelo. Em geral, essas articulações encontram-se agrupadas em virtude de sua íntima relação anatômica. A articulação do cotovelo está intimamente associada à articulação radioulnar na medida em que ambos os ossos da articulação radioulnar, o rádio e a ulna, compartilham uma articulação com o úmero para formar a articulação do cotovelo. Por essa razão, há quem confunda os movimentos do cotovelo com aqueles da articulação radioulnar. Além disso, o movimento da articulação radioulnar pode ser incorretamente atribuído à articulação do punho por dar a impressão de ocorrer ali. Entretanto, observando bem, é possível distinguir claramente os movimentos da articulação do cotovelo daqueles das articulações radioulnares, assim como é possível distinguir os movimentos radioulnares dos movimentos do punho. Embora o rádio e a ulna façam parte da articulação com o punho, a relação entre eles não chega a ser tão íntima como a das articulações radioulnares e do cotovelo.

Ossos

A ulna é muito maior do que o rádio em sentido proximal (Fig. 6.1), mas distalmente, o rádio é muito maior do que a ulna (ver Fig. 7.1). A escápula e o úmero servem de inserções proximais para os músculos que flexionam e estendem o cotovelo. A ulna e o rádio servem de inserções distais para esses mesmos músculos. A escápula, o úmero e a ulna servem de inserções proximais para os músculos que pronam e supinam as articulações radioulnares. As inserções distais dos músculos da articulação radioulnar estão localizadas no rádio.

A crista epicondilar medial, o olécrano, o processo coronoide e a tuberosidade do rádio são importantes pontos de referência ósseos para esses músculos. Além disso, o epicôndilo medial, o epicôndilo lateral e a crista supraepicondilar lateral são pontos de referência ósseos fundamentais para os músculos do punho e da mão, abordados no Capítulo 7.

Articulações

A articulação do cotovelo é classificada como um gínglimo ou articulação em dobradiça que permite apenas os movimentos de flexão e extensão (Fig. 6.1). Na realidade, o cotovelo pode ser considerado como duas articulações inter-relacionadas: a articulação umeroulnar e a articulação umerorradial (Fig. 6.2). Os movimentos do cotovelo envolvem basicamente os movimentos entre as superfícies articulares do úmero e da ulna – especificamente, o encaixe troclear umeral na incisura troclear da ulna. A cabeça do rádio faz um contato relativamente pequeno com o capítulo do úmero na articulação radiocapitelar. Quando o cotovelo atinge o nível máximo de extensão, o olécrano da ulna é recebido pela fossa do olécrano do úmero. Essa disposição proporciona estabilidade à articulação quando o cotovelo está totalmente estendido.

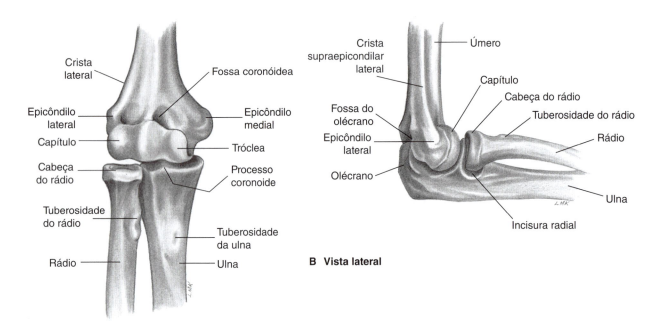

A Vista anterior

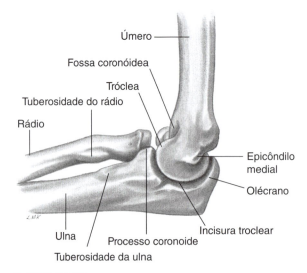

C Vista medial

FIGURA 6.1 • Articulação do cotovelo direito. **A**, Vista anterior; **B**, Vista lateral; **C**, Vista medial.

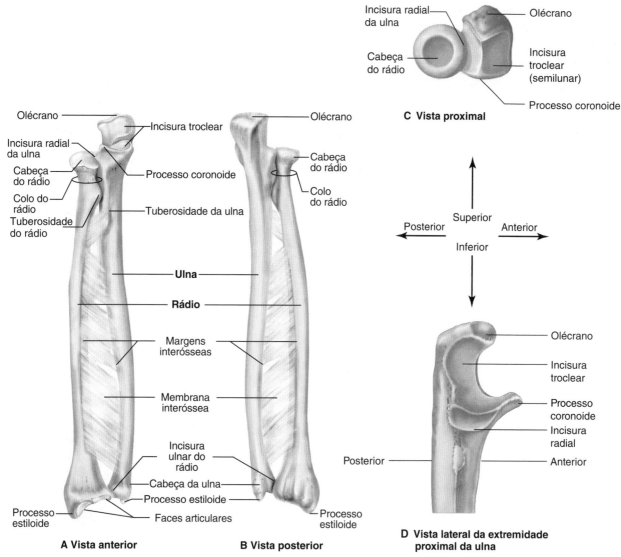

FIGURA 6.2 • Articulação radioulnar direita em supinação. A, Vista anterior; B, Vista posterior; C, Vista proximal da articulação radioulnar; D, Vista lateral da extremidade proximal da ulna.

Quando se flexiona o cotovelo cerca de 20 graus ou mais, a sua estabilidade óssea fica um tanto desajustada, permitindo mais frouxidão lateral. A estabilidade do cotovelo na flexão depende mais dos ligamentos colaterais, como o ligamento colateral lateral ou radial e, especialmente, o ligamento colateral medial ou ulnar (Fig. 6.3). O ligamento colateral ulnar é fundamental para a sustentação medial, a fim de evitar a abdução do cotovelo (não constitui um movimento normal do cotovelo) quando submetido a tensão durante a atividade física. Muitos esportes de contato, sobretudo aqueles que envolvem arremessos, tensionam a face medial da articulação, resultando em lesões. Em geral, essas lesões envolvem tensão aguda ou crônica do ligamento colateral ulnar, ou LCU, resultando em rupturas parciais ou totais do ligamento. O LCU é de particular importância para aquelas atividades esportivas de alta velocidade – como o arremesso da bola no beisebol – que exigem alto grau de estabilidade da parte medial do cotovelo. Mesmo uma lesão moderada dessa estrutura pode afetar seriamente a capacidade do atleta de arremessar a bola nos níveis mais elevados. O comprometimento dessa estrutura geralmente exige um procedimento cirúrgico para a colocação de enxerto tendinoso – como do tendão do palmar longo – para a reconstrução desse ligamento. Essa cirurgia, em geral conhecida como "cirurgia Tommy John", é particularmente comum entre os arremessadores de times escolares, universitários e profissionais. Os ligamentos co-

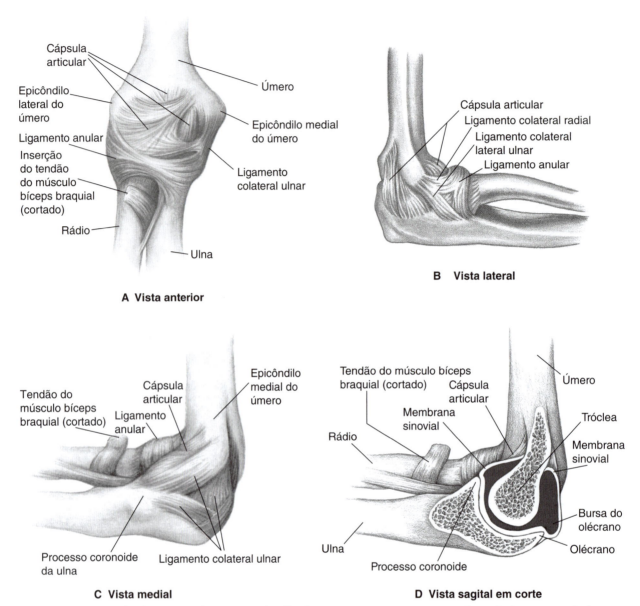

FIGURA 6.3 • Cotovelo direito com ligamentos detalhados. A, Vista anterior; B, Vista lateral; C, Vista medial; D, Vista sagital em corte.

lateral radial e colateral lateral ulnar do lado oposto proporcionam estabilidade lateral e raramente sofrem lesões. Além disso, o ligamento anular está localizado lateralmente, produzindo um efeito tipoia em torno da cabeça do rádio para garantir a sua estabilidade.

Na posição anatômica, é comum o antebraço se desviar de 5 a 10 graus do braço lateralmente. É o chamado **ângulo de transporte** ou de **carregamento**, que permite que os antebraços se afastem dos quadris à medida que se movimentam durante a deambulação, e é importante também quando se está carregando um objeto. Em geral, o ângulo é ligeiramente maior no membro dominante do que no membro não dominante. É comum também as mulheres terem um ângulo de transporte levemente maior do que os homens (Fig. 6.4).

O cotovelo é capaz de se movimentar de zero grau de extensão a cerca de 145 a 150 graus de flexão, como detalha a Figura 6.5. Algumas pessoas, em geral mulheres, conseguem hiperestender o cotovelo até aproximadamente 15 graus.

A articulação radioulnar é classificada como uma articulação trocóidea ou em pivô. A cabeça do rádio gira no lugar na porção proximal da ulna. Esse movi-

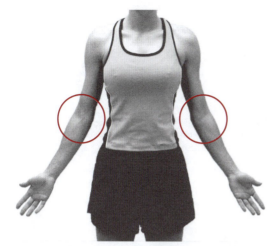

FIGURA 6.4 • Ângulo de carregamento (ou transporte) do cotovelo.

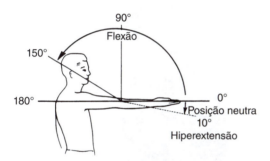

FIGURA 6.5 • Amplitude de movimento do cotovelo: flexão, extensão e hiperextensão. *Flexão*: zero a 150 graus. *Extensão*: 150 graus a zero. *Hiperextensão*: medida em graus além do ponto de partida zero. Esse movimento não está presente em todas as pessoas. Quando presente, pode variar de 5 a 15 graus.

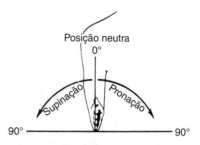

FIGURA 6.6 • Amplitude de movimento do antebraço: pronação e supinação. *Pronação*: zero a 80 ou 90 graus. *Supinação*: zero a 80 ou 90 graus. *Movimento total do antebraço*: 160 a 180 graus. As pessoas podem apresentar variações na amplitude de supinação e pronação. Algumas podem alcançar um arco de 90 graus; outras, apenas um pouco mais de 70 graus.

mento rotacional é acompanhado pela rotação da porção distal do rádio em torno da porção distal da ulna. O ligamento anular mantém a cabeça do rádio em sua articulação. A articulação radioulnar é capaz de supinação de aproximadamente 80 a 90 graus a partir da posição neutra. A pronação varia de 70 a 90 graus (Fig. 6.6).

Pelo fato de o rádio e a ulna serem mantidos intimamente unidos por uma membrana interóssea entre as articulações proximal e distal, a articulação entre as diáfises desses ossos geralmente é conhecida como um tipo de articulação sindesmótica. Essa membrana interóssea é útil para absorver e transmitir as forças recebidas pela mão, sobretudo durante o apoio de peso do membro superior. Apesar dessa classificação, existe um movimento rotacional substancial entre os ossos.

Embora as articulações radioulnares e do cotovelo possam funcionar, e, de fato, funcionam, independentemente uma da outra, os músculos que controlam cada uma delas trabalham juntos em sinergia para executar ações em ambas, beneficiando o funcionamento geral do membro superior. Por essa razão, qualquer disfunção em uma articulação pode afetar o funcionamento normal da outra.

Sinergia entre os músculos das articulações glenoumeral, radioulnar e do cotovelo

Assim como existe sinergia entre o cíngulo do membro superior e a articulação do ombro para a realização de atividades que envolvem o membro superior, existe sinergia também entre a articulação glenoumeral e a articulação do cotovelo, bem como entre a articulação radioulnar.

À medida que a articulação radioulnar trabalha dentro das suas faixas de amplitude de movimento, os músculos do ombro e do cotovelo se contraem para estabilizar ou auxiliar na eficácia do movimento nas articulações radioulnares. Por exemplo, ao tentar apertar por completo um parafuso (com a mão direita) com uma chave de fenda que envolva supinação radioulnar, tendemos a girar lateralmente e flexionar as articulações glenoumeral e do cotovelo, respectivamente. Por outro lado, quando tentamos afrouxar um parafuso apertado com pronação, tendemos a girar medialmente e estender as articulações glenoumeral e do cotovelo, respectivamente. Em qualquer dos dois casos, dependemos dos músculos agonistas e antagonistas existentes em torno das articulações para proporcionar a estabilização e a assistência adequadas à tarefa em questão.

Movimentos (Figuras 6.5, 6.6, 6.7, 6.8, 6.9)

Movimentos do cotovelo

Flexão: movimento do antebraço em direção ao ombro, dobrando o cotovelo para reduzir o seu ângulo.

Extensão: movimento de distanciamento entre o antebraço e o ombro, alongando o cotovelo para aumentar o seu ângulo.

Flexão do cotovelo

Extensão do cotovelo

Pronação radioulnar

Supinação radioulnar

A Flexão

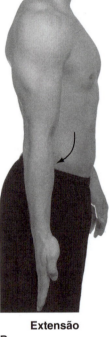
B Extensão

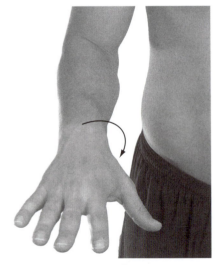
C Pronação

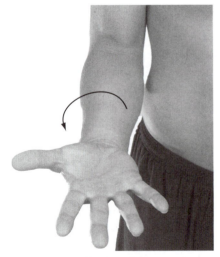
D Supinação

FIGURA 6.7 • Movimentos das articulações radioulnares e do cotovelo. **A**, Flexão do cotovelo; **B**, Extensão do cotovelo; **C**, Pronação radioulnar; **D**, Supinação radioulnar.

Capítulo 6 Articulações radioulnares e do cotovelo 151

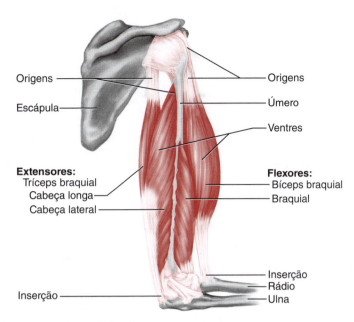

FIGURA 6.8 • Cotovelo direito, vista lateral dos flexores e extensores.

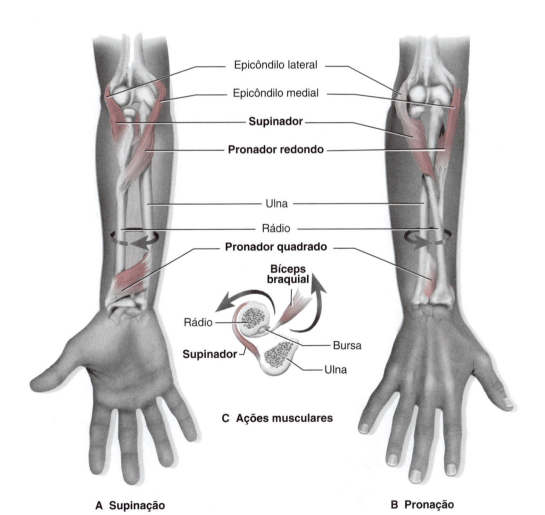

FIGURA 6.9 • Ações dos músculos rotadores do antebraço. **A**, Supinação; **B**, Pronação; **C**, Corte transversal distal ao cotovelo, mostrando como o bíceps braquial auxilia o supinador.

Movimentos da articulação radioulnar

Pronação: movimento de rotação medial do rádio sobre a ulna que resulta na mudança de posição da mão, cuja palma inicialmente virada para cima volta-se para baixo.

Supinação: movimento de rotação lateral do rádio sobre a ulna que resulta na mudança de posição da mão, cuja palma inicialmente virada para baixo volta-se para cima.

Músculos

É possível entender com mais clareza os músculos das articulações radioulnares e do cotovelo separando-os por função. Os flexores do cotovelo, localizados na posição anterior, são o bíceps braquial, o braquial e o braquiorradial, com uma modesta assistência do pronador redondo (Figs. 6.10, 6.11 e 6.14).

O tríceps braquial, localizado na posição posterior, é o extensor primário do cotovelo, assistido pelo ancôneo (Figs. 6.12, 6.13 e 6.14). O grupo pronador, localizado na posição anterior, consiste no pronador redondo, no pronador quadrado e no braquiorradial. O braquiorradial também auxilia na supinação, controlada principalmente pelo músculo supinador e pelo bíceps braquial. O músculo supinador está localizado na posição posterior. Ver Tabela 6.1.

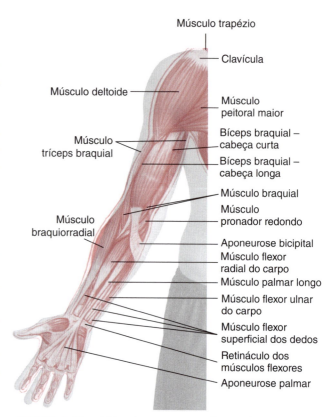

FIGURA 6.11 • Músculos anteriores do membro superior.

Um problema comum associado aos músculos do cotovelo é o "cotovelo de tenista", que normalmente envolve o músculo extensor dos dedos próximo à sua origem no epicôndilo lateral. Essa condição, conhecida tecnicamente como **epicondilite lateral**, é associada com frequência a atividades que envolvem pegada e levantamento de peso. Mais recentemente, dependendo da patologia específica, essa condição pode ser denominada epicondilalgia lateral ou epicondilose lateral. A **epicondilite medial**, um problema menos comum frequentemente conhecido como "cotovelo de golfista", é associado ao grupo flexor e pronador do punho próximo à sua origem no epicôndilo medial. Essas duas condições envolvem músculos que cruzam o cotovelo, mas atuam basicamente no punho e na mão. Esses músculos serão abordados no Capítulo 7.

Músculos das articulações radioulnares e do cotovelo – localização

Anterior

Principalmente flexão e pronação
  Bíceps braquial
  Braquial

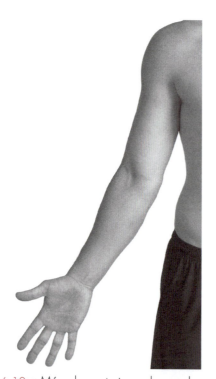

FIGURA 6.10 • Músculos anteriores do membro superior.

Capítulo 6 Articulações radioulnares e do cotovelo 153

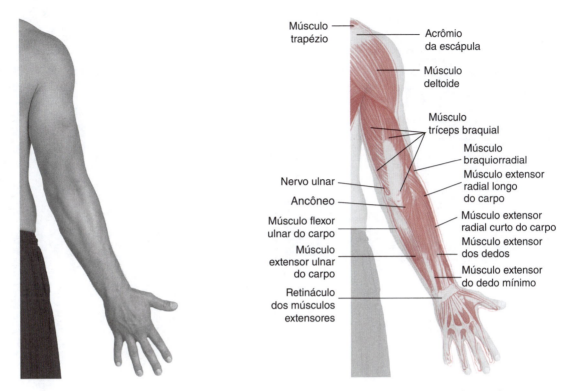

FIGURA 6.12 • Músculos posteriores do membro superior.

FIGURA 6.13 • Músculos posteriores do membro superior.

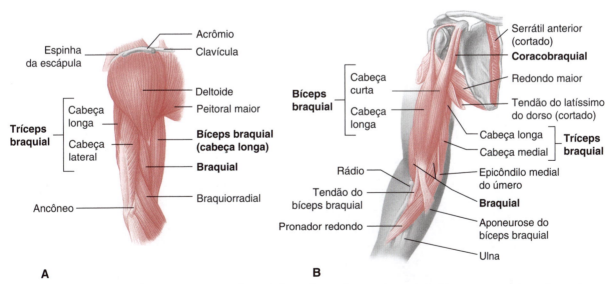

FIGURA 6.14 • Músculos do braço. **A**, Vista lateral do ombro e braço direitos; **B**, Vista anterior do ombro e braço direitos (em profundidade). Os músculos deltoide, peitoral maior e peitoral menor foram removidos para revelar estruturas mais profundas.

TABELA 6.1 • Músculos agonistas das articulações radioulnares e do cotovelo

Músculo	Origem	Inserção	Ação	Plano de movimento	Palpação	Inervação
Bíceps braquial (cabeça longa)	Tubérculo supraglenoidal acima do lábio superior da cavidade glenoidal	Tuberosidade do rádio e aponeurose bicipital (lacertus fibrosis)	Supinação do antebraço	Transverso	Facilmente palpável na porção anterior do úmero; os tendões de cabeça longa e curta podem ser palpados no sulco intertubercular e na posição inferomedial ao processo coracoide, respectivamente; distalmente, o tendão do bíceps é palpado na posição anteromedial à articulação do cotovelo durante a supinação e a flexão	Nervo musculocutâneo (C5, C6)
			Flexão do cotovelo	Sagital		
			Flexão fraca da articulação do ombro	Frontal		
			Abdução fraca da articulação do ombro	Frontal		
Bíceps braquial (cabeça curta)	Processo coracoide da escápula e lábio superior da cavidade glenoidal com a conexão proximal do coracobraquial		Supinação do antebraço	Transverso		Nervo musculocutâneo (C5, C6)
			Flexão do cotovelo	Sagital		
			Flexão fraca da articulação do ombro	Frontal		
			Abdução fraca da articulação do ombro	Frontal		
Braquial	Metade distal da diáfise anterior do úmero	Processo coronoide da ulna	Flexão do cotovelo	Sagital	Profunda em qualquer dos dois lados do tendão do bíceps durante a flexão/extensão com o antebraço em pronação parcial; a margem lateral pode ser palpada entre o bíceps braquial e o tríceps braquial; o ventre pode ser palpado através do bíceps braquial quando o antebraço está em pronação durante uma flexão leve	Nervo musculocutâneo (C5, C6)
Braquiorradial	Dois terços distais da crista epicondilar lateral (supracondilar) do úmero	Superfície lateral da extremidade distal do rádio no processo estiloide	Flexão do cotovelo	Sagital	Anterolateralmente na porção proximal do antebraço durante a flexão resistida do cotovelo com a articulação radioulnar na posição neutra	Nervo radial (C5, C6)
			Pronação a partir da posição supinada para a posição neutra	Transverso		
			Supinação a partir da posição pronada para a posição neutra	Transverso		
Pronador redondo	Parte distal da crista epicondilar medial do úmero e parte medial da porção proximal da ulna	Terço médio da superfície lateral do rádio	Pronação do antebraço	Transverso	Superfície anteromedial da porção proximal do antebraço durante pronação resistida média a total	Nervo mediano (C6, C7)
			Flexão fraca do cotovelo	Sagital		
Pronador quadrado	Quarto distal da porção anterior da ulna	Quarto distal da porção anterior do rádio	Pronação do antebraço	Transverso	Muito profundo e difícil de palpar, mas com o antebraço em supinação, palpe; imediatamente em um dos lados do pulso radial em pronação resistida	Nervo mediano (C6, C7)

Músculos anteriores (primariamente flexores e pronadores)

(continua)

Capítulo 6 Articulações radioulnares e do cotovelo 155

TABELA 6.1 • Músculos agonistas das articulações radioulnares e do cotovelo (continuação)

Músculo	Origem	Inserção	Ação	Plano de movimento	Palpação	Inervação
Tríceps braquial (cabeça longa)	Tubérculo infraglenoidal abaixo do lábio inferior da cavidade glenoidal da escápula	Olécrano da ulna	Extensão da articulação do cotovelo	Sagital	Proximalmente como um tendão na porção posteromedial do braço até abaixo da parte espinal do deltoide durante a extensão/adução resistida do ombro	Nervo radial (C7, C8)
			Extensão da articulação do cotovelo	Sagital		
			Adução da articulação do ombro	Frontal		
			Abdução horizontal da articulação do ombro	Transverso		
Tríceps braquial (cabeça lateral)	Metade superior da superfície posterior do úmero		Extensão da articulação do cotovelo	Sagital	Facilmente palpável nos dois terços proximais da porção posterior do úmero durante a extensão resistida	
Tríceps braquial (cabeça medial)	Dois terços distais da superfície posterior do úmero		Extensão da articulação do cotovelo	Sagital	Cabeça profunda: medial e lateralmente em posição proximal aos epicôndilos medial e lateral	
Supinador	Epicôndilo lateral do úmero e parte posterior adjacente da ulna	Superfície lateral da porção proximal do rádio logo abaixo da cabeça	Supinação do antebraço	Transverso	Posicione o cotovelo e o antebraço em flexão e pronação relaxadas, respectivamente; palpe fundo até o braquiorradial, o extensor radial longo do carpo e o extensor radial curto do carpo na face lateral da porção proximal do rádio com leve resistência à supinação	Nervo radial (C6)
Ancôneo	Superfície posterior do côndilo lateral do úmero	Superfície posterior da porção lateral do olécrano e quarto proximal da ulna	Extensão do cotovelo	Sagital	Face posterolateral da porção proximal da ulna até o olécrano durante a extensão resistida do cotovelo com o punho flexionado	Nervo radial (C7, C8)

Músculos posteriores (primariamente extensores e supinadores)

Nota: Os músculos flexor radial do carpo, palmar longo, flexor ulnar do carpo e flexor superficial dos dedos auxiliam na flexão fraca no cotovelo, enquanto os músculos extensor ulnar do carpo, extensor radial curto do carpo, extensor radial longo do carpo e extensor dos dedos auxiliam na extensão fraca do cotovelo. Por constituírem assunto tratado no Capítulo 7, esses músculos não estão relacionados nesta tabela.

Braquiorradial
Pronador redondo
Pronador quadrado

Posterior

Principalmente extensão e supinação
Tríceps braquial
Ancôneo
Supinador

Nervos (Figuras 5.13, 6.15, 6.16)

Os músculos das articulações radioulnares e do cotovelo são inervados a partir dos nervos mediano, musculocutâneo e radial do plexo braquial. O nervo radial, originário de C5, C6, C7 e C8, inerva o tríceps braquial, o braquiorradial, o supinador e o ancôneo

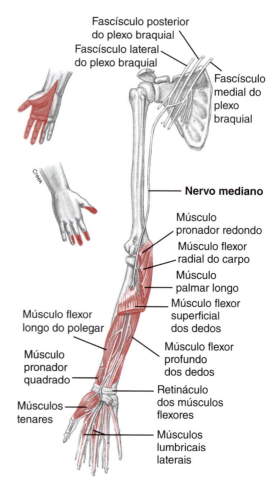

FIGURA 6.16 • Distribuição muscular e cutânea do nervo mediano.

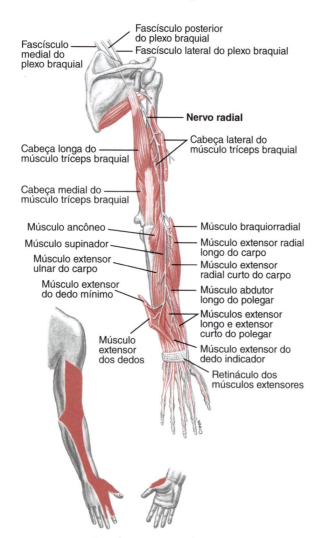

FIGURA 6.15 • Distribuição muscular e cutânea do nervo radial.

(Fig. 6.15). Mais especificamente, o nervo interósseo posterior, derivado do nervo radial, supre o supinador. Além disso, o nervo radial é responsável pela sensação da porção posterolateral do braço, do antebraço e da mão. O nervo mediano, ilustrado na Figura 6.16, inerva o pronador redondo, ramificando-se de modo a formar o nervo interósseo anterior, que supre o pronador quadrado. As derivações correlatas mais importantes do nervo mediano são oriundas de C6 e C7. O nervo mediano é responsável pela sensação da face palmar da mão e dos três primeiros dedos, bem como da face palmar do lado radial do anular, juntamente com a face dorsal dos dedos indicador e médio. O nervo musculocutâneo, ilustrado na Figura 5.13, ramifica-se a partir de C5 e C6 e supre o bíceps braquial e o braquial. Por não inervar os músculos abordados neste capítulo, o nervo ulnar não é assunto deste capítulo, mas vale ressaltar que é um nervo frequentemente sujeito a diversas formas de lesão no cotovelo. O Capítulo 7 trata desse nervo e das lesões que ele costuma sofrer.

Músculo bíceps braquial (Figura 6.17)

Origem

Cabeça longa: tubérculo supraglenoidal acima do lábio superior da cavidade glenoidal.

Cabeça curta: processo coracoide da escápula e do lábio superior da cavidade glenoidal em conjunto com a conexão proximal do coracobraquial.

Inserção

Tuberosidade do rádio e aponeurose bicipital.

Ação

Flexão do cotovelo.
Supinação do antebraço.
Flexão fraca da articulação do ombro.
Abdução fraca da articulação do ombro quando a articulação está em rotação lateral.

Palpação

Facilmente palpável na porção anterior do úmero. Os tendões das cabeças longa e curta podem ser palpados no sulco intertubercular e logo abaixo do processo coracoide, respectivamente. Distalmente, o tendão do bíceps é palpado na posição anteromedial em relação à articulação do cotovelo durante a supinação e a flexão.

Inervação

Nervo musculocutâneo (C5, C6).

Aplicação, fortalecimento e flexibilidade

O bíceps normalmente é conhecido como um músculo com duas articulações (ombro e cotovelo), ou biarticular. Entretanto, tecnicamente, ele deve ser considerado um músculo com três articulações (multiarticular) – ombro, cotovelo e radioulnar. É um músculo fraco em termos de ações da articulação do ombro, embora contribua para a estabilidade dinâmica da porção anterior para manter a cabeça do úmero na cavidade glenoidal. É um músculo mais potente na flexão do cotovelo quando a articulação radioulnar está em supinação. Trata-se também de um forte supinador, sobretudo se o cotovelo estiver flexionado. As palmas das mãos afastadas do rosto (pronação) reduzem a eficácia do bíceps, em parte por causa da desvantajosa tração do músculo quando o

Flexão do cotovelo

Supinação radioulnar

Flexão do ombro

Abdução do ombro

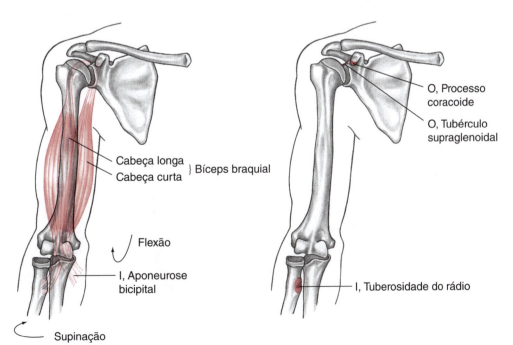

FIGURA 6.17 • Músculo bíceps braquial, vista anterior. O, Origem; I, Inserção.

rádio gira. Os mesmos músculos são utilizados na flexão da articulação do cotovelo, independentemente da pronação ou da supinação do antebraço.

A flexão do antebraço com um haltere nas mãos, conhecida como "flexão do cotovelo", é um excelente exercício para desenvolver o bíceps braquial. Pode-se executar esse movimento com um braço de cada vez com pesos ou com os dois braços simultaneamente com halteres. Outras atividades em que há uma poderosa flexão do antebraço são a tração na barra fixa e a escalada com corda. O Apêndice 3 contém outros exercícios usados com frequência para o bíceps braquial e outros músculos abordados neste capítulo.

Em virtude da orientação multiarticular do bíceps, as três articulações devem ser posicionadas corretamente para alcançar um nível ótimo de alongamento. O cotovelo deve se estender ao máximo com o ombro totalmente estendido. O bíceps também pode ser alongado começando-se com a extensão total do cotovelo, progredindo para a abdução total a aproximadamente 70 a 110 graus de abdução do ombro. Em todos os casos, o antebraço deve estar totalmente em pronação para alcançar um nível máximo de alongamento do bíceps braquial.

Músculo braquial (Figura 6.18)

Origem

Metade distal da diáfise anterior do úmero.

Inserção

Processo coronoide da ulna.

Ação

Autêntica flexão do cotovelo.

Flexão do cotovelo

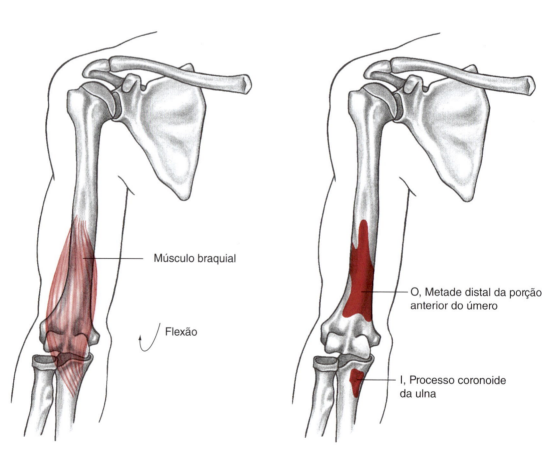

FIGURA 6.18 • Músculo braquial, vista anterior. O, Origem; I, Inserção.

Palpação

Profunda em um dos lados do tendão do bíceps durante a flexão/extensão com o antebraço em pronação parcial. Pode-se palpar a margem lateral entre o bíceps braquial e o tríceps braquial; pode-se também palpar o ventre através do bíceps braquial quando o antebraço está em pronação durante uma leve flexão.

Inervação

Nervo musculocutâneo com eventuais ramificações a partir dos nervos radial e mediano (C5, C6).

Aplicação, fortalecimento e flexibilidade

O músculo braquial é utilizado juntamente com outros músculos flexores, independentemente de pronação ou supinação. Ele traciona a ulna, que não gira, o que faz desse músculo o único flexor puro dessa articulação.

O músculo braquial entra em cena sempre que o cotovelo se flexiona; ele é trabalhado juntamente com exercícios de flexão do cotovelo, conforme descrito para os músculos bíceps braquial, pronador redondo e braquiorradial. As atividades de flexão do cotovelo com o antebraço em pronação isolam, até certo ponto, o músculo braquial, reduzindo a eficácia do bíceps braquial. Por ser um flexor puro do cotovelo, o músculo braquial pode ser alongado ao máximo apenas mediante a extensão do cotovelo, com o ombro relaxado e flexionado. O posicionamento do antebraço não deve afetar o alongamento do músculo braquial, a menos que a própria musculatura do antebraço limite a extensão, em cujo caso o antebraço provavelmente estará mais bem colocado na posição neutra.

Músculo braquiorradial (Figura 6.19)

Origem

Dois terços distais da crista epicondilar lateral (supraepicondilar) do úmero.

Inserção

Superfície lateral da extremidade distal do rádio no processo estiloide.

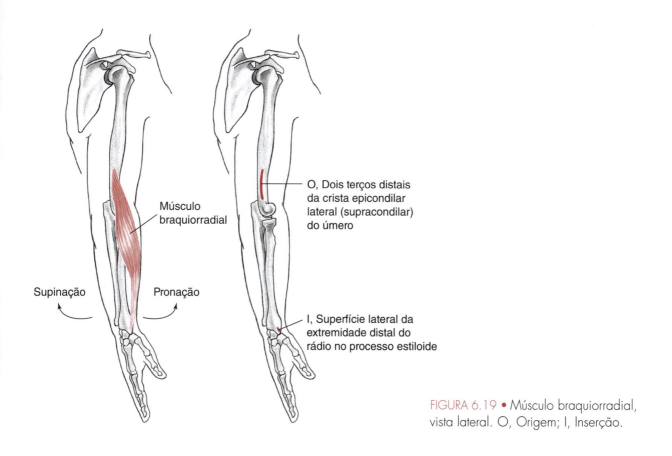

FIGURA 6.19 • Músculo braquiorradial, vista lateral. O, Origem; I, Inserção.

Ação

Flexão do cotovelo.

Pronação do antebraço a partir da posição supinada para a posição neutra.

Supinação do antebraço a partir da posição pronada para a posição neutra.

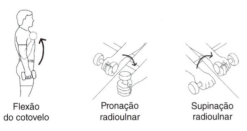

Flexão do cotovelo | Pronação radioulnar | Supinação radioulnar

Palpação

Anterolateralmente na porção proximal do antebraço durante a flexão resistida do cotovelo com a articulação radioulnar na posição neutra.

Inervação

Nervo radial (C5, C6).

Aplicação, fortalecimento e flexibilidade

O músculo braquiorradial faz parte de um grupo de três músculos, às vezes conhecidos como o "chumaço triplo", existentes na porção lateral do antebraço. Os outros dois músculos são o extensor radial curto do carpo e o extensor radial longo do carpo, em relação aos quais o braquiorradial está em posição diretamente anterior. O músculo braquiorradial age melhor como um flexor em uma posição mediana ou neutra entre a pronação e a supinação. Na posição supinada do antebraço, ele tende à pronação quando flexionado; na posição pronada, ele tende à supinação quando flexionado. Esse músculo é favorecido em sua ação de flexão quando assume uma posição neutra entre a pronação e a supinação, conforme anteriormente sugerido. A sua inserção na extremidade do rádio o torna um forte flexor do cotovelo. A sua capacidade como supinador diminui quando a articulação radioulnar assume uma posição neutra. Da mesma forma, a sua capacidade de pronação também diminui quando o antebraço atinge a posição neutra. Em virtude de sua ação de girar o antebraço para uma posição neutra com o polegar para cima, o braquiorradial é chamado de músculo caroneiro, embora não exerça nenhuma ação sobre o polegar. Conforme será descrito no Capítulo 7, quase todos os músculos oriundos do epicôndilo lateral exercem alguma ação como extensores fracos do cotovelo. Esse, no entanto, não é o caso do braquiorradial, em razão de sua linha de tração estar posicionada anteriormente em relação ao eixo de rotação do cotovelo.

Pode-se alongar o músculo braquiorradial executando flexões do cotovelo contra a resistência, sobretudo com a articulação radioulnar na posição neutra. Além disso, é possível desenvolvê-lo executando movimentos de pronação e supinação com a amplitude de movimento total contra a resistência.

Alonga-se o músculo braquiorradial até o seu ponto máximo ao estender o cotovelo com o ombro flexionado e o antebraço em pronação ou supinação máximas.

Músculo tríceps braquial (Figura 6.20)

Origem

Cabeça longa: tubérculo infraglenoidal abaixo do lábio inferior da cavidade glenoidal da escápula.

Cabeça lateral: metade superior da superfície posterior do úmero.

Cabeça medial: dois terços distais da superfície posterior do úmero.

Inserção

Olécrano da ulna.

Ação

Todas as cabeças: extensão do cotovelo.
Cabeça longa: extensão, adução e abdução horizontal da articulação do ombro.

Extensão do cotovelo | Extensão do ombro | Adução do ombro | Abdução horizontal do ombro

Palpação

Porção posterior do braço durante a extensão resistida a partir de uma posição flexionada e distalmente em posição proximal em relação à sua inserção no olécrano.

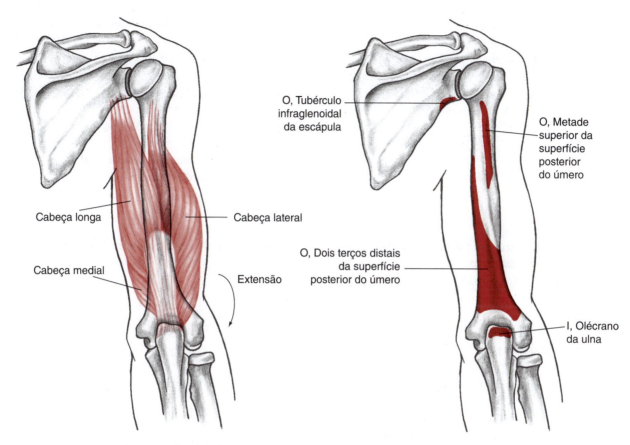

FIGURA 6.20 • Músculo tríceps braquial, vista posterior. O, Origem; I, Inserção.

Cabeça longa: proximalmente como um tendão da porção posteromedial do braço até abaixo da parte espinal do deltoide durante a extensão/adução resistida do ombro.

Cabeça lateral: facilmente palpável nos dois terços proximais da porção posterior do úmero.

Cabeça medial (cabeça profunda): medial e lateralmente em posição proximal aos epicôndilos medial e lateral.

Inervação

Nervo radial (C7, C8).

Aplicação, fortalecimento e flexibilidade

A ação típica do tríceps braquial é demonstrada nas flexões de braço na presença de uma poderosa extensão do cotovelo. O tríceps braquial é utilizado nos exercícios de equilíbrio com parada de mão e em qualquer movimento de empurrar que envolva o membro superior. A cabeça longa é um importante extensor da articulação do ombro.

Dois músculos estendem o cotovelo: o tríceps braquial e o ancôneo. As flexões de braço exigem a vigorosa contração desses músculos. Os mergulhos nas barras paralelas são mais difíceis de executar. O supino reto com halteres ou peso é um excelente exercício. O levantamento de barra acima da cabeça e as flexões do tríceps (extensões do cotovelo a partir de uma posição acima da cabeça) enfatizam o tríceps.

O tríceps braquial deve ser alongado com o ombro e o cotovelo em flexão máxima.

Músculo ancôneo (Figura 6.21)

Origem

Superfície posterior do côndilo lateral do úmero.

Inserção

Superfície posterior da porção lateral do olécrano e quarto proximal da ulna.

Ação

Extensão do cotovelo.

Extensão do cotovelo

Palpação

Face posterolateral da porção proximal da ulna até o olécrano durante a extensão resistida do cotovelo com o punho flexionado.

Inervação

Nervo radial (C7, C8).

Aplicação, fortalecimento e flexibilidade

A principal função do músculo ancôneo é retirar a membrana sinovial da articulação do cotovelo da frente do olécrano que avança durante a extensão do cotovelo. Ele se contrai juntamente com o tríceps braquial, fortalecendo-se com qualquer exercício de extensão do cotovelo contra a resistência. A flexão máxima do cotovelo alonga o ancôneo.

Músculo pronador redondo (Figura 6.22)

Origem

Parte distal da crista epicondilar medial do úmero e lado medial da porção proximal da ulna.

Inserção

Terço médio da superfície lateral do rádio.

Ação

Pronação do antebraço.
Flexão fraca do cotovelo.

Pronação radioulnar

Flexão do cotovelo

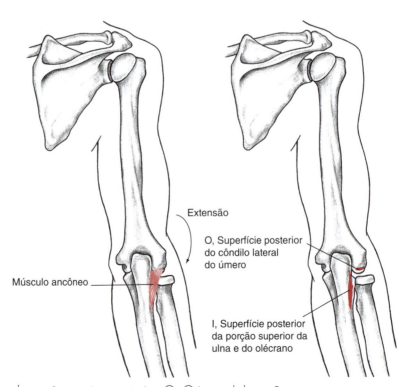

FIGURA 6.21 • Músculo ancôneo, vista posterior. O, Origem; I, Inserção.

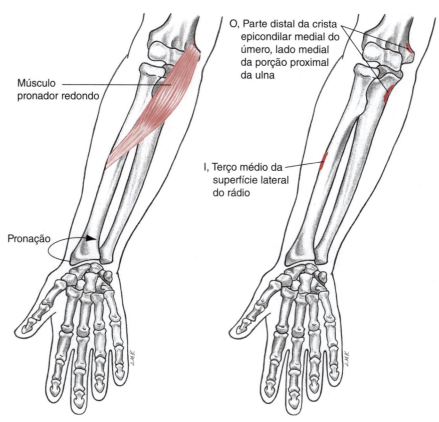

FIGURA 6.22 • Músculo pronador redondo, vista anterior. O, Origem; I, Inserção.

Palpação

Superfície anteromedial da porção proximal do antebraço durante a pronação resistida média a total.

Inervação

Nervo mediano (C6, C7).

Aplicação, fortalecimento e flexibilidade

O movimento típico do músculo pronador redondo ocorre com o antebraço em posição pronada quando o cotovelo se flexiona. O movimento é mais fraco na flexão com supinação. O uso do pronador redondo isoladamente no movimento tende a trazer o dorso da mão até o rosto quando ele se contrai. A pronação do antebraço com um peso na mão localiza a ação e desenvolve o músculo pronador redondo. O fortalecimento desse músculo se inicia ao segurar um martelo com a cabeça do martelo suspensa pelo lado ulnar da mão e o antebraço apoiado sobre uma mesa. O martelo deve pender em direção ao chão, com o antebraço em pronação na posição com a palma da mão voltada para baixo.

O cotovelo deve estar totalmente estendido, levando o antebraço à supinação total para alongar o pronador redondo.

Músculo pronador quadrado (Figura 6.23)

Origem

Quarto distal da face anterior da ulna.

Inserção

Quarto distal da face anterior do rádio.

Ação

Pronação do antebraço.

Pronação radioulnar

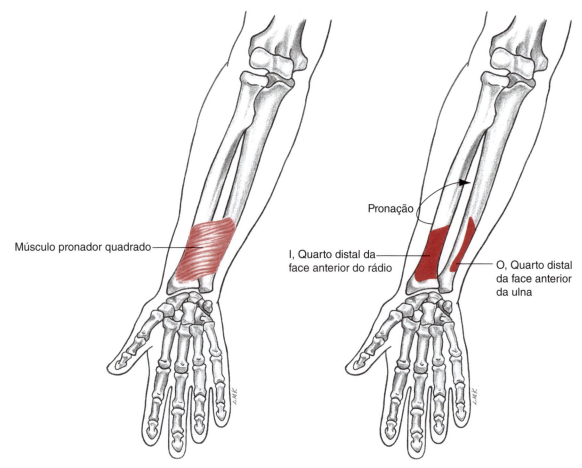

FIGURA 6.23 • Músculo pronador quadrado, vista anterior. O, Origem; I, Inserção.

Palpação

Em razão de sua proximidade e aparência em alguns desenhos anatômicos, o músculo pronador quadrado, às vezes, é confundido com o retináculo dos músculos flexores – ver Figura 6.16. É um músculo muito profundo e difícil de palpar, mas, com o antebraço em supinação, é possível palpá-lo diretamente em um dos lados do pulso radial em pronação resistida.

Inervação

Nervo mediano (ramo interósseo palmar) (C6, C7).

Aplicação, fortalecimento e flexibilidade

O músculo pronador quadrado atua na pronação antebraço e, em conjunto com o tríceps, na extensão do cotovelo. Em geral, é um músculo utilizado para girar uma chave de fenda, assim como para retirar um parafuso (com a mão direita), quando a extensão e a pronação são necessárias. Ele é utilizado também para arremessar uma bola com efeito, quando os movimentos de extensão e pronação são igualmente necessários. Pode-se desenvolver o pronador quadrado com exercícios de pronação semelhantes contra a resistência, conforme descrito para o pronador redondo. A melhor maneira de alongá-lo é com o auxílio de um parceiro para segurar o punho e levar o antebraço passivamente à supinação extrema.

Músculo supinador (Figura 6.24)

Origem

Epicôndilo lateral do úmero e porção posterior adjacente à ulna.

Inserção

Superfície lateral da porção proximal do rádio logo abaixo da cabeça.

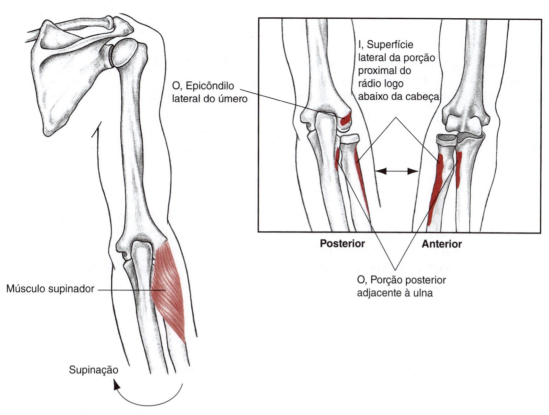

FIGURA 6.24 • Músculo supinador, vista posterior. O, Origem; I, Inserção.

Ação

Supinação do antebraço.

Supinação radioulnar

Palpação

Posicione o cotovelo e o antebraço em flexão e pronação relaxadas, respectivamente, e palpe fundo os músculos braquiorradial, extensor radial longo do carpo e extensor radial curto do carpo na face lateral da porção proximal do rádio, com leve resistência à supinação.

Inervação

Nervo radial (C6).

Aplicação, fortalecimento e flexibilidade

O músculo supinador entra em cena quando são necessários os movimentos de extensão e supinação, como ao girar uma chave de fenda, por exemplo. A curva de arremesso de uma bola de beisebol requer a ação desse músculo quando o cotovelo se estende pouco antes de liberar a bola. É um músculo mais isolado em atividades que exigem supinação com extensão do cotovelo, uma vez que o bíceps braquial auxilia na supinação especialmente quando o cotovelo é flexionado.

As mãos devem ser agarradas e os antebraços estendidos, na tentativa de realizar supinação dos antebraços contra a resistência da pegada das mãos. Esse movimento, até certo ponto, localiza a ação do supinador.

Pode-se modificar o exercício do martelo utilizado para o músculo pronador redondo para desenvolver o supinador. No início, o antebraço fica apoiado e a mão permanece livre, fora da borda da mesa. Nesse caso, também, mantém-se o martelo suspenso do lado ulnar da mão, pendendo em direção ao chão. O antebraço, então, é colocado em posição supinada, com a palma da mão virada para cima com a finalidade de fortalecer esse músculo.

O supinador é alongado quando o antebraço está em pronação máxima.

Exercícios de revisão

1. Cite os planos em que ocorre cada um dos seguintes movimentos das articulações radioulnares e do cotovelo. Relacione o respectivo eixo de rotação para cada movimento em cada plano.

    a. Flexão
    a. Extensão
    b. Pronação
    c. Supinação

2. Aponte a diferença entre a tração na barra fixa com as palmas das mãos voltadas para o rosto e a tração na barra fixa com as palmas das mãos afastadas do rosto. Considere os aspectos musculares e anatômicos da questão.

3. Analise e relacione as diferenças de atividade dos músculos das articulações radioulnares e do cotovelo entre girar a maçaneta de uma porta em sentido horário e empurrar a porta para abri-la e girar a maçaneta no sentido anti-horário e puxar a porta para abri-la.

4. A articulação do cotovelo é a inserção distal de quais músculos biarticulares? Descreva os movimentos em que cada um é envolvido no cotovelo e na articulação superior de origem muscular.

5. Erguer um televisor enquanto você ajuda na mudança do seu companheiro de quarto requer técnicas adequadas de levantamento de peso e um ângulo de tração eficaz. Descreva o ângulo de tração escolhido na articulação do cotovelo e justifique por que esse é o ângulo escolhido.

6. Relacione os músculos envolvidos no "cotovelo de tenista" e descreva especificamente como você incentivaria alguém a trabalhar tanto a força como a flexibilidade desses músculos.

7. Quadro de análise dos músculos • Articulações radioulnares e do cotovelo

Complete o quadro relacionando os músculos primariamente envolvidos em cada movimento.

Flexão	Extensão
Pronação	Supinação

8. Quadro das ações dos músculos antagonistas • Articulações radioulnares e do cotovelo

Complete o quadro relacionando o(s) músculo(s) ou as partes dos músculos que atuam como antagonistas em suas ações em relação aos músculos identificados na coluna da esquerda

Agonista	Antagonista
Bíceps braquial	
Braquiorradial	
Braquial	
Pronador redondo	
Supinador	
Tríceps braquial	
Ancôneo	

Exercícios de laboratório

1. Localize as seguintes partes do úmero, do rádio e da ulna em um esqueleto e em um modelo humanos:

   a. Esqueleto
      1. Epicôndilo medial
      2. Epicôndilo lateral
      4. Crista supraepicondilar lateral
      5. Tróclea
      6. Capítulo
      7. Fossa do olécrano
      8. Olécrano
      9. Processo coronoide
      10. Fossa coronóidea
      11. Tuberosidade do rádio
      12. Tuberosidade da ulna
   b. Modelo humano
      1. Epicôndilo medial
      2. Epicôndilo lateral
      3. Crista supraepicondilar lateral
      4. Articulação radioulnar proximal
      5. Articulação radiocapitelar
      6. Olécrano
      7. Fossa do olécrano

2. Como e onde os seguintes músculos podem ser palpados em um modelo humano?

   a. Bíceps braquial
   b. Braquiorradial
   c. Braquial
   d. Pronador redondo
   e. Supinador
   f. Tríceps braquial
   g. Ancôneo

3. Palpe e relacione os músculos primariamente responsáveis pelos seguintes movimentos, demonstrando cada um deles:

   a. Flexão
   b. Extensão
   c. Pronação
   d. Supinação

4. Quadro de análise dos movimentos das articulações radioulnares e do cotovelo

Após analisar cada exercício apresentado no quadro, desmembre cada um em duas fases principais de movimento, como uma fase de levantamento e uma fase de abaixamento. Para cada fase, determine os movimentos das articulações radioulnares e do cotovelo que ocorrem, relacionando os músculos das articulações radioulnares e do cotovelo primariamente responsáveis por produzir/controlar esses movimentos. Ao lado de cada músculo em cada movimento, indique o tipo de contração da seguinte maneira:
I – isométrica; C – concêntrica; E – excêntrica.

Exercício	Fase inicial do movimento (levantamento) Movimento(s)	Agonista(s) – (tipo de contração)	Fase secundária do movimento (abaixamento) Movimento(s)	Agonista(s) – (tipo de contração)
Flexão de braço				
Tração na barra fixa				
Supino reto				
Mergulho nas barras paralelas				
Puxada pela frente na polia alta				
Levantamento de barra acima da cabeça				
Remada pronada				

5. **Quadro de análise de habilidades esportivas que envolvem as articulações radioulnares e do cotovelo**

Analise cada habilidade apresentada no quadro e relacione os movimentos das articulações radioulnares e do cotovelo dos lados direito e esquerdo em cada fase da habilidade. Você pode relacionar as posições iniciais em que as articulações radioulnares e do cotovelo se encontram na fase de posicionamento. Após cada movimento, identifique o(s) músculo(s) das articulações radioulnares e do cotovelo primariamente responsável(eis) por produzir/controlar esse movimento. Ao lado de cada músculo em cada movimento, indique o tipo de contração da seguinte maneira: I – isométrica; C – concêntrica; E – excêntrica. Pode ser útil rever os conceitos de análise no Capítulo 8 para as diversas fases.

Exercício		Fase de posicionamento	Fase preparatória	Fase de movimento	Fase de finalização
Arremesso do beisebol	(D)				
	(E)				
Saque do voleibol	(D)				
	(E)				
Saque (ou serviço) do tênis	(D)				
	(E)				
Arremesso do softbol	(D)				
	(E)				
Backhand do tênis	(D)				
	(E)				
Tacada do beisebol	(D)				
	(E)				
Boliche	(D)				
	(E)				
Lance livre do basquete	(D)				
	(E)				

Referências bibliográficas

Andrews JR, Zarins B, Wilk KE: *Injuries in baseball,* Philadelphia, 1998, Lippincott-Raven.

Back BR Jr, et al: Triceps rupture: a case report and literature review, *American Journal of Sports Medicine* 15:285, May–June 1987.

Gabbard CP, et al: Effects of grip and forearm position on flex arm hang performance, *Research Quarterly for Exercise and Sport,* July 1983.

Guarantors of Brain: *Aids to the examination of the peripheral nervous system,* ed 4, London, 2000, Saunders.

Herrick RT, Herrick S: Ruptured triceps in powerlifter presenting as cubital tunnel syndrome—a case report, *American Journal of Sports Medicine* 15:514, September–October 1987.

Hislop HJ, Montgomery J: *Daniels and Worthingham's muscle testing: techniques of manual examination,* ed 8, Philadelphia, 2007, Saunders.

Loftice JW, Fleisig GS, Wilk KE, Reinold MM, Chmielewski T, Escamilla RF, Andrews JR (eds): *Conditioning program for baseball pitchers,* Birmingham, 2004, American Sports Medicine Institute.

Magee DJ: *Orthopedic physical assessment,* ed 5, Philadelphia, 2008, Saunders.

Muscolino JE: *The muscular system manual: the skeletal muscles of the human body,* ed 3, St. Louis, 2010, Elsevier Mosby.

Oatis CA: *Kinesiology: the mechanics and pathomechanics of human movement,* ed 2, Philadelphia, 2008, Lippincott Williams & Wilkins.

Rasch PJ: *Kinesiology and applied anatomy,* ed 7, Philadelphia, 1989, Lea & Febiger.

Shier D, Butler J, Lewis R: *Hole's human anatomy & physiology,* ed 12, New York, 2010, McGraw-Hill.

Sieg KW, Adams SP: *Illustrated essentials of musculoskeletal anatomy,* ed 4, Gainesville, FL, 2002, Megabooks.

Sisto DJ, et al: An electromyographic analysis of the elbow in pitching, *American Journal of Sports Medicine* 15:260, May–June 1987.

Smith LK, Weiss EL, Lehmkuhl LD: *Brunnstrom's clinical kinesiology,* ed 5, Philadelphia, 1996, Davis.

Springer SI: Racquetball and elbow injuries, *National Racquetball* 16:7, March 1987.

Van De Graaff KM: *Human anatomy,* ed 6, Dubuque, IA, 2002, McGraw-Hill.

Van Roy P, Baeyens JP, Fauvart D, Lanssiers R, Clarijs JP: Arthrokinematics of the elbow: study of the carrying angle, *Ergonomics* 48(11–14):1645–1656, 2005.

Wilk KE, Reinold MM, Andrews JR (eds): *The athlete's shoulder,* ed 2, Philadelphia, 2009, Churchill Livingstone Elsevier.

Yilmaz E, Karakurt L, Belhan O, Bulut M, Serin E, Avci M: Variation of carrying angle with age, sex, and special reference to side, *Orthopedics* 28(11):1360–1363, 2005.

Acesse a página http://manoleeducacao.com.br/manualdecinesiologiaestrutural, siga as instruções e desfrute de recursos adicionais associados a este capítulo, incluindo:
- questões de múltipla escolha
- questões do tipo verdadeiro ou falso
- respostas aos exercícios de revisão e de laboratório
- relação de sites úteis (em inglês)

Capítulo 7

As articulações dos punhos e das mãos

Objetivos

- Identificar em um esqueleto humano características ósseas dos punhos, das mãos e dos dedos.
- Indicar características ósseas específicas em um quadro do sistema esquelético.
- Ilustrar e indicar os músculos em um quadro do sistema esquelético.
- Palpar os músculos em um modelo humano, demonstrando as suas ações.
- Citar os planos de movimento e seus respectivos eixos de rotação.
- Organizar e identificar os músculos que produzem os movimentos primários dos punhos, das mãos e dos dedos.
- Determinar, por meio de análise, os movimentos dos punhos e das mãos bem como os músculos envolvidos em exercícios e habilidades específicos.

A importância das articulações dos punhos, das mãos e dos dedos para nós geralmente é negligenciada em comparação com as articulações maiores necessárias para a deambulação. Não deveria ser o caso, uma vez que, embora as habilidades motoras finas características dessa região não sejam essenciais em alguns esportes, muitos deles que envolvem atividades de destreza requerem o funcionamento preciso dos punhos e das mãos. Vários esportes, como arco e flecha, boliche, golfe, beisebol e tênis, exigem o uso combinado de todas essas articulações. Além disso, a função adequada nas articulações e nos músculos das mãos é fundamental para as atividades do dia a dia durante toda a vida.

Em virtude do grande número de músculos, ossos e ligamentos, além do tamanho relativamente pequeno das articulações, a anatomia funcional dos punhos e das mãos é complexa e intimidante para algumas pessoas. Essa complexidade pode ser simplificada relacionando-se a anatomia funcional às principais ações das articulações: flexão, extensão, abdução e adução dos punhos e das mãos.

Esses movimentos envolvem um grande número de músculos. Dos pontos de vista anatômico e estrutural, os punhos e as mãos humanos possuem mecanismos altamente desenvolvidos e complexos capazes de executar diversos movimentos – resultado da organização de 29 ossos, mais de 25 articulações e mais de 30 músculos, dos quais 18 são músculos intrínsecos (com origem e inserção na mão).

A maioria daqueles que utilizam este livro não necessita de um conhecimento muito extenso desses músculos intrínsecos. Entretanto, os treinadores esportivos, fisioterapeutas, terapeutas ocupacionais, quiropráticos, anatomistas, médicos e enfermeiros necessitam de um conhecimento mais extenso. Os músculos intrínsecos encontram-se relacionados, ilustrados e descritos em um nível limitado no final deste capítulo. As referências contidas no final do capítulo fornecem fontes complementares de informação.

A nossa abordagem limita-se a uma revisão dos músculos, articulações e movimentos envolvidos nas atividades motoras grossas. Os músculos abordados são aqueles do antebraço e os músculos intrínsecos dos punhos, mãos e dedos. Os músculos extrínsecos maiores e mais importantes de cada articulação foram incluídos, fornecendo um conhecimento básico dessa região. A prescrição de exercícios para o fortalecimento desses músculos será um tanto redundante, uma vez que consistem basicamente em apenas quatro movimentos executados por suas ações combinadas. Um exercício adequado para fortalecer muitos desses músculos é a flexão de braço com apoio nas pontas dos dedos.

Ossos

O punho e a mão contêm 29 ossos, entre os quais, o rádio e a ulna (Fig. 7.1). Oito ossos carpais distribuídos em duas fileiras de quatro ossos formam o punho. A fileira proximal, do lado radial (polegar) para o ulnar (dedo mínimo), consiste nos ossos escafoide (em forma de barco) ou navicular, como é normalmente conhecido; semilunar (em forma de meia-lua), piramidal (com três ângulos) e pisiforme (em forma de ervilha). A fileira distal, do lado radial para o ulnar, é formada pelos ossos trapézio (multiangular maior), trapezoide (multiangular menor), capitato (em forma de cabeça) e hamato (em forma de gancho). Esses ossos formam um arco de três lados que é côncavo do lado palmar. Esse arco ósseo abrange os ligamentos transverso e volar do carpo, criando o **túnel do carpo**, uma fonte frequente de problemas conhecidos como síndrome do túnel do carpo (ver Fig. 7.8). Desses ossos carpais, o escafoide é, sem comparação, o mais vulnerável a fraturas, normalmente resultantes de hiperextensão grave do punho causada por quedas sobre a mão espalmada. Infelizmente, essa fratura específica em geral é negligenciada como um estiramento ocorrido após uma lesão inicial, causando problemas significativos em longo prazo se não for devidamente tratada. Em geral, o tratamento requer uma imobilização precisa por períodos mais longos do que aqueles exigidos por muitas fraturas e/ou cirurgia. Os cinco ossos metacarpais, numerados de um a cinco do polegar para o dedo mínimo, unem-se aos ossos do punho. Existem 14 falanges (dos dedos), três para cada dedo – exceto o polegar, que possui apenas duas – as quais aparecem indicadas como proximais, médias e distais a partir dos metacarpos. Além disso, o polegar possui um osso sesamoide no interior de seu tendão flexor, podendo haver outros sesamoides nos dedos.

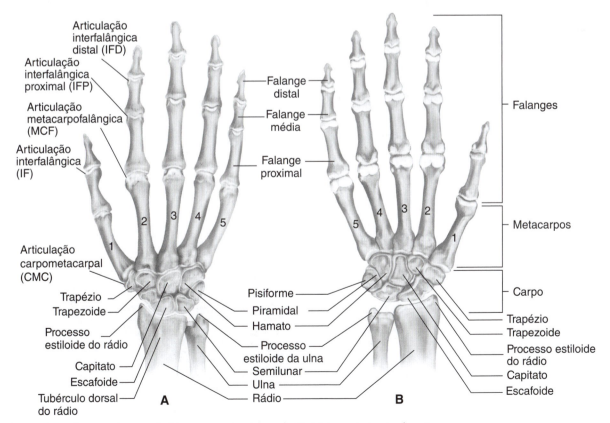

FIGURA 7.1 • A mão direita. **A**, Vista posterior (dorsal); **B**, Vista anterior (palmar).

O epicôndilo medial, a crista epicondilar medial e o processo coronoide servem como ponto de origem para muitos dos flexores do punho e dos dedos, enquanto o epicôndilo lateral e a crista supraepicondilar lateral servem de ponto de origem para muitos extensores do punho e dos dedos (Figs. 6.1 e 6.3). Distalmente, os principais pontos de referência ósseos para os músculos envolvidos nos movimentos do punho são a base do segundo, terceiro e quinto metacarpos, bem como o pisiforme e o hamato. Os músculos dos dedos, também envolvidos nos movimentos do punho, inserem-se na base das falanges proximais, médias e distais (Figs. 7.1 e 7.2). A base do primeiro metacarpo e das falanges proximal e distal do polegar servem como pontos de inserção essenciais para os músculos envolvidos nos movimentos do polegar (Fig. 7.1). A mão é formada por três regiões distintas: o punho, a palma e os dedos. A palma da mão pode ser subdividida ainda nas regiões tenar, hipotenar e palmar medial ou intermediária.

Articulações

A articulação do punho é classificada como uma articulação do tipo condilar, que permite os movimentos de flexão, extensão, abdução (desvio radial) e adução (desvio ulnar) (Fig. 7.2). Os movimentos do punho ocorrem primariamente entre a porção distal do rádio e a fileira proximal do carpo, formada pelos ossos escafoide, semilunar e piramidal. Consequentemente, o punho em geral é conhecido como articulação radiocarpal. A articulação permite de 70 a 90 graus de flexão e de 65 a 85 graus de extensão. O punho pode abduzir de 15 a 25 graus e aduzir de 25 a 40 graus (Fig. 7.3).

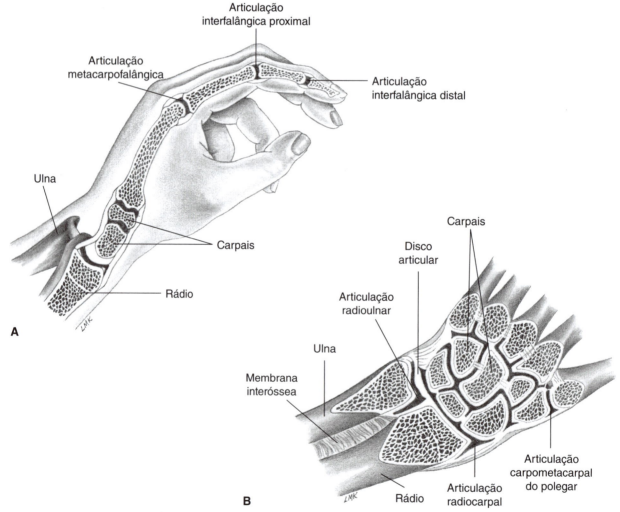

FIGURA 7.2 • Estruturas articulares do punho e da mão esquerdos. A, Vista medial; B, Vista posterior com secção frontal do punho.

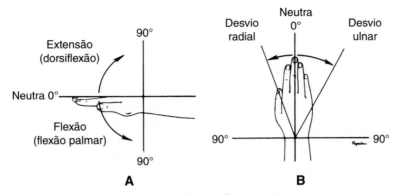

FIGURA 7.3 • ADM do punho. **A**, Flexão e extensão. *Flexão* (flexão palmar): zero a ± 80 graus. *Extensão* (dorsiflexão): zero a ± 70 graus; **B**, Desvio radial e ulnar. *Desvio radial*: zero a 20 graus. Desvio ulnar: zero a 30 graus.

Cada dedo possui três articulações. As articulações metacarpofalângicas (MCF) são classificadas como do tipo condilar. Essas articulações permitem de 0 a 40 graus de extensão e de 85 a 100 graus de flexão. As articulações interfalângicas proximais (IFP), classificadas como gínglimo, são capazes de se mover, a partir do ponto de extensão total, a aproximadamente 90 a 120 graus de flexão. As articulações interfalângicas distais (IFD), também classificadas como gínglimo, podem flexionar com uma amplitude de 80 a 90 graus a partir do ponto de extensão total (Fig. 7.4).

O polegar possui apenas duas articulações, ambas classificadas como gínglimo. A articulação MCF se move com uma amplitude de 40 a 90 graus de flexão a partir do ponto de extensão total. A articulação interfalângica (IF) é capaz de alcançar de 80 a 90 graus de flexão. A articulação carpometacarpal (CMC) do polegar é uma articulação selar peculiar que permite de 50 a 70 graus de abdução, podendo alcançar aproxi-

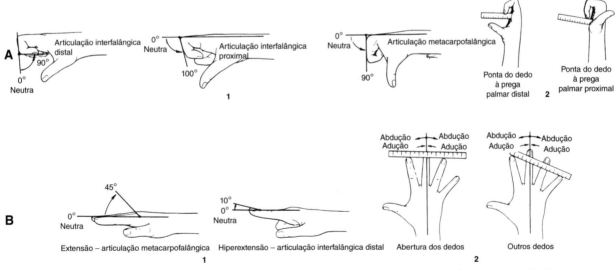

FIGURA 7.4 • ADM dos dedos. **A**, Flexão. *1*, O movimento pode ser estimado ou medido em graus. *2*, O movimento pode ser estimado com o auxílio de uma régua como a distância da ponta do dedo à prega palmar distal (*à esquerda*) (mede a flexão das articulações média e distal) e até a prega palmar proximal (*à direita*) (mede as articulações distal, média e proximal dos dedos); **B**, Extensão, abdução e adução. *1*, Extensão e hiperextensão. *2*, Abdução e adução. Esses movimentos ocorrem no plano da palma, afastando-se e aproximando-se do dedo médio da mão. A abdução do dedo médio ocorre quando o dedo se movimenta lateralmente em direção ao polegar, enquanto a adução ocorre quando o dedo se movimenta medialmente em direção ao dedo mínimo. A abertura dos dedos pode ser medida da ponta do dedo indicador até a ponta do dedo mínimo (*à direita*). Os dedos se abrem individualmente de ponta a ponta dos dedos indicados (*à esquerda*).

madamente de 15 a 45 graus de flexão e de 0 a 20 graus de extensão (Fig. 7.5).

Embora o número de ligamentos dos punhos e das mãos seja demasiado para permitir uma discussão detalhada, as lesões aos ligamentos colaterais das articulações metacarpofalângicas e interfalângicas proximais são muito comuns por causa das tensões em sentido medial e lateral que elas normalmente sofrem. O punho, a mão e os dedos dependem muito dos ligamentos para fins de sustentação e estabilidade estática. Alguns dos ligamentos dos dedos encontram-se detalhados na Figura 7.6.

Movimentos

As ações comuns do punho são a flexão, a extensão, a abdução e a adução (Fig. 7.7, A-D). Os dedos executam apenas os movimentos de flexão e extensão (Fig. 7.7, E e F), exceto nas articulações metacarpofalângicas, em que a abdução e a adução (Fig. 7.7, G e H) são controladas pelos músculos intrínsecos da mão. Na mão, a falange média é considerada o ponto de referência para a diferenciação entre abdução e adução. A abdução dos dedos indicador e médio ocorre quando eles se movimentam lateralmente em direção à porção radial do antebraço, enquanto a abdução dos dedos anular e mínimo ocorre com o movimento medial desses dedos em direção à porção ulnar da mão. O movimento medial dos dedos indicador e médio em direção à porção ulnar do antebraço é a adução. A adução dos dedos anular e mínimo ocorre quando esses dedos se movimentam lateralmente em direção à porção radial da mão. O polegar é abduzido quando se afasta da palma e é aduzido quando se aproxima da face palmar do segundo metacarpo. Esses movimentos, juntamente com a pronação e a supinação do antebraço, possibilitam muitos movimentos finos e coordenados do antebraço, do punho e da mão.

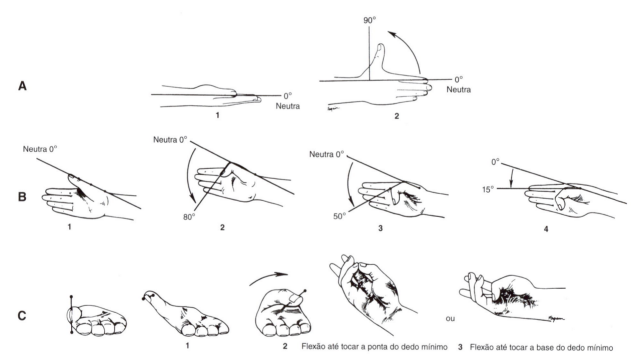

FIGURA 7.5 • ADM do polegar. A, Abdução. 1, Posição de partida zero: polegar estendido ao longo do dedo indicador, que está alinhado com o rádio. Abdução é o ângulo criado entre os ossos metacarpais do polegar e do dedo indicador. Esse movimento pode ocorrer em dois planos. 2, A abdução radial ou *extensão* ocorre paralelamente ao plano da palma; B, Flexão. 1, Posição de partida zero: polegar estendido. 2, Flexão da articulação interfalângica: zero a ± 80 graus. 3, Flexão da articulação metacarpofalângica: zero a ± 50 graus. 4, Flexão da articulação carpometacarpal: zero a ± 15 graus; C, Oposição. Posição de partida zero (canto esquerdo): polegar alinhado com o dedo indicador. *Oposição* é um movimento composto que consiste em três elementos: (1) abdução, (2) rotação e (3) flexão. O movimento normalmente é considerado completo quando a ponta do polegar toca a ponta do dedo mínimo. Há quem considere o arco de oposição completo quando a ponta do polegar toca a base do dedo mínimo. A figura ilustra ambos os métodos.

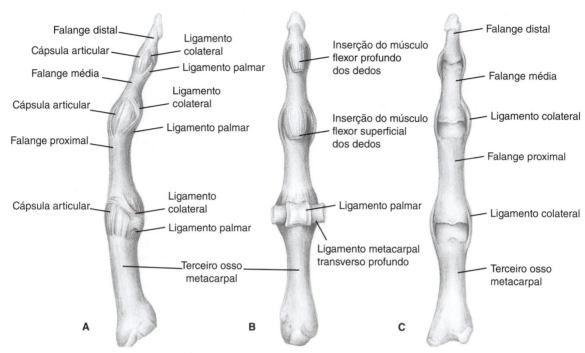

FIGURA 7.6 • Articulações metacarpofalângica e interfalângica do dedo médio esquerdo. **A**, Vista lateral; **B**, Vista anterior (palmar); **C**, Vista posterior.

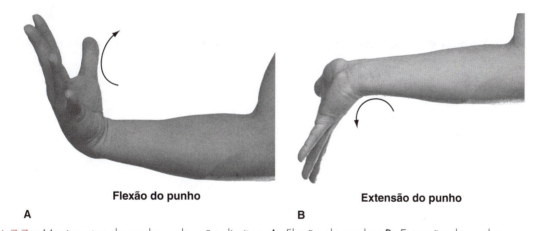

FIGURA 7.7 • Movimentos do punho e da mão direitos. **A**, Flexão do punho; **B**, Extensão do punho.

(continua)

Flexão (flexão palmar): movimento da palma da mão e/ou das falanges em direção à face anterior ou volar do antebraço.

Extensão (dorsiflexão): movimento da parte posterior da mão e/ou das falanges em direção à face posterior ou dorsal do antebraço; às vezes, denominada hiperextensão.

Abdução (desvio radial, flexão radial): movimento do lado do polegar da mão em direção à face lateral ou à porção radial do antebraço; também, movimento de afastamento (abertura) dos dedos em relação ao dedo médio.

Flexão do punho — Extensão do punho — Abdução do punho — Adução do punho

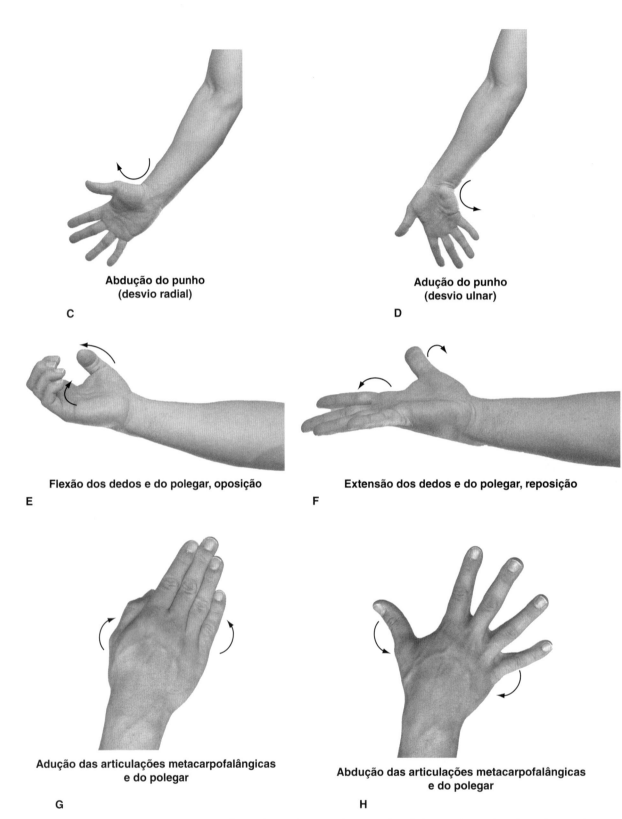

FIGURA 7.7 • *(continuação)* Movimentos do punho e da mão direitos. C, Abdução do punho; D, Adução do punho direito; E, Flexão dos dedos e do polegar, oposição; F, Extensão dos dedos e do polegar, reposição; G, Adução das articulações metacarpofalângicas e do polegar; H, Abdução das articulações metacarpofalângicas e do polegar.

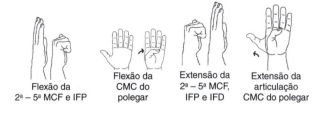

Flexão da 2ª – 5ª MCF e IFP | Flexão da CMC do polegar | Extensão da 2ª – 5ª MCF, IFP e IFD | Extensão da articulação CMC do polegar

Adução (desvio ulnar, flexão ulnar): movimento do lado do dedo mínimo da mão em direção à face medial ou à porção ulnar do antebraço; também, movimento de reaproximação (fechamento) dos dedos em direção ao dedo médio.

Oposição: movimento do polegar transversalmente sobre a face palmar em oposição a quaisquer ou todas as falanges.

Reposição: movimento de retorno do polegar à posição anatômica a partir da oposição à mão e/ou aos dedos.

Músculos (Tabela 7.1)

Os músculos extrínsecos do punho e da mão podem ser agrupados de acordo com a função e localização (Tab. 7.1). Existem seis músculos que movimentam o punho, mas não cruzam a mão para movimentar os dedos e o polegar. Os três flexores do punho nesse grupo são o flexor radial do carpo, o flexor ulnar do carpo e o palmar longo – todos com origem no epicôndilo medial do úmero. Os extensores do punho originam-se no epicôndilo lateral e incluem o extensor radial longo do carpo, o extensor radial curto do carpo e o extensor ulnar do carpo (Figs. 6.11 e 6.13).

Outros nove músculos funcionam primariamente no sentido de movimentar as falanges, mas participam também das ações da articulação do punho, uma vez que se originam no antebraço e cruzam o punho. Esses músculos geralmente são mais fracos em suas ações sobre o punho. Os flexores superficial e profundo dos dedos são músculos flexores dos dedos; entretanto, eles também auxiliam na flexão do punho juntamente com o flexor longo do polegar, que é um músculo flexor do polegar. Os extensores dos dedos, o extensor do indicador e o extensor do dedo mínimo são músculos extensores dos dedos, mas também auxiliam na extensão do punho juntamente com os extensores longo e curto do polegar, que estendem o polegar. O músculo abdutor longo do polegar abduz o polegar e auxilia na abdução do punho.

Todos os flexores do punho geralmente têm origem na face anteromedial da porção proximal do antebraço e no epicôndilo medial do úmero, enquanto suas inserções estão na face anterior do punho e da mão. Todos os tendões dos músculos flexores, exceto do flexor ulnar do carpo e do palmar longo, atravessam o túnel do carpo, juntamente com o nervo mediano (Fig. 7.8). Condições causadoras de edema e inflamação nessa região podem resultar no aumento da pressão no interior do túnel do carpo, o que interfere na função normal do nervo mediano e leva à redução das funções motora e sensorial de sua distribuição. Conhecida como **síndrome do túnel do carpo**, essa condição é particularmente comum no caso do uso repetitivo da mão e do punho na execução de trabalhos manuais e burocráticos, como datilografia e digitação, por exemplo. Em geral, pequenas mudanças nos hábitos de trabalho e na posição das mãos e dos punhos durante essas atividades podem ter caráter preventivo. Além disso, os exercícios de flexibilidade para os músculos flexores dos punhos e dos dedos podem ser úteis.

Os músculos extensores dos punhos geralmente têm origem na face posterolateral da porção proximal do antebraço e no epicôndilo lateral do úmero, enquanto suas inserções estão localizadas na face posterior dos punhos e das mãos. Os tendões dos músculos flexores e extensores localizados na porção distal do antebraço em posição imediatamente proximal ao punho são sustentados nas faces palmar e dorsal por faixas transversais de tecido. Essas faixas, conhecidas respectivamente como retináculo dos músculos flexores e retináculo dos músculos extensores, evitam que esses tendões produzam o efeito "corda de arco" durante os movimentos de flexão e extensão.

Os músculos abdutores do punho são o flexor radial do carpo, o extensor radial longo do carpo, o extensor radial curto do carpo, o abdutor longo do polegar, o extensor longo do polegar e o extensor curto do polegar. Esses músculos geralmente atravessam a articulação do punho nos sentidos anterolateral e posterolateral, inserindo-se na porção radial da mão. O flexor e o extensor ulnares do carpo, por sua vez, aduzem o punho e atravessam a articulação do punho nos sentidos anteromedial e posteromedial, inserindo-se na porção ulnar da mão.

Os músculos intrínsecos da mão (ver Tab. 7.2 e Fig. 7.26) têm suas origens e inserções nos ossos da mão. O agrupamento dos músculos intrínsecos em três grupos de acordo com a localização ajuda-nos a reconhecer e aprender esses músculos. Na porção radial estão quatro músculos do polegar – o oponente do polegar, o abdutor curto do polegar, o flexor curto do polegar e o adutor do polegar. Na porção ulnar estão três músculos do dedo mínimo – o oponente do dedo mínimo, o abdu-

TABELA 7.1 • Músculos agonistas das articulações dos punhos e das mãos

Músculo		Origem	Inserção	Ação	Plano de movimento	Palpação	Inervação
Músculos anteriores (flexores do punho)	Flexor radial do carpo	Epicôndilo medial do úmero	Base do 2º e 3º metacarpos na superfície palmar	Flexão do punho	Sagital	Superfície anterior distal do antebraço e do punho, ligeiramente lateral, alinhado ao 2º e 3º metacarpos com flexão/abdução resistidas	Nervo mediano (C6, C7)
				Abdução do punho	Frontal		
				Flexão fraca do cotovelo	Sagital		
				Pronação fraca do antebraço	Transverso		
	Palmar longo	Epicôndilo medial do úmero	Aponeurose palmar do 2º, 3º, 4º e 5º metacarpos	Flexão do punho	Sagital	Faces anteromedial e central da porção anterior do antebraço proximalmente ao punho, em especial com ligeira flexão do punho e oposição do polegar em direção ao dedo mínimo	Nervo mediano (C6, C7)
				Flexão fraca do cotovelo	Sagital		
	Flexor ulnar do carpo	Epicôndilo medial do úmero e face posterior da porção proximal da ulna	Base do 5º metacarpo (superfície palmar), pisiforme e hamato	Flexão do punho	Sagital	Superfície anteromedial do antebraço, alguns centímetros abaixo do epicôndilo medial do úmero em direção à região proximal do punho, com flexão/adução resistidas	Nervo ulnar (C8, T1)
				Adução do punho	Frontal		
				Flexão fraca do cotovelo	Sagital		

(continua)

Capítulo 7 As articulações dos punhos e das mãos | 179

TABELA 7.1 • Músculos agonistas das articulações dos punhos e das mãos (continuação)

Músculo		Origem	Inserção	Ação	Plano de movimento	Palpação	Inervação
Músculos anteriores (flexores do punho e das falanges)	Flexor superficial dos dedos	Epicôndilo medial do úmero Cabeça da ulna: face medial do processo coronoide Cabeça do rádio: 2/3 superiores da borda anterior do rádio distalmente em relação à tuberosidade do rádio	Cada tendão se divide e se insere nas laterais da falange média dos quatro dedos na superfície palmar	Flexão dos dedos nas articulações metacarpofalângicas e interfalângicas proximais	Sagital	Na área de depressão entre os tendões dos músculos palmar longo e flexor ulnar do carpo, especialmente com o punho cerrado, mas com as articulações interfalângicas distais estendidas e uma flexão ligeiramente resistida do punho; também na face anterior da porção média do antebraço durante a mesma atividade	Nervo mediano (C7, C8, T1)
				Flexão do punho			
				Flexão fraca do cotovelo			
	Flexor profundo dos dedos	3/4 proximais das porções anterior e medial da ulna	Base das falanges distais dos quatro dedos	Flexão dos quatro dedos nas articulações metacarpofalângica, interfalângica proximal e interfalângica distal	Sagital	Profunda no flexor superficial dos dedos, mas na face anterior da porção média do antebraço, flexionando as articulações interfalângicas distais e mantendo as articulações interfalângicas proximais estendidas; sobre a superfície palmar das 2ª, 3ª, 4ª e 5ª articulações metacarpofalângicas durante a flexão dos dedos contra resistência	Nervo mediano (C8, T1) até os dedos indicador e médio; nervo ulnar (C8, T1) até os dedos anular e mínimo
				Flexão do punho			
	Flexor longo do polegar	Terço médio da superfície anterior do rádio e da borda anteromedial da ulna, distalmente ao processo coronoide; ocasionalmente uma cabeça pequena se encontra na conexão ao epicôndilo medial do úmero	Base da falange distal do polegar na superfície palmar	Flexão das articulações carpometacarpal, metacarpofalângica e interfalângica do polegar	Sagital	Superfície anterior do polegar na falange proximal, lateralmente ao palmar longo e medialmente ao flexor radial do carpo na porção distal anterior do antebraço, sobretudo durante a flexão ativa da articulação interfalângica do polegar	Ramificação interóssea palmar do nervo mediano (C8, T1)
				Flexão do punho			
				Abdução do punho	Frontal		

(continua)

TABELA 7.1 • Músculos agonistas das articulações dos punhos e das mãos (continuação)

Músculo	Origem	Inserção	Ação	Plano de movimento	Palpação	Inervação
Músculos posteriores (extensores do punho)							
Extensor ulnar do carpo	Epicôndilo lateral do úmero e metade média da borda posterior da ulna	Base do 5º metacarpo na superfície dorsal	Extensão do punho	Sagital	Lateral ao processo estiloide da ulna e cruzando a porção posteromedial do punho, especialmente com o punho estendido/aduzido	Nervo radial (C6, C7, C8)
			Adução do punho	Frontal		
			Extensão fraca do cotovelo	Sagital		
Extensor radial curto do carpo	Epicôndilo lateral do úmero	Base do 3º metacarpo na superfície dorsal	Extensão do punho	Sagital	Em posição proximal à face dorsal do punho e a cerca de 1 cm medial ao processo estiloide do rádio, é possível sentir o tendão durante a extensão e acompanhá-lo até a base do 3º metacarpo, especialmente com o punho cerrado; em sentido proximal e posterior, medialmente à massa do músculo braquiorradial	Nervo radial (C6, C7)
			Abdução do punho	Frontal		
			Flexão fraca do cotovelo	Sagital		
Extensor radial longo do carpo	Terço distal da crista supracondilar do úmero e epicôndilo lateral do úmero	Base do 2º metacarpo na superfície dorsal	Extensão do punho	Sagital	Em posição proximal à face dorsal do punho e a cerca de 1 cm medial ao processo estiloide do rádio, é possível sentir o tendão durante a extensão e acompanhá-lo até a base do 2º metacarpo, especialmente com o punho cerrado; em sentido proximal e posterior, medialmente à massa do músculo braquiorradial	Nervo radial (C6, C7)
			Abdução do punho	Frontal		
			Flexão fraca do cotovelo	Sagital		
			Pronação fraca	Transverso		

(continua)

TABELA 7.1 • Músculos agonistas das articulações dos punhos e das mãos (continuação)

	Músculo	Origem	Inserção	Ação	Plano de movimento	Palpação	Inervação
Músculos posteriores (extensores do punho e das falanges)	Extensor dos dedos	Epicôndilo lateral do úmero	Quatro tendões ligados às bases das falanges médias e distais dos quatro dedos na superfície dorsal	Extensão da 2ª, 3ª, 4ª e 5ª falanges nas articulações metacarpofalângicas	Sagital	Com os quatro dedos estendidos, na superfície posterior da porção distal do antebraço, medialmente ao tendão do músculo extensor longo do polegar e lateralmente aos músculos extensor ulnar do carpo e extensor do dedo mínimo, dividindo-se, em seguida, em quatro tendões distintos distribuídos sobre a face dorsal da mão e das articulações metacarpofalângicas	Nervo radial (C6, C7, C8)
				Extensão do punho			
				Extensão fraca do cotovelo			
	Extensor do indicador	Terço médio a distal da porção posterior da ulna	Base das falanges média e distal do dedo indicador na superfície dorsal	Extensão do dedo indicador na articulação metacarpofalângica	Sagital	Com o antebraço em posição pronada sobre a face posterior da porção distal do antebraço e da superfície dorsal da mão medialmente ao tendão do músculo extensor do indicador com extensão do indicador e flexão dos dedos médio, anular e mínimo	Nervo radial (C6, C7, C8)
				Extensão fraca do punho			
				Supinação fraca	Transverso		
	Extensor do dedo mínimo	Epicôndilo lateral do úmero	Base das falanges média e distal do dedo mínimo na superfície dorsal	Extensão do dedo mínimo na articulação metacarpofalângica	Sagital	Passando pela face dorsal da articulação radioulnar distal, especialmente com a flexão relaxada dos outros dedos e alternando entre a extensão e o relaxamento do dedo mínimo; superfície dorsal do antebraço medialmente ao extensor dos dedos e lateralmente ao extensor ulnar do carpo	Nervo radial (C6, C7, C8)
				Extensão fraca do punho			
				Extensão fraca do cotovelo			

(continua)

TABELA 7.1 • Músculos agonistas das articulações dos punhos e das mãos (continuação)

Músculo		Origem	Inserção	Ação	Plano de movimento	Palpação	Inervação
Músculos posteriores (extensores do punho e das falanges)	Extensor longo do polegar	Superfície lateral posterior inferomediana da ulna	Base da falange distal do polegar na superfície dorsal	Extensão do polegar nas articulações carpometacarpal, metacarpofalângica e interfalângica	Sagital	Face dorsal da mão até a sua inserção na base da falange distal; também na superfície posterior da porção inferior do antebraço entre o rádio e a ulna, proximalmente ao extensor do indicador e medialmente ao extensor curto do polegar e ao abdutor longo do polegar com o antebraço em pronação e os dedos em flexão relaxada, estendendo ativamente o polegar	Nervo radial (C6, C7, C8)
				Extensão do punho	Frontal		
				Abdução do punho	Transverso		
				Supinação fraca			
	Extensor curto do polegar	Superfície posterior da porção inferomediana do rádio	Base da falange proximal do polegar na superfície dorsal	Extensão do polegar nas articulações carpometacarpal e metacarpofalângica	Sagital	Lateralmente ao tendão do extensor longo do polegar na face dorsal da mão até a sua inserção na falange proximal, com extensão das articulações carpometacarpal e metacarpofalângica e flexão da articulação interfalângica do polegar	Nervo radial (C6, C7)
				Extensão fraca do punho	Frontal		
				Abdução do punho	Frontal		
Músculos posteriores	Abdutor longo do polegar	Face posterior do rádio e diáfise média da ulna	Base do 1º metacarpo na superfície dorsolateral	Abdução do polegar na articulação carpometacarpal	Frontal	Superfície lateral da articulação do punho proximalmente ao 1º metacarpo	Nervo radial (C6, C7)
				Extensão do polegar na articulação carpometacarpal	Sagital		
				Extensão fraca do punho			
				Supinação fraca	Transverso		

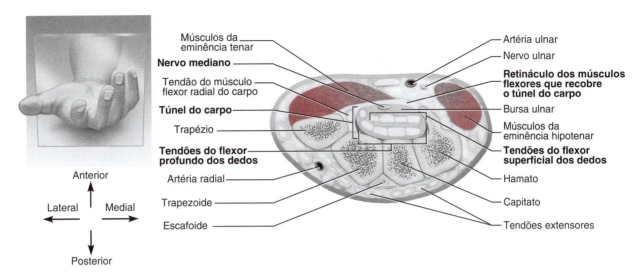

FIGURA 7.8 • Corte transversal do punho direito, visto a partir da extremidade distal do antebraço direito estendido à frente com a palma da mão voltada para cima. Observe que os tendões dos músculos flexores e o nervo mediano limitam-se a um espaço restrito entre os ossos carpais e o retináculo dos músculos flexores.

tor do dedo mínimo e o flexor curto do dedo mínimo. No restante da mão estão 11 músculos, que podem ser agrupados, ainda, como os 4 lumbricais, os 3 interósseos palmares e os 4 interósseos dorsais.

Músculos dos punhos e das mãos – localização

Anteromedial no cotovelo e antebraço e anterior na mão (Fig. 7.9, A–C)
Primariame nte flexão do punho
   Flexor radial do carpo
   Flexor ulnar do carpo
   Palmar longo
Primariamente flexão do punho e das articulações falângicas
   Flexor superficial dos dedos
   Flexor profundo dos dedos
   Flexor longo do polegar
Posterolateral no cotovelo e antebraço e posterior na mão (Fig. 7.9, D)
Primariamente extensão do punho
   Extensor radial longo do carpo
   Extensor radial curto do carpo
   Extensor ulnar do carpo
Primariamente extensão do punho e das articulações falângicas
   Extensor dos dedos
   Extensor do indicador
   Extensor do dedo mínimo
   Extensor longo do polegar
   Extensor curto do polegar
   Abdutor longo do polegar

Nervos

Os músculos do punho e da mão são inervados pelos nervos radial, mediano e ulnar do plexo braquial, conforme ilustrado nas Figuras 6.5, 6.6 e 7.10. O nervo radial, originário de C6, C7 e C8, inerva os músculos extensores radiais curto e longo do carpo. Depois de se ramificar, esse nervo se transforma no nervo interósseo posterior, que inerva os músculos extensor ulnar do carpo, extensor dos dedos, extensor do dedo mínimo, abdutor longo do polegar, extensor longo do polegar, extensor curto do polegar e extensor do indicador. O nervo mediano, originário de C6, C7, C8 e T1, inerva o flexor radial do carpo, o palmar longo e o flexor superficial dos dedos, ramificando-se para se transformar no nervo interósseo anterior, que inerva o flexor profundo dos dedos indicador e médio, bem como o flexor longo do polegar. Quanto aos músculos intrínsecos da mão, o nervo mediano inerva o abdutor curto do polegar, o flexor curto do polegar (cabeça superficial), o oponente do polegar e o primeiro e segundo lumbricais. O nervo ulnar, originário de uma ramificação a partir de C8 e T1, inerva os músculos flexor profundo dos dedos anular e mínimo e o flexor ulnar do carpo, além dos demais músculos intrínsecos da mão (cabeça profunda do flexor curto do polegar, adutor do polegar, interósseos pal-

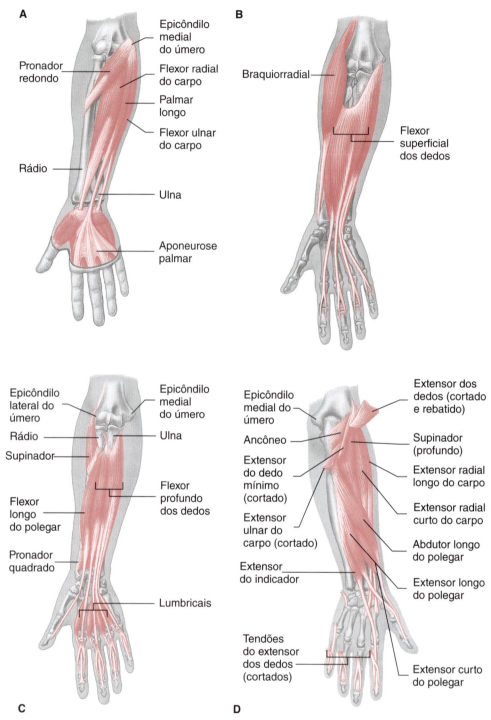

FIGURA 7.9 • Músculos do antebraço. **A**, Vista anterior do antebraço direito (superficial). O músculo braquiorradial foi removido; **B**, Vista anterior do antebraço direito (mais profunda do que em A). Os músculos pronador redondo, flexores radial e ulnar do carpo e palmar longo foram removidos; **C**, Vista anterior do antebraço direito (mais profunda do que em A ou B). Os músculos braquiorradial, pronador redondo, flexores radial e ulnar do carpo, palmar longo e flexor superficial dos dedos foram removidos; **D**, Músculos profundos da porção posterior do antebraço direito, com os músculos extensor dos dedos, extensor do dedo mínimo e extensor ulnar do carpo cortados para revelar os músculos mais profundos.

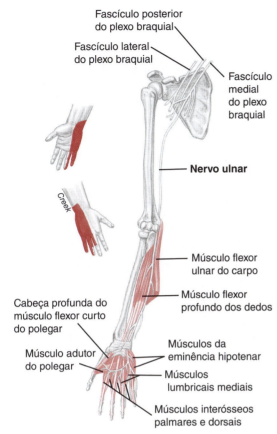

FIGURA 7.10 • Distribuição muscular e cutânea do nervo ulnar.

mares, interósseos dorsais, terceiro e quarto lumbricais, oponente do dedo mínimo, abdutor do dedo mínimo e flexor curto do dedo mínimo). A sensação à porção ulnar da mão, à parte ulnar do dedo anular e à totalidade do dedo mínimo é produzida pelo nervo ulnar. De todos os nervos do membro superior, o nervo ulnar é o mais suscetível a traumatismos. A maioria das pessoas já bateu o "osso do cotovelo" e sentiu uma dolorosa sensação de formigamento na porção ulnar do antebraço e nos dedos anular e mínimo. Trata-se, na verdade, de uma contusão do nervo ulnar na porção medial do cotovelo. Normalmente, a dor cede com relativa rapidez, mas as contusões crônicas ou qualquer tipo de pressão sobre essa área pode levar a uma hipersensibilidade desse nervo, tornando-o mais suscetível a irritações. Além disso, nos atletas que executam movimentos de arremesso, esse nervo pode sofrer lesões por tração causada pela tensão medial sobre o cotovelo durante o arremesso ou combinada com um estiramento do ligamento colateral ulnar. O nervo ulnar pode também se inflamar em decorrência de subluxação ou de seu deslocamento para fora do sulco, especialmente em casos crônicos.

Músculo flexor radial do carpo

(Figura 7.11)

Origem

Epicôndilo medial do úmero.

Inserção

Base do segundo e terceiro metacarpos, porção anterior (superfície palmar).

Ação

Flexão do punho.
Abdução do punho.
Flexão fraca do cotovelo.
Pronação fraca do antebraço.

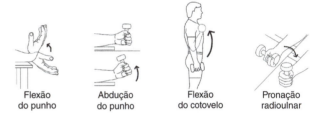

Palpação

Superfície anterior do punho, ligeiramente lateral, alinhado ao segundo e terceiro metacarpos com flexão e abdução resistidas.

Inervação

Nervo mediano (C6, C7).

Aplicação, fortalecimento e flexibilidade

O flexor radial do carpo, o flexor ulnar do carpo e o palmar longo são os mais potente dos flexores do punho. Esses músculos entram em cena durante qualquer atividade que exija a flexão do punho ou a sua estabilização contra resistência, especialmente quando o antebraço está em posição supinada.

É possível desenvolver o flexor radial do carpo executando flexões de punho contra uma resistência manual, o que se pode fazer apoiando o antebraço em posição supinada sobre uma mesa, com a mão e o punho pendendo sobre a borda da mesa para permitir amplitude de movimento total. O punho estendido é então

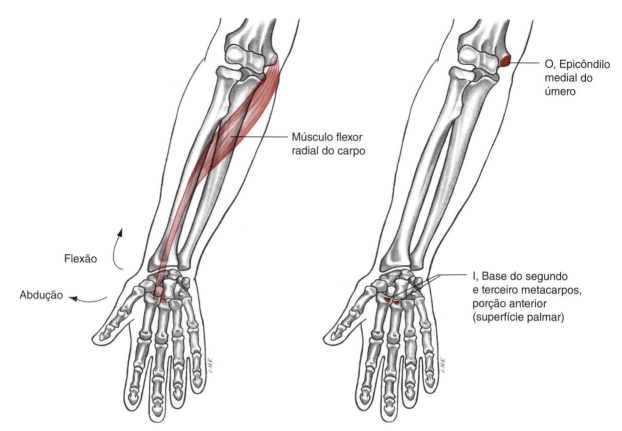

FIGURA 7.11 • Músculo flexor radial do carpo, vista anterior. O, Origem; I, Inserção.

flexionado para fortalecer esse músculo. O Apêndice 3 contém os exercícios mais comuns utilizados para fortalecer o flexor radial do carpo e outros músculos abordados neste capítulo.

Para alongar o flexor radial do carpo, deve-se posicionar o cotovelo totalmente estendido com o antebraço em posição supinada, enquanto um parceiro estende e aduz passivamente o punho.

Músculo palmar longo (Figura 7.12)

Origem

Epicôndilo medial do úmero.

Inserção

Aponeurose palmar do segundo, terceiro, quarto e quinto metacarpos.

Ação

Flexão do punho.
Flexão fraca do cotovelo.

Palpação

O palmar longo não se encontra presente em um ou ambos os antebraços de algumas pessoas. Face anteromedial e central da porção anterior do antebraço em sentido proximal ao punho, especialmente com ligeira flexão do punho e oposição do polegar em relação ao dedo mínimo.

Inervação

Nervo mediano (C6, C7).

Aplicação, fortalecimento e flexibilidade

Ao contrário do flexor radial do carpo e do flexor ulnar do carpo, que funcionam não apenas como flexores do punho, mas também como abdutores e adutores,

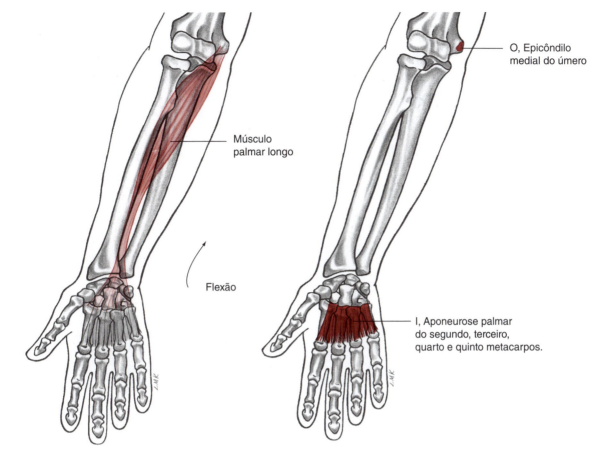

FIGURA 7.12 • Músculo palmar longo, vista anterior. O, Origem; I, Inserção.

respectivamente, o palmar longo participa apenas da flexão do punho a partir da posição anatômica, em virtude de sua localização central na porção anterior do antebraço e do punho. Esse músculo, no entanto, pode auxiliar na abdução do punho de volta à posição neutra a partir de uma posição de adução extrema e na adução do punho de volta para a posição neutra a partir de uma posição de abdução extrema, podendo, de certa forma, auxiliar também na pronação do antebraço, dada a sua inserção ligeiramente lateral em relação à sua origem no epicôndilo medial. Pode-se fortalecer o palmar longo também com qualquer tipo de atividade de flexão do punho, como aquelas descritas para o músculo flexor radial do carpo.

A extensão máxima do cotovelo e do punho serve para alongar o músculo palmar longo.

Músculo flexor ulnar do carpo (Figura 7.13)

Origem

Epicôndilo medial do úmero.
Face posterior da porção proximal da ulna.

Inserção

Pisiforme, hamato e base do quinto metacarpo (superfície palmar).

Ação

Flexão do punho.
Adução do punho, juntamente com o músculo extensor ulnar do carpo.
Flexão fraca do cotovelo.

Palpação

Superfície anteromedial do antebraço, alguns centímetros abaixo do epicôndilo medial do úmero

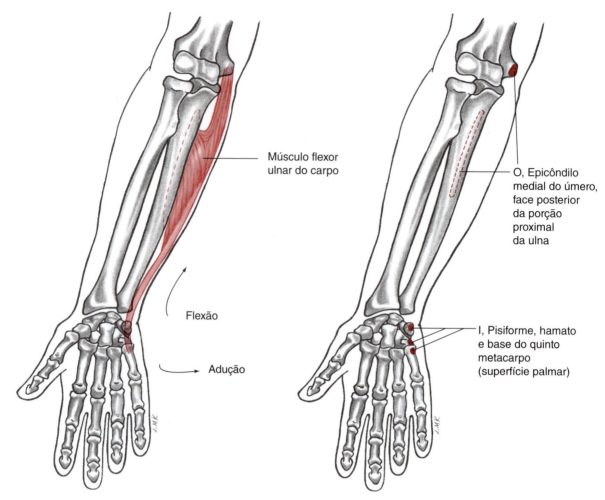

FIGURA 7.13 • Músculo flexor ulnar do carpo, vista anterior. O, Origem; I, Inserção.

até a porção proximal do punho, com flexão/adução resistidas.

Inervação

Nervo ulnar (C8, T1).

Aplicação, fortalecimento e flexibilidade

O flexor ulnar do carpo é muito importante nas atividades de flexão do punho. Além disso, é um dos dois músculos envolvidos na adução ou na flexão ulnar do punho, podendo ser fortalecido com qualquer tipo de atividade de flexão do punho contra resistência, como aquelas descritas para o músculo flexor radial do carpo.

Para alongar o flexor ulnar do carpo, deve-se estender totalmente o cotovelo com o antebraço em posição supinada, enquanto um parceiro estende e abduz passivamente o punho.

Músculo extensor ulnar do carpo (Figura 7.14)

Origem

Epicôndilo lateral do úmero.
Dois quartos médios da borda posterior da ulna.

Inserção

Base do quinto metacarpo (superfície dorsal).

Ação

Extensão do punho.
Adução do punho juntamente com o músculo flexor ulnar do carpo.
Extensão fraca do cotovelo.

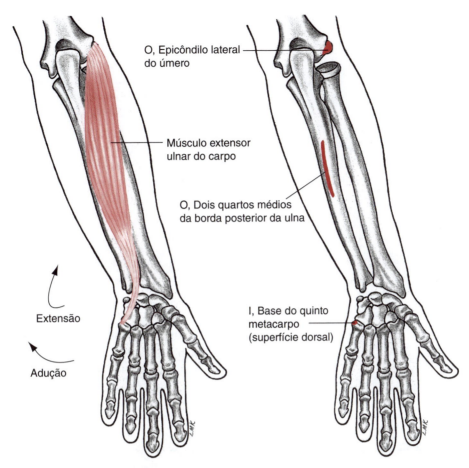

FIGURA 7.14 • Músculo extensor ulnar do carpo, vista posterior. O, Origem; I, Inserção.

Palpação

Lateral ao processo estiloide da ulna, cruzando a porção posteromedial do punho, especialmente com o punho estendido/aduzido.

Inervação

Nervo radial (C6-C8).

Aplicação, fortalecimento e flexibilidade

Além de ser um potente extensor do punho, o músculo extensor ulnar do carpo é o único músculo, além do flexor ulnar do carpo, envolvido na adução do punho ou no desvio ulnar. O extensor ulnar do carpo, o extensor radial curto do carpo e o extensor radial longo do carpo são os mais potentes dos extensores do punho. Esses músculos agem como antagonistas à flexão do punho para permitir que os flexores dos dedos funcionem de forma mais eficaz no movimento de pegada. Qualquer atividade que exija a extensão do punho ou a sua estabilização contra resistência, sobretudo se o antebraço estiver em posição pronada, depende muito da força desses músculos, que geralmente entram em cena no movimento de *backhand* nos esportes de raquete.

É possível desenvolver o extensor ulnar do carpo estendendo o punho contra uma resistência manual, o que se pode fazer apoiando o antebraço em posição pronada sobre uma mesa, com a mão pendente sobre a borda para permitir amplitude de movimento total. O punho então passa da posição de total flexão à posição totalmente estendida contra a resistência.

O alongamento do extensor ulnar do carpo exige que se estenda o cotovelo com o antebraço em posição pronada, enquanto o punho é passivamente flexionado e ligeiramente abduzido.

Músculo extensor radial curto do carpo

(Figura 7.15)

Origem

Epicôndilo lateral do úmero.

Inserção

Base do terceiro metacarpo (superfície dorsal).

Ação

Extensão do punho.
Abdução do punho.
Flexão fraca do cotovelo.

Extensão do punho

Abdução do punho

Flexão do cotovelo

Palpação

Face dorsal do antebraço; difícil de distinguir do extensor radial longo do carpo e do extensor dos dedos. Em posição proximal à face dorsal do punho e a cerca de 1 cm medial ao processo estiloide do rádio, é possível sentir o tendão durante a extensão e acompanhá-lo até a base do terceiro metacarpo, em especial com o punho cerrado; em sentido proximal e posterior, medialmente à massa do músculo braquiorradial.

Inervação

Nervo radial (C6, C7).

Aplicação, fortalecimento e flexibilidade

O extensor radial curto do carpo é importante em qualquer atividade esportiva que exija forte extensão dos punhos, como o golfe e o tênis. Os exercícios de

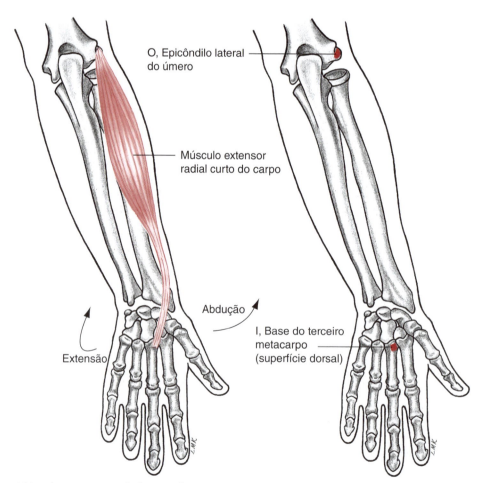

FIGURA 7.15 • Músculo extensor radial curto do carpo, vista posterior. O, Origem; I, Inserção.

extensão dos punhos, como aqueles descritos para o extensor ulnar do carpo, são adequados para o desenvolvimento do músculo.

O alongamento dos extensores radiais curto e longo do carpo exige que se estenda o cotovelo com o antebraço em pronação, enquanto o punho é passivamente flexionado e ligeiramente aduzido.

Músculo extensor radial longo do carpo   (Figura 7.16)

Origem

Terço distal da crista supraepicondilar lateral do úmero e epicôndilo lateral do úmero.

Inserção

Base do segundo metacarpo (superfície dorsal).

Ação

Extensão do punho.
Abdução do punho.
Flexão fraca do cotovelo.
Pronação fraca a neutra a partir de uma posição totalmente supinada.

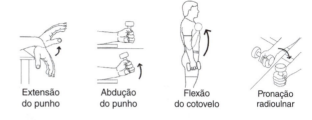

Palpação

Em posição proximal à face dorsal do punho e a cerca de 1 cm medial ao processo estiloide do rádio, é

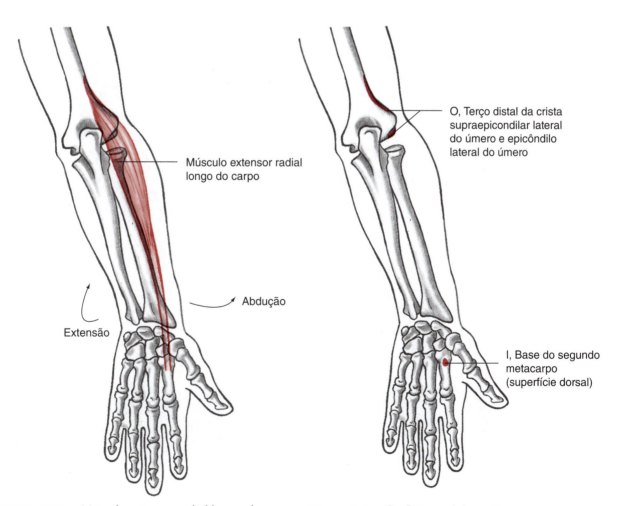

FIGURA 7.16 • Músculo extensor radial longo do carpo, vista posterior. O, Origem; I, Inserção.

possível sentir o tendão durante a extensão e acompanhá-lo até a base do segundo metacarpo, sobretudo com o punho cerrado; em sentido proximal e posterior, medialmente à massa do músculo braquiorradial.

Inervação

Nervo radial (C6, C7).

Aplicação, fortalecimento e flexibilidade

O extensor radial longo do carpo, assim como o extensor radial curto do carpo, é importante em qualquer atividade esportiva que exija forte extensão do punho. Além disso, ambos participam da abdução do punho. É possível desenvolver o extensor radial longo do carpo com os mesmos exercícios de extensão do punho descritos para o músculo extensor ulnar do carpo.

O alongamento do extensor radial longo do carpo se faz da mesma maneira que o do extensor radial curto do carpo.

Músculo flexor superficial dos dedos
(Figura 7.17)

Origem

Epicôndilo medial do úmero.
Cabeça da ulna: porção medial do processo coronoide.
Cabeça do rádio: dois terços superiores da borda anterior do rádio, distalmente à tuberosidade do rádio.

Inserção

Cada tendão se divide e se insere nas laterais da falange média dos quatro dedos (superfície palmar).

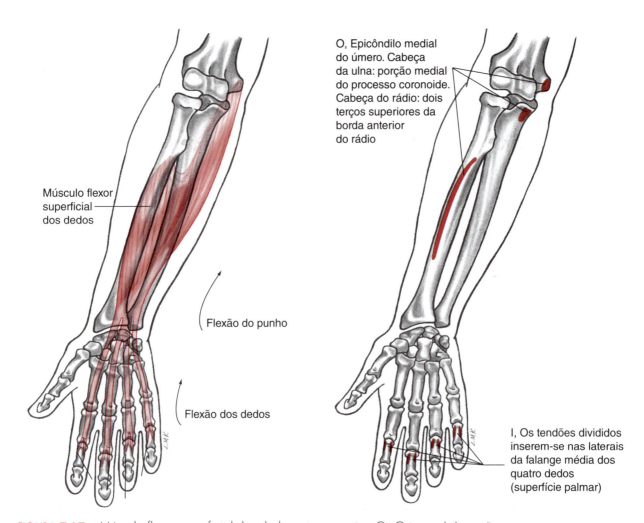

FIGURA 7.17 • Músculo flexor superficial dos dedos, vista anterior. O, Origem; I, Inserção.

Ação

Flexão dos dedos nas articulações metacarpofalângicas e interfalângicas proximais.
Flexão do punho.
Flexão fraca do cotovelo.

Flexão da 2ª – 5ª IFP | Flexão da 2ª – 5ª MCF | Flexão da 2ª – 5ª MCF e IFP | Flexão do punho | Flexão do cotovelo

Palpação

Na área de depressão entre os tendões dos músculos palmar longo e flexor ulnar do carpo, especialmente com o punho cerrado, mas com as articulações interfalângicas distais estendidas e uma flexão ligeiramente resistida do punho; também na face anterior da porção média do antebraço durante a mesma atividade.

Inervação

Nervo medial (C7, C8, T1).

Aplicação, fortalecimento e flexibilidade

O músculo flexor superficial dos dedos, também conhecido como flexor sublime dos dedos, divide-se em quatro tendões na face palmar do punho e da mão, inserindo-se em cada um dos quatro dedos. O flexor superficial e o flexor profundo dos dedos são os únicos músculos envolvidos na flexão dos quatro dedos. Esses dois músculos são vitais em qualquer tipo de atividade que envolva pegada.

O exercício de apertar uma bola de esponja de borracha na palma da mão, juntamente com outras atividades que envolvam pegada e compressão, pode ser utilizado para desenvolver esses músculos.

Alonga-se o flexor superficial dos dedos ao estender passivamente o cotovelo, o punho e as articulações metacarpofalângicas e interfalângicas proximais com o antebraço totalmente em supinação.

Músculo flexor profundo dos dedos
(Figura 7.18)

Origem

Três quartos proximais das porções anterior e medial da ulna.

Inserção

Base das falanges distais dos quatro dedos.

Ação

Flexão dos quatro dedos nas articulações metacarpofalângicas, interfalângicas proximais e interfalângicas distais.
Flexão do punho.

Flexão da 2ª – 5ª IFD | Flexão da 2ª – 5ª IFP | Flexão da 2ª – 5ª MCF | Flexão da 2ª – 5ª MCF e IFP | Flexão do punho

Palpação

Difícil de distinguir, profunda no flexor superficial dos dedos, mas na face anterior da porção média do antebraço, flexionando-se as articulações interfalângicas distais com as articulações interfalângicas proximais estendidas; sobre a superfície palmar das segunda, terceira, quarta e quinta articulações metacarpofalângicas durante a flexão dos dedos contra resistência.

Inervação

Nervo mediano (C8, T1) até os dedos indicador e médio.
Nervo ulnar (C8, T1) até os dedos anular e mínimo.

Aplicação, fortalecimento e flexibilidade

Tanto o músculo flexor profundo quanto o músculo flexor superficial dos dedos auxiliam na flexão do punho em virtude de sua relação palmar com o punho. O flexor profundo dos dedos é utilizado em qualquer tipo de atividade que envolva pegada, compressão ou fechamento da mão, como empunhar uma raquete ou escalar uma corda.

Pode-se desenvolver o músculo flexor profundo dos dedos por meio dessas atividades, além dos exercícios de fortalecimento descritos para o músculo flexor superficial dos dedos.

O alongamento do flexor profundo dos dedos é semelhante ao do flexor superficial, exceto pelo fato de que as articulações interfalângicas distais também devem ser estendidas de forma passiva, além do punho e das articulações metacarpofalângicas e interfalângicas proximais, mantendo-se o antebraço em total supinação.

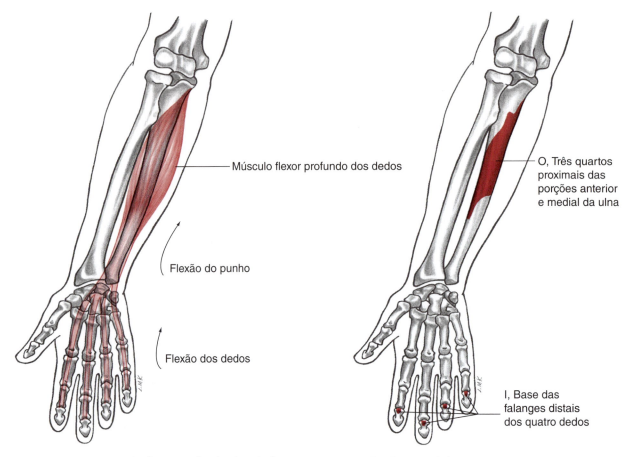

FIGURA 17.18 • Músculo flexor profundo dos dedos, vista anterior. O, Origem; I, Inserção.

Músculo flexor longo do polegar
(Figura 7.19)

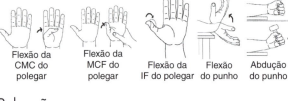

Origem

Terço médio da superfície anterior do rádio e borda anteromedial da ulna, distal ao processo coronoide; ocasionalmente observa-se a presença de uma pequena cabeça com inserção no epicôndilo medial do úmero.

Inserção

Base da falange distal do polegar (superfície palmar).

Ação

Flexão das articulações carpometacarpal, metacarpofalângica e interfalângica do polegar.
Flexão do punho.
Abdução do punho.

Palpação

Superfície anterior do polegar na falange proximal, lateral ao palmar longo e medial ao flexor radial do carpo na porção distal anterior do antebraço, especialmente durante a flexão ativa da articulação interfalângica do polegar.

Inervação

Nervo mediano, ramo interósseo palmar (C8, T1).

Aplicação, fortalecimento e flexibilidade

A função principal do músculo flexor longo do polegar é a flexão do polegar, que tem um papel vital

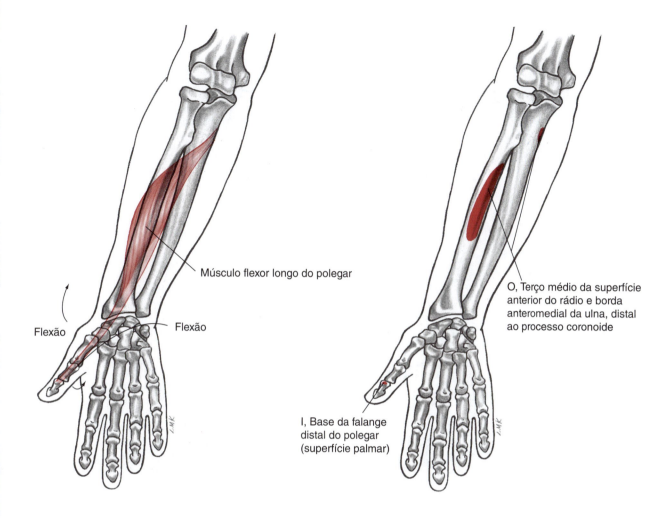

FIGURA 7.19 • Músculo flexor longo do polegar, vista anterior. O, Origem; I, Inserção.

nas atividades de pegar e agarrar da mão. Em função de sua relação palmar com o punho, esse músculo auxilia na flexão do punho.

É possível fortalecer o flexor longo do polegar pressionando uma bola de esponja de borracha na mão com o polegar e por meio de muitas outras atividades que envolvam pegada ou compressão.

O alongamento desse músculo se faz com a extensão passiva de todo o polegar, mantendo-se simultaneamente a extensão máxima do punho.

Músculo extensor dos dedos
(Figura 7.20)

Origem

Epicôndilo lateral do úmero.

Inserção

Quatros tendões ligados às bases das falanges médias e distais dos quatro dedos (superfície dorsal).

Ação

Extensão da segunda, terceira, quarta e quinta falanges nas articulações metacarpofalângicas.
Extensão do punho.
Extensão fraca do cotovelo.

Extensão da 2ª – 5ª MCF

Extensão da 2ª – 5ª MCF, IFP e IFD

Extensão do punho

Extensão do cotovelo

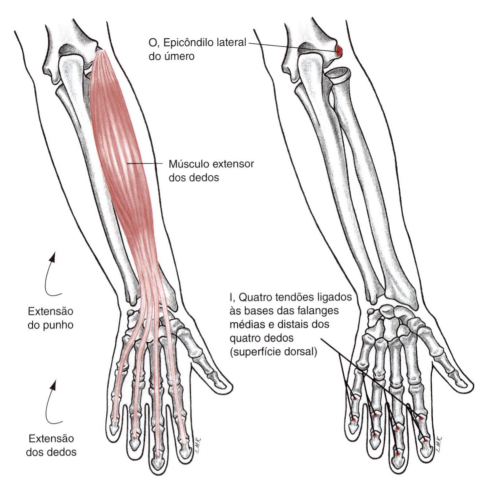

FIGURA 7.20 • Músculo extensor dos dedos, vista posterior. O, Origem; I, Inserção.

Palpação

Com os quatro dedos estendidos, na superfície posterior da porção distal do antebraço, medialmente ao tendão do músculo extensor longo do polegar e lateral aos músculos extensor ulnar do carpo e extensor do dedo mínimo, dividindo-se, em seguida, em quatro tendões distintos distribuídos sobre a face dorsal da mão e das articulações metacarpofalângicas.

Inervação

Nervo radial (C6–C8).

Aplicação, fortalecimento e flexibilidade

O extensor dos dedos, também conhecido como extensor comum dos dedos, é o único músculo envolvido na extensão de todos os quatro dedos. Esse músculo divide-se em quatro tendões no dorso do punho, inserindo-se em cada um dos dedos, além de auxiliar nos movimentos de extensão do punho. É possível desenvolvê-lo aplicando resistência manual à face dorsal dos dedos flexionados e estendendo-os ao máximo. Quando realizado com o punho flexionado, esse exercício aumenta a carga de trabalho sobre o extensor dos dedos.

Para alongar o músculo extensor dos dedos, é preciso flexionar ao máximo os dedos nas articulações metacarpofalângicas, interfalângicas proximais e interfalângicas distais, flexionando totalmente o punho.

Músculo extensor do indicador
(Figura 7.21)

Origem

Entre o terço médio e distal da porção posterior da ulna.

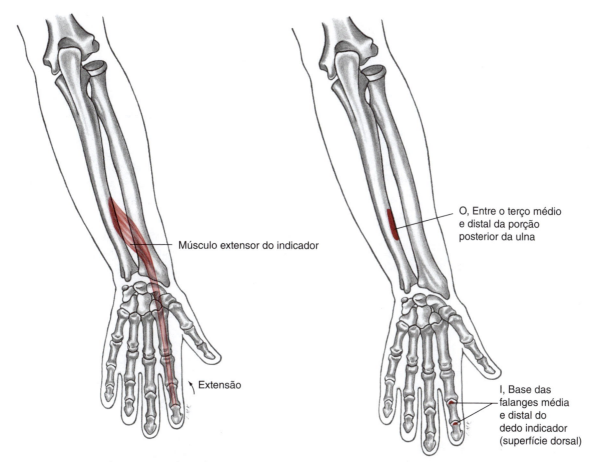

FIGURA 7.21 • Músculo extensor do indicador, vista posterior. O, Origem; I, Inserção.

Inserção

Base das falanges médias e distais do dedo indicador (superfície dorsal).

Ação

Extensão do dedo indicador na articulação metacarpofalângica.
Extensão fraca do punho.
Supinação fraca do antebraço a partir de uma posição pronada.

Palpação

Com o antebraço em pronação, na face posterior da porção distal do antebraço e superfície dorsal da mão medialmente ao tendão do músculo extensor do indicador, com extensão do indicador e flexão dos dedos médio, anular e mínimo.

Inervação

Nervo radial (C6–C8).

Aplicação, fortalecimento e flexibilidade

O músculo extensor do indicador é o músculo indicador. Ou seja, é o músculo responsável por estender o dedo indicador, especialmente quando os outros dedos estão flexionados, e que também auxilia de forma modesta a extensão do punho, podendo desenvolver-se mediante exercícios semelhantes àqueles descritos para a extensão do músculo extensor dos dedos.

O alongamento do extensor do indicador se faz por meio da flexão máxima passiva do dedo indicador em suas articulações metacarpofalângicas, interfalângica proximal e interfalângica distal e da flexão total e simultânea do punho.

Músculo extensor do dedo mínimo
(Figura 7.22)

Origem

Epicôndilo lateral do úmero.

Inserção

Base das falanges média e distal do dedo mínimo (superfície dorsal).

Ação

Extensão do dedo mínimo na articulação metacarpofalângica.
Extensão fraca do punho.
Extensão fraca do cotovelo.

Extensão da 2ª – 5ª MCF

Extensão do punho

Extensão do cotovelo

Palpação

Passando pela face dorsal da articulação radioulnar distal, especialmente com a flexão relaxada dos outros dedos e alternando entre a extensão e o relaxamento do dedo mínimo; superfície dorsal do antebraço medialmente ao extensor dos dedos e lateralmente ao extensor ulnar do carpo.

Inervação

Nervo radial (C6–C8).

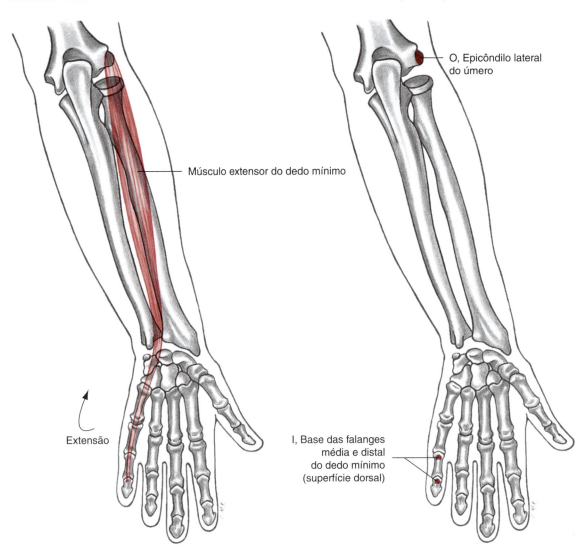

FIGURA 7.22 • Músculo extensor do dedo mínimo, vista posterior. O, Origem; I, Inserção.

Aplicação, fortalecimento e flexibilidade

A função principal do músculo extensor do dedo mínimo é auxiliar o extensor dos dedos a estender o dedo mínimo. Por causa de sua relação dorsal com o punho, esse músculo também auxilia modestamente na extensão do punho, fortalecendo-se com os mesmos exercícios descritos para o extensor dos dedos.

O alongamento do extensor do dedo mínimo se faz por meio da flexão passiva máxima do dedo mínimo em suas articulações metacarpofalângicas, interfalângica proximal e interfalângica distal e da flexão total e simultânea do punho.

Músculo extensor longo do polegar
(Figura 7.23)

Origem

Superfície posterolateral da porção inferomediana da ulna.

Inserção

Base da falange distal do polegar (superfície dorsal).

Ação

Extensão do polegar nas articulações carpometacarpal, metacarpofalângica e interfalângica.
Extensão do punho.
Abdução do punho.
Supinação fraca do antebraço a partir de uma posição pronada.

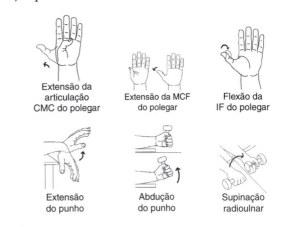

Palpação

Face dorsal da mão até a sua inserção na base da falange distal; também na superfície posterior da por-

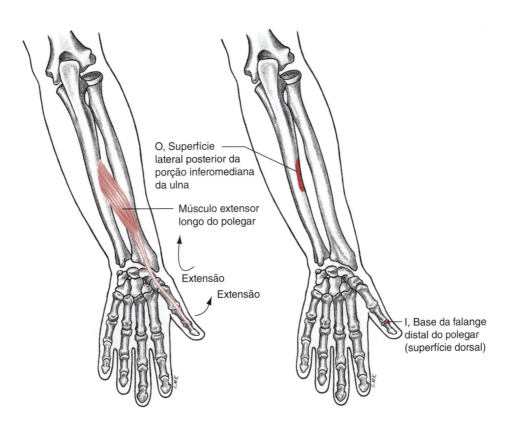

FIGURA 7.23 • Músculo extensor longo do polegar, vista posterior. O, Origem; I, Inserção.

ção inferior do antebraço entre o rádio e a ulna, proximalmente ao extensor do indicador e medialmente ao extensor curto e ao abdutor longo do polegar com o antebraço em posição pronada e os dedos em flexão relaxada, estendendo ativamente o polegar.

Inervação

Nervo radial (C6–C8).

Aplicação, fortalecimento e flexibilidade

A função principal do músculo extensor longo do polegar é a extensão do polegar, embora proporcione modesto auxílio à extensão do punho.

É possível fortalecer o extensor longo do polegar estendendo o polegar flexionado contra uma resistência manual. O seu alongamento se faz com a flexão passiva máxima de todo o polegar em suas articulações carpometacarpal, metacarpofalângica e interfalângica, mantendo-se simultaneamente o punho totalmente flexionado com o antebraço em pronação.

Os tendões dos extensores longo e curto do polegar, juntamente com o tendão do abdutor longo do polegar, formam a "tabaqueira anatômica" (fossa radial), a pequena depressão que se desenvolve entre esses dois tendões quando eles se contraem. O nome "tabaqueira anatômica" é originário do fato de os tabagistas colocarem o seu tabaco nessa depressão. No fundo da tabaqueira, pode-se palpar o osso escafoide, que geralmente é um ponto de sensibilidade localizada quando fraturado.

Músculo extensor curto do polegar
(Figura 7.24)

Origem

Superfície posterior da porção inferomediana do rádio.

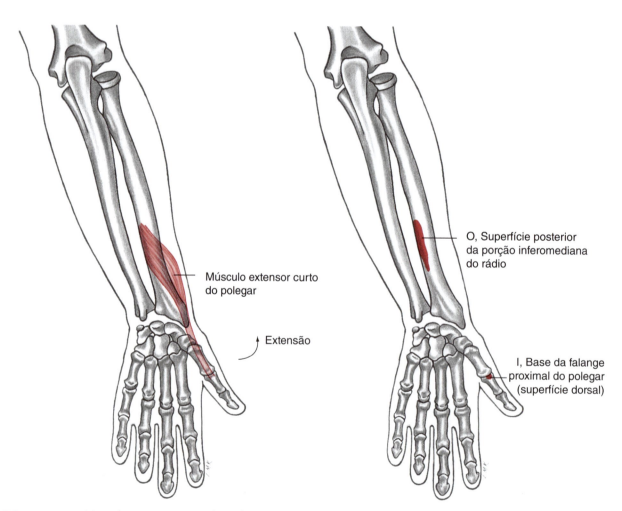

FIGURA 7.24 • Músculo extensor curto do polegar, vista posterior. O, Origem; I, Inserção.

Inserção

Base da falange proximal do polegar (superfície dorsal).

Ação

Extensão do polegar nas articulações carpometacarpal e metacarpofalângica.
Abdução do punho.
Extensão fraca do punho.

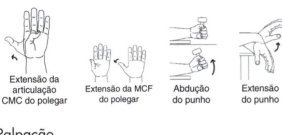

Palpação

Lateralmente ao tendão do extensor longo do polegar na face dorsal da mão até a sua inserção na falange proximal, com extensão das articulações carpometacarpal e metacarpofalângica e flexão da articulação interfalângica do polegar.

Inervação

Nervo radial (C6, C7).

Aplicação, fortalecimento e flexibilidade

O extensor curto do polegar auxilia o extensor longo na extensão do polegar. Em virtude de sua relação dorsal com o punho, esse músculo também auxilia modestamente na extensão do punho.

Pode fortalecer-se por meio dos mesmos exercícios descritos para o músculo extensor longo do polegar. O seu alongamento se faz mediante flexão passiva máxima da primeira articulação carpometacarpal e da articulação metacarpofalângica do polegar, combinada à flexão e adução totais do punho.

Músculo abdutor longo do polegar

(Figura 7.25)

Origem

Face posterior do rádio e da diáfise média da ulna.

Inserção

Base do primeiro metacarpo (superfície dorsolateral).

Ação

Abdução do polegar na articulação carpometacarpal.
Abdução do punho.
Extensão do polegar na articulação carpometacarpal.
Supinação fraca do antebraço a partir de uma posição pronada.
Extensão fraca da articulação do punho.

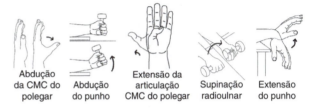

Palpação

Com o antebraço em pronação/supinação neutra, na face lateral da articulação do punho proximal ao primeiro metacarpo durante a abdução ativa do polegar e do punho.

Inervação

Nervo radial (C6, C7).

Aplicação, fortalecimento e flexibilidade

A função principal do músculo abdutor longo do polegar é a abdução do polegar, embora, de certa forma, ele auxilie também na abdução do punho. Pode-se desenvolvê-lo abduzindo o polegar a partir da posição aduzida contra uma resistência aplicada manualmente. E o seu alongamento se faz por meio da flexão e da adução totais de todo o polegar cruzado sobre a palma da mão com o punho totalmente aduzido e ligeiramente flexionado.

Músculos intrínsecos da mão

Os músculos intrínsecos da mão podem ser agrupados de acordo com a localização e as partes da mão que eles controlam (Fig. 7.26). O abdutor curto do po-

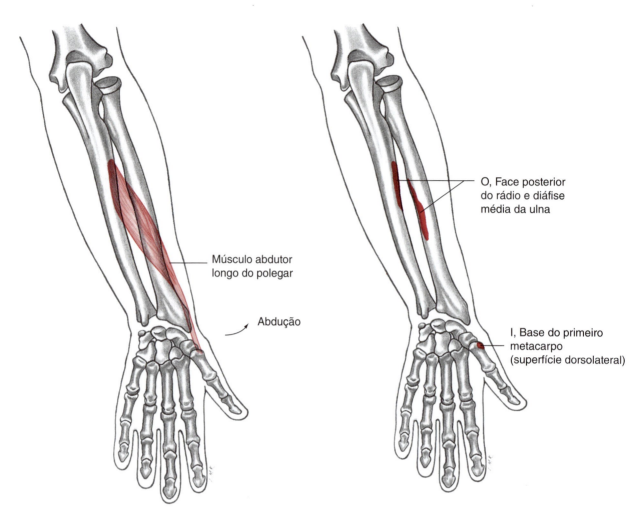

FIGURA 7.25 • Músculo abdutor longo do polegar, vista posterior. O, Origem; I, Inserção.

legar, o oponente do polegar, o flexor curto do polegar e o adutor do polegar formam a eminência tenar – a massa muscular na superfície palmar do primeiro metacarpo. A eminência hipotenar é a massa muscular que forma a borda ulnar na superfície palmar da mão e consiste nos músculos abdutor do dedo mínimo, flexor curto do dedo mínimo, palmar curto e oponente do dedo mínimo. Os músculos intermediários da mão consistem em três músculos interósseos palmares, quatro interósseos dorsais e quatro lumbricais.

Quatro músculos intrínsecos atuam na articulação carpometacarpal do polegar. O oponente do polegar é o músculo que causa oposição no metacarpo do polegar. O abdutor curto do polegar abduz o metacarpo do polegar e é auxiliado nessa ação pelo flexor curto do polegar, que também flexiona o metacarpo do polegar. O metacarpo do polegar é aduzido pelo adutor do polegar. Tanto o flexor curto do polegar quanto o adutor do polegar flexionam a falange proximal do polegar.

Os três músculos interósseos palmares são adutores da segunda, quarta e quinta falanges. Os quatro músculos interósseos dorsais tanto flexionam quanto abduzem as falanges proximais dos dedos indicador, médio e anular, além de auxiliar na extensão das falanges médias e distais desses dedos. O terceiro interósseo dorsal também aduz o dedo médio. Os quatro músculos lumbricais flexionam as falanges proximais dos dedos indicador, médio, anular e mínimo e estendem as falanges médias e distais desses dedos.

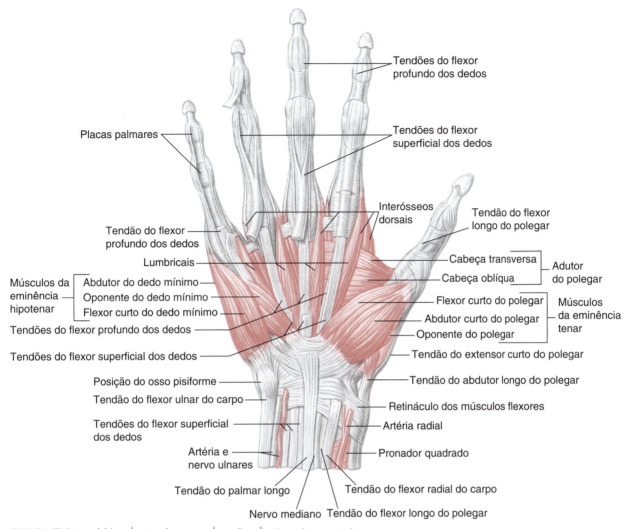

FIGURA 7.26. • Músculos intrínsecos da mão direita, vista anterior.

Três músculos atuam no dedo mínimo. O oponente do dedo mínimo causa oposição do metacarpo do dedo mínimo, enquanto o abdutor do dedo mínimo abduz esse metacarpo, e o flexor curto do dedo mínimo o flexiona.

A Tabela 7.2 contém mais detalhes sobre os músculos intrínsecos da mão.

TABELA 7.2 • Músculos intrínsecos da mão

	Músculo	Origem	Inserção	Ação	Palpação	Inervação
Músculos tenares	Oponente do polegar	Superfície anterior do ligamento transverso do carpo, trapézio	Borda lateral do 1º metacarpo	Oposição da CMC do polegar	Face palmar do 1º metacarpo com oposição das pontas dos dedos ao polegar	Nervo mediano (C6, C7)
	Abdutor curto do polegar	Superfície anterior do ligamento transverso do carpo, trapézio, escafoide	Base da 1ª falange proximal	Abdução da CMC do polegar	Face radial da superfície palmar do 1º metacarpo com abdução da 1ª CMC	Nervo mediano (C6, C7)
	Flexor curto do polegar	Cabeça superficial: trapézio e ligamento transverso do carpo. Cabeça profunda: face ulnar do 1º metacarpo	Base da falange proximal do 1º metacarpo	Flexão e abdução da CMC; flexão da MCF do polegar	Face medial da eminência tenar, em posição proximal à 1ª articulação MCF com flexão da 1ª MCF contra resistência	Cabeça superficial: nervo mediano (C6, C7) Cabeça profunda: nervo ulnar (C8, T1)
	Adutor do polegar	Cabeça transversa: diáfise anterior do 3º metacarpo. Cabeça oblíqua: base do 2º e 3º metacarpos, capitato, trapezoide	Face ulnar da base da falange proximal do 1º metacarpo	Adução da CMC; flexão da MCF do polegar	Superfície palmar entre o 1º e o 2º metacarpos com adução da 1ª CMC	Nervo ulnar (C8, T1)
Músculos intermediários	Interósseos palmares	Diáfise do 2º, 4º e 5º metacarpos e expansões do extensor	Bases da 2ª, 4ª e 5ª falanges proximais e expansões do extensor	Adução da MCF da 2ª, 4ª e 5ª falanges	Não tem como ser palpada	Nervo ulnar (C8, T1)
	Interósseos dorsais	Duas cabeças nas diáfises dos metacarpos adjacentes	Bases da 2ª, 3ª e 4ª falanges proximais e expansões do extensor	Flexão e abdução da MCF: extensão da IFP/IFD da 2ª, 3ª e 4ª falanges; adução da MCF da 3ª falange	Superfície dorsal entre o 1º e 2º metacarpos, entre as diáfises do 2º ao 5º metacarpos com abdução/adução ativas 2ª, 3ª e 4ª articulações MCF	Nervo ulnar, ramo palmar (C8, T1)
	Lumbricais	Tendão do flexor profundo dos dedos no centro da palma	Expansões do extensor na porção radial da 2ª, 3ª, 4ª e 5ª falanges proximais	Flexão da MCF e extensão da IFP/IFD da 2ª, 3ª, 4ª e 5ª falanges	Não tem como ser palpado	1º e 2º: nervo mediano (C6, C7) 3º e 4º: nervo ulnar (C8, T1)
Músculos hipotenares	Oponente do dedo mínimo	Gancho do hamato e ligamento transverso do carpo adjacente	Borda medial do 5º metacarpo	Oposição MCF da 5ª falange	Na face radial da eminência hipotenar com oposição da 5ª falange ao polegar	Nervo ulnar (C8, T1)
	Abdutor do dedo mínimo	Pisiforme e tendão do flexor ulnar do carpo	Face ulnar da base da 5ª falange proximal	Abdução MCF da 5ª falange	Face ulnar da eminência hipotenar com abdução da 5ª MCF	Nervo ulnar (C8, T1)
	Flexor curto do dedo mínimo	Gancho do hamato e ligamento transverso do carpo adjacente	Face ulnar da base da 5ª falange proximal	Flexão MCF da 5ª falange	Superfície palmar do 5º metacarpo, lateral ao oponente do dedo mínimo com flexão da 5ª MCF contra resistência	Nervo ulnar (C8, T1)
	Palmar curto	Ligamento transverso do carpo e margem medial da aponeurose palmar	Pele da borda ulnar da palma	Tensiona a pele na porção ulnar	Borda ulnar da palma da mão	Nervo ulnar (C8, T1)

Exercícios de revisão

1. Cite os planos em que ocorre cada um dos seguintes movimentos das articulações dos punhos, mãos e dedos. Relacione o eixo de rotação para cada movimento em cada plano.

    a. Abdução
    b. Adução
    c. Flexão
    d. Extensão

2. Explique por que o polegar é a parte mais importante da mão.

3. De que maneira os exercícios de flexão de braço devem ser ensinados a meninos e meninas? Justifique a sua resposta.

    a. Mãos espalmadas no chão
    b. Pontas dos dedos

4. Quadro de análise dos músculos • Punho, mão e dedos

    Preencha o quadro relacionando os músculos primariamente envolvidos em cada movimento.

Punho e mão	
Flexão	Extensão
Adução	Abdução
Dedos, articulações metacarpofalângicas	
Flexão	Extensão
Abdução	Adução
Dedos, articulações interfalângicas proximais	
Flexão	Extensão
Dedos, articulações interfalângicas distais	
Flexão	Extensão
Polegar	
Flexão	Extensão
Abdução	Adução

5. Cite os músculos envolvidos nos movimentos do dedo mínimo quando você está digitando em um teclado de computador e tenta alcançar a tecla de tabulação com o punho devidamente estabilizado em uma posição ergonômica.

6. Descreva a importância dos músculos intrínsecos da mão ao girar a maçaneta de uma porta.

7. Determine os tipos de exercícios de flexibilidade que seriam indicados para um paciente com síndrome do túnel do carpo e explique em detalhes como esses exercícios deveriam ser realizados.

Exercícios de laboratório

1. Localize as seguintes partes do úmero, do rádio, da ulna, dos carpos e dos metacarpos em um esqueleto e em um modelo humanos:

   a. Esqueleto
      1. Epicôndilo medial
      2. Epicôndilo lateral
      3. Crista supraepicondilar lateral
      4. Tróclea
      5. Capítulo
      6. Processo coronoide
      7. Tuberosidade do rádio
      8. Processo estiloide – rádio
      9. Processo estiloide – ulna
      10. Primeiro e terceiro metacarpos
      11. Ossos do punho
      12. Primeira falange do terceiro metacarpo
   b. Modelo humano
      1. Epicôndilo medial
      2. Epicôndilo lateral
      3. Crista supraepicondilar lateral
      4. Pisiforme
      5. Escafoide (navicular)

2. Como e onde os seguintes músculos podem ser palpados em um modelo humano?

   a. Flexor longo do polegar
   b. Flexor radial do carpo
   c. Flexor ulnar do carpo
   d. Extensor dos dedos
   e. Extensor longo do polegar
   f. Extensor ulnar do carpo

3. Demonstre a ação e relacione os músculos primariamente responsáveis pelos seguintes movimentos da articulação do punho:

   a. Flexão   c. Abdução
   b. Extensão   d. Adução

4. Com um parceiro de laboratório, determine como e por que é impossível manter todos os dedos totalmente flexionados durante a flexão passiva máxima do punho. É difícil também manter a extensão máxima de todas as articulações dos dedos quando o punho está em extensão passiva total?

5. Quadro de análise dos movimentos de exercício das articulações do punho e da mão

Após analisar cada exercício apresentado no quadro, desmembre cada um em duas fases principais de movimento, como uma fase de levantamento e uma fase de abaixamento. Para cada fase, determine os movimentos das articulações do punho e da mão que ocorrem, relacionando os músculos das articulações do punho e da mão primariamente responsáveis por produzir/controlar esses movimentos. Ao lado de cada músculo em cada movimento, indique o tipo de contração da seguinte maneira:
I – isométrica; C – concêntrica; E – excêntrica.

Exercício	Fase inicial do movimento (levantamento)		Fase secundária do movimento (abaixamento)	
	Movimento(s)	Agonista(s) – (tipo de contração)	Movimento(s)	Agonista(s) – (tipo de contração)
Flexão de braço				
Tração na barra fixa com pegada supinada				
Supino reto				
Mergulho nas barras paralelas				
Puxada pela frente com polia alta				
Compressão de bola com a mão				
Lançamento de *frisbee*				

6. Quadro de análise de habilidades esportivas que envolvem as articulações do punho e da mão

Analise cada habilidade apresentada no quadro e relacione os movimentos das articulações do punho e da mão dos lados direito e esquerdo em cada fase da habilidade. Você pode relacionar as posições iniciais em que as articulações do punho e da mão se encontram na fase de apoio. Após cada movimento, identifique o(s) músculo(s) das articulações do punho e da mão primariamente responsável(eis) por produzir/controlar o movimento. Ao lado de cada músculo em cada movimento, indique o tipo de contração da seguinte maneira: I – isométrica; C – concêntrica; E – excêntrica. Pode ser útil estudar os conceitos de análise no Capítulo 8 para as diversas fases.

Exercício		Fase de apoio	Fase preparatória	Fase de movimento	Fase de finalização
Arremesso do beisebol	(D)				
	(E)				
Saque do voleibol	(D)				
	(E)				
Saque (ou serviço) do tênis	(D)				
	(E)				
Arremesso do softbol	(D)				
	(E)				
Backhand do tênis	(D)				
	(E)				
Tacada do beisebol	(D)				
	(E)				
Boliche	(D)				
	(E)				
Lance livre do basquete	(D)				
	(E)				

Referências bibliográficas

Gabbard CP, et al: Effects of grip and forearm position on flex arm hang performance, *Research Quarterly for Exercise and Sport*, July 1983.

Gench BE, Hinson MM, Harvey PT: *Anatomical kinesiology*, Dubuque, IA, 1995, Eddie Bowers.

Guarantors of Brain: *Aids to the examination of the peripheral nervous system*, ed 4, London, 2000, Saunders.

Hamilton N, Weimer W, Luttgens K: *Kinesiology: scientific basis of human motion*, ed 12, New York, 2012, McGraw-Hill.

Hislop HJ, Montgomery J: *Daniels and Worthingham's muscle testing: techniques of manual examination*, ed 8, Philadelphia, 2007, Saunders.

Lindsay DT: *Functional human anatomy*, St. Louis, 1996, Mosby.

Magee DJ: *Orthopedic physical assessment*, ed 5, Philadelphia, 2008, Saunders.

Muscolino JE: *The muscular system manual: the skeletal muscles of the human body*, ed 3, St. Louis, 2010, Elsevier Mosby.

Norkin CC, Levangie PK: *Joint structure and function—a comprehensive analysis*, ed 5, Philadelphia, 2011, Davis.

Norkin CC, White DJ: *Measurement of joint motion: a guide to goniometry*, ed 4, Philadelphia, 2009, Davis.

Oatis CA: *Kinesiology: the mechanics and pathomechanics of human movement*, ed 2, Philadelphia, 2008, Lippincott Williams & Wilkins.

Rasch PJ: *Kinesiology and applied anatomy*, ed 7, Philadelphia, 1989, Lea & Febiger.

Seeley RR, Stephens TD, Tate P: *Anatomy & physiology*, ed 8, New York, 2008, McGraw-Hill.

Sieg KW, Adams SP: *Illustrated essentials of musculoskeletal anatomy*, ed 4, Gainesville, FL, 2002, Megabooks.

Sisto DJ, et al: An electromyographic analysis of the elbow in pitching, *American Journal of Sports Medicine* 15:260, May–June 1987.

Smith LK, Weiss EL, Lehmkuhl LD: *Brunnstrom's clinical kinesiology*, ed 5, Philadelphia, 1996, Davis.

Springer SI: Racquetball and elbow injuries, *National Racquetball* 16:7, March 1987.

Stone RJ, Stone JA: *Atlas of the skeletal muscles*, ed 6, New York, 2009, McGraw-Hill.

Van De Graaff KM: *Human anatomy*, ed 6, Dubuque, IA, 2002, McGraw-Hill.

Acesse a página http://manoleeducacao.com.br/manualdecinesiologiaestrutural, siga as instruções e desfrute de recursos adicionais associados a este capítulo, incluindo:
- questões de múltipla escolha
- questões do tipo verdadeiro ou falso
- respostas aos exercícios de revisão e de laboratório
- relação de sites úteis (em inglês)

Capítulo 8

Análise muscular dos exercícios do membro superior

Objetivos

- Começar a analisar as habilidades esportivas em termos de fases e dos diversos movimentos articulares que ocorrem nessas fases.
- Compreender os diversos princípios condicionadores e como aplicá-los para fortalecer os principais grupos musculares.
- Analisar um exercício para determinar os movimentos das articulações e os tipos de contração que ocorrem nos músculos específicos envolvidos nesses movimentos.
- Aprender e compreender o conceito de cadeia cinética aberta e fechada.
- Aprender a agrupar músculos individuais em unidades que produzam determinados movimentos nas articulações.
- Começar a pensar em termos dos exercícios que aumentam a força e a resistência de cada grupo muscular.
- Aprender a analisar e prescrever exercícios para fortalecer os principais grupos de músculos.

O funcionamento adequado dos membros superiores é fundamental para a maioria das atividades esportivas, bem como para muitas atividades da vida diária. A força e a resistência nessa parte do corpo são essenciais para melhorar a aparência e a postura, bem como para um desempenho mais eficiente das habilidades envolvidas. Infelizmente, essa costuma ser uma das áreas mais fracas do corpo, considerando o número de músculos envolvidos. É recomendável selecionar de forma inteligente exercícios e atividades específicos para condicionar essa região, familiarizando-se totalmente com os músculos em questão.

É possível utilizar exercícios simples para começar a ensinar às pessoas como agrupar os músculos para produzir movimento nas articulações. Este capítulo mostra alguns desses exercícios introdutórios simples.

A análise inicial do exercício confere mais sentido ao estudo da cinesiologia estrutural à medida que os estudantes passam a compreender melhor a importância dos músculos individuais e grupos musculares na produção dos movimentos das articulações em diversos exercícios. O Capítulo 13 contém uma análise dos exercícios para todo o corpo, com ênfase no tronco e nos membros inferiores. Ao contrário do que acredita a maioria dos estudantes iniciantes de cinesiologia estrutural, a análise muscular das atividades não é difícil a partir do momento em que se tem conhecimento dos conceitos básicos.

Atividades para os membros superiores

As crianças parecem ter um desejo inato de escalar, balançar-se e pendurar-se. Esses movimentos utilizam os músculos das mãos, dos punhos, dos cotovelos e das articulações dos ombros. Mas a oportunidade de realizar esses tipos de atividades é limitada em nossa cultura moderna. A menos que os professores de educação física nas escolas de ensino fundamental enfatizem o desenvolvimento dessa área do corpo, tanto para meninos quanto para meninas, essa continuará sendo a área mais fraca de nosso corpo. A fraqueza dos membros superiores pode prejudicar o desenvolvimento de habilidades e o desempenho em atividades recreacionais muito comuns e agradáveis, como golfe, tênis, softbol e raquetebol. As pessoas apreciam aquilo que são capazes de executar bem, e podem aprender a apreciar atividades que aumentem a força e resistência dessa parte do corpo. É possível desfrutar dessas e de outras atividades similares durante toda a vida adulta. Portanto, o desenvolvimento adequado de habilidades com base na força e resistência musculares é essencial para o lazer e a prevenção de lesões.

Em geral, fazemos exercícios típicos de fortalecimento na sala de musculação, como supino reto com barra, *overhead press* (exercício de ombro com elevação de barra acima da cabeça) e flexões de bíceps. Esses exercícios são bons, mas todos se concentram principalmente nos músculos da parte anterior do membro superior, o que pode levar a um superdesenvolvimento desses músculos em relação aos músculos posteriores. Consequentemente, as pessoas podem acabar fortalecendo e enrijecendo os músculos da parte anterior enquanto os músculos posteriores permanecem fracos e flexíveis. É por essas razões que se deve saber analisar exercícios específicos de fortalecimento e determinar os músculos envolvidos, a fim de obter o equilíbrio geral dos músculos por meio da prescrição de exercícios adequada.

Conceitos de análise

Na análise de atividades, é importante entender que os músculos normalmente são agrupados de acordo com a sua função concêntrica e trabalham em oposição correlata a um grupo antagonista. Um exemplo desse **agregado** de músculos para a execução de uma determinada ação muscular é o funcionamento conjunto dos flexores do cotovelo. Nesse exemplo, os flexores do cotovelo (músculos bíceps braquial, braquial e braquiorradial) contraem-se concentricamente como um grupo agonista para fazer a flexão. À medida que flexiona o cotovelo, cada músculo contribui de modo significativo para a tarefa. Eles trabalham em oposição aos seus antagonistas, o tríceps braquial e o ancôneo. O tríceps braquial e o ancôneo trabalham juntos como um agregado muscular para produzir a extensão do cotovelo, mas nesse exemplo eles cooperam em seu alongamento de modo a permitir que os flexores executem a sua tarefa. Nesse alongamento cooperativo, o tríceps e o ancôneo podem ou não estar sob tensão ativa. Se não houver tensão, o alongamento é passivo, causado totalmente pelos flexores do cotovelo. Se, por outro lado, houver tensão ativa, os extensores do cotovelo se contraem excentricamente para controlar o grau e a velocidade de alongamento.

Um aspecto em geral confuso é que, dependendo da atividade, esses grupos de músculos podem funcionar de modo a controlar as ações exatamente opostas contraindo-se excentricamente. Ou seja, mediante contrações excêntricas, os flexores do cotovelo podem controlar a extensão do cotovelo, como durante o abaixamento do peso em uma flexão de bíceps, enquanto o tríceps braquial e o ancôneo podem controlar a flexão do cotovelo, como durante o abaixamento do peso no movimento de extensão do tríceps (ver Tabs. 8.3 e 8.4). Os profissionais em exercícios devem ser capazes de visualizar uma atividade e não apenas determinar os músculos executores do movimento, mas também os tipos de exercício adequados para desenvolver esses músculos. O Capítulo 2 proporciona uma revisão de como os músculos se contraem de modo a trabalhar em grupos e atuar no movimento das articulações.

Análise dos movimentos

Ao analisar diversos exercícios e habilidades esportivas, é essencial desmembrar todos os movimentos em fases. O número de fases, normalmente de 3 a 5, varia conforme a habilidade. Praticamente toda habilidade esportiva envolve pelo menos uma fase de preparação, uma fase de movimento e uma fase de finalização. Muitas começam também com uma fase de apoio e terminam com uma fase de recuperação. Os nomes das fases variam de acordo com a habilidade, visando à compatibilidade com a terminologia utilizada em diversos esportes, podendo variar também de acordo com a parte do corpo envolvida. Em alguns casos, essas fases principais podem ser subdivididas, como no caso do beisebol, no qual a fase de preparação do braço executor do arremesso é desmembrada em posicionamento inicial e posicionamento final.

A **fase de apoio** permite que o atleta assuma uma posição corporal confortável e devidamente equilibrada para dar início à execução da habilidade esportiva. A ênfase está na definição dos diversos ângulos das articulações em suas posições corretas entre si e em relação à superfície do esporte. Em geral, comparada às fases subsequentes, a fase de apoio é uma fase relativamente estática que envolve amplitudes de movimento um tanto curtas. Em virtude da quantidade mínima de movimento nessa fase, a maior parte da manutenção das posições articulares nas diversas partes do corpo é obtida por meio de contrações isométricas.

A **fase de preparação**, geralmente conhecida como fase de posicionamento, é utilizada para alongar os músculos adequados para que eles tenham condição de gerar mais força e impulso durante os movimentos de contração concêntrica na próxima fase. Essa é a fase fundamental para a obtenção do resultado desejado da atividade, tornando-se mais dinâmica à medida que a necessidade de força explosiva aumenta. Em geral, para alongar os músculos necessários na próxima fase, os seus músculos antagonistas se contraem concentricamente na fase de preparação.

A **fase de movimento**, às vezes chamada de fase de aceleração, ação ou contato, é a parte da ação da habilidade. É a fase em que a somatória de forças é aplicada diretamente à bola, ao objeto esportivo ou ao oponente, em geral caracterizada pelo nível praticamente máximo de atividade concêntrica dos músculos envolvidos.

A **fase de finalização** começa imediatamente após o clímax da fase de movimento, a fim de produzir a aceleração negativa do membro ou segmento do corpo envolvido. Nessa fase, geralmente conhecida como fase de desaceleração, a velocidade do segmento do corpo diminui de forma progressiva, normalmente com uma grande amplitude de movimento. Essa redução de velocidade geralmente é atribuída à alta atividade excêntrica nos músculos que atuaram como antagonistas dos músculos utilizados na fase de movimento. Em geral, quanto maior a aceleração na fase de movimento, maior a duração e a importância da fase de finalização. Eventualmente, alguns atletas podem iniciar a fase de finalização cedo demais, abreviando, assim, a fase de movimento e alcançando um resultado insatisfatório na atividade.

A **fase de recuperação** é utilizada após a finalização para recuperar o equilíbrio e o posicionamento de modo a estar preparado para a exigência seguinte do esporte. Até certo ponto, os músculos utilizados excentricamente na fase de finalização para desacelerar o corpo ou o segmento do corpo envolvido serão utilizados concentricamente na recuperação para produzir o retorno inicial a uma posição funcional.

Pode-se observar a análise de habilidades no exemplo de um arremesso do beisebol na Figura 8.1.

FIGURA 8.1 • Fases de análise de habilidades – arremesso de beisebol. A fase de apoio é realizada predominantemente com contrações isométricas. Na fase de preparação, os movimentos são executados principalmente por meio de contrações concêntricas. A fase de movimento envolve uma atividade concêntrica significativa. A atividade excêntrica é intensa durante a fase de finalização.

A fase de apoio começa quando o jogador assume uma posição com a bola na luva antes de receber o sinal do receptor. O arremessador inicia a fase de preparação estendendo posteriormente o braço executor do arremesso e girando o tronco para a direita enquanto flexiona o quadril para a esquerda. O cíngulo do membro superior direito está totalmente retraído, combinado à abdução e rotação lateral máxima da articulação glenoumeral para concluir essa fase. Logo em seguida, tem início a fase de movimento do braço para a frente, prosseguindo até a liberação da bola. No momento da liberação da bola, inicia-se a fase de finalização enquanto o braço continua se movendo na mesma direção determinada pela fase de movimento, até que a velocidade diminua a ponto de o braço mudar com segurança a direção do movimento. Essa desaceleração do corpo, e especialmente do braço, é decorrente do alto grau de atividade excêntrica. Nesse momento tem início a fase de recuperação, permitindo que o jogador reposicione no campo a bola batida. Esse exemplo fez referência principalmente ao braço executor do arremesso, mas existem muitas semelhanças em outras habilidades esportivas que envolvem arremessos por cima, como o saque de tênis, o lançamento de dardo e o saque de voleibol. Na prática efetiva, os movimentos de cada articulação do corpo devem ser analisados em relação às diversas fases.

O conceito de cadeia cinética

Como você aprendeu, os nossos membros consistem em vários segmentos ósseos ligados por uma série de articulações. Esses segmentos ósseos e o seu sistema de conexão das articulações podem ser comparados a uma corrente (ou cadeia). Assim como ocorre com uma corrente, qualquer elo na extremidade pode ser removido individualmente sem afetar de modo significativo os demais elos da cadeia, se ela estiver aberta ou não conectada em uma extremidade. Entretanto, se a corrente estiver firmemente encadeada ou fechada, não tem como ocorrer um movimento substancial de qualquer elo sem que haja um movimento subsequente considerável dos demais elos.

No corpo, um membro pode ser considerado uma **cadeia cinética aberta** se a sua extremidade distal não estiver fixada a uma superfície relativamente estável. Essa disposição permite que qualquer articulação do membro em questão se movimente ou funcione separadamente sem necessitar do movimento de outras articulações do membro. Isso não significa que as atividades da cadeia cinética aberta envolvam apenas uma articulação, mas que o movimento ocorrido em uma determinada articulação não exige que haja necessariamente movimento em outras articulações da cadeia. No membro superior, os exemplos desses exercícios de articulações isoladas incluem movimentos como encolhimento dos ombros, levantamento do deltoide (abdução do ombro) e flexão do bíceps (Fig. 8.2 A). Os exemplos relacionados ao membro inferior envolvem exercícios como flexão do quadril na posição sentada, extensão do joelho e dorsiflexão do tornozelo (Fig. 8.2 C). Em todos esses exemplos, o *core* e o segmento proximal do corpo estão estabilizados, enquanto o segmento distal está livre para se movimentar no espaço em um único plano. Esses tipos de exercício são conhecidos como exercícios de isolamento articular e são benéficos para isolar uma determinada articulação, concentrando-se em grupos de músculos específicos. Entretanto, não são exercícios muito funcionais na medida em que a maior parte da atividade física, particularmente para o membro inferior, requer a atividade multiarticular com o envolvimento simultâneo de vários grupos de músculos. Além disso, como a articulação está estável na posição proximal e carregada na posição distal, as forças de cisalhamento estão atuando sobre a articulação, com possíveis consequências negativas.

FIGURA 8.2 • Atividades de cadeia cinética aberta e fechada. **A**, Atividade de cadeia aberta para o membro superior; **B**, Atividade de cadeia fechada para o membro superior. *(continua)*

FIGURA 8.2 • *(continuação)* Atividades de cadeia cinética aberta e fechada. **C**, Atividade de cadeia aberta para o membro inferior; **D**, Atividade de cadeia fechada para o membro inferior.

Se a extremidade distal do membro se mantiver fixa, como em um exercício de tração na barra fixa com pegada pronada, flexão de braço, mergulho nas barras paralelas, agachamento ou levantamento-terra, o membro representa uma **cadeia cinética fechada** – ver Figura 8.2 *B* e *D*. Nesse sistema fechado, o movimento de uma determinada articulação não pode ocorrer sem produzir movimentos previsíveis de outras articulações do membro envolvido. As atividades de cadeia fechada são muito funcionais e envolvem o movimento do corpo em relação ao segmento distal relativamente fixo. A vantagem dos exercícios multiarticulares é o envolvimento de várias articulações e a participação de diversos grupos musculares no processo de causa e controle dos movimentos em vários planos intimamente correlacionados com a maioria das atividades físicas. Além disso, a articulação é mais estável por causa das forças de compressão articular resultantes do apoio de peso.

Para expressar a diferença de outra maneira, os exercícios de cadeia aberta consistem em movimentar o membro, aproximando-o ou distanciando-o do corpo estabilizado, enquanto os exercícios de cadeia fechada consistem em movimentar o corpo, aproximando-o ou distanciando-o do membro estabilizado. A Tabela 8.1 compara as variáveis que diferem entre os exercícios de cadeia aberta e fechada, enquanto a Figura 8.2 apresenta exemplos de cada caso.

Nem todo exercício ou atividade pode ser classificado totalmente como um exercício de cadeia aberta ou fechada. Por exemplo, caminhar e correr são atividades tanto abertas quanto fechadas em virtude das suas fases de balanço e apoio, respectivamente. Outro caso é o ciclismo, um exercício misto na medida em que a pelve apoiada sobre o selim da bicicleta é o segmento mais estável, mas os pés estão ligados a pedais móveis.

É importante considerar se a cadeia cinética é do tipo aberto ou fechado ao determinar os músculos e seus respectivos tipos de contração durante a análise de atividades esportivas. Perceber as diferenças relativas nas exigências impostas ao sistema musculoesquelético por meio da análise detalhada de movimentos especializados é fundamental para que se possa determinar os exercícios de condicionamento mais adequados para melhorar o desempenho. Em geral, os exercícios de cadeia cinética fechada são mais funcionais e aplicáveis às exigências das atividades físicas e esportivas. A maioria dos esportes envolve atividades de cadeia fechada nos membros inferiores e atividades de cadeia aberta nos membros superiores. Entretanto, existem muitas exceções, e os exercícios de condicionamento de cadeia fechada podem ser benéficos para os membros envolvidos principalmente em atividades esportivas de cadeia aberta. Os exercícios de cadeia aberta são úteis para o desenvolvimento de um grupo de músculos específico em uma determinada articulação isolada.

Considerações sobre condicionamento

Este livro não tem por finalidade abordar exaustivamente os princípios do condicionamento, mas apre-

TABELA 8.1 • Diferenças entre exercícios de cadeia aberta e fechada

Variável	Exercícios de cadeia aberta	Exercícios de cadeia fechada
Extremidade distal do membro	Livre no espaço e não fixo	Fixo a algo
Padrão de movimento	Caracterizado pela sobrecarga rotatória na articulação (geralmente não funcional)	Caracterizado pela sobrecarga linear na articulação (funcional)
Movimentos da articulação	Ocorre isoladamente	Múltiplo, ocorre simultaneamente
Recrutamento de músculos	Isolado (cocontração muscular mínima)	Múltiplo (significativa cocontração muscular)
Eixo articular	Estável durante os padrões de movimento	Principalmente transversal
Plano de movimento	Normalmente único	Múltiplo (triplanar)
Segmento proximal da articulação	Estável	Móvel
Segmento distal da articulação	Móvel	Móvel, exceto para a maior parte da porção distal
Ponto de ocorrência do movimento	Distal ao eixo instantâneo de rotação	Proximal e distal ao eixo instantâneo de rotação
Funcionalidade	Geralmente não funcional, sobretudo o membro inferior	Funcional
Forças articulares	Cisalhamento	Compressivo
Estabilidade da articulação	Reduzida em virtude das forças de cisalhamento e distrativas	Intensificado por causa das forças compressivas
Estabilização	Artificial	Não artificial, mas sim realista e funcional
Carregamento	Artificial	Fisiológico, fornece *feedback* proprioceptivo e cinestésico

Adaptado a partir de Ellenbecker TS, Davies GJ: *Closed kinetic chain exercise: a comprehensive guide to multiple-joint exercise*, Champaign, IL, 2001, Human Kinetics.

senta um breve panorama para servir de referência geral e para lembrar a importância da aplicação correta desses conceitos durante o desenvolvimento de importantes grupos musculares.

Princípio da sobrecarga

Um princípio fisiológico básico do exercício é o princípio da sobrecarga, segundo o qual, dentro dos parâmetros adequados, a força de um músculo ou grupo de músculos aumenta em proporção direta à sobrecarga que lhe é imposta. Embora fuja ao escopo desta obra uma explicação completa das aplicações específicas do princípio da sobrecarga para cada componente do condicionamento físico, apresentamos a seguir alguns conceitos gerais. Para melhorar a força e o funcionamento de músculos importantes, esse princípio deve aplicar-se a todo grupo de músculos grandes do corpo, progredindo a cada ano, em todas as faixas etárias. Na prática efetiva, o nível de sobrecarga aplicado varia de modo significativo com base em vários fatores. Por exemplo, uma pessoa não treinada que inicie um programa de treinamento de força normalmente apresentará ganhos expressivos na quantidade de peso que ela consegue levantar nas primeiras semanas do programa de exercícios. A maior parte desse aumento de capacidade se deve a um aprimoramento da função neuromuscular, e não a um aumento real da força dos tecidos musculares. Da mesma forma, uma pessoa bem treinada apresentará uma melhoria relativamente pequena em termos da quantidade de peso que ela consegue levantar durante um intervalo de tempo muito mais longo. Portanto, a quantidade e a taxa de sobrecarga progressiva são extremamente variáveis e devem ser ajustadas de acordo com as necessidades específicas dos objetivos de exercício da pessoa.

É possível modificar a sobrecarga alterando qualquer uma ou uma combinação de três variáveis de exercícios: **frequência, intensidade** e **duração**. A frequência normalmente diz respeito ao número de vezes por semana. A intensidade geralmente é um determinado percentual do máximo absoluto, e a duração é o número de minutos por série de exercícios. Aumentar a velocidade de execução dos exercícios, o número de repetições, o peso e as séries de exercício são todas maneiras de modificar essas variáveis e aplicar o princípio da sobrecarga. Todos esses fatores são importantes para a determinação do volume total de exercício.

A sobrecarga nem sempre aumenta de forma progressiva. Em determinados períodos do condicionamento, deve-se, na verdade, prescrever a redução ou o aumento da sobrecarga para melhorar os resultados gerais de todo o programa. Essa variação intencional em intervalos regulares de um programa de treinamento é conhecida como **periodização** e tem por finalidade produzir níveis ideais de desempenho físico. Parte da base para a periodização consiste em fazer com que o atleta alcance o seu nível máximo de desempenho durante a parte mais competitiva da temporada. Para isso, pode-se manipular uma série de variáveis, inclusive o número de séries por exercício ou repetições por série, os tipos de exercício, o número de exercícios por sessão de treinamento, os períodos de descanso entre as séries e os exercícios, a resistência utilizada para uma série, o tipo de contração muscular e o número de sessões de treinamento por dia e por semana.

Princípio AEDI

O princípio **AEDI** (**A**daptações **E**specíficas às **D**emandas **I**mpostas) deve ser considerado em todos os aspectos do condicionamento fisiológico e do treinamento. Esse princípio, segundo o qual, com o tempo, o corpo se adapta gradativamente e de forma muito específica aos diversos tipos de tensão e sobrecarga aos quais é submetido, aplica-se a toda forma de treinamento muscular, bem como aos demais sistemas do corpo. Por exemplo, se uma pessoa fosse submetida a várias semanas de exercícios de treinamento de força para uma determinada articulação com uma amplitude de movimento limitada, os músculos específicos envolvidos na execução dos exercícios de fortalecimento melhorariam principalmente em sua capacidade de movimento contra uma maior resistência dentro da amplitude de movimento específica utilizada. Na maioria dos casos, haveria ganhos mínimos de força bastante além da amplitude de movimento utilizada no treinamento. Além disso, outros componentes do condicionamento físico – como flexibilidade, resistência cardiorrespiratória e resistência muscular – pouco ou nada melhorariam. Em outras palavras, para alcançar determinados benefícios, os programas de exercício devem ser elaborados especificamente para a adaptação desejada.

É preciso reconhecer que essa adaptação pode ser positiva ou negativa, dependendo do uso correto das técnicas e sua ênfase na criação e na administração do programa de condicionamento. Demandas inadequadas ou excessivas impostas ao corpo em um intervalo de tempo demasiadamente curto podem resultar em lesões. Se, por outro lado, as exigências forem muito pequenas ou administradas com pouca frequência durante um período de tempo muito longo, o nível de melhoria será insatisfatório. Os programas de condicionamento e os exercícios neles incluídos devem ser analisados para que se determine se eles estão utilizando corretamente os músculos específicos para as finalidades pretendidas.

Especificidade

A especificidade do exercício está intimamente relacionada à discussão sobre o princípio AEDI. Os componentes do condicionamento físico – como a força muscular, a resistência muscular e a flexibilidade – não são características gerais do corpo, mas sim características específicas de cada área e grupo de músculos do corpo. Portanto, devem-se considerar as necessidades específicas do indivíduo ao elaborar um programa de exercícios. Em geral, é necessário analisar o exercício e a técnica especializada da pessoa para criar um programa de exercícios que atenda às suas necessidades específicas. Os possíveis exercícios a serem utilizados no programa de condicionamento devem ser analisados para que se determine a sua adequabilidade às necessidades específicas da pessoa. Os objetivos do programa de exercícios devem ser determinados de acordo com as áreas específicas do corpo, o tempo desejado para alcançar o pico de desempenho e as necessidades do condicionamento físico, como força, resistência muscular, flexibilidade, resistência cardiorrespiratória e constituição física. Depois de definir os objetivos, pode-se prescrever um regime que incorpore variáveis de sobrecarga como frequência, intensidade e duração, de modo a abranger a totalidade ou áreas específicas do corpo e melhorar os componentes preferidos do condicionamento físico. A observação regular e a análise de acompanhamento dos exercícios são necessárias para garantir a adesão adequada à técnica correta.

Desenvolvimento muscular

Durante anos o pensamento foi de que uma pessoa desenvolvia a força muscular, a resistência e a flexibilidade adequadas por meio da participação em atividades esportivas. Hoje, acredita-se que a pessoa precisa desenvolver força muscular, resistência e flexibilidade como requisito necessário para uma participação segura e eficaz nas atividades esportivas.

A força muscular, a resistência e a flexibilidade adequadas de todo o corpo, da cabeça aos pés, devem ser desenvolvidas pelo uso correto dos princípios de exercício adequados. As pessoas responsáveis por esse desenvolvimento precisam prescrever exercícios que atendam a esses objetivos.

Nas escolas, esse desenvolvimento deve começar desde cedo e continuar durante toda a vida estudantil. Os resultados dos testes de condicionamento como flexões abdominais, salto horizontal e corrida de 1 milha revelam que, nos Estados Unidos, as crianças precisam melhorar consideravelmente nessa área. Os níveis adequados de força e resistência muscular são importantes na idade adulta para as atividades da vida diária, bem como para as necessidades de natureza profissional e de lazer. Muitos problemas nas costas e outros incômodos físicos poderiam ser evitados com a manutenção adequada do sistema musculoesquelético. Ver Capítulos 4 a 7, se necessário.

Análise dos exercícios dos membros superiores

As próximas páginas apresentam breves análises de vários exercícios comuns para os membros superiores. Seguir e talvez ampliar a abordagem utilizada são procedimentos incentivados durante a análise de outras atividades que envolvam os membros superiores. Todos os músculos relacionados na análise contraem-se de forma concêntrica, salvo se observado especificamente que se trata de contração excêntrica ou isométrica.

Manobra de Valsalva

Muitas pessoas fazem força para baixo, retendo irrefletidamente o ar, ao tentar erguer algo pesado. Essa força para baixo, conhecida como manobra de Valsalva, ocorre quando se expira o ar contra a epiglote fechada (a aba de cartilagem existente por trás da língua que fecha a passagem do ar durante a deglutição) e muitos a consideram capaz de aumentar a capacidade de levantamento de peso. Este livro, no entanto, recomenda cautela em relação ao uso da técnica, que aumenta drasticamente a pressão arterial após uma queda de pressão igualmente radical. O uso da manobra de Valsalva pode causar tontura e desmaio, podendo levar a complicações em pessoas com doença cardíaca. Em vez que usar a manobra de Valsalva, as pessoas que levantam peso deveriam sempre utilizar um método de respiração rítmica e regular. Normalmente, é aconselhável expirar durante a fase de levantamento ou contração e inspirar durante a fase de abaixamento ou recuperação.

Puxada de ombros

Descrição

De pé ou sentada, a pessoa engancha os dedos de uma das mãos nos da outra na frente do tórax e tenta puxá-los em sentidos opostos (Fig. 8.3), mantendo essa contração por 5 a 20 segundos.

Análise

Nesse tipo de exercício, existe pouco ou nenhum movimento dos músculos contraídos. Em determinados exercícios isométricos, a contração dos músculos antagonistas é tão forte quanto a contração dos músculos que tentam produzir a força geradora do movimento. Os grupos de músculos que se contraem para produzir um movimento são designados **agonistas**. No exercício que acabamos de descrever, os agonistas do membro superior direito são antagonistas dos agonistas do membro superior esquerdo, e vice-versa (Tab. 8.2). Esse exercício resulta em contrações isométricas dos músculos do punho e da mão, do coto-

FIGURA 8.3 • Puxada de ombros.

velo, da articulação do ombro e do cíngulo do membro superior. A força da contração depende do ângulo de tração e da alavancagem da articulação envolvida. Portanto, não é a mesma em cada ponto.

O número de músculos que se contraem é variável nos exercícios isométricos, dependendo do tipo de exercício e das articulações em que ocorre a tentativa de movimento. O exercício de puxada dos ombros produz alguma contração dos músculos agonistas em quatro conjuntos de articulações – ver Tabelas 4.1, 5.2, 6.1 e 7.1.

Rosca direta

Descrição

De pé, a pessoa segura o peso com a palma da mão estendida para a frente, levantando-o até que o cotovelo esteja completamente flexionado (Fig. 8.4) e retornando-o, em seguida, à posição inicial.

Análise

Esse exercício de cadeia cinética aberta divide-se em duas fases para fins de análise: (1) da fase de le-

FIGURA 8.4 • Rosca direta. **A**, Posição inicial estendida; **B**, Posição flexionada.

TABELA 8.2 • Puxada de ombros

Articulação	Todo este exercício envolve apenas contrações isométricas				
	Ação	Agonistas		Ação	Agonistas
Punho e mão	Flexão	Resistência oposta pelos flexores do punho e da mão Agonistas – flexores do punho e das articulações MCF, IFP, IFD		Flexão	Resistência oposta pelos flexores do punho e da mão Antagonistas – flexores do punho e das articulações MCF, IFP, IFD
Articulação do cotovelo	Extensão	Resistência oposta pelos flexores do punho, do cotovelo e da mão Agonistas – músculos tríceps braquial, ancôneo Antagonistas – músculos bíceps braquial, braquial e braquiorradial		Flexão	Resistência oposta pelos extensores do punho, do cotovelo e da mão Agonistas – músculos bíceps braquial, braquial e braquiorradial Antagonistas – músculos tríceps braquial, ancôneo
Articulação do ombro	Abdução horizontal	Resistência oposta pelos abdutores horizontais da articulação do ombro contralateral Agonistas – deltoide, infraespinal, redondo menor, latíssimo do dorso Antagonistas – deltoide, infraespinal, redondo menor, latíssimo do dorso contralaterais		Abdução horizontal	Resistência oposta pelos abdutores horizontais da articulação do ombro contralateral Agonistas – deltoide, infraespinal, redondo menor, latíssimo do dorso Antagonistas – deltoide, infraespinal, redondo menor, latíssimo do dorso contralaterais
Cíngulo do membro superior	Adução	Resistência oposta pelos adutores da porção contralateral do cíngulo do membro superior Agonistas – romboide e trapézio Antagonistas – romboide e trapézio contralaterais		Adução	Resistência oposta pelos adutores do cíngulo do membro superior contralateral Agonistas – romboide e trapézio Antagonistas – romboide e trapézio contralaterais

vantamento para a posição flexionada e (2) da fase de abaixamento para a posição estendida (Tab. 8.3). *Nota:* supõe-se a ausência de movimento na articulação do ombro e no cíngulo do membro superior, embora muitos dos músculos do ombro e do cíngulo do membro superior estejam atuando isometricamente como estabilizadores. Rever Tabelas 4.1, 5.2, 6.1 e 7.1.

Extensão do tríceps

Descrição

A pessoa pode utilizar a mão oposta para ajudar a manter o braço em uma posição em que o ombro permaneça flexionado. Em seguida, segurando o peso e começando com o cotovelo totalmente flexionado, ela estende o cotovelo até que o braço e o antebraço estejam retos. A articulação do ombro e o cíngulo do membro superior são estabilizados pela mão oposta. Consequentemente, supõe-se não haver movimento nessas áreas (Fig. 8.5).

Análise

Esse exercício de cadeia cinética aberta divide-se em duas fases para fins de análise: (1) da fase de levantamento para a posição estendida e (2) da fase de abaixamento para a posição flexionada (Tab. 8.4). *Nota:* supõe-se a ausência de movimento na articulação do ombro e no cíngulo do membro superior, embora seja fundamental que muitos dos músculos do

FIGURA 8.5 • Extensão do tríceps. **A**, Posição inicial flexionada; **B**, Posição estendida.

ombro e do cíngulo do membro superior se contraiam isometricamente para estabilizar essa área de modo que o exercício possa ser realizado corretamente. Rever Tabelas 4.1, 5.2, 6.1 e 7.1.

TABELA 8.3 • Rosca direta

Articulação	Fase de levantamento para a posição flexionada		Fase de abaixamento para a posição estendida	
	Ação	Agonistas	Ação	Agonistas

Punho e mão	Flexão*	Flexores do punho e das articulações MCF, IFP, IFD (contração isométrica)
		  Flexor radial do carpo
		  Flexor ulnar do carpo
		  Palmar longo
		  Flexor profundo dos dedos
		  Flexor superficial dos dedos
		  Flexor longo do polegar
			Flexão*	Flexores do punho e das articulações MCF, IFP, IFD (contração isométrica)
				  Flexor radial do carpo
				  Flexor ulnar do carpo
				  Palmar longo
				  Flexor profundo dos dedos
				  Flexor superficial dos dedos
				  Flexor longo do polegar

Cotovelo	Flexão	Flexores do cotovelo
		  Bíceps braquial
		  Braquial
		  Braquiorradial
			Extensão	Flexores do cotovelo (contração excêntrica)
				  Bíceps braquial
				  Braquial
				  Braquiorradial

*O punho está ligeiramente estendido a fim de facilitar um maior grau de flexão ativa dos dedos para segurar o peso. (Os flexores permanecem isometricamente contraídos durante todo o exercício, para segurar o peso.)

TABELA 8.4 • Extensão do tríceps

Articulação	Fase de levantamento para a posição estendida		Fase de abaixamento para a posição flexionada	
	Ação	Agonistas	Ação	Agonistas

Punho e mão	Flexão*	Flexores do punho e das articulações MCF, IFP, IFD (contração isométrica)
		   Flexor radial do carpo
		   Flexor ulnar do carpo
		   Palmar longo
		   Flexor profundo dos dedos
		   Flexor superficial dos dedos
		   Flexor longo do polegar
			Flexão*	Flexores do punho e das articulações MCF, IFP, IFD (contração isométrica)
				   Flexor radial do carpo
				   Flexor ulnar do carpo
				   Palmar longo
				   Flexor profundo dos dedos
				   Flexor superficial dos dedos
				   Flexor longo do polegar

Cotovelo	Extensão	Extensores do cotovelo
		   Tríceps braquial
		   Ancôneo
			Flexão	Extensores do cotovelo (contração excêntrica)
				   Tríceps braquial
				   Ancôneo

*O punho está ligeiramente estendido a fim de facilitar um maior grau de flexão ativa dos dedos para segurar o peso. (Os flexores permanecem isometricamente contraídos durante todo o exercício, para segurar o peso.)

Elevação frontal com barra

Descrição

Esse exercício de cadeia cinética aberta é eventualmente conhecido como *overhead press* (exercício de ombro com elevação de barra acima da cabeça) ou *military press* (prensa militar em pé). Segura-se a barra em uma posição elevada na frente do tórax, com as palmas das mãos voltadas para a frente, os pés confortavelmente afastados e as costas e pernas retas (Fig. 8.6, *A*). A partir dessa posição, empurra-se a barra para cima até que ela esteja posicionada totalmente acima da cabeça (Fig. 8.6, *B*), retornando-a em seguida à posição inicial. Ver Tabelas 4.1, 5.2, 6.1 e 7.1.

Análise

Esse exercício divide-se em duas fases para fins de análise: (1) da fase de levantamento até a posição totalmente acima da cabeça e (2) da fase de abaixamento até a posição inicial (Tab. 8.5).

Supino reto

Descrição

A pessoa se deita sobre o banco de exercícios em decúbito dorsal, segura a barra e empurra o peso para cima com a amplitude total de movimento dos braços e dos ombros (Fig. 8.7); em seguida, ela abaixa o peso, retornando-o à posição inicial. Ver Tabelas 4.1, 5.2, 6.1 e 7.1.

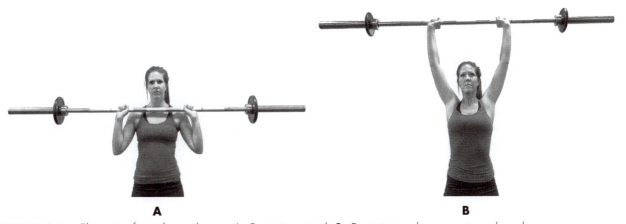

FIGURA 8.6 • Elevação frontal com barra. **A**, Posição inicial; **B**, Posição totalmente acima da cabeça.

TABELA 8.5 • Elevação frontal com barra

Articulação	Fase de levantamento para a posição totalmente acima da cabeça		Fase de abaixamento para a posição inicial	
	Ação	Agonistas	Ação	Agonistas

Punho e mão	Flexão*	Flexores do punho e das articulações MCF, IFP, IFD (contração isométrica)
		  Flexor radial do carpo
		  Flexor ulnar do carpo
		  Palmar longo
		  Flexor profundo dos dedos
		  Flexor superficial dos dedos
		  Flexor longo do polegar
			Flexão*	Flexores do punho e das articulações MCF, IFP, IFD (contração isométrica)
				  Flexor radial do carpo
				  Flexor ulnar do carpo
				  Palmar longo
				  Flexor profundo dos dedos
				  Flexor superficial dos dedos
				  Flexor longo do polegar

Articulação do cotovelo	Extensão	Extensores do cotovelo
		  Tríceps braquial
		  Ancôneo
			Flexão	Extensores do cotovelo (contração excêntrica)
				  Tríceps braquial
				  Ancôneo

Ombro	Flexão	Flexores da articulação do ombro
		  Peitoral maior (cabeça clavicular ou fibras superiores)
		  Parte clavicular do deltoide
		  Coracobraquial
		  Bíceps braquial
			Extensão	Flexores da articulação do ombro (contração excêntrica)
				  Peitoral maior (cabeça clavicular ou fibras superiores)
				  Parte clavicular do deltoide
				  Coracobraquial
				  Bíceps braquial

Cíngulo do membro superior	Rotação ascendente e elevação	Rotadores ascendentes e elevadores do cíngulo do membro superior
		  Trapézio
		  Levantador da escápula
		  Serrátil anterior
			Rotação descendente e abaixamento	Rotadores ascendentes e elevadores do cíngulo do membro superior (contração excêntrica)
				  Trapézio
				  Levantador da escápula
				  Serrátil anterior

*O punho está estendido a fim de facilitar um maior grau de flexão ativa dos dedos para empunhar a barra.

FIGURA 8.7 • Supino reto. **A**, Posição inicial; **B**, Posição elevada acima da cabeça.

Análise

Esse exercício de cadeia cinética aberta divide-se em duas fases para fins de análise: (1) da fase de levantamento para a posição elevada acima da cabeça e (2) da fase de abaixamento para a posição inicial (Tab. 8.6).

Tração na barra fixa

Descrição

A pessoa segura uma barra horizontal ou escada com as palmas das mãos afastadas do rosto (Fig. 8.8, *A*). A partir de uma posição pendurada na barra, ela se puxa para cima até que o queixo esteja acima da barra (Fig. 8.8, *B*) e depois retorna à posição inicial (Fig. 8.8, *C*). A largura da pegada na barra fixa afeta, até certo ponto, as ações do ombro. Uma pegada estreita (ou fechada) permite um maior grau de extensão/flexão glenoumeral, enquanto uma pegada mais larga (ou aberta), como mostra a Figura 8.8, requer mais adução e abdução, respectivamente. As Tabelas 4.1, 5.2, 6.1 e 7.1 contêm uma revisão completa dos músculos envolvidos.

Análise

Esse exercício de cadeia cinética fechada divide-se em duas fases para fins de análise: (1) da fase de puxada para cima até a posição em que o queixo está acima da barra e (2) da fase de descida para a posição inicial (Tab. 8.7).

Puxada na frente com polia alta

Descrição

Sentada, a pessoa se estica, agarra a barra horizontal (Fig. 8.9, *A*) e puxa-a para baixo até posicioná-la abaixo do queixo (Fig. 8.9, *B*), retornando-a em seguida lentamente à posição inicial. A largura da pegada na barra horizontal afeta, até certo ponto, as ações do ombro. Uma pegada estreita (ou fechada) permite um maior grau de extensão/flexão glenoumeral, enquanto a pegada comum mais larga (ou aberta), como mostra a Figura 8.9, requer mais adução e abdução, respectivamente. As Tabelas 4.1, 5.2, 6.1 e 7.1 apresentam uma relação completa dos músculos utilizados nesse exercício.

TABELA 8.6 • Supino reto

Articulação	Fase de levantamento para a posição elevada acima da cabeça		Fase de abaixamento para a posição inicial	
	Ação	Agonistas	Ação	Agonistas

Punho e mão	Flexão*	Flexores do punho e das articulações MCF, IFP, IFD (contração isométrica)
		  Flexor radial do carpo
		  Flexor ulnar do carpo
		  Palmar longo
		  Flexor profundo dos dedos
		  Flexor superficial dos dedos
		  Flexor longo do polegar
			Flexão*	Flexores do punho e das articulações MCF, IFP, IFD (contração isométrica)
				  Flexor radial do carpo
				  Flexor ulnar do carpo
				  Palmar longo
				  Flexor profundo dos dedos
				  Flexor superficial dos dedos
				  Flexor longo do polegar

Cotovelo	Extensão	Extensores do cotovelo
		  Tríceps braquial
		  Ancôneo
			Flexão	Extensores do cotovelo (contração excêntrica)
				  Tríceps braquial
				  Ancôneo

Ombro	Flexão e adução horizontal	Flexores e adutores horizontais do ombro
		  Peitoral maior
		  Parte clavicular do deltoide
		  Coracobraquial
		  Bíceps braquial
			Extensão e abdução horizontal	Flexores e adutores horizontais da articulação do ombro (contração excêntrica)
				  Peitoral maior (cabeça clavicular ou fibras superiores)
				  Parte clavicular do deltoide
				  Coracobraquial
				  Bíceps braquial

Cíngulo do membro superior	Abdução	Abdutores do cíngulo do membro superior
		  Serrátil anterior
		  Peitoral menor
			Adução	Abdutores do cíngulo do membro superior (contração excêntrica)
				  Serrátil anterior
				  Peitoral menor

*O punho está estendido a fim de facilitar um maior grau de flexão ativa dos dedos para empunhar a barra.

FIGURA 8.8 • Tração na barra fixa. **A**, Posição pendurada com os braços esticados; **B**, Queixo acima da barra; **C**, Posição pendurada com os braços dobrados durante a subida ou descida.

TABELA 8.7 • Tração na barra fixa

Articulação	Fase de puxada para cima até a posição em que o queixo está acima da barra		Fase de descida para a posição inicial	
	Ação	Agonistas	Ação	Agonistas

Punho e mão	Flexão	Flexores do punho e das articulações MCF, IFP, IFD (contração isométrica)
		   Flexor radial do carpo
		   Flexor ulnar do carpo
		   Palmar longo
		   Flexor profundo dos dedos
		   Flexor superficial dos dedos
		   Flexor longo do polegar
			Flexão	Flexores do punho e das articulações MCF, IFP, IFD (contração isométrica)
				   Flexor radial do carpo
				   Flexor ulnar do carpo
				   Palmar longo
				   Flexor profundo dos dedos
				   Flexor superficial dos dedos
				   Flexor longo do polegar

Cotovelo	Flexão	Flexores do cotovelo
		   Bíceps braquial
		   Braquial
		   Braquiorradial
			Extensão	Flexores do cotovelo (contração excêntrica)
				   Bíceps braquial
				   Braquial
				   Braquiorradial

Ombro	Adução	Adutores da articulação do ombro
		   Peitoral maior
		   Parte espinal do deltoide
		   Latíssimo do dorso
		   Redondo maior
		   Subescapular
			Abdução	Adutores da articulação do ombro (contração excêntrica)
				   Peitoral maior
				   Parte espinal do deltoide
				   Latíssimo do dorso
				   Redondo maior
				   Subescapular

Cíngulo do membro superior	Adução, abaixamento e rotação descendente	Adutores, abaixadores e rotadores descendentes do cíngulo do membro superior
		   Trapézio (partes ascendente e transversa)
		   Peitoral menor
		   Romboides
			Elevação, abdução e rotação ascendente	Adutores, abaixadores e rotadores descendentes do cíngulo do membro superior (contração excêntrica)
				   Trapézio (partes ascendente e transversa)
				   Peitoral menor
				   Romboides

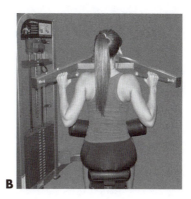

FIGURA 8.9 • Puxada na frente com polia alta. **A**, Posição inicial; **B**, Posição de puxada para baixo.

Análise

Esse exercício de cadeia cinética aberta divide-se em duas fases para fins de análise: (1) fase de puxada para baixo até que a barra esteja abaixo do queixo e (2) fase de retorno à posição inicial (Tab. 8.8).

Flexão de braço

Descrição

A pessoa se deita no chão em decúbito ventral com as pernas juntas, as palmas das mãos tocando o chão e as mãos apontadas para a frente e posicionadas aproximadamente sob os ombros (Fig. 8.10, *A*). Com as costas retas e as pernas esticadas, a pessoa se empurra para cima e depois retorna à posição inicial (Fig. 8.10, *B*).

A flexão de braço é um exercício para todo o corpo na medida em que os músculos das partes cervical e lombar da coluna vertebral, os quadris, joelhos, tornozelos e pés se movimentam isometricamente para estabilizar as respectivas áreas. A Tabela 8.9 inclui na análise apenas os músculos do membro superior. As Tabelas 4.1, 5.2, 6.1 e 7.1 abrangem também os músculos envolvidos na parte da flexão de braço relacionada ao membro superior.

Análise

Esse exercício de cadeia cinética fechada divide-se em duas fases para fins de análise: (1) fase de impulso para cima e (2) fase de retorno à posição inicial (Tab. 8.9).

A tração na barra fixa e as flexões de braço são excelentes exercícios para a região dos ombros, o cíngulo do membro superior, a articulação do ombro, a articulação do cotovelo, os punhos e as mãos (ver Figs. 8.8 e 8.10). O uso de pesos livres, aparelhos e outros exercícios de condicionamento ajuda a desenvolver a força e a resistência dessa parte do corpo.

Remada curvada com peso

Descrição

Esse exercício de cadeia cinética aberta pode ser realizado também em decúbito ventral e, por essa razão, às vezes é chamado de remada pronada. A pessoa se ajoelha sobre um banco ou se posiciona em decúbito ventral sobre uma mesa para que o braço envolvido permaneça livre de contato com o chão (Fig. 8.11, *A*). Ajoelhada, a pessoa utiliza o braço contralateral para apoiar o corpo e segura o peso com o braço e o ombro pendendo retos em direção ao chão. A partir dessa posição, a pessoa realiza adução do cíngulo do membro superior e abdução horizontal da articulação do ombro (Fig. 8.11, *B*), abaixando o peso devagar em seguida, e retornando à posição inicial. As Tabelas 4.1, 5.2, 6.1 e 7.1 fornecem mais detalhes sobre os músculos utilizados nesse exercício.

Análise

Esse exercício divide-se em duas fases para fins de análise: (1) da fase de puxada para cima até a posição horizontal abduzida e (2) fase de retorno à posição inicial (Tab. 8.10).

TABELA 8.8 • Puxada na frente com polia alta

Articulação	Fase de puxada para baixo até que a barra esteja abaixo do queixo		Fase de retorno à posição inicial	
	Ação	Agonistas	Ação	Agonistas

Punho e mão	Flexão	Flexores do punho e das articulações MCF, IFP, IFD (contração isométrica)
		    Flexor radial do carpo
		    Flexor ulnar do carpo
		    Palmar longo
		    Flexor profundo dos dedos
		    Flexor superficial dos dedos
		    Flexor longo do polegar
			Flexão	Flexores do punho e das articulações MCF, IFP, IFD (contração isométrica)
				    Flexor radial do carpo
				    Flexor ulnar do carpo
				    Palmar longo
				    Flexor profundo dos dedos
				    Flexor superficial dos dedos
				    Flexor longo do polegar

Cotovelo	Flexão	Flexores do cotovelo
		    Bíceps braquial
		    Braquial
		    Braquiorradial
			Extensão	Flexores do cotovelo (contração excêntrica)
				    Bíceps braquial
				    Braquial
				    Braquiorradial

Ombro	Adução	Adutores da articulação do ombro
		    Peitoral maior
		    Latíssimo do dorso
		    Redondo maior
		    Subescapular
			Abdução	Adutores da articulação do ombro (contração excêntrica)
				    Peitoral maior
				    Latíssimo do dorso
				    Redondo maior
				    Subescapular

Cíngulo do membro superior	Adução, abaixamento e rotação descendente	Adutores, abaixadores e rotadores descendentes do cíngulo do membro superior
		    Trapézio (partes ascendente e transversa)
		    Peitoral menor
		    Romboides
			Abdução, elevação e rotação ascendente	Adutores, abaixadores e rotadores descendentes do cíngulo do membro superior (contração excêntrica)
				    Trapézio (partes ascendente e transversa)
				    Peitoral menor
				    Romboides

FIGURA 8.10 • Flexão de braço. **A**, Posição inicial; **B**, Posição elevada.

TABELA 8.9 • Flexão de braço

Articulação	Fase de impulso para cima		Fase de retorno à posição inicial	
	Ação	Agonistas	Ação	Agonistas

Punho e mão	Flexão	Flexores do punho e das articulações MCF, IFP, IFD (contração isométrica)
		   Flexor radial do carpo
		   Flexor ulnar do carpo
		   Palmar longo
		   Flexor profundo dos dedos
		   Flexor superficial dos dedos
		   Flexor longo do polegar
			Flexão	Flexores do punho e das articulações MCF, IFP, IFD (contração isométrica)
				   Flexor radial do carpo
				   Flexor ulnar do carpo
				   Palmar longo
				   Flexor profundo dos dedos
				   Flexor superficial dos dedos
				   Flexor longo do polegar

Cotovelo	Extensão	Extensores do cotovelo
		   Tríceps braquial
		   Ancôneo
			Flexão	Extensores do cotovelo (contração excêntrica)
				   Tríceps braquial
				   Ancôneo

Ombro	Adução horizontal	Adutores horizontais da articulação do ombro
		   Peitoral maior
		   Parte clavicular do deltoide
		   Bíceps braquial
		   Coracobraquial
			Abdução horizontal	Adutores horizontais da articulação do ombro (contração excêntrica)
				   Peitoral maior
				   Parte clavicular do deltoide
				   Bíceps braquial
				   Coracobraquial

Cíngulo do membro superior	Abdução	Abdutores do cíngulo do membro superior
		   Serrátil anterior
		   Peitoral menor
			Adução	Abdutores do cíngulo do membro superior (contração excêntrica)
				   Serrátil anterior
				   Peitoral menor

A   **B**

FIGURA 8.11 • Remada curvada com peso. **A**, Posição inicial; **B**, Posição elevada.

TABELA 8.10 • Remada curvada com peso

Articulação	Fase de puxada para cima até a posição horizontal abduzida		Fase de retorno à posição inicial	
	Ação	Agonistas	Ação	Agonistas

Mão	Flexão	Flexores das articulações MCF, IFP, IFD (contração isométrica)
		  Flexor profundo dos dedos
		  Flexor superficial dos dedos
		  Flexor longo do polegar
			Flexão	Flexores das articulações MCF, IFP, IFD (contração isométrica)
				  Flexor profundo dos dedos
				  Flexor superficial dos dedos
				  Flexor longo do polegar

Cotovelo	Flexão	Flexão passiva à medida que o braço assume uma posição paralela ao solo por causa da gravidade	Extensão	Extensão passiva à medida que o braço assume uma posição perpendicular ao solo em virtude da gravidade

Ombro	Abdução horizontal	Abdutores horizontais da articulação do ombro
		  Parte espinal do deltoide
		  Infraespinal
		  Redondo menor
		  Latíssimo do dorso
			Adução horizontal	Abdutores horizontais da articulação do ombro (contração excêntrica)
				  Parte espinal do deltoide
				  Infraespinal
				  Redondo menor
				  Latíssimo do dorso

Cíngulo do membro superior	Adução	Adutores do cíngulo do membro superior
		  Trapézio (partes ascendente e transversa)
		  Romboides
			Abdução	Adutores do cíngulo do membro superior (contração excêntrica)
				  Trapézio (partes ascendente e transversa)
				  Romboides

Exercícios de revisão

1. Analise outros exercícios de condicionamento que envolvam a área do ombro, como mergulho nas barras paralelas, remada alta, encolhimento dos ombros, crucifixo reto com halteres e supino inclinado.

2. Explique como você ensinaria e treinaria meninos e meninas que não conseguem fazer tração na barra fixa para que eles aprendam a fazer esse tipo de exercício. Além disso, explique como você ensinaria e treinaria pessoas que não conseguem realizar flexões de braço para que possam realizá-las.

3. Meninos e meninas devem tentar fazer exercícios de tração na barra fixa e flexão de braço para ver se possuem a força adequada na área do ombro?

4. Que benefício, se houver, resultaria da execução de flexões de braço com apoio nas pontas dos dedos em comparação com as flexões de braço com apoio sobre as mãos espalmadas no chão?

5. Elabore uma lista de exercícios não encontrados neste capítulo para desenvolver os músculos do membro superior. Separe a lista em exercícios de cadeia aberta e fechada.

Exercícios de laboratório

1. Observe e analise as atividades dos músculos do ombro de crianças nos equipamentos de recreação.

2. Teste-se fazendo trações na barra fixa e flexões de braço para determinar a sua força e resistência musculares na área do ombro.

3. Com os braços nas laterais do corpo e as mãos voltadas para a frente à altura do ombro, posicione-se diante de uma parede a uma distância ligeiramente maior que o comprimento de um braço. Execute integralmente cada um dos seguintes movimentos antes de passar ao movimento seguinte. Ao terminar, você deverá estar apto a estender o braço diretamente à frente do ombro e tentar tocar a parede com a palma da mão. O seu

cotovelo deve estar totalmente estendido com a articulação do ombro flexionada 90 graus.

- Flexão glenoumeral a 90 graus
- Extensão total do cotovelo
- Extensão do punho a 70 graus
- Protração total do cíngulo do membro superior

Analise os movimentos e músculos responsáveis por cada movimento no cíngulo do membro superior, na articulação do ombro, no cotovelo e no punho. Considere o tipo de contração para cada músculo e cada movimento.

4. Posicione-se de frente para uma parede a uma distância de aproximadamente 15 cm. Coloque ambas as mãos na parede à altura do ombro, e o nariz e o tórax contra a parede. Com as palmas das mãos apoiadas na parede, empurre o corpo lentamente para trás, afastando-o da parede como em uma flexão de braço até que o tórax esteja o mais distante possível da parede, mas sem retirar as palmas das mãos da superfície da parede. Analise os movimentos e os músculos responsáveis por cada movimento no cíngulo do membro superior, na articulação do ombro, no cotovelo e no punho. Considere o tipo de contração para cada músculo e cada movimento.

5. Qual a diferença entre os dois exercícios das Questões 3 e 4? Você consegue executar os movimentos da Questão 4, um passo de cada vez, como fez na Questão 3?

6. Quadro de análise de exercícios

Analise cada exercício do gráfico. Utilize uma linha para cada articulação envolvida que se movimente ativamente durante o exercício. Não inclua articulações para as quais não haja movimento ativo ou articulações mantidas isometricamente em uma determinada posição.

Exercício	Fase	Articulação, movimento ocorrido	Força causadora do movimento (músculo ou gravidade)	Força de resistência ao movimento (músculo ou gravidade)	Grupo funcional de músculos, tipo de contração
Elevação frontal com barra (exercício de ombro com elevação de barra acima da cabeça ou prensa militar em pé)	Fase de levantamento				
	Fase de abaixamento				
Supino reto	Fase de levantamento				
	Fase de abaixamento				
Tração na barra fixa	Fase de puxada para cima				
	Fase de descida				

(continua)

(continuação)

Exercício	Fase	Articulação, movimento ocorrido	Força causadora do movimento (músculo ou gravidade)	Força de resistência ao movimento (músculo ou gravidade)	Grupo funcional de músculos, tipo de contração
Puxada na frente com polia alta	Fase de puxada para baixo				
	Fase de retorno à posição inicial				
Flexão de braço	Fase de impulso para cima				
	Fase de retorno à posição inicial				
Remada curvada com peso (remada pronada)	Fase de puxada para cima				
	Fase de retorno à posição inicial				

Referências bibliográficas

Adrian M: Isokinetic exercise, *Training and Conditioning* 1:1, June 1991.

Andrews JR, Zarins B, Wilk KE: *Injuries in baseball*, Philadelphia, 1998, Lippincott-Raven.

Booher JM, Thibodeau GA: *Athletic injury assessment*, ed 4, Dubuque, IA, 2000, McGraw-Hill.

Ellenbecker TS, Davies GJ: *Closed kinetic chain exercise: a comprehensive guide to multiple-joint exercise*, Champaign, IL, 2001, Human Kinetics.

Fleck SJ: Periodized strength training: a critical review, *Journal of Strength and Conditioning Research*, 13(1):82–89, 1999.

Geisler P: Kinesiology of the full golf swing—implications for intervention and rehabilitation, *Sports Medicine Update* 11(2):9, 1996.

Hamilton N, Weimer W, Luttgens K: *Kinesiology: scientific basis of human motion*, ed 12, New York, 2012, McGraw-Hill.

Matheson O, et al: Stress fractures in athletes, *American Journal of Sports Medicine* 15:46, January–February 1987.

National Strength and Conditioning Association; Baechle TR, Earle RW: *Essentials of strength training and conditioning*, ed 2, Champaign, IL, 2000, Human Kinetics.

Northrip JW, Logan GA, McKinney WC: *Analysis of sport motion: anatomic and biomechanic perspectives*, ed 3, New York, 1983, McGraw-Hill.

Powers SK, Howley ET: *Exercise physiology: theory and application of fitness and performance*, ed 8, New York, 2012, McGraw-Hill.

Smith LK, Weiss EL, Lehmkuhl LD: *Brunnstrom's clinical kinesiology*, ed 5, Philadelphia, 1996, Davis.

Steindler A: *Kinesiology of the human body*, Springfield, IL, 1970, Charles C Thomas.

Wilk KE, Reinold MM, Andrews JR, eds: *The athlete's shoulder*, ed 2, Philadelphia, 2009, Churchill Livingstone Elsevier.

Acesse a página http://manoleeducacao.com.br/manualdecinesiologiaestrutural, siga as instruções e desfrute de recursos adicionais associados a este capítulo, incluindo:
- questões de múltipla escolha
- questões do tipo verdadeiro ou falso
- respostas aos exercícios de revisão e de laboratório
- relação de sites úteis (em inglês)

Capítulo 9

Articulação do quadril e cíngulo do membro inferior

Objetivos

- Identificar em um esqueleto ou modelo humanos características ósseas específicas da articulação do quadril e do cíngulo do membro inferior.
- Identificar em um quadro do sistema esquelético características ósseas específicas da articulação do quadril e do cíngulo do membro inferior.
- Desenhar em um quadro do sistema esquelético os músculos individuais da articulação do quadril.
- Demonstrar, utilizando um modelo humano, todos os movimentos da articulação do quadril e do cíngulo do membro inferior, relacionando seus respectivos planos e eixos de movimento.
- Palpar em um modelo humano os músculos da articulação do quadril e do cíngulo do membro inferior.
- Relacionar e organizar os músculos primários que produzem o movimento da articulação do quadril e do cíngulo do membro inferior, citando seus antagonistas.
- Determinar, por meio de análise, os movimentos do quadril e os músculos envolvidos em habilidades e exercícios específicos.

O quadril, ou articulação coxofemoral, é uma articulação relativamente estável em virtude de sua arquitetura óssea, fortes ligamentos e grandes músculos de sustentação. Essa articulação tem por funções o apoio do peso e a locomoção, otimizados significativamente pela grande amplitude de movimento do quadril, o que proporciona a capacidade de executar movimentos como correr, saltar e realizar muitas outras mudanças de direção.

Ossos (Figuras 9.1 a 9.3)

A articulação do quadril é uma articulação do tipo bola e soquete que consiste na cabeça do fêmur conectada ao acetábulo do cíngulo do membro inferior. O fêmur projeta-se lateralmente a partir de sua cabeça em direção ao trocanter maior; depois faz um desvio e retorna em direção à linha mediana, correndo inferiormente para formar o osso proximal do joelho. Trata-se do osso mais longo do corpo. O cíngulo do membro inferior consiste em um osso pélvico direito e um esquerdo, unidos no plano posterior pelo sacro, que pode ser considerado uma extensão da coluna vertebral com cinco vértebras fundidas. O cóccix estende-se inferiormente a partir do sacro. Os ossos pélvicos são formados por três ossos: o ílio, o ísquio e o púbis. No nascimento e durante a fase de crescimento e desenvolvimento, existem três ossos distintos. Na maturidade, eles se fundem para formar um único osso pélvico conhecido como osso do quadril.

O osso pélvico pode se dividir aproximadamente em três áreas, a partir do acetábulo:

Dois quintos superiores = ílio
Dois quintos posteriores e inferiores = ísquio
Um quinto anterior e inferior = púbis

Ao estudar os músculos do quadril e da coxa, convém concentrar-se nos pontos de referência ósseos importantes, tendo em mente sua finalidade como pontos de inserção básicos dos músculos. A parte anterior

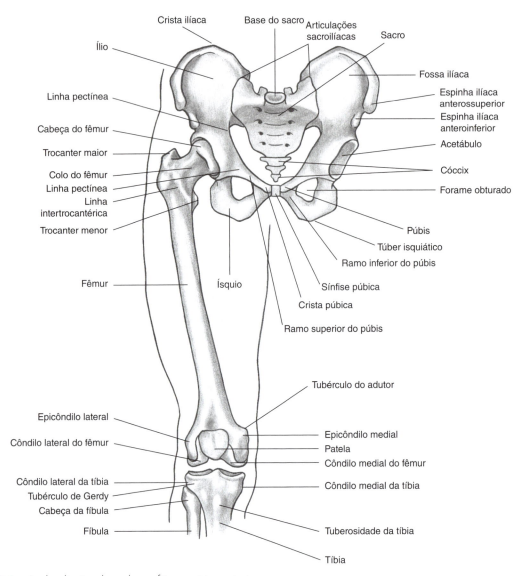

FIGURA 9.1 • Lado direito da pelve e fêmur, vista anterior.

da pelve contém os pontos de origem dos músculos geralmente envolvidos na flexão do quadril. De forma específica, o tensor da fáscia lata tem origem na parte anterior da crista ilíaca; o sartório, na espinha ilíaca anterossuperior; e o reto femoral, na espinha ilíaca anteroinferior. Lateralmente, os glúteos médio e mínimo, que abduzem o quadril, originam-se pouco abaixo da crista ilíaca. No plano posterior, o glúteo máximo tem origem na porção posterior da crista ilíaca, bem como na porção posterior do sacro e do cóccix. No plano posteroinferior, o túber isquiático serve de ponto de origem para os músculos posteriores da coxa, responsáveis pela extensão do quadril. Medialmente, o púbis e o seu ramo inferior servem como ponto de origem dos adutores do quadril, que incluem o adutor magno, o adutor longo, o adutor curto, o pectíneo e o grácil.

A porção proximal da coxa geralmente serve como ponto de inserção para alguns dos músculos curtos do quadril e como ponto de origem para três dos extensores do joelho. Vale ressaltar que o trocanter maior é o ponto de inserção para todos os músculos dos glúteos e cinco dos seis rotadores laterais profundos. Embora não palpável, o trocanter menor serve de ponto de referência ósseo no qual se insere o iliopsoas. No plano anterior, os três músculos vastos do quadríceps originam-se proximalmente. No plano posterior, a linha áspera serve como ponto de inserção para os adutores do quadril.

Distalmente, a patela serve como um importante ponto de referência ósseo ao qual se inserem todos os quatro músculos quadríceps. O restante dos músculos do quadril insere-se na porção proximal da tíbia ou fíbula. O sartório, o grácil e o semitendíneo inserem-

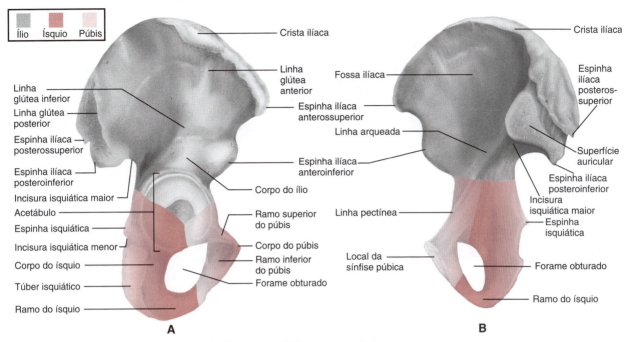

FIGURA 9.2 • Osso direito da pelve. **A**, Vista lateral; **B**, Vista medial.

-se na superfície anteromedial superior da tíbia, logo abaixo do côndilo medial, depois de atravessar o joelho em sentido posteromedial. O semimembranáceo insere-se posteromedialmente no côndilo medial da tíbia. Lateralmente, o bíceps femoral insere-se principalmente na cabeça da fíbula, com algumas fibras conectadas ao côndilo lateral da tíbia. No plano anterolateral, o tubérculo de Gerdy é o ponto de inserção para o trato iliotibial do tensor da fáscia lata.

Articulações (Figuras 9.1 a 9.7)

No plano anterior, os ossos pélvicos se unem para formar a sínfise púbica, uma articulação anfiartrodial. No plano posterior, o sacro está localizado entre os dois ossos pélvicos e forma as articulações sacroilíacas. Fortes ligamentos unem esses ossos para formar articulações rígidas ligeiramente móveis. Os ossos são grandes e pesados e em sua maior parte recobertos por músculos espessos e pesados. Movimentos oscilantes mínimos podem ocorrer nessas articulações, como no ato de caminhar ou na flexão do quadril quando a pessoa está deitada de costas. Entretanto, os movimentos normalmente envolvem todo o cíngulo do membro inferior e as articulações do quadril. Ao caminhar, ocorrem os movimentos de flexão e extensão com a rotação do cíngulo do membro inferior, para a frente na flexão e para trás na extensão do quadril. As corridas resultam em movimentos mais rápidos e maior amplitude de movimento.

As habilidades esportivas, como chutar uma bola de futebol, são outro bom exemplo de movimentos do quadril e da pelve. A rotação da pelve ajuda a aumentar o comprimento da passada na corrida; no chute, ela pode resultar em uma maior amplitude de movimento, o que se traduz em uma maior distância ou mais velocidade para o chute.

Exceto pela articulação do ombro, o quadril é uma das articulações mais móveis do corpo, em grande parte por causa de sua disposição multiaxial. Ao contrário da articulação do ombro, a arquitetura óssea da articulação do quadril proporciona muita estabilidade, resultando em relativamente poucas subluxações e luxações.

Classificada como uma articulação do tipo enartrodial, a articulação do quadril é formada pela cabeça do fêmur, que se insere no soquete criado pelo acetábulo da pelve. Uma cápsula ligamentar extremamente forte e densa, ilustrada nas Figuras 9.4 e 9.5, reforça a articulação, especialmente na porção anterior. No plano anterior, o ligamento iliofemoral, ou Y, impede a hiperextensão do quadril. A conexão do ligamento redondo estende-se do fundo do acetábulo a uma depressão existente na cabeça do fêmur, limitando ligeiramente a adução. O ligamento pubofemoral está localizado nas porções anteromedial e inferior e limita a extensão e a abdução excessivas. No plano posterior, o ligamento isquiofemoral triangular estende-se do ísquio até a fossa trocantérica do fêmur, limitando a rotação medial.

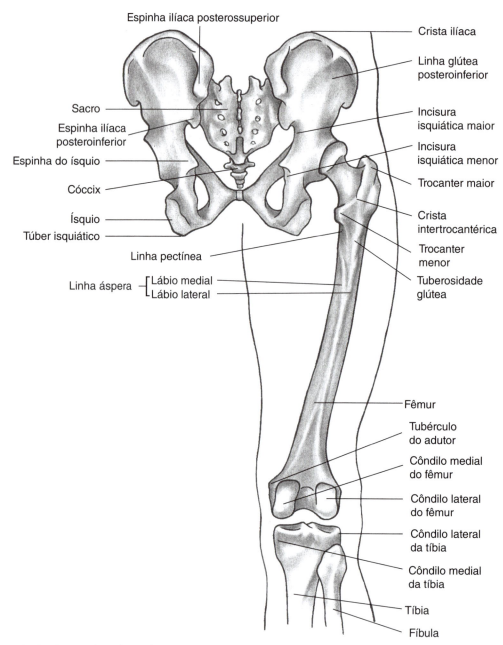

FIGURA 9.3 • Lado direito da pelve e fêmur, vista posterior.

Assim como a cavidade glenoidal da articulação do ombro, o acetábulo é circundado na maior parte de sua área periférica por um lábio que melhora a estabilidade e oferece certo grau de absorção de choque. O restante da superfície do acetábulo, bem como a cabeça do fêmur, são recobertos pela cartilagem articular que pode sofrer degeneração gradativa com a idade e/ou a ocorrência de lesões, resultando em osteoartrite caracterizada por dor, rigidez e amplitude de movimento limitada.

Em virtude de diferenças individuais, existe alguma divergência em relação à amplitude possível exata de cada movimento da articulação do quadril, mas as faixas geralmente são de 0 a 130 graus de flexão, 0 a 30 graus de extensão, 0 a 35 graus de abdução, 0 a 30 graus de adução, 0 a 45 graus de rotação medial e 0 a 50 graus de rotação lateral (Fig. 9.8). Embora raramente conhecidos como movimentos distintos, o quadril, quando flexionado a 90 graus, é capaz de aduzir e abduzir no plano transverso, à semelhança da articulação do ombro. Esses movimentos incluem aproximadamente 40 graus de adução horizontal e 60 graus de abdução horizontal.

O cíngulo do membro inferior move-se para a frente e para trás em três planos para um total de seis movimentos diferentes. Para evitar confusão, é im-

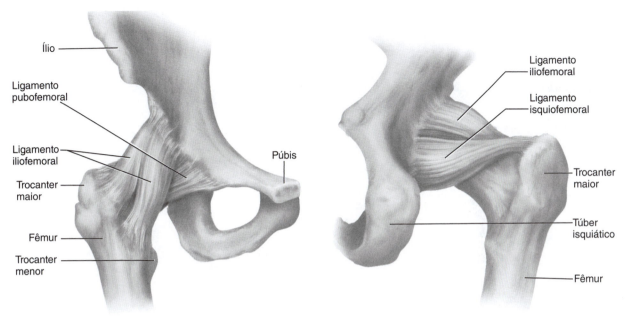

FIGURA 9.4 • Articulação do quadril direito, ligamentos anteriores.

FIGURA 9.5 • Articulação do quadril direito, ligamentos posteriores.

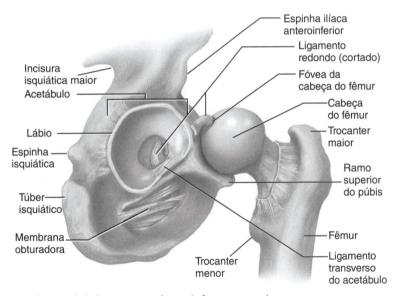

FIGURA 9.6 • Articulação do quadril direito, vista lateral, fêmur retraído.

portante analisar a atividade do cíngulo do membro inferior para determinar a localização exata do movimento. Toda a rotação do cíngulo do membro inferior, na verdade, resulta do movimento em um ou mais dos seguintes locais: o quadril direito, o quadril esquerdo e a parte lombar da coluna vertebral. Embora não seja essencial que o movimento ocorra em todas essas três áreas, ele deve ocorrer em pelo menos uma para produzir a rotação da pelve em qualquer direção. A Tabela 9.1 relaciona os movimentos dos quadris e da parte lombar da coluna vertebral que geralmente podem acompanhar a rotação do cíngulo do membro inferior.

Movimentos (Figuras 9.9 e 9.10)

As rotações pélvicas anterior e posterior ocorrem no plano sagital ou anteroposterior, enquanto as rotações laterais direita e esquerda ocorrem no plano lateral ou frontal. A rotação transversal direita (sentido horário) e a rotação transversal esquerda (sentido anti-horário) ocorrem no plano de movimento horizontal ou transverso.

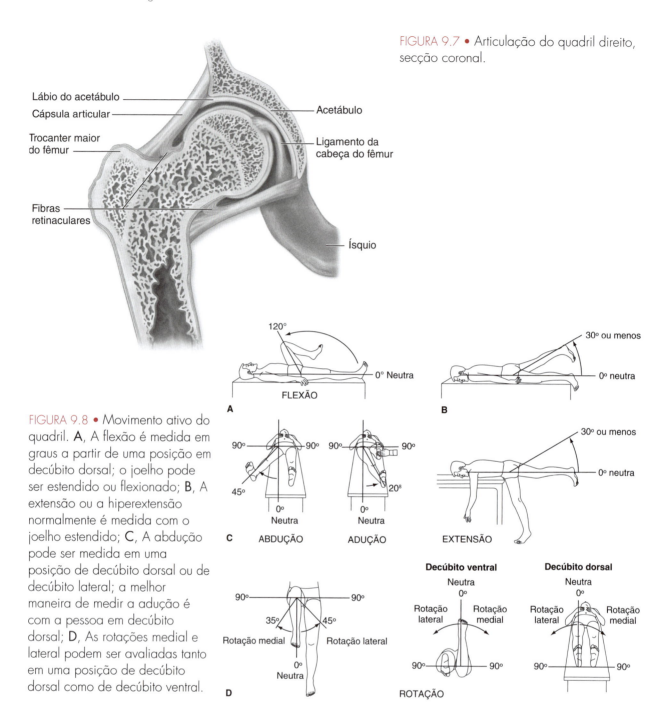

FIGURA 9.7 • Articulação do quadril direito, secção coronal.

FIGURA 9.8 • Movimento ativo do quadril. **A**, A flexão é medida em graus a partir de uma posição em decúbito dorsal; o joelho pode ser estendido ou flexionado; **B**, A extensão ou a hiperextensão normalmente é medida com o joelho estendido; **C**, A abdução pode ser medida em uma posição de decúbito dorsal ou de decúbito lateral; a melhor maneira de medir a adução é com a pessoa em decúbito dorsal; **D**, As rotações medial e lateral podem ser avaliadas tanto em uma posição de decúbito dorsal como de decúbito ventral.

TABELA 9.1 • Movimentos que acompanham a rotação pélvica

Rotação pélvica	Movimento da parte lombar da coluna vertebral	Movimento do quadril direito	Movimento do quadril esquerdo
Rotação anterior	Extensão	Flexão	Flexão
Rotação posterior	Flexão	Extensão	Extensão
Rotação lateral direita	Flexão lateral esquerda	Abdução	Adução
Rotação lateral esquerda	Flexão lateral direita	Adução	Abdução
Rotação transversal direita	Rotação lateral esquerda	Rotação medial	Rotação lateral
Rotação transversal esquerda	Rotação lateral direita	Rotação lateral	Rotação medial

Flexão do quadril: movimento da parte anterior do fêmur a partir de qualquer ponto em direção à parte anterior da pelve no plano sagital.

Extensão do quadril: movimento da parte posterior do fêmur a partir de qualquer ponto em direção à parte posterior da pelve no plano sagital.

Abdução do quadril: movimento do fêmur no plano frontal lateralmente à face distante da linha mediana.

Adução do quadril: movimento do fêmur no plano frontal medialmente em direção à linha mediana.

Rotação lateral do quadril: movimento de rotação lateral do fêmur no plano transverso em torno de seu eixo longitudinal, distanciando-se da linha mediana.

Rotação medial do quadril: movimento de rotação medial do fêmur no plano transverso em torno de seu eixo longitudinal em direção à linha mediana.

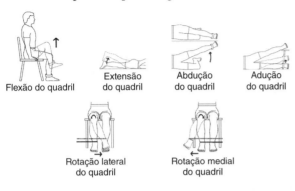

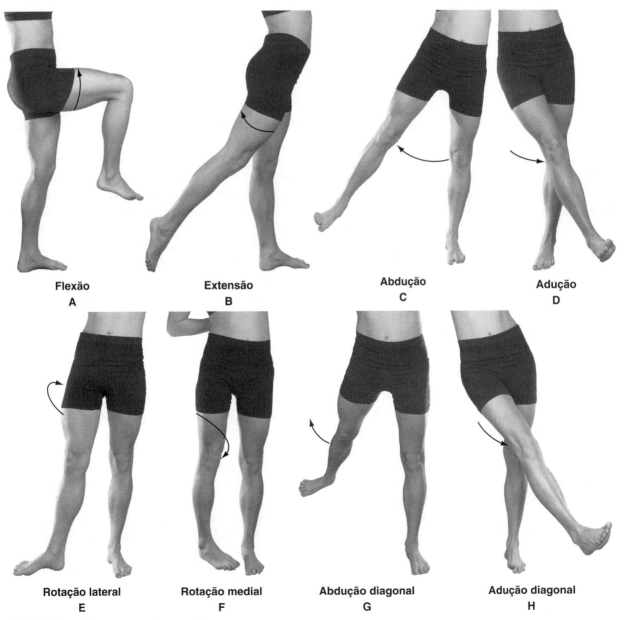

FIGURA 9.9 • Movimentos do quadril.

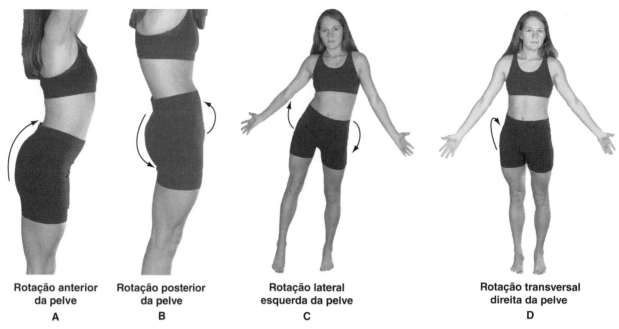

FIGURA 9.10 • Movimentos do cíngulo do membro inferior.

Abdução diagonal do quadril: movimento do fêmur no plano diagonal, distanciando-se da linha mediana do corpo.

Adução diagonal do quadril: movimento do fêmur no plano diagonal em direção à linha mediana do corpo.

Adução horizontal do quadril: movimento do fêmur no plano horizontal ou transverso em direção à pelve.

Abdução horizontal do quadril: movimento do fêmur no plano horizontal ou transverso, distanciando-se da pelve.

Rotação anterior da pelve: movimento anterior da parte superior da pelve; a crista ilíaca inclina-se para a frente em um plano sagital; inclinação anterior; rotação descendente; executada por flexão do quadril e/ou extensão lombar.

Rotação posterior da pelve: movimento posterior da parte superior da pelve; a crista ilíaca inclina-se para trás em um plano sagital; inclinação posterior; rotação ascendente; executada por extensão do quadril e/ou flexão lombar.

Rotação lateral esquerda da pelve: no plano frontal, o lado esquerdo da pelve movimenta-se inferiormente em relação ao lado direito da pelve; ou o lado esquerdo da pelve executa um movimento de rotação descendente ou o lado direito executa um movimento de rotação ascendente; inclinação lateral para o lado esquerdo; executada por abdução do quadril esquerdo, adução direita do quadril, e/ou flexão lateral direita da parte lombar da coluna vertebral.

Rotação lateral direita da pelve: no plano frontal, o lado direito da pelve movimenta-se inferiormente em relação ao lado esquerdo; ou o lado direito da pelve executa um movimento de rotação descendente ou o lado esquerdo executa um movimento de rotação ascendente; inclinação lateral para o lado direito; executada por abdução do quadril direito, adução do quadril esquerdo e/ou flexão lateral esquerda da parte lombar da coluna vertebral.

Rotação transversal esquerda da pelve: em um plano de movimento horizontal, rotação da pelve para o lado esquerdo do corpo; a crista ilíaca direita movimenta-se anteriormente em relação à crista ilíaca esquerda, que se movimenta posteriormente, acompanhada pela rotação lateral direita do quadril, rotação medial esquerda do quadril e/ou rotação lombar para o lado direito.

Rotação transversal direita da pelve: em um plano de movimento horizontal, rotação da pelve para o lado direito do corpo; a crista ilíaca esquerda movimenta-se anteriormente em relação à crista ilíaca direita, que se movimenta posteriormente; executada por rotação lateral do quadril esquerdo, rotação medial do quadril direito e/ou rotação lombar para o lado esquerdo.

Pode-se evitar confusão em relação ao entendimento e aprendizado dos movimentos do cíngulo do membro inferior considerando-os sempre do ponto de vista da pelve da pessoa que está efetivamente se movendo. Pode-se entender melhor imaginando que a pessoa movimenta a pelve como se estivesse dirigindo um veículo, como mostra a Figura 9.11.

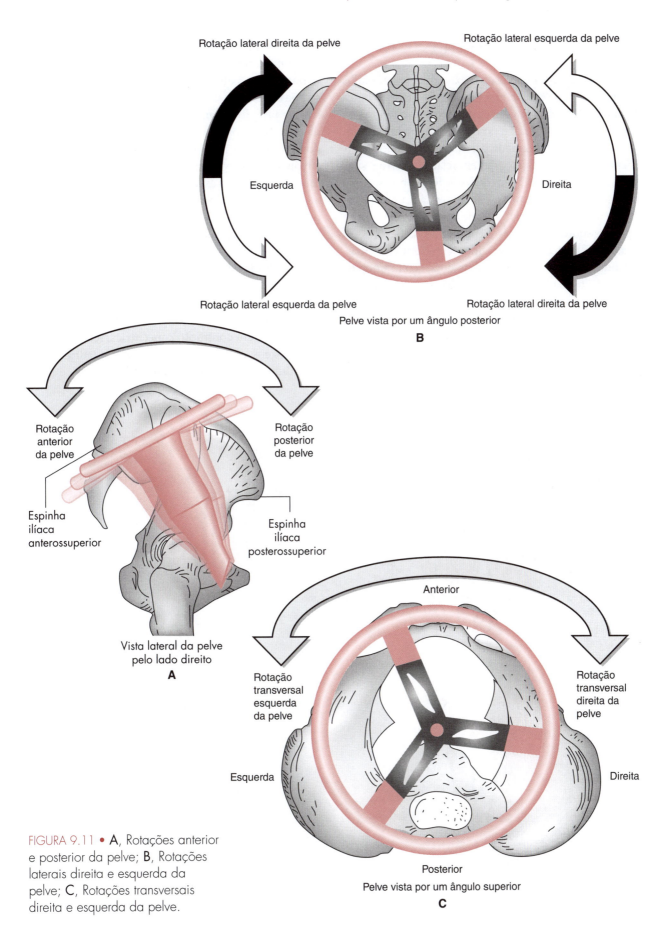

FIGURA 9.11 • **A**, Rotações anterior e posterior da pelve; **B**, Rotações laterais direita e esquerda da pelve; **C**, Rotações transversais direita e esquerda da pelve.

Músculos (Figuras 9.12 a 9.14)

Na articulação do quadril existem sete músculos biarticulares que executam uma ação no quadril e outra no joelho. Os músculos efetivamente envolvidos nos movimentos do quadril e do cíngulo do membro inferior dependem, em grande parte, da direção do movimento e da posição do corpo em relação à terra e suas forças gravitacionais. Além disso, deve-se observar que a parte do corpo que mais se movimenta é a menos estabilizada. Por exemplo, quando a pessoa está em pé apoiada sobre os dois pés e contraindo os flexores do quadril, o tronco e a pelve giram anteriormente, mas, quando a pessoa está em decúbito dorsal contraindo os flexores do quadril, as coxas movem-se para a frente, produzindo flexão na pelve estável.

Para citar outro exemplo, os músculos flexores do quadril são utilizados para movimentar as coxas em direção ao tronco, mas os músculos extensores são utilizados excentricamente quando a pelve e o tronco se movimentam devagar para baixo sobre o fêmur, e concentricamente quando o tronco se eleva sobre o fêmur, o que, naturalmente, ocorre quando a pessoa se põe em pé.

Na fase do movimento descendente do exercício de curvatura dos joelhos, o movimento dos quadris e dos joelhos é a flexão. Os músculos primariamente envolvidos são os extensores dos quadris e dos joelhos em contração excêntrica.

Além disso, é importante entender que a ação de um determinado músculo sobre o quadril pode variar dependendo da posição do fêmur em relação à pelve na ocasião. À medida que o quadril se move dentro da sua amplitude de movimento relativamente grande, as linhas de tração de músculos específicos podem mudar de forma significativa. Pode-se observar isso melhor nos adutores. Se o quadril estiver flexionado, os adutores, em contração concêntrica, tendem a produzir extensão; se, por outro lado, o quadril estiver estendido, eles tendem a produzir flexão.

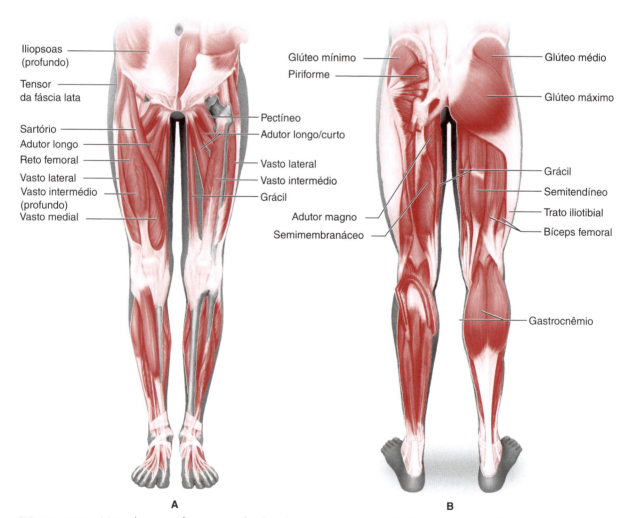

FIGURA 9.12 • Músculos superficiais e profundos do membro inferior. **A**, Vista anterior; **B**, Vista posterior.

Músculos da articulação do quadril e do cíngulo do membro inferior – localização

A localização do músculo determina, em grande parte, a sua ação. A região consiste em 17 ou mais músculos (os seis rotadores laterais são contados como um único músculo). Os músculos da articulação do quadril e do cíngulo do membro inferior são, em sua maioria, grandes e fortes.

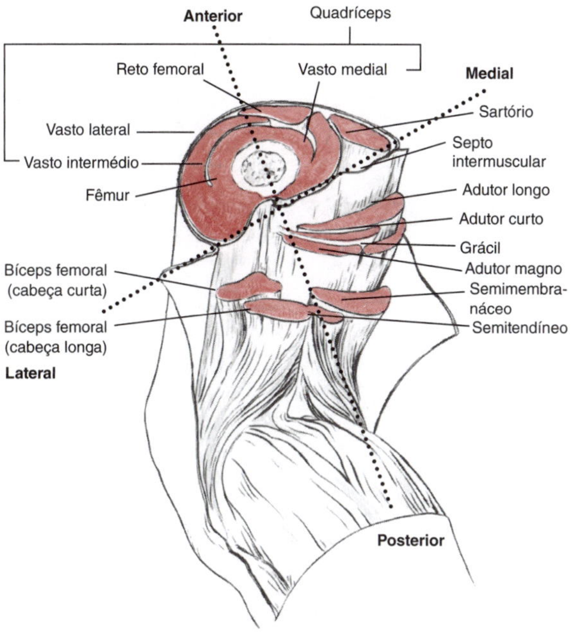

Anterior
  Primariamente flexão do quadril
    Iliopsoas (ilíaco e psoas)
    Pectíneo
    Reto femoral*†
    Sartório†

Lateral
  Primariamente abdução do quadril
    Glúteo médio
    Glúteo mínimo
    Rotadores laterais
    Tensor da fáscia lata†

Posterior
  Primariamente extensão do quadril
    Glúteo máximo
    Bíceps femoral*†
    Semitendíneo*†
    Semimembranáceo*†
    Rotadores laterais (seis profundos)

---

* Músculos biarticulares; o Capítulo 10 aborda as ações do joelho.

† Músculos biarticulares.

FIGURA 9.13 • Corte transversal da seção média da coxa esquerda.

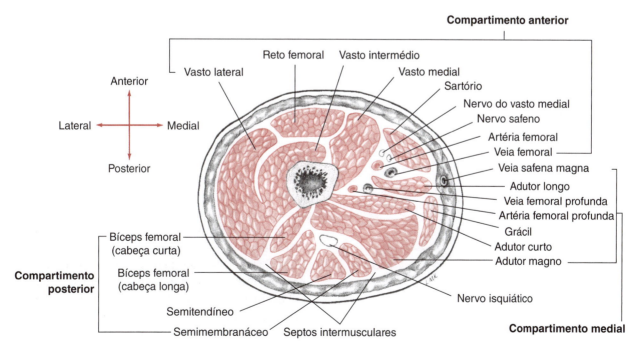

FIGURA 9.14 • Corte transversal da porção média esquerda da coxa detalhando os compartimentos anterior, posterior e medial.

Medial
  Primariamente adução do quadril
    Adutor curto
    Adutor longo
    Adutor magno
    Grácil†

Identificação dos músculos

Ao desenvolver um conhecimento minucioso e prático do sistema muscular, é essencial conhecer os músculos individuais. As Figuras 9.13, 9.15, 9.16, 9.17 e 9.18 ilustram grupos de músculos que trabalham juntos para produzir movimento nas articulações. Ao visualizar os músculos nessas figuras, correlacione-os à Tabela 9.2.

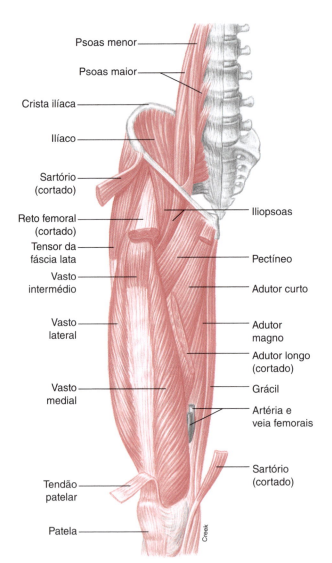

FIGURA 9.15 • Músculos da parte anterior direita da pelve e regiões da coxa.

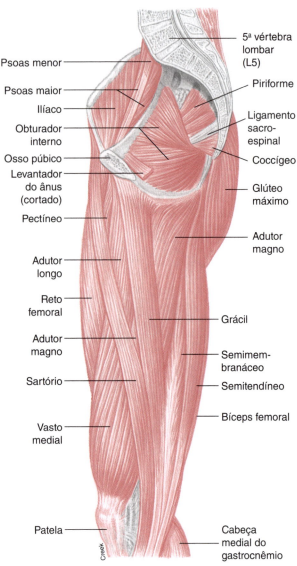

FIGURA 9.16 • Músculos da parte medial direita da coxa.

Os músculos da pelve que atuam na articulação do quadril podem ser divididos em duas regiões: ilíaca e glútea. A região ilíaca contém o músculo iliopsoas, que flexiona o quadril. O iliopsoas, na verdade, é composto por dois músculos diferentes: o ilíaco e o psoas maior, e há quem inclua o psoas menor na discussão sobre o iliopsoas. Os dez músculos da região glútea têm por função primária a extensão e rotação do quadril. Localizados na região glútea estão o glúteo máximo, o glúteo médio, o glúteo mínimo, o tensor da fáscia lata e os seis rotadores laterais profundos – piriforme, obturador externo, obturador interno, gêmeo superior, gêmeo inferior e quadrado femoral.

Os septos intermusculares dividem a coxa em três compartimentos (Fig. 9.14). O compartimento ante-

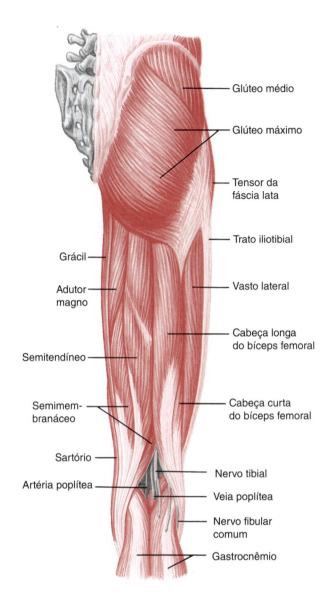

FIGURA 9.17 • Músculos da parte posterior direita da coxa.

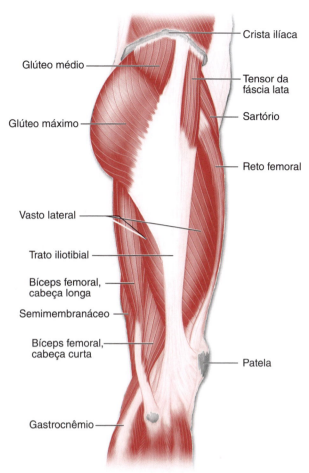

FIGURA 9.18 • Músculos da parte lateral direita da coxa.

rior contém os músculos reto femoral, vasto medial, vasto intermédio, vasto lateral e sartório. O grupo de músculos posteriores da coxa, formado pelo bíceps femoral, semitendíneo e semimembranáceo, está localizado no compartimento posterior. O compartimento medial contém os músculos da coxa primariamente responsáveis pela adução do quadril, que são o adutor curto, o adutor longo, o adutor magno, o pectíneo e o grácil.

Nervos   (Figura 9.19)

Os músculos do quadril e do cíngulo do membro inferior são inervados a partir dos plexos lombar e sa-cral, conhecidos coletivamente como plexo lombossacral. O plexo lombar é formado pelos ramos anteriores dos nervos espinais L1 a L4 e por algumas fibras de T12. A parte inferior do abdome e as porções anterior e medial do membro inferior são inervadas pelos nervos originários do plexo lombar. O plexo sacral é formado pelos ramos anteriores de L4, L5 e S1 a S4. A parte inferior das costas, a pelve, o períneo, a superfície posterior da coxa e da perna, e as superfícies dorsal e plantar do pé são inervados por nervos oriundos do plexo sacral.

Os nervos importantes originários do plexo lombar que inervam os músculos do quadril são os nervos femoral e obturatório. O nervo femoral (Fig. 9.20) origina-se da divisão posterior do plexo lombar e inerva os músculos anteriores da coxa, entre os quais o iliopsoas, o reto femoral, o vasto medial, o vasto intermédio, o vasto lateral, o vasto medial, o pectíneo e o sartório, além de sensibilizar as partes anterior e medial da coxa e a parte medial da perna e do pé. O nervo obturatório (Fig. 9.21) é oriundo da divisão an-

TABELA 9.2 • Músculos agonistas da articulação do quadril

Músculo	Origem	Inserção	Ação	Plano de movimento	Palpação	Inervação
Ilíaco	Superfície interna do ílio	Trocanter menor do fêmur e diáfise logo abaixo	Flexão do quadril	Sagital	Difícil de palpar; nível profundo contra a parede posterior do abdome; com a pessoa sentada e ligeiramente inclinada para a frente para relaxar os músculos abdominais, palpe profundamente o psoas maior entre a crista ilíaca e a 12ª costela a meio caminho entre a espinha ilíaca anterossuperior (EIAS) e o umbigo, com o quadril flexionado ativamente; palpe a porção distal do tendão do iliopsoas na face anterior do quadril cerca de 3,8 cm abaixo do centro do ligamento inguinal com flexão/extensão ativa do quadril com a pessoa em decúbito dorsal, imediatamente lateral ao pectíneo e medial ao sartório	Nervo lombar e nervo femoral (L2-L4)
			Rotação anterior da pelve			
			Rotação lateral do quadril			
			Rotação transversal da pelve contralateralmente quando o fêmur ipsilateral está estabilizado	Transverso		
Psoas maior e menor	Bordas inferiores dos processos transversos (L1-L5), laterais do corpo da última vértebra torácica (T12), vértebras lombares (L1-L5), fibrocartilagens intervertebrais e base do sacro	Trocanter menor do fêmur e diáfise abaixo do psoas menor; linha pectínea (do púbis) e eminência iliopúbica (O psoas menor é envolvido apenas nos movimentos da parte lombar da coluna vertebral.)	Flexão do quadril	Sagital		
			Rotação anterior da pelve			
			Flexão da parte lombar da coluna vertebral			
			Rotação lateral do quadril	Transverso		
			Rotação transversal da pelve contralateralmente quando o fêmur ipsilateral está estabilizado			
			Flexão lateral da parte lombar da coluna vertebral	Frontal		
			Rotação lateral da pelve para o lado contralateral			
Reto femoral	Espinha ilíaca anteroinferior do ílio e sulco (posterior) acima do acetábulo	Face superior da patela e, através do tendão patelar, na tuberosidade da tíbia	Flexão do quadril	Sagital	Descendo pela face anterior da coxa a partir da espinha ilíaca anteroinferior até a patela com flexão resistida do quadril/extensão resistida do joelho	Nervo femoral (L2-L4)
			Extensão do joelho			
			Rotação anterior da pelve			
Sartório	Espinha ilíaca anterossuperior e incisura abaixo da espinha	Superfície anteromedial da tíbia abaixo do côndilo	Flexão do quadril	Sagital	Localizado proximalmente em posição medial ao tensor da fáscia lata e lateral ao iliopsoas; palpar superficialmente a partir da espinha ilíaca anterossuperior até o côndilo medial da tíbia com uma combinação de resistência da flexão/rotação lateral/abdução do quadril e flexão do joelho em decúbito dorsal	Nervo femoral L2, L3)
			Flexão do joelho			
			Rotação anterior da pelve			
			Rotação lateral da coxa à medida que ela flexiona o quadril e o joelho	Transverso		
			Rotação medial fraca do joelho			
			Abdução do quadril	Frontal		

(continua)

Capítulo 9 Articulação do quadril e cíngulo do membro inferior 243

TABELA 9.2 • Músculos agonistas da articulação do quadril *(continuação)*

Músculo		Origem	Inserção	Ação	Plano de movimento	Palpação	Inervação
Medial	Pectíneo	Espaço com 2,5 cm de largura na parte frontal do púbis, pouco acima da crista	Linha rugosa que se estende do trocanter menor até a linha áspera	Flexão do quadril	Sagital	Difícil de distinguir de outros adutores; face anterior do quadril aproximadamente 3,8 cm abaixo do centro do ligamento inguinal; lateral e ligeiramente proximal ao adutor longo e medial ao iliopsoas durante os movimentos de flexão e adução com a pessoa em decúbito dorsal	Nervo femoral (L2-L4)
				Adução do quadril	Frontal		
				Rotação lateral do quadril	Transverso		
	Adutor curto	Parte frontal do ramo púbico inferior abaixo da origem do adutor longo	2/3 inferiores da linha pectínea do fêmur e metade superior do lábio medial da linha áspera	Adução do quadril	Frontal	Nível profundo do adutor longo e superficial do adutor magno; difícil de palpar e diferenciar do adutor longo, localizado em posição imediatamente inferior; a porção proximal localiza-se lateralmente ao adutor longo	Nervo obturatório (L3, L4)
				Rotação lateral com adução do quadril	Transverso		
				Auxilia na flexão do quadril	Sagital		
	Adutor longo	Parte anterior do púbis, logo abaixo de sua crista	Terço médio da linha áspera	Adução do quadril	Frontal	Músculo mais proeminente localizado proximalmente na parte anteromedial da coxa abaixo do osso púbico com adução resistida	Nervo obturatório (L3, L4)
				Auxilia na flexão do quadril	Sagital		
	Adutor magno	Borda de todo o ramo do púbis e do ísquio e túber isquiático	Toda a extensão da linha áspera, porção medial da crista epicondilar e tubérculo do adutor	Adução do quadril	Frontal	Face medial da coxa entre o grácil e a porção medial dos músculos posteriores da coxa, do túber isquiático ao tubérculo do adutor, com adução resistida a partir da posição abduzida	Nervo obturatório anterior (L2-L4)
				Rotação lateral com adução do quadril	Transverso		
				Extensão do quadril	Sagital		Nervo isquiático posterior: (L4, L5, S1-S3)
	Grácil	Borda anteromedial do ramo descendente do púbis	Superfície anteromedial da tíbia, abaixo do côndilo	Adução do quadril	Frontal	Tendão superficial fino na parte anteromedial da coxa com flexão e adução resistida do joelho; posterior ao adutor longo e medial ao semitendíneo	Nervo obturatório (L2-L4)
				Flexão fraca do joelho	Sagital		
				Auxilia na flexão do quadril			
				Rotação medial do quadril			
				Rotação medial fraca do joelho	Transverso		

(continua)

TABELA 9.2 • Músculos agonistas da articulação do quadril *(continuação)*

	Músculo	Origem	Inserção	Ação	Plano de movimento	Palpação	Inervação
Posterior	Semitendíneo	Túber isquiático	Superfície anteromedial da tíbia abaixo do côndilo	Flexão do joelho	Sagital	Face posteromedial da porção distal da coxa, combinando flexão e rotação medial do joelho contra resistência; distal ao túber isquiático em decúbito ventral com rotação medial do quadril durante a flexão ativa do joelho	Nervo isquiático – divisão tibial (L5, S1, S2)
				Extensão do quadril	Sagital		
				Rotação posterior da pelve	Sagital		
				Rotação medial do quadril	Transverso		
				Rotação medial do joelho flexionado	Transverso		
	Semimembranáceo	Túber isquiático	Superfície posteromedial do côndilo medial da tíbia	Flexão do joelho	Sagital	Amplamente recoberto por outros músculos, é possível sentir o tendão na face posteromedial do joelho profundo ao tendão do semitendíneo, combinando flexão e rotação medial do joelho contrarresistência	Nervo isquiático – divisão tibial (L5, S1, S2)
				Extensão do quadril	Sagital		
				Rotação posterior da pelve	Sagital		
				Rotação medial do quadril	Transverso		
				Rotação medial do joelho	Transverso		
	Bíceps femoral	Cabeça longa: túber isquiático. Cabeça curta: metade inferior da linha áspera e porção lateral da crista epicondilar	Cabeça da fíbula e côndilo lateral da tíbia	Flexão do joelho	Sagital	Face posterolateral da porção distal da coxa, combinando flexão e rotação lateral do joelho contrarresistência; distal ao túber isquiático em decúbito ventral com rotação medial do quadril durante a flexão ativa do joelho	Cabeça longa: nervo isquiático – divisão tibial (S1-S3) Cabeça curta: nervo isquiático – divisão fibular (L5, S1, S2)
				Extensão do quadril	Sagital		
				Rotação posterior da pelve	Sagital		
				Rotação lateral do quadril	Transverso		
				Rotação lateral do joelho	Transverso		
	Glúteo máximo	Quarto posterior da crista ilíaca, superfície posterior do sacro e do cóccix próximo ao ílio, e fáscia da região lombar	Crista oblíqua na superfície lateral do trocanter maior e trato iliotibial da fáscia lata	Extensão do quadril	Sagital	Lateralmente em sentido descendente entre a porção posterior da crista ilíaca na posição superior, a fenda glútea na posição medial, e o sulco interglúteo na posição inferior, enfatizado com a extensão, a rotação lateral e a abdução do quadril	Nervo glúteo inferior (L5, S1, S2)
				Rotação posterior da pelve	Sagital		
				Rotação lateral do quadril	Transverso		
				Fibras superiores: auxiliam na abdução do quadril	Frontal		
				Fibras inferiores: auxiliam na adução do quadril	Frontal		

(continua)

TABELA 9.2 • Músculos agonistas da articulação do quadril *(continuação)*

Músculo	Origem	Inserção	Ação	Plano de movimento	Palpação	Inervação
Glúteo médio	Superfície lateral do ílio abaixo da crista	Superfícies posterior e média do trocanter maior do fêmur	Abdução do quadril	Frontal	Ligeiramente à frente e alguns centímetros acima do trocanter maior com elevação ativa do lado oposto da pelve na posição em pé ou abdução ativa em decúbito lateral no lado contralateral da pelve	Nervo glúteo superior (L4, L5, S1)
			Rotação lateral da pelve para o lado ipsilateral	Transverso		
			Fibras anteriores: rotação medial do quadril			
			Fibras posteriores: rotação lateral do quadril			
			Fibras anteriores: flexão do quadril	Sagital		
			Fibras anteriores: rotação anterior da pelve			
			Fibras posteriores: extensão do quadril			
			Fibras posteriores: rotação posterior da pelve			
Glúteo mínimo	Superfície lateral do ílio abaixo da origem do glúteo médio	Superfície anterior do trocanter maior do fêmur	Abdução do quadril	Frontal	Profunda até o glúteo médio; recoberto pelo tensor da fáscia lata entre a porção anterior da crista ilíaca e o trocanter maior durante a rotação medial e a abdução	Nervo glúteo superior (L4, L5, S1)
			Rotação lateral da pelve para o lado ipsilateral			
			Rotação medial do quadril com o fêmur abduzido	Transverso		
			Flexão do quadril	Sagital		
			Rotação anterior da pelve			
Tensor da fáscia lata	Porção anterior da crista ilíaca e superfície do ílio abaixo da crista	Um quarto do percurso da coxa até o trato iliotibial, que, por sua vez, se insere no tubérculo de Gerdy da porção anterolateral do côndilo da tíbia.	Abdução do quadril	Frontal	Em sentido anterolateral entre a porção anterior da crista ilíaca e o trocanter maior durante a flexão, a rotação medial e a abdução	Nervo glúteo superior (L4, L5, S1)
			Rotação lateral da pelve para o lado ipsilateral			
			Flexão do quadril	Sagital		
			Rotação anterior da pelve			
			Rotação medial do quadril à medida que ele flexiona	Transverso		

Lateral

(continua)

TABELA 9.2 • Músculos agonistas da articulação do quadril *(continuação)*

Músculo		Origem	Inserção	Ação	Plano de movimento	Palpação	Inervação
Posterior profundo	Piriforme	Parte anterior do sacro, porções posteriores do ísquio e forame obturado	Faces superior e posterior do trocanter maior	Rotação lateral do quadril	Transverso	Com a pessoa em decúbito ventral e o glúteo máximo relaxado, palpe profundamente entre a parte posterossuperior do trocanter maior e o sacro, girando passivamente o fêmur em sentido lateral/medial	Primeiro e segundo nervos sacrais (S1, S2)
	Gêmeo superior	Espinha isquiática	Face posterior do trocanter maior imediatamente abaixo do piriforme	Rotação lateral do quadril	Transverso	Com a pessoa em decúbito ventral e o glúteo máximo relaxado, palpe profundamente entre a parte posterossuperior do trocanter maior e a espinha isquiática, girando passivamente o fêmur em sentido lateral/medial	Nervo sacral (L5, S1, S2)
	Gêmeo inferior	Túber isquiático	Face posterior do trocanter maior com o obturador interno	Rotação lateral do quadril	Transverso	Com a pessoa em decúbito ventral e o glúteo máximo relaxado, palpe profundamente entre a parte posterior do trocanter maior e o túber isquiático, girando passivamente o fêmur em sentido lateral/medial	Ramos do plexo sacral (L4, L5, S1, S2)
	Obturador interno	Margem do forame obturado	Face posterior do trocanter maior com o gêmeo superior	Rotação lateral do quadril	Transverso	Com a pessoa em decúbito ventral e o glúteo máximo relaxado, palpe profundamente entre a parte posterossuperior do trocanter maior e o forame obturado, girando passivamente o fêmur em sentido lateral/medial	Ramos do plexo sacral (L4, L5, S1, S2)
	Obturador externo	Margem inferior do forame obturado	Face posterior do trocanter maior imediatamente abaixo do obturador interno	Rotação lateral do quadril	Transverso	Com a pessoa em decúbito ventral e o glúteo máximo relaxado, palpe profundamente entre a parte inferoposterior do trocanter maior e o forame obturado, girando passivamente o fêmur em sentido lateral/medial	Nervo obturatório (L3, L4)
	Quadrado femoral	Túber isquiático	Crista intertrocantérica do fêmur	Rotação lateral do quadril	Transverso	Com a pessoa em decúbito ventral e o glúteo máximo relaxado, palpe profundamente entre a parte inferoposterior do trocanter maior e o túber isquiático, girando passivamente o fêmur em sentido lateral/medial	Ramos do plexo sacral (L4, L5, S1)

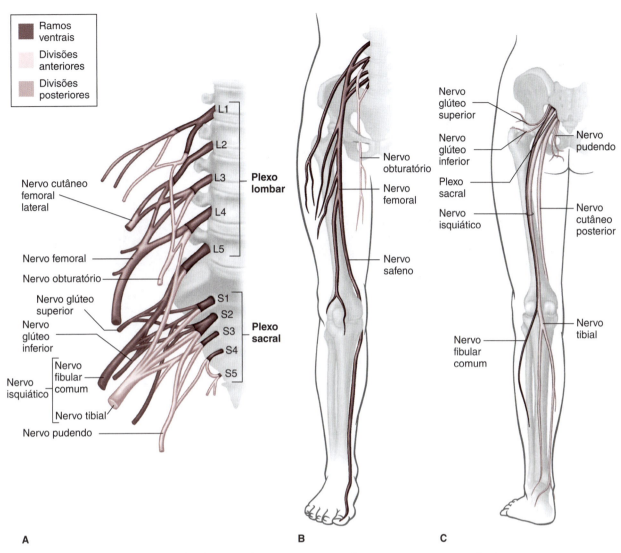

FIGURA 9.19 • Nervos do plexo lombossacral. A, Imagem em close; B, Vista anterior; C, Vista posterior.

terior do plexo lombar e inerva os adutores do quadril, como o adutor curto, o adutor longo, o adutor magno e o grácil, bem como o obturador externo. O nervo obturatório sensibiliza a parte medial da coxa.

Os nervos originários do plexo sacral que inervam os músculos do quadril são o glúteo superior, o glúteo inferior, o isquiático e os ramos do plexo sacral. O nervo glúteo superior origina-se de L4, L5 e S1 e inerva o glúteo médio, o glúteo mínimo e o tensor da fáscia lata. O nervo glúteo inferior é originário de L5, S1 e S2 e supre o glúteo máximo. Os ramos do plexo sacral inervam o piriformes (S1, S2), o gêmeo superior (L5, S1, S2), o gêmeo inferior e o obturador interno (L4, L5, S1, S2) e o quadrado femoral (L4, L5, S1).

O nervo isquiático é formado pelos nervos tibial e fibular comum, envolvidos juntos em uma bainha de tecido conjuntivo até alcançar aproximadamente a metade da parte posterior da coxa. A divisão tibial do nervo isquiático (Fig. 9.22) inerva os músculos semitendíneo, semimembranáceo, bíceps femoral (cabeça longa) e adutor magno. O nervo isquiático sensibiliza as faces anterolateral e posterolateral da porção inferior da perna, bem como a maior parte das faces dorsal e plantar do pé. A divisão tibial sensibiliza a porção posterolateral inferior da perna e a face plantar do pé, enquanto a divisão fibular sensibiliza a porção anterolateral inferior da perna e o dorso do pé. Esses dois nervos prosseguem membro inferior abaixo, proporcionando função motora e sensorial aos músculos da parte inferior da perna. Abordaremos esse assunto nos Capítulos 10 e 11.

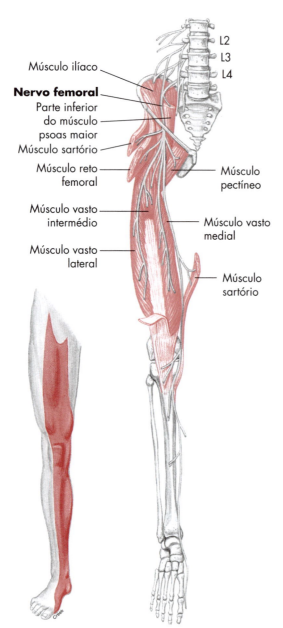

FIGURA 9.20 • Distribuição muscular e cutânea do nervo femoral.

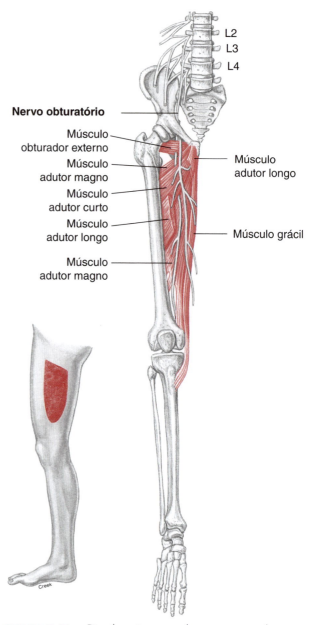

FIGURA 9.21 • Distribuição muscular e cutânea do nervo obturatório.

Músculo iliopsoas

(Figura 9.23)

Origem

Ilíaco: superfície interna do ílio.

Psoas maior e menor: bordas inferiores dos processos transversos (L1-L5), laterais dos corpos da última vértebra torácica (T12) e das vértebras lombares (L1-L5), fibrocartilagens intervertebrais e base do sacro.

Inserção

Ilíaco e psoas maior: trocanter menor do fêmur e a diáfise logo abaixo.

Psoas menor: linha pectínea (do púbis) e eminência iliopúbica.

Ação

Flexão do quadril.
Rotação anterior da pelve.

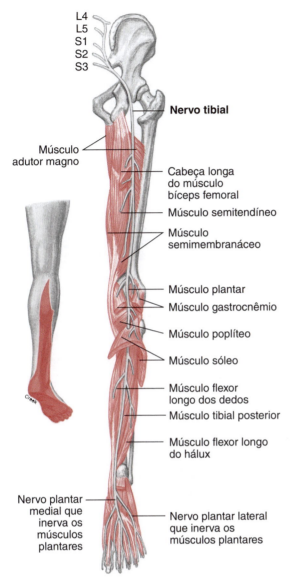

FIGURA 9.22 • Distribuição muscular e cutânea do nervo tibial.

Palpação

Difícil de palpar; nível profundo contra a parede posterior do abdome; com a pessoa sentada e ligeiramente inclinada para a frente para relaxar os músculos abdominais, palpe profundamente o psoas maior entre a crista ilíaca e a 12ª costela a meio caminho entre a espinha ilíaca anterossuperior (EIAS) e o umbigo, com o quadril flexionado ativamente; palpe a porção distal do tendão do iliopsoas na face anterior do quadril cerca de 4 cm abaixo do centro do ligamento inguinal com flexão/extensão ativa do quadril com a pessoa em decúbito dorsal, imediatamente lateral ao pectíneo e medial ao sartório.

Inervação

Nervo lombar e nervo femoral (L2-L4).

Aplicação, fortalecimento e flexibilidade

O músculo iliopsoas, normalmente tratado como um único músculo, é formado, na verdade, pelos músculos ilíaco e psoas maior. Alguns textos de anatomia fazem essa distinção e relacionam cada músculo individualmente. O psoas menor insere-se no púbis acima da articulação do quadril e, consequentemente, não age sobre a articulação do quadril. A maioria dos especialistas não o inclui na discussão sobre o iliopsoas.

O músculo iliopsoas é potente em ações como erguer o membro inferior do chão a partir de uma posição em decúbito dorsal. A origem do psoas maior na parte inferior das costas tende a movimentar anteriormente essa região das costas ou, em decúbito dorsal, puxar a parte inferior das costas para cima à medida que eleva as coxas. Por essa razão, essa atividade geralmente agrava os problemas que afetam a parte inferior das costas, e as elevações bilaterais de perna de 15 cm normalmente não são recomendáveis. Os músculos abdominais são aqueles que podem ser utilizados para evitar essa distensão lombar ao tracionar a parte frontal da pelve para cima e, desse modo, aplainando as costas. A elevação da perna é principalmente uma flexão do quadril, e não uma ação abdominal. As costas podem ser lesionadas por exercícios de elevação de perna vigorosos e prolongados pelo fato de que o iliopsoas hiperestende a parte lombar da coluna vertebral e aumenta a curva lordótica, especialmente na ausência da estabilização adequada proporcionada pelos músculos abdominais. O iliopsoas

Rotação lateral do quadril.

Rotação transversal da pelve contralateralmente quando o fêmur ipsilateral está estabilizado.

Flexão da parte lombar da coluna vertebral (psoas maior e menor).

Flexão lateral da parte lombar da coluna vertebral (psoas maior e menor).

Rotação lateral da pelve para o lado contralateral (psoas maior e menor).

Flexão do quadril

Rotação lateral do quadril

Flexão lombar

Flexão lombar lateral

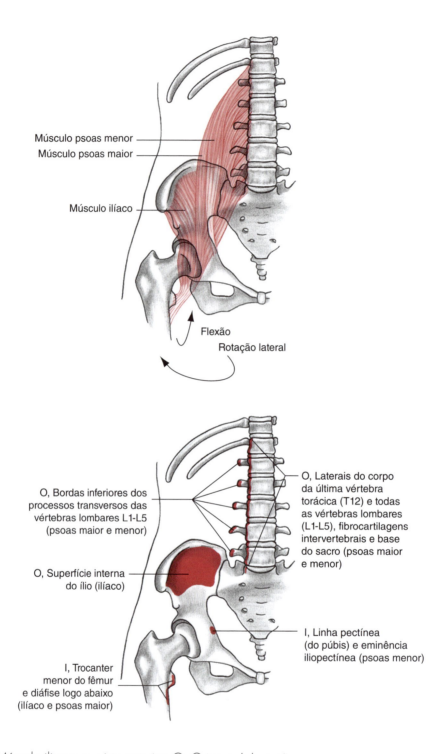

FIGURA 9.23 • Músculo iliopsoas, vista anterior. O, Origem; I, Inserção.

contrai-se vigorosamente, tanto em sentido concêntrico quanto excêntrico, durante a execução de flexões abdominais, sobretudo se o quadril estiver flexionado. Quanto mais flexionados e/ou abduzidos os quadris, menos o iliopsoas será ativado com exercícios de fortalecimento abdominal.

Pode-se exercitar o iliopsoas apoiando-se os braços sobre barras paralelas e flexionando-se os quadris para elevar as pernas. É possível fazer isso inicialmente com os joelhos flexionados em uma posição encolhida, para diminuir a resistência. À medida que o músculo se torna mais desenvolvido, os joelhos podem ser estendidos, o que aumenta o comprimento do braço de resistência e opõe mais resistência. O Capítulo 3 explica melhor esse conceito de aumentar ou diminuir a resistência modificando o braço de resistência. O Apêndice 3 apresenta os exercícios mais utilizados para o iliopsoas e outros músculos abordados neste capítulo.

Para alongar o iliopsoas, que geralmente se enrijece com o excesso de flexões abdominais com as pernas estendidas e contribui para a inclinação anterior da pelve, o quadril deve estar estendido, para que o fêmur fique posicionado atrás do plano do corpo. Para isolar um pouco o iliopsoas, deve-se evitar flexionar por completo os joelhos, podendo-se aplicar um ligeiro alongamento adicional girando medialmente o quadril enquanto ele estiver estendido.

Músculo reto femoral (Figura 9.24)

Origem

Espinha ilíaca anteroinferior do ílio e sulco (posterior) acima do acetábulo.

Inserção

Face superior da patela e tendão patelar que se insere na tuberosidade da tíbia.

Ação

Flexão do quadril.
Extensão do joelho.
Rotação anterior da pelve.

Flexão do quadril   Extensão do joelho

Palpação

Descendo pela face anterior da coxa a partir da espinha ilíaca anteroinferior até a patela com extensão resistida do joelho e flexão resistida do quadril.

Inervação

Nervo femoral (L2-L4).

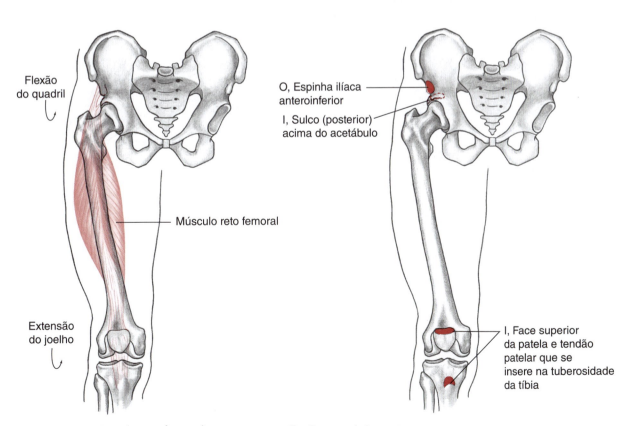

FIGURA 9.24 • Músculo reto femoral, vista anterior. O, Origem; I, Inserção.

Aplicação, fortalecimento e flexibilidade

Tracionando a partir da espinha ilíaca anteroinferior do ílio, o músculo reto femoral tem a mesma tendência de girar anteriormente a pelve (para baixo na frente e para cima atrás). Somente os músculos abdominais podem evitar que isso ocorra. Quando se trata do grupo flexor do quadril em geral, pode-se dizer que, com a idade, muitas pessoas permitem que a pelve permaneça permanentemente inclinada para a frente. A parede abdominal relaxada não sustenta a pelve, o que resulta em uma curvatura lombar mais acentuada.

Em geral, a capacidade de um músculo de exercer força diminui à medida que ele se encurta. Isso explica por que o músculo reto femoral é um potente extensor do joelho quando o quadril está estendido, mas é mais fraco quando o quadril está flexionado. Juntamente com o grupo de músculos vastos, esse músculo é exercitado durante atividades como correr, pular, saltar e pular corda. Nesses movimentos, os quadris são vigorosamente estendidos pelo glúteo máximo e pelos músculos posteriores da coxa, que neutralizam a tendência do músculo reto femoral de flexionar o quadril à medida que estende o joelho. Lembrado como um integrante do grupo dos músculos quadríceps, o reto femoral se desenvolve com exercícios de flexão do quadril ou extensão do joelho contra resistência manual.

A melhor maneira de alongar o reto femoral é com a pessoa em decúbito lateral e auxiliada por um parceiro que a ajude a flexionar por completo o joelho, estendendo simultaneamente o quadril.

Músculo sartório (Figura 9.25)

Origem

Espinha ilíaca anterossuperior e incisura abaixo da espinha.

Inserção

Superfície anteromedial da tíbia abaixo do côndilo.

Ação

Flexão do quadril.
Flexão do joelho.
Rotação lateral da coxa à medida que ela flexiona o quadril e o joelho.
Abdução do quadril.
Rotação anterior da pelve.
Rotação medial fraca do joelho.

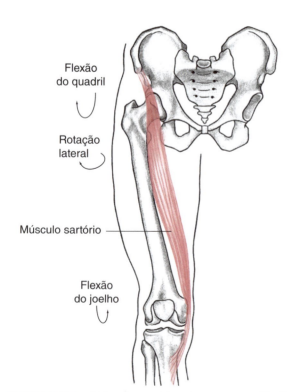
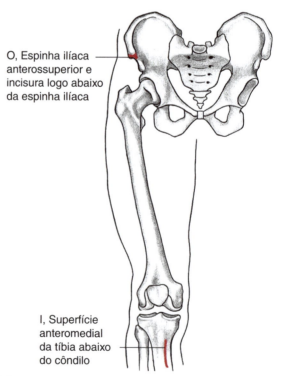

FIGURA 9.25 • Músculo sartório, vista anterior. O, Origem; I, Inserção.

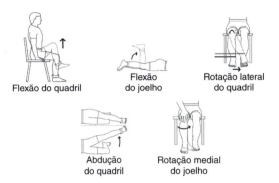

Palpação

Localizado proximalmente em posição medial ao tensor da fáscia lata e lateral ao iliopsoas; palpar superficialmente a partir da espinha ilíaca anterossuperior até o côndilo medial da tíbia com uma combinação de resistência da flexão/rotação lateral/abdução do quadril e flexão do joelho em decúbito dorsal.

Inervação

Nervo femoral (L2, L3).

Aplicação, fortalecimento e flexibilidade

Tracionando a partir da espinha ilíaca anterossuperior e da incisura logo abaixo, a tendência mais uma vez é inclinar anteriormente a pelve (para baixo na frente) à medida que esse músculo se contrai. Os músculos abdominais devem impedir essa tendência girando posteriormente a pelve (puxando para cima na frente), aplainando, desse modo, a parte inferior das costas.

O sartório, um músculo biarticular, é eficaz como flexor do quadril ou do joelho. Ocasionalmente denominado músculo do alfaiate, ele atua em todos os movimentos dos quadris e joelhos utilizados quando se assume a posição sentada de um alfaiate. É um músculo fraco quando ambas as flexões ocorrem simultaneamente. Observe como, ao tentar cruzar os joelhos na posição sentada, a pessoa em geral inclina bem as costas, elevando, desse modo, a origem para alongar esse músculo e tornando-o mais eficaz para flexionar e cruzar os joelhos. Com os joelhos estendidos, o sartório torna-se mais eficaz como flexor dos quadris. Trata-se do músculo mais longo do corpo e é possível fortalecê-lo com atividades de flexão do quadril, conforme descrito para o músculo iliopsoas. É possível alongá-lo com a ajuda de um parceiro para executar passivamente a extensão extrema, a adução e a rotação medial do quadril com o joelho estendido.

Músculo pectíneo (Figura 9.26)

Origem

Espaço com 2,5 cm de largura na parte frontal do púbis, pouco acima da crista (linha pectínea).

Inserção

Linha irregular que se estende do trocanter menor até a linha áspera (linha pectínea do fêmur).

Ação

Flexão do quadril.
Adução do quadril.
Rotação lateral do quadril.
Rotação anterior da pelve.

Palpação

Difícil de distinguir de outros adutores; face anterior do quadril aproximadamente 4 cm abaixo do centro do ligamento inguinal; lateral e ligeiramente proximal ao adutor longo e medial ao iliopsoas durante os movimentos de flexão e adução com a pessoa em decúbito dorsal.

Inervação

Nervo femoral (L2-L4).

Aplicação, fortalecimento e flexibilidade

Ao se contrair, o músculo pectíneo tende também a produzir a rotação anterior da pelve. Ao tracionar a pelve para cima na frente, os músculos abdominais impedem essa ação de inclinação.

O músculo pectíneo é exercitado juntamente com o músculo iliopsoas quando se eleva e abaixa a perna. É possível utilizar exercícios de flexão e adução do quadril contrarresistência para fortalecer esse músculo.

O alongamento do pectíneo se faz com a abdução total do quadril estendido e rotacionado medialmente.

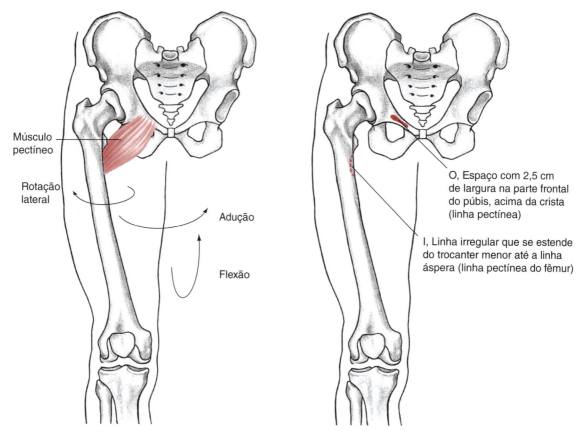

FIGURA 9.26 • Músculo pectíneo, vista anterior. O, Origem; I, Inserção.

Músculo adutor curto (Figura 9.27)

Origem

Parte frontal do ramo púbico inferior abaixo da origem do adutor longo.

Inserção

Dois terços inferiores da linha pectínea do fêmur e metade superior do lábio medial da linha áspera.

Ação

Adução do quadril.
Rotação lateral com adução do quadril.
Auxilia na flexão do quadril.
Auxilia na rotação anterior da pelve.

Adução do quadril

Rotação lateral do quadril

Flexão do quadril

Palpação

Nível profundo do adutor longo e superficial do adutor magno; muito difícil de palpar e diferenciar do adutor longo, localizado em posição imediatamente inferior; a porção proximal localiza-se lateralmente ao adutor longo.

Inervação

Nervo obturatório (L3, L4).

Aplicação, fortalecimento e flexibilidade

O músculo adutor curto, juntamente com os demais músculos adutores, produz o potente movimento de fechamento das coxas. O movimento de comprimir uma coxa contra a outra contrarresistência é eficaz para fortalecer o adutor curto. A abdução do quadril estendido e rotacionado medialmente serve para alongar o adutor curto.

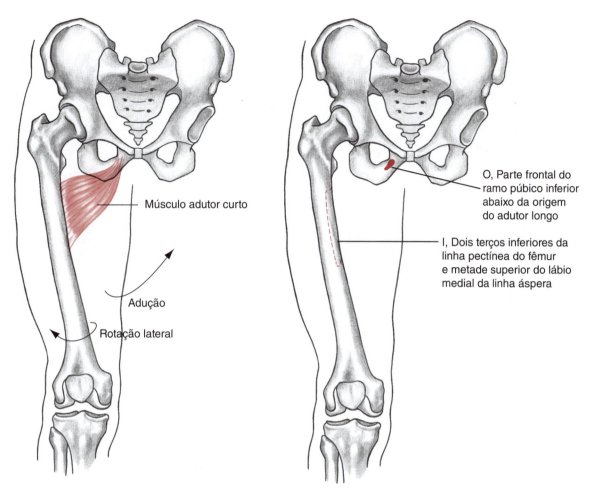

FIGURA 9.27 • Músculo adutor curto, vista anterior. O, Origem; I, Inserção.

Músculo adutor longo (Figura 9.28)

Origem

Parte anterior do púbis logo abaixo de sua crista.

Inserção

Terço médio da linha áspera.

Ação

Adução do quadril.
Auxilia na flexão do quadril.
Auxilia na rotação anterior da pelve.

Flexão do quadril

Adução do quadril

Palpação

Músculo mais proeminente localizado proximalmente na parte anteromedial da coxa, abaixo do osso púbico com adução resistida.

Inervação

Nervo obturatório (L3, L4).

Aplicação, fortalecimento e flexibilidade

Pode-se fortalecer o músculo utilizando-se o exercício de tesoura, que requer que a pessoa se sente no chão com as pernas bem afastadas uma da outra enquanto um parceiro coloca as pernas ou os braços pelo lado de dentro da parte inferior de cada perna da pessoa para opor resistência. À medida que a pessoa tenta aduzir as pernas, o parceiro opõe resistência manual dentro da respectiva amplitude

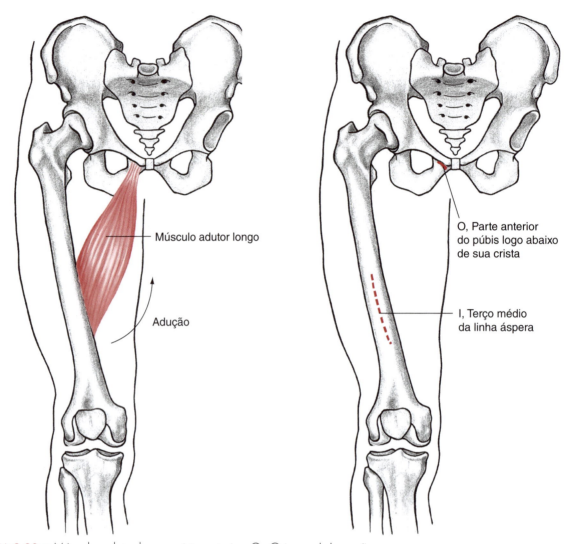

FIGURA 9.28 • Músculo adutor longo, vista anterior. O, Origem; I, Inserção.

de movimento. Esse exercício pode ser feito com uma ou ambas as pernas. O alongamento do adutor longo se faz da mesma maneira que o do adutor curto.

Músculo adutor magno (Figura 9.29)

Origem

Borda de todo o ramo do púbis e do ísquio e túber isquiático.

Inserção

Toda a extensão da linha áspera, porção medial da crista supraepicondilar medial e tubérculo do adutor.

Ação

Adução do quadril.
Rotação lateral com adução do quadril.
Extensão do quadril.

Adução do quadril

Rotação lateral do quadril

Extensão do quadril

Palpação

Face medial da coxa entre o grácil e a porção medial dos músculos posteriores da coxa, do túber isquiático ao tubérculo do adutor, com adução resistida a partir da posição abduzida.

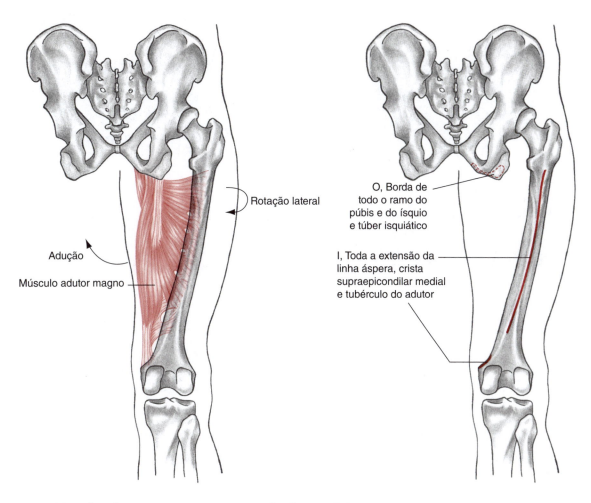

FIGURA 9.29 • Músculo adutor magno, vista posterior. O, Origem; I, Inserção.

Inervação

Anterior: nervo obturatório (L2-L4).
Posterior: nervo isquiático (L4, L5, S1-S3).

Aplicação, fortalecimento e flexibilidade

O músculo adutor magno é utilizado na pernada do nado de peito na natação e na equitação. Como os músculos adutores (adutor magno, adutor longo, adutor curto e grácil) não são muito utilizados em movimentos comuns, é recomendável que haja alguma atividade prescrita para eles. Existem alguns equipamentos de exercício modernos criados para opor resistência ao movimento de adução do quadril. Exercícios de adução do quadril como aqueles descritos para o adutor curto e o adutor longo podem ser utilizados para fortalecer também o adutor magno, cujo alongamento se faz da mesma maneira que o do adutor curto e o do adutor longo.

Músculo grácil   (Figura 9.30)

Origem

Borda anteromedial do ramo descendente do púbis.

Inserção

Superfície anteromedial da tíbia abaixo do côndilo.

Ação

Adução do quadril.
Flexão fraca do joelho.
Rotação medial do quadril.
Auxílio na flexão do quadril.
Rotação medial fraca do joelho.

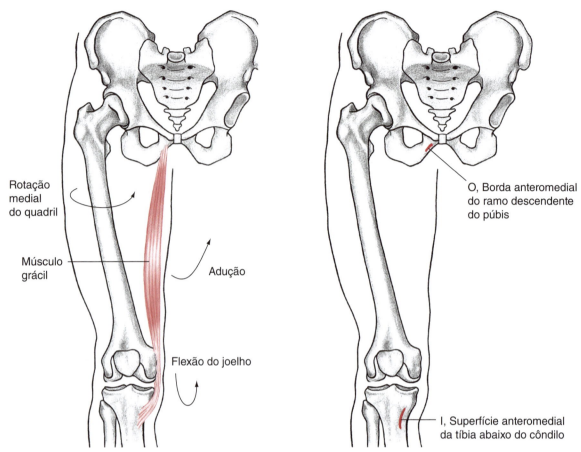

FIGURA 9.30 • Músculo grácil, vista anterior. O, Origem; I, Inserção.

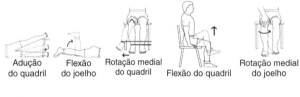

Palpação

Tendão fino na parte anteromedial da coxa com flexão e adução resistida do joelho; posterior ao adutor longo e medial ao semitendíneo.

Inervação

Nervo obturatório (L2-L4).

Aplicação, fortalecimento e flexibilidade

Também conhecido como adutor grácil, esse músculo exerce a mesma função que os outros adutores, mas contribui com modesta assistência à flexão do joelho.

Os músculos adutores coletivamente (adutor magno, adutor longo, adutor curto e grácil) entram em cena em atividades como equitação e na execução da pernada do nado de peito na natação. O desenvolvimento adequado do grupo adutor evita dores musculares após a participação nesses esportes. O fortalecimento do grácil se faz com os mesmos exercícios descritos para os demais adutores do quadril. O grácil pode ser alongado de maneira semelhante aos adutores, exceto que o joelho deve ser estendido.

Músculo semitendíneo (Figura 9.31)

Origem

Túber isquiático.

Inserção

Superfície anteromedial da tíbia abaixo do côndilo.

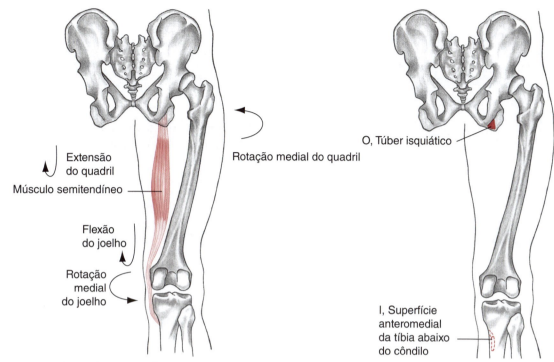

FIGURA 9.31 • Músculo semitendíneo, vista posterior. O, Origem; I, Inserção.

Ação

Flexão do joelho.
Extensão do quadril.
Rotação medial do quadril.
Rotação medial do joelho flexionado.
Rotação posterior da pelve.

Flexão do joelho   Extensão do quadril   Rotação medial do quadril   Rotação medial do joelho

Palpação

Face posteromedial da porção distal da coxa, combinando flexão e rotação medial do joelho contrarresistência; distal ao túber isquiático em decúbito ventral com rotação medial do quadril durante a flexão ativa do joelho.

Inervação

Nervo isquiático – divisão tibial (L5, S1, S2).

Aplicação, fortalecimento e flexibilidade

Esse músculo biarticular é particularmente eficaz ao se contrair para estender o quadril ou flexionar o joelho. Quando a extensão do quadril e a flexão do joelho ocorrem simultaneamente, ambos os movimentos são fracos. Quando se flexiona o tronco para a frente com os joelhos estendidos, os músculos posteriores da coxa tracionam vigorosamente a parte de trás da pelve, inclinando a sua parte posterior para baixo sob contração máxima. Se os joelhos forem flexionados durante esse movimento, pode-se observar que o trabalho é realizado principalmente pelo músculo glúteo máximo.

Por outro lado, quando se utilizam os músculos na vigorosa flexão dos joelhos, como quando se está pendurado pelos joelhos em uma barra, os flexores do quadril entram em cena para elevar a origem desses músculos e torná-los mais eficazes como flexores dos joelhos. Com a extensão total dos quadris nesse movimento, o movimento de flexão dos joelhos se enfraquece. Esses músculos são utilizados na deambulação comum como extensores do quadril e permitem que o glúteo máximo relaxe durante o movimento.

O músculo semitendíneo se desenvolve melhor por meio de exercícios de flexão dos joelhos contrarresistência. Normalmente conhecidos como flexões dos músculos posteriores da coxa ou flexores de perna, esses exercícios podem ser realizados em decúbito ventral sobre uma mesa baixa ou em pé com pesos presos aos tornozelos. Esse músculo é enfatizado ao flexionar os músculos posteriores da coxa na tentativa de manter a articulação dos joelhos em rotação medial, alinhando, desse modo, a inserção à origem.

O músculo semitendíneo é alongado ao se estender ao máximo o joelho e flexionar o quadril girado medialmente e em ligeira abdução.

Músculo semimembranáceo (Figura 9.32)

Origem

Túber isquiático.

Inserção

Superfície posteromedial do côndilo medial da tíbia.

Ação

Flexão do joelho.
Extensão do quadril.
Rotação medial do quadril.
Rotação medial do joelho flexionado.
Rotação posterior da pelve.

Flexão do joelho

Extensão do quadril

Rotação medial do quadril

Rotação medial do joelho

Palpação

Amplamente recoberto por outros músculos, é possível sentir o tendão na face posteromedial do joelho, profundo ao tendão do semitendíneo, combinando flexão e rotação medial do joelho contrarresistência.

Inervação

Nervo isquiático – divisão tibial (L5, S1, S2).

Aplicação, fortalecimento e flexibilidade

Tanto o semitendíneo quanto o semimembranáceo são responsáveis pela rotação medial do joelho, juntamente com o músculo poplíteo, abordado no Capítulo 10. Em virtude da maneira como cruzam a articulação, os músculos são muito importantes para oferecer estabilidade medial dinâmica à articulação do joelho.

O músculo semimembranáceo se desenvolve melhor com a execução de flexões de perna. Considera-se que a rotação medial do joelho em sua amplitude total acentua a atividade desse músculo. O alonga-

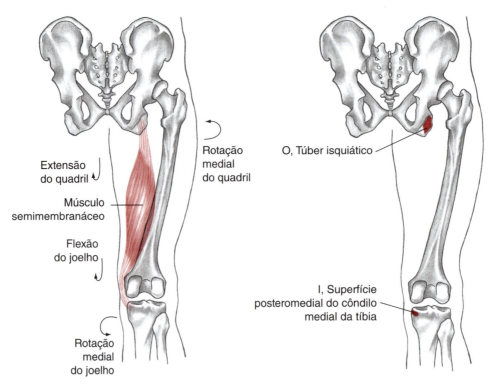

FIGURA 9.32 • Músculo semimembranáceo, vista posterior. O, Origem; I, Inserção.

mento do semimembranáceo se faz da mesma maneira que o do semitendíneo.

Músculo bíceps femoral (Figura 9.33)

Origem

Cabeça longa: túber isquiático.
Cabeça curta: metade inferior da linha áspera e porção lateral da crista supraepicondilar.

Inserção

Côndilo lateral da tíbia e cabeça da fíbula.

Ação

Flexão do joelho.
Extensão do quadril.
Rotação lateral do quadril.
Rotação lateral do joelho flexionado.
Rotação posterior da pelve.

Flexão do joelho

Extensão do quadril

Rotação lateral do quadril

Rotação lateral do joelho

Palpação

Face posterolateral da porção distal da coxa, combinando flexão e rotação lateral do joelho contrarresistência; distal ao túber isquiático em decúbito ventral com rotação lateral do quadril durante a flexão ativa do joelho.

Inervação

Cabeça longa: nervo isquiático – divisão tibial (S1-S3).
Cabeça curta: nervo isquiático – divisão fibular (L5, S1, S2).

Aplicação, fortalecimento e flexibilidade

Os músculos semitendíneo, semimembranáceo e bíceps femoral são conhecidos como músculos posteriores da coxa. Esses músculos, juntamente com o músculo glúteo máximo, são utilizados na extensão do quadril quando os joelhos estão estendidos ou quase estendidos. Portanto, para correr, pular, saltar e pular corda esses músculos são utilizados juntos. No entanto, os músculos posteriores da coxa são utilizados sem o auxílio do glúteo máximo quando a

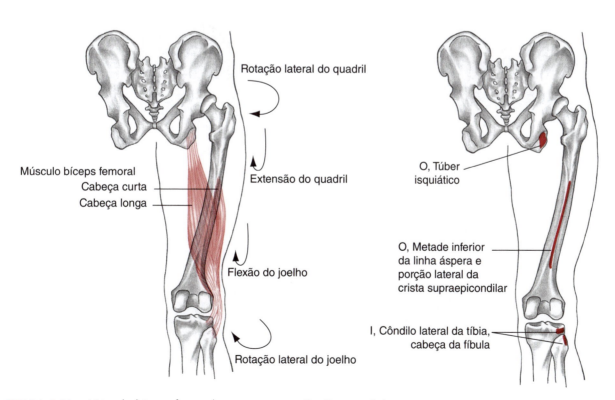

FIGURA 9.33 • Músculo bíceps femoral, vista posterior. O, Origem; I, Inserção.

pessoa está pendurada em uma barra pelos joelhos. Da mesma forma, o glúteo máximo é utilizado sem o auxílio dos músculos posteriores da coxa quando os joelhos estão flexionados durante a extensão dos quadris. Isso ocorre quando a pessoa se põe em pé, em posição ereta, a partir de uma posição em que os joelhos estão flexionados.

A melhor maneira de desenvolver o bíceps femoral é por meio de flexões dos músculos posteriores da coxa, conforme descrito para o músculo semitendíneo, mas o músculo é mais enfatizado se o joelho for mantido em rotação lateral ao longo de toda a amplitude de movimento, o que permite um melhor alinhamento entre a origem e a inserção. O alongamento do bíceps femoral se faz com a extensão máxima do joelho enquanto o quadril é flexionado, girado lateralmente e ligeiramente aduzido.

Músculo glúteo máximo (Figura 9.34)

Origem

Quarto posterior da crista ilíaca, superfície posterior do sacro e do cóccix próximo ao ílio, e fáscia da região lombar.

Inserção

Crista oblíqua (tuberosidade glútea) na superfície lateral do trocanter maior e trato iliotibial da fáscia lata.

Ação

Extensão do quadril.
Rotação lateral do quadril.
Fibras superiores: auxiliam na abdução do quadril.
Fibras inferiores: auxiliam na adução do quadril.
Rotação posterior da pelve.

Extensão do quadril Rotação lateral do quadril Abdução do quadril Adução do quadril

Palpação

Lateralmente em sentido descendente entre a porção posterior da crista ilíaca na posição superior, o sulco interglúteo na posição medial, e a prega glútea na posição inferior, enfatizado com a extensão, a rotação lateral e a abdução do quadril.

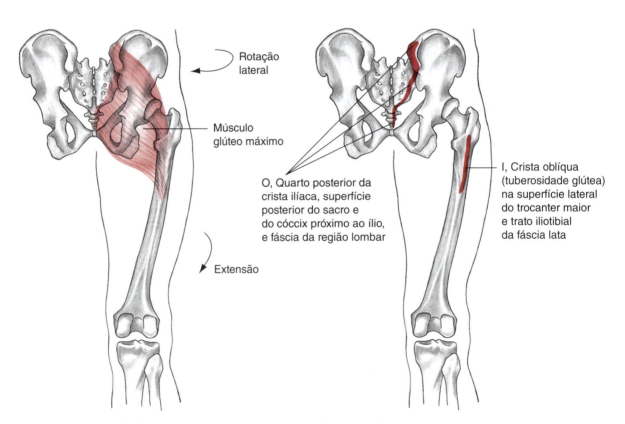

FIGURA 9.34 • Músculo glúteo máximo, vista posterior. O, Origem; I, Inserção.

Inervação

Nervo glúteo inferior (L5, S1, S2).

Aplicação, fortalecimento e flexibilidade

O músculo glúteo máximo entra em cena quando o movimento entre a pelve e o fêmur se aproxima e ultrapassa 15 graus de extensão. Consequentemente, esse músculo não é utilizado no movimento comum de caminhar e é importante na extensão da coxa com rotação lateral.

Observa-se a forte ação do músculo glúteo máximo ao correr, pular saltar e pular corda. A vigorosa extensão da coxa é garantida quando se retorna à posição em pé a partir de uma posição agachada, especialmente com uma barra com pesos sobre os ombros.

É possível utilizar exercícios de extensão do quadril a partir de uma posição em decúbito ventral ou inclinada para a frente para desenvolver esse músculo, enfatizado principalmente quando, a partir de uma posição flexionada, o quadril começa a se movimentar até alcançar o ponto máximo de extensão e abdução, com o joelho flexionado a 30 graus ou mais para reduzir o envolvimento dos músculos posteriores da coxa na ação.

Alonga-se o glúteo máximo em decúbito dorsal com o quadril totalmente flexionado para o lado da axila ipsilateral e depois para o lado da axila contralateral com o joelho flexionado. A rotação medial simultânea do quadril acentua esse alongamento.

Músculo glúteo médio (Figura 9.35)

Origem

Superfície lateral do ílio logo abaixo da crista.

Inserção

Superfícies posterior e média do trocanter maior do fêmur.

Ação

Abdução do quadril.
Rotação lateral da pelve para o lado ipsilateral.
Fibras anteriores: rotação medial, flexão do quadril e rotação anterior da pelve.
Fibras posteriores: rotação lateral, extensão do quadril e rotação posterior da pelve.

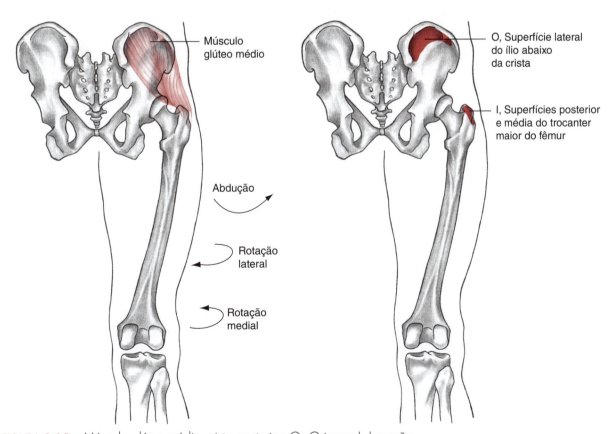

FIGURA 9.35 • Músculo glúteo médio, vista posterior. O, Origem; I, Inserção.

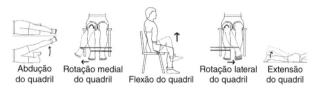

Palpação

Ligeiramente à frente e a alguns centímetros acima do trocanter maior com elevação ativa do lado oposto da pelve na posição em pé ou abdução ativa em decúbito lateral no lado contralateral da pelve.

Inervação

Nervo glúteo superior (L4, L5, S1).

Aplicação, fortalecimento e flexibilidade

Observa-se a ação típica dos músculos glúteo médio e glúteo mínimo na caminhada. Enquanto o peso do corpo está suspenso sobre uma perna, esses músculos impedem a inclinação (queda) do lado oposto da pelve. A fraqueza do glúteo médio e do glúteo mínimo pode resultar em um modo de andar típico da marcha de Trendelenburg, caracterizado pela inclinação do tronco para o lado da fraqueza muscular quando o lado contralateral da pelve cai. Com essa fraqueza, o lado oposto da pelve tende a cair para o lado contrário ao do apoio do peso porque os abdutores do quadril do lado do apoio não têm força suficiente para manter o lado oposto nivelado ou quase nivelado.

Os exercícios de rotação lateral do quadril executados contrarresistência podem proporcionar o fortalecimento do glúteo médio, mas a melhor maneira de fortalecer o músculo é realizar exercícios de elevação da perna em decúbito lateral ou de abdução do quadril, conforme descrito para o tensor da fáscia lata. A melhor maneira de alongar o glúteo médio, por outro lado, é mover o quadril em adução extrema pela frente do membro oposto e depois por trás.

Músculo glúteo mínimo (Figura 9.36)

Origem

Superfície lateral do ílio abaixo da origem do glúteo médio.

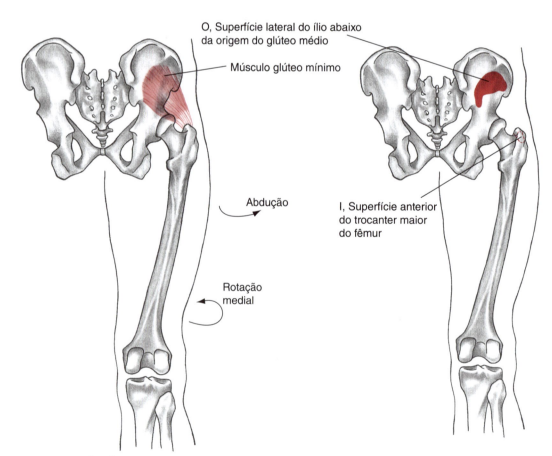

FIGURA 9.36 • Músculo glúteo mínimo, vista posterior. O, Origem; I, Inserção.

Inserção

Superfície anterior do trocanter maior do fêmur.

Ação

Abdução do quadril.
Rotação lateral da pelve para o lado ipsilateral.
Rotação medial com abdução do fêmur.
Flexão do quadril.
Rotação anterior da pelve.

Palpação

Profunda até o glúteo médio; recoberto pelo tensor da fáscia lata entre a porção anterior da crista ilíaca e o trocanter maior durante a rotação medial e a abdução.

Inervação

Nervo glúteo superior (L4, L5, S1).

Aplicação, fortalecimento e flexibilidade

Tanto o glúteo mínimo quanto o glúteo médio são utilizados em movimentos vigorosos destinados a manter a abdução adequada do quadril quando a pessoa corre. Consequentemente, esses dois músculos são exercitados com eficácia durante as ações de correr, saltar e pular corda, nas quais o peso se transfere obrigatoriamente de um pé para o outro. À medida que o corpo envelhece, os músculos glúteo médio e glúteo mínimo tendem a perder sua eficácia. A fonte da juventude, no que tange aos quadris, reside nesses músculos. Para produzir uma boa tração nas pernas, esses músculos devem ser plenamente desenvolvidos.

O glúteo mínimo se fortalece melhor com a execução de exercícios de abdução do quadril semelhantes àqueles descritos para os músculos tensor da fáscia lata e glúteo médio, podendo desenvolver-se também com exercícios de rotação medial contra resistência manual. O alongamento desse músculo se faz com a adução extrema do quadril com ligeira rotação lateral.

Músculo tensor da fáscia lata
(Figura 9.37)

Origem

Porção anterior da crista ilíaca e superfície do ílio abaixo da crista.

Inserção

Um quarto do percurso da coxa até o trato iliotibial, que, por sua vez, se insere no tubérculo de Gerdy da porção anterolateral do côndilo da tíbia.

Ação

Abdução do quadril.
Flexão do quadril.
Tendência a girar medialmente o quadril à medida que ele flexiona.
Rotação anterior da pelve.

Palpação

Em sentido anterolateral entre a porção anterior da crista ilíaca e o trocanter maior durante a flexão, a rotação medial e a abdução.

Inervação

Nervo glúteo superior (L4, L5, S1).

Aplicação, fortalecimento e flexibilidade

O músculo tensor da fáscia lata ajuda a impedir a rotação lateral do quadril à medida que é flexionado por outros músculos flexores.

Esse músculo é utilizado nos movimentos de flexão e rotação medial. Trata-se de um movimento fraco, mas importante na medida em que ajuda a direcionar a perna para a frente de modo que o pé fique posicionado reto para a frente ao caminhar e correr. Portanto, a partir da posição de decúbito dorsal, o movimento de elevação da perna com a rotação medial definida do fêmur aciona o músculo.

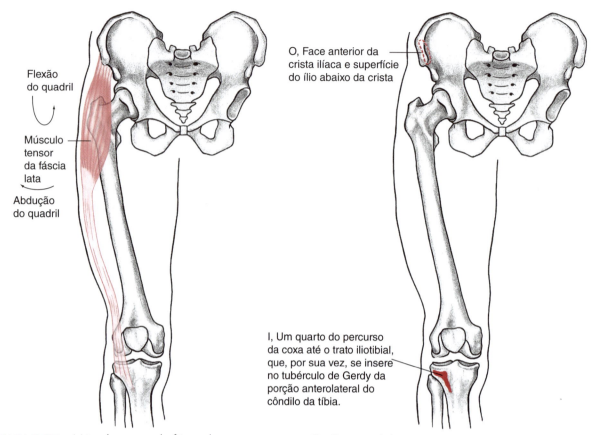

FIGURA 9.37 • Músculo tensor da fáscia lata, vista anterior. O, Origem; I, Inserção.

Pode-se desenvolver o tensor da fáscia lata executando exercícios de abdução do quadril contra a gravidade e a resistência em posição de decúbito lateral. É possível fazer isso simplesmente abduzindo o quadril que está voltado para cima e depois abaixando-o devagar até apoiá-lo contra a outra perna. O alongamento pode ser feito com a pessoa ainda deitada de lado e auxiliada por um parceiro que ajude a movimentar passivamente o quadril que está voltado para baixo, executando movimentos de extensão total, adução e rotação lateral.

Os seis músculos rotadores laterais profundos: piriforme, gêmeo superior, gêmeo inferior, obturador externo, obturador interno e quadrado femoral (Figura 9.38)

Origem

Parte anterior do sacro, porções posteriores do ísquio e forame obturado.

Inserção

Faces superior e posterior do trocanter maior.

Ação

Rotação lateral do quadril.

Rotação lateral do quadril

Palpação

Embora esses músculos não sejam diretamente palpáveis, é possível fazer uma palpação profunda entre a parte posterior do trocanter maior e o forame obturado com a pessoa deitada em decúbito ventral durante o relaxamento do glúteo máximo, utilizando-se de forma passiva a parte inferior da perna flexionada à altura do joelho para produzir passivamente a

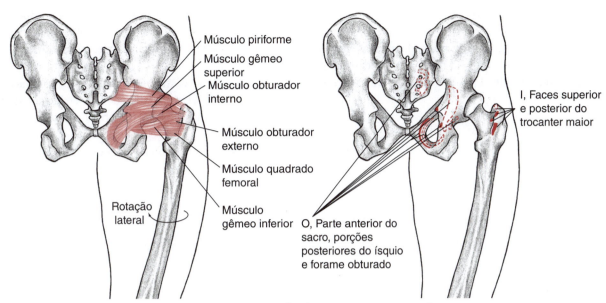

FIGURA 9.38 • Os seis músculos rotadores laterais profundos, vista posterior: piriforme, gêmeo superior, gêmeo inferior, obturador externo, obturador interno e quadrado femoral. O, Origem; I, Inserção.

rotação medial e lateral do fêmur ou contrair/relaxar ligeiramente os rotadores laterais de forma alternada.

Inervação

Piriforme: primeiro ou segundo nervo sacral (S1, S2).
Gêmeo superior: nervo sacral (L5, S1, S2).
Gêmeo inferior: ramos do plexo sacral (L4, L5, S1, S2).
Obturador externo: nervo obturatório (L3, L4).
Obturador interno: ramos do plexo sacral (L4, L5, S1, S2).
Quadrado femoral: ramos do plexo sacral (L4, L5, S1).

Aplicação, fortalecimento e flexibilidade

Os seis rotadores laterais são utilizados vigorosamente em movimentos de rotação lateral do fêmur, como em esportes nos quais a pessoa dá impulsão com uma das pernas a partir da rotação medial preliminar.

O arremesso de uma bola de beisebol ou o giro de um taco de beisebol, que envolvem a rotação do quadril, são exemplos típicos.

Apoiar-se sobre uma perna e girar energicamente o corpo na direção oposta a essa perna é um movimento executado com a contração desses músculos, podendo ser repetido para fins de fortalecimento dos músculos. Um parceiro pode auxiliar fazendo resistência à medida que o desenvolvimento progride. Os seis rotadores laterais profundos podem ser alongados com a pessoa em decúbito dorsal e auxiliada por um parceiro que a ajude a executar passivamente a rotação medial e a ligeira flexão do quadril.

Vale notar que o nervo isquiático normalmente passa logo abaixo do músculo piriforme, mas pode também atravessá-lo. Consequentemente, a rigidez do músculo piriforme pode contribuir para a compressão do nervo isquiático. O piriforme pode ser alongado com a pessoa deitada do lado não envolvido no movimento e auxiliada por um parceiro que a ajude a executar a rotação medial do quadril combinada aos movimentos de adução e flexão de leve a moderada.

Exercícios de revisão

1. Cite os planos em que ocorre cada um dos seguintes movimentos da articulação do quadril. Relacione o respectivo eixo de rotação para cada movimento em cada plano.

    1. Flexão
    2. Extensão
    3. Adução
    4. Abdução
    5. Rotação lateral
    6. Rotação medial

2. De que maneira caminhar e correr diferem quanto ao uso das ações e da amplitude de movimento dos músculos da articulação do quadril?

3. Pesquise os distúrbios comuns do quadril, como osteoartrite, distensões da virilha, distensões dos músculos posteriores da coxa, bursite do trocanter maior e deslizamento epifisário da cabeça do fêmur. Relate os seus achados em sala de aula.

4. Quadro de análise dos músculos • Articulação do quadril

Preencha o quadro relacionando os músculos primariamente envolvidos em cada movimento.	
Flexão	Extensão
Abdução	Adução
Rotação lateral	Rotação medial

5. Quadro das ações dos músculos antagonistas • Articulação do quadril e cíngulo do membro inferior

Complete o quadro relacionando o(s) músculo(s) ou as partes dos músculos que atuam como antagonistas em suas ações em relação aos músculos identificados na coluna da esquerda

Agonista	Antagonista
Glúteo máximo	
Glúteo médio	
Glúteo mínimo	
Bíceps femoral	
Semimembranáceo/Semitendíneo	
Adutor magno/Adutor curto	
Adutor longo	
Grácil	
Rotadores laterais	
Reto femoral	
Sartório	
Pectíneo	
Iliopsoas	
Tensor da fáscia lata	

Exercícios de laboratório

1. Localize as seguintes partes do cíngulo do membro inferior e da articulação do quadril em um esqueleto e em um modelo humanos:

   a. Esqueleto
      1. Ílio
      2. Ísquio
      3. Púbis
      4. Sínfise púbica
      5. Acetábulo
      6. Ramos (ascendente e descendente)
      7. Forame obturado
      8. Túber isquiático
      9. Espinha ilíaca anterossuperior
      10. Trocanter maior
      11. Trocanter menor
   b. Modelo
      1. Crista ilíaca
      2. Espinha ilíaca anterossuperior
      3. Túber isquiático
      4. Trocanter maior

2. Como e onde os seguintes músculos podem ser palpados em um modelo humano?

   a. Grácil
   b. Sartório
   c. Glúteo máximo
   d. Glúteo médio
   e. Glúteo mínimo
   f. Bíceps femoral
   g. Reto femoral
   h. Semimembranáceo
   i. Semitendíneo
   j. Adutor magno
   k. Adutor longo
   l. Adutor curto

3. Com um elástico de borracha longo, indique em um esqueleto humano onde cada músculo tem a sua origem e inserção.

4. Faça a distinção entre flexão do quadril e flexão do tronco executando individualmente cada um desses movimentos e depois os dois juntos.

5. Demonstre o movimento e relacione os músculos primariamente responsáveis pelos seguintes movimentos do quadril:

   a. Flexão
   b. Extensão
   c. Adução
   d. Abdução
   e. Rotação lateral
   f. Rotação medial

6. De que maneira o modo de andar pode ser afetado por uma fraqueza do músculo glúteo médio? Solicite a um parceiro de laboratório que demonstre o padrão de marcha associado à fraqueza do glúteo médio. Como se chama essa disfunção da marcha?

7. De que maneira a rigidez bilateral do iliopsoas pode afetar a postura e o movimento da parte lombar da coluna vertebral na posição em pé? Demonstre e discuta esse efeito com um parceiro de laboratório.

8. De que maneira a rigidez bilateral dos músculos posteriores da coxa pode afetar a postura e o movimento da parte lombar da coluna vertebral na posição em pé? Demonstre e discuta esse efeito com um parceiro de laboratório.

9. Quadro de análise dos movimentos de exercício da articulação do quadril

Após analisar cada exercício apresentado no quadro, desmembre cada um em duas fases principais de movimento, como uma fase de levantamento e uma fase de abaixamento. Para cada fase, determine os movimentos da articulação do quadril que ocorrem, relacionando os músculos da articulação do quadril primariamente responsáveis por produzir/controlar esses movimentos. Ao lado de cada músculo em cada movimento, indique o tipo de contração da seguinte maneira: I – isométrica; C – concêntrica; E – excêntrica.

Exercício	Fase inicial do movimento (levantamento)		Fase secundária do movimento (abaixamento)	
	Movimento(s)	Agonista(s) – (tipo de contração)	Movimento(s)	Agonista(s) – (tipo de contração)
Flexão de braço				
Agachamento				
Levantamento-terra				
Hip sled				

(continua)

(continuação)

Exercício	Fase inicial do movimento (levantamento)		Fase secundária do movimento (abaixamento)	
	Movimento(s)	Agonista(s) – (tipo de contração)	Movimento(s)	Agonista(s) – (tipo de contração)
Afundo				
Exercício de remada				
Simulador de escada				

10. **Quadro de análise de habilidades esportivas que envolvem a articulação do quadril**

Analise cada habilidade apresentada no quadro e relacione os movimentos da articulação do quadril dos lados direito e esquerdo em cada fase da habilidade. Talvez você prefira relacionar a posição inicial em que a articulação do quadril se encontra na fase de apoio. Após cada movimento, identifique o(s) músculo(s) da articulação do quadril primariamente responsável(eis) por produzir/controlar esse movimento. Ao lado de cada músculo em cada movimento, indique o tipo de contração da seguinte maneira: I – isométrica; C – concêntrica; E – excêntrica. Talvez seja recomendável rever os conceitos de análise no Capítulo 8 para as diversas fases.

Exercício		Fase de apoio	Fase preparatória	Fase de movimento	Fase de finalização
Arremesso de beisebol	(D)				
	(E)				
Chute de devolução da bola no futebol americano (*punt*)	(D)				
	(E)				
Caminhada	(D)				
	(E)				
Arremesso de softbol	(D)				
	(E)				
Passe de bola no futebol	(D)				
	(E)				
Tacada do beisebol	(D)				
	(E)				
Boliche	(D)				
	(E)				
Lance livre do basquete	(D)				
	(E)				

Referências bibliográficas

Field D: *Anatomy: palpation and surface markings,* ed 3, Oxford, 2001, Butterworth-Heinemann.

Hamilton N, Weimer W, Luttgens K: *Kinesiology: scientific basis of human motion,* ed 12, New York, 2012, McGraw-Hill.

Hislop HJ, Montgomery J: *Daniels and Worthingham's muscle testing: techniques of manual examination,* ed 8, Philadelphia, 2007, Saunders.

Kendall FP, McCreary EK, Provance, PG, Rodgers MM, Romani WA: *Muscles: testing and function, with posture and pain,* ed 5, Baltimore, 2005, Lippincott Williams & Wilkins.

Lindsay DT: *Functional human anatomy,* St. Louis, 1996, Mosby.

Lysholm J, Wikland J: Injuries in runners, *American Journal of Sports Medicine* 15:168, September–October 1986.

Magee DJ: *Orthopedic physical assessment,* ed 5, Philadelphia, 2008, Saunders.

Muscolino JE: *The muscular system manual: the skeletal muscles of the human body,* ed 3, St. Louis, 2010, Elsevier Mosby.

Noahes TD, et al: Pelvic stress fractures in long distance runners, *American Journal of Sports Medicine* 13:120, March–April 1985.

Oatis CA: *Kinesiology: the mechanics and pathomechanics of human movement,* ed 2, Philadelphia, 2008, Lippincott Williams & Wilkins.

Prentice WE: *Principles of athletic training: a competency-based approach,* ed 15, New York, 2014, McGraw-Hill.

Saladin KS: *Anatomy & physiology: the unity of form and function,* ed 5, New York, 2010, McGraw-Hill.

Seeley RR, Stephens TD, Tate P: *Anatomy & physiology,* ed 8, New York, 2008, McGraw-Hill.

Shier D, Butler J, Lewis R: *Hole's human anatomy and physiology,* ed 12, New York, 2010, McGraw-Hill.

Sieg KW, Adams SP: *Illustrated essentials of musculoskeletal anatomy,* ed 4, Gainesville, FL, 2002, Megabooks.

Stone RJ, Stone JA: *Atlas of the skeletal muscles,* ed 6, New York, 2009, McGraw-Hill.

Thibodeau GA, Patton KT: *Anatomy & physiology,* ed 9, St. Louis, 1993, Mosby.

Van De Graaff KM: *Human anatomy,* ed 6, Dubuque, IA, 2002, McGraw-Hill.

Acesse a página http://manoleeducacao.com.br/manualdecinesiologiaestrutural, siga as instruções e desfrute de recursos adicionais associados a este capítulo, incluindo:
- questões de múltipla escolha
- questões do tipo verdadeiro ou falso
- respostas aos exercícios de revisão e de laboratório
- relação de sites úteis (em inglês)

Capítulo 10

A articulação do joelho

Objetivos

- Identificar em um esqueleto humano as características ósseas específicas do joelho.
- Explicar as estruturas cartilaginosas e ligamentares da articulação do joelho.
- Desenhar e identificar em um quadro do sistema esquelético os músculos e ligamentos da articulação do joelho.
- Palpar as estruturas e músculos superficiais da articulação do joelho em um modelo humano.
- Demonstrar e palpar com um colega todos os movimentos da articulação do joelho e relacionar seus respectivos planos de movimento e eixos de rotação.
- Nomear e explicar as ações e a importância dos músculos quadríceps e posteriores da coxa.
- Citar e organizar os músculos que produzem os movimentos da articulação do joelho e relacionar seus antagonistas.
- Determinar, por meio de análise, os movimentos do joelho e os músculos envolvidos em habilidades e exercícios específicos.

A articulação do joelho é a maior articulação diartrodial do corpo e é muito complexa; é principalmente uma articulação do tipo dobradiça. As funções combinadas de apoio de peso e locomoção exercem considerável nível de sobrecarga, tensão, compressão e torção na articulação do joelho. Os potentes músculos extensores e flexores do joelho, combinados a uma forte estrutura ligamentar, produzem uma forte articulação funcional na maioria dos casos.

Ossos   (Figura 10.1)

Os côndilos femorais aumentados articulam-se com os côndilos aumentados da tíbia, em uma linha relativamente horizontal. Como o fêmur se projeta para baixo em um ângulo oblíquo em direção à linha mediana, o seu côndilo medial é ligeiramente maior do que o côndilo lateral.

A parte superior dos côndilos medial e lateral da tíbia, conhecida como platôs medial e lateral da tíbia, serve de receptáculo para os côndilos femorais. A tíbia é o osso medial da perna e suporta uma parte muito maior do peso do corpo do que a fíbula. Esta última serve de conexão para algumas estruturas importantes da articulação do joelho, embora não se articule com o fêmur ou a patela e não faça parte da articulação do joelho.

A patela é um osso sesamoide (flutuante) contido no grupo de músculos do quadríceps e no tendão patelar. Sua localização permite-lhe atender ao quadríceps de forma semelhante ao funcionamento de uma polia, criando um melhor ângulo de tração, o que resulta em uma maior vantagem mecânica ao executar a extensão do joelho.

Os principais pontos de referência ósseos do joelho incluem os polos superior e inferior da patela, a tuberosidade da tíbia, o tubérculo de Gerdy, os côndi-

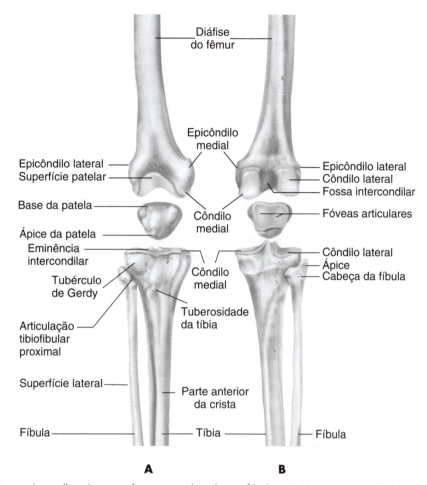

FIGURA 10.1 • Ossos do joelho direito – fêmur, patela, tíbia e fíbula. **A**, Vista anterior; **B**, Vista posterior.

los medial e lateral do fêmur, a superfície anteromedial superior da tíbia e a cabeça da fíbula. Os três músculos vastos do quadríceps originam-se na porção proximal do fêmur e inserem-se, juntamente com o reto femoral, no polo superior da patela. A inserção específica desses músculos na patela varia na medida em que os músculos vasto medial e vasto lateral inserem-se na patela a partir de um ângulo superomedial e superolateral, respectivamente. O superficial reto femoral e o vasto intermédio, localizado logo abaixo, conectam-se à patela a partir da direção superior, inserindo-se, em seguida, na tuberosidade da tíbia por meio do grande tendão patelar, que se estende do polo patelar inferior até a tuberosidade da tíbia. O tubérculo de Gerdy, localizado na face anterolateral do côndilo lateral da tíbia, é o ponto de inserção para o trato iliotibial do tensor da fáscia lata.

A superfície anteromedial superior da tíbia imediatamente abaixo do côndilo medial serve como ponto de inserção para os músculos sartório, grácil e semitendíneo. O músculo semimembranáceo insere-se em sentido posteromedial no côndilo medial da tíbia. A cabeça da fíbula é o ponto principal de inserção do bíceps femoral, embora algumas de suas fibras insiram-se no côndilo lateral da tíbia. A origem do poplíteo está localizada na face lateral do côndilo lateral do fêmur.

Além disso, o ligamento colateral tibial origina-se na face medial do côndilo medial superior do fêmur, inserindo-se na superfície medial da tíbia. Lateralmente, o ligamento colateral fibular mais curto é originário do côndilo lateral do fêmur, muito próximo à origem do poplíteo e insere-se na cabeça da fíbula.

Articulações (Figuras 10.2 e 10.3)

A articulação do joelho propriamente dita, ou articulação tibiofemoral, é classificada como uma articulação gínglimo por funcionar como uma dobradiça. Ela se movimenta entre a flexão e a extensão sem movimentos lado a lado de abdução ou adução. Entretanto, essa articulação é às vezes denominada trocogínglimo, por causa dos movimentos de rotação medial e lateral que podem ocorrer durante a flexão. Alguns especialistas argumentam que ela poderia ser classificada como uma articulação condilar ou "condilar dupla" em virtude de sua estrutura bicondilar. A articulação patelofemoral classifica-se como uma articulação artrodial por causa da natureza deslizante da patela sobre os côndilos femorais.

Os ligamentos oferecem estabilidade estática à articulação do joelho, enquanto as contrações do quadríceps e dos músculos posteriores da coxa produzem estabilidade dinâmica. As superfícies entre o fêmur e a tíbia são protegidas pela cartilagem articular, como acontece com todas as articulações diartrodiais. Além da cartilagem articular que recobre as extremidades dos ossos, cartilagens especializas (ver Fig. 10.2), conhecidas como meniscos, funcionam como amortecedores entre os ossos. Esses meniscos conectam-se à tíbia e aprofundam os platôs da tíbia, aumentando, desse modo, a estabilidade.

A cartilagem semilunar medial, ou, em termos mais técnicos, o menisco medial, está localizada no platô medial da tíbia e forma um receptáculo para o côndilo medial do fêmur. A cartilagem semilunar lateral (menisco lateral) está localizada no platô lateral da tíbia e recebe o côndilo lateral do fêmur. Esses dois meniscos são mais espessos na borda externa e afunilam-se, tornando-se muito finos, na borda interna. Eles podem deslizar um pouco e são sustentados por diversos pequenos ligamentos. O menisco medial é o maior dos dois, assemelhando-se muito mais a um C aberto do que a configuração de um C mais fechado do menisco lateral. Um ou ambos os meniscos podem se romper em várias áreas diferentes por causa de diversos mecanismos, resultando em graus variáveis de gravidade e problemas. Essas lesões geralmente são causadas pelas significativas forças de compressão e cisalhamento que se desenvolvem à medida que o joelho gira, enquanto executa movimentos de flexão e extensão, durante as rápidas mudanças de direção quando se corre.

Dois ligamentos muitos importantes do joelho são os ligamentos cruzados anterior e posterior, assim denominados por se cruzarem no joelho entre a tíbia e o fêmur. Esses ligamentos são vitais para manter a estabilidade anterior e posterior da articulação do joelho, respectivamente, bem como a sua estabilidade rotacional (ver Fig. 10.2).

A ruptura do ligamento cruzado anterior (LCA) é uma das lesões graves mais comuns do joelho e já demonstrou ser significativamente mais comum nas mulheres do que nos homens durante a prática de esportes semelhantes, como basquete e futebol. O mecanismo dessa lesão geralmente envolve forças rotacionais sem contato associadas aos movimentos de preparação para o chute e de mudança de direção. Estudos realizados demonstraram também que o LCA pode se romper em um mecanismo de hiperextensão ou simplesmente por uma contração violenta do quadríceps que puxe a tíbia para a frente no fêmur. Recentes estudos sugerem que os programas de prevenção de lesões do LCA, que incorporam exercícios detalhados de condicionamento e técnicas que visam a melhorar a coordenação e o controle neuromusculares entre os músculos posteriores da coxa e o quadríceps, manter o alinhamento adequado do joelho e utilizar as técnicas adequada de contato com o solo podem ser eficazes como forma de reduzir a probabilidade de lesões.

Felizmente, o ligamento cruzado posterior (LCP) não se lesiona com frequência. As lesões do ligamento cruzado posterior normalmente ocorrem pelo contato direto com um adversário ou com a superfície de jogo. Muitas das lesões do LCP que ocorrem são rupturas parciais com um envolvimento mínimo de outras estruturas do joelho. Em muitos casos, mesmo com rupturas completas, os atletas conseguem manter um nível de competitividade razoavelmente elevado após um breve tratamento não cirúrgico e o cumprimento de um programa de reabilitação.

Na face medial do joelho está o ligamento colateral (medial) tibial (LCM; ver Fig. 10.2), que mantém a estabilidade medial resistindo às forças em valgo ou impedindo a abdução da articulação do joelho. As lesões do ligamento colateral tibial são bastante comuns, sobretudo em esportes de contato ou em que ocorrem colisões, nos quais um companheiro de equipe ou um adversário cai sobre a face lateral do joelho ou da perna, provocando a abertura medial da articulação do joelho e sobrecarga nas estruturas ligamentares mediais. Suas fibras mais profundas estão conectadas ao menisco medial, que pode ser afetado por lesões ao ligamento.

Na face lateral do joelho, o ligamento colateral (lateral) fibular (LCL) une-se à fíbula e ao fêmur. As lesões a esse ligamento são raras.

Além dos demais ligamentos intra-articulares detalhados na Figura 10.2, existem vários outros ligamentos contíguos à cápsula articular que não foram mostrados. Em geral, esses ligamentos têm menor importância e não serão abordados com mais profundidade.*

---

*Os livros de anatomia e os manuais de treinamento esportivo contêm uma discussão mais detalhada sobre o joelho.

Capítulo 10 A articulação do joelho 275

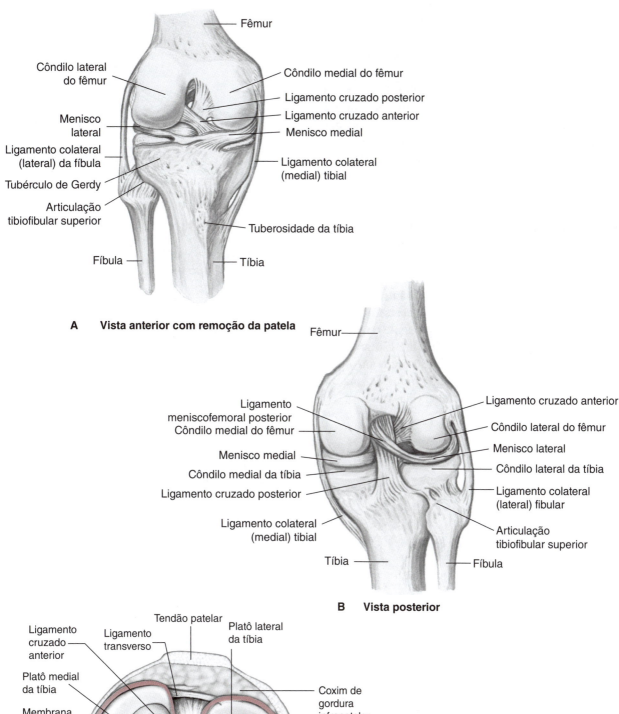

A Vista anterior com remoção da patela
B Vista posterior
C Vista superior com remoção do fêmur

FIGURA 10.2 • Ligamentos e meniscos do joelho direito. **A**, Vista anterior com remoção da patela; **B**, Vista posterior; **C**, Vista superior com remoção do fêmur.

A articulação do joelho (Fig. 10.3) é bem suprida com o líquido sinovial proveniente da cavidade sinovial, localizada sob a patela, entre as superfícies da tíbia e do fêmur. Essa cavidade sinovial normalmente é conhecida como a cápsula do joelho. Em posição posterior ao tendão patelar está o coxim de gordura infrapatelar, geralmente um ponto de inserção das pregas sinoviais de tecido conhecidas como **plica**. Uma plica é uma variante anatômica entre algumas pessoas que pode se irritar ou inflamar em decorrência de lesões ou uso excessivo do joelho. Existem mais de dez bolsas localizadas em torno do joelho, algumas conectadas à cavidade sinovial. As bolsas estão localizadas em pontos nos quais elas possam absorver o choque ou reduzir o atrito.

O joelho normalmente é capaz de se estender a 180 graus, ou em linha reta, embora não sejam incomuns os casos em que o joelho se hiperestende a até 10 graus ou mais. Quando está totalmente estendido, o joelho consegue se movimentar a até 150 graus de flexão. Com o joelho flexionado 30 graus ou mais, pode ocorrer aproximadamente 30 graus de rotação medial e 45 graus de rotação lateral (Fig. 10.4).

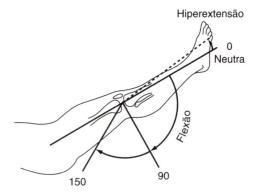

FIGURA 10.4 • Movimento ativo do joelho. A flexão é mensurada em graus a partir da posição inicial zero, que consiste na perna estendida com a pessoa em decúbito ventral ou dorsal. A hiperextensão é mensurada em graus em sentido contrário ao ponto de partida zero.

Em função da forma do côndilo medial do fêmur, o joelho deve executar um mecanismo de travamento (*screw home*) para se estender totalmente. À medida que o joelho se aproxima do ponto máximo de extensão, a tíbia deve girar lateralmente cerca de 10 graus para alcan-

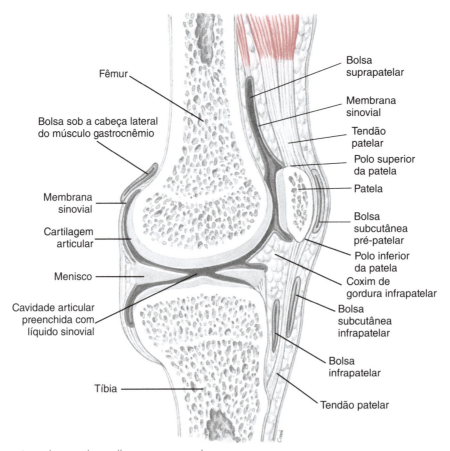

FIGURA 10.3 • Articulação do joelho, vista sagital.

çar o alinhamento adequado dos côndilos da tíbia e do fêmur. Na extensão total, por causa da estreita congruência das superfícies articulares, não ocorre uma rotação significativa do joelho. Durante a flexão inicial a partir de uma posição totalmente estendida, o joelho é "destravado", de certa forma, pela rotação medial da tíbia a partir de sua posição de rotação medial para executar a flexão.

Movimentos (Figura 10.5)

A flexão e a extensão do joelho ocorrem no plano sagital, enquanto as rotações medial e lateral ocorrem no plano horizontal. O joelho não permite a rotação, a menos que seja flexionado de 20 a 30 graus ou mais.

Flexão: curvatura ou redução do ângulo entre o fêmur e a parte inferior da perna; caracteriza-se pelo movimento do calcanhar em direção aos glúteos.

Flexão do joelho

Extensão do joelho

Rotação lateral do joelho

Rotação medial do joelho

Extensão: correção ou aumento do ângulo entre o fêmur e a parte inferior da perna.

Rotação lateral: movimento de rotação da parte inferior da perna afastando-se lateralmente da linha mediana.

Rotação medial: movimento de rotação da parte inferior da perna aproximando-se medialmente da linha mediana.

Músculos (Figura 9.12)

Alguns dos músculos envolvidos nos movimentos da articulação do joelho foram abordados no Capítulo 9 por causa de sua disposição biarticular em relação às articulações do quadril e do joelho e, por essa razão, dispensam uma abordagem mais detalhada neste capítulo. Os músculos da articulação do joelho que já foram abordados são os seguintes:

Extensor do joelho: reto femoral.
Flexores do joelho: sartório, bíceps femoral, semitendíneo, semimembranáceo e grácil.

O músculo gastrocnêmio, abordado no Capítulo 11, também auxilia minimamente a flexão do joelho.

Localizado no compartimento anterior da coxa, o grupo de músculos responsável pela extensão do joelho é conhecido como quadríceps. Esse grupo é formado por quatro músculos: o reto femoral, o vasto lateral, o vasto intermédio e o vasto medial. Esses quatro músculos trabalham juntos para tracionar a patela para cima, puxando e estendendo, por sua vez, a perna à altura do joelho por sua conexão à tuberosidade da tíbia por meio do tendão patelar.

A linha central de tração para todo o quadríceps estende-se da espinha ilíaca anterossuperior (EIAS) ao centro da patela. A linha de tração do tendão patelar estende-se do centro da patela ao centro da tuberosidade da tíbia. O ângulo formado pela interseção dessas duas linhas na patela é conhecido como **ângulo Q** ou ângulo do quadríceps (Fig. 10.6). Normal-

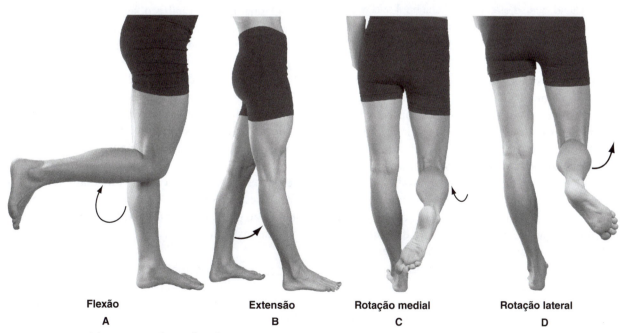

Flexão
A

Extensão
B

Rotação medial
C

Rotação lateral
D

FIGURA 10.5 • Movimentos do joelho direito.

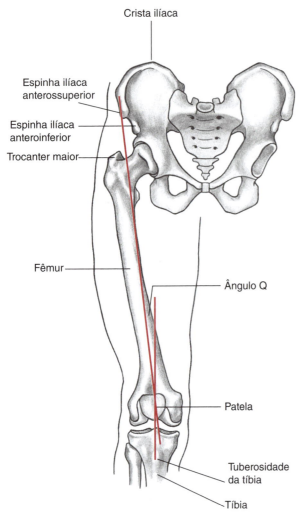

FIGURA 10.6 • Ângulo Q, representado pelo ângulo entre a linha que se estende da espinha ilíaca anterossuperior ao centro da patela e a linha que se estende do centro da patela à tuberosidade da tíbia.

mente, na posição anatômica, esse ângulo é de 15 graus ou menos para homens e 20 graus ou menos para mulheres. Em geral, as mulheres apresentam ângulos maiores por terem a pelve mais larga. Os ângulos Q dinâmicos variam significativamente durante a prática de atividades que envolvem movimentos de *planting* e *cutting*. Um ângulo Q mais elevado geralmente predispõe as pessoas, em graus variáveis, a diversos possíveis problemas de joelho, como subluxação ou luxação da patela, síndrome da compressão patelar, condromalacia e lesões ligamentares.

O grupo dos músculos posteriores da coxa está localizado no compartimento posterior da coxa e é responsável pela flexão do joelho. Esse grupo consiste em três músculos: o semitendíneo, o semimembranáceo e o bíceps femoral. Os músculos semitendíneo e semimembranáceo (músculos posteriores da porção medial da coxa) são auxiliados pelo poplíteo na rotação medial do joelho, enquanto o bíceps femoral (músculo posterior da porção lateral da coxa) é responsável pela rotação lateral do joelho.

Os músculos biarticulares são mais eficazes quando a origem ou a inserção está estabilizada para impedir o movimento na direção do músculo quando ele se contrai. Além disso, os músculos são capazes de exercer mais força quando alongados do que quando encurtados. Todos os músculos posteriores da coxa, bem como o reto femoral, o sartório e o grácil, são biarticulares (possuem duas articulações).

A título de exemplo, o sartório torna-se um melhor flexor do joelho quando a pelve é girada posteriormente e estabilizada pelos músculos abdominais, aumentando, assim, seu comprimento total ao afastar sua origem de sua inserção. É o que acontece quando se tenta flexionar o joelho e cruzar as pernas na posição sentada. A pessoa normalmente inclina-se para trás para flexionar as pernas à altura dos joelhos. Essa situação é ilustrada também quando se chuta uma bola de futebol. Ao executar o chute, a pessoa invariavelmente inclina-se bem para trás para elevar e fixar a origem do músculo reto femoral e aumentar sua eficácia como um extensor da perna à altura do joelho. E quando os jovens se penduram pelos joelhos, eles flexionam os quadris para fixar ou elevar a origem dos músculos posteriores da coxa, a fim de torná-los flexores mais eficazes dos joelhos.

O sartório, o grácil e o semitendíneo se unem em sentido distal para produzir uma expansão tendínea conhecida como **pata de ganso**, que se conecta à face anteromedial da porção proximal da tíbia, abaixo do nível da tuberosidade da tíbia. Essa conexão e a linha de tração desses músculos localizada posteromedialmente ao joelho lhes permite auxiliar na flexão do joelho, sobretudo quando o joelho é flexionado e o quadril é rotacionado lateralmente. As cabeças medial e lateral do gastrocnêmio conectam-se posteriormente aos côndilos medial e lateral do fêmur, respectivamente. Essa relação com o joelho oferece ao gastrocnêmio uma linha de tração que auxilia na flexão do joelho.

Músculos da articulação do joelho – localização

A localização dos músculos está intimamente relacionada à função dos músculos no joelho. Visualize os músculos na Figura 9.12 e correlacione-os à Tabela 10.1.

TABELA 10.1 • Músculos agonistas da articulação do joelho

Músculo		Origem	Inserção	Ação	Plano de movimento	Palpação	Inervação
Músculos anteriores	Reto femoral	Espinha ilíaca anteroinferior do ílio e sulco (posterior) acima do acetábulo	Face superior da patela e, por meio do tendão patelar, na tuberosidade da tíbia	Extensão do joelho / Flexão do quadril / Rotação anterior da pelve	Sagital	Descendo direto pela face anterior da coxa a partir da espinha ilíaca anteroinferior até a patela com flexão resistida do quadril/extensão resistida do joelho	Nervo femoral (L2-L4)
	Vasto intermédio	2/3 superiores da superfície anterior do fêmur	Borda superior da patela e, por meio do tendão patelar, na tuberosidade da tíbia	Extensão do joelho	Sagital	Terço anteromedial distal da coxa acima da porção superomedial da patela, aprofundando-se até o reto femoral, com extensão do joelho, particularmente com extensão total contrarresistência	Nervo femoral (L2-L4)
	Vasto lateral (externo)	Linha intertrocantérica, bordas anterior e inferior do trocanter maior, tuberosidade glútea, metade superior da linha áspera e toda a face lateral do septo intermuscular	Borda lateral da patela e tendão patelar na tuberosidade da tíbia	Extensão do joelho	Sagital	Ligeiramente distal ao trocanter maior, descendo pela face anterolateral da coxa até a parte superolateral da patela, com extensão do joelho, particularmente com extensão total contrarresistência	Nervo femoral (L2-L4)
	Vasto medial (interno)	Toda a extensão da linha áspera e crista epicondilar medial	Porção medial da borda superior da patela e tendão patelar inserem-se na tuberosidade da tíbia	Extensão do joelho	Sagital	Porção anteromedial da coxa acima da parte superomedial da patela, com extensão do joelho, particularmente com extensão total contrarresistência	Nervo femoral (L2-L4)
Músculos posteriores	Bíceps femoral	Cabeça longa: túber isquiático / Cabeça curta: metade inferior da linha áspera e porção lateral da crista epicondilar	Cabeça da fíbula e côndilo lateral da tíbia	Flexão do joelho / Extensão do quadril / Rotação lateral do joelho / Rotação lateral do quadril	Sagital	Face posterolateral da porção distal da coxa com a combinação de flexão do joelho e rotação lateral contrarresistência; distal ao túber isquiático em decúbito ventral com o quadril rotacionado medialmente durante a flexão ativa do joelho	Cabeça longa: nervo isquiático – divisão tibial (S1-S3) / Cabeça curta: nervo isquiático – divisão fibular (L5, S1, S2)
				Rotação lateral do quadril	Transverso		

(continua)

280 Manual de cinesiologia estrutural

TABELA 10.1 • Músculos agonistas da articulação do joelho (continuação)

Músculo		Origem	Inserção	Ação	Plano de movimento	Palpação	Inervação
Músculos posteriores	Poplíteo	Superfície posterior do côndilo lateral do fêmur	Superfície posteromedial superior da tíbia	Rotação medial do joelho à medida que ele flexiona	Transverso	Com a pessoa sentada e o joelho fletido 90 graus, palpe em profundidade até o gastrocnêmio em sentido medial à porção proximal posterior da tíbia, prosseguindo superolateralmente em direção ao epicôndilo lateral da tíbia e aprofundando-se até o ligamento colateral fibular, enquanto a pessoa gira medialmente o joelho	Nervo tibial (L5, S1)
				Flexão do joelho	Sagital		
	Semimembranáceo	Túber isquiático	Superfície posteromedial do côndilo medial da tíbia	Extensão do quadril	Sagital	Amplamente recoberto por outros músculos, é possível sentir o tendão na face posteromedial do joelho profundo ao tendão semitendíneo, combinando flexão e rotação medial do joelho contrarresistência	Nervo isquiático – divisão tibial (L5, S1, S2)
				Flexão do joelho	Sagital		
				Rotação posterior da pelve			
				Rotação medial do quadril			
				Rotação medial do joelho	Transverso		
	Semitendíneo	Túber isquiático	Superfície anteromedial superior da tíbia pouco abaixo do côndilo	Extensão do quadril	Sagital	Face posteromedial da porção distal da coxa, combinando flexão/rotação medial do joelho contrarresistência; distalmente ao túber isquiático em decúbito ventral com o quadril girado medialmente durante a flexão ativa do joelho	Nervo isquiático – divisão tibial (L5, S1, S2)
				Flexão do joelho	Sagital		
				Rotação posterior da pelve			
				Rotação medial do quadril			
				Rotação medial do joelho	Transverso		

Nota: Os músculos sartório e grácil auxiliam, embora não em nível primário, a flexão e a rotação medial do joelho e são abordados em detalhes no Capítulo 9. O gastrocnêmio, abordado no Capítulo 11, auxilia, até certo ponto, a flexão do joelho.

Anterior
   Primariamente extensão do joelho
      Reto femoral*
      Vasto medial
      Vasto intermédio
      Vasto lateral
Posterior
   Primariamente flexão do joelho
      Bíceps femoral*
      Semimembranáceo*
      Semitendíneo*
      Sartório*
      Grácil*
      Poplíteo
      Gastrocnêmio*

Nervos

O nervo femoral (Fig. 9.20) inerva os músculos extensores do joelho – reto femoral, vasto medial, vasto intermédio e vasto lateral. Os flexores do joelho, formados pelos músculos semitendíneo, semimembranáceo, bíceps femoral (cabeça longa) e poplíteo, são inervados pela divisão tibial do nervo isquiático (Fig. 9.22). A cabeça curta do bíceps femoral é suprida pelo nervo fibular (Fig. 11.10).

Músculos quadríceps   (Figura 10.7)

A capacidade de saltar é essencial em quase todos os esportes. As pessoas dotadas de boas habilidades de salto sempre apresentam fortes músculos do quadríceps que estendem a perna à altura do joelho. O quadríceps funciona como um desacelerador quando é necessário reduzir a velocidade para mudar de direção ou para evitar quedas ao aterrissar. Essa função de desaceleração é evidente também no momento de parar o corpo ao tocar o solo na descida de um salto. A contração dos quadríceps durante as ações de freio ou desaceleração é excêntrica. Essa ação excêntrica do quadríceps controla a desaceleração dos movimentos iniciados nas fases anteriores da habilidade esportiva.

Os músculos são o reto femoral (o único músculo biarticular do grupo), o vasto lateral (o maior músculo do grupo), o vasto intermédio e o vasto medial. Todos conectam-se à patela e, por meio do tendão patelar, à tuberosidade da tíbia. Todos são superficiais e palpá-

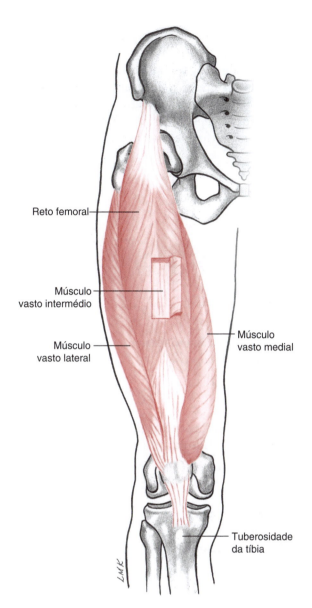

FIGURA 10.7 • Grupo de músculos do quadríceps, vista anterior.

veis, exceto o vasto intermédio, localizado abaixo do reto femoral. O salto vertical é um teste simples que pode ser utilizado para indicar a força ou a potência do quadríceps. Em geral, é desejável que esse grupo muscular seja de 25 a 30% mais forte do que o grupo dos músculos posteriores da coxa (flexores do joelho).

O desenvolvimento da força e da resistência do quadríceps é essencial para manter a estabilidade patelofemoral, o que em geral representa um problema para muitas pessoas fisicamente ativas. Esse problema é agravado pela particular tendência do quadríceps de atrofiar-se quando lesionado. Os músculos do quadríceps podem ser desenvolvidos com atividades que en-

---

* Músculos biarticulares; o Capítulo 9 aborda as ações do quadril, e o Capítulo 11, as ações do tornozelo.

volvem a extensão resistida do joelho a partir de uma posição sentada. Entretanto, as extensões do joelho com amplitude total de movimento podem ser contraindicadas na presença de determinadas condições patelofemorais. A prática de atividades de apoio de peso, como *step-ups* ou agachamentos é particularmente útil para o fortalecimento e a resistência.

Músculo reto femoral (Figura 9.24)

Origem

Espinha ilíaca anteroinferior do ílio e margem superior do acetábulo.

Inserção

Face superior da patela e, por meio do tendão patelar, na tuberosidade da tíbia.

Ação

Flexão do quadril.
Extensão do joelho.
Rotação anterior da pelve.

Palpação

Descendo diretamente pela face anterior da coxa a partir da espinha ilíaca anteroinferior até a patela, com a extensão resistida do joelho e a flexão resistida do quadril.

Inervação

Nervo femoral (L2-L4).

Aplicação, fortalecimento e flexibilidade

Quando se flexiona o quadril, o reto femoral se encurta, reduzindo sua eficácia como músculo extensor do joelho. O trabalho, então, é realizado principalmente pelos três músculos vastos.

Ver também a discussão sobre o reto femoral no Capítulo 9, p. 251 (Fig. 9.24).

Músculo vasto lateral (externo)
(Figura 10.8)

Origem

Linha intertrocantérica, bordas anterior e inferior do trocanter maior, tuberosidade glútea, metade superior da linha áspera e toda a face lateral do septo intermuscular.

Inserção

Borda lateral da patela e, por meio do tendão patelar, na tuberosidade da tíbia.

Ação

Extensão do joelho.

Palpação

Ligeiramente distal ao trocanter maior, descendo pela face anterolateral da coxa até a parte superolateral da patela, com extensão do joelho, particularmente com extensão total contra resistência.

Inervação

Nervo femoral (L2-L4).

Aplicação, fortalecimento e flexibilidade

Os três músculos vastos atuam com o músculo reto femoral na extensão do joelho e normalmente são utilizados em movimentos como caminhar e correr, devendo ser utilizados também para manter o joelho reto, como na posição em pé. O vasto lateral exerce uma leve tração em sentido superolateral sobre a patela e, em consequência, é ocasionalmente culpado, em parte, por problemas comuns de subluxação e luxação lateral da patela.

Fortalece-se o músculo vasto lateral por meio de atividades de extensão do joelho contrarresistência. O Apêndice 3 apresenta os exercícios mais comumente utilizados para o vasto lateral e outros músculos abordados neste capítulo. O alongamento se faz flexionando-se ao máximo o joelho, como ao ficar em pé sobre uma perna e puxar o calcanhar da outra para cima em direção aos glúteos.

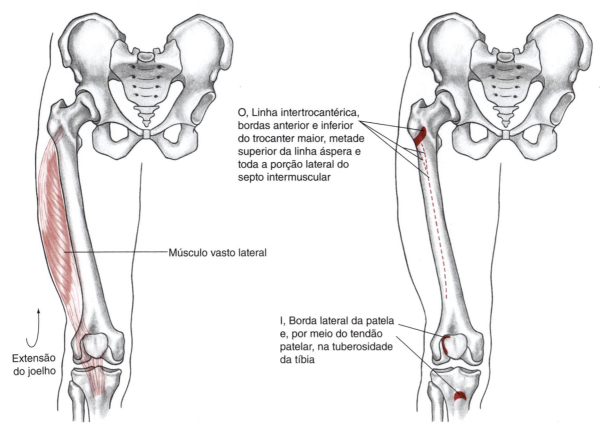

FIGURA 10.8 • Músculo vasto lateral, vista anterior. O, Origem; I, Inserção.

Músculo vasto intermédio (Figura 10.9)

Origem

Dois terços superiores da superfície anterior do fêmur.

Inserção

Borda superior da patela e, por meio do tendão patelar, na tuberosidade da tíbia.

Ação

Extensão do joelho.

Extensão do joelho

Palpação

Terço anteromedial distal da coxa acima da porção superomedial da patela, aprofundando-se até o reto femoral, com extensão do joelho, particularmente com extensão total contrarresistência.

Inervação

Nervo femoral (L2-L4).

Aplicação, fortalecimento e flexibilidade

Os três músculos vastos contraem-se na extensão do joelho. Eles são utilizados juntamente com o reto femoral para correr, pular, saltar, pular corda e caminhar. Os músculos vastos são primariamente responsáveis por estender o joelho, enquanto o quadril está ou é flexionado. Consequentemente, ao dobrar o joelho com o tronco curvado para a frente à altura do quadril, os músculos vastos são exercitados com pouco envolvimento do reto femoral. As atividades naturais citadas anteriormente desenvolvem o quadríceps.

Executados corretamente, os agachamentos com uma barra com halteres de pesos variáveis sobre os ombros, dependendo da força, são um excelente exercício para desenvolver o quadríceps. Deve-se usar de cautela e prestar estrita atenção à técnica adequada, a fim de evitar

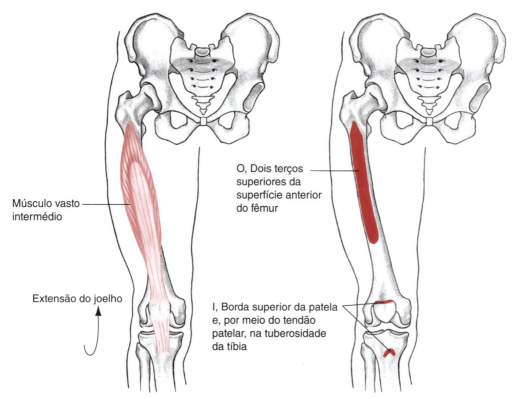

FIGURA 10.9 • Músculo vasto intermédio, vista anterior. O, Origem; I, Inserção.

lesões aos joelhos e à região inferior das costas. Os exercícios de *leg press* e extensões do joelho com aparelhos de musculação também são bons exercícios. A flexão total do joelho alonga toda a musculatura do quadríceps.

Músculo vasto medial (interno)
(Figura 10.10)

Origem

Toda a extensão da linha áspera e porção medial da crista epicondilar.

Inserção

Metade medial da borda superior da patela e, por meio do tendão patelar, na tuberosidade da tíbia.

Ação

Extensão do joelho.

Extensão do joelho

Palpação

Porção anteromedial da coxa acima da parte superomedial da patela, com extensão do joelho, particularmente com extensão total contrarresistência.

Inervação

Nervo femoral (L2-L4).

Aplicação, fortalecimento e flexibilidade

O músculo vasto medial é considerado muito importante em sua função de manter a estabilidade patelofemoral em virtude da conexão oblíqua de suas fibras distais à parte superomedial da patela. Essa porção do vasto medial é conhecida como vasto medial oblíquo (VMO). O vasto medial é fortalecido da mesma forma que os demais músculos do quadríceps com exercícios de agachamento, extensão do joelho e *leg press*, mas o VMO, na verdade, só é enfatizado nos últimos 10 a 20 graus de extensão do joelho. A flexão total do joelho alonga os quatro músculos do quadríceps.

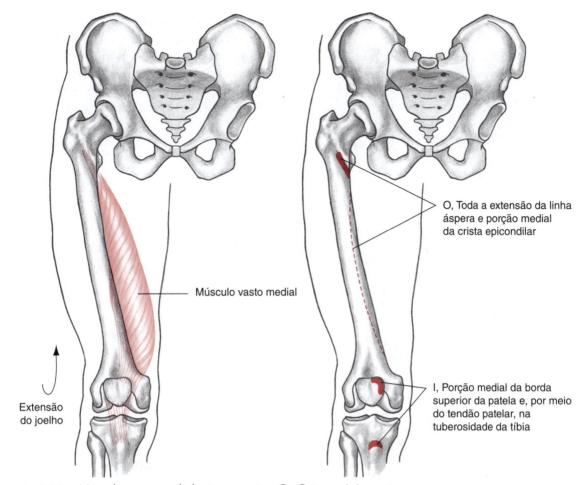

FIGURA 10.10 • Músculo vasto medial, vista anterior. O, Origem; I, Inserção.

Músculos posteriores da coxa
(Figura 10.11)

O Capítulo 9 aborda de forma detalhada o grupo de músculos posteriores da coxa, formado pelos músculos bíceps femoral, semimembranáceo e semitendíneo, mas aqui complementamos essa apresentação por causa de sua importância na função do joelho.

Os estiramentos musculares que envolvem os músculos posteriores da coxa são muito comuns no futebol americano e em outros esportes que exigem corrida explosiva. Esse grupo de músculos geralmente é conhecido como o músculo de corrida, por causa de sua função de aceleração. Os músculos posteriores da coxa são antagonistas dos músculos do quadríceps no joelho. Todos os músculos posteriores da coxa originam-se no túber isquiático do osso pélvico, à exceção da cabeça curta do bíceps femoral, originário da metade inferior da linha áspera e da face lateral da crista condiloide. Os músculos semitendíneo e semimembranáceo inserem--se nas faces anteromedial e posteromedial da tíbia, respectivamente. O bíceps femoral insere-se no côndilo lateral da tíbia e na cabeça da fíbula – daí dizer-se "dois para dentro e um para fora". A cabeça curta do bíceps femoral origina-se na linha áspera do fêmur.

Os exercícios especiais destinados a melhorar a força e a flexibilidade desse grupo de músculos são importantes para reduzir as lesões do joelho. A incapacidade de tocar o chão com as pontas dos dedos com os joelhos estendidos se deve, em grande parte, à falta de flexibilidade dos músculos posteriores da coxa, que podem ser fortalecidos com exercícios de flexão dos joelhos e dos músculos posteriores da coxa realizados sobre uma mesa baixa contrarresistência. A rigidez ou inflexibilidade dos músculos posteriores da coxa são fatores que contribuem também para as condições dolorosas que afetam a parte inferior das costas e os joelhos. É possível melhorar a flexibilidade desses músculos com a realização de exercícios de alongamento estático lento, como a lenta flexão do

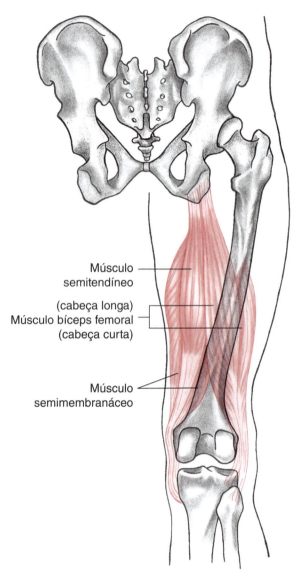

FIGURA 10.11 • O grupo dos músculos posteriores da coxa, vista posterior.

fundamental para a adaptação às forças que se desenvolvem no quadril ou no tornozelo durante as mudanças de direção para tornar o movimento em geral mais funcional e aparentemente mais fluido. Ver os músculos semitendíneo, semimembranáceo e bíceps femoral nas Figuras 9.31, 9.32 e 9.33, respectivamente.

Músculo poplíteo (Figura 10.12)

Origem

Superfície posterior do côndilo lateral do fêmur.

Inserção

Superfície posteromedial superior da tíbia.

Ação

Flexão do joelho.
Rotação medial do joelho à medida que ele flexiona.

Palpação

Com a pessoa sentada e o joelho flexionado 90 graus, palpe em profundidade até o gastrocnêmio em sentido medial à porção proximal posterior da tíbia, prosseguindo superolateralmente em direção ao epicôndilo lateral da tíbia e aprofundando-se até o ligamento colateral fibular, enquanto a pessoa rotaciona medialmente o joelho.

Inervação

Nervo tibial (L5, S1).

quadril, mantendo-se a extensão do joelho com a pessoa sentada com as pernas ligeiramente abertas e estendidas à frente do corpo.

Os músculos posteriores da coxa são primariamente flexores do joelho, além de servir de extensores do quadril. O movimento de rotação do joelho pode ocorrer quando ele se encontra em uma posição flexionada. Flexionado a aproximadamente 20 graus, o joelho pode girar sob a ação dos músculos posteriores da coxa. O bíceps femoral gira lateralmente a parte inferior da perna à altura do joelho. Os músculos semitendíneo e semimembranáceo executam a rotação medial. A rotação do joelho permite movimentos pivotantes e a mudança de direção do corpo. Essa rotação do joelho é

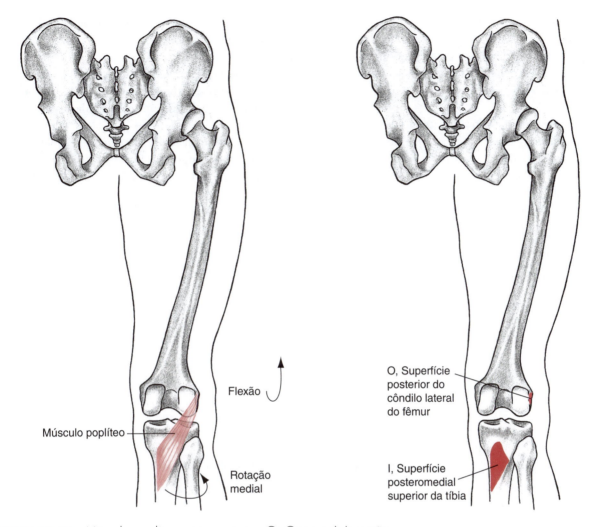

FIGURA 10.12 • Músculo poplíteo, vista posterior. O, Origem; I, Inserção.

Aplicação, fortalecimento e flexibilidade

O músculo poplíteo é o único verdadeiro flexor da perna à altura do joelho. Todos os outros flexores são músculos biarticulares. O poplíteo é fundamental em sua função de conferir estabilidade posterolateral ao joelho, auxiliando os músculos posteriores da porção medial da coxa na rotação medial da parte inferior da perna à altura do joelho, e é crucial na rotação medial do joelho para liberá-lo da posição "travada" de extensão total.

Pendurar-se em uma barra com as pernas flexionadas à altura do joelho é um exercício vigoroso para o músculo poplíteo. As atividades menos vigorosas de caminhar e correr também servem para exercitar esse músculo. Os esforços específicos no sentido de fortalecer o poplíteo combinam exercícios de rotação medial e flexão do joelho contrarresistência. É difícil alongar esse músculo, mas é possível fazê-lo estendendo-se totalmente o joelho de forma passiva sem flexionar o quadril. A rotação medial passiva máxima com o joelho flexionado de 20 a 30 graus também serve para alongar o poplíteo.

Exercícios de revisão

1. Cite os planos em que cada um dos seguintes movimentos ocorre, indicando o eixo de rotação para cada movimento em cada plano.

    a. Extensão da perna à altura do joelho
    b. Flexão da perna à altura do joelho
    c. Rotação medial da perna à altura do joelho
    d. Rotação lateral da perna à altura do joelho

2. Pesquise a aceitabilidade de um programa de educação física que inclua exercícios de flexão profunda dos joelhos e atividades que consistam em andar agachado e relate seus achados em sala de aula.

3. Prepare um relatório sobre um dos seguintes tópicos relacionados à função do joelho: lesões do ligamento cruzado anterior, lesões meniscais, lesões do ligamento colateral medial, tendinite patelar, síndrome da plica, dor na parte anterior do joelho, osteocondrite dissecante, subluxação/luxação da patela, imobilização do joelho e reabilitação do quadríceps.

4. Pesquise os exercícios de prevenção e reabilitação destinados a fortalecer a articulação do joelho e relate seus achados em sala de aula.

5. Que grupo muscular da região do joelho seria mais importante que um atleta com ruptura do ligamento cruzado anterior desenvolvesse? Por quê? E um atleta com ruptura do ligamento cruzado posterior? Por quê?

6. Quadro de análise dos músculos • Articulação do joelho

Preencha o quadro relacionando os músculos primariamente envolvidos em cada movimento.

Flexão	Extensão
Rotação medial	Rotação lateral

7. Quadro das ações dos músculos antagonistas • Articulação do joelho

Complete o quadro relacionando o(s) músculo(s) ou as partes dos músculos que atuam como antagonistas em suas ações em relação aos músculos identificados na coluna da esquerda

Agonista	Antagonista
Bíceps femoral	
Semitendíneo	
Semimembranáceo	
Poplíteo	
Reto femoral	
Vasto lateral	
Vasto intermédio	
Vasto medial	

Exercícios de laboratório

1. Localize os seguintes pontos de referência ósseos em um esqueleto e um modelo humanos:

   a. Esqueleto
      1. Cabeça e colo do fêmur
      2. Trocanter maior
      3. Diáfise do fêmur
      4. Trocanter menor
      5. Linha áspera
      6. Tubérculo do adutor
      7. Côndilo medial do fêmur
      8. Côndilo lateral do fêmur
      9. Patela
      10. Cabeça da fíbula
      11. Côndilo medial da tíbia
      12. Côndilo lateral da tíbia
      13. Tuberosidade da tíbia
      14. Tubérculo de Gerdy
   b. Modelo
      1. Trocanter maior
      2. Tubérculo do adutor
      3. Côndilo medial do fêmur
      4. Côndilo lateral do fêmur
      5. Patela
      6. Cabeça da fíbula
      7. Côndilo medial da tíbia
      8. Côndilo lateral da tíbia
      9. Tuberosidade da tíbia
      10. Tubérculo de Gerdy

2. Como e onde os seguintes músculos podem ser palpados em um modelo humano?

   NOTA: palpe os músculos da articulação do quadril anteriormente estudados, considerando que eles exercem uma função no joelho.

   a. Grácil
   b. Sartório
   c. Bíceps femoral
   d. Semitendíneo
   e. Semimembranáceo
   f. Reto femoral
   g. Vasto lateral
   h. Vasto intermédio
   i. Vasto medial
   j. Poplíteo

3. Com um elástico de borracha longo, indique em um esqueleto humano a origem e a inserção dos músculos relacionados na Questão 2.

4. Demonstre os seguintes movimentos e relacione os músculos primariamente responsáveis por cada um deles.

   a. Extensão da perna à altura do joelho
   b. Flexão da perna à altura do joelho
   c. Rotação medial da perna à altura do joelho
   d. Rotação lateral da perna à altura do joelho

5. Com um parceiro de laboratório, determine como e por que a manutenção da posição de extensão total do joelho limita a capacidade de flexão máxima ativa e passiva do quadril. A manutenção da flexão excessiva do quadril limita a capacidade de execução da extensão total do joelho?

6. Com um parceiro de laboratório, determine como e por que a manutenção da posição de flexão total do joelho limita a capacidade de extensão máxima ativa e passiva do joelho. A manutenção da extensão excessiva do quadril limita a capacidade de execução da flexão total do joelho?

7. Compare as faces ósseas, ligamentares, articulares e cartilaginosas da porção medial da articulação do joelho com aquelas da porção lateral da articulação.

8. **Quadro de análise dos movimentos de exercício da articulação do joelho**

Após analisar cada exercício apresentado no quadro, desmembre cada um em duas fases principais de movimento, como uma fase de levantamento e uma fase de abaixamento. Para cada fase, determine os movimentos da articulação do joelho que ocorrem, relacionando os músculos da articulação do joelho primariamente responsáveis por produzir/controlar esses movimentos. Ao lado de cada músculo em cada movimento, indique o tipo de contração da seguinte maneira: I – isométrica; C – concêntrica; E – excêntrica.

Exercício	Fase inicial do movimento (levantamento)		Fase secundária do movimento (abaixamento)	
	Movimento(s)	Agonista(s) – (tipo de contração)	Movimento(s)	Agonista(s) – (tipo de contração)
Flexão de braço				
Agachamento				
Levantamento-terra				
Hip sled				
Afundo				
Exercício de remada				
Simulador de escada				

9. **Quadro de análise de habilidades esportivas que envolvem a articulação do joelho**

Analise cada habilidade apresentada no quadro e relacione os movimentos da articulação do joelho dos lados direito e esquerdo em cada fase da habilidade. Talvez você prefira relacionar a posição inicial em que a articulação do joelho se encontra na fase de apoio. Após cada movimento, identifique o(s) músculo(s) da articulação do joelho primariamente responsável(eis) por produzir/controlar esse movimento. Ao lado de cada músculo em cada movimento, indique o tipo de contração da seguinte maneira: I – isométrica; C – concêntrica; E – excêntrica. Talvez seja recomendável rever os conceitos de análise no Capítulo 8 para as diversas fases.

Exercício		Fase de apoio	Fase preparatória	Fase de movimento	Fase de finalização
Arremesso de beisebol	(D)				
	(E)				
Chute de devolução da bola no futebol americano (punt)	(D)				
	(E)				
Caminhada	(D)				
	(E)				
Arremesso de softbol	(D)				
	(E)				
Passe de bola no futebol	(D)				
	(E)				
Tacada do beisebol	(D)				
	(E)				
Boliche	(D)				
	(E)				
Lance livre do basquete	(D)				
	(E)				

Referências bibliográficas

Baker BE, et al: Review of meniscal injury and associated sports, *American Journal of Sports Medicine* 13:1, January–February 1985.

Field D: *Anatomy: palpation and surface markings,* ed 3, Oxford, 2001, Butterworth-Heinemann.

Garrick JG, Regna RK: Prophylactic knee bracing, *American Journal of Sports Medicine* 15:471, September–October 1987.

Hamilton N, Weimer W, Luttgens K: *Kinesiology: scientific basis of human motion,* ed 12, New York, 2012, McGraw-Hill.

Hislop HJ, Montgomery J: *Daniels and Worthingham's muscle testing: techniques of manual examination,* ed 8, Philadelphia, 2007, Saunders.

Kelly DW, et al: Patellar and quadriceps tendon ruptures—jumping knee, *American Journal of Sports Medicine* 12:375, September–October 1984.

Lysholm J, Wikland J: Injuries in runners, *American Journal of Sports Medicine* 15:168, September–October 1986.

Magee DJ: *Orthopedic physical assessment,* ed 5, Philadelphia, 2008, Saunders.

Muscolino JE: *The muscular system manual: the skeletal muscles of the human body,* ed 3, St. Louis, 2010, Elsevier Mosby.

Oatis CA: *Kinesiology: the mechanics and pathomechanics of human movement,* ed 2, Philadelphia, 2008, Lippincott Williams & Wilkins.

Prentice WE: *Principles of athletic training: a competency based approach,* ed 15, New York, 2014, McGraw-Hill.

Seeley RR, Stephens TD, Tate P: *Anatomy & physiology,* ed 8, New York, 2008, McGraw-Hill.

Shier D, Butler J, Lewis R: *Hole's human anatomy and physiology,* ed 12, New York, 2010, McGraw-Hill.

Sieg KW, Adams SP: *Illustrated essentials of musculoskeletal anatomy,* ed 4, Gainesville, FL, 2002, Megabooks.

Stone RJ, Stone JA; *Atlas of the skeletal muscles,* ed 6, New York, 2009, McGraw-Hill

Van De Graaff KM: *Human anatomy,* ed 6, Dubuque, IA, 2002, McGraw-Hill.

Wroble RR, et al: Pattern of knee injuries in wrestling, a six-year study, *American Journal of Sports Medicine* 14:55, January–February 1986.

Acesse a página http://manoleeducacao.com.br/manualdecinesiologiaestrutural, siga as instruções e desfrute de recursos adicionais associados a este capítulo, incluindo:
- questões de múltipla escolha
- questões do tipo verdadeiro ou falso
- respostas aos exercícios de revisão e de laboratório
- relação de sites úteis (em inglês)

Capítulo 11

As articulações dos tornozelos e dos pés

Objetivos

- Identificar em um esqueleto humano as características ósseas, os ligamentos e os arcos mais importantes do tornozelo e do pé.
- Desenhar e identificar em um quadro do sistema esquelético os músculos do tornozelo e do pé.
- Demonstrar e palpar com um colega os movimentos do tornozelo e do pé, relacionando seus respectivos planos de movimento e eixos de rotação.
- Palpar em um modelo humano as estruturas articulares superficiais e os músculos do tornozelo e do pé.
- Citar e organizar os músculos que produzem os movimentos do tornozelo e do pé e relacionar seus antagonistas.
- Determinar, por meio de análise, os movimentos do tornozelo e do pé e os músculos envolvidos em habilidades e exercícios específicos.

A complexidade do pé é evidenciada em 26 ossos, 19 músculos grandes, muitos músculos pequenos (intrínsecos) e mais de 100 ligamentos que formam sua estrutura.

A sustentação e a propulsão são as duas funções do pé. O funcionamento e o desenvolvimento adequados dos músculos do pé, bem como a prática da mecânica apropriada, são essenciais para todo mundo. Na sociedade moderna, os problemas com os pés são uma das causas mais comuns de dores. É bastante comum as pessoas desenvolverem uma mecânica insatisfatória dos pés ou anomalias no padrão da marcha em decorrência do uso de calçados inadequados ou de outros problemas relativamente insignificantes. A mecânica incorreta no início da vida leva inevitavelmente a sintomas de desconforto nos pés mais tarde.

O ciclo da caminhada pode ser dividido nas fases de apoio e balanço (ou oscilação) (Fig. 11.1). A fase de **apoio** divide-se ainda em três componentes: contato do calcanhar com o solo, apoio médio e retirada da ponta do pé do solo. O apoio médio pode se subdividir ainda em resposta à carga, apoio médio e apoio terminal. Normalmente, o **contato do calcanhar com o solo** caracteriza-se pelo assentamento do calcanhar com o pé em posição supinada e a perna em rotação lateral, seguida imediatamente pela pronação com rotação medial do pé e da perna, respectivamente, durante o **apoio médio**. O pé retorna à supinação e a perna retorna à rotação lateral imediatamente antes e durante a **retirada da ponta do pé do solo**. A **fase de balanço** (ou oscilação) ocorre quando o pé deixa o solo e a perna se desloca para a frente para alcançar outro ponto de contato. A fase de balanço pode se dividir em balanço inicial, médio e terminal. Os problemas em geral surgem quando o pé está demasiadamente rígido e não se coloca em posição pronada corretamente ou quando o pé permanece em pronação após a fase de apoio médio. Se o pé continuar muito rígido e não se posicionar em pronação adequadamente, as forças de impacto não serão absorvidas durante a marcha, re-

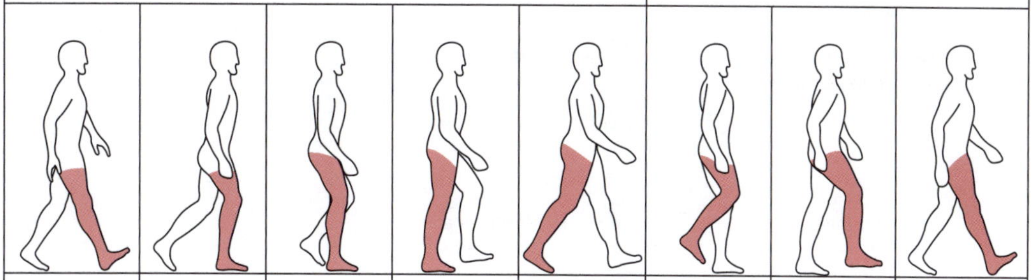

Fase de apoio (60% do total)						Fase de balanço		
Contato inicial (contato do calcanhar com o solo)	Resposta à carga	Apoio médio	Apoio terminal	Pré-balanço (retirada da ponta do pé do solo)		Balanço inicial	Balanço médio	Balanço terminal
Rotação lateral da tíbia	Rotação medial da tíbia			Rotação lateral da tíbia			
Supinação	Pronação				Supinação			

FIGURA 11.1 • Ciclo da marcha.

sultando na transmissão do choque cadeia cinética acima. Se o pé se colocar em pronação excessiva ou permanecer em pronação por muito tempo após o apoio médio, as forças de propulsão diminuem, aumentando a sobrecarga sobre a cadeia cinética. A caminhada difere da corrida no sentido de que um dos pés está sempre em contato com o solo e há um ponto em que ambos os pés tocam simultaneamente o solo, enquanto, na corrida, há um ponto em que nenhum dos dois pés está em contato com o solo, e os dois pés nunca tocam o solo ao mesmo tempo.

A revolução do condicionamento físico ocorrida nas quatro últimas décadas resultou em grandes aperfeiçoamentos dos calçados existentes para a prática de esportes e atividades de lazer. No passado, um par de tênis era suficiente para a maioria das atividades. Hoje, existem sapatos para basquete, beisebol, futebol americano, corrida, futebol, tênis, caminhada e treinamento cruzado. Um bom par de sapatos é importante, mas nada substitui o desenvolvimento muscular adequado, a força e a mecânica adequada dos pés.

Ossos

Cada pé possui 26 ossos, que juntos descrevem a forma de um arco. Esses ossos se conectam com a coxa e o restante do corpo por meio da fíbula e da tíbia (Figs. 11.2 e 11.3). O peso do corpo se transfere da tíbia para o tálus e o calcâneo. Deve-se notar que o tálus é um dos poucos ossos envolvidos na locomoção que não possui nenhuma conexão muscular.

A porção anterior do tálus é mais larga do que a sua porção posterior, um fator que contribui para uma maior estabilidade do tornozelo em dorsiflexão do que em flexão plantar.

Além do tálus e do calcâneo, existem outros cinco ossos na parte posterior e no meio do pé, conhecidos como ossos tarsais. Entre o tálus e esses três ossos cuneiformes está o navicular. O cuboide localiza-se entre o calcâneo e o quarto e quinto ossos metatarsos. Em posição distal aos tarsais estão os cinco metatarsais, que, por sua vez, correspondem a cada um dos cinco dedos dos pés. Os dedos dos pés são conhecidos como artelhos, ou pododáctilos. Cada dedo possui três ossos individuais, exceto o hálux, que possui apenas dois. Cada um desses ossos é conhecido como falange. Por fim, existem dois ossos sesamoides localizados embaixo da primeira articulação metatarsofalângica e contido no interior dos tendões do músculo flexor longo do hálux.

As extremidades distais da tíbia e da fíbula são alargadas, projetando-se em sentido horizontal e inferior. Essas protrusões ósseas, conhecidas como maléolos, funcionam como um tipo de polia para os tendões dos músculos que cursam em sentido diretamente posterior a eles. Especificamente, o fibular curto e o fibular longo imediatamente atrás do maléolo lateral. Os músculos imediatamente posteriores ao maléolo medial são: tibial posterior, flexor longo dos dedos e

294 Manual de cinesiologia estrutural

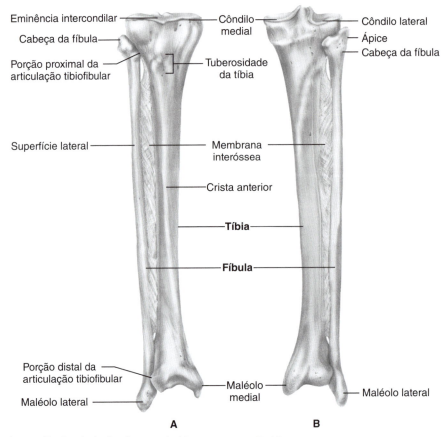

FIGURA 11.2 • Tíbia e fíbula do lado direito. **A**, Vista anterior; **B**, Vista posterior.

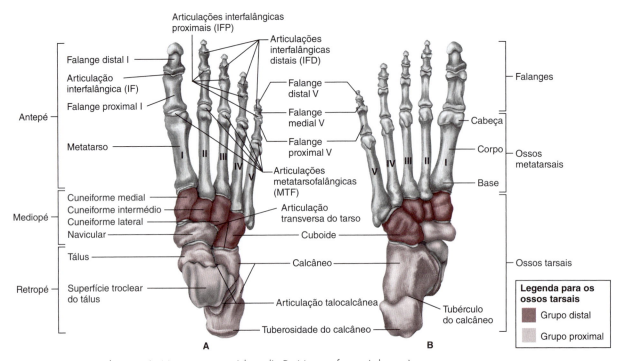

FIGURA 11.3 • Pé direito. **A**, Vista superior (dorsal); **B**, Vista inferior (plantar).

flexor longo do hálux. Essa disposição óssea aumenta a vantagem mecânica desses músculos na execução de suas ações de inversão e eversão. A base do quinto metatarso é alargada e proeminente para servir de ponto de conexão para os músculos fibulares curto e terceiro.

A superfície interna do cuneiforme medial e a base do primeiro metatarso servem de pontos de inserção para o tibial anterior, enquanto sob as superfícies dos mesmos ossos ocorre a inserção para o fibular longo. O tibial posterior possui várias inserções nas superfícies internas inferiores do navicular, do cuneiforme e das bases do segundo ao quinto metatarso. As superfícies superior e inferior das bases da segunda à quinta falanges distais são os pontos de inserção do extensor longo dos dedos e do flexor longo dos dedos, respectivamente. Da mesma forma, as superfícies superior e inferior da base da primeira falange distal servem de inserções para o extensor longo do hálux e o flexor longo do hálux, respectivamente.

A superfície posterior do calcâneo é muito proeminente e serve de ponto de conexão para o tendão do calcâneo do complexo gastrocnêmio-sóleo.

Articulações

A tíbia e a fíbula formam a articulação tibiofibular, uma articulação sindesmótica anfiartrodial (ver Fig. 11.2). Os ossos são unidos nas porções proximal e distal da articulação tibiofibular. Além dos ligamentos que sustentam essas articulações, existe uma membrana interóssea densa e forte entre as diáfises desses dois ossos. Embora seja possível apenas um movimento mínimo entre esses ossos, a porção distal da articulação eventualmente sofre distensões durante a prática de esportes pesados de contato, como o futebol americano. Um componente comum dessas lesões envolve a dorsiflexão da articulação do tornozelo, ou talocrural, que, conferindo mais estabilidade ao tornozelo, permite que a sobrecarga ligamentar seja transferida para a articulação sindesmose quando o tornozelo dorsiflexionado é forçado a executar uma rotação lateral. Essa lesão, uma distensão da articulação sindesmose, normalmente é conhecida como entorse da parte superior do tornozelo e envolve, primariamente, o ligamento tibiofibular anteroinferior. Secundariamente, e com lesões mais graves, o ligamento tibiofibular posterior, o ligamento interósseo e a membrana interóssea podem ser envolvidos.

A articulação do tornozelo, tecnicamente conhecida como articulação talocrural, é uma articulação do tipo dobradiça ou gínglimo (Fig. 11.4). Especificamente, é uma articulação formada pelo tálus e pelas porções distais da tíbia e da fíbula. A articulação do tornozelo permite aproximadamente 50 graus de flexão plantar e de 15 a 20 graus de dorsiflexão (Fig. 11.5). É possível uma maior amplitude de dorsiflexão, especialmente no apoio de peso, quando o joelho está flexionado, o que reduz a tensão do músculo biarticular gastrocnêmio. A fíbula gira de 3 a 5 graus lateralmente sobre o seu próprio eixo com a dorsiflexão do tornozelo e de 3 a 5 graus medialmente durante a flexão plantar. A articulação sindesmose alarga-se aproximadamente de 1 a 2 mm durante a dorsiflexão total.

A inversão e a eversão, embora em geral consideradas movimentos da articulação do tornozelo, tecnicamente ocorrem nas articulações talocalcânea e transversa do tarso. Essas articulações, classificadas como deslizantes ou artrodiais, combinam-se para permitir cerca de 20 a 30 graus de inversão e de 5 a 15 graus de eversão. O movimento no restante das articulações artrodiais intertarsais e tarsometatarsais é mínimo.

As falanges unem os metatarso para formar as articulações metatarsofalângicas, classificadas como articulações do tipo condilar. A articulação metatarsofalângica (MTF) do hálux flexiona-se 45 graus e estende-se 70 graus, enquanto a articulação interfalângica (IF) pode flexionar de 0 grau de extensão total a 90 graus de flexão. As articulações MTF dos quatro artelhos menores permitem aproximadamente 40 graus de flexão e 40 graus de extensão. As articulações MTF executam também movimentos mínimos de abdução e adução. As articulações interfalângicas proximais (IFP) dos artelhos menores flexionam-se de 0 grau de extensão a 35 graus de flexão. As articulações interfalângicas distais (IFD) flexionam-se 60 graus e estendem-se 30 graus. Existe muita variação de uma articulação para outra e de pessoa para pessoa em todas essas articulações.

As entorses de tornozelo são uma das lesões mais comuns entre pessoas fisicamente ativas. As entorses envolvem o estiramento ou a ruptura de um ou mais ligamentos. O número de ligamentos do pé e do tornozelo é muito vasto para ser abordado neste texto, mas a Figura 11.4 mostra alguns dos ligamentos do tornozelo. Sem comparação, a entorse de tornozelo mais comum é decorrente de inversão excessiva, normalmente durante a execução de movimentos com algum grau de flexão plantar. Em geral, isso resulta em lesões do ligamento talofibular anterior, sobretudo quando em graus mais elevados de flexão plan-

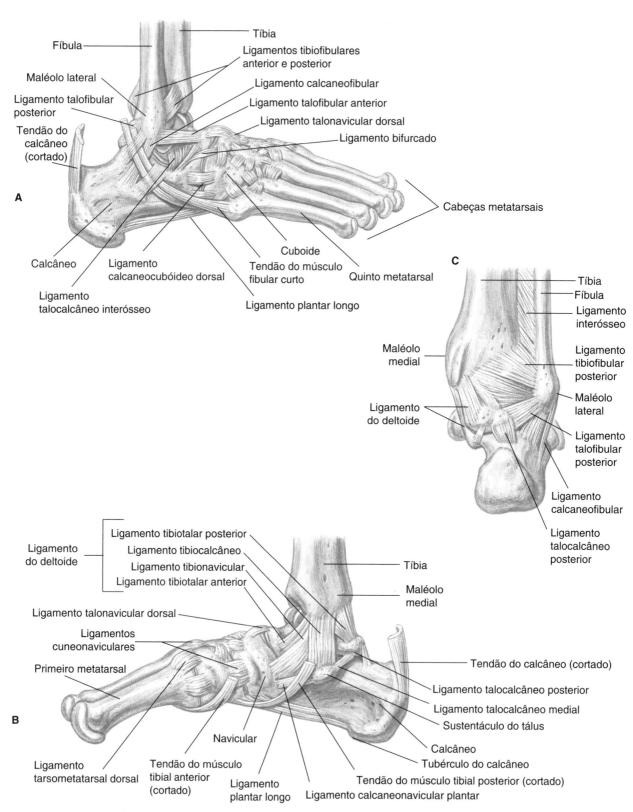

FIGURA 11.4 • Articulação do tornozelo direito. **A**, Vista lateral; **B**, Vista medial; **C**, Vista posterior.

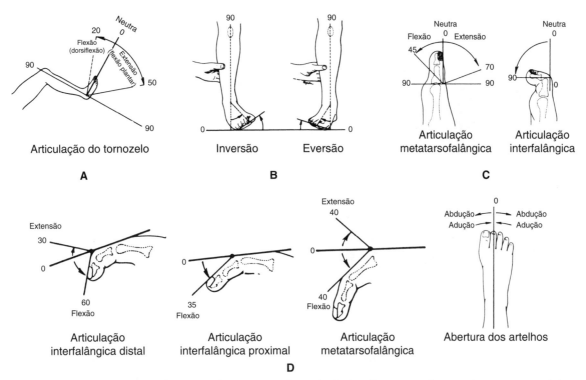

FIGURA 11.5 • Movimento ativo do tornozelo, pé e artelhos. **A**, A dorsiflexão e a flexão plantar são medidas em graus a partir da posição neutra em ângulo reto ou em pontos percentuais de movimento comparados ao tornozelo oposto; **B**, A inversão e a eversão normalmente são estimadas em graus ou expressas em pontos percentuais comparados ao pé oposto; **C**, Flexão e extensão do hálux; **D**, ADM dos quatro artelhos laterais.

tar. Quando mais próximo da flexão plantar/dorsiflexão neutra, o verdadeiro mecanismo de inversão provoca mais sobrecarga no ligamento calcaneofibular. É menos comum que as forças de eversão excessiva causem lesões ao ligamento deltoide, na face medial do tornozelo.

Os ligamentos do pé e do tornozelo mantêm a posição de um arco. Todos os 26 ossos do pé são conectados por ligamentos. Essa breve explanação tem como foco os arcos longitudinais e transversos.

Existem dois arcos longitudinais (Fig. 11.6). O arco longitudinal medial, importante para a absorção de choques, está localizado na face medial do pé e se estende do osso do calcâneo até o tálus, o navicular, os três cuneiformes e as extremidades distais dos três metatarsos mediais. O arco longitudinal medial, em geral implicado em vários problemas dos pés, é sustentado dinamicamente sobretudo pelos músculos tibiais posterior e anterior. O arco longitudinal lateral, importante para o equilíbrio, localiza-se na face lateral do pé e se estende do calcâneo ao cuboide, e as extremidades distais do quarto e quinto metatarsos. Os arcos longos individuais podem ser altos, médios ou baixos, mas um arco baixo não é necessariamente um arco fraco.

O arco transverso (ver Fig. 11.6) auxilia na adaptação do pé ao solo e estende-se transversalmente no pé do primeiro ao quinto metatarsos. O arco transverso distal, também uma fonte comum de problemas nos pés, é sustentado pelos músculos intrínsecos do pé, como os lumbricais, o adutor do hálux e o flexor do dedo mínimo. Esses músculos podem ser fortalecidos por meio de exercícios abdominais com a ajuda de uma toalha, nos quais as articulações metatarsofalângicas são flexionadas para prendê-la. O ligamento plantar longo, o mais longo dos ligamentos dos ossos tarsais, origina-se na superfície plantar da parte anterior do calcâneo e se estende até a tuberosidade do calcâneo, inserindo-se na superfície plantar do cuboide, enquanto as fibras superficiais avançam para as bases do segundo, terceiro e quarto ossos metatarsais (ver Fig. 11.4, *A* e *B*). A fáscia plantar, às vezes denominada aponeurose plantar, é uma estrutura larga que se estende da porção medial da tuberosidade do calcâneo até as falanges proximais dos artelhos. Essa estrutura auxilia na estabilização do arco longitudinal medial e na propulsão do corpo para a frente durante a última parte da fase de apoio. A fascite plantar é uma condição dolorosa comum que envolve a fáscia plantar.

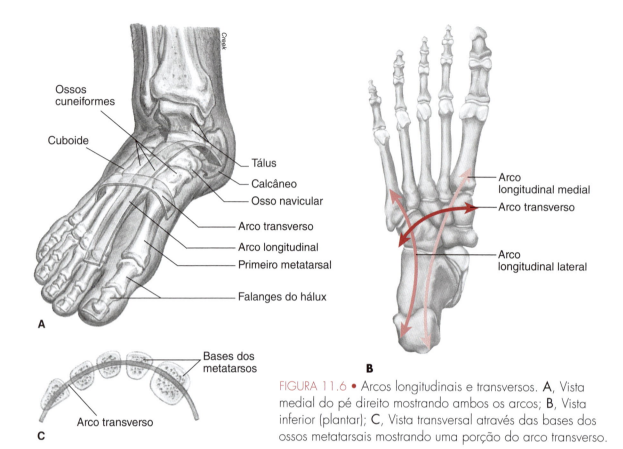

FIGURA 11.6 • Arcos longitudinais e transversos. **A**, Vista medial do pé direito mostrando ambos os arcos; **B**, Vista inferior (plantar); **C**, Vista transversal através das bases dos ossos metatarsais mostrando uma porção do arco transverso.

Movimentos (Figura 11.7)

Dorsiflexão (flexão): flexão dorsal; movimento da parte superior do tornozelo e do pé em direção à parte anterior da tíbia.

Flexão plantar (extensão): movimento do tornozelo e do pé em direção oposta à tíbia.

Eversão: rotação do tornozelo e do pé para o lado de fora; abdução, em direção oposta à linha mediana; o peso é apoiado na borda medial do pé.

Inversão: rotação do tornozelo e do pé para o lado de dentro; adução, em direção à linha mediana; o peso é apoiado na borda lateral do pé.

Flexão dos artelhos: movimento dos artelhos em direção à superfície plantar do pé.

Extensão dos artelhos: movimento dos artelhos em direção oposta à superfície plantar do pé.

Pronação: combinação de dorsiflexão do tornozelo, eversão talocalcânea e abdução do antepé (artelhos voltados para o lado de fora).

Supinação: combinação de flexão plantar do tornozelo, inversão talocalcânea e adução do antepé (artelhos voltados para o lado de dentro).

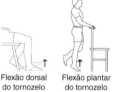

Flexão dorsal do tornozelo Flexão plantar do tornozelo Inversão das articulações transversa do tarso e talocalcânea Flexão das articulações MTF e IF do hálux Extensão das articulações MTF e IF do hálux

Músculos do tornozelo e do pé
(Figuras 11.8 e 11.9)

Pode ser mais fácil aprender o grande número de músculos do tornozelo e do pé agrupando-os de acordo com a sua localização e função. Em geral, os músculos localizados na face anterior do tornozelo e do pé são os flexores dorsais e/ou os extensores dos artelhos. Aqueles localizados na face posterior são os flexores plantares e/ou os flexores dos artelhos. Especificamente, o gastrocnêmio e o sóleo são conhecidos coletivamente como **tríceps sural**, por causa de suas três cabeças, que juntas se unem ao tendão do calcâneo. Os músculos eversores estão localizados mais para a porção lateral, enquanto os inversores estão posicionados medialmente.

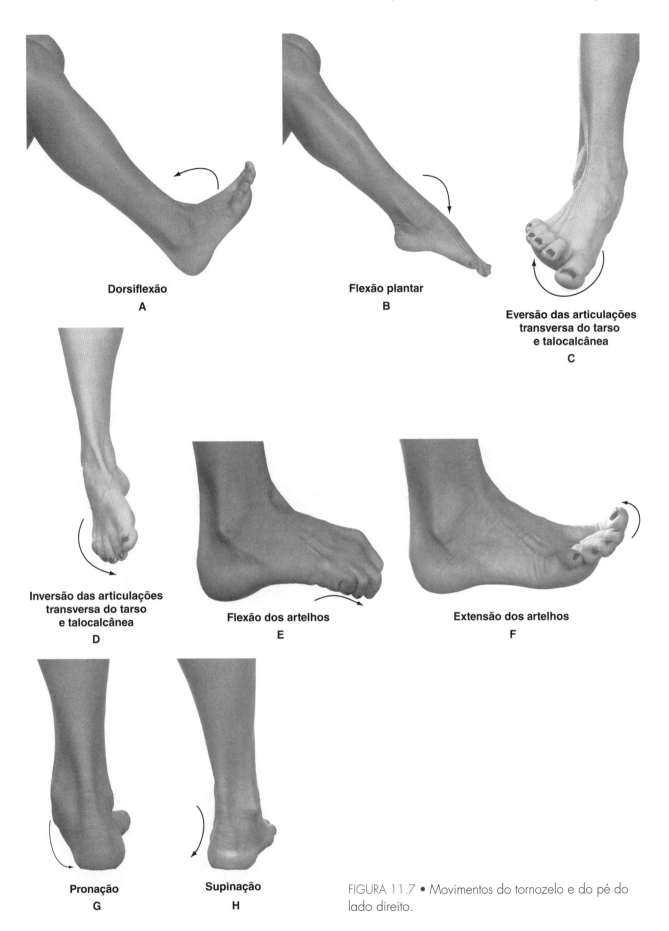

FIGURA 11.7 • Movimentos do tornozelo e do pé do lado direito.

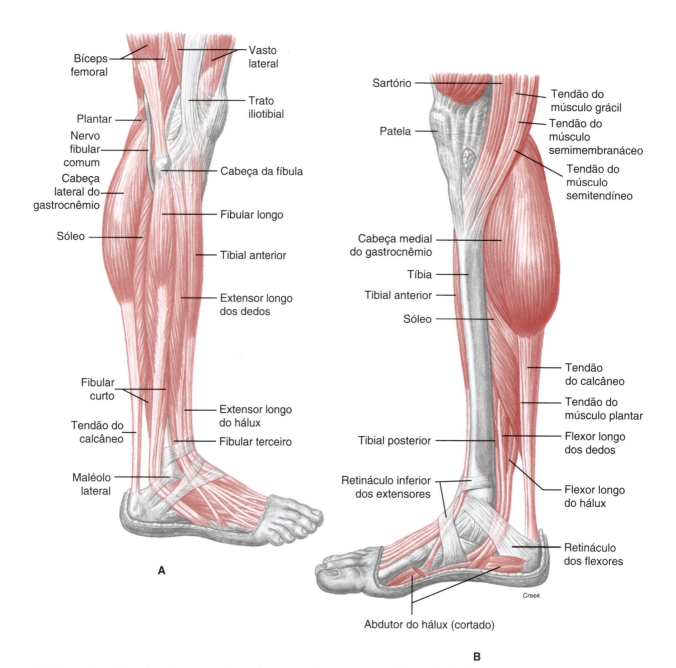

FIGURA 11.8 • Músculos da parte inferior da perna, do tornozelo e do pé do lado direito. A, Vista lateral; B, Vista medial.

(continua)

A parte inferior da perna divide-se em quatro compartimentos, cada um com músculos específicos (Fig. 11.9). Uma densa fáscia circunda e liga compactamente cada compartimento, o que facilita o retorno venoso e previne o inchaço excessivo dos músculos durante a prática de exercícios. O compartimento anterior contém o grupo dorsiflexor, formado pelos músculos tibial anterior, fibular terceiro, extensor longo dos dedos e extensor longo do hálux. O compartimento lateral contém o fibular longo e o fibular curto – os dois eversores mais potentes. O compartimento posterior divide-se em compartimentos profundos e superficiais. O gastrocnêmio, o sóleo e o plantar estão localizados no compartimento posterior superficial, enquanto o compartimento posterior profundo é composto pelo flexor longo dos dedos, flexor

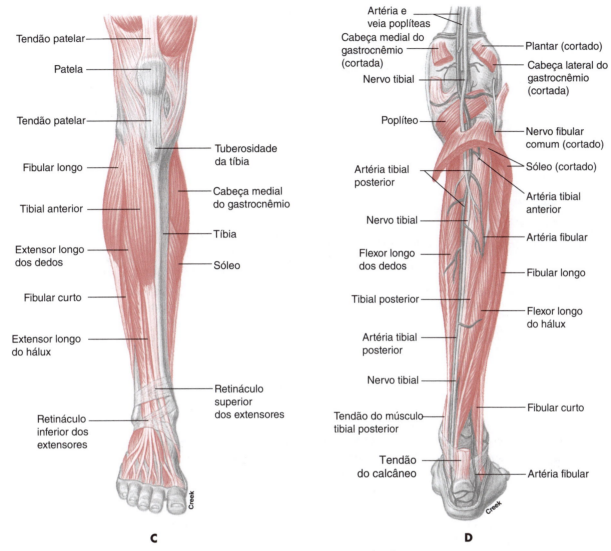

FIGURA 11.8 • *(continuação)* C, Vista anterior; D, Vista posterior profunda.

longo do hálux, poplíteo e tibial posterior. Todos os músculos do compartimento posterior superficial são principalmente flexores plantares. O plantar, ausente em alguns seres humanos, é um músculo biarticular vestigial que contribui minimamente para a flexão plantar do tornozelo e a flexão do joelho. Esse músculo se origina na face inferior da linha supracondilar lateral da porção distal do fêmur na posição posterior, corre em sentido medial à cabeça lateral do gastrocnêmio, alcançando, em seguida, um nível mais profundo – mas superficial ao sóleo – e inserindo-se no terço médio da superfície posterior do calcâneo medialmente ao tendão do calcâneo. Os músculos do compartimento posterior profundo, exceto o poplíteo, são flexores plantares, mas funcionam também como inversores. Embora mais comum no caso do compartimento anterior, quaisquer desses componentes estão sujeitos a uma condição conhecida como síndrome compartimental. Essa condição pode ser aguda ou crônica, podendo decorrer de lesão, trauma ou uso excessivo. Os sintomas incluem dor aguda, particularmente com uma maior movimentação ativa ou passiva, edema e fraqueza nos músculos do compartimento em questão. Dependendo da gravidade, pode-se indicar uma cirurgia de emergência para a liberação da fáscia e prevenção de danos teciduais permanentes, embora muitas síndromes compartimentais possam ser devidamente tratadas com o gerenciamento adequado da condição aguda.

Em virtude das pesadas exigências impostas à musculatura das pernas nas atividades de corrida da maioria dos esportes, tanto as lesões agudas quanto as

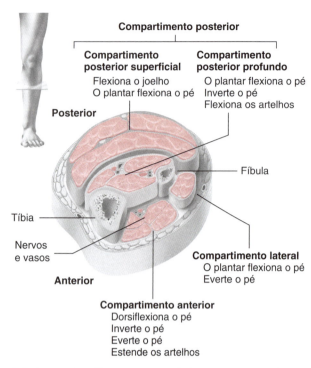

FIGURA 11.9 • Corte transversal da perna esquerda demonstrando os compartimentos musculares.

crônicas são comuns. "Canelite" é um termo comum usado para descrever uma condição dolorosa da perna geralmente associada a atividades de corrida. Essa condição não constitui um diagnóstico específico, mas é atribuída a uma série de lesões musculotendíneas específicas. Em geral, o tibial posterior, a porção medial do sóleo ou o tibial anterior é envolvido, mas o extensor longo dos dedos também pode ser incluído. A canelite geralmente resulta de um nível inadequado de flexibilidade, força e resistência para a demanda específica da atividade em questão e pode ser evitada, em parte, com o alongamento dos flexores plantares e o fortalecimento dos dorsiflexores.

Além disso, as dolorosas cãibras causadas por espasmo agudo dos músculos gastrocnêmio e sóleo são ocorrências um tanto comuns que podem ser aliviadas mediante dorsiflexão ativa e passiva. Uma lesão muito debilitante também é a ruptura total do forte tendão do calcâneo, que conecta esses dois flexores plantares ao calcâneo.

Músculos do tornozelo e do pé por função

Nota: vários músculos do tornozelo e do pé são capazes de ajudar a produzir mais de um movimento.

Flexores plantares
  Gastrocnêmio
  Flexor longo dos dedos
  Flexor longo do hálux
  Fibular longo
  Fibular curto
  Plantar
  Sóleo
  Tibial posterior
Eversores
  Fibular longo
  Fibular curto
  Fibular terceiro
  Extensor longo dos dedos
Dorsiflexores
  Tibial anterior
  Fibular terceiro
  Extensor longo dos dedos
  Extensor longo do hálux
Inversores
  Tibial anterior
  Tibial posterior
  Flexor longo dos dedos
  Flexor longo do hálux

Músculos do tornozelo e do pé por compartimento

Compartimento anterior
  Tibial anterior
  Extensor longo do hálux
  Extensor longo dos dedos
  Fibular terceiro
Compartimento lateral
  Fibular longo
  Fibular curto
Compartimento posterior profundo
  Flexor longo dos dedos
  Flexor longo do hálux
  Tibial posterior
  Poplíteo
Compartimento posterior superficial
  Gastrocnêmio (cabeça medial)
  Gastrocnêmio (cabeça lateral)
  Sóleo
  Plantar

Ver os músculos constantes nas Figuras 11.8 e 11.9 correlacionando-os com a Tabela 11.1.

TABELA 11.1 • Músculos agonistas das articulações do tornozelo e do pé

	Músculo	Origem	Inserção	Ação	Plano de movimento	Palpação	Inervação
Compartimento posterior superficial	Gastrocnêmio	Cabeça medial: superfície posterior do côndilo femoral medial Cabeça lateral: superfície posterior do côndilo femoral lateral	Superfície posterior do calcâneo (tendão do calcâneo)	Flexão plantar do tornozelo Flexão do joelho	Sagital	Porção superior da face posterior da parte inferior da perna	Nervo tibial (S1, S2)
	Sóleo	Superfície posterior da porção proximal da fíbula e 2/3 proximais da superfície posterior da tíbia	Superfície posterior do calcâneo (tendão do calcâneo)	Flexão plantar do tornozelo	Sagital	Posteriormente sob o músculo gastrocnêmio nas faces medial e lateral da parte inferior da perna, especialmente em decúbito ventral com o joelho flexionado cerca de 90 graus e o tornozelo em flexão plantar ativa	Nervo tibial (S1, S2)
Compartimento posterior profundo	Tibial posterior	Superfície posterior da porção superior da membrana interóssea e as superfícies adjacentes da tíbia e da fíbula	Superfícies inferiores dos ossos navicular, cuneiforme e cuboide e bases do 2º, 3º e 4º metatarsais	Inversão do pé Flexão plantar do tornozelo	Frontal Sagital	É possível palpar o tendão nas posições proximal e distal imediatamente atrás do maléolo medial, com inversão e flexão plantar; é mais fácil distingui-lo do flexor longo dos dedos e do flexor longo do hálux se os artelhos puderem ser mantidos ligeiramente estendidos	Nervo tibial (L5, S1)
	Flexor longo dos dedos	Terço médio da superfície posterior da tíbia	Base da falange distal de cada um dos quatro artelhos menores	Flexão dos quatro artelhos menores nas articulações metatarsofalângicas e interfalângicas proximal e distal Flexão plantar do tornozelo Inversão do pé	Sagital Frontal	É possível palpar o tendão na posição imediatamente posterior ao maléolo medial e na posição imediatamente anterior ao flexor longo do hálux, com os artelhos menores flexionados, o hálux estendido, o tornozelo dorsiflexionado e o pé evertido	Nervo tibial (L5, S1)
	Flexor longo do hálux	2/3 médios da superfície posterior da fíbula	Base da falange distal do hálux; superfície plantar	Flexão do hálux nas articulações metatarsofalângicas e interfalângicas Flexão plantar do tornozelo Inversão do pé	Sagital Frontal	Três tendões localizados no extremo posterior imediatamente atrás do maléolo medial; entre a porção medial do sóleo e a tíbia, com o hálux ativamente flexionado, os quatro artelhos menores estendidos, o tornozelo dorsiflexionado e o pé evertido	Nervo tibial (L5, S1, S2)

(continua)

TABELA 11.1 • Músculos agonistas das articulações do tornozelo e do pé (continuação)

Músculo		Origem	Inserção	Ação	Plano de movimento	Palpação	Inervação
Compartimento lateral	Fibular longo	Cabeça e 2/3 superiores da superfície lateral da fíbula	Sob as superfícies dos ossos cuneiforme medial e 1º metatarso	Eversão do pé	Frontal	Porção lateral superior da tíbia distalmente à cabeça da fíbula, descendo para a posição imediatamente posterior ao maléolo lateral; posterolateralmente a partir do tibial anterior e do extensor longo dos dedos com eversão ativa	Nervo fibular superficial (L4, L5, S1)
				Flexão plantar do tornozelo	Sagital		
	Fibular curto	2/3 médios a inferiores da superfície lateral da fíbula	Tuberosidade do 5º metatarso	Eversão do pé	Frontal	Tendão do músculo na extremidade proximal do 5º metatarso; proximal e posterior ao maléolo lateral; em nível imediatamente profundo nas posições anterior e posterior ao fibular longo com eversão ativa	Nervo fibular superficial (L4, L5, S1)
				Flexão plantar do tornozelo	Sagital		
Compartimento anterior	Fibular terceiro	Terço distal da porção anterior da fíbula	Face superior da base do 5º metatarso	Dorsiflexão do tornozelo	Sagital	Medial à porção distal da fíbula; lateral ao tendão do extensor longo dos dedos na face anterolateral do pé, descendo até a porção medial da base do 5º metatarso com dorsiflexão e eversão	Nervo fibular profundo (L4, L5, S1)
				Eversão do pé	Frontal		
	Extensor longo dos dedos	Côndilo lateral da tíbia, cabeça da fíbula e 2/3 superiores da superfície anterior da fíbula	Parte superior das falanges médias e distais dos quatro artelhos menores	Extensão dos quatro artelhos menores nas articulações metatarsofalângicas e interfalângicas proximais e distais		Segundo músculo em relação à face lateral da borda anterior da tíbia; face lateral superior da tíbia entre o tibial anterior na posição medial e a fíbula na posição lateral; divide-se em quatro tendões distalmente à face anterior do tornozelo com os artelhos em extensão ativa	Nervo fibular profundo (L4, L5, S1)
				Dorsiflexão do tornozelo	Sagital		
				Eversão do pé	Frontal		
	Extensor longo do hálux	2/3 médios da superfície medial da porção anterior da fíbula	Base da falange distal do hálux	Extensão do hálux nas articulações metatarsofalângicas e interfalângicas		Da face dorsal do hálux à posição lateral ao tibial anterior e medial ao extensor longo dos dedos na face anterior da articulação do tornozelo	Nervo fibular profundo (L4, L5, S1)
				Dorsiflexão do tornozelo	Sagital		
				Inversão fraca do pé	Frontal		
	Tibial anterior	2/3 superiores da superfície lateral da tíbia	Superfície interna do cuneiforme medial e base do 1º metatarso	Dorsiflexão do tornozelo	Sagital	Primeiro músculo em relação à face lateral da borda anterior da tíbia, palpável principalmente com o tornozelo em dorsiflexão totalmente ativa; tendão mais proeminente que atravessa o tornozelo em sentido anteromedial	Nervo fibular profundo (L4, L5, S1)
				Inversão do pé	Frontal		

Nota: o plantar não foi incluído em virtude de sua contribuição relativamente insignificante para a flexão do joelho e a flexão plantar.

Nervos

Como vimos no Capítulo 9, o nervo isquiático origina-se do plexo sacral e transforma-se nos nervos tibial e fibular. A divisão tibial do nervo isquiático (Fig. 9.22) continua descendo até a face posterior da parte inferior da perna para inervar o gastrocnêmio (cabeça medial), o sóleo, o tibial posterior, o flexor longo dos dedos e o flexor longo do hálux. Pouco antes de alcançar o tornozelo, o nervo tibial se ramifica, formando os nervos plantares medial e lateral, que inervam os músculos intrínsecos do pé. O nervo plantar medial inerva o abdutor do hálux, o flexor curto do hálux, o primeiro lumbrical e o flexor curto dos dedos. O nervo plantar lateral supre o adutor do hálux, o quadrado plantar, os lumbricais (2, 3 e 4), os interósseos dorsais, os interósseos plantares, o abdutor do dedo mínimo e o flexor do dedo mínimo.

O nervo fibular (Fig. 11.10) divide-se logo abaixo da cabeça da fíbula, dando origem aos nervos fibulares superficial e profundo. O ramo superficial inerva o fibular longo e o fibular curto, enquanto o ramo profundo inerva o tibial anterior, o extensor longo dos dedos, o extensor longo do hálux, o fibular terceiro e o extensor curto dos dedos.

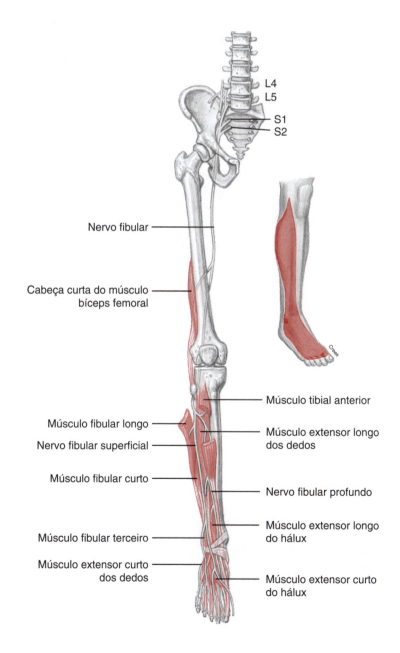

FIGURA 11.10 • Distribuição muscular e cutânea do nervo fibular.

Músculo gastrocnêmio (Figura 11.11)

Origem

Cabeça medial: superfície posterior do côndilo femoral medial.
Cabeça lateral: superfície posterior do côndilo femoral lateral.

Inserção

Superfície posterior do calcâneo (tendão do calcâneo).

Ação

Flexão plantar do tornozelo.
Flexão do joelho.

Palpação

Músculo mais fácil de palpar localizado na extremidade inferior; metade superior da face posterior da parte inferior da perna.

Inervação

Nervo tibial (S1, S2).

Aplicação, fortalecimento e flexibilidade

Juntos, o gastrocnêmio e o sóleo são conhecidos como o tríceps sural, em que "tríceps" refere-se às cabeças das partes medial e lateral do gastrocnêmio e do sóleo, e "sural", à panturrilha. Por ser um músculo biarticular, o gastrocnêmio é mais eficaz como flexor do joelho se o tornozelo estiver dorsiflexionado e mais eficaz como flexor plantar do pé se o joelho estiver estendido. Observa-se isso quando se senta muito próximo ao volante para dirigir um automóvel, o que encurta significativamente todo o músculo, reduzindo a sua eficácia. Quando os joelhos estão curvados, o músculo perde a eficácia como flexor

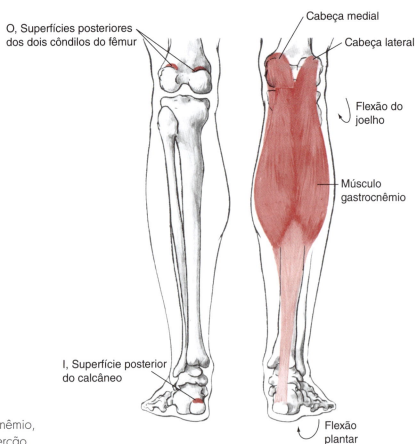

FIGURA 11.11 • Músculo gastrocnêmio, vista posterior. O, Origem; I, Inserção.

plantar e é mais difícil pressionar o pedal do freio. Todos os exercícios de correr, pular, saltar e pular corda dependem significativamente do gastrocnêmio e do sóleo para impulsionar o corpo para cima e para a frente. Os exercícios que envolvem a elevação do calcanhar com os joelhos totalmente estendidos e os artelhos apoiados sobre um bloco de madeira são uma excelente maneira de fortalecer os músculos dentro de uma grande amplitude de movimento. Sustentar uma barra de halteres sobre os ombros pode ser uma maneira de aumentar a resistência. O Apêndice 3 contém os exercícios usados com mais frequência para o gastrocnêmio e outros músculos abordados neste capítulo.

É possível alongar o gastrocnêmio colocando-se em pé com as palmas de ambas as mãos apoiadas em uma parede a cerca de 1 metro de distância e inclinando-se em direção à parede. Os pés devem estar apontados para a frente, e os calcanhares devem permanecer em contato com o solo. Os joelhos devem permanecer totalmente estendidos durante todo o exercício para acentuar o alongamento do gastrocnêmio.

Músculo sóleo (Figura 11.12)

Origem

Superfície posterior da porção proximal da fíbula e dois terços proximais da superfície posterior da tíbia.

Inserção

Superfície posterior do calcâneo (tendão do calcâneo).

Ação

Flexão plantar do tornozelo.

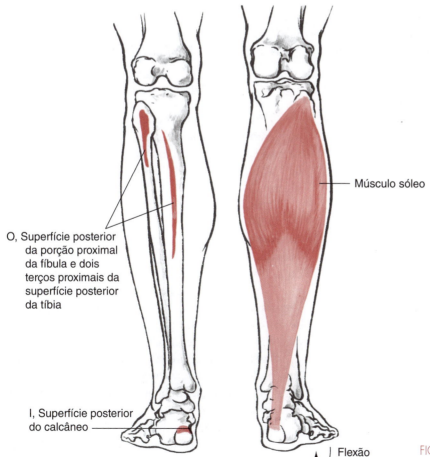

FIGURA 11.12 • Músculo sóleo, vista posterior. O, Origem; I, Inserção.

Palpação

Posteriormente sob o músculo gastrocnêmio nas faces medial e lateral da parte inferior da perna, sobretudo em decúbito ventral com o joelho flexionado cerca de 90 graus e o tornozelo em flexão plantar ativa.

Inervação

Nervo tibial (S1, S2).

Aplicação, fortalecimento e flexibilidade

O músculo sóleo é um dos flexores plantares mais importantes do tornozelo. Alguns anatomistas o consideram quase tão importante nesse movimento quanto o gastrocnêmio, sobretudo quando o joelho está flexionado. Quando nos colocamos nas pontas dos pés, o músculo sóleo fica claramente visível na face externa da parte inferior da perna se tivermos exercitado extensivamente as pernas, como em uma corrida ou caminhada.

O músculo sóleo é utilizado sempre que o tornozelo se encontra em flexão plantar. Qualquer movimento com o peso do corpo apoiado sobre o pé, com o joelho flexionado ou estendido, é suficiente para acioná-lo. Quando o joelho está ligeiramente flexionado, o efeito do gastrocnêmio é reduzido, depositando uma carga maior sobre o sóleo. Correr, pular, saltar, pular corda e dançar nas pontas dos pés são exercícios que dependem muito desse músculo. Pode-se fortalecer o sóleo com qualquer exercício de flexão plantar contrarresistência, em especial com o joelho ligeiramente flexionado para retirar a ênfase do gastrocnêmio. Os exercícios de elevação do calcanhar, conforme descrito para o gastrocnêmio, exceto com os joelhos levemente flexionados, são uma forma de isolar esse músculo para fortalecimento. A resistência pode ser aumentada segurando-se uma barra com pesos sobre os ombros.

Alonga-se o sóleo da mesma maneira que o gastrocnêmio, exceto pelo fato de que os joelhos devem estar ligeiramente flexionados, de modo a aliviar o alongamento do gastrocnêmio e transferi-lo para o sóleo. Nesse caso, também, é importante que se procure manter os calcanhares em contato com o solo.

Músculo fibular longo (Figura 11.13)

Origem

Cabeça e dois terços superiores da superfície lateral da fíbula.

Inserção

Sob as superfícies dos ossos cuneiforme medial e primeiro metatarsal.

Ação

Eversão do pé.
Flexão plantar do tornozelo.

Inversão das articulações transversa do tarso e talocalcânea

Flexão plantar do tornozelo

Palpação

Porção lateral superior da tíbia distalmente à cabeça da fíbula, descendo para a posição imediatamente posterior ao maléolo lateral; posterolateralmente a partir do tibial anterior e do extensor longo dos dedos com eversão ativa.

Inervação

Nervo fibular superficial (L4, L5, S1).

Aplicação, fortalecimento e flexibilidade

O músculo fibular longo corre posteroinferiormente ao maléolo lateral e sob o pé, da face externa para baixo da superfície interna. Por causa de sua linha de tração, é um forte eversor que auxilia na flexão plantar.

Quando utilizado de forma eficaz com outros flexores do tornozelo, o fibular longo ajuda a fixar o arco transverso quando se contrai. Desenvolvido sem os demais flexores plantares, ele produziria uma eversão fraca do pé. Nos exercícios de correr, pular, saltar e pular corda, deve-se manter o pé apontado para a frente, a fim de garantir o desenvolvimento adequado do grupo. Pisar descalço ou de meias com a parte interna do pé (posição evertida) é o melhor exercício para esse músculo.

Os exercícios de eversão para fortalecer esse músculo podem ser executados girando-se a planta do pé para o lado de fora, enquanto a resistência é aplicada em sentido contrário.

Pode-se alongar o fibular longo executando movimentos passivos de inversão e dorsiflexão extremas do pé com o joelho flexionado.

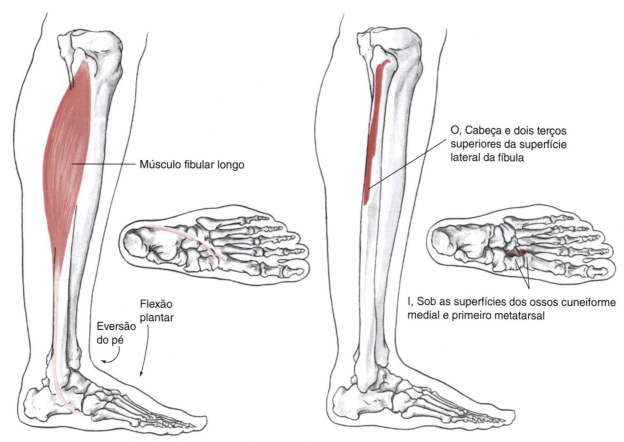

FIGURA 11.13 • Músculo fibular longo, vistas lateral e plantar, perna e pé direitos. O, Origem; I, Inserção.

Músculo fibular curto (Figura 11.14)

Origem

Dois terços médios a inferiores da superfície lateral da fíbula.

Inserção

Tuberosidade do quinto metatarso.

Ação

Eversão do pé.
Flexão plantar do tornozelo.

Inversão das articulações transversa do tarso e talocalcânea

Flexão plantar do tornozelo

Palpação

Tendão do músculo na extremidade proximal do quinto metatarso; proximal e posterior ao maléolo lateral; em nível imediatamente profundo nas posições anterior e posterior ao fibular longo com eversão ativa.

Inervação

Nervo fibular superficial (L4, L5, S1).

Aplicação, fortalecimento e flexibilidade

O músculo fibular curto corre posteroinferiormente ao maléolo lateral para tracionar a base do quinto metatarso. Trata-se de um eversor primário do pé que auxilia na flexão plantar. Além disso, esse músculo ajuda a manter o arco longitudinal lateral à medida que abaixa o pé.

O músculo fibular curto é exercitado juntamente com outros flexores plantares nos potentes

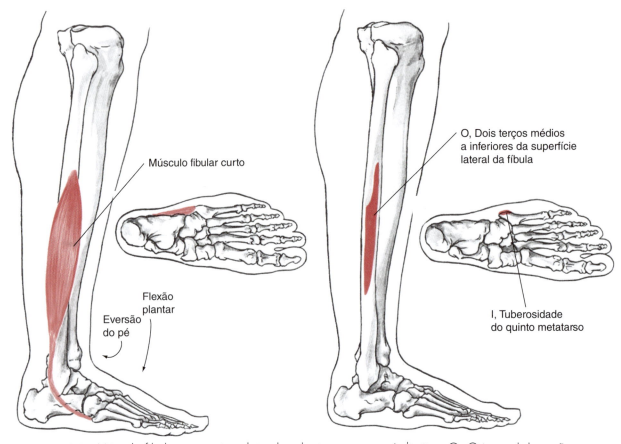

FIGURA 11.14 • Músculo fibular curto, vistas lateral e plantar, perna e pé direitos. O, Origem; I, Inserção.

movimentos de correr, pular, saltar e pular corda. É possível fortalecê-lo de forma semelhante ao fibular longo, por meio de exercícios de eversão, girando a planta do pé para o lado de fora contrarresistência, por exemplo.

Alonga-se o fibular curto da mesma maneira que o fibular longo.

Músculo fibular terceiro (Figura 11.15)

Origem

Terço distal da parte anterior da fíbula.

Inserção

Face superior da base do quinto metatarso.

Ação

Eversão do pé.
Dorsiflexão do tornozelo.

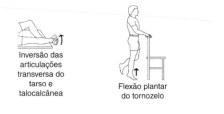

Palpação

Medial à porção distal da fíbula; lateral ao tendão do extensor longo dos dedos na face anterolateral do pé, descendo até a porção medial da base do quinto metatarso com dorsiflexão e eversão.

Inervação

Nervo fibular profundo (L4, L5, S1).

Aplicação, fortalecimento e flexibilidade

O fibular terceiro, ausente em alguns seres humanos, é um músculo pequeno que auxilia na dorsiflexão e eversão. Alguns especialistas se referem a ele

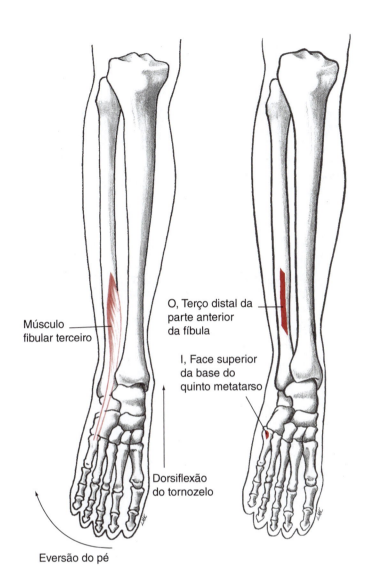

FIGURA 11.15 • Músculo fibular terceiro, vista anterior, perna e pé direitos. O, Origem; I, Inserção.

como o quinto tendão do extensor longo dos dedos. É possível fortalecê-lo puxando o pé para cima em direção à canela contra um peso ou resistência. A eversão do pé contrarresistência, como a eversão com o peso apoiado sobre uma toalha, também pode ser utilizada para desenvolver a força.

Pode-se alongar o fibular terceiro executando movimentos passivos de inversão e flexão plantar extremas do pé.

Músculo extensor longo dos dedos
(Figura 11.16)

Origem

Côndilo lateral da tíbia, cabeça da fíbula e dois terços superiores da superfície anterior da fíbula.

Inserção

Parte superior das falanges médias e distais dos quatro artelhos menores.

Ação

Extensão dos quatro artelhos menores nas articulações metatarsofalângicas e interfalângicas proximais e distais.
Dorsiflexão do tornozelo.
Eversão do pé.

Extensão das articulações MTF e IF do hálux

Flexão dorsal do tornozelo

Inversão das articulações transversa do tarso e talocalcânea

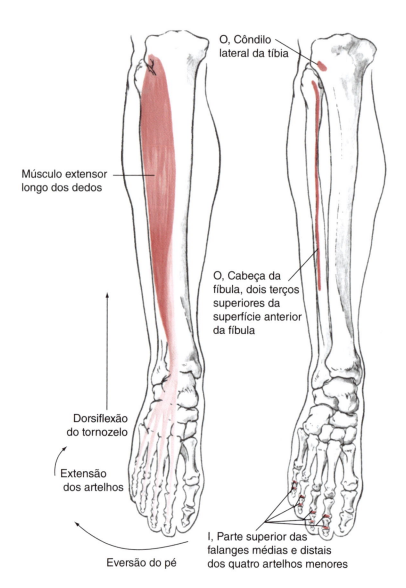

FIGURA 11.16 • Músculo extensor longo dos dedos, vista anterior, perna e pé direitos. O, Origem; I, Inserção.

Palpação

Segundo músculo em relação à face lateral da borda anterior da tíbia; face lateral superior da tíbia entre o tibial anterior na posição medial e a fíbula na posição lateral; divide-se em quatro tendões distalmente à face anterior do tornozelo com os artelhos em extensão ativa.

Inervação

Nervo fibular profundo (L4, L5, S1).

Aplicação, fortalecimento e flexibilidade

A força é necessária no músculo extensor longo dos dedos para manter o equilíbrio entre os flexores plantares e dorsais.

A ação que envolve a flexão dorsal do tornozelo e a extensão dos artelhos contrarresistência fortalece tanto o extensor longo dos dedos quanto o extensor longo do hálux. É possível fazer isso manualmente aplicando-se uma força descendente nos artelhos na tentativa de estendê-los.

Pode-se alongar o extensor longo dos dedos por meio da flexão passiva total dos quatro artelhos menores com o pé em inversão e flexão plantar.

Músculo extensor longo do hálux
(Figura 11.17)

Origem

Dois terços médios da superfície medial da parte anterior da fíbula.

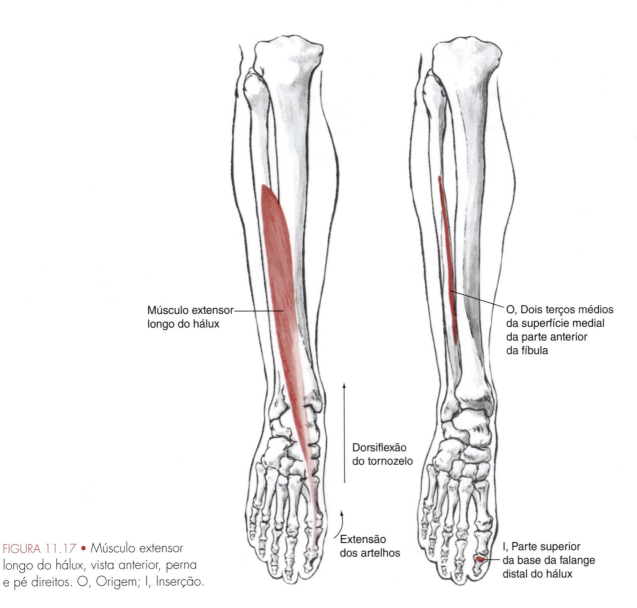

FIGURA 11.17 • Músculo extensor longo do hálux, vista anterior, perna e pé direitos. O, Origem; I, Inserção.

Inserção

Parte superior da base da falange distal do hálux.

Ação

Dorsiflexão do tornozelo.
Extensão do hálux nas articulações metatarsofalângicas e interfalângicas.
Fraca inversão do pé.

Extensão das articulações MTF e IF do hálux

Flexão dorsal do tornozelo

Inversão das articulações transversa do tarso e talocalcânea

Palpação

Da face dorsal do hálux à posição lateral ao tibial anterior e medial ao extensor longo dos dedos na face anterior da articulação do tornozelo.

Inervação

Nervo fibular profundo (L4, L5, S1).

Aplicação, fortalecimento e flexibilidade

Os quatro dorsiflexores do pé – tibial anterior, extensor longo dos dedos, extensor longo do hálux e fibular terceiro – podem ser exercitados tentando-se caminhar pisando com os calcanhares e com o tornozelo flexionado dorsalmente e os artelhos estendidos. A extensão do hálux, bem como a dorsiflexão do tornozelo contrarresistência, fortalecem esse músculo.

Pode-se alongar o extensor longo do hálux mediante flexão passiva total do hálux com o pé em eversão e flexão plantar.

Músculo tibial anterior (Figura 11.18)

Origem

Dois terços superiores da superfície lateral da tíbia

Inserção

Superfície interna do cuneiforme medial e base do primeiro metatarsal.

Ação

Dorsiflexão do tornozelo.
Inversão do pé.

Flexão dorsal do tornozelo

Inversão das articulações transversa do tarso e talocalcânea

Palpação

Primeiro músculo em relação à face lateral da borda anterior da tíbia, palpável principalmente com o tornozelo em dorsiflexão totalmente ativa; tendão mais proeminente que atravessa o tornozelo em sentido anteromedial.

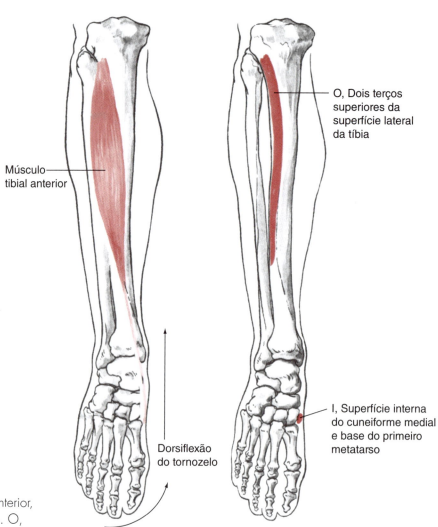

FIGURA 11.18 • Músculo tibial anterior, vista anterior, perna e pé direitos. O, Origem; I, Inserção.

Inervação

Nervo fibular profundo (L4, L5, S1).

Aplicação, fortalecimento e flexibilidade

Por sua inserção, o músculo tibial anterior está em uma boa posição para sustentar a borda medial do pé. Entretanto, ao se contrair concentricamente, ele dorsiflexiona o tornozelo e é utilizado como um antagonista dos flexores plantares do tornozelo. O tibial anterior é forçado a se contrair fortemente quando a pessoa patina no gelo ou caminha pisando com o lado de fora do pé. Esse músculo é um forte sustentáculo do arco longitudinal medial em inversão.

Girar a planta do pé para o lado de dentro contrarresistência para executar exercícios de inversão é uma das maneiras de fortalecer esse músculo. Os exercícios de flexão dorsal contrarresistência também podem ser utilizados para esse fim. Caminhar descalço ou de meias pisando com o lado de fora do pé (inversão) é um excelente exercício para o músculo tibial anterior.

Pode-se alongar o tibial anterior por meio da eversão e flexão plantar passivas extremas do pé.

Músculo tibial posterior (Figura 11.19)

Origem

Superfície posterior da metade superior da membrana interóssea e superfícies adjacentes da tíbia e da fíbula.

Inserção

Superfícies inferiores dos ossos navicular, cuneiforme e cuboide e bases do segundo, terceiro e quarto metatarso.

Ação

Flexão plantar do tornozelo.
Inversão do pé.

Inversão das articulações transversa do tarso e talocalcânea

Flexão plantar do tornozelo

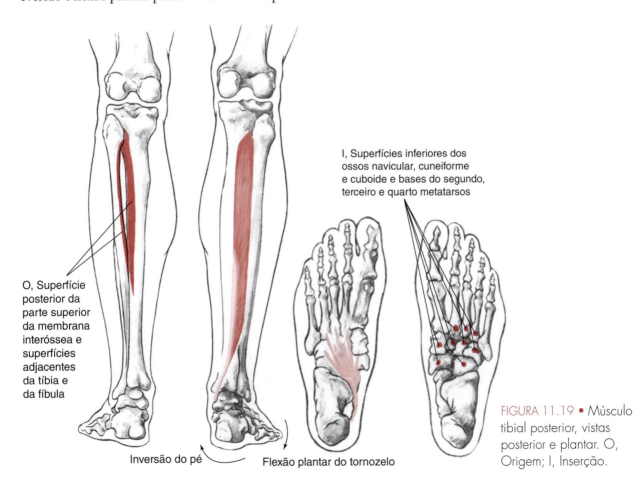

FIGURA 11.19 • Músculo tibial posterior, vistas posterior e plantar. O, Origem; I, Inserção.

Palpação

É possível palpar o tendão nas posições proximal e distal imediatamente atrás do maléolo medial, com inversão e flexão plantar; é mais fácil distingui-lo do flexor longo dos dedos e do flexor longo do hálux se os artelhos puderem ser mantidos ligeiramente estendidos.

Inervação

Nervo tibial (L5, S1).

Aplicação, fortalecimento e flexibilidade

Descendo pela parte posterior da perna, sob o maléolo medial, e avançando até os ossos navicular e cuneiforme medial, o músculo tibial posterior produz tração descendente pela parte de baixo e, quando contraído concentricamente, produz a inversão e a flexão plantar do pé. Consequentemente, ele está em posição de sustentar o arco longitudinal medial. **Canelite** é um termo informal geralmente usado para descrever uma condição crônica em que os músculos tibial posterior, tibial anterior e extensor longo dos dedos se inflamam. Essa inflamação normalmente é uma tendinite de uma ou mais dessas estruturas, mas pode ser resultante de fratura por estresse, periostite, síndrome do estresse tibial ou síndrome compartimental. Os tiros (*sprints*) e as corridas de longa distância são causas comuns, sobretudo se o atleta não tiver desenvolvido a força, a flexibilidade e a resistência adequadas da musculatura da parte inferior da perna.

O uso do músculo tibial posterior na flexão plantar e na inversão serve de sustentação para o arco longitudinal do pé. Em geral, esse músculo se fortalece por meio de exercícios de elevação dos calcanhares, conforme descrito para o gastrocnêmio e o sóleo, e de exercícios de inversão contra resistência.

É possível alongar o tibial posterior mediante eversão e dorsiflexão extremas do pé com o joelho e os artelhos em flexão passiva.

Músculo flexor longo dos dedos
(Figura 11.20)

Origem

Terço médio da superfície posterior da tíbia.

Inserção

Base da falange distal de cada um dos quatro artelhos menores.

Ação

Flexão dos quatro artelhos menores nas articulações metatarsofalângicas e interfalângicas proximais e distais.

Palpação

É possível palpar o tendão na posição imediatamente posterior ao maléolo medial e o tibial posterior e na posição imediatamente anterior ao flexor longo do hálux, com os artelhos menores flexionados, o hálux estendido, o tornozelo dorsiflexionado e o pé evertido.

Inervação

Nervo tibial (L5, S1).

Aplicação, fortalecimento e flexibilidade

Descendo pela parte posterior da perna, sob o maléolo medial, e depois avançando, o músculo flexor longo dos dedos flexiona os quatro artelhos menores em direção ao calcanhar, produzindo a flexão plantar do tornozelo. É um músculo muito importante na medida em que ajuda outros músculos do pé a manter o arco longitudinal. Algumas das condições de pé e tornozelo fracos resultam do uso ineficaz do flexor longo dos dedos. Caminhar descalço com os artelhos dobrados para baixo em direção ao calcanhar e o pé invertido é uma maneira de exercitar esse músculo, que pode se fortalecer por meio de um exercício executado com o auxílio de uma toalha para gerar resistência, no qual o calcanhar permanece apoiado no solo enquanto os artelhos se estendem para agarrar uma toalha estendida no chão e depois se flexionam para puxar a toalha para baixo do pé. Esse movimento pode ser repetido várias vezes, colocando-se um pequeno peso na extremidade oposta da toalha para gerar uma resistência adicional.

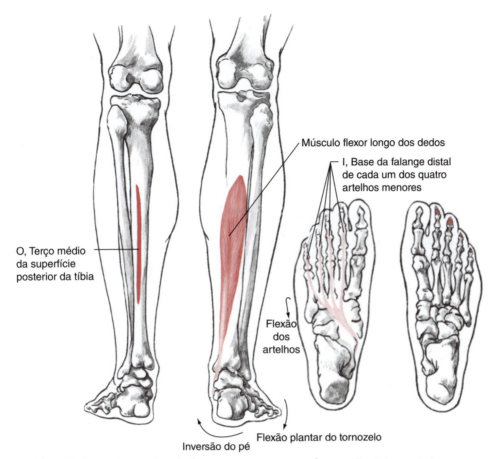

FIGURA 11.20 • Músculo flexor longo dos dedos, vistas posterior e plantar. O, Origem; I, Inserção.

É possível alongar o flexor longo dos dedos mediante extensão passiva extrema dos quatro artelhos menores com o pé evertido e dorsiflexionado. O joelho deve estar flexionado.

Músculo flexor longo do hálux

(Figura 11.21)

Origem

Dois terços médios da superfície posterior da fíbula.

Inserção

Base da falange distal do hálux, superfície plantar.

Ação

Flexão do hálux nas articulações metatarsofalângicas e interfalângicas.
Inversão do pé.
Flexão plantar do tornozelo.

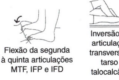
Flexão da segunda à quinta articulações MTF, IFP e IFD

Inversão das articulações transversa do tarso e talocalcânea

Flexão plantar do tornozelo

Palpação

Três tendões localizados no extremo posterior imediatamente atrás do maléolo medial; entre a porção medial do sóleo e a tíbia, com o hálux ativamente flexionado, os quatro artelhos menores estendidos, o tornozelo dorsiflexionado e o pé evertido.

Inervação

Nervo tibial (L5, S1, S2).

Aplicação, fortalecimento e flexibilidade

Ao tracionar o hálux pela parte de baixo em sentido descendente, o músculo flexor longo do hálux

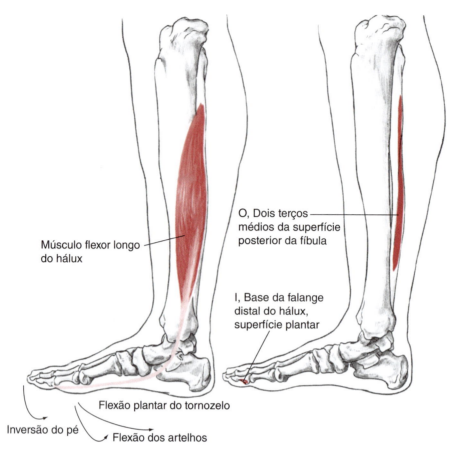

FIGURA 11.21 • Músculo flexor longo do hálux, vista medial, perna e pé direitos. O, Origem; I, Inserção.

pode funcionar de forma independente do músculo flexor longo dos dedos ou em conjunto com ele. Se desenvolvidos de modo insuficiente, esses dois músculos estão facilmente sujeitos a cãibras quando acionados para executar ações às quais não estão acostumados.

Esses músculos são efetivamente utilizados durante a caminhada se os artelhos forem usados (como deveriam ser) para manter o equilíbrio a cada passo dado. Caminhar "com os artelhos", e não "pisando com eles", é uma ação importante para esses músculos.

Quando os músculos gastrocnêmio, sóleo, tibial posterior, fibular longo, fibular curto, flexor longo dos dedos, flexor curto dos dedos e flexor longo do hálux são utilizados de forma eficaz durante a caminhada, a força do tornozelo é evidente. Se o tornozelo e o pé estiverem fracos, na maioria dos casos, é pela falta de uso de todos os músculos que acabamos de citar. Correr, caminhar, pular, saltar e pular corda são exercícios para esse grupo de músculos. É possível fortalecer o músculo flexor longo do hálux especificamente com o exercício da toalha descrito para o músculo flexor longo dos dedos.

Pode-se alongar o flexor longo do hálux por meio da extensão passiva extrema do hálux com o pé evertido e dorsiflexionado. O joelho deve estar flexionado.

Músculos intrínsecos do pé

(Figuras 11.22 e 11.23)

Os músculos intrínsecos do pé têm suas origens e inserções nos ossos do pé (Figs. 11.22 e 11.23). Um desses músculos, o extensor curto dos dedos, está localizado no dorso do pé. Esse músculo possui uma faixa que se conecta à base da primeira falange proximal e ocasionalmente é rotulado de extensor curto do hálux. Os demais músculos encontram-se localizados em um compartimento plantar, distribuídos em quatro camadas sobre a superfície plantar do pé, da seguinte maneira:

Primeira camada (superficial): abdutor do hálux, flexor curto dos dedos, abdutor do dedo mínimo.
Segunda camada: quadrado plantar, lumbricais (quatro).
Terceira camada: flexor curto do hálux, adutor do hálux, flexor curto do dedo mínimo.

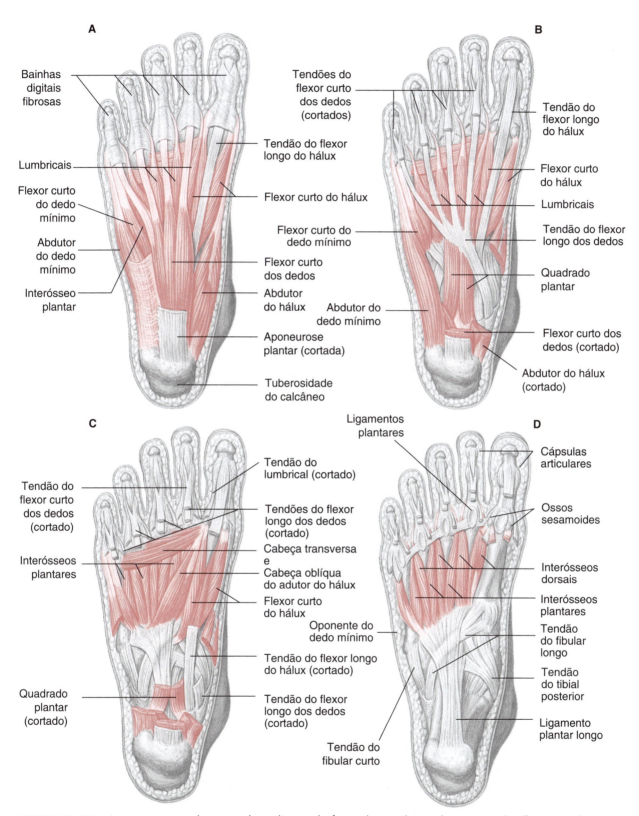

FIGURA 11.22 • As quatro camadas musculotendíneas da face plantar do pé direito com detalhamento dos músculos intrínsecos. **A**, Primeira camada (superficial); **B**, Segunda camada; **C**, Terceira camada; **D**, Quarta camada (profunda).

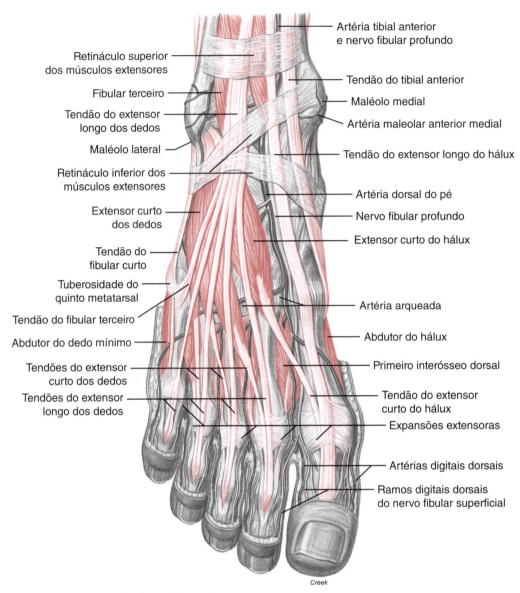

FIGURA 11.23 • Vista anterior do dorso do pé direito.

Quarta camada (profunda): interósseos dorsais (quatro), interósseos plantares (três).

Os músculos intrínsecos do pé podem ser agrupados de acordo com a sua localização e das partes do pé sobre as quais eles atuam. O abdutor do hálux, o flexor curto do hálux e o adutor do hálux inserem-se medial ou lateralmente na falange proximal do hálux. O abdutor do hálux e o flexor curto do hálux estão localizados em uma posição mais medial, enquanto o adutor do hálux se encontra em uma posição mais central sob os metatarsais.

O quadrado plantar, os quatro lumbricais, os quatro interósseos dorsais, os três interósseos plantares, o flexor curto dos dedos e o extensor curto dos dedos estão localizados em uma posição mais central. Todos se encontram localizados sob o pé, exceto o extensor curto dos dedos, que é o único músculo intrínseco do pé localizado no compartimento dorsal. Embora todo o extensor curto dos dedos tenha a sua origem na porção anterolateral do calcâneo, alguns anatomistas se referem ao seu primeiro tendão como o extensor curto do hálux, a fim de manter a coerência da denominação de acordo com a função e a localização dos músculos.

Localizados lateralmente sob o pé estão o abdutor do dedo mínimo e o flexor curto do dedo mínimo, que se inserem na face lateral da base da falange proximal do quinto artelho.

Quatro músculos atuam sobre o hálux. O abdutor do hálux é responsável exclusivamente pela sua abdução, mas auxilia o flexor curto do hálux na flexão desse dedo na articulação metatarsofalângica. O adutor do hálux é o único adutor hálux, enquanto o extensor curto dos dedos é o seu único extensor intrínseco na articulação metatarsofalângica.

Os quatro lumbricais são flexores da segunda, terceira, quarta e quinta falanges em suas articulações metatarsofalângicas, enquanto os músculos quadrados plantares são flexores dessas falanges em suas articulações interfalângicas distais. Os três interósseos plantares são adutores e flexores das falanges proximais do terceiro, quarto e quinto dedos, enquanto os quatro interósseos dorsais são abdutores e flexores do segundo, terceiro e quarto dedos também em suas articulações metatarsofalângicas. O flexor curto dos dedos flexiona as falanges médias do segundo, terceiro, quarto e quinto dedos. O extensor curto dos dedos, como vimos anteriormente, é um extensor do hálux, mas também estende o segundo, terceiro e quarto dedos em suas articulações metatarsofalângicas.

Existem dois músculos que atuam exclusivamente sobre o quinto artelho. A falange proximal do quinto dedo é abduzida pelo abdutor do dedo mínimo e flexionada pelo flexor curto do dedo mínimo.

A Tabela 11.2 contém mais detalhes sobre os músculos intrínsecos do pé.

Os músculos se desenvolvem e mantêm a sua força somente quando são utilizados. Um fator que contribui para a crescente incidência das condições de fraqueza dos pés é a falta de exercícios para desenvolver esses músculos. Caminhar é uma das melhores atividades para a manutenção e o desenvolvimento dos muitos pequenos músculos que ajudam a sustentar o arco do pé. Alguns especialistas defendem a caminhada sem sapatos ou com sapatos próprios para melhorar a mecânica adequada. Além disso, os exercícios com o auxílio de uma toalha, como aqueles descritos para o flexor longo dos dedos e o flexor longo do hálux, são úteis para fortalecer os músculos intrínsecos do pé.

Flexão das articulações MTF e IF do hálux

Flexão da segunda à quinta articulações MTF, IFP e IFD

Extensão das articulações MTF e IF do hálux

TABELA 11.2 • Músculos intrínsecos do pé

	Músculo	Origem	Inserção	Ação	Palpação	Inervação
Camada superficial	Flexor curto dos dedos	Tuberosidade do calcâneo, aponeurose plantar	Faces medial e lateral da 2ª, 3ª, 4ª e 5ª falanges médias	Flexão das articulações MTF e IFP do 2º, 3º, 4º e 5º dedos	Não é possível palpá-lo	Nervo plantar medial (L4, L5)
	Abdutor do dedo mínimo (quinto dedo)	Tuberosidade do calcâneo, aponeurose plantar	Face lateral da 5ª falange proximal	Abdução da articulação MTF do 5º dedo	Não é possível palpá-lo	Nervo plantar lateral (S1, S2)
	Abdutor do hálux	Tuberosidade do calcâneo, retináculo dos flexores, aponeurose plantar	Face medial da base da 1ª falange proximal	Flexão e abdução da articulação MTF do 1º dedo	Na face plantar do pé, da porção medial do tubérculo do calcâneo à porção medial da falange proximal do hálux com abdução desse dedo.	Nervo plantar medial (L4, L5)
Segunda camada	Quadrado plantar	Cabeça medial: superfície medial do calcâneo Cabeça lateral: borda lateral da superfície inferior do calcâneo	Margem lateral do tendão do flexor longo dos dedos	Flexão das articulações IFD do 2º, 3º, 4º e 5º dedos	Não é possível palpá-lo	Nervo plantar lateral (S1, S2)

(continua)

TABELA 11.2 • Músculos intrínsecos do pé *(continuação)*

	Músculo	Origem	Inserção	Ação	Palpação	Inervação
Segunda camada	Lumbricais (4)	Tendões do flexor longo dos dedos	Superfície dorsal da 2ª, 3ª, 4ª e 5ª falanges proximais	Flexão das articulações MTF do 2º, 3º, 4º e 5º dedos	Não é possível palpá-lo	1º lumbrical: nervo plantar medial (L4, L5) 2º, 3º e 4º lumbricais: nervo plantar lateral (S1, S2)
Terceira camada	Adutor do hálux	Cabeça oblíqua: 2º, 3º e 4º metatarsos e bainha do tendão do fibular longo Cabeça transversa: ligamentos metatarsofalângicos plantares do 3º, 4º e 5º dedos e ligamentos transversos metatarsais	Face lateral da base da 1ª falange proximal	Adução da articulação MTF do 1º dedo	Não é possível palpá-lo	Nervo plantar lateral (S1, S2)
Terceira camada	Flexor curto do hálux	Cuboide, cuneiforme lateral	Cabeça medial: face medial da 1ª falange proximal Cabeça lateral: face lateral da 1ª falange proximal	Flexão da articulação MTF do 1º dedo	Não é possível palpá-lo	Nervo plantar medial (L4, L5, S1)
Terceira camada	Flexor curto do dedo mínimo (quinto dedo)	Base do 5º metatarso, bainha do tendão do fibular longo	Face lateral da base da 5ª falange proximal	Flexão da articulação MTF do 5º dedo	Não é possível palpá-lo	Nervo plantar lateral (S2, S3)
Quarta camada	Interósseos plantares (3)	Bases e diáfises do 3º, 4º e 5º metatarsos	Faces mediais das bases da 3ª, 4ª e 5ª falanges proximais	Adução e flexão da articulação MTF do 3º, 4º e 5º dedos	Não é possível palpá-lo	Nervo plantar lateral (S1, S2)
Quarta camada	Interósseos dorsais	Duas cabeças nas diáfises dos metatarsos	1º interósseo: face medial da 2ª falange proximal 2º, 3º e 4º interósseos: faces laterais da 2ª, 3ª e 4ª falanges proximais	Abdução e flexão da articulação MTF do 2º, 3º e 4º dedos	Não é possível palpá-lo	Nervo plantar lateral (S1, S2)
Quarta camada	Extensor curto dos dedos (incluindo o extensor curto do hálux)	Porção anterolateral do calcâneo, ligamento talocalcâneo lateral, retináculo inferior dos extensores	Base da falange proximal do 1º dedo, faces laterais dos tendões do extensor longo do 2º, 3º e 4º dedos	Auxilia na extensão da articulação MTF do 1º dedo e extensão dos três dedos do meio	Como uma massa situada anteriormente e ligeiramente abaixo do maléolo lateral no dorso do pé	Nervo fibular profundo (L5, S1)

Exercícios de revisão

1. Cite os planos em que cada um dos seguintes movimentos ocorre, indicando o eixo de rotação para cada movimento em cada plano.

    a. Flexão plantar
    b. Dorsiflexão
    c. Inversão
    d. Eversão
    e. Flexão dos artelhos
    f. Extensão dos artelhos

2. Por que "arcos baixos" e "pés chatos" não são termos sinônimos?

3. Explique o valor do calçado adequado nos diversos tipos de esportes e atividades.

4. O que é ortótica e como funciona?

5. Pesquise os distúrbios comuns dos pés e tornozelos, como pés chatos, entorses laterais do tornozelo, entorses altas do tornozelo, joanetes, fascite plantar e artelhos em martelo. Relate os seus achados em sala de aula.

6. Pesquise os fatores anatômicos relacionados à prevalência das entorses de tornozelo em inversão e eversão e relate os seus achados em sala de aula.

7. Relate verbalmente ou por escrito os artigos de revistas que classificam os sapatos adequados para corrida e caminhada.

8. Quadro de análise dos músculos • Tornozelo, articulações transversa do tarso e talocalcânea, e artelhos

Preencha o quadro relacionando os músculos primariamente envolvidos em cada movimento.

Tornozelo	
Dorsiflexão	Flexão plantar
Articulações transversa do tarso e talocalcânea	
Eversão	Inversão
Artelhos	
Flexão	Extensão

9. Quadro das ações dos músculos antagonistas • Tornozelo, articulações transversa do tarso e talocalcânea, e artelhos

Complete o quadro relacionando o(s) músculo(s) ou as partes dos músculos que atuam como antagonistas em suas ações em relação aos músculos identificados na coluna da esquerda

Agonista	Antagonista
Gastrocnêmio	
Sóleo	
Tibial posterior	

(continua)

(continuação)

Agonista	Antagonista
Flexor longo dos dedos	
Flexor longo do hálux	
Fibular longo/Fibular curto	
Fibular terceiro	
Extensor longo dos dedos	
Extensor longo do hálux	

Exercícios de laboratório

1. Localize os seguintes pontos de referência ósseos do tornozelo e do pé em um esqueleto e em um modelo humanos:

    a. Maléolo lateral
    b. Maléolo medial
    c. Calcâneo
    d. Navicular
    e. Três ossos cuneiformes
    f. Ossos metatarsais
    g. Dedos e falanges individuais

2. Como e onde os seguintes músculos podem ser palpados em um modelo humano?

    a. Tibial anterior
    b. Extensor longo dos dedos
    c. Fibular longo
    d. Fibular curto
    e. Sóleo
    f. Gastrocnêmio
    g. Extensor longo do hálux
    h. Flexor longo dos dedos
    i. Flexor longo do hálux
    j. Tibial posterior

3. Demonstre e palpe os seguintes movimentos:

    a. Flexão plantar do tornozelo
    b. Dorsiflexão do tornozelo
    c. Inversão do pé
    d. Eversão do pé
    e. Flexão dos artelhos
    f. Extensão dos artelhos

4. Peça a um parceiro de laboratório que se coloque nas pontas dos pés (movimento de elevação dos calcanhares) com os joelhos totalmente estendidos e depois repita o movimento com os joelhos flexionados aproximadamente 20 graus. Qual dos dois exercícios parece mais difícil de manter por um período prolongado de tempo e por quê? Quais as implicações para o fortalecimento e alongamento desses músculos?

5. **Quadro de análise dos movimentos de exercício das articulações do tornozelo e do pé**

Após analisar cada exercício apresentado no quadro, desmembre cada um em duas fases principais de movimento, como uma fase de levantamento e uma fase de abaixamento. Para cada fase, determine os movimentos do tornozelo e do pé que ocorrem, relacionando os músculos das articulações do tornozelo e do pé primariamente responsáveis por produzir/controlar esses movimentos. Ao lado de cada músculo em cada movimento, indique o tipo de contração da seguinte maneira: I – isométrica; C – concêntrica; E – excêntrica.

Exercício	Fase inicial do movimento (levantamento)		Fase secundária do movimento (abaixamento)	
	Movimento(s)	Agonista(s) – (tipo de contração)	Movimento(s)	Agonista(s) – (tipo de contração)
Flexão de braço				
Agachamento				
Levantamento-terra				
Hip sled				
Afundo				
Exercício de remada				
Simulador de escada				

6. **Quadro de análise de habilidades esportivas que envolvem as articulações do tornozelo e do pé**

Analise cada habilidade apresentada no quadro e relacione os movimentos das articulações do tornozelo e do pé dos lados direito e esquerdo em cada fase da habilidade. Talvez você prefira relacionar a posição inicial em que as articulações do tornozelo e do pé se encontram na fase de apoio. Após cada movimento, identifique o(s) músculo(s) das articulações do tornozelo e do pé primariamente responsável(eis) por produzir/controlar esse movimento. Ao lado de cada músculo em cada movimento, indique o tipo de contração da seguinte maneira: I – isométrica; C – concêntrica; E – excêntrica. Talvez seja recomendável rever os conceitos de análise no Capítulo 8 para as diversas fases. Considere a mão/perna direita dominante quando for o caso.

Exercício		Fase de apoio	Fase preparatória	Fase de movimento	Fase de finalização
Arremesso de beisebol	(D)				
	(E)				
Chute de devolução da bola no futebol americano (*punt*)	(D)				
	(E)				
Caminhada	(D)				
	(E)				
Arremesso de softbol	(D)				
	(E)				
Passe de bola no futebol	(D)				
	(E)				
Tacada do beisebol	(D)				
	(E)				
Boliche	(D)				
	(E)				
Lance livre do basquete	(D)				
	(E)				

Referências bibliográficas

Astrom M, Arvidson T: Alignment and joint motion in the normal foot, *Journal of Orthopaedic and Sports Physical Therapy* 22:5, November 1995.

Booher JM, Thibodeau GA: *Athletic injury assessment,* ed 4, New York, 2000, McGraw-Hill.

Field D: *Anatomy: palpation and surface markings,* ed 3, Oxford, 2001, Butterworth-Heinemann.

Gench BE, Hinson MM, Harvey PT: *Anatomical kinesiology,* Dubuque, IA, 1995, Eddie Bowers.

Hamilton N, Weimer W, Luttgens K: *Kinesiology: scientific basis of human motion,* ed 12, New York, 2012, McGraw-Hill.

Hislop HJ, Montgomery J: *Daniels and Worthingham's muscle testing: techniques of manual examination,* ed 8, Philadelphia, 2007, Saunders.

Lindsay DT: *Functional human anatomy,* St. Louis, 1996, Mosby.

Magee DJ: *Orthopedic physical assessment,* ed 5, Philadelphia, 2008, Saunders.

Muscolino JE: *The muscular system manual: the skeletal muscles of the human body,* ed 3, St. Louis, 2010, Elsevier Mosby.

Oatis CA: *Kinesiology: the mechanics and pathomechanics of human movement,* ed 2, Philadelphia, 2008, Lippincott Williams & Wilkins.

Prentice WE: *Principles of athletic training: a competency based approach,* ed 15, New York, 2014, McGraw-Hill.

Rockar PA: The subtalar joint: anatomy and joint motion, *Journal of Orthopaedic and Sports Physical Therapy* 21:6, June 1995.

Saladin KS: *Anatomy & physiology: the unity of form and function,* ed 5, New York, 2010, McGraw-Hill.

Sammarco GJ: Foot and ankle injuries in sports, *American Journal of Sports Medicine* 14:6, November–December 1986.

Seeley RR, Stephens TD, Tate P: *Anatomy & physiology,* ed 8, New York, 2008, McGraw-Hill.

Sieg KW, Adams SP: *Illustrated essentials of musculoskeletal anatomy,* ed 4, Gainesville, FL, 2002, Megabooks.

Stone RJ, Stone JA: *Atlas of the skeletal muscles,* ed 6, New York, 2009, McGraw-Hill.

Thibodeau GA, Patton KT: *Anatomy & physiology,* ed 9, St. Louis, 1993, Mosby.

Van De Graaff KM: *Human anatomy,* ed 6, Dubuque, IA, 2002, McGraw-Hill.

Acesse a página http://manoleeducacao.com.br/manualdecinesiologiaestrutural, siga as instruções e desfrute de recursos adicionais associados a este capítulo, incluindo:
- questões de múltipla escolha
- questões do tipo verdadeiro ou falso
- respostas aos exercícios de revisão e de laboratório
- relação de sites úteis (em inglês)

Capítulo 12

O tronco e a coluna vertebral

Objetivos

- Identificar e distinguir os diferentes tipos de vértebras na coluna vertebral.
- Identificar em um quadro do sistema esquelético os tipos de vértebras e suas características importantes.
- Desenhar e identificar em um quadro do sistema esquelético alguns dos músculos do tronco e da coluna vertebral.
- Demonstrar e palpar com um colega os movimentos da coluna e do tronco, relacionando os seus respectivos planos de movimento e eixos de rotação.
- Palpar em um modelo humano alguns dos músculos do tronco e da coluna vertebral.
- Relacionar e organizar os músculos que produzem os movimentos primários do tronco e da coluna vertebral e seus respectivos antagonistas.
- Determinar, por meio de análise, os movimentos e músculos do tronco e da coluna vertebral envolvidos em habilidades e exercícios específicos.

O tronco e a coluna vertebral apresentam na cinesiologia problemas não encontrados no estudo de outras partes do corpo. Bastante sofisticada, a coluna vertebral consiste em 24 vértebras articuladas e 9 vértebras imóveis. Essas vértebras contêm a medula espinal, com os seus 31 pares de nervos espinais. A maioria das pessoas concordaria que se trata de uma das partes mais complexas do corpo humano.

A porção anterior do tronco contém os músculos abdominais, que, de certa forma, diferem de outros músculos na medida em que possuem algumas seções ligadas por fáscias e faixas tendíneas, e, consequentemente, sem conexão de osso para osso. Além disso, existem vários pequenos músculos intrínsecos que atuam na cabeça, na coluna vertebral e no tórax e auxiliam na estabilização da coluna ou na respiração, dependendo de sua localização. Em geral, esses músculos são muito profundos para palpar e, consequentemente, não recebem a mesma atenção que os músculos superficiais maiores recebem neste capítulo.

Ossos

Coluna vertebral

A intrincada e complexa estrutura óssea da coluna vertebral consiste em 24 vértebras articuladas (livremente móveis) e 9 vértebras fundidas (Fig. 12.1). A coluna divide-se ainda nas 7 vértebras cervicais (pescoço), 12 vértebras torácicas (tórax) e 5 vértebras lombares (parte inferior das costas). O sacro (parte posterior do cíngulo do membro inferior e o cóccix (base da coluna) consistem em 5 e 4 vértebras fundidas, respectivamente.

As duas primeiras vértebras cervicais são únicas pelo fato de suas formas permitirem extenso movimento de giro da cabeça para os lados, bem como movimentos para a frente e para trás. Os ossos de cada região da coluna têm tamanhos e formas ligeiramente diferentes para permitir diversas funções (Fig. 12.2). As vértebras aumentam de tamanho da região cervical para a região

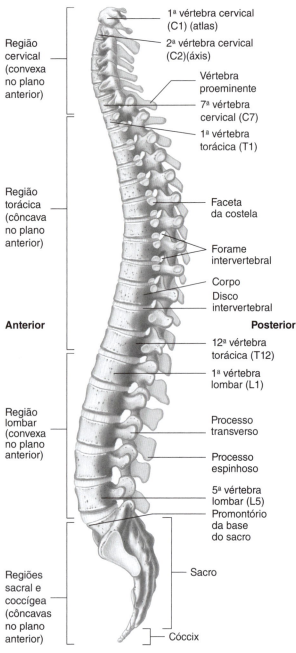

FIGURA 12.1 • Coluna vertebral completa, vista lateral esquerda.

A coluna possui três curvas normais em suas vértebras móveis. A curvatura vertebral primária, antes e pouco depois do nascimento, é cifótica, ou em forma de C. À medida que os músculos de desenvolvem e a atividade aumenta, as curvas secundárias, que são lordóticas, se desenvolvem nas regiões cervical e lombar. A curva torácica é côncava no plano anterior e convexa no posterior, enquanto as curvas cervical e lombar são convexas no plano anterior e côncavas no posterior. Por fim, a curva sacral, incluindo o cóccix, é côncava no plano anterior e convexa no posterior. As curvas normais da coluna permitem que a coluna absorva impactos e choques.

Os desvios indesejáveis das curvaturas normais ocorrem por uma série de fatores. A concavidade posterior aumentada das curvas lombar e cervical é conhecida como **lordose**, enquanto a concavidade anterior aumentada da curva torácica normal é conhecida como **cifose**. A região lombar da coluna pode apresentar uma redução de sua curva lordótica normal, resultando em uma aparência de costas planas conhecida como **cifose lombar**. A **escoliose** consiste em curvaturas ou desvios laterais da coluna.

Tórax

A base esquelética do tórax é formada por 12 pares de costelas (Fig. 12.3). Sete pares são de costelas verdadeiras, uma vez que estão conectados diretamente ao esterno por uma cartilagem costal separada. Cinco pares são considerados de costelas falsas, dos quais três estão conectados indiretamente ao esterno por uma cartilagem costal compartilhada e dois consistem em costelas flutuantes com extremidades livres. O manúbrio, o corpo do esterno e o processo xifoide são os outros ossos do tórax. Todas as costelas estão conectadas posteriormente às vértebras torácicas.

Entre os principais pontos de referência ósseos para a localização dos músculos do pescoço estão o processo mastoide, os processos transverso e espinhoso da região cervical da coluna, os processos espinhosos das quatro vértebras superiores do tórax, o manúbrio do esterno e a porção medial da clavícula. Os processos espinhoso e transverso da região torácica da coluna e as costelas posteriores são as principais áreas de conexão para os músculos posteriores da coluna. Os músculos da parte anterior do tronco possuem inserções nas bordas das oito costelas inferiores, nas cartilagens costais das costelas, na crista ilíaca e na crista púbica. Os processos transversos das quatro vértebras lombares superiores também servem como pontos de inserção para o quadrado do lombo, juntamente com a borda inferior da 12ª costela.

lombar, principalmente por terem que sustentar mais peso na parte inferior das costas do que no pescoço. As duas primeiras vértebras cervicais são conhecidas como atlas e áxis, respectivamente. As vértebras C3 a L5 possuem uma arquitetura semelhante: cada uma possui um bloco ósseo na parte anterior, conhecido como corpo, um forame vertebral no centro para a passagem da medula espinal, um processo transverso que se projeta lateralmente para cada lado e um processo espinhoso que se projeta posteriormente e é palpável com facilidade.

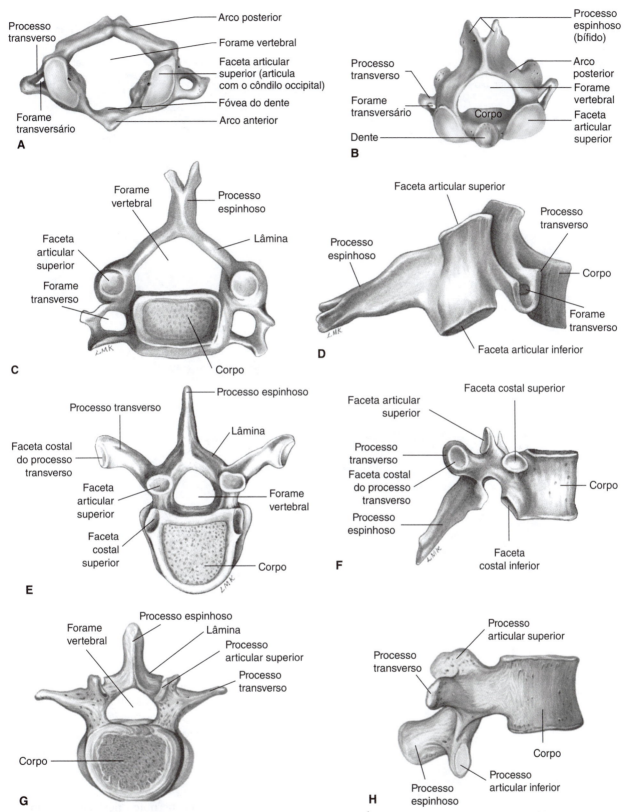

FIGURA 12.2 • Coluna vertebral. **A**, Atlas (C1), vista superior; **B**, Áxis (C2), vista superior; **C**, Vértebra cervical típica, vista superior; **D**, Vértebra cervical típica, vista lateral; **E**, Vértebra torácica típica, vista superior; **F**, Vértebra torácica típica, vista lateral; **G**, 3ª vértebra lombar (L3), vista superior; **H**, 3ª vértebra lombar (L3), vista lateral.

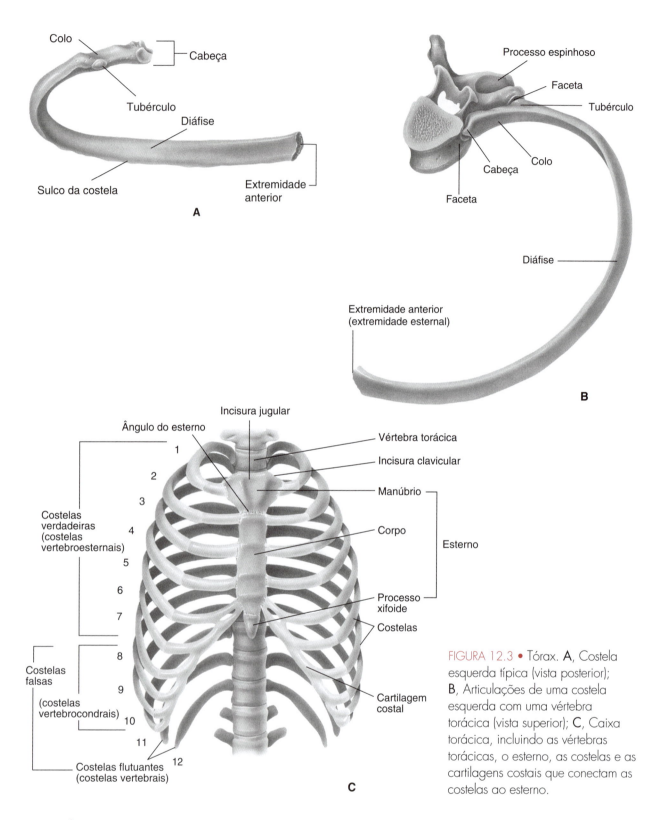

FIGURA 12.3 • Tórax. **A**, Costela esquerda típica (vista posterior); **B**, Articulações de uma costela esquerda com uma vértebra torácica (vista superior); **C**, Caixa torácica, incluindo as vértebras torácicas, o esterno, as costelas e as cartilagens costais que conectam as costelas ao esterno.

Articulações

A primeira articulação do esqueleto axial é a articulação atlantoccipital, formada pelos côndilos occipitais do crânio localizados sobre a cavidade articular da primeira vértebra, o que permite a flexão e extensão da cabeça sobre o pescoço. Embora essa seja uma articulação separada, seus movimentos geralmente são agrupados com os da região cervical da coluna. O atlas (C1), por sua vez, está assentado sobre o áxis (C2) e, juntos, os dois formam a articulação atlantoaxial (Fig. 12.4, *A*). Exceto pela articulação atlantoaxial, não há muita possibilidade de movimento entre qualquer outro par de vértebras. Entretanto, o efeito cumulativo da combinação dos movimentos das várias vértebras adjacentes permite movimentos substanciais dentro de uma determinada área. A maior parte da rotação na região cervical envolve a articulação atlantoaxial, classificada como uma articulação do tipo trocóidea ou pivô. As demais articulações vertebrais são classificadas como articulações artrodiais ou do tipo deslizante em razão de seus limitados movimentos deslizantes.

Como mostra a Figura 12.4, *B* e *D*, o ligamento longitudinal anterior estende-se por toda a coluna vertebral, da base do crânio ao sacro, conectando-se à superfície anterior de cada corpo vertebral. Localizado no interior do canal vertebral, o ligamento longitudinal posterior, por sua vez, está conectado aos corpos vertebrais posteriores e se estende do áxis ao sacro. O ligamento amarelo liga as lâminas das vértebras adjacentes. Os ligamentos interespinais conectam os processos espinhosos, enquanto os ligamentos intertransversos conectam os processos transversos. O ligamento nucal conecta as pontas dos processos espinhosos cervicais da protuberância occipital às sete vértebras cervicais, e o ligamento supraespinal conecta as pontas dos processos espinhosos às vértebras restantes.

O movimento deslizante ocorre entre os processos articulares superior e inferior que formam as articula-

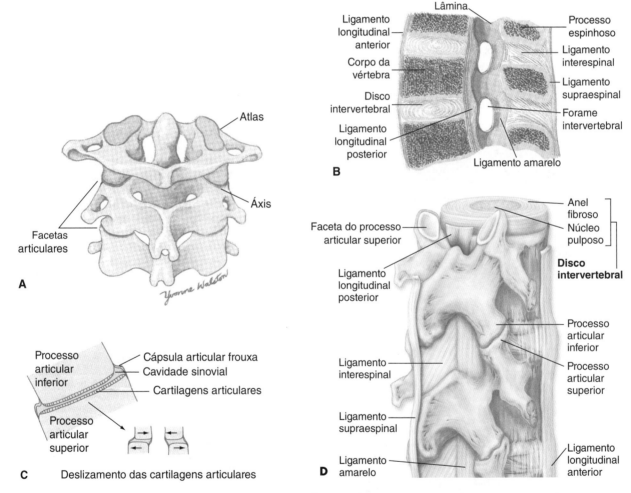

FIGURA 12.4 • Facetas articulares das vértebras. **A**, As facetas dos processos articulares superior e inferior produzem a articulação entre as vértebras cervicais adjacentes; **B**, Os ligamentos limitam os movimentos entre as vértebras, conforme mostrado na secção sagital através de três vértebras lombares; **C**, As cartilagens articulares deslizam para a frente e para trás, uma sobre a outra, em um movimento permitido pela cápsula articular frouxa; **D**, Articulações intervertebrais. As vértebras se articulam com as vértebras adjacentes pelos processos articulares superior e inferior. Os discos intervertebrais separam os corpos das vértebras adjacentes.

ções facetárias das vértebras, como mostram as Figuras 12.2 e 12.4, C e D. Entre a cartilagem articular dos corpos vertebrais, à qual aderem, estão localizados os discos intervertebrais (Fig. 12.4, B). Esses discos são formados por uma borda externa de fibrocartilagem densa conhecida como anel fibroso e uma substância central gelatinosa e pulposa conhecida como núcleo pulposo (Fig. 12.4, D). Essa disposição de material elástico comprimido permite movimentos de compressão e torção em todas as direções. Com a idade, a ocorrência de lesões ou o uso inadequado da coluna vertebral, os discos intervertebrais tornam-se menos resilientes, resultando no enfraquecimento do anel fibroso. O substancial enfraquecimento combinado à compressão pode levar o núcleo a se projetar através do anel, uma condição conhecida como herniação do núcleo pulposo. Normalmente denominada disco herniado ou "degenerado", essa protrusão exerce pressão sobre a raiz do nervo espinal, causando vários sintomas, como dor irradiada, formigamento, dormência e fraqueza nos dermátomos e miótomos da extremidade suprida pelo nervo espinal (Fig. 12.5).

Um número substancial de problemas na parte inferior das costas é causado pelo uso inadequado das costas no decorrer da vida. Essa mecânica inadequada geralmente resulta em distensões agudas e espasmos musculares dos extensores lombares, bem como em alterações mecânicas crônicas que levam a hérnias discais. A maioria dos problemas é decorrente do uso dos músculos relativamente pequenos das costas para erguer objetos a partir de uma posição flexionada da região lombar da coluna, quando o correto seria manter a região lombar em uma posição neutra, agachar-se e usar os músculos mais potentes do membro inferior. Além disso, o estilo de vida das pessoas as coloca irremediavelmente em posição de flexão da região lombar, o que, com o tempo, leva a uma perda gradativa da lordose lombar. Essa síndrome das costas planas resulta no aumento da pressão sobre o disco lombar e em dor intermitente ou crônica na parte inferior das costas.

A maioria dos movimentos da coluna vertebral ocorre nas regiões cervical e lombar. É claro que existe algum movimento torácico, mas em proporções muito leves em comparação com os movimentos do pescoço

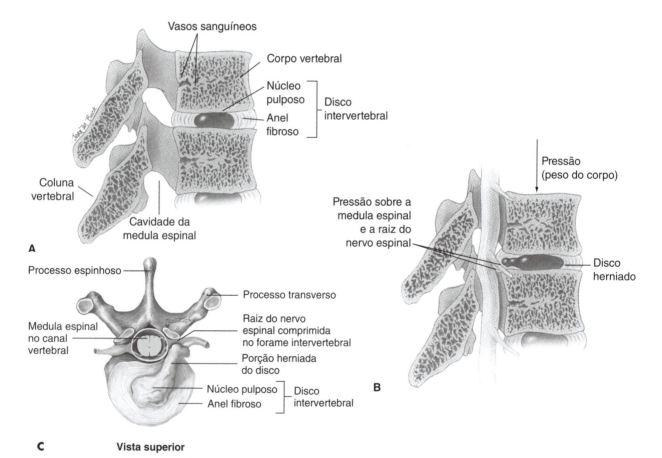

FIGURA 12.5 • Discos intervertebrais. A, Secção sagital de discos normais; B, Secção sagital de discos herniados; C, Disco herniado, vista superior.

e da parte inferior das costas. Em se tratando dos movimentos da cabeça, vale lembrar que esses movimentos ocorrem entre o crânio e a primeira vértebra cervical, bem como no interior das vértebras cervicais. Sabendo-se que esses movimentos normalmente ocorrem juntos, para fins de simplificação, este livro refere-se a todos os movimentos da cabeça e do pescoço como movimentos cervicais. Da mesma forma, quando se trata dos movimentos do tronco, a terminologia dos movimentos lombares é utilizada para descrever os movimentos combinados que ocorrem tanto na região torácica quanto na região lombar. Uma exploração mais detalhada dos movimentos específicos entre duas vértebras foge ao alcance deste texto.

A região cervical da coluna vertebral (Fig. 12.6) é capaz de executar flexões e extensões de 45 graus, podendo flexionar-se lateralmente 45 graus e girar cerca de 60 graus. A região lombar da coluna, responsável pela maioria dos movimentos do tronco (Fig. 12.7), permite flexões de aproximadamente 80 graus e ex-

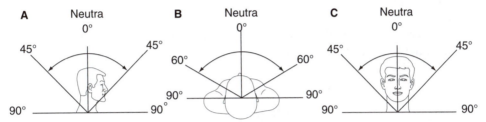

FIGURA 12.6 • ADM ativa da região cervical da coluna vertebral. A, A flexão e a extensão podem ser estimadas em graus ou indicadas pela distância que falta para o queixo tocar o tórax; B, A rotação pode ser estimada em graus ou percentuais de movimento comparados em cada direção; C, A flexão lateral pode ser estimada em graus ou indicada pela distância que falta para a orelha alcançar os ombros.

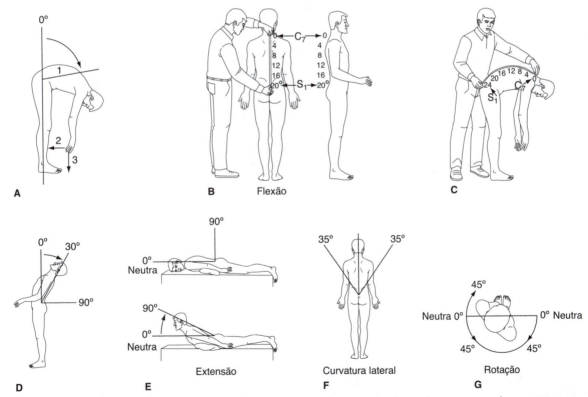

FIGURA 12.7 • ADM ativa das regiões torácica e lombar da coluna vertebral. A, Flexão para a frente. O movimento pode ser estimado em graus ou pela medição da distância das pontas dos dedos até a perna ou até o solo; B e C, Com o auxílio de uma fita métrica para comparar o aumento de comprimento das regiões lombar e torácica da coluna entre a posição anatômica e a posição totalmente flexionada (pode-se fazer o movimento inverso para avaliar o grau de extensão – não ilustrado); D, Extensão (hiperextensão) com a pessoa em pé; E, Extensão (hiperextensão) com a pessoa em decúbito ventral; F, Curvatura lateral; G, Rotação da coluna.

tensões de 20 a 30 graus. A flexão lateral da região lombar para cada lado normalmente é de até 35 graus, e a rotação para os lados esquerdo e direito, de aproximadamente 45 graus.

Movimentos (Figura 12.8)

Em geral, os termos designativos dos movimentos da coluna vertebral são complementados pelo nome atribuído à região em que o movimento ocorre. Por exemplo, a flexão do tronco na região lombar é conhecida como flexão lombar, e a extensão do pescoço é conhecida como extensão cervical. Embora normalmente façam parte da flexão e extensão cervicais, os movimentos isolados da cabeça e do pescoço na articulação atlantoccipital são tecnicamente conhecidos como flexão e extensão da cabeça. Além disso, como vimos no Capítulo 9, o cíngulo do membro inferior gira como uma unidade pelo fato de o movimento ocorrer nas articulações do quadril e na região lombar da coluna. Ver Tabela 9.1.

Flexão cervical

Extensão cervical

Flexão lateral cervical

Rotação cervical unilateral

Flexão da coluna: movimento anterior da coluna vertebral no plano sagital; na região cervical, a cabeça se

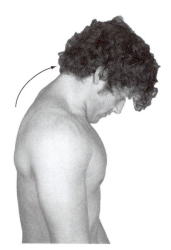

Flexão da região cervical
(combinada à flexão da cabeça)

A

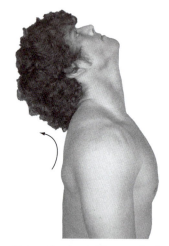

Extensão da região cervical
(combinada à extensão da cabeça)
(hiperextensão)

B

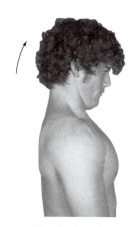

Flexão da cabeça

C

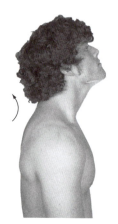

Extensão da cabeça

D

Flexão lateral da região cervical para o lado direito

E

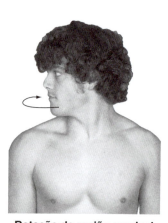

Rotação da região cervical para o lado direito

F

FIGURA 12.8 • Movimentos da coluna vertebral.

(continua)

Flexão da região lombar	Extensão da região lombar (hiperextensão)	Flexão lateral da região lombar para o lado direito	Rotação da região lombar para o lado direito
G	H	I	J

FIGURA 12.8 • *(continuação)* Movimentos da coluna vertebral.

move em direção ao tórax; na região lombar, o tórax se move em direção à pelve.

Extensão da coluna: retorno a partir da flexão; movimento posterior da coluna vertebral no plano sagital, na região cervical, a cabeça se distancia do tórax; na região lombar, o tórax se distancia da pelve; ocasionalmente denominada hiperextensão.

Flexão lateral (lado esquerdo ou direito): ocasionalmente denominada curvatura lateral; a cabeça se move lateralmente em direção ao ombro, enquanto o tórax se move lateralmente em direção à pelve; ambos no plano frontal.

Rotação da coluna (lado esquerdo ou direito): movimento de giro da coluna no plano transverso; o queixo gira a partir da posição neutra em direção ao ombro; e o tórax, em direção à crista ilíaca.

Redução: movimento de retorno da flexão lateral para a posição neutra no plano frontal.

Flexão lombar   Extensão lombar   Flexão lateral lombar   Rotação lombar unilateral

Músculos do tronco e da coluna vertebral

O maior grupo muscular nessa área é o grupo dos músculos eretores da espinha (sacroespinais), que se estende da região pélvica ao crânio em cada lado da coluna vertebral e divide-se em três músculos: o espinal, o longuíssimo e o iliocostal. Do lado medial para o lateral, o grupo possui inserções nas regiões lombar, torácica e cervical. Portanto, o grupo dos eretores da espinha, na realidade, é formado por nove segmentos musculares. Além disso, o esternocleidomastóideo e o esplênio são músculos grandes envolvidos nos movimentos do pescoço e da cabeça. Entre os músculos abdominais grandes e envolvidos nos movimentos lombares estão o reto do abdome, o oblíquo externo do abdome e o oblíquo interno do abdome. O quadrado do lombo é envolvido nos movimentos de flexão lateral e extensão da região lombar da coluna. A Tabela 12.1 contém mais detalhes. Os músculos psoas maior e menor, como vimos no Capítulo 9, são envolvidos na flexão lateral ipsilateral e na flexão da região lombar da coluna.

A região da coluna vertebral contém vários músculos pequenos, muitos deles se originam em uma determinada vértebra e se inserem na vértebra seguinte. Esses músculos são importantes no funcionamento da coluna, mas o conhecimento detalhado sobre eles tem valor limitado para a maioria dos usuários deste texto, portanto, a discussão se concentrará nos músculos maiores principalmente envolvidos nos movimentos do tronco e da coluna vertebral (ver Tabela 12.1), abordando apenas resumidamente os músculos menores.

336 Manual de cinesiologia estrutural

TABELA 12.1 • Músculos agonistas da coluna vertebral

Músculo	Origem	Inserção	Ação	Plano de movimento	Palpação	Inervação
Região anterior do pescoço						
Esternocleidomastóideo (ambos os lados)	Manúbrio do esterno, superfície anterossuperior da porção medial da clavícula	Processo mastoide	Extensão da cabeça na articulação atlantoccipital	Sagital	Face anterolateral do pescoço, em sentido diagonal entre a origem e a inserção, especialmente com movimento de rotação para o lado contralateral	Espinal acessório (XI, C2, C3)
			Flexão da região cervical da coluna	Sagital		
			Cada lado: rotação para o lado contralateral	Transverso		
			Cada lado: flexão lateral para o lado ipsilateral	Frontal		
Região posterior do pescoço						
Esplênio do pescoço	Processos espinhosos das vértebras torácicas T3-T6	Processos transversos das três primeiras vértebras cervicais	Ambos os lados: extensão da região cervical da coluna	Sagital	Na porção inferoposterior da região cervical da coluna, medial e inferiormente ao levantador da escápula, com rotação resistida ipsilateral	Ramos laterais posteriores dos nervos cervicais 4 a 8 (C4-C8)
			Cada lado: rotação para o lado ipsilateral	Transverso		
			Cada lado: flexão lateral para o lado ipsilateral	Frontal		
Esplênio da cabeça	Porção inferior do ligamento nucal e processos espinhosos da vértebra cervical C7 e das três ou quatro vértebras torácicas superiores	Processo mastoide e osso occipital	Ambos os lados: extensão da cabeça e da região cervical da coluna	Sagital	Profunda; no trapézio, na posição inferior, e no esternocleidomastóideo, na posição superior; com a pessoa sentada, palpe o trígono cervical posterior entre a parte descendente do trapézio e o esternocleidomastóideo, com rotação resistida para o lado ipsilateral	Ramos laterais posteriores dos nervos cervicais 4 a 8 (C4-C8)
			Cada lado: rotação para o lado ipsilateral	Transverso		
			Cada lado: flexão lateral para o lado ipsilateral	Frontal		
Face posterior da coluna						
Eretor da espinha: Iliocostal	Face medial da crista ilíaca, aponeurose toracolombar a partir do sacro, costelas posteriores 3-12	Costelas posteriores 1-12, processos transversos cervicais 4-7	Extensão da coluna	Sagital	Profunda e difícil de distinguir de outros músculos das regiões cervical e torácica; com a pessoa em decúbito ventral, palpe a face imediatamente lateral aos processos espinhosos da região lombar com extensão ativa	Ramos posteriores dos nervos espinais
			Rotação anterior da pelve	Sagital		
			Flexão lateral da coluna	Frontal		
			Rotação lateral da pelve para o lado contralateral	Frontal		
			Rotação ipsilateral da coluna e da cabeça	Transverso		

(continua)

TABELA 12.1 • Músculos agonistas da coluna vertebral *(continuação)*

Músculo		Origem	Inserção	Ação	Plano de movimento	Palpação	Inervação
Face posterior da coluna	Eretor da espinha: longuíssimo	Face medial da crista ilíaca, aponeurose toracolombar a partir do sacro, processos transversos lombares 1-5, processos transversos torácicos 1-5, processos articulares cervicais 5-7	Processos espinhosos cervicais 2-6, processos transversos torácicos 1-12, nove costelas inferiores, processo mastoide	Extensão da coluna e da cabeça	Sagital	Profunda e difícil de distinguir de outros músculos das regiões cervical e torácica; com a pessoa em decúbito ventral, palpe a face imediatamente lateral aos processos espinhosos da região lombar com extensão ativa	Ramos posteriores dos nervos espinais
				Rotação anterior da pelve			
				Flexão lateral da coluna e da cabeça	Frontal		
				Rotação lateral da pelve para o lado contralateral			
				Rotação ipsilateral da coluna e da cabeça	Transverso		
	Eretor da espinha: espinal	Ligamento nucal, 7º processo espinhoso cervical, processos espinhosos torácicos 11 e 12, e processos espinhosos lombares 1 e 2	2º processo espinhoso cervical, processos espinhosos torácicos 5-12, osso occipital	Extensão da coluna	Sagital		Ramos posteriores dos nervos espinais
				Rotação anterior da pelve			
				Flexão lateral da coluna e da cabeça	Frontal		
				Rotação lateral da pelve para o lado contralateral			
				Rotação ipsilateral da coluna e da cabeça	Transverso		
Face lateral da região lombar	Quadrado do lombo	Extremidade posterior do lábio interno da crista ilíaca	Aproximadamente na metade da extensão da borda inferior da 12ª costela e processo transverso das quatro vértebras lombares superiores	Flexão lateral para o lado ipsilateral	Frontal	Com a pessoa em decúbito ventral, logo acima da crista ilíaca e lateralmente à porção lombar do eretor da espinha, com flexão lateral isométrica	Ramos dos nervos T12, L1
				Rotação lateral da pelve para o lado contralateral			
				Extensão da região lombar	Sagital		
				Rotação anterior da pelve			
				Estabiliza a pelve e a região lombar da coluna	Todos os planos		

(continua)

TABELA 12.1 • Músculos agonistas da coluna vertebral (continuação)

Músculo		Origem	Inserção	Ação	Plano de movimento	Palpação	Inervação
Face anterior do tronco	Reto do abdome	Crista púbica	Cartilagem da 5ª, 6ª e 7ª costelas e processo xifoide	Ambos os lados: flexão da região lombar	Sagital	Superfície anteromedial do abdome, entre a caixa torácica e o púbis (osso), com flexão isométrica do tronco	Nervos intercostais (T7-T12)
				Ambos os lados: rotação posterior da pelve	Sagital		
				Cada lado: flexão fraca para o lado ipsilateral	Frontal		
	Oblíquo externo do abdome	Bordas das oito costelas inferiores na lateral do tórax que se encaixam no serrátil anterior	Porção anterior da crista ilíaca, ligamento inguinal, crista púbica e fáscia do reto do abdome na face frontal inferior	Ambos os lados: flexão da região lombar	Sagital	Com a pessoa em decúbito dorsal, palpe a face lateral do reto do abdome entre a crista ilíaca e as costelas inferiores, com rotação ativa para o lado contralateral	Nervos intercostais (T8-T12), nervo ílio-hipogástrico (T12, L1) e nervo ilioinguinal (L1)
				Ambos os lados: rotação posterior da pelve	Sagital		
				Cada lado: flexão lateral da região lombar para o lado ipsilateral	Frontal		
				Cada lado: rotação lateral da pelve para o lado contralateral			
				Cada lado: rotação da região lombar para o lado contralateral	Transverso		
	Oblíquo interno do abdome	Porção superior do ligamento inguinal, ⅔ anteriores da crista ilíaca e fáscia lombar	Cartilagens costais da 8ª, 9ª e 10ª costelas e linha alba	Ambos os lados: flexão da região lombar	Sagital	Com a pessoa em decúbito dorsal, palpe a face anterolateral do abdome entre a crista ilíaca e as costelas inferiores, com rotação ativa para o lado ipsilateral	Nervos intercostais (T8-T12), nervo ílio-hipogástrico (T12, L1) e nervo ilioinguinal (L1)
				Ambos os lados: rotação posterior da pelve			
				Cada lado: flexão lateral da região lombar para o lado ipsilateral	Frontal		
				Cada lado: rotação lateral da pelve para o lado contralateral			
				Cada lado: rotação da região lombar para o lado ipsilateral	Transverso		
	Transverso do abdome	⅓ lateral do ligamento inguinal, borda interna da crista ilíaca, superfície interna das cartilagens costais das seis costelas inferiores, fáscia lombar	Crista púbica e linha iliopectínea, aponeurose do abdome até a linha alba	Expiração forçada pela contração da parede abdominal	Transverso	Com a pessoa em decúbito dorsal, palpe a porção anterolateral do abdome entre a crista ilíaca e as costelas inferiores durante a expiração forçada; muito difícil de distinguir dos oblíquos do abdome	Nervos intercostais (T7-T12), nervo ílio-hipogástrico (T12, L1) e nervo ilioinguinal (L1)

Para que se possa conhecer melhor os músculos do tronco e da coluna vertebral, é possível agrupá-los tanto por localização quanto por função. Vale notar que alguns músculos possuem diversos segmentos. Como resultado, um segmento de determinado músculo pode estar localizado e executar movimentos em uma determinada região, enquanto outro segmento do mesmo músculo pode estar localizado e executar movimentos em outra região. Muitos dos músculos do tronco e da coluna vertebral têm a função de movimentar a coluna e auxiliar na respiração. Todos os músculos do tórax são primariamente envolvidos na respiração. Os músculos da parede abdominal são diferentes de outros músculos que você estudou. Eles não se estendem de um osso a outro pelo fato de se conectarem a partir de um osso a uma aponeurose (fáscia) em torno da região do reto do abdome. Esses músculos são o oblíquo externo do abdome, o oblíquo interno do abdome e o transverso do abdome.

Músculos que movimentam a cabeça

Anteriores
   Reto anterior da cabeça
   Longo da cabeça
Posteriores
   Longuíssimo da cabeça
   Oblíquo superior da cabeça
   Oblíquo inferior da cabeça
   Reto posterior da cabeça – maior e menor
   Trapézio, parte descendente
   Esplênio da cabeça
   Semiespinal da cabeça
Laterais
   Reto lateral da cabeça
   Esternocleidomastóideo

Músculos da coluna vertebral

Superficiais
   Eretor da espinha (sacroespinal)
     Espinal – da cabeça, do pescoço e do tórax
     Longuíssimo – da cabeça, do pescoço e do tórax
     Iliocostal – do pescoço, do tórax e do lombo
   Esplênio da cabeça
   Quadrado do lombo
Profundos
   Longo do pescoço – oblíquo superior, oblíquo inferior, vertical
   Interespinais – toda a coluna vertebral
   Intertransversos – toda a coluna vertebral
   Multífidos – toda a coluna vertebral
   Psoas menor
   Rotadores – toda a coluna vertebral
   Semiespinais – pescoço, tórax
   Psoas maior e menor (ver Cap. 9)

Músculos do tórax

Diafragma
Intercostais – externos, internos
Levantadores das costelas
Subcostais
Escalenos – anterior, médio, posterior
Serrátil posterior – superior, inferior
Transverso do tórax

Músculos da parede abdominal

Reto do abdome
Oblíquo externo do abdome
Oblíquo interno do abdome
Transverso do abdome

Treinamento dos músculos do *core*

Nos últimos anos, o treinamento dos músculos do *core* tem se voltado especificamente para os músculos da parede abdominal. Os Capítulos 4 e 5 ressaltaram a importância dos músculos da escápula em sua função de oferecer estabilidade dinâmica para o funcionamento adequado do membro superior. A mesma importância e os mesmos conceitos aplicam-se ao *core* abdominal para o funcionamento de todo o corpo. É muito comum dispensar-se uma atenção significativa aos principais grupos musculares que são fortalecidos por meio de exercícios como supino e agachamentos, e muita pouca atenção é dada à ligação entre as partes superior e inferior do corpo – a parte inferior das costas e o *core* abdominal. Foge ao alcance deste texto oferecer uma descrição detalhada de todos os exercícios que podem trabalhar essa área, mas é importante levar em consideração o treinamento dos músculos do *core* ao elaborar programas destinados a melhorar o desempenho e prevenir lesões.

Ao trabalhar o *core*, deve-se dar atenção tanto ao *core* interno quanto ao externo. O *core* interno consiste em músculos mais profundos que devem ser ativados como o primeiro passo para a estabilização do tronco e da pelve. Esses músculos incluem o diafragma, o transverso do abdome, os multífidos do lombo e os músculos do assoalho pélvico – aqueles conectados ao anel ósseo da pelve. A ativação desses músculos requer um determinado nível de atenção e concentração. O *core* externo consiste nos músculos reto do abdome, oblíquos externos, oblíquos internos e eretor da espinha. Esses músculos são exercitados de várias maneiras – inclusive, mas não apenas, por meio de exercícios como abdominal com flexão total do tronco até a posição sentada (*sit-ups*), abdominal em V (*V-sit-ups*), abdominal tradicional com flexão parcial do tronco (*crunches*), abdominal modificado com flexão parcial do tronco (*curl-ups*), torções abdominais, extensões pronadas, exercícios super-homem e assim por diante.

Nervos

O nervo craniano XI (acessório) e os nervos espinais de C2 e C3 inervam o músculo esternocleidomastóideo. Os ramos laterais posteriores de C4 a C8 inervam os músculos esplênios. Todo o grupo de músculos eretores da espinha é suprido pelos ramos posteriores dos nervos espinais, enquanto os nervos intercostais de T7 a T12 inervam o reto do abdome. Os músculos oblíquos interno e externo do abdome recebem inervação dos nervos intercostais (T8-T12), do nervo ílio-hipogástrico (T12, L1) e do nervo ilioinguinal (L1). A mesma inervação é fornecida ao músculo transverso do abdome, com a diferença de que a inervação começa com o nervo intercostal de T7. Os ramos de T12 e L1 suprem o músculo quadrado do lombo. Rever Figuras 2.6, 4.8, 4.9 e 9.19.

Músculos que movimentam a cabeça

Todos os músculos aqui apresentados originam-se nas vértebras cervicais e inserem-se no osso occipital do crânio, conforme designado pela sua denominação "da cabeça" (Figs. 12.9 e 12.10; Tab. 12.2). Três músculos compõem os músculos vertebrais anteriores – o longo da cabeça, o reto anterior da cabeça e o reto lateral da cabeça. Todos são flexores da cabeça e da parte superior da região cervical da coluna vertebral. O reto lateral da cabeça flexiona a cabeça lateralmente, além de auxiliar o reto anterior da cabeça na estabilização da articulação atlantoccipital.

Os retos posteriores maior e menor da cabeça, os oblíquos superior e inferior da cabeça e o semiespinal da cabeça estão localizados na porção posterior. Todos são extensores da cabeça, à exceção do oblíquo inferior da cabeça, que gira o atlas. O oblíquo supe-

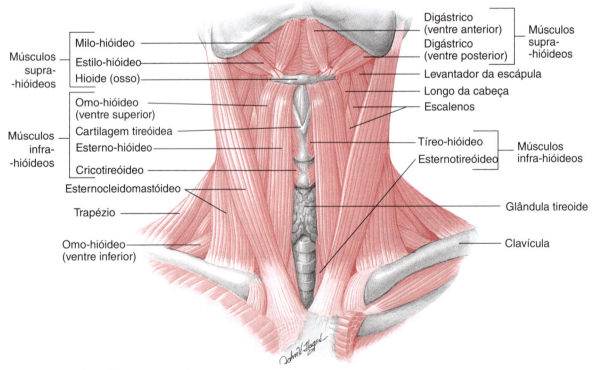

FIGURA 12.9 • Músculos anteriores do pescoço.

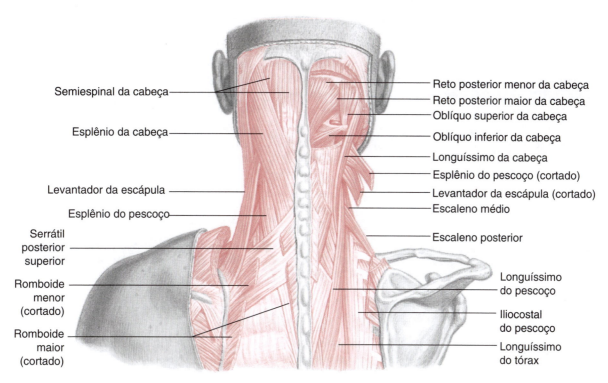

FIGURA 12.10 • Músculos profundos das regiões posterior do pescoço e superior das costas.

rior, por sua vez, auxilia o reto lateral da cabeça na flexão lateral da cabeça. Além da extensão, o reto posterior maior da cabeça é responsável pela rotação da cabeça para o lado ipsilateral e conta com o auxílio do semiespinal da cabeça, que a gira para o lado contralateral. O esplênio da cabeça e o esternocleidomastóideo (ver Tab. 12.1) são muito maiores e mais potentes para movimentar a cabeça e a região cervical da coluna; as páginas que se seguem contêm uma abordagem detalhada desses músculos. Os demais músculos que atuam na região cervical da coluna são abordados juntamente com os músculos da coluna vertebral.

Flexão cervical

Extensão cervical

Flexão lateral cervical

Rotação cervical unilateral

Músculo esternocleidomastóideo
(Figura 12.11)

Origem

Manúbrio do esterno.
Superfície anterossuperior da porção medial da clavícula.

Inserção

Processo mastoide.

Ação

Extensão da cabeça na articulação atlantoccipital.
Flexão da região cervical da coluna vertebral.
Lado direito: rotação para a esquerda e flexão lateral para a direita.
Lado esquerdo: rotação para a direita e flexão lateral para a esquerda.

Flexão cervical

Flexão lateral cervical

Rotação cervical unilateral

Palpação

Face anterolateral do pescoço, em sentido diagonal entre a origem e a inserção, especialmente com movimento de rotação para o lado contralateral.

Inervação

Nervo espinal acessório (XI, C2, C3).

TABELA 12.2 • Músculos que movimentam a cabeça

Músculo	Origem	Inserção	Ação	Inervação
Reto anterior da cabeça	Superfície anterior da massa lateral do atlas	Parte basilar do osso occipital na posição anterior ao forame magno	Flexão da cabeça e estabilização da articulação atlantoccipital	C1-C3
Reto lateral da cabeça	Superfície superior dos processos transversos do atlas	Processo jugular do osso occipital	Flexão lateral da cabeça e estabilização da articulação atlantoccipital	C1-C3
Reto posterior da cabeça (maior)	Processo espinhoso do áxis	Porção lateral da linha nucal inferior do osso occipital	Extensão e rotação da cabeça para o lado ipsilateral	Ramos posteriores de C1
Reto posterior da cabeça (menor)	Tubérculo posterior do arco posterior do atlas	Porção medial da linha nucal inferior do osso occipital	Extensão da cabeça	Ramos posteriores de C1
Longo da cabeça	Processos transversos de C3-C6	Parte basilar do osso occipital	Flexão da cabeça e da região cervical da coluna	C1-C3
Oblíquo superior da cabeça	Processo transverso do atlas	Osso occipital entre as linhas nucais inferior e superior	Extensão e flexão lateral da cabeça	Ramos posteriores de C1
Oblíquo inferior da cabeça	Processo espinhoso do áxis	Processo transverso do atlas	Rotação do atlas	Ramos posteriores de C1
Semiespinal da cabeça	Processos transversos de C4-T7	Osso occipital, entre as linhas nucais superior e inferior	Extensão e rotação contralateral da cabeça	Divisões primárias posteriores dos nervos espinais

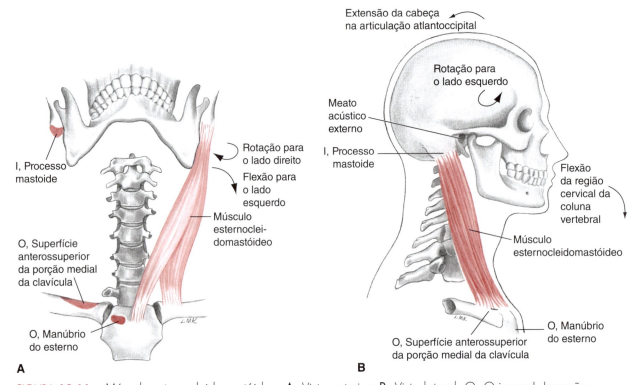

FIGURA 12.11 • Músculo esternocleidomastóideo. **A**, Vista anterior; **B**, Vista lateral. O, Origem; I, Inserção.

Aplicação, fortalecimento e flexibilidade

O músculo esternocleidomastóideo é primariamente responsável pela flexão e rotação da cabeça e do pescoço. É possível visualizar com facilidade e palpar um lado desse músculo quando a cabeça está girada para o lado oposto.

É fácil trabalhar o esternocleidomastóideo para desenvolver força colocando-se as mãos na testa para aplicar força na parte posterior, utilizando esses músculos, ao mesmo tempo, para flexionar a cabeça para a frente. Pode-se usar a mão também em um lado da mandíbula para aplicar força de rotação em sentido oposto, enquanto o esternocleidomastóideo contrai-se concentricamente para girar a cabeça na direção da mão.

A hiperextensão da região cervical combinada à flexão da cabeça produz certo grau de alongamento bilateral do esternocleidomastóideo. É possível alongar cada lado individualmente. Alonga-se o lado direito com um movimento de flexão lateral para o lado esquerdo e rotação da região cervical para o lado direito, combinado a um movimento de extensão. Os movimentos opostos de extensão alongam o lado esquerdo.

Músculos esplênios (do pescoço e da cabeça)   (Figura 12.12)

Origem

Esplênio do pescoço: processos espinhosos das vértebras torácicas T3-T6.

Esplênio da cabeça: porção inferior do ligamento nucal e processos espinhosos da vértebra cervical C7 e das três ou quatro vértebras torácicas superiores.

Inserção

Esplênio do pescoço: processos transversos das três primeiras vértebras cervicais.

Esplênio da cabeça: processo mastoide e osso occipital.

Ação

Ambos os lados: extensão da cabeça (esplênio da cabeça) e do pescoço (esplênio do pescoço e da cabeça).
Lado direito: rotação e flexão lateral para a direita.
Lado esquerdo: rotação e flexão lateral para a esquerda.

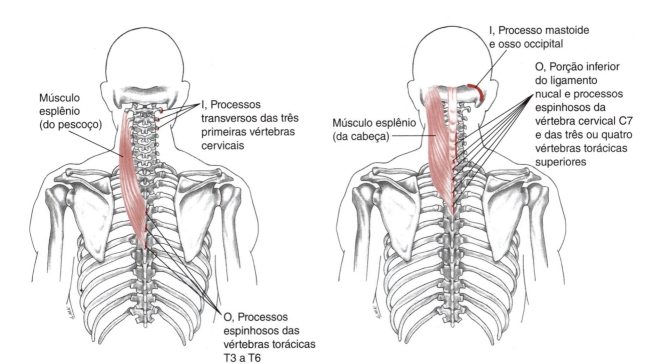

FIGURA 12.12 • Músculos esplênios (do pescoço à esquerda e da cabeça à direita), vista posterior. O, Origem; I, Inserção.

Palpação

Esplênio do pescoço: na porção inferoposterior da região cervical da coluna, medialmente à porção inferior do levantador da escápula, com rotação resistida para o lado ipsilateral.

Esplênio da cabeça: profunda; no trapézio, na posição inferior, e no esternocleidomastóideo, na posição superior; com a pessoa sentada, palpe o trígono cervical posterior entre a porção superior do trapézio e o esternocleidomastóideo, com rotação resistida para o lado ipsilateral.

Inervação

Ramos laterais posteriores dos nervos cervicais 4 a 8 (C4-C8).

Aplicação, fortalecimento e flexibilidade

Qualquer movimento de extensão da cabeça e do pescoço, particularmente de extensão e rotação, acionaria de imediato o músculo esplênio, juntamente com o eretor da espinha e a parte descendente do trapézio. O tônus do músculo esplênio tende a sustentar a cabeça e o pescoço na posição postural adequada.

Um bom exercício para o músculo esplênio consiste em entrelaçar os dedos por trás da cabeça flexionada, contraindo lentamente os músculos posteriores da cabeça e do pescoço para produzir o movimento de extensão total da cabeça e o pescoço. Esse exercício pode ser executado também com o auxílio de uma toalha ou de um parceiro para que haja oposição de resistência.

É possível alongar todo o esplênio com a flexão máxima da cabeça e da região cervical da coluna. Pode-se alongar o lado direito por meio de movimentos combinados de rotação para o lado esquerdo, flexão lateral para o lado esquerdo e flexão. Os mesmos movimentos para o lado direito alongam o lado esquerdo.

Músculos da coluna vertebral

Na região cervical, os músculos longos do pescoço estão localizados na porção anterior e flexionam as vértebras cervicais e as vértebras torácicas superiores. Na porção posterior, o grupo eretor da espinha, o grupo transversoespinal, o grupo interespinal-intertransverso

e o esplênio estendem-se verticalmente em sentido paralelo à coluna vertebral (Figs. 12.13 e 12.14; Tab. 12.3). Essa localização permite que esses músculos estendam a coluna e auxiliem nos movimentos de rotação e flexão lateral. Este capítulo aborda em detalhes o esplênio e o grupo eretor da espinha. O grupo transversoespinal consiste nos músculos semiespinal, multífidos e rotadores. Todos esses músculos originam-se nos processos transversos de suas respectivas vértebras e, em geral, estendem-se em sentido posterior, conectando-se aos processos espinhosos das vértebras localizadas logo acima de suas vértebras de origem. Todos são extensores da coluna e contraem-se para girar as suas respectivas vértebras para o lado contralateral. O grupo interespinal-intertransverso, com localização profunda nos rotadores, consiste nos músculos interespinais e intertransversos. Em grupo, eles flexionam lateralmente e estendem as vértebras, mas sem rotação. Os músculos interespinais são extensores que se conectam a partir do processo espinhoso de uma vértebra ao processo espinhoso da vértebra adjacente. Os músculos intertransversos flexionam a coluna vertebral lateralmente, conectando-se aos processos transversos das vértebras adjacentes.

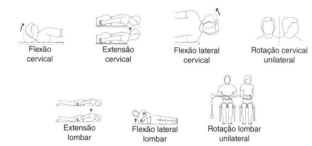

Músculos do tórax

Os músculos do tórax são envolvidos quase totalmente na respiração (Fig. 12.15). Durante o repouso, o diafragma é responsável pelos movimentos respiratórios. Quando ele se contrai e se achata, o volume torácico aumenta e o ar é inspirado para equalizar a pressão. Quando são necessárias maiores quantidades de ar, como durante o exercício, os demais músculos torácicos assumem um papel mais significativo na inspiração. Os músculos escalenos elevam as duas primeiras costelas para aumentar o volume torácico. Os músculos intercostais externos também expandem o tórax. Outros músculos da inspiração são os levantadores das costelas e o serrátil posterior (Fig. 12.16). A expiração forçada ocorre com a contração dos intercostais externos, do transverso do tórax e dos subcostais. Todos esses músculos encontram-se detalhados na Tabela 12.4.

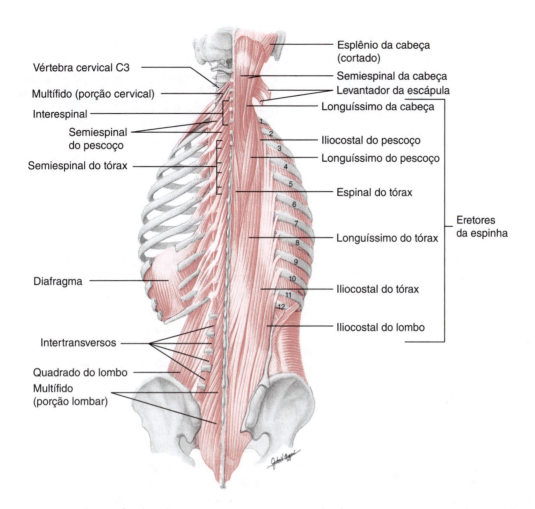

FIGURA 12.13 • Músculos profundos das costas, vista posterior. Lado direito, mostra o grupo de músculos eretores da espinha. Lado esquerdo, esses músculos foram removidos para revelar os músculos mais profundos das costas.

TABELA 12.3 • Músculos da coluna vertebral

Músculo	Origem	Inserção	Ação	Inervação
Longo do pescoço (oblíquo superior)	Processos transversos de C3-C5	Arco anterior do atlas	Flexão da região cervical da coluna	C2-C7
Longo do pescoço (oblíquo inferior)	Corpos de T1-T3	Processos transversos de C5 e C6	Flexão da região cervical da coluna	C2-C7
Longo do pescoço (vertical)	Corpos de C5-C7 e T1-T3	Superfície anterior dos corpos de C2-C4	Flexão da região cervical da coluna	C2-C7
Interespinais	Processo espinhoso de cada vértebra	Processo espinhoso da vértebra seguinte	Extensão da coluna vertebral	Ramo primário posterior dos nervos espinais
Intertransversos	Tubérculos dos processos transversos de cada vértebra	Tubérculos dos processos transversos da vértebra seguinte	Flexão lateral da coluna vertebral	Ramo primário anterior dos nervos espinais
Multífido	Sacro, espinha ilíaca, processos transversos das vértebras lombares e torácicas e das quatro vértebras cervicais inferiores	Processo espinhoso da 2ª, 3ª e 4ª vértebras acima da origem	Extensão e rotação contralateral da coluna vertebral	Ramo primário posterior dos nervos espinais

(continua)

TABELA 12.3 • Músculos da coluna vertebral (continuação)

Músculo	Origem	Inserção	Ação	Inervação
Rotadores	Processos transversos de cada vértebra	Base do processo espinhoso da vértebra seguinte acima	Extensão e rotação contralateral da coluna vertebral	Ramo primário posterior dos nervos espinais
Semiespinal do pescoço	Processos transversos de T1-T5 ou T6	Processos espinhosos de C2-C5	Extensão e rotação contralateral da coluna vertebral	Todas as divisões, ramo primário posterior dos nervos espinais
Semiespinal do tórax	Processos transversos de T6-T10	Processos espinhosos de C6, C7 e T1-T4	Extensão e rotação contralateral da coluna vertebral	Ramo primário posterior dos nervos espinais

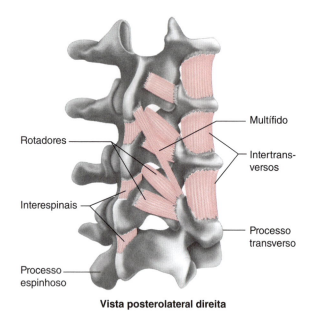

FIGURA 12.14 • Músculos profundos associados às vértebras, vista posterolateral direita.

Músculos eretores da espinha* (sacroespinais)   (Figuras 12.16 a 12.18)

Iliocostais: camada lateral

Longuíssimo: camada intermediária

Espinal: camada medial

Origem

Iliocostal: porção medial da crista ilíaca, aponeurose toracolombar a partir do sacro, costelas posteriores 3-12.

---
* Esse grupo de músculos inclui o iliocostal, o longuíssimo do dorso, o espinal do dorso e as divisões desses músculos nas seções lombar, torácica e cervical da coluna vertebral.

Longuíssimo: porção medial da crista ilíaca, aponeurose toracolombar a partir do sacro, processos transversos lombares 1-5, processos transversos torácicos 1-5, e processos articulares cervicais 5-7.

Espinal: ligamento nucal, sétimo processo espinhoso cervical, processos espinhosos torácicos 11 e 12, e processos espinhosos lombares 1 e 2.

Inserção

Iliocostais: costelas posteriores 1-12, processos transversos cervicais 4-7.

Longuíssimo: processos espinhosos cervicais 2-6, processos transversos torácicos 1-12, nove costelas inferiores, processo mastoide.

Espinal: segundo processo espinhoso cervical, processos espinhosos torácicos 5-12, osso occipital.

Ação

Extensão, flexão lateral e rotação ipsilateral da coluna e da cabeça.

Rotação anterior da pelve.

Rotação lateral da pelve para o lado contralateral.

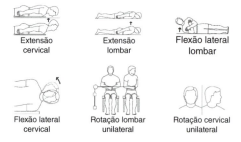

Palpação

Profunda e difícil de distinguir de outros músculos das regiões cervical e torácica; com a pessoa em decúbito ventral, palpe a face imediatamente lateral

Capítulo 12 O tronco e a coluna vertebral 347

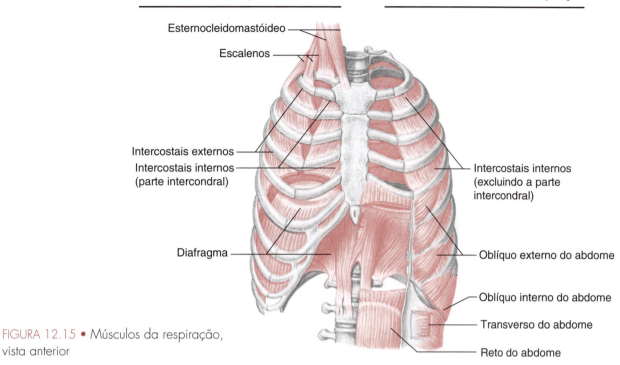

FIGURA 12.15 • Músculos da respiração, vista anterior

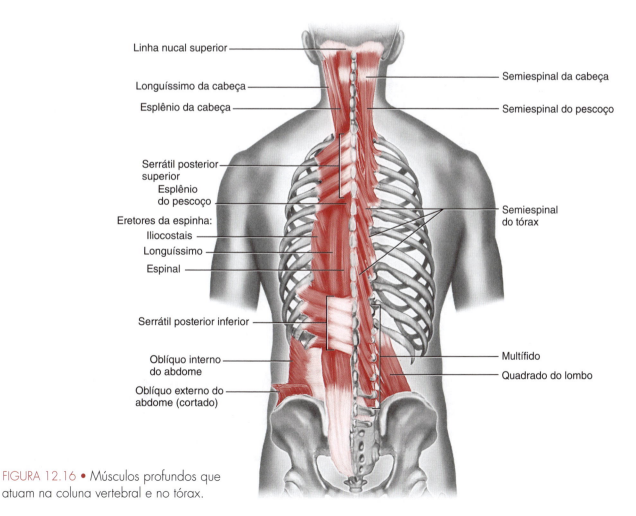

FIGURA 12.16 • Músculos profundos que atuam na coluna vertebral e no tórax.

TABELA 12.4 • Músculos do tórax

Músculo	Origem	Inserção	Ação	Inervação
Diafragma	Circunferência da entrada do tórax a partir do processo xifoide, cartilagens costais das costelas 6-12 e vértebras lombares	Tendão central do diafragma	Abaixa o tendão central e o puxa para a frente durante a inalação, reduz a pressão na cavidade torácica e aumenta a pressão na cavidade abdominal	Nervo frênico (C3-C5)
Intercostais internos	Crista longitudinal sobre a superfície interna das costelas e cartilagens costais	Borda superior da costela seguinte abaixo	Eleva as cartilagens costais das costelas 1-4 durante a inalação, abaixa todas as costelas durante a expiração	Ramos intercostais de T1-T11
Intercostais externos	Borda inferior das costelas	Borda superior da costela seguinte abaixo	Eleva as costelas	Ramos intercostais de T1-T11
Levantadores das costelas	Extremidades dos processos transversos de C7, T2-T12	Superfície externa do ângulo da costela seguinte abaixo da origem	Elevação das costelas, flexão lateral da região torácica da coluna	Nervos intercostais
Subcostais	Superfície interna de cada costela próximo ao seu ângulo	Medialmente sobre a superfície interna da 2ª ou 3ª costela abaixo	Puxa a parte ventral das costelas para baixo, reduzindo o volume da cavidade torácica	Nervos intercostais
Escaleno anterior	Processos transversos de C3-C6	Borda interna e superfície superior da 1ª costela	Elevação da 1ª costela, flexão, flexão lateral e rotação contralateral da região cervical da coluna	Ramos ventrais de C5, C6 e, eventualmente, C4
Escaleno médio	Processos transversos de C2-C7	Superfície superior da 1ª costela	Elevação da 1ª costela, flexão, flexão lateral e rotação contralateral da região cervical da coluna	Ramos ventrais de C3-C8
Escaleno posterior	Processos transversos de C5-C7	Superfície externa da 2ª costela	Elevação da 2ª costela, flexão, flexão lateral e ligeira rotação contralateral da região cervical da coluna	Ramos ventrais de C6-C8
Serrátil posterior (superior)	Ligamento nucal, processos espinhosos de C7, T1 e T2 ou T3	Bordas superiores lateralmente aos ângulos das costelas 2-5	Elevação das costelas superiores	Divisões a partir dos ramos primários anteriores de T1-T4
Serrátil posterior (inferior)	Processos espinhosos de T10-T12 e L1-L3	Bordas inferiores lateralmente aos ângulos das costelas 9-12	Neutraliza a tração do diafragma para dentro puxando as últimas quatro costelas para fora e para baixo	Divisões a partir dos ramos primários anteriores de T9-T12
Transverso do tórax	Superfície interna do esterno e processo xifoide, extremidades esternais das cartilagens costais das costelas 3-6	Superfícies internas e bordas inferiores das cartilagens costais 3-6	Abaixa as costelas	Ramos intercostais de T3-T6

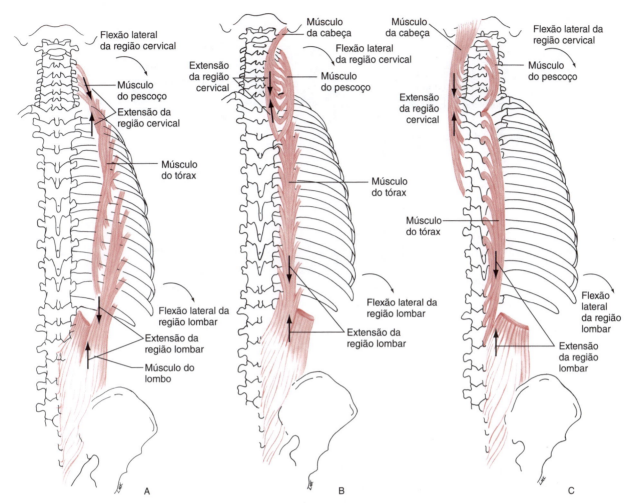

FIGURA 12.17 • Músculos eretores da espinha (sacroespinais), vista posterior. **A**, Iliocostais do lombo, do tórax e do pescoço; **B**, Longuíssimo do tórax, do pescoço e da cabeça; **C**, Espinais do tórax, do pescoço e da cabeça.

aos processos espinhosos da região lombar com movimentos de extensão ativa.

Inervação

Ramos posteriores dos nervos espinais.

Aplicação, fortalecimento e flexibilidade

Os músculos eretores da espinha funcionam melhor com a pelve em rotação posterior, o que abaixa a origem do eretor da espinha, tornando-o mais eficaz em sua função de manter a coluna reta. Com a coluna nessa posição, as costelas se elevam, mantendo o tórax erguido e, consequentemente, aumentando a eficácia dos músculos do abdome na função de sustentar a parte frontal da pelve e aplainar a parede abdominal.

Um exercício conhecido como levantamento-terra, com o auxílio de uma barra, utiliza os eretores da espinha para estender a coluna. Nesse exercício, a pessoa se curva com os braços e as pernas estendidos; apanha a barra; e retorna à posição em pé. Ao executar esse tipo de exercício, é muito importante utilizar a técnica correta para evitar lesões nas costas. A contração estática voluntária dos eretores da espinha na posição em pé pode ser um exercício leve e melhorar a postura do corpo.

É possível fortalecer os eretores da espinha e suas diversas divisões por meio de várias formas de exercício de extensão das costas. Esses exercícios normalmente são feitos em decúbito ventral, no qual a coluna, de certa forma, já está flexionada. A pessoa utiliza esses músculos para mover parte ou a totalidade da coluna em extensão contra a gravidade. Pode-se segurar um peso atrás da cabeça para aumentar a resistência.

A hiperflexão máxima de toda a coluna alonga o grupo de músculos eretores da espinha. O alongamento pode ser isolado para determinados segmentos mediante movimentos específicos. A flexão máxima

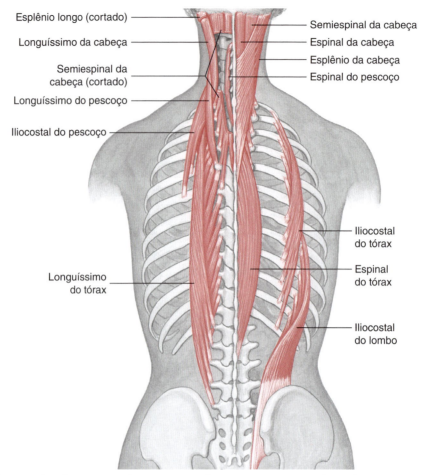

FIGURA 12.18 • Os músculos das costas e do pescoço ajudam a movimentar a cabeça (vista posterior) e manter o tronco ereto. O esplênio da cabeça e o semiespinal foram cortados no lado esquerdo para mostrar os músculos subjacentes.

da cabeça e da região cervical da coluna alonga os segmentos da cabeça e do pescoço. A flexão combinada à flexão lateral para um dos lados acentua o alongamento no lado contralateral. A flexão das regiões torácica e lombar alonga principalmente os segmentos do torácico e lombar.

Músculo quadrado do lombo
(Figura 12.19)

Origem

Extremidade posterior do lábio interno da crista ilíaca.

Inserção

Aproximadamente na metade da extensão da borda inferior da 12ª costela e processo transverso das quatro vértebras lombares superiores.

Ação

Flexão lateral para o lado ipsilateral.
Estabilização da pelve e da região lombar da coluna.
Extensão da região lombar da coluna.
Rotação anterior da pelve.
Rotação lateral da pelve para o lado contralateral.

Flexão lateral lombar

Extensão lombar

Palpação

Com a pessoa em decúbito ventral, logo acima da crista ilíaca e lateralmente à porção lombar do eretor da espinha, com flexão lateral isométrica.

Inervação

Ramos dos nervos T12, L1.

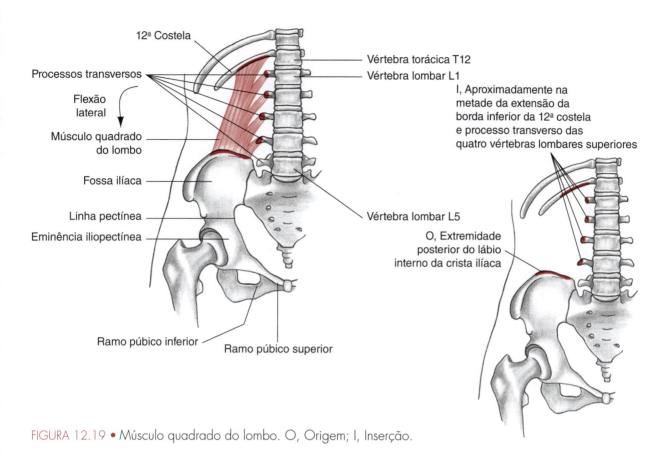

FIGURA 12.19 • Músculo quadrado do lombo. O, Origem; I, Inserção.

Aplicação, fortalecimento e flexibilidade

O quadrado do lombo é importante na flexão lateral da região lombar e na elevação da pelve, do mesmo lado, na posição em pé. Os movimentos de rotação do tronco e flexão lateral contrarresistência são bons exercícios para o desenvolvimento desse músculo. Pode-se mudar a posição do corpo em relação à gravidade para aumentar a resistência sobre esse e outros músculos do tronco e do abdome. A flexão lateral da região lombar para o lado esquerdo, mantendo, ao mesmo tempo, a região lombar flexionada, serve para alongar o quadrado do lombo, e vice-versa.

Músculos da parede abdominal
(Figuras 12.20, 12.21 e 12.22)

Flexão lombar

Flexão lateral lombar

Rotação lombar unilateral

Músculo reto do abdome (Figura 12.23)

Origem

Crista púbica.

Inserção

Cartilagem da quinta, sexta e sétima costelas e processo xifoide.

Ação

Ambos os lados: flexão da região lombar.
Rotação posterior da pelve.
Lado direito: flexão lateral fraca para a direita.
Lado esquerdo: flexão lateral fraca para a esquerda.

Flexão lombar

Flexão lateral lombar

Palpação

Superfície anteromedial do abdome, entre a caixa torácica e o púbis (osso), com flexão isométrica do tronco.

Inervação

Nervos intercostais (T7-T12).

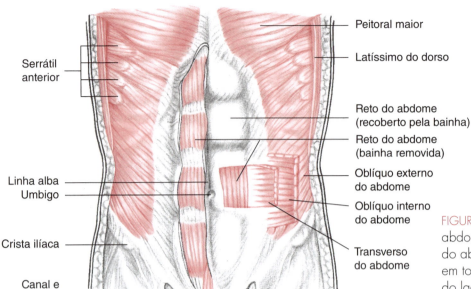

FIGURA 12.20 • Músculos do abdome: oblíquo externo e reto do abdome. A bainha fibrosa em torno do reto foi removida do lado direito para mostrar o músculo em seu interior.

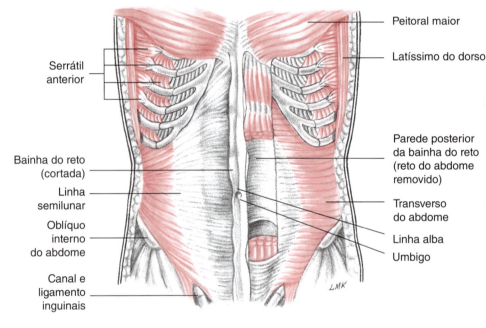

FIGURA 12.21 • Músculos do abdome. O oblíquo externo foi removido do lado direito para revelar o oblíquo interno. Os oblíquos externo e interno foram removidos do lado esquerdo para revelar o transverso do abdome. O reto do abdome foi cortado para revelar a parede posterior da bainha do reto.

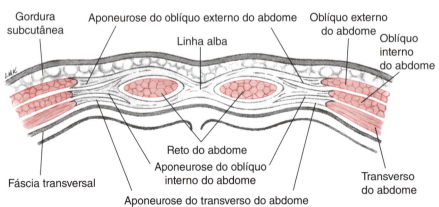

FIGURA 12.22 • Parede abdominal acima do umbigo. A figura mostra a disposição peculiar dos quatro músculos do abdome com a sua conexão fascial no interior e em torno do músculo reto do abdome. Sem estar conectados a quaisquer ossos, esses músculos podem ser devidamente mantidos por meio de exercícios.

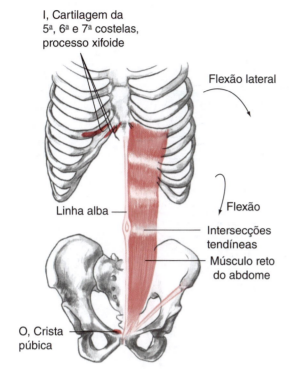

FIGURA 12.23 • Músculo reto do abdome, vista anterior. O, Origem; I, Inserção.

Aplicação, fortalecimento e flexibilidade

O músculo reto do abdome controla a inclinação da pelve e a consequente curvatura da parte inferior da coluna. Ao girar a pelve em sentido posterior, o reto do abdome aplaina a parte inferior das costas, aumentando a eficácia dos músculos eretores da espinha como extensores da coluna, e dos flexores do quadril (o músculo iliopsoas, em particular) na função de elevação das pernas.

Em uma pessoa relativamente magra com músculos abdominais bem desenvolvidos, é possível observar três conjuntos distintos de linhas ou depressões. Cada um representa uma região de tecido conjuntivo tendíneo – em vez de inserções ósseas – que conecta ou sustenta a disposição dos músculos no abdome. A **linha alba** estende-se verticalmente do processo xifoide até o púbis, atravessando o umbigo. Ela divide cada reto do abdome e funciona como a sua borda medial. Lateralmente a cada reto do abdome encontra-se a **linha semilunar**, uma linha vertical em forma de meia-lua. Essa linha representa a aponeurose que conecta a borda lateral do reto do abdome e a borda medial dos oblíquos externo e interno do abdome. As **intersecções tendíneas** são indentações horizontais que intersectam o reto do abdome em três ou mais pontos, conferindo ao músculo sua aparência segmentada. Ver Figura 12.20.

Existem vários exercícios para os músculos do abdome, como abdominal com flexão total do tronco até a posição sentada (*sit-ups*) com os joelhos dobrados, abdominal tradicional com flexão parcial do tronco (*crunches*) e contrações isométricas. Muitos consideram as flexões de tronco com os joelhos dobrados e os braços cruzados sobre o tórax um exercício seguro e eficiente. O abdominal tradicional com flexão parcial do tronco (*crunches*) é considerado até mais eficaz para isolar o trabalho nos músculos do abdome. Esses dois exercícios encurtam o músculo iliopsoas e outros flexores do quadril, reduzindo, consequentemente, a capacidade de gerar força. Os movimentos de torção para os lados esquerdo e direito produzem uma maior contração ativa dos músculos oblíquos. Em todos esses exercícios, é importante utilizar a técnica correta, que consiste na movimentação gradativa de elevação até que a região lombar da coluna esteja em flexão ativa máxima, retornando, em seguida, lentamente à posição inicial. Deve-se evitar os movimentos bruscos com impulso. A continuação do movimento além da flexão total da região lombar exercita apenas os flexores do quadril, o que normalmente não é o objetivo. Embora todos esses exercícios possam ser úteis para fortalecer os músculos do abdome, deve-se fazer uma análise cuidadosa antes de decidir quais devem ser realizados na presença dos mais diversos tipos de lesões e problemas que possam afetar a parte inferior das costas.

Alonga-se o reto do abdome por meio da hiperextensão simultânea das regiões lombar e torácica da coluna. A extensão do quadril auxilia nesse processo, acentuando a rotação anterior da pelve para hiperestender a região lombar.

Músculo oblíquo externo do abdome
(Figura 12.24)

Origem

Bordas das oito costelas inferiores na lateral do tórax que se encaixam no músculo serrátil anterior*.

---

* Às vezes, a origem e a inserção aparecem invertidas nos livros de anatomia, em decorrência das diferentes interpretações quanto à estrutura óssea que apresenta maior mobilidade. A inserção é considerada a parte mais móvel de um músculo.

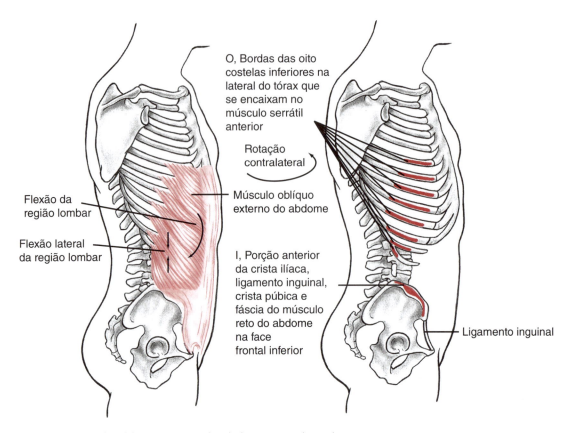

FIGURA 12.24 • Músculo oblíquo externo do abdome, vista lateral. O, Origem; I, Inserção.

Inserção

Porção anterior da crista ilíaca, ligamento inguinal, crista púbica e fáscia do músculo reto do abdome na face frontal inferior.

Ação

Ambos os lados: flexão da região lombar.
Rotação posterior da pelve.
Lado direito: flexão lateral da região lombar para a direita e rotação para a esquerda, rotação lateral da pelve para a esquerda.
Lado esquerdo: flexão lateral da região lombar para a esquerda e rotação para a direita, rotação lateral da pelve para a direita.

Palpação

Com a pessoa em decúbito dorsal, palpe a face lateral do reto do abdome entre a crista ilíaca e as costelas inferiores, com rotação ativa para o lado contralateral.

Inervação

Nervos intercostais (T8-T12), nervo ílio-hipogástrico (T12, L1) e nervo ilioinguinal (L1).

Aplicação, fortalecimento e flexibilidade

Ao trabalhar em cada lado do abdome, os músculos oblíquos externos do abdome auxiliam na rotação do tronco quando atuam de forma independente um do outro. Trabalhando juntos, eles ajudam o músculo reto do abdome em sua ação descrita. O músculo oblíquo externo esquerdo do abdome contrai-se vigorosamente durante as flexões de tronco completas (*sit-ups*) quando o tronco gira para o lado direito, como na ação de tocar o cotovelo esquerdo no joelho direito. A rotação para o lado esquerdo aciona o oblíquo externo direito.

Cada lado do oblíquo externo deve ser alongado individualmente. Alonga-se o lado direito por meio da flexão lateral extrema para o lado esquerdo combinada à extensão, ou pela rotação lombar extrema para a direita combinada à extensão. Os movimentos opostos combinados à extensão alongam o lado esquerdo.

Músculo oblíquo interno do abdome
(Figura 12.25)

Origem

Porção superior do ligamento inguinal, dois terços anteriores da crista ilíaca e fáscia lombar.

Inserção

Cartilagens costais da oitava, nona e décima costelas e linha alba.

Ação

Ambos os lados: flexão da região lombar.
Rotação posterior da pelve.
Lado direito: flexão lateral da região lombar para a direita e rotação para a direita, rotação lateral da pelve para a esquerda.
Lado esquerdo: flexão lateral da região lombar para a esquerda e rotação para a esquerda, rotação lateral da pelve para a direita.

Palpação

Com a pessoa em decúbito dorsal, palpe a face anterolateral do abdome entre a crista ilíaca e as costelas inferiores, com rotação ativa para o lado ipsilateral.

Inervação

Nervos intercostais (T8-T12), nervo ílio-hipogástrico (T12, L1) e nervo ilioinguinal (L1).

Aplicação, fortalecimento e flexibilidade

Os músculos oblíquos internos do abdome estendem-se diagonalmente na direção oposta aos oblíquos externos. O oblíquo interno esquerdo gira para o lado esquerdo e o oblíquo interno direito gira para o lado direito.

Ao tocar o joelho direito com o cotovelo esquerdo durante a execução de flexões de tronco, os músculos oblíquo externo esquerdo e oblíquo interno direito do abdome contraem-se ao mesmo tempo, auxiliando o

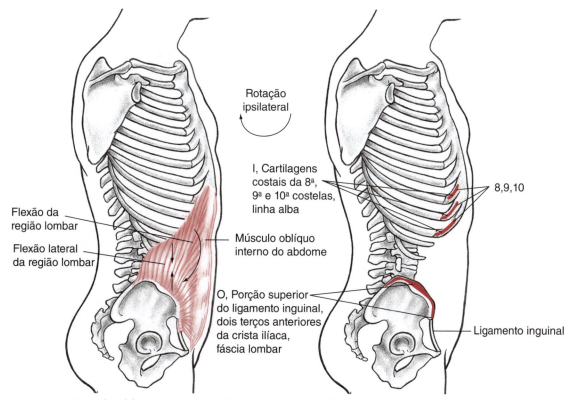

FIGURA 12.25 • Músculo oblíquo interno do abdome, vista lateral. O, Origem; I, Inserção.

músculo reto do abdome a flexionar o tronco para possibilitar a execução do movimento. Nos movimentos de rotação, o oblíquo interno e o oblíquo externo do lado oposto sempre trabalham juntos.

Assim como o oblíquo externo, cada lado do oblíquo interno deve ser alongado individualmente. Alonga-se o lado direito com exercícios de flexão lateral extrema e rotação extrema da região lombar para o lado esquerdo, combinados a movimentos de extensão. Os mesmos movimentos para o lado direito, combinados com extensão, alongam o lado esquerdo.

Músculo transverso do abdome
(Figura 12.26)

Origem

Terço lateral do ligamento inguinal, borda interna da crista ilíaca, superfície interna das cartilagens costais das seis costelas inferiores e fáscia lombar.

Inserção

Crista púbica e linha iliopectínea.
Aponeurose do abdome até a linha alba.

Ação

Expiração forçada através da contração da parede abdominal.

Palpação

Com a pessoa em decúbito dorsal, palpe a porção anterolateral do abdome entre a crista ilíaca e as costelas inferiores durante a expiração forçada; muito difícil de distinguir dos oblíquos do abdome.

Inervação

Nervos intercostais (T7-T12), nervo ílio-hipogástrico (T12-L1) e nervo ilioinguinal (L1).

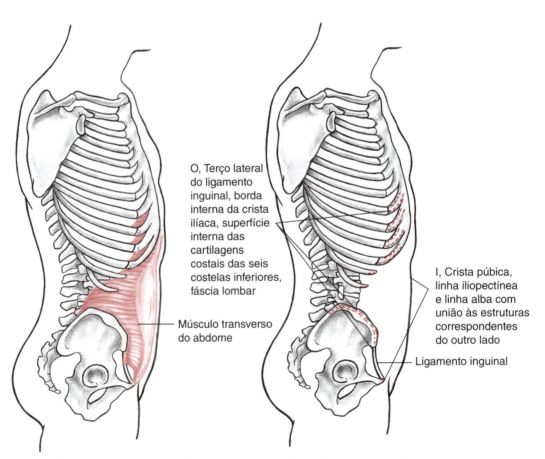

FIGURA 12.26 • Músculo transverso do abdome, vista lateral. O, Origem; I, Inserção.

Aplicação, fortalecimento e flexibilidade

O transverso do abdome é o principal músculo da expiração forçada e é eficaz – combinado aos músculos reto do abdome, oblíquo externo do abdome e oblíquo interno do abdome – na medida em que ajuda a manter o abdome plano. Juntamente com os demais músculos do abdome, muitos o consideram fundamental por sua função de proporcionar e manter a estabilidade do *core*. Esse aplainamento do abdome e a expulsão forçada do conteúdo abdominal são as únicas ações desse músculo.

Uma forma eficaz de exercitar o músculo transverso do abdome é tentar puxar o umbigo para trás em direção à coluna, o que pode ser feito isometricamente em decúbito dorsal ou em pé. A inspiração máxima com retenção do ar no abdome serve para alongá-lo.

Exercícios de revisão

1. Cite os planos em que cada um dos seguintes movimentos ocorre, indicando o eixo de rotação para cada movimento em cada plano.

   a. Flexão da região cervical
   b. Extensão da região cervical
   c. Rotação da região cervical
   d. Flexão lateral da região cervical
   e. Flexão da região lombar
   f. Extensão da região lombar
   g. Rotação da região lombar
   h. Flexão lateral da região lombar
   i. Flexão da cabeça
   j. Extensão da cabeça

2. Por que o bom desenvolvimento dos músculos do abdome é tão importante? Por que essa região é tão negligenciada?

3. Por que os músculos fracos do abdome geralmente são culpados por eventuais dores na parte inferior das costas?

4. Relate verbalmente ou por escrito as lesões do abdome ou das costas encontradas na literatura especializada.

5. Pesquise os distúrbios comuns da coluna vertebral, como neuropraxia do plexo braquial, radiculopatia cervical, herniação do núcleo pulposo lombossacral, dor isquiática, espondilólise e espondilolistese. Relate os seus achados em sala de aula.

6. Quadro de análise dos músculos • Regiões cervical e lombar da coluna vertebral

Preencha o quadro relacionando os músculos primariamente envolvidos em cada movimento.

Região cervical	
Flexão	Extensão
Flexão lateral para o lado direito	Rotação para o lado direito
Flexão lateral para o lado esquerdo	Rotação para o lado esquerdo
Região lombar	
Flexão	Extensão
Flexão lateral para o lado direito	Rotação para o lado direito
Flexão lateral para o lado esquerdo	Rotação para o lado esquerdo

7. **Quadro das ações dos músculos antagonistas • Regiões cervical e lombar da coluna vertebral**

Complete o quadro relacionando o(s) músculo(s) ou as partes dos músculos que atuam como antagonistas em suas ações em relação aos músculos identificados na coluna da esquerda.

Agonista	Antagonista
Esplênio da cabeça	
Esplênio do pescoço	
Esternocleidomastóideo	
Eretor da espinha	
Reto do abdome	
Oblíquo externo do abdome	
Oblíquo interno do abdome	
Quadrado do lombo	

Exercícios de laboratório

1. Localize as seguintes partes da coluna vertebral em um esqueleto e em um modelo humanos:

    a. Vértebras cervicais
    b. Vértebras torácicas
    c. Vértebras lombares
    d. Processos espinhosos
    e. Processos transversos
    f. Sacro
    g. Manúbrio
    h. Processo xifoide
    i. Esterno
    j. Caixa torácica (várias costelas)

2. Como e onde os seguintes músculos podem ser palpados em um modelo humano?

    a. Reto do abdome
    b. Oblíquo externo do abdome
    c. Oblíquo interno do abdome
    d. Eretor da espinha
    e. Esternocleidomastóideo
    f. Esplênio do pescoço
    g. Esplênio da cabeça
    h. Quadrado do lombo

3. Compare os exercícios abdominais de flexão parcial do tronco (*crunches*), flexão total do tronco até a posição sentada com os joelhos dobrados (*bent-knee sit-ups*) e flexão total do tronco até a posição sentada com as pernas estendidas (*straight-leg sit-ups*). O fato de ser auxiliado por um parceiro para segurar os pés faz alguma diferença na capacidade de execução do abdominal com flexão total do tronco com os joelhos dobrados (*bent-knee sit-ups*) e do abdominal com flexão total do tronco com as pernas estendidas (*straight-leg sit-ups*)? Em caso afirmativo, por quê?

4. Peça a um parceiro que se coloque em pé e assuma uma posição que demonstre uma boa postura. Que movimentos em cada região da coluna a gravidade tenta produzir? Quais os músculos responsáveis por neutralizar esses movimentos contra a força de atração da gravidade?

5. Compare as curvas da coluna vertebral de um parceiro de laboratório sentado em posição ereta com a de uma pessoa sentada em uma cadeira com uma postura relaxada. Quais os músculos responsáveis por manter uma boa postura na posição sentada?

6. Qual o melhor exercício para o desenvolvimento dos músculos do abdome: levantamento de pernas (*leg lifts*) ou abdominais com flexão total do tronco (*sit-ups*)? Analise cada exercício em relação à atividade dos músculos do abdome. Justifique a sua resposta.

7. **Quadro de análise dos movimentos de exercício do tronco e da coluna vertebral**

Após analisar cada exercício apresentado no quadro, desmembre cada um em duas fases principais de movimento, como uma fase de levantamento e uma fase de abaixamento. Para cada fase, determine os movimentos do tronco e da coluna vertebral que ocorrem, relacionando os músculos do tronco e da coluna primariamente responsáveis por produzir/controlar esses movimentos. Ao lado de cada músculo em cada movimento, indique o tipo de contração da seguinte maneira: I – isométrica; C – concêntrica; E – excêntrica.

Exercício	Fase inicial do movimento (levantamento)		Fase secundária do movimento (abaixamento)	
	Movimento(s)	Agonista(s) – (tipo de contração)	Movimento(s)	Agonista(s) – (tipo de contração)
Flexão de braço				
Agachamento				
Levantamento-terra				
Abdominal com flexão total do tronco (flexão do tronco e do quadril) (sit-ups), joelhos dobrados				
Extensão pronada				
Exercício de remada				
Levantamento de pernas				
Simulador de escada				

8. **Quadro de análise de habilidades esportivas que envolvem a atividade do tronco e da coluna vertebral**

Analise cada habilidade apresentada no quadro e relacione os movimentos do tronco e da coluna vertebral em cada fase da habilidade. Talvez você prefira relacionar a posição inicial em que o tronco e a coluna se encontram na fase de apoio. Após cada movimento, identifique o(s) músculo(s) do tronco e da coluna primariamente responsável(eis) por produzir/controlar o movimento. Ao lado de cada músculo em cada movimento, indique o tipo de contração da seguinte maneira: I – isométrica; C – concêntrica; E – excêntrica. Talvez seja recomendável rever os conceitos de análise no Capítulo 8 para as diversas fases. Considere a mão/perna direita dominante quando for o caso. Assinale D ou E para indicar o membro dominante para o exercício, se necessário.

Exercício		Fase de apoio	Fase preparatória	Fase de movimento	Fase de finalização
Arremesso de beisebol	(D)				
	(E)				
Chute de devolução da bola no futebol americano (punt)	(D)				
	(E)				
Caminhada	(D)				
	(E)				
Arremesso de softbol	(D)				
	(E)				

(continua)

(continuação)

Exercício		Fase de apoio	Fase preparatória	Fase de movimento	Fase de finalização
Passe de bola no futebol	(D)				
	(E)				
Tacada do beisebol	(D)				
	(E)				
Boliche	(D)				
	(E)				
Lance livre do basquete	(D)				
	(E)				

Referências bibliográficas

Clarkson HM, Gilewich GB: *Musculoskeletal assessment: joint range of motion and manual muscle strength*, ed 2, Baltimore, 1999, Lippincott Williams & Wilkins.

Day AL: Observation on the treatment of lumbar disc disease in college football players, *American Journal of Sports Medicine* 15:275, January–February 1987.

Field D: *Anatomy: palpation and surface markings*, ed 3, Oxford, 2001, Butterworth-Heinemann.

Gench BE, Hinson MM, Harvey PT: *Anatomical kinesiology*, Dubuque, IA, 1995, Eddie Bowers.

Hamilton N, Weimer W, Luttgens K: Kinesiology: scientifi c basis of human motion, ed 12, New York, 2012, McGraw-Hill.

Hislop HJ, Montgomery J: Daniels and *Worthingham's muscle testing: techniques of manual examination*, ed 8, Philadelphia, 2007, Saunders.

Lindsay DT: *Functional human anatomy*, St. Louis, 1996, Mosby.

Magee DJ: *Orthopedic physical assessment*, ed 5, Philadelphia, 2008, Saunders.

Martens MA, et al: Adductor tendonitis and muscular abdominis tendopathy, *American Journal of Sports Medicine* 15:353, July–August 1987.

Marymont JV: Exercise-related stress reaction of the sacroiliac joint, an unusual cause of low back pain in athletes, *American Journal of Sports Medicine* 14:320, July–August 1986.

Muscolino JE: *The muscular system manual: the skeletal muscles of the human body*, ed 3, St. Louis, 2010, Elsevier Mosby.

National Strength and Conditioning Association; Baechle TR, Earle RW: *Essentials of strength training and conditioning*, ed 2, Champaign, IL, 2000, Human Kinetics.

Oatis CA: *Kinesiology: the mechanics and pathomechanics of human movement*, ed 2, Philadelphia, 2008, Lippincott Williams & Wilkins.

Perry JF, Rohe DA, Garcia AO: *The kinesiology workbook*, Philadelphia, 1992, Davis.

Prentice WE: *Principles of athletic training: a competency-based approach*, ed 15, New York, 2014, McGraw-Hill.

Rasch PJ: *Kinesiology and applied anatomy*, ed 7, Philadelphia, 1989, Lea & Febiger.

Saladin KS: *Anatomy & physiology: the unity of form and function*, ed 5, New York, 2010, McGraw-Hill.

Seeley RR, Stephens TD, Tate P: *Anatomy & physiology*, ed 8, New York, 2008, McGraw-Hill.

Sieg KW, Adams SP: *Illustrated essentials of musculoskeletal anatomy*, ed 4, Gainesville, FL, 2002, Megabooks.

Stone RJ, Stone JA: Atlas of the skeletal muscles, ed 6, New York, 2009, McGraw-Hill.

Thibodeau GA, Patton KT: *Anatomy & physiology*, ed 9, St. Louis, 1993, Mosby.

Van De Graaff KM: *Human anatomy*, ed 6, Dubuque, IA, 2002, McGraw-Hill.

Acesse a página http://manoleeducacao.com.br/manualdecinesiologiaestrutural, siga as instruções e desfrute de recursos adicionais associados a este capítulo, incluindo:
- questões de múltipla escolha
- questões do tipo verdadeiro ou falso
- respostas aos exercícios de revisão e de laboratório
- relação de sites úteis (em inglês)

Capítulo 13

Análise dos exercícios do tronco e do membro inferior

Objetivos

- Analisar um exercício para determinar os movimentos articulares e os tipos de contração que ocorrem nos músculos envolvidos especificamente nesses movimentos.
- Aprender a agrupar músculos individuais em unidades que produzam determinados movimentos nas articulações.
- Começar a perceber os exercícios que aumentam a força e a resistência de grupos musculares específicos.
- Aprender a analisar e prescrever exercícios destinados a fortalecer os principais grupos de músculos.
- Aplicar o conceito de cadeia cinética ao membro inferior.

O Capítulo 8 apresentou uma introdução à análise de exercícios e atividades. Esse capítulo inclui uma análise apenas dos músculos da região do membro superior anteriormente estudados.

A partir do Capítulo 8, todas as demais articulações e grupos de músculos grandes do corpo humano foram abordados. Os exercícios e atividades apresentados neste capítulo, por outro lado, concentram-se mais nos músculos do tronco e do membro inferior.

A força, a resistência e a flexibilidade dos músculos do membro inferior, do tronco e das regiões abdominais também são muito importantes para um desempenho físico hábil e a manutenção do corpo.

O tipo de contração é determinado pelo grau de alongamento do músculo durante o movimento. Na ausência de contração, no entanto, os músculos podem encurtar-se ou alongar-se por meio de movimento passivo causado pela contração de outros músculos, pelo impulso, pela força da gravidade ou por forças externas, como a interferência de assistência manual e de aparelhos de exercícios. A contração concêntrica é uma contração de encurtamento dos músculos contra a força da gravidade ou de resistência, enquanto a contração excêntrica é uma contração em que o músculo se alonga sob a tensão produzida para controlar as articulações que se movimentam por ação da força da gravidade ou de resistência.

A contração contra a gravidade também é bastante evidente nos membros inferiores. O simples ato de colocar-se em pé produz contrações isométricas nos extensores do quadril, extensores do joelho e flexores plantares para evitar os movimentos de flexão do quadril, flexão do joelho e dorsiflexão, respectivamente.

O grupo de músculos quadríceps contrai-se excentricamente quando o corpo se abaixa lentamente pela ação do membro inferior durante um movimento de apoio de peso. O quadríceps funciona como um desacelerador da flexão da articulação do joelho nos movimentos de apoio de peso, contraindo-se excentricamente para evitar um movimento descendente muito rápido. Pode-se demonstrar esse fato com facilidade palpando esse grupo de músculos lentamente a partir do movimento de transição da posição em pé para uma posição de agachamento parcial. Esse tipo de contração envolve quase tanto esforço quanto as contrações concêntricas.

Nesse exemplo do quadríceps, a descida lenta é excêntrica, enquanto a subida a partir da posição agachada é concêntrica. Se a descida não estivesse sob nenhuma ação de controle muscular, o movimento ocorreria na mesma velocidade da força da gravidade, e o alongamento do músculo seria passivo. Ou seja, o movimento e a alteração de comprimento do músculo seriam produzidos e controlados pela gravidade, e não por contrações musculares ativas.

Cada vez mais, os profissionais das áreas médica e de saúde enfatizam o desenvolvimento de grupos de músculos mediante atividades de treinamento de resistência e treinamento em circuito. Atletas e não atletas, tanto homens quanto mulheres, necessitam do desenvolvimento muscular geral. Mesmo aqueles que não desejam necessariamente adquirir uma massa muscular significativa são aconselhados a desenvolver e manter sua massa muscular por meio de treinos de resistência. À medida que envelhecemos, normalmente tendemos a perder massa muscular e, em decorrência disso, o nosso metabolismo diminui. Esse fator, combinado a hábitos alimentares inadequados, resulta em acúmulo não saudável de gordura e ganho excessivo de peso. Ao aumentar nossa massa muscular, queimamos mais calorias e estamos menos sujeitos ao ganho excessivo de gordura.

A participação em atividades esportivas não garante o desenvolvimento suficiente dos grupos musculares. Além disso, a ênfase à cinesiologia mecânica é cada vez maior na educação física e no ensino das habilidades esportivas. Trata-se de algo desejável e que pode ajudar a gerar um desempenho mais hábil. Entretanto, é importante lembrar que os princípios mecânicos de pouco ou nada valerão para executantes sem a força e a resistência adequadas do sistema muscular, que se desenvolve mediante exercícios e atividades planejados. A revolução da atenção ao condicionamento físico e à saúde desencadeada nas últimas décadas veio atribuir uma ênfase muito maior aos exercícios e atividades capazes de melhorar o condicionamento físico, a força, a resistência e a flexibilidade dos participantes. Este capítulo prossegue com a prática de analisar os músculos por meio de exercícios simples, a abordagem iniciada no Capítulo 8. Depois de praticar e dominar bem essas técnicas, a pessoa está apta a analisar e prescrever exercícios e atividades que permitam o desenvolvimento da força e resistência musculares necessárias nas atividades esportivas e para uma vida saudável.

A título de auxílio para uma melhor análise dos músculos primariamente envolvidos nos exercícios, recomendamos rever a seção "Conceitos de análise" do Capítulo 8. Com o auxílio da Ficha de Análise de habilidades contida na Ficha de exercícios apresentada no final deste capítulo, seria recomendável também utilizar o Apêndice 5 para determinar os músculos envolvidos nas diferentes fases. Juntas, as fichas permitem a análise de até seis fases diferentes.

Abdominal modificado com flexão parcial do tronco (Figura 13.1)

Descrição

O participante deita-se de costas (decúbito dorsal) com os braços cruzados sobre o tórax, os joelhos flexionados aproximadamente 90 graus e os pés afastados a uma distância equivalente à largura dos quadris. Flexionam-se os quadris e joelhos dessa maneira para reduzir

FIGURA 13.1 • Abdominal modificado com flexão parcial do tronco (*curl-up*). A, Posição inicial relaxada; B, Flexão do tronco até a posição de *curl-up*; C, Flexão do tronco e posição de *curl-up* com rotação para o lado direito.

o comprimento dos flexores dos quadris, minimizando, desse modo, a sua contribuição para o abdominal modificado com flexão parcial do tronco (*curl-up*).

O participante executa a flexão do tronco até uma posição de *curl-up*, gira o tronco para a direita e aponta o cotovelo para a porção anterior direita da pelve (espinha ilíaca anterossuperior) e depois retorna à posição inicial. Na repetição seguinte, o participante deve girar para o lado esquerdo, e não para o lado direito, visando a um desenvolvimento muscular equilibrado.

Análise

Para fins de análise, divide-se esse exercício de cadeia cinética aberta em quatro fases: (1) fase de flexão do tronco até a posição de *curl-up*, (2) fase de rotação para o lado direito/esquerdo, (3) fase de retorno à posição de *curl-up*, e (4) fase de retorno à posição inicial (Tab. 13.1).

Extensões alternadas em decúbito ventral
(Figura 13.2)

Descrição

Em decúbito ventral, com os ombros totalmente flexionados em uma posição relaxada e posicionados à frente do corpo, o participante ergue a cabeça, a parte superior do tronco, o lado direito do membro superior e o lado esquerdo do membro inferior, mantendo os joelhos totalmente estendidos. Em seguida, ele retorna à posição inicial. Na repetição seguinte, é a

TABELA 13.1 • Abdominal modificado com flexão parcial do tronco (*curl-up*)

Articulação	Fase de flexão do tronco para a posição de *curl-up*		Fase de rotação para o lado direito/esquerdo		Fase de retorno à posição de *curl-up*		Fase de retorno à posição inicial	
	Ação	Agonistas	Ação	Agonistas	Ação	Agonistas	Ação	Agonistas
Região cervical da coluna vertebral	Flexão	Flexores da região cervical da coluna Esternocleidomastóideo	Manutenção da flexão da região cervical da coluna	Flexores da região cervical da coluna (contração isométrica) Esternocleidomastóideo	Manutenção da flexão da região cervical da coluna	Flexores da região cervical da coluna (contração isométrica) Esternocleidomastóideo	Extensão	Flexores da região cervical da coluna (contração excêntrica) Esternocleidomastóideo
Tronco	Flexão	Flexores do tronco Reto do abdome Oblíquo externo do abdome Oblíquo interno do abdome	Rotação da região lombar da coluna para o lado direito	Rotadores direitos da região lombar da coluna (D) Reto do abdome (E) Oblíquo externo do abdome (D) Oblíquo interno do abdome (D) Eretor da espinha	Rotação da região lombar da coluna para o lado esquerdo, para a posição neutra	Rotadores direitos da região lombar da coluna (contração excêntrica) (D) Reto do abdome (E) Oblíquo externo do abdome (D) Oblíquo interno do abdome (D) Eretor da espinha	Extensão	Flexores do tronco (contração excêntrica) Reto do abdome Oblíquo externo do abdome Oblíquo interno do abdome
Quadril	Flexão	Flexores do quadril Iliopsoas Reto femoral Pectíneo	Manutenção da flexão do quadril	Flexores do quadril (contração isométrica) Iliopsoas Reto femoral Pectíneo	Manutenção da flexão do quadril	Flexores do quadril (contração isométrica) Iliopsoas Reto femoral Pectíneo	Extensão	Flexores do quadril (contração excêntrica) Iliopsoas Reto femoral Pectíneo

FIGURA 13.2 • Extensões alternadas em decúbito ventral. **A**, Posição inicial relaxada; **B**, Posição erguida.

vez de erguer a cabeça, a parte superior do tronco, o lado esquerdo do membro superior e o lado direito do membro inferior.

Análise

Para fins de análise, divide-se esse exercício de cadeia cinética aberta em duas fases: (1) fase de levantamento do lado direito do membro superior e do lado esquerdo do membro inferior e (2) fase de abaixamento para a posição relaxada (Tab. 13.2).

Agachamento (Figura 13.3)

Descrição

O participante coloca uma barra com halteres sobre os ombros por trás do pescoço, segurando-a com as palmas das mãos voltadas para a frente. Em seguida, ele se agacha, flexionando os quadris com a coluna normalmente alinhada até que as coxas estejam paralelas ao solo. Por fim, o participante retorna à posição inicial. Esse exercício normalmente é realizado de forma incor-

TABELA 13.2 • Extensões alternadas em decúbito ventral (exercício super-homem)

Articulação	Fase de levantamento dos membros superior e inferior		Fase de abaixamento para a posição relaxada	
	Ação	Agonistas	Ação	Agonistas

Ombro	Flexão	Flexores da articulação do ombro
		  Peitoral maior (cabeça clavicular ou fibras superiores)
		  Deltoide
		  Coracobraquial
		  Bíceps braquial
			Extensão	Flexores da articulação do ombro (contração excêntrica)
				  Peitoral maior (cabeça clavicular ou fibras superiores)
				  Deltoide
				  Coracobraquial
				  Bíceps braquial

Cíngulo do membro superior	Adução	Adutores do cíngulo do membro superior
		  Trapézio
		  Romboides
			Abdução	Adutores do cíngulo do membro superior (contração excêntrica)
				  Trapézio
				  Romboides

Tronco	Extensão	Extensores do tronco
		  Eretor da espinha
		  Esplênio
		  Quadrado do lombo
			Flexão (retorno à posição neutra relaxada)	Extensores do tronco e da região cervical da coluna vertebral (contração excêntrica)
				  Eretor da espinha
				  Esplênio
				  Quadrado do lombo

Quadril	Extensão	Extensores do quadril
		  Glúteo máximo
		  Semitendíneo
		  Semimembranáceo
		  Bíceps femoral
			Flexão (retorno à posição neutra relaxada)	Extensores do quadril (contração excêntrica)
				  Glúteo máximo
				  Semitendíneo
				  Semimembranáceo
				  Bíceps femoral

FIGURA 13.3 • Agachamento. A, Posição inicial; B, Posição agachada.

reta, com o deslocamento dos joelhos para a frente, além do plano dos pés, o que aumenta significativamente o risco de lesões. Deve-se ter o cuidado de manter a tíbia (a canela) o mais vertical possível durante esse exercício.

Os pés devem estar paralelos, com uma ligeira rotação lateral do membro inferior. Os joelhos devem permanecer apontados para a frente acima dos tornozelos e dos pés sem se projetar à frente, entre ou para fora do plano vertical dos pés.

Análise

Para fins de análise, divide-se esse exercício de cadeia cinética fechada em duas fases: (1) fase de abaixamento para a posição agachada e (2) fase de levantamento para a posição inicial (Tab. 13.3). *Nota:* presume-se a ausência de movimento na articulação do ombro, no cíngulo do membro superior, nos punhos, nas mãos ou nas costas, embora a atividade muscular isométrica seja necessária nessas regiões para manter o posicionamento adequado.

Levantamento-terra (Figura 13.4)

Descrição

O participante começa com os quadris/joelhos flexionados, os braços, as pernas e as costas retos, e segura a barra que está no chão, fazendo um movimento de extensão dos quadris para se erguer e assumir uma posição ereta em pé. Quando executado incorretamente, permitindo a flexão da região lombar, esse exercício pode contribuir para problemas na parte inferior das costas. É essencial que os extensores lombares sejam utilizados mais como estabilizadores isométricos da parte inferior das costas enquanto os extensores dos quadris executam a maior parte do movimento de levantamento durante esse exercício.

Análise

Para fins de análise, divide-se esse exercício de cadeia cinética fechada em duas fases: (1) fase de levantamento para a posição de quadris/joelhos estendidos e (2) fase de abaixamento para a posição inicial com os quadris/joelhos flexionados (Tab. 13.4).

TABELA 13.3 • Agachamento

Articulação	Fase de abaixamento para a posição agachada		Fase de levantamento para a posição inicial	
	Ação	Agonistas	Ação	Agonistas
Quadril	Flexão	Extensores do quadril (contração excêntrica) 　Glúteo máximo 　Semimembranáceo 　Semitendíneo 　Bíceps femoral	Extensão	Extensores do quadril 　Glúteo máximo 　Semimembranáceo 　Semitendíneo 　Bíceps femoral
Joelho	Flexão	Extensores do joelho (contração excêntrica) 　Reto femoral 　Vasto medial 　Vasto intermédio 　Vasto lateral	Extensão	Extensores do joelho 　Reto femoral 　Vasto medial 　Vasto intermédio 　Vasto lateral
Tornozelo	Dorsiflexão	Flexores plantares (contração excêntrica) 　Gastrocnêmio 　Sóleo	Flexão plantar	Flexores plantares 　Gastrocnêmio 　Sóleo

Exercícios isométricos

Uma técnica de exercício chamada isometria é um tipo de atividade muscular em que há uma contração dos grupos musculares com pouco ou nenhum encurtamento dos músculos. Embora não tão produtiva quanto a isotonia em termos de ganho geral de força, a isometria é uma forma eficaz de adquirir e manter a força muscular dentro de uma amplitude de movimento limitada.

Alguns exercícios isométricos específicos são analisados do ponto de vista muscular para mostrar como eles são criados para desenvolver grupos de músculos específicos. Embora existam diversas abordagens à isometria, a maioria dos especialistas concorda que as contrações isométricas devem ser mantidas por aproximadamente 7 a 10 segundos para efeito de treinamento.

FIGURA 13.4 • Levantamento-terra. A, Posição inicial com os quadris/joelhos flexionados; B, Posição final com os quadris/joelhos estendidos.

TABELA 13.4 • Levantamento-terra

Articulação	Fase de levantamento para a posição de quadris/joelhos estendidos		Fase de abaixamento para a posição de quadris/joelhos flexionados	
	Ação	Agonistas	Ação	Agonistas

Punho e mão	Flexão	Flexores dos punhos e mãos (contração isométrica)
		    Flexor radial do carpo
		    Flexor ulnar do carpo
		    Palmar longo
		    Flexor profundo dos dedos
		    Flexor superficial dos dedos
		    Flexor longo do polegar
			Flexão	Flexores dos punhos e mãos (contração isométrica)
				    Flexor radial do carpo
				    Flexor ulnar do carpo
				    Palmar longo
				    Flexor profundo dos dedos
				    Flexor superficial dos dedos
				    Flexor longo do polegar

Tronco	Manutenção da extensão	Extensores do tronco (contração isométrica)
		    Eretor da espinha (sacroespinal)
		    Quadrado do lombo
			Manutenção da extensão	Extensores do tronco (contração isométrica)
				    Eretor da espinha (sacroespinal)
				    Quadrado do lombo

Quadril	Extensão	Extensores do quadril
		    Glúteo máximo
		    Semimembranáceo
		    Semitendíneo
		    Bíceps femoral
			Flexão	Extensores do quadril (contração excêntrica)
				    Glúteo máximo
				    Semimembranáceo
				    Semitendíneo
				    Bíceps femoral

Joelho	Extensão	Extensores do joelho (quadríceps)
		    Reto femoral
		    Vasto medial
		    Vasto intermédio
		    Vasto lateral
			Flexão	Extensores do joelho (quadríceps) (contração excêntrica)
				    Reto femoral
				    Vasto medial
				    Vasto intermédio
				    Vasto lateral

Nota: os ligeiros movimentos da articulação do ombro e do cíngulo do membro superior não estão sendo analisados.

Contração abdominal (Figura 13.5)

Descrição

O participante contrai o máximo possível os músculos da região anterior do abdome, sem qualquer movimento do tronco ou dos quadris. Pode-se executar esse exercício na posição sentada, em pé ou em decúbito dorsal. Quanto mais prolongada for a contração em segundos, mais valioso será o exercício, até certo ponto.

Análise

Abdome
   Contração
      Reto do abdome
      Oblíquo externo do abdome
      Oblíquo interno do abdome
      Transverso do abdome

Exercício de remada (Figura 13.6)

Descrição

O participante senta-se em um assento móvel com os joelhos e os quadris flexionados próximo ao tórax e os braços estendidos para agarrar uma barra horizontal localizada à frente. As pernas inevitavelmente se estendem à medida que os braços são puxados em direção ao tórax. Em seguida, as pernas e os braços retornam à posição inicial.

Análise

Para fins de análise, esse exercício de cadeia cinética fechada divide-se em dois movimentos: (1) fase de puxada de braço em direção ao tórax/empurrada de perna para estender os joelhos e quadris e (2) fase de retorno à posição inicial (Tab. 13.5).

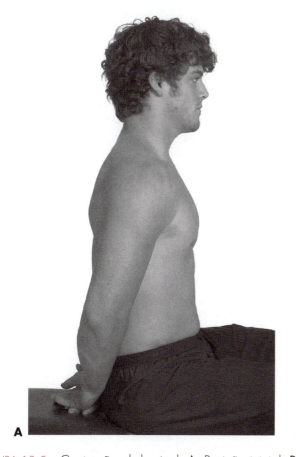
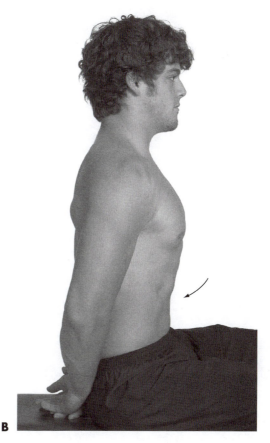

FIGURA 13.5 • Contração abdominal. **A**, Posição inicial; **B**, Posição contraída.

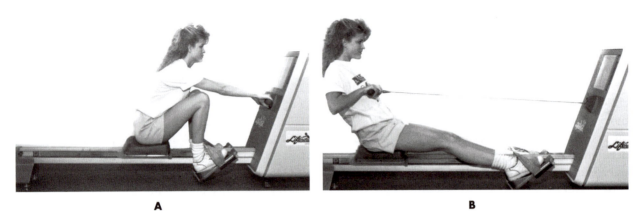

FIGURA 13.6 • Aparelho de exercício de remada. **A**, Posição inicial; **B**, Movimento.

TABELA 13.5 • Exercício de remada

Articulação	Fase de puxada de braço/empurrada de perna		Fase de retorno à posição inicial	
	Ação	Agonistas	Ação	Agonistas

Pé e tornozelo	Flexão plantar	Flexores plantares do tornozelo
		  Gastrocnêmio
		  Sóleo
			Dorsiflexão	Dorsiflexores do tornozelo
				  Tibial anterior
				  Extensor longo do hálux
				  Extensor longo dos dedos
				  Fibular terceiro

Joelho	Extensão	Quadríceps (extensores do joelho)
		  Reto femoral
		  Vasto medial
		  Vasto intermédio
		  Vasto lateral
			Flexão	Flexores do joelho (músculos posteriores da coxa)
				  Bíceps femoral
				  Semitendíneo
				  Semimembranáceo

Quadril	Extensão	Extensores do quadril
		  Glúteo máximo
		  Bíceps femoral
		  Semimembranáceo
		  Semitendíneo
			Flexão	Flexores do quadril
				  Iliopsoas
				  Reto femoral
				  Pectíneo

Tronco	Extensão	Extensores do tronco
		  Eretor da espinha
			Flexão	Flexores do tronco
				  Reto do abdome
				  Oblíquo interno do abdome
				  Oblíquo externo do abdome

Cíngulo do membro superior	Adução, rotação descendente e abaixamento	Adutores do cíngulo do membro superior, rotadores descendentes e abaixadores
		  Trapézio (parte ascendente)
		  Romboide
		  Peitoral menor
			Abdução, rotação ascendente e elevação	Adutores do cíngulo do membro superior, rotadores descendentes e abaixadores
				  Trapézio (parte ascendente)
				  Romboide
				  Peitoral menor

Articulação do ombro	Extensão	Extensores da articulação do ombro
		  Latíssimo do dorso
		  Redondo maior
		  Parte espinal do deltoide
		  Redondo menor
		  Infraespinal
			Flexão	Extensores da articulação do ombro (contração excêntrica)
				  Latíssimo do dorso
				  Redondo maior
				  Parte espinal do deltoide
				  Redondo menor
				  Infraespinal

(continua)

TABELA 13.5 • Exercício de remada *(continuação)*

Articulação	Fase de puxada de braço/empurrada de perna		Fase de retorno à posição inicial	
	Ação	Agonistas	Ação	Agonistas

Articulação do cotovelo	Flexão	Flexores da articulação do cotovelo
		  Bíceps braquial
		  Braquial
		  Braquiorradial
			Extensão	Flexores da articulação do cotovelo (contração excêntrica)
				  Bíceps braquial
				  Braquial
				  Braquiorradial

Punho e mão	Flexão	Flexores dos punhos e mãos (contração isométrica)
		  Flexor radial do carpo
		  Flexor ulnar do carpo
		  Palmar longo
		  Flexor profundo dos dedos
		  Flexor superficial dos dedos
		  Flexor longo do polegar
			Flexão	Flexores dos punhos e mãos (contração isométrica)
				  Flexor radial do carpo
				  Flexor ulnar do carpo
				  Palmar longo
				  Flexor profundo dos dedos
				  Flexor superficial dos dedos
				  Flexor longo do polegar

Exercícios de revisão

1. Selecione, descreva e analise inteiramente cinco exercícios de condicionamento.

2. Reúna, analise e avalie exercícios que você encontre em jornais, revistas e na internet ou veja na televisão.

3. Prepare uma série de exercícios que garanta o desenvolvimento de todos os grupos de músculos grandes do corpo.

4. Selecione exercícios a partir de livros de exercícios para análise.

5. Traga para a sala de aula exercícios típicos para análise da turma.

6. Analise os exercícios de condicionamento dados por seus professores de educação física, treinadores e preparadores esportivos.

7. Selecione um esporte (basquete ou qualquer outro esporte) e desenvolva exercícios aplicando o princípio da sobrecarga que desenvolveria todos os grupos de músculos grandes utilizados nesse esporte.

8. Elabore uma lista de exercícios não contidos neste capítulo para desenvolver os músculos da coluna e do membro inferior. Separe a lista em exercícios de cadeia cinética aberta e fechada.

Exercícios de laboratório

1. Observe as crianças utilizando os equipamentos de um *playground*. Analise do ponto de vista muscular as atividades que elas realizam.

Visite a instalação do seu *campus* onde ficam localizados os pesos livres e os aparelhos de exercício específicos ou multifuncionais. Analise os exercícios que podem ser realizados com cada aparelho. Compare as semelhanças e diferenças de exercícios similares utilizando diferentes aparelhos e pesos livres. *Nota:* os fabricantes dos diversos tipos de aparelhos de exercício possuem uma lista completa dos exercícios que podem ser realizados com seus respectivos aparelhos. Adquira uma cópia com os exercícios recomendados e analise cada exercício do ponto de vista muscular.

2. Deite-se em decúbito dorsal sobre uma mesa com os joelhos e quadris flexionados 90 graus e os tornozelos em uma posição neutra de 90 graus. Estenda cada articulação até que o joelho esteja totalmente estendido, o quadril flexionado apenas 10 graus e o tornozelo em flexão plantar de 10 graus, executando cada um dos seguintes movimentos na seguinte ordem:
   - Extensão total do joelho
   - Extensão do quadril de 10 graus a partir da posição neutra
   - Flexão plantar de 10 graus

Analise os movimentos e os músculos responsáveis por cada movimento do quadril, do joelho e do tornozelo.

3. Coloque-se em pé com as costas e os glúteos encostados a uma parede lisa e os pés (afastados a uma distância equivalente à largura dos ombros) posicionados com um espaço de aproximadamente 30 cm entre os seus calcanhares e a parede. Mantenha os pés em posição, com os quadris e joelhos flexionados aproximadamente 90 graus, de modo que as coxas fiquem paralelas ao chão. Com os pés devidamente posicionados e sem movimentá-los, deslize lentamente as costas e os glúteos parede acima até que os glúteos estejam o mais distante possível do chão. Analise os movimentos e os músculos responsáveis por cada movimento do quadril, do joelho e do tornozelo.

4. Qual a diferença entre os dois exercícios das Questões 3 e 4? Você seria capaz de executar o movimento da Questão 4 passo a passo, como fez na Questão 3?

5. Quadro de análise de exercícios

Analise cada exercício do quadro. Utilize uma linha para cada articulação envolvida que se movimente ativamente durante o exercício. Não inclua articulações para as quais não haja movimento ativo ou articulações mantidas isometricamente em uma única posição

Exercício	Fase	Articulação, movimento produzido	Força geradora do movimento (músculo ou gravidade)	Força de resistência ao movimento (músculo ou gravidade)	Grupo funcional de músculos, tipo de contração
Abdominal modificado com flexão parcial do tronco (curl-up)	Fase de flexão do tronco para a posição de curl-up				
	Fase de rotação para o lado direito				
	Fase de retorno à posição de curl-up				
	Fase de retorno à posição inicial				
Extensões alternadas em decúbito ventral	Fase de levantamento				
	Fase de abaixamento				
Agachamento	Fase de abaixamento				
	Fase de levantamento				

(continua)

(continuação)

Exercício	Fase	Articulação, movimento produzido	Força geradora do movimento (músculo ou gravidade)	Força de resistência ao movimento (músculo ou gravidade)	Grupo funcional de músculos, tipo de contração
Levantamento-terra	Fase de levantamento				
	Fase de abaixamento				
Exercício de remada	Fase de puxada de braço/ empurrada de perna				
	Fase de retorno à posição inicial				

Referências bibliográficas

Adrian M: Isokinetic exercise, *Training and Conditioning* 1:1, June 1991.

Altug Z, Hoffman JL, Martin JL: *Manual of clinical exercise testing, prescription and rehabilitation*, Norwalk, CT, 1993, Appleton & Lange.

Andrews JR, Wilk KE, Harrelson GL: *Physical rehabilitation of the injured athlete*, ed 3, Philadelphia, 2004, Saunders.

Ellenbecker TS, Davies GJ: *Closed kinetic chain exercise: a comprehensive guide to multiple-joint exercise*, Champaign, IL, 2001, Human Kinetics.

Fahey TD: *Athletic training: principles and practices*, Mountain View, CA, 1986, Mayfield.

Logan GA, McKinney WC: *Anatomic kinesiology*, ed 3, New York, 1982, McGraw-Hill.

Matheson O, et al: Stress fractures in athletes, *American Journal of Sports Medicine* 15:46, January–February 1987.

National Strength and Conditioning Association; Baechle TR, Earle RW: *Essentials of strength training and conditioning*, ed 2, Champaign, IL, 2000, Human Kinetics.

Northrip JW, Logan GA, McKinney WC: *Analysis of sport motion: anatomic and biomechanic perspectives*, ed 3, New York, 1983, McGraw-Hill.

Powers SK, Howley ET: *Exercise physiology: theory and application of fitness and performance*, ed 7, New York, 2009, McGraw-Hill.

Prentice WE: *Rehabilitation techniques in sports medicine*, ed 5, New York, 2011, McGraw-Hill.

Steindler A: *Kinesiology of the human body*, Springfield, IL, 1970, Charles C Thomas.

Torg JS, Vegso JJ, Torg E: *Rehabilitation of athletic injuries: an atlas of therapeutic exercise*, Chicago, 1987, Year Book.

Wirhed R: *Athletic ability and the anatomy of motion*, ed 3, St. Louis, 2006, Mosby Elsevier.

Acesse a página http://manoleeducacao.com.br/manualdecinesiologiaestrutural, siga as instruções e desfrute de recursos adicionais associados a este capítulo, incluindo:
- questões de múltipla escolha
- questões do tipo verdadeiro ou falso
- respostas aos exercícios de revisão e de laboratório
- relação de sites úteis (em inglês)

Apêndices

Apêndice 1

Amplitude de movimento das articulações diartrodiais do membro superior

Articulação	Tipo	Movimento	Amplitude
Esternoclavicular	Artrodial	Protração	Movimenta-se 15° em sentido anterior
		Retração	Movimenta-se 15° em sentido posterior
		Elevação	Movimenta-se 45° em sentido superior
		Abaixamento	Movimenta-se 5° em sentido interior
		Rotação ascendente	45°
		Rotação descendente	5°
Acromioclavicular	Artrodial	Protração-retração	20°-30° de movimento rotacional e deslizante
		Elevação-abaixamento	20°-30° de movimento rotacional e deslizante
		Rotação ascendente-rotação descendente	20°-30° de movimento rotacional e deslizante
Escapulotorácica	Não é uma articulação sinovial verdadeira; todos os movimentos são totalmente dependentes das articulações acromioclavicular e esternoclavicular	Abdução-adução	25° de amplitude total
		Rotação ascendente-rotação descendente	60° de amplitude total
		Elevação-abaixamento	55° de amplitude total
Glenoumeral (do ombro)	Enartrodial	Flexão	90°-100°
		Extensão	40°-60°
		Abdução	90°-95°
		Adução	0° impedido pelo tronco, 75° anteriormente em relação ao tronco
		Rotação medial	70°-90°
		Rotação lateral	70°-90°
		Abdução horizontal	45°
		Adução horizontal	135°

(continua)

Amplitude de movimento das articulações diartrodiais do membro superior (continuação)

Articulação	Tipo	Movimento	Amplitude
Cotovelo	Gínglimo	Extensão	0°
		Flexão	145°-150°
Radioulnar	Trocóidea	Supinação	80°-90°
		Pronação	70°-90°
Punho	Condilar	Flexão	70°-90°
		Extensão	65°-85°
		Abdução	15°-25°
		Adução	25°-40°
Carpometacarpal do polegar	Selar	Flexão	15°-45°
		Extensão	0°-20°
		Adução	0°
		Abdução	50°-70°
Metacarpofalângica do polegar	Gínglimo	Extensão	0°
		Flexão	40°-90°
Interfalângica do polegar	Gínglimo	Flexão	80°-90°
		Extensão	0°
2ª, 3ª, 4ª e 5ª articulações metacarpofalângicas	Condilar	Extensão	0°-40°
		Flexão	85°-100°
		Abdução	Variável 10°-40°
		Adução	Variável 10°-40°
2ª, 3ª, 4ª e 5ª articulações interfalângicas proximais	Gínglimo	Flexão	90°-120°
		Extensão	0°
2ª, 3ª, 4ª e 5ª articulações interfalângicas distais	Gínglimo	Flexão	80°-90°
		Extensão	0°

Apêndice 2

Amplitude de movimento das articulações diartrodiais da coluna vertebral e do membro inferior

Articulação	Tipo	Movimento	Amplitude
Cervical	Artrodial, exceto a articulação atlantoaxial, que é do tipo trocóidea	Flexão	80°
		Extensão	20°-30°
		Flexão lateral	35°
		Rotação unilateral	45°
Lombar	Artrodial	Flexão	45°
		Extensão	45°
		Flexão lateral	45°
		Rotação unilateral	60°
Quadril	Enartrodial	Flexão	130°
		Extensão	30°
		Abdução	35°
		Adução	0°-30°
		Rotação lateral	50°
		Rotação medial	45°
Joelho *Para que as rotações medial e lateral ocorram, o joelho deve estar flexionado a aproximadamente 30° ou mais.*	Gínglimo (trocogínglimo)	Extensão	0°
		Flexão	140°
		Rotação medial	30°
		Rotação lateral	45°
Tornozelo (talocrural)	Gínglimo	Flexão plantar	50°
		Flexão dorsal	15°-20°
Transversa do tarso e talocalcânea	Artrodial	Inversão	20°-30°
		Eversão	5°-15°
Metatarsofalângica do hálux	Condilar	Flexão	45°
		Extensão	70°
		Abdução	Variável 5°-25°
		Adução	Variável 5°-25°
Interfalângica do hálux	Gínglimo	Flexão	90°
		Extensão	0°
2ª, 3ª, 4ª e 5ª articulações metatarsofalângicas	Condilar	Flexão	40°
		Extensão	40°
		Abdução	Variável 5°-25°
		Adução	Variável 5°-25°
2ª, 3ª, 4ª e 5ª articulações interfalângicas proximais	Gínglimo	Flexão	35°
		Extensão	0°
2ª, 3ª, 4ª e 5ª articulações interfalângicas distais	Gínglimo	Flexão	60°
		Extensão	30°

Apêndice 3

Exercícios normalmente utilizados para fortalecer determinados músculos

Alguns exercícios podem ser mais ou menos específicos para determinados músculos. Em alguns casos, certos exercícios têm por finalidade enfatizar partes específicas de um determinado músculo, mais do que outras partes. Alguns exercícios podem ser ligeiramente modificados para enfatizar mais ou retirar a ênfase de determinados músculos ou porções de músculos. Além dos músculos relacionados, vários outros músculos localizados nas articulações circundantes ou em outras partes do corpo podem participar contraindo-se isometricamente para manter a posição adequada do corpo e permitir que os músculos citados realizem o movimento do exercício. A força e a resistência adequadas desses músculos estabilizadores são essenciais para a posição correta e a execução dos exercícios relacionados. Vale ressaltar também que diferentes especialistas podem utilizar termos distintos para designar estes exercícios. A ilustração e documentação das técnicas adequadas e indicações para estes exercícios extrapolam o escopo deste livro. Para uma abordagem mais detalhada, sugerimos consultar outras obras sobre treinamento de força e condicionamento físico.

Membro superior		
Grupos de músculos	Músculos	Exercício
Abdutores da escápula	Serrátil anterior Peitoral menor	Elevação frontal Crucifixo Supino com halteres Supino reto Supino com pegada fechada Supino inclinado Flexão de braço Supino inclinado com halteres Voador (*Pec deck*) Crucifixo no extensor
Adutores da escápula	Romboide Trapézio (parte ascendente) Trapézio (parte transversa)	Elevação lateral com inclinação para a frente Voador invertido Remada sentada (ou remada baixa) Remada curvada Cavalinho Levantamento-terra Levantamento-terra sumô
Rotadores ascendentes da escápula	Serrátil anterior Trapézio (parte ascendente) Trapézio (parte transversa)	Supino com halteres Crucifixo reto com halteres Supino unilateral com halteres Elevação lateral Remada com pegada aberta

Membro superior		
Grupos de músculos	Músculos	Exercício
Rotadores descendentes da escápula	Peitoral menor Romboide	Mergulho nas barras paralelas *Pullover* com halteres *Pullover* com barra Puxada na barra fixa com pegada supinada Barra fixa com pegada fechada invertida Puxada alta pela frente Puxada alta por trás Puxada alta pela frente com pegada fechada Puxada alta pela frente com os braços estendidos Remada alternada
Levantadores da escápula	Romboide Levantador da escápula Trapézio (parte descendente) Trapézio (parte transversa)	Remada alta Encolhimento de ombros com barra Encolhimento de ombros com halteres Encolhimento de ombros no aparelho Levantamento-terra
Abaixadores da escápula	Peitoral menor Trapézio (parte ascendente)	Mergulho nas barras paralelas

Membro superior		
Grupos de músculos	Músculos	Exercício
Flexores do ombro	Deltoide (parte clavicular) Deltoide (parte acromial) Peitoral maior, fibras claviculares Coracobraquial	Rosca direta Repulsão entre dois bancos (ou mergulho de tríceps no banco ou tríceps mergulho) Supino unilateral com halteres Elevação frontal Elevação frontal na polia baixa Elevação frontal alternada com halteres Elevação frontal com barra
Extensores do ombro	Latíssimo do dorso Redondo maior Tríceps braquial, cabeça longa Peitoral maior, fibras esternais Deltoide (parte espinal) Infraespinal Redondo menor	*Pullover* com halteres *Pullover* com barra Barra fixa com pegada fechada invertida Puxada alta pela frente com pegada fechada Puxada alta pela frente com os braços estendidos Remada alternada
Abdutores do ombro	Deltoide (parte clavicular) Deltoide (parte espinal) Deltoide (parte acromial) Peitoral maior, fibras claviculares Supraespinal	Desenvolvimento por trás Desenvolvimento pela frente Supino com halteres Supino unilateral com halteres Elevação lateral Elevação lateral em decúbito lateral Elevação lateral na polia baixa Remada com pegada aberta Elevação lateral no aparelho (Nautilus) Remada com pegada aberta
Adutores do ombro	Peitoral maior Latíssimo do dorso Redondo maior Subescapular Coracobraquial	Repulsão entre dois bancos (ou mergulho de tríceps no banco ou tríceps mergulho) Mergulho nas barras paralelas Puxada na barra fixa com pegada supinada Puxada alta pela frente Puxada alta por trás
Rotadores mediais do ombro	Peitoral maior Latíssimo do dorso Redondo maior Subescapular	Repulsão entre dois bancos (ou mergulho de tríceps no banco ou tríceps mergulho) Rotações mediais com o corpo em decúbito lateral Rotações mediais em pé a 90° de abdução

Membro superior		
Grupos de músculos	Músculos	Exercício
Rotadores laterais do ombro	Infraespinal Redondo menor	Rotações laterais com o corpo em decúbito lateral Rotações laterais em pé a 90° de abdução
Abdutores horizontais do ombro	Latíssimo do dorso Infraespinal Redondo menor Deltoide (parte acromial) Deltoide (parte espinal)	Elevação lateral com inclinação para a frente Elevação lateral na polia baixa com inclinação para a frente Voador invertido Remada curvada Cavalinho
Adutores horizontais do ombro	Peitoral maior Coracobraquial	Crucifixo Repulsão entre dois bancos (ou mergulho de tríceps no banco ou tríceps mergulho) Supino com halteres Supino reto Supino reto com pegada fechada Supino inclinado Supino declinado Mergulho ou flexão de solo Supino inclinado com halteres Crucifixo inclinado com halteres Voador (*pec deck*) Crucifixo no extensor Remada sentada (ou remada baixa)
Flexores do cotovelo	Bíceps braquial Braquial Braquiorradial	Rosca direta Rosca concentrada Rosca martelo Rosca na polia baixa Rosca na polia alta Rosca direta com barra Rosca no aparelho Rosca Scott Rosca inversa com barra Puxada na barra fixa com pegada supinada Barra fixa com pegada fechada invertida Puxada alta pela frente Puxada alta por trás Puxada alta pela frente com pegada fechada Remada sentada (ou remada baixa) Remada alternada Remava curvada Cavalinho Remada com pegada aberta

Membro superior

Grupos de músculos	Músculos	Exercício
Extensores do cotovelo	Tríceps braquial Tríceps braquial, cabeça lateral Tríceps braquial, cabeça longa Tríceps braquial, cabeça medial Ancôneo	Pullover com barra Supino reto Supino com pegada fechada Supino declinado Supino com halteres Pullover com halteres Extensão de tríceps com halteres Desenvolvimento frontal Supino inclinado com halteres Supino inclinado Extensão de tríceps unilateral com halteres Extensão de tríceps unilateral com pegada invertida Flexão de braço (ou mergulho) nas barras paralelas Tríceps puxador Flexão de braço Tríceps puxador com pegada invertida Extensão de tríceps sentado com halteres Extensão de tríceps sentado com barra EZ Repulsão entre dois bancos (ou mergulho de tríceps no banco ou tríceps mergulho) Extensão de tríceps Tríceps coice
Flexores do punho	Flexor radial do carpo Palmar longo Flexor ulnar do carpo Flexor superficial dos dedos Flexor profundo dos dedos	Rosca de punho
Extensores do punho	Extensor radial longo do carpo Extensor radial curto do carpo Extensor ulnar do carpo	Rosca invertida com barra Rosca de punho invertida Tríceps puxador invertido
Flexores dos dedos da mão	Intrínsecos da mão Flexor profundo dos dedos Flexor superficial dos dedos Flexor longo do polegar	Apertar bolinhas antiestresse (semelhantes a bolas de tênis ou frescobol) Apertar massa de modelar Treinamento do balde de arroz Rosca de punho Levantamento-terra

Membro superior

Grupos de músculos	Músculos	Exercício
Extensores dos dedos da mão	Extensor dos dedos Extensor do dedo mínimo Extensor do indicador	Rosca invertida com barra Rosca de punho invertida Alongamento com elástico

Membro inferior

Grupos de músculos	Músculos	Exercício
Flexores do quadril	Reto femoral Iliopsoas Pectíneo Tensor da fáscia lata	Contração abdominal ou abdominal grupado (abdominal tradicional com flexão parcial do tronco) Abdominal com flexão total do tronco Abdominal nas barras de parede Abdominal com as pernas apoiadas no banco Abdominal no banco inclinado Abdominal suspenso em banco específico Abdominal grupado com aparelho Elevação de perna com o corpo inclinado Elevação de perna Elevação de perna na barra
Extensores do quadril	Glúteo máximo Bíceps femoral, cabeça longa Semitendíneo Semimembranáceo	Levantamento-terra com as pernas estendidas Levantamento-terra Extensão lombar Agachamento com halteres Agachamentos Agachamento frontal Agachamento com pesos Leg press angular Levantamento "bom dia" Afundo (ou passada frontal) Tríceps coice com cabo Extensão de quadril com aparelho Extensão de quadril no solo Ponte Extensão lombar em decúbito ventral

Membro inferior		
Grupos de músculos	Músculos	Exercício
Abdutores do quadril	Glúteo médio Glúteo máximo Tensor da fáscia lata	Abdução do quadril no apolete ou na polia Abdução do quadril em pé com aparelho Abdução do quadril no solo Abdução do quadril sentado com aparelho
Adutores do quadril	Adutor magno Adutor longo Adutor curto Grácil	Levantamento-terra sumô Agachamento com pesos Aduções com cabo Adução com aparelho
Rotadores laterais do quadril	Glúteo máximo Piriforme Gêmeo superior Gêmeo inferior Obturador externo Obturador interno Quadrado femoral	Rotação lateral do quadril Afastamento lateral do corpo
Extensores do joelho	Vasto medial Vasto intermédio Reto femoral Vasto lateral	Extensão de quadríceps Levantamento-terra Levantamento-terra sumô Agachamento com halteres Agachamento Agachamento frontal Leg press angular Agachamento com pesos Agachamento hack Afundo (ou passada frontal)
Flexores do joelho	Semitendíneo Bíceps femoral, cabeça longa Bíceps femoral, cabeça curta Semimembranáceo Gastrocnêmio, cabeça lateral Gastrocnêmio, cabeça medial	Flexão de perna em pé (ou rosca femoral em pé) Flexão de perna sentado (ou rosca femoral sentado) Flexão de perna deitado (ou rosca femoral deitado)
Dorsiflexores do tornozelo	Tibial anterior Extensor longo do hálux Extensor longo dos dedos Fibular terceiro	Alongamento com a toalha Alongamento com a faixa elástica

Membro inferior		
Grupos de músculos	Músculos	Exercício
Flexores plantares do tornozelo	Gastrocnêmio, cabeça lateral Sóleo Gastrocnêmio, cabeça medial	Gêmeos em pé (no aparelho ou na barra) (ou panturrilha em pé) Elevação unilateral dos artelhos Burrico (ou burrinho) Sóleo (ou panturrilha sentado) Sóleo com barra (ou panturrilha sentado com barra)
Inversão da articulação transversa do tarso/talocalcânea	Tibial anterior Tibial posterior Flexor longo dos dedos Flexor longo do hálux	Estender uma toalha no chão e puxá-la para si arrastando-a com o pé Puxada do pé para dentro (inversão) com uma faixa elástica
Eversão da articulação transversa do tarso/talocalcânea	Extensor longo dos dedos Fibular longo Fibular curto Fibular terceiro	Estender uma toalha no chão e puxá-la para si arrastando-a com o pé Puxada do pé para fora (eversão) com uma faixa elástica
Extensores dos dedos do pé	Extensor longo do hálux Extensor longo dos dedos	Alongamento com a toalha Alongamento com a faixa elástica
Flexores dos dedos do pé	Flexor longo dos dedos Flexor longo do hálux Intrínsecos do pé	Estender uma toalha no chão e puxá-la para si com os dedos dos pés Apanhar bolinhas de gude com os dedos dos pés Apanhar um lápis com os dedos dos pés

Parte cervical da coluna vertebral e tronco

Grupos de músculos	Músculos	Exercício
Extensores cervicais	Esplênio do pescoço Esplênio da cabeça Trapézio (parte descendente)	Levantamento-terra Extensão de pescoço
Flexores cervicais	Esternocleidomastóideo	Flexão de pescoço (*chin tucks*) Abdominal com flexão total do tronco
Rotadores cervicais	Esternocleidomastóideo Esplênio do pescoço Esplênio da cabeça	Rotação de pescoço no aparelho
Extensores do tronco	Eretor da espinha	Extensão lombar Extensão alternada em decúbito ventral Extensão lombar em decúbito ventral
Flexores do tronco	Reto do abdome Oblíquo externo do abdome Oblíquo interno do abdome	Levantamento-terra Contração abdominal ou abdominal grupado (abdominal tradicional com flexão parcial do tronco) Abdominal grupado com rotação Abdominal com flexão total do tronco Abdominal nas barras de parede Abdominal com as pernas apoiadas no banco Abdominal no banco inclinado Abdominal suspenso em banco específico Abdominal grupado na polia alta Abdominal grupado com aparelho Elevação de perna com o corpo inclinado Elevação de perna Elevação de perna na barra

Parte cervical da coluna vertebral e tronco

Grupos de músculos	Músculos	Exercício
Rotadores do tronco	Oblíquo externo do abdome Oblíquo interno do abdome	Contração abdominal ou abdominal grupado (abdominal tradicional com flexão parcial do tronco) Abdominal grupado com rotação Abdominal com flexão total do tronco Abdominal nas barras de parede Abdominal com as pernas apoiadas no banco Abdominal no banco inclinado Abdominal suspenso em banco específico Abdominal grupado na polia alta Abdominal grupado com aparelho Elevação de perna com o corpo inclinado Elevação de perna Elevação de perna na barra Rotação de tronco com bastão Rotação de tronco no aparelho
Flexores laterais do tronco	Oblíquo externo do abdome Oblíquo interno do abdome Quadrado do lombo Reto do abdome	Contração abdominal ou abdominal grupado (abdominal tradicional com flexão parcial do tronco) Abdominal grupado com rotação Abdominal com flexão total do tronco Abdominal nas barras de parede Abdominal com as pernas apoiadas no banco Abdominal no banco inclinado Abdominal suspenso em banco específico Abdominal grupado na polia alta Abdominal grupado com aparelho Elevação de perna com o corpo inclinado Elevação de perna Elevação de perna na barra Rotação de tronco com bastão Flexão lateral com halteres Flexão lateral na cadeira romana

Apêndice 4

Etimologia dos termos normalmente utilizados em cinesiologia

Apresentamos a seguir alguns dos termos mais comuns utilizados na nomenclatura dos músculos, ossos e articulações, bem como alguns termos adicionais utilizados para explicar suas respectivas funções. Essa etimologia visa a permitir um melhor entendimento da origem e do desenvolvimento histórico desses termos e fornecer uma explicação mais consistente sobre como esses termos hoje passaram a ser utilizados no estudo do corpo humano e de seus movimentos.

abdome   latim: *abdominis*, barriga, ventre
abdutor   latim: *abducere*, abduzir, afastar
acrômio   grego: *akron*, extremidade + *omus*, ombro
adutor   latim: *adducere*, aduzir, puxar, contrair
alavanca   latim: *levare*, levantar
ancôneo   grego: *agkon*, cotovelo
anfiartrodial   grego: *ampho*, ambos + *arthron*, articulação + *eidos*, forma, formato
antebraquial   latim: *ante*, antes + *brachialis*, braço
antecubital   latim: *ante*, antes + *cubitum*, cotovelo
anterior   latim: comparativo de *ante*, antes
apendicular   latim: *appendere*, apenso a, anexo a
artrodial   grego: *arthron*, articulação + *eidos*, forma, formato
axilar   latim: *axilla*
axônio   grego: *axon*, eixo
bíceps   latim: com duas cabeças; *bi*, dois; *caput*, cabeça
braquial   latim: *brachialis*, braço
braquio-   latim: *bracchium*, braço
braquiorradial   latim: *bracchium*, braço + *radialis*, rádio
bucal   latim: *bucca*, bochecha
bursa   grego: um saco de couro
calcâneo   latim: *calcaneus*, calcanhar
capitato   latim: *capitis*, *caput*, cabeça
carpal, carpo   latim: *carpus*, *carpi*; grego: *karpos*, punho
caudal   latim: *caudalis*, cauda
cefálico   grego: *kephale*, cabeça
celíaco   grego: *koilia*, cavidade, ventre
cerebelo   latim: *cerebellum*, cérebro pequeno
cervical   latim: *cervicis*, *cervix*, pescoço
cifose   grego: *kyphosis*, corcunda
cinemática   grego: *kinematos*, movimento
cinesiologia   grego: *kinematos*, movimento + *logos*, palavra, razão, explicação
cinestesia   grego: *kinematos*, movimento + *aesthesis*, sensação
clavícula   latim: *clavicula*, chave pequena
cóccix   grego: *kokkyz*, cuco
colo   latim: *colli*, *collare*, colar, faixa ou corrente para o pescoço; *collum*, o pescoço
concêntrico   latim: *con*, junto com + *centrum*, centro
condilar   grego: *kondylos*, junta, articulação + *eidos*, forma, formato
côndilo   grego: *kondylos*, junta, articulação
coracoide   grego: *korax*, corvo; *eidos*, forma; formato
coronal   grego: *korone*, coroa
coronoide   grego: *korone*, algo curvo, espécie de coroa + *eidos*, forma, formato
cortical   latim: *cortex*, cortiça, casca
costal   latim: *costa*, costela
coxal   latim: *coxa*, quadril
craniano   latim: *cranium*, crânio; grego: *kranion*
crista   latim: *crista*, cimeira, o alto, crista
crural   latim: *cruralis*, pertencente à perna ou à coxa
cuboide   grego: *kybos*, cubo
cuneiforme   latim: *cuneus*, cunha + *forma*, formato
deltoide, deltóideo   grego: *deltoeides*, triangular
dendrito   grego: *dendrites*, pertencente a uma árvore
dermátomo   grego: *derma*, pele + *tomo*, incisão
derme   grego: *derma*, pele
diáfise   grego: *diaphysis*, crescimento, formação, constituição por meio de
diartrodial   grego: *di*, dois + *arthron*, articulação + *eidos*, forma, formato
digital   latim: *digitorum*, *digitus*, dedo ou artelho
distal   latim: *distare*, em posição distante
dorsal   latim: *dorsalis*, *dorsualis*, da parte de trás, do dorso, costas
dorsi-   latim: *dorsi*, genitivo de *dorsum*, costas
enartrodial   grego: *en*, dentro + *arthron*, articulação + *eidos*, forma, formato

endósteo   grego: *endon*, dentro, no interior + *osteon*, osso
epifisário   grego: *epi*, acima + *phyein*, crescer
epífise   grego: *epiphysis*, crescimento sobre
eretor   latim: *erigere*, erigir, levantar
escafoide   grego: *skaphoides*, em forma de barco
escápula   latim: *scapula*, espáduas, ombros, omoplatas
escoliose   grego: *scoliosis*, tortuosidade, contorção, deformação
esfíncter   grego: *sphincter*, ligadura, faixa
espinal   latim: *spinalis*, espinha
esplênio   grego: *splenion*, faixa
esterno   grego: *sternon*, tórax, peito, osso do peito
esternocleidomastóideo   grego: *sternon*, tórax + *kleis*, chave + *mastos*, peito + *eidos*, forma, formato
estiloide   grego: *stûlos*, coluna + *eidos*, forma, formato
excêntrico   grego: *ek*, fora + *kentron*, centro
extensor   latim: *extendere*, estender
externo   latim: *externus*, do lado de fora, para fora
fabela   latim: *faba*, fava pequena, feijão pequeno
faceta   francês: *facette*, face pequena
falange   grego: *phalangos*, osso dos dedos das mãos ou dos pés
fáscia   latim: *fascia*, faixa
femoral   latim: *femoris*, *femur*, coxa
fíbula   latim: *fibula*, fivela, broche
flexor   *latim:* aquilo que dobra ou curva
forame   latim: *foramen*, furo, orifício
fossa   latim: *fossa*, abertura, cavidade
fóvea   latim: *fovea*, depressão cônica
frontal   latim: *frontem*, testa, literalmente "aquilo que se projeta"
fusiforme   latim: *fusus*, fuso + *forma*, forma, formato
gastrocnêmio   grego: *gastrós*, estômago, ventre + *kneme*, perna
gínglimo   grego: *ginglymos*, dobradiça
glúteo   grego: *gloutos*, nádegas
gonfose   grego: *gomphosis*, fixação, união
goniômetro   grego: *gonia*, ângulo + *metron*, medida
grácil   latim: *gracilis*, gracioso
hálux   latim: *hallucis*, *hallex*, dedo grande do pé
hamato   latim: *hamatus*, recurvado, em forma de gancho
hialino   grego: *hyalos*, com aspecto de vidro, transparente, translúcido
ilíaco   latim: *iliacus*, *ilium*, flanco
ílio   latim: *ilium*, flanco, variante do latim *ilia*

iliocostal   latim: *iliocostalis*, *ilium*, flanco + *costa*, costela
indicador   latim: *indicis*, dedo indicador, indicador, sinal
inferior   latim: *inferior*, mais baixo
infraespinal   latim: *infra*, abaixo + *spina*, espinha
inguinal   latim: *inguinalis*, virilha
inserção   latim: *in*, para dentro + *serere*, unir, juntar
interespinal   latim: *inter*, entre + *spina*, espinha
intermédio   latim: *intermedius*; *inter*, entre, *medius*, no meio
interno   latim: *internus*, dentro, no interior
interósseo   latim: *inter*, entre + *os*, osso
intertransversários   latim: *intertransversarii*; *inter*, entre + *transverses*, direção transversal
isocinético   grego: *isos*, igual + *kinesis*, movimento
isométrico   grego: *isos*, igual + *metron*, medida
isotônico   grego: *isos*, igual + *tonus*, tônus
ísquio   grego: *ischion*, articulação do quadril
lata   latim: *latae*, *latus*, lado
lateral   latim: *lateralis*, pertencente ao lado
latíssimo   latim: *latissimus*, superlativo de *latus*, largo, amplo
levantador   latim; *levator*, elevador
linha   latim: *linea*, linha
lombar   latim: *lumborum*, *lumbus*, lombo
longo   latim: *longus*, comprido
longuíssimo   latim: *longissimus*, o mais longo, muito longo
lordose   grego: *lordos*, curvado para a frente
lumbricais   latim: *lumbricus*, lombriga, de forma alongada e fusiforme
lunato   latim: *lunatus*, particípio de *lunare*, curvo como um quarto crescente; de *luna*, lua
magno   latim: *magnus*, grande
maléolo   latim: *malleolus*, martelo pequeno
mamário   latim: *mamma*, peito
mandíbula   latim: *mandibula*, mandíbula, maxilar; latim: *mandere*, mastigar
manúbrio   latim: *manubrium*, manusear; de *manus*, mão
margem   latim: *marginalis*, borda, margem
maxila   latim: mandíbula superior; de *mala*, mandíbula, osso da face
máximo   latim: *maximus*, o maior
meato   latim: *meatus*, passagem
medial   latim: *medialis*, do meio; *medius*, meio
mentual   latim: *mentum*, queixo
metacarpal   grego: *meta*, após, além, adiante + latim: *carpalis*, de *carpus*, punho

metatarsal grego: *meta*, após, além, adiante + *tarsos*, superfície plana
mínimo latim: *minimus, minimi, minimum*, o menor
mio- grego: *mys*, músculo
miótomo grego: *mys*, músculo + *tome*, incisão
multífido latim: *multifidus, multus*, muitos + fissuras ou segmentos
nasal latim: *nasus*, nariz
navicular latim: *navicula*, barco, diminutivo de *navis*, navio
neural latim: *neuralis*, nervo
neurônio grego: *neuron*, fibra, nervo, corda
oblíquo latim: *obliquus*, inclinado
obturado, obturatório latim: *obturare*, fechar
occipício latim: *occiput*, parte posterior do crânio
olécrano grego: *olekranon*, extremidade do cotovelo
oponente latim: *opponens, opponentem*, particípio de *opponere*, opor, rejeitar, contrariar
oral latim: *oralis*, boca
orbital latim: *orbita*, curso, trajetória
origem latim: *origo*, início
ósseo latim: *osseus*, ósseo, de osso
ótico grego: *otikos*, ouvido
palmar latim: *palma*, palma da mão
patela latim: bandeja, rótula
pectíneo latim: *pectineus, pectin*, pente
peitoral latim: *pectoralis*; de *pectus, pector-*, peito, tórax
peniforme latim: *penna*, pena + *forme*, forma, formato
perineal grego: *perinaion*, períneo, região entre o ânus e o escroto
periósteo grego: *peri*, em torno de, circundante + *osteon*, osso
piriforme latim: *piriformis*, em forma de pera
pisiforme latim: *pisa*, ervilha + *forme*, forma, formato
planta latim: *plantae*, planta, sola do pé
podal grego: *podos*, pé
poplíteo latim: *poples*, parte posterior do joelho
posterior latim: comparativo de *posterus*, o que vem depois, após
profundo latim: *profundus*, colocado em local fundo
pronador latim: *pronare*, inclinar para a frente
proximal latim: *proximitatem*, proximidade, vizinhaça; de *proximus*, o mais perto
psoas grego: *psoa*, músculos lombares, rins
púbis latim: *pubis*, osso da virilha

radiado latim: *radiatre*, emitir raios
romboide grego: *rhomboeides*, losango
rotadores latim: *rotare*, girar
sacro latim: *sacrum, os sacrum*, osso sacro, osso sagrado
sartório latim: *sartorius, sartor*, alfaiate
semiespinal latim: *semi*, metade + *spina*, espinha
semimembranáceo latim: *semi*, metade + *membrane*, membrana
semitendíneo latim: *semi*, metade + *tendere*, esticar, alongar
serrátil latim: *serratus*, em forma de serra
sesamoide latim: *sesamoides*, semelhante a um grão de sésamo em tamanho e forma
sinartrodial grego: *syn*, junto + *arthron*, articulação + *eidos*, forma, formato
sincondrose grego: *synchondrosis; syn*, junto + *chondros*, cartilagem + *osis*, exprime condição ou processo
sindesmose grego: *syndesmosis; syndesmos*, ligamento + *osis*, exprime condição ou processo
sínfise grego: *symphysis*, crescer junto, junção, união
sinovial latim: *synovia*, líquido lubrificante das articulações
sóleo latim: *solea*, sandália
somático grego: *somatikos*, do corpo, corporal
subescapular latim: *subscapularis; sub*, sob + *scapulae*, escápulas
superficial latim: *superficialis*, de ou pertencente à superfície
superior latim: *superiorem*, mais alto, mais elevado
supraespinal latim: *supraspinatus, supra*, acima + *spina*, espinha
sural latim: *sura*, panturrilha
sutura latim: *sutura*, uma costura
tálus latim: *talus*, tornozelo, osso do tornozelo
tarsal grego: *tarsalis*, tornozelo
temporal latim: *temporalis*, relativo a tempo, temporário; de *tempus* (*temporis*), tempo, estação, tempo ou época adequada
tensor latim: *tendere*, esticar, alongar
terceiro latim: *tertius*, terceiro
tíbia latim: *tibia*, osso da perna, canela
trapézio grego: *trapezion*, mesa pequena
trapezoide grego: *trapezoeides*, em forma de mesa
tríceps latim: com três cabeças; *tri-*, tri- + *caput*, cabeça
trocanter grego: *trokhanter*, proeminência óssea
troclear grego: *trokhileia*, sistema de polias
tubérculo latim: *tuberculum*, uma pequena protuberância

ulna, ulnar   latim: *ulna*, cotovelo
umbilical   latim: *umbilicus*, umbigo
úmero   latim: *humerus, umerus*, ombro
vasto   latim: *vastus*, imenso, extenso, enorme
vertical   latim: *verticalis, vertex*, o ponto mais alto
visceral   latim: *viscera,* órgãos do corpo
volar   latim: *vola,* sola do pé, palma da mão
xifoide   grego: *xiphos,* espada + *eidos*, forma, formato
zigomático   latim: *zygoma, zygomat-*; grego: *zugoma*, jugo; de *zugoun*, unir, juntar

Apêndice 5

Fluxograma de como determinar se um músculo (ou grupo de músculos) está realizando uma contração e, em caso afirmativo, o tipo de contração (isométrica, concêntrica ou excêntrica).

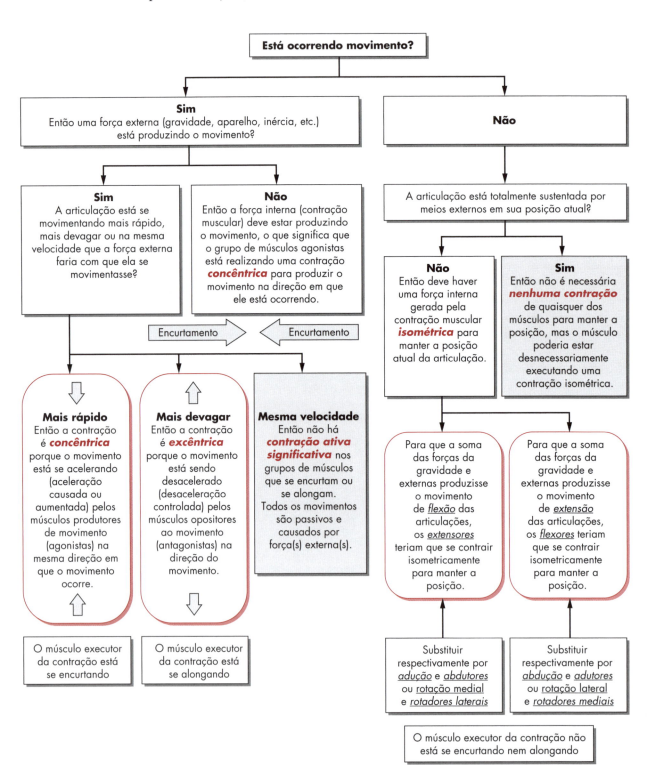

Glossário

abdução Movimento lateral de distanciamento em relação à linha mediana do tronco, como na ação de levantar os braços ou levar as pernas horizontalmente para o lado.

abdução diagonal Movimento de um membro em um plano diagonal, afastando-se da linha mediana do corpo, como na articulação do ombro ou do quadril.

abdução horizontal Movimento do úmero no plano horizontal, distanciando-se da linha mediana do corpo.

ação muscular agregada Os músculos trabalham conjuntamente em grupos, e não de forma independente, para executar determinados movimentos articulares.

aceleração Taxa de mudança de velocidade.

adução Movimento medial em direção à linha mediana do tronco, como na ação de abaixar os braços para o lado ou as pernas para trás a fim de manter a posição anatômica.

adução diagonal Movimento de um membro em um plano diagonal, aproximando-se e cruzando a linha mediana do corpo, como na articulação do ombro ou do quadril.

adução horizontal Movimento do úmero no plano horizontal em direção à linha mediana do corpo.

agonista Músculo ou grupo de músculos descrito como primariamente responsável por um movimento articular específico ao se contrair.

alavanca Uma barra rígida (p. ex., o osso) que gira em torno de um eixo.

alavanca de primeira classe Alavanca em que o eixo (fulcro) está localizado entre a força e a resistência, como na extensão da articulação do cotovelo.

alavanca de segunda classe Alavanca em que a resistência ocorre entre o eixo (fulcro) e a força (esforço), como na flexão plantar do pé durante o movimento de elevação do corpo na ponta dos pés.

alavanca de terceira classe Alavanca em que a força (esforço) incide entre o eixo (fulcro) e a resistência, como na flexão da articulação do cotovelo.

amplitude Alcance do comprimento da fibra muscular entre os níveis máximo e mínimo de alongamento.

amplitude de movimento (ADM) Quantidade específica de movimento possível em uma articulação.

ângulo Curvatura ou projeção angular de um osso, como os ângulos superior e inferior da escápula.

ângulo de tração Ângulo entre a inserção do músculo e o osso no qual ele se insere.

ângulo de transporte (ou ângulo de carregamento) Na posição anatômica, é o ângulo formado pelo desvio lateral do antebraço em relação ao braço, normalmente de 5 a 15 graus.

ângulo Q (ângulo quadríceps) Ângulo formado na patela pela intersecção da linha de tração do quadríceps com a linha de tração do tendão patelar.

antagonista Músculo ou grupo de músculos que neutraliza ou se contrapõe à contração de outro músculo ou grupo de músculos.

anteversão Rotação anormal ou excessiva de uma estrutura para a frente, como a anteversão do fêmur.

apoio médio Parte central da fase de apoio da caminhada ou corrida caracterizada pela pronação e rotação medial do pé e da perna; essa fase pode ser dividida em resposta à carga, apoio médio e apoio terminal.

aponeurose Expansão tendínea do tecido conjuntivo denso e fibroso, com aparência de lâmina ou faixa e semelhante a um tendão liso, que funciona como uma fáscia de ligação dos músculos ou como meio de conexão do músculo ao osso.

articulação condilar Tipo de articulação em que os ossos permitem movimento em dois planos sem rotação, como no punho entre o rádio e a fileira proximal dos ossos carpais ou a 2ª, 3ª, 4ª e 5ª articulações metacarpofalângicas.

articulação enartrodial   Tipo de articulação que permite movimento em todos os planos, como no caso das articulações do ombro (glenoumeral) e do quadril.

articulação gínglimo   Tipo de articulação que permite uma grande amplitude de movimento em um único plano, como as articulações do cotovelo, tornozelo e joelho.

articulação sindesmose   Tipo de articulação unida por fortes estruturas ligamentares que permitem movimentos mínimos entre os ossos, como a articulação coracoclavicular e a articulação tibiofibular inferior.

articulação trocóidea   Tipo de articulação com movimento rotacional em torno de um eixo longo, como na rotação do rádio na articulação radioulnar.

articulações anfiartrodiais (anfiartrose)   Articulações que, do ponto de vista funcional, permitem apenas uma quantidade muito pequena de movimento, como as articulações do tipo sincondrose (p. ex., articulação costocondral das costelas com o esterno), sindesmose (p. ex., tibiofibular distal) e sínfise (p. ex., sínfise púbica).

articulações artrodiais   Articulações em que os ossos deslizam uns sobre os outros descrevendo um movimento limitado, como no caso dos ossos do punho (carpais) ou os ossos do pé (tarsais).

articulações cartilaginosas   Articulações unidas por cartilagem hialina ou fibrocartilagem que permitem um movimento muito leve, como as articulações sincondrose e sínfise.

articulações diartrodiais (diartrose)   Articulações sinoviais livremente móveis que contêm uma cápsula articular e cartilagem hialina e são lubrificadas pelo líquido sinovial.

articulações fibrosas   Articulações unidas por fibras de tecido conjuntivo e geralmente imóveis, como as articulações dos tipos gonfose, sutura e sindesmose.

articulações selares (ou articulações em sela)   Tipo de recepção recíproca encontrado somente no polegar, na articulação carpometacarpal, e que permite movimento do tipo bola e soquete, à exceção da rotação.

articulações sinoviais   Articulações diartrodiais livremente móveis que contêm uma cápsula articular e cartilagem hialina e são lubrificadas pelo líquido sinovial.

artrocinemática   Movimento entre as superfícies articulares dos ossos em uma articulação.

artrose   Junção ou articulação entre dois ou mais ossos.

atrito   Força resultante da resistência entre as superfícies de dois objetos que se movimentam um sobre o outro.

atrito cinético   Quantidade de atrito entre dois objetos que deslizam um sobre o outro.

atrito de rolamento   Resistência a um objeto que descreve um movimento de rolamento sobre uma superfície, como uma bola que rola sobre a superfície de uma quadra ou um pneu que rola sobre a superfície do solo.

atrito estático   Quantidade de atrito entre dois objetos que ainda não se encontram em movimento.

axônio   Projeção alongada que transmite impulsos a partir do corpo celular do neurônio.

balanço   1) Capacidade de controlar o equilíbrio – estático ou dinâmico; 2) Fase da marcha que ocorre quando o pé deixa o solo e a perna se desloca para a frente para outro ponto de contato.

bilateral   Que se relaciona aos lados direito e esquerdo do corpo ou de uma estrutura do corpo, como os membros direito e esquerdo.

biomecânica   Estudo da mecânica de acordo com a sua relação com a análise funcional e anatômica dos sistemas biológicos, especialmente humanos.

bipeniforme   Tipo de músculo peniforme com fibras que se estendem em sentido oblíquo em ambos os lados a partir de um tendão central, como o reto femoral e o flexor longo do hálux.

borda ou margem   Borda ou linha limítrofe de um osso, como as bordas lateral e medial da escápula.

braço de força   Distância perpendicular entre o ponto de aplicação da força e o eixo. É a menor distância entre o eixo de rotação e a linha de ação da força. Conhecido também como braço de momento ou braço de torque.

braço de resistência   Distância entre o eixo e o ponto de aplicação da resistência.

bulbos terminais de Krause   Proprioceptor sensível ao toque e às alterações térmicas da pele, do tecido subcutâneo, da mucosa dos lábios, das pálpebras dos olhos e da genitália externa.

cabeça   Projeção proeminente e arredondada da extremidade proximal de um osso, normalmente articulada, como a cabeça do úmero ou do fêmur.

cadeia cinética aberta   Situação em que a extremidade distal de um membro não é fixa a qualquer superfície, permitindo que qualquer articulação do membro se movimente ou funcione separadamente sem necessitar do movimento de outras articulações do membro.

cadeia cinética fechada   Situação em que a extremidade distal de um membro é fixa, impedindo o movimento de qualquer articulação, a menos que ocorram movimentos previsíveis das demais articulações do membro.

canelite   Expressão popular frequentemente usada para descrever uma condição quase sempre crônica em que os músculos tibial posterior, tibial anterior e extensor longo dos dedos se inflamam, normalmente caracterizando tendinite de uma ou mais dessas estruturas.

cápsula articular   Cobertura de tecido ligamentar, que se assemelha a uma manga, envolvendo articulações diartrodiais.

cartilagem hialina   Cartilagem articular; recobre a extremidade dos ossos nas articulações diartrodiais, produzindo um efeito de amortecimento e redução do atrito durante o movimento.

cavidade articular Área interna da cápsula articular das articulações diartrodiais ou sinoviais.

cavidade medular Cavidade da medula óssea localizada entre as paredes da diáfise; contém medula amarela ou gordurosa.

centro de gravidade Ponto em que toda a massa e o peso do corpo estão igualmente equilibrados ou igualmente distribuídos em todas as direções.

centro de rotação Ponto ou linha em torno da qual todos os demais pontos do corpo se movem.

centro de rotação instantâneo Centro de rotação em um instante específico de tempo durante o movimento.

ciclo alongamento-encurtamento Alongamento ativo por meio da contração excêntrica de um músculo seguida imediatamente por uma contração concêntrica do mesmo músculo.

cifose Encurvamento acentuado da coluna vertebral para fora ou para trás no plano sagital.

cifose lombar Redução da curvatura lordótica da região lombar normal que resulta em uma aparência de costas planas.

cinemática Descrição de movimento, levando em consideração fatores como tempo, deslocamento, velocidade, aceleração e espaço de movimento de um sistema.

cinesiologia Ciência do movimento, o que inclui os aspectos anatômicos (estruturais) e biomecânicos (mecânicos) do movimento.

cinestesia Percepção da posição e do movimento do corpo no espaço; sensação que permite a percepção da posição do corpo, do peso ou do movimento dos músculos, tendões e articulações.

cinética Estudo das forças associadas ao movimento de um corpo.

circundução Movimento circular de um osso na articulação, como no movimento do quadril, do ombro ou do tronco em torno de um ponto fixo. Combinação de flexão, extensão, abdução e adução.

coeficiente de atrito Relação entre a força necessária para vencer o atrito sobre a força que mantém as superfícies unidas.

colágeno Proteína presente no corpo, responsável por formar tecidos conjuntivos fibrosos, como ligamentos, tendões, cartilagens, ossos e pele. As suas fibrilas alongadas proporcionam força e flexibilidade a esses tecidos.

componente de deslocamento Quando o ângulo de tração é superior a 90 graus, a força traciona o osso, afastando-o de seu eixo articular e aumentando, assim, as forças de distração da articulação.

componente estabilizador Quando o ângulo de tração é inferior a 90 graus, a força traciona o osso em direção ao seu eixo articular, aumentando, assim, as forças de compressão da articulação.

componente não rotatório (componente horizontal) Componente (de estabilização ou deslocamento) da força muscular que atua paralelamente ao eixo longo do osso (alavanca).

componente rotatório (componente vertical) Componente da força muscular que atua perpendicularmente ao eixo longo do osso (alavanca).

concorrente Padrão de movimento que permite que o músculo biarticular em questão mantenha um comprimento relativamente regular por causa da execução da mesma ação em ambas as suas articulações.

côndilo Projeção grande e arredondada que normalmente se articula com outro osso, como o côndilo medial ou lateral do fêmur.

contato do calcanhar com o solo Primeiro segmento da fase de apoio da caminhada ou da corrida, caracterizada pelo contato do calcanhar com o solo, com o pé em supinação e a perna em rotação lateral.

contração concêntrica Contração em que ocorre um encurtamento do músculo gerador do movimento das articulações por ele atravessadas.

contração excêntrica Contração em que o músculo se alonga na tentativa de controlar o movimento que ocorre nas articulações por ele atravessadas; caracteriza-se pela força da gravidade ou pela resistência aplicada sendo maior do que a força contrátil.

contração isométrica Tipo de contração com pouco ou nenhum encurtamento do músculo que resulta em nenhuma alteração significativa do ângulo articular.

contração isotônica Contração em que há encurtamento ou alongamento do músculo submetido a tensão; conhecida também como contração dinâmica e classificada como concêntrica ou excêntrica.

contracorrente Padrão de movimento decorrente de ações opostas que ocorrem simultaneamente em ambas as articulações de um músculo biarticular, resultando no encurtamento substancial do músculo.

contratilidade Capacidade do músculo de se contrair e desenvolver tensão ou força interna contra resistência quando estimulado.

corpo celular do neurônio Porção de um neurônio que contém o núcleo, mas não inclui o axônio e os dendritos.

corpúsculos de Meissner Proprioceptores sensíveis ao toque fino e à vibração da pele.

corpúsculos de Pacini Proprioceptores sensíveis à pressão e vibração encontradas nos tecidos subcutâneo, submucoso e subseroso existentes em torno das articulações, da genitália externa e das glândulas mamárias.

corpúsculos de Ruffini Proprioceptores sensíveis ao toque e à pressão encontrados na pele, no tecido subcutâneo dos dedos e nas fibras colágenas da cápsula articular.

córtex Parede da diáfise dos ossos longos, formada a partir de ossos duros, densos e compactos.

crista Projeção óssea proeminente e estreita, como a crista ilíaca da pelve.

dendrito Uma ou mais projeções ramificadas do corpo celular do neurônio que transmitem impulsos ao neurônio e ao corpo celular.

depressão Movimento descendente do cíngulo do membro superior, como no retorno à posição normal após encolher os ombros; mesmo que abaixamento.

dermátomo Uma área definida da pele suprida por um nervo espinal específico.

deslizamento (translação) Tipo de movimento acessório caracterizado pelo contato de um ponto específico de uma superfície articulada com uma série de pontos de outra superfície.

deslocamento Mudança na posição ou localização de um objeto em relação ao seu ponto de referência original.

deslocamento angular Mudança da posição de um corpo em rotação.

deslocamento linear Distância que um sistema percorre em linha reta.

destro(a) Relacionado ou situado à direita ou do lado direito de algo.

desvio radial (flexão radial) Movimento de abdução do punho do lado do polegar da mão em direção ao antebraço.

desvio ulnar (flexão ulnar) Movimento de adução do punho do lado do dedo mínimo da mão em direção ao antebraço.

diáfise Longa porção cilíndrica ou corpo dos ossos longos.

dinâmica Estudo da mecânica que envolve os sistemas em movimento com aceleração.

distal Mais distante da linha mediana ou do ponto de referência; as pontas dos dedos são a parte mais distal do membro superior.

distância Trajetória do movimento; refere-se à extensão total efetivamente percorrida.

dorsal Relacionado às costas, localizado próximo, sobre ou em direção às costas, à parte posterior ou à superfície superior de; relacionado também à parte superior do pé.

dorsiflexão Movimento de flexão do tornozelo que resulta no movimento da parte superior do pé em direção à porção anterior da tíbia.

duração Variável de exercício normalmente indicativa do número de minutos por série de exercícios.

eixo anteroposterior Eixo que tem a mesma orientação direcional que o plano sagital de movimento e estende-se de frente para trás, em ângulo reto em relação ao plano frontal de movimento. Também conhecido como eixo sagital ou AP.

eixo coronal Estende-se de lado a lado através do corpo, formando um ângulo reto em relação ao plano sagital de movimento. Conhecido também como eixo frontal ou lateral.

eixo de rotação Ponto de uma articulação em torno do qual um osso se movimenta ou gira para realizar o movimento articular.

eixo diagonal ou oblíquo Eixo que se estende em ângulo reto em relação ao plano diagonal. À medida que a articulação do ombro passa da abdução diagonal à adução diagonal durante um movimento de arremesso por cima do ombro, o seu eixo avança no sentido perpendicular ao plano através da cabeça do úmero.

eixo lateral Eixo com a mesma orientação direcional que o plano frontal de movimento e que se estende de lado a lado em um ângulo reto em relação ao plano sagital de movimento. Conhecido também como eixo frontal ou coronal.

eixo vertical Eixo que atravessa de cima a baixo a parte superior da cabeça e da coluna vertebral, formando um ângulo reto em relação ao plano transverso de movimento. Conhecido também como eixo longitudinal ou eixo longo.

elasticidade Capacidade do músculo de retornar ao seu comprimento original após o alongamento.

elastina Proteína existente no corpo responsável por formar o tecido conjuntivo. Possui uma qualidade altamente elástica que lhe permite retornar ao seu estado original após a sobrecarga, seja por compressão ou estiramento.

eletromiografia (EMG) Método que utiliza eletrodos de superfície ou eletrodos de fio fino/agulha para detectar os potenciais de ação dos músculos e fornecer uma leitura eletrônica da intensidade e duração da contração.

elevação Movimento ascendente do cíngulo do membro superior, como na ação de encolher os ombros.

elevação no plano escapular (*scaption*) Movimento do úmero no plano da escápula, distanciando-se do corpo. Abdução glenoumeral em um plano equidistante entre os planos sagital e frontal.

endósteo Membrana densa e fibrosa que recobre o interior do córtex dos ossos longos.

epicondilite lateral Problema comum quase sempre associado a atividades com movimentos de pegada e levantamento e que normalmente afeta o músculo extensor dos dedos próximo à sua origem no epicôndilo lateral; em geral conhecida como cotovelo de tenista.

epicondilite medial Problema do cotovelo associado à porção medial do flexor do punho e ao grupo pronador próximo à sua origem no epicôndilo medial; frequentemente denominada cotovelo de golfista.

epicôndilo Projeção localizada acima de um côndilo, como o epicôndilo medial ou lateral do úmero.

epífise Extremidade de um osso longo – normalmente alargada e com forma própria para se unir à epífise de um osso adjacente – formada a partir de osso esponjoso ou trabecular.

equilíbrio Estado de aceleração zero em que não há qualquer alteração na velocidade ou direção do corpo.

equilíbrio dinâmico Ocorre quando todas as forças aplicadas e inerciais que atuam sobre o corpo em movimento encontram-se em equilíbrio, resultando no movimento com velocidade ou direção inalteradas.

equilíbrio estático Representa o corpo em posição de completo repouso ou imóvel.

escalar As quantidades escalares são descritas por uma grandeza (ou valor numérico) isolada, como velocidade, comprimento, área, volume, massa, tempo, densidade, temperatura, pressão, energia, trabalho e potência.

escoliose Encurvamento lateral da coluna vertebral.

espinha (processo espinhoso) Projeção fina e afiada de um osso, como o processo espinhoso de uma vértebra ou a espinha da escápula.

esqueleto apendicular Os "apêndices" (membros superior e inferior) e os cíngulos dos membros superior e inferior.

esqueleto axial O crânio, a coluna vertebral, as costelas e o esterno.

estabilidade Resistência a uma alteração na aceleração do corpo; resistência a uma perturbação do equilíbrio do corpo.

estabilizadores Músculos que circundam uma articulação ou parte do corpo e se contraem para fixar ou estabilizar a área e permitir que outro membro ou segmento do corpo exerça força e se movimente; conhecidos como fixadores, são essenciais para criar uma base relativamente firme para o funcionamento das articulações mais distais ao executar movimentos.

estática Campo da mecânica que envolve o estudo de sistemas que não se encontram em estado de constante movimento, seja em repouso sem nenhum movimento ou em velocidade constante com aceleração. Envolve todas as forças que atuam sobre o corpo balanceado, resultando no estado de equilíbrio do corpo.

estímulo limiar Estímulo suficientemente forte para produzir um potencial de ação em um único axônio da unidade motora e todas as fibras musculares da unidade motora se contraem.

estímulo máximo Estímulo suficientemente forte para produzir potenciais de ação em todas as unidades motoras de um determinado músculo.

estímulo sublimiar Estímulo insuficiente para produzir um potencial de ação e que, como tal, não resulta em contração.

estímulos submáximos Estímulos suficientemente fortes para produzir potenciais de ação em várias unidades motoras, mas não em todas as unidades motoras de um determinado músculo.

eversão Ação de virar a planta do pé para fora ou lateralmente, como na posição em pé com o peso apoiado na borda interna do pé.

extensão Movimento de retificação que resulta no aumento do ângulo formado por uma articulação em razão do afastamento dos ossos, como quando a mão se distancia do ombro durante a extensão da articulação do cotovelo.

extensibilidade Capacidade do músculo de se alongar e retornar ao seu comprimento original após uma contração.

faceta Pequena superfície articular óssea plana ou rasa, como a faceta articular de uma vértebra.

fáscia Lâmina ou faixa de tecido conjuntivo fibroso que envolve, separa ou liga partes do corpo, como músculos, órgãos e outras estruturas de tecido mole do corpo.

fase de apoio Fase de análise de habilidades que permite ao atleta assumir uma posição corporal confortável e equilibrada a partir da qual ele possa desempenhar a habilidade esportiva; a ênfase recai sobre a criação dos diversos ângulos articulares nas posições corretas entre si e em relação à superfície de prática do esporte.

fase de contração Em uma única contração das fibras musculares, é a fase após o período latente em que a fibra muscular começa a se encurtar; dura cerca de 40 milissegundos.

fase de finalização Fase que se inicia imediatamente após o ápice da fase de movimento, a fim de gerar a aceleração negativa do membro ou segmento do corpo envolvido; em geral conhecida como fase de desaceleração. A velocidade do segmento do corpo diminui progressivamente, quase sempre dentro de uma grande amplitude de movimento.

fase de movimento Parte da ação de uma habilidade, às vezes conhecida como fase de aceleração, ação, movimento ou contato. Fase em que a somação da força é gerada diretamente para a bola, o objeto esportivo ou o oponente; normalmente caracterizada pela atividade concêntrica próxima de níveis máximos dos músculos envolvidos.

fase de recuperação Fase de análise de habilidades utilizada após a finalização para recuperação do equilíbrio e do posicionamento como preparação para a demanda seguinte do esporte.

fase de relaxamento Em uma única contração das fibras musculares, é a fase subsequente à fase de contração na qual as fibras musculares começam a relaxar; dura cerca de 50 milissegundos.

fase preparatória Fase de análise de habilidades, geralmente denominada fase de posicionamento, usada para alongar os músculos apropriados para que eles possam gerar mais força e *momentum* durante a contração concêntrica na fase seguinte.

fibular Relativo à face fibular (lateral) do membro inferior.

flexão Movimento de aproximação dos ossos entre si em uma articulação pela redução do ângulo, como no movimento da mão em direção ao ombro durante a flexão do cotovelo.

flexão lateral Movimento lateral da cabeça e/ou do tronco, distanciando-se da linha mediana do corpo; abdução da coluna vertebral.

flexão palmar Movimento de flexão do punho no plano sagital com a face volar ou anterior da mão movimentando-se em direção à face anterior do antebraço.

flexão plantar Movimento de extensão do tornozelo que resulta no distanciamento do pé e/ou dos artelhos em relação ao corpo.

forame Orifício arredondado em um osso, como o forame magno existente na base do crânio.

força Produto da massa multiplicado pela aceleração.

força de reação do solo Força da superfície que reage à força exercida sobre ela, como na força de reação entre o corpo e o solo ao correr.

força excêntrica Força aplicada em uma direção não alinhada ao centro de rotação de um objeto dotado de eixo fixo. Em objetos que não possuem um eixo fixo, é uma força aplicada de forma não alinhada ao centro de gravidade do objeto.

fossa Superfície óssea oca, côncava ou achatada, como a fossa supraespinal ou a fossa ilíaca.

fóvea Cavidade ou depressão muito pequena no osso, como a fóvea da cabeça do fêmur.

frequência Variável de exercício normalmente relacionada ao número de vezes que um exercício é praticado por semana.

fuso muscular Proprioceptor sensível ao alongamento e à taxa de alongamento que se concentra principalmente no ventre muscular entre as fibras.

giro Tipo de movimento acessório caracterizado pela rotação, em sentido horário ou anti-horário, de um único ponto de uma superfície articular em torno de um único ponto de outra superfície articular.

gonfose Tipo de articulação imóvel, como um dente inserido em seu encaixe ósseo.

goniometria Medição da amplitude de movimento disponível em uma articulação ou dos ângulos criados pelos ossos de uma articulação.

goniômetro Instrumento utilizado para medir os ângulos articulares ou comparar as alterações ocorridas nos ângulos articulares.

hiperextensão Extensão além da amplitude normal.

impulso Produto da força e do tempo.

incisura Depressão na margem de um osso, como a incisura troclear e a incisura radial da ulna.

inércia Resistência a uma ação ou alteração; resistência à aceleração ou desaceleração. Inércia é a tendência à conservação do estado atual de movimento, quer o segmento do corpo esteja se movimentando em uma determinada velocidade ou imóvel.

inervação Suprimento nervoso de um músculo, órgão ou parte do corpo.

inibição recíproca Ativação das unidades motoras dos agonistas, o que causa uma inibição neural recíproca das unidades motoras dos antagonistas e lhes permite alongar-se subsequentemente sob menos tensão. Também denominada inervação recíproca.

inserção Conexão ou ponto de conexão distal de um músculo mais distante da linha mediana ou do centro do corpo, geralmente considerada a parte mais móvel.

insuficiência ativa Condição em que um músculo se encurta a ponto de não poder gerar ou manter tensão ativa.

insuficiência passiva Estado alcançado quando um músculo antagonista se alonga de tal forma que não consegue ir além daquele ponto e permitir o movimento.

intensidade Variável de exercício normalmente correspondente a um determinado percentual do máximo absoluto que uma pessoa é capaz de suportar.

interneurônios Neurônios centrais ou de conexão que conduzem impulsos dos neurônios sensoriais para os neurônios motores.

intersecções tendíneas Indentações horizontais que cortam o reto do abdome transversalmente em três ou mais pontos, conferindo ao músculo a sua aparência segmentada.

inversão Consiste em virar a planta do pé para o lado de dentro ou medialmente, como na posição em pé com o peso apoiado na borda externa do pé.

irritabilidade Propriedade do músculo de ser sensível ou responder a estímulos químicos, elétricos ou mecânicos.

isocinético Tipo de exercício dinâmico normalmente com contrações musculares concêntricas e/ou excêntricas em que a velocidade de movimento é constante e a contração muscular (geralmente a contração máxima) ocorre durante todo o movimento.

junção neuromuscular Conexão entre o sistema nervoso e o sistema muscular por meio de sinapses localizadas entre as fibras dos nervos eferentes e as fibras musculares.

lei da aceleração Qualquer alteração na aceleração de um corpo ocorre na mesma direção da força que a causou, sendo diretamente proporcional a ela e inversamente proporcional à massa do corpo.

lei da reação Para cada ação existe uma reação igual e oposta.

lei de Davis Afirma que, com o tempo, os ligamentos, músculos e outros tecidos moles submetidos a uma tensão adequada acabam por se adaptar, alongando-se, ao passo que, por outro lado, quando mantidos em um estado relaxado ou encurtado, encurtam-se gradativamente com o passar do tempo.

lei de Wolff Afirma que, em uma pessoa saudável, os ossos adaptam-se às cargas a que são submetidos. Quando um determinado osso é submetido a uma carga maior (sobrecarga), com o tempo, ele se remodela, tornando-se mais forte para resistir àquele tipo específico de carga.

ligamento Tipo de tecido conjuntivo rígido que conecta os ossos de modo a oferecer estabilidade estática às articulações.

linha Área de projeção óssea menos proeminente do que uma crista, como a linha áspera do fêmur.

linha alba Divisão tendínea e borda medial do reto do abdome que se estende verticalmente do processo xifoide ao púbis, atravessando o umbigo.

linha axilar anterior Linha paralela à linha axilar média que atravessa a dobra axilar anterior.

linha axilar média Linha que se estende verticalmente de cima a baixo na superfície do corpo, atravessando o ápice da axila.

linha axilar posterior Linha paralela à linha axilar média que atravessa a dobra axilar posterior.

linha clavicular média Linha que se estende verticalmente de cima a baixo na superfície do corpo, atravessando o ponto central da clavícula.

linha escapular Linha que se estende verticalmente de cima a baixo da superfície posterior do corpo, atravessando o ângulo inferior da escápula.

linha esternal Linha que se estende verticalmente de cima a baixo da superfície do corpo, passando pelo meio do esterno.

linha semilunar Lateral ao reto do abdome, linha vertical em forma de lua crescente ou meia-lua que representa a aponeurose que conecta a borda lateral do reto do abdome e a borda medial dos oblíquos externo e interno do abdome.

linha vertebral Linha que atravessa verticalmente os processos espinhosos da coluna.

lordose Encurvamento acentuado da coluna vertebral para dentro ou para a frente no plano sagital.

magnitude da força Quantidade de força normalmente expressa em newtons.

manguito rotador Grupo de músculos intrínsecos à articulação do ombro – formado pelos músculos subescapular, supraespinal, infraespinal e redondo menor – que exerce um papel fundamental na manutenção da estabilidade dinâmica da articulação.

massa Quantidade de matéria contida em um corpo.

meato Passagem tubular no interior de um osso, como o meato acústico externo do osso temporal.

mecânica Estudo das ações físicas das forças; pode ser subdividida em estática e dinâmica.

mediano Relacionado, localizado ou que se estende em direção ao meio; situado no meio, mesial.

medula espinal Via comum entre o sistema nervoso central e o sistema nervoso periférico.

miótomo Músculo ou grupo de músculos suprido por um nervo espinal específico.

momentum Quantidade de movimento, que é igual à massa multiplicada pela velocidade.

movimentador primário Músculo que contribui significativamente para a produção de um movimento articular específico ao se contrair de forma concêntrica.

movimento acessório Alteração efetiva da relação entre a superfície articular de um determinado osso em relação a outro, caracterizada como rolamento, giro e deslizamento.

movimento angular Movimento de rotação em torno de um eixo.

movimento curvilíneo Movimento ao longo de uma linha curva.

movimento linear Movimento ao longo de uma linha; conhecido também como movimento translacional.

movimento osteocinemático Movimento dos ossos em relação a três planos cardinais, resultante de movimentos fisiológicos.

movimento retilíneo Movimento ao longo de uma linha reta.

movimentos fisiológicos Movimentos normais das articulações, como flexão, extensão, abdução, adução e rotação, executados por ossos que se movem através de planos de movimento em torno de um eixo de rotação na articulação.

músculo esfíncter Tipo de músculo paralelo que é tecnicamente considerado um músculo estriado infinito, com as fibras dispostas de modo a circundar e fechar orifícios mediante contração, como o músculo orbicular da boca. Também conhecido como músculo circular.

músculo multipeniforme Tipo de músculo peniforme que possui vários tendões com fibras que se estendem diagonalmente entre eles, como o deltoide.

músculos achatados Músculos paralelos, normalmente finos e largos, com fibras originárias de aponeuroses largas e fibrosas em formato de lâminas, como o reto do abdome e o oblíquo externo.

músculos biarticulares Músculos que, da origem à inserção, atravessam duas articulações diferentes, permitindo-lhes atuar em cada articulação.

músculos estriados Músculos paralelos com fibras de diâmetro uniforme e todas as fibras dispostas em um arranjo longo e paralelo, como o músculo sartório.

músculos extrínsecos Músculos que surgem ou originam-se externamente (proximais) à parte do corpo em que atuam.

músculos fusiformes Músculos paralelos com as fibras unidas em forma de fuso com um ventre central que se afunila para formar os tendões em cada extremidade, como os músculos braquial e bíceps braquial.

músculos intrínsecos Músculos inteiramente contidos em uma determinada parte do corpo; normalmente designam os músculos pequenos e profundos dos pés e das mãos.

músculos multiarticulares Músculos que, da origem à inserção, atravessam três ou mais articulações diferentes, permitindo-lhes executar ações em cada articulação.

músculos paralelos Músculos cujas fibras encontram-se dispostas paralelamente à extensão do músculo, como os músculos lisos, fusiformes, estriados, radiados ou esfíncteres.

músculos peniformes Músculos cujas fibras encontram-se dispostas em sentido oblíquo aos seus tendões, de forma semelhante a uma pena, como os músculos unipeniformes, bipeniformes e multipeniformes.

músculos posteriores da coxa Nome comum dado ao grupo de músculos situados na parte de trás da coxa: bíceps femoral, semitendíneo e semimembranáceo.

músculos radiados Músculos paralelos com uma disposição combinada de músculos lisos e fusiformes que se originam nas aponeuroses largas e convergem para um tendão, como o peitoral maior ou o trapézio. Também descritos, às vezes, como triangulares, em forma de leque ou convergentes.

músculos uniarticulares Músculos que, da origem à inserção, atravessam uma única articulação, permitindo-lhes atuar apenas nessa articulação.

músculos unipeniformes Músculos peniformes com fibras dispostas obliquamente em um único lado do tendão, como o bíceps femoral, o extensor longo dos dedos e o tibial posterior.

nervos aferentes Nervos que transmitem para o sistema nervoso central os impulsos dos receptores existentes na pele, nas articulações, nos músculos e em outras regiões periféricas do corpo.

nervos cranianos Grupo de 12 pares de nervos que se originam sob a superfície do cérebro e que saem da cavidade craniana pelas aberturas do crânio; permitem função motora e sensorial específica à cabeça e à face.

nervos eferentes Nervos que transmitem impulsos às regiões periféricas do corpo a partir do sistema nervoso central.

nervos espinais Grupo de 31 pares de nervos que se originam na medula espinal e saem de cada lado da coluna vertebral através de orifícios existentes entre as vértebras. Esses nervos se estendem diretamente para locais anatômicos específicos, formam diferentes plexos e transformam-se em ramos nervosos periféricos.

nervos somáticos (voluntários) Nervos aferentes que se encontram sob controle consciente e transmitem impulsos aos músculos esqueléticos.

nervos viscerais (involuntários) Nervos que transmitem impulsos ao coração, aos músculos lisos e às glândulas; conhecidos como sistema nervoso autônomo.

neurônio Célula nervosa que constitui a unidade funcional básica do sistema nervoso responsável por gerar e transmitir impulsos.

neurônios motores Neurônios que transmitem impulsos do cérebro e da medula espinal para os tecidos muscular e glandular.

neurônios sensoriais Neurônios que transmitem impulsos à medula espinal e ao cérebro a partir de todas as partes do corpo.

neutralizadores Músculos que contrabalançam ou neutralizam a ação de outros músculos para evitar movimentos indesejáveis; conhecidos por sua ação de neutralização, eles se contraem para resistir a ações específicas de outros músculos.

oposição Movimento diagonal do polegar sobre a superfície palmar da mão para fazer contato com a mão e/ou os dedos.

órgão tendinoso de Golgi (OTG) Proprioceptor – sensível tanto à tensão quanto à contração ativa do músculo – encontrado no tendão próximo à junção músculo-tendão.

origem Conexão ou ponto de conexão proximal de um músculo mais próximo da linha mediana ou centro do corpo, geralmente considerada a parte menos móvel.

osso esponjoso Osso poroso localizado sob o osso cortical.

osso cortical Osso mais duro e mais compacto que forma a superfície óssea externa da diáfise.

ossos endocondrais Ossos longos que se desenvolvem a partir de massas de cartilagem hialina após a fase embrionária.

ossos sesamoides Pequenos ossos inseridos no tendão de uma unidade musculotendínea que oferecem proteção e aumentam a vantagem mecânica das unidades musculotendíneas, como na patela.

osteoblastos Células especializadas formadoras de novos ossos.

osteoclastos Células especializadas que reabsorvem novos ossos.

palpação Uso do tato para sentir ou examinar um músculo ou outro tecido.

par de forças Ocorre quando duas ou mais forças puxam um objeto em direções diferentes, fazendo com que o objeto gire em torno de seu próprio eixo.

pata de ganso Expansão tendínea distal formada pelos músculos sartório, grácil e semitendíneo e conectada à face anteromedial da porção proximal da tíbia, abaixo do nível da tuberosidade da tíbia.

periodização Variação intencional da sobrecarga mediante redução ou aumento prescritivo de um programa de treinamento a fim de produzir níveis ótimos de ganho de desempenho físico.

período latente Em uma única contração das fibras musculares, é o breve período de alguns milissegundos após o estímulo e antes do início da fase de contração.

periósteo Membrana densa e fibrosa que recobre a superfície externa da diáfise.

placa epifisária Placa fina de cartilagem que separa a diáfise e a epífise durante o crescimento ósseo; normalmente denominada placa de crescimento.

plano cardinal Planos específicos que dividem o corpo exatamente ao meio.

plano de movimento Superfície bidimensional imaginária através da qual um membro ou segmento do corpo se movimenta.

plano diagonal Combinação de mais de um plano. Menos que paralelo ou perpendicular ao plano sagital, frontal ou transverso. Conhecido também como plano oblíquo.

plano escapular Alinhado à posição normal de repouso da escápula, localizada sobre a parte posterior da caixa torácica; os movimentos no plano escapular ocorrem de modo alinhado à escápula, que forma um ângulo de 30 a 45 graus em relação ao plano frontal.

plano frontal Plano que divide o corpo lateralmente de lado a lado, nas porções frontal e posterior. Conhecido também como plano lateral ou coronal.

plano parassagital Plano paralelo ao plano sagital mediano (ou plano mediano).

plano sagital Plano que secciona o corpo de frente para trás, dividindo-o em metades simétricas direita e esquerda. Conhecido também como plano anteroposterior ou AP.

plano transverso Plano que divide o corpo horizontalmente nas partes superior e inferior; conhecido também como plano axial ou horizontal.

plantar Relacionado à planta ou superfície inferior do pé.

plexo braquial Grupo de nervos espinais composto pelos nervos cervicais V a VIII, juntamente com o nervo torácico I; responsáveis pelas funções motora e sensorial do membro superior e da maior parte da escápula.

plexo cervical Grupo de nervos espinais composto pelas raízes nervosas cervicais I a IV; em geral, responsável pelas funções sensorial e motora da parte superior dos ombros até a parte posterior da cabeça e região frontal do pescoço.

plexo lombar Grupo de nervos espinais compostos por L1 a L4 e algumas fibras de T12, geralmente responsáveis pelas funções motora e sensorial da parte inferior do abdome e das porções anterior e medial dos membros inferiores.

plexo sacral Grupo de nervos espinais compostos por L4, L5 e S1 a S4, geralmente responsáveis pelas funções motora e sensorial da parte inferior das costas, da pelve, do períneo, da superfície posterior da coxa e da perna, e das superfícies dorsal e plantar do pé.

plica Variante anatômica das dobras de tecido sinovial sujeita a irritação ou inflamação decorrente de lesões ou uso excessivo do joelho.

ponto médio inguinal Ponto equidistante entre a porção anterossuperior da espinha ilíaca e a sínfise púbica.

posição anatômica Posição de referência em que a pessoa se encontra em pé com os pés juntos e as palmas das mãos voltadas para a frente.

posição fundamental Posição de referência essencialmente igual à posição anatômica, exceto pelo fato de que os braços permanecem estendidos ao lado do corpo, com as palmas das mãos voltadas para o corpo.

potencial de ação Sinal elétrico transmitido do cérebro e da medula espinal – através de axônios – para as fibras musculares de uma determinada unidade motora geradora de estímulo para a contração.

princípio do tudo ou nada Estipula que, independentemente do número envolvido, as fibras musculares individuais contidas em uma determinada unidade motora são ativadas e produzem contração máxima ou nenhuma contração.

processo Projeção proeminente de um osso, como o acrômio da escápula ou o olécrano do úmero.

pronação Rotação medial do rádio de modo a posicioná-lo diagonalmente em relação à ulna, resultando na posição do antebraço com a palma da mão voltada para baixo; o termo refere-se também a uma combinação de dorsiflexão do tornozelo, eversão talocalcânea e abdução do antepé (artelhos voltados para fora).

propriocepção *Feedback* em relação ao estado de tensão, comprimento e contração dos músculos, à posição do corpo e dos membros, e aos movimentos das articulações, fornecido pelos receptores internos localizados na pele, nas articulações, nos músculos e nos tendões.

protração Movimento do cíngulo do membro superior para a frente, distanciando-se da coluna vertebral; abdução da escápula.

proximal Mais próximo da linha mediana ou do ponto de referência; o antebraço está em posição proximal à mão.

quadríceps Nome comum dado aos quatro músculos da face anterior da coxa: reto femoral, vasto medial, vasto intermédio e vasto lateral.

radial Relacionado à face radial (lateral) do antebraço ou da mão.

ramo Parte de um osso que possui forma irregular, é mais espessa do que um processo e forma um ângulo com o corpo principal, como os ramos superior e inferior do púbis.

recurvado Encurvado para trás, como na hiperextensão do joelho.

redução Retorno da coluna vertebral à posição anatômica após uma flexão lateral; adução da coluna.

reflexo miotático ou de alongamento Contração reflexiva resultante da ativação dos neurônios motores de um músculo a partir do sistema nervoso central (SNC) em decorrência de um rápido alongamento ocorrido no mesmo músculo; o reflexo do tendão patelar é um exemplo.

reposição Movimento diagonal do polegar ao retornar à posição anatômica após um movimento de oposição em relação à mão e/ou aos dedos.

resistência Componente da alavanca em relação ao qual há sempre tentativa de movimento, normalmente conhecido como carga, peso ou massa.

retináculo Tecido fascial que retém os tendões próximo ao corpo em determinados locais, como em torno de articulações como o punho e o tornozelo.

retirada do pé do solo Última parte da fase de apoio da caminhada ou da corrida, caracterizada pelo retorno do pé à supinação e pelo retorno da perna à rotação lateral.

retração Movimento do cíngulo do membro superior para trás, em direção à coluna vertebral; adução da escápula.

retroversão Rotação anormal ou excessiva de uma estrutura para trás, como a retroversão femoral.

rolamento (oscilação) Tipo de movimento acessório caracterizado pelo contato de uma série de pontos de uma superfície articular com uma série de pontos de outra superfície articular.

rotação Movimento em torno do eixo de um osso, como o giro de um osso para dentro, para fora, para baixo ou para cima.

rotação lateral Movimento de giro em torno do eixo longitudinal de um osso, distanciando-se da linha mediana do corpo. Conhecida também como rotação em sentido lateral, rotação para o lado de fora e rotação externa.

rotação medial Movimento de giro em torno do eixo longitudinal de um osso em direção à linha mediana do corpo. Conhecida também como rotação em sentido medial, rotação para o lado de dentro e rotação interna.

seio Cavidade ou espaço oco no interior de um osso, como os seios frontais ou maxilares.

síndrome do impacto Ocorre quando os tendões dos músculos do manguito rotador, particularmente o supraespinal e o infraespinal, se irritam e inflamam ao atravessar o espaço subacromial entre o acrômio da escápula e a cabeça do úmero, normalmente resultando em dor, fraqueza e perda de movimento.

síndrome do túnel do carpo Condição caracterizada por edema e inflamação com consequente aumento da pressão no interior do túnel do carpo, o que interfere na função normal do nervo mediano, levando à redução das funções motora e sensorial de sua distribuição; particularmente comum no caso de uso repetitivo da mão e do punho em trabalhos manuais e ações como datilografia e digitação.

sinergistas Músculos que auxiliam na ação dos agonistas, mas não são essencialmente responsáveis pela ação; conhecidos como músculos-guia, eles auxiliam nos movimentos refinados e evitam movimentos indesejados.

sinergistas auxiliares Músculos que executam ações comuns, mas também ações antagonistas, entre si; eles ajudam outros músculos a movimentar a articulação da maneira desejada, impedindo, ao mesmo tempo, ações indesejadas.

sinergistas verdadeiros Músculos que se contraem para impedir uma ação articular indesejada do agonista e não têm efeito direto na ação do agonista.

sistema nervoso central (SNC) O córtex cerebral, os núcleos da base, o cerebelo, o tronco encefálico e a medula espinal.

sistema nervoso periférico (SNP) Parte do sistema nervoso que contém as divisões sensoriais e motoras de todos os nervos existentes no corpo, exceto aqueles do sistema nervoso central.

somação Situação em que são fornecidos estímulos sucessivos antes do término da fase de relaxamento da primeira contração, permitindo que as contrações subsequentes se combinem à primeira para produzir uma contração contínua capaz de gerar uma tensão maior do que aquela produzida por uma única contração isolada.

sulco Depressão semelhante a uma ranhura em um osso, como o sulco intertubercular (bicipital) do úmero.

supinação Rotação lateral do rádio para o lado em que ele está posicionado paralelamente à ulna, resultando na posição do antebraço com a palma da mão voltada para cima; termo utilizado também para designar os movimentos combinados de inversão, adução e rotação medial do pé e do tornozelo.

sutura Linha de junção entre os ossos, como a sutura sagital entre os ossos parietais do crânio.

tendão Tecido conjuntivo fibroso, geralmente com aparência de corda, que conecta os músculos aos ossos e a outras estruturas.

tensão ativa Tensão muscular gerada por contração ativa das fibras do músculo.

tensão passiva Tensão muscular decorrente da aplicação de forças externas e que se desenvolve à medida que o músculo se alonga além de seu comprimento normal de repouso.

tetania Quando são fornecidos estímulos em uma frequência suficientemente elevada, a ponto de impedir o relaxamento entre as contrações do músculo.

tibial Relacionado à face tibial (medial) do membro inferior.

torque Momento da força; efeito de giro de uma força excêntrica.

treinamento do *core* Fortalecimento e condicionamento orientado para o diafragma, o transverso do abdome, o multífido do lombo e os músculos do assoalho pélvico, bem como o reto do abdome, os oblíquos externo e interno e o eretor da espinha.

***treppe* (efeito escada)** Fenômeno do efeito escada da contração muscular que ocorre quando o músculo descansado é estimulado repetidamente com um estímulo máximo em uma frequência que permite o relaxamento completo entre os estímulos, a segunda contração produz uma tensão ligeiramente maior do que a primeira, e a terceira contração produz uma tensão maior do que a segunda.

tríceps sural Os músculos gastrocnêmio e sóleo juntos; o termo "tríceps" designa as cabeças medial e lateral do gastrocnêmio e do sóleo; "sural" refere-se à panturrilha.

trocanter Projeção óssea grande, como o trocanter maior ou menor do fêmur.

tubérculo Pequena projeção óssea arredondada, como os tubérculos maior e menor do úmero.

tuberosidade Projeção óssea grande, arredondada ou irregular, como a tuberosidade do rádio ou a tuberosidade da tíbia.

túnel do carpo Arco de três lados, côncavo no lado palmar e formado pelo trapézio, trapezoide, capitato e hamato. É atravessado pelos ligamentos transverso do carpo e volar do carpo, criando um túnel.

ulnar Relacionado à face ulnar (medial) do antebraço ou da mão.

unidade motora Consiste em um único neurônio motor e todas as fibras musculares por ele inervadas.

valgo Angulação do segmento distal de um osso ou articulação para fora, como no caso de joelhos valgos.

vantagem mecânica Vantagem proporcionada pelo uso de máquinas para aumentar ou multiplicar a força aplicada ao desempenho de uma tarefa; permite que se aplique uma força relativamente pequena para mover uma resistência muito maior; determinada pela divisão da carga pelo esforço.

varo Angulação do segmento distal de um osso ou articulação para dentro, como no caso de pernas arqueadas (joelho varo).

velocidade Rapidez com que um objeto se desloca, ou a distância percorrida por um objeto em um determinado espaço de tempo (inclui a direção e descreve a razão de deslocamento).

ventral Relacionado ao ventre ou abdome; na frente ou em direção à frente, parte anterior de.

ventre Porção central carnosa e contrátil do músculo cujo diâmetro geralmente aumenta quando o músculo se contrai.

vetor Quantidade matemática descrita tanto por uma grandeza quanto por uma direção, como velocidade, aceleração, direção, deslocamento, força, arrasto, *momentum*, levantamento, peso e empuxo.

volar Relacionado à palma da mão ou à planta do pé.

Créditos das imagens

Créditos das fotografias

Capítulo 1: Fig. 1.1 (ambas as fotos) © The McGraw-HillCompanies, Inc./Eric Wise, fotógrafo; **1.2 (ambas as fotos)** The McGraw-Hill Companies, Inc./Joe De-Grandis, fotógrafo; **1.11** Jim Wehtje/Getty Images; **1.19, 1.20 e 1.21** Courtesia de R.T. Floyd; **Capítulo 2: 2.19, 2.24** Cortesia de R.T. Floyd; **2.23** Cortesia de Lisa Floyd; **Capítulo 3: 3.16** Cortesia de Nancy Hamilton; **Capítulo 4: 4.4 (ambas as fotos), 4.6** Cortesia de Lisa Floyd; **4.5** Cortesia de Britt Jones; **Capítulo 5: 5.7** Cortesia de Britt Jones; **5.8, 5.9** Cortesia de Lisa Floyd; **Capítulo 6: 6.4** Cortesia de William E. Prentice; **6.7** Cortesia de Britt Jones; **6.10, 6.12** Cortesia de Lisa Floyd; **Capítulo 7: 7.7** Cortesia de Britt Jones; **Capítulo 8: 8.2A, 8.3, 8.4, 8.5, 8.10, 8.11** Cortesia de Britt Jones; **8.2B-D, 8.6, 8.8, 8.9** Cortesia de R.T. Floyd; **8.7** Cortesia de Lisa Floyd; **Capítulo 9: 9.9, 9.10** Cortesia de Britt Jones; **Capítulo 10: 10.5**, Cortesia de Britt Jones; **Capítulo 11: 11.7 e fotos da ficha de exercícios** Cortesia de Britt Jones; **Capítulo 12: 12.8** Cortesia de Britt Jones; **Capítulo 13: 13.1, 13.2, 13.5** Cortesia de Britt Jones; **13.3, 13.4** Cortesia de R.T. Floyd; **13.6** Cortesia de Ron Carlberg.

Créditos das ilustrações

Capítulo 1: Fig. 1.3 Anthony CP, Kolthoff NJ: *Textbook of anatomy and physiology,* ed. 9, St. Louis, 1975, Mosby; **1.4** Linda Kimbrough; **1.5, 1.17** Booher JM, Thibodeau GA: *Athletic injury assessment,* ed. 4, Dubuque, IA, 2000, McGraw-Hill; **1.6, 1.18** R.T. Floyd; **1.7, 1.8 e ilustrações da ficha de exercícios** Van de Graaff KM: *Human anatomy,* ed. 6, Dubuque, IA, 2002, McGraw-Hill; **1.9** Booher JM, Thibodeau GA: *Athletic injury assessment,* ed. 4, New York, 2000, McGraw-Hill; Shier D, Butler J, Lewis R: *Hole's human anatomy & physiology,* ed. 9, New York, 2002, McGraw-Hill; Seeley RR, Stephens TD, Tate P: *Anatomy & physiology,* ed. 7, New York, 2006, McGraw-Hill; **1.10, 1.12, p. 32** Shier D, Butler J, Lewis R: *Hole's human anatomy and physiology,* ed. 9, Dubuque, IA, 2006, McGraw-Hill; **1.13** Seeley RR, Stephens TD, Tate P: *Anatomy & physiology,* ed. 7, New York, 2006, McGraw-Hill; **1.14, 1.15** Saladin KS: *Human Anatomy,* ed. 4, New York, 2014, McGraw-Hill; **1.16** Seeley R, Stephens TD, Tate P: *Anatomy and physiology,* ed. 6, Dubuque, IA, 2000, McGraw-Hill; **1.22, 1.23** Prentice WE: *Rehabilitation techniques in sports medicine,* ed. 4, New York, 2004, McGraw-Hill; **Tabela 1.7** Modificado por R.T. Floyd a partir de Exercise Pro by BioEx Systems Inc, Smithville, TX; **Capítulo 2: 2.1, 2.2 e ilustrações da ficha de exercícios** Saladin KS: *Anatomy and physiology: the unity of form and function,* ed. 4, New York, 2007, McGraw-Hill; **2.3** Shier D, Butler J, Lewis R: *Hole's human anatomy and physiology,* ed. 11, New York, 2007, McGraw-Hill; **2.4** Luttgens K, Hamilton N: *Kinesiology: scientific basis of human motion,* ed. 10, New York, 2002, McGraw-Hill, **2.5** Ernest W. Beck; **2.6** Booher JM, Thibodeau GA: *Athletic injury assessment,* ed. 4, Dubuque, IA, 2000, McGraw-Hill; **2.7, 2.12** Seeley RR, Stephens TD, Tate P: *Anatomy & physiology,* ed. 8, New York, 2008, McGraw-Hill; **2.8** Mader SS: *Biology,* ed. 9, New York,

2007, McGraw-Hill; **2.9, 2.13** Raven, PH, Johnson GB, Losos JB, Mason KA, Singer SR: *Biology*, ed. 8, New York, 2008, McGraw-Hill; **2.10** Shier D, Butler J, Lewis R: *Hole's human anatomy & physiology*, ed. 9, New York, 2002, McGraw-Hill; **2.11** Powers SK, Howley ET: *Exercise physiology: theory and applications to fitness and performance*, ed. 7, New York, 2009, McGraw-Hill; **2.14, 2.17** Seeley RR, Stephens TD, Tate P: *Anatomy & physiology*, ed. 7, New York, 2006, McGraw-Hill; **2.15, 2.16** Powers SK, Howley ET: *Exercise physiology: theory and application to fitness and performance*, ed. 4, New York, 2001, McGraw-Hill; **2.18, 2.20** R.T. Floyd; **2.21** Prentice WE: *Principles of athletic training: a competency based approach*, ed. 15, New York, 2014, McGraw-Hill; **2.22** Hall SJ: *Basic biomechanics*, ed. 3, New York, 2003, McGraw-Hill; **Tabela 2.1** Modificado de Saladin, KS: *Anatomy & physiology: the unity of form and function*, ed. 4, New York, 2007, McGraw-Hill; e Seeley RR, Stephens TD, Tate P: *Anatomy & physiology*, ed. 7, New York, 2008, McGraw-Hill. **Capítulo 3:** **3.1, 3.2, 3.3** Booher JM, Thibodeau GA; *Athletic injury assessment*, ed. 4, New York, 2000, McGraw-Hill; Hall SJ: *Basic biomechanics*, ed. 4, New York, 2003, McGraw-Hill; **3.4-3.11, 3.14, 3.17, 3.19, Tabela 3.1, p. 87** R.T. Floyd; **3.12, 3.15, 3.18** Hamilton N, Luttgens K: *Kinesiology: scientific basis of human motion*, ed. 10, New York, 2002, McGraw-Hill; **3.13** Hall SJ: *Basic Biomechanics*, ed. 6, New York, 2012, McGraw-Hill; **Capítulo 4:** **4.1, 4.3A, 4.13, 4.15** Linda Kimbrough; **4.2, 4.7** Seeley RR, Stephens TD, Tate P: *Anatomy & physiology*, ed. 8, New York, 2008, McGraw-Hill; **4.3B** Shier D, Butler J, Lewis R: *Hole's human anatomy and physiology*, ed. 9, New York, 2002, McGraw-Hill; **4.6** Hall SJ: *Basic biomechanics*, ed. 3, Dubuque, IA, 1999, WCB/McGraw-Hill; **4.8, 4.9** Seeley RR, Stephens TD, Tate P: *Anatomy & physiology*, ed. 6, Dubuque, IA, 2003, McGraw-Hill; **4.10-4.12, 4.14** Ernest W. Beck; **p. 102, pp. 105-107** Modificado por R.T. Floyd a partir de Exercise Pro by BioEx Systems Inc, Smithville, TX; **Capítulo 5:** **5.1, 5.3, 5.4, 5.18, 5.19, 5.20, 5.24, 5.25** Linda Kimbrough; **5.2, 5.5** Saladin KS: *Anatomy & physiology: the unity of form and function*, ed. 4, New York, 2007, McGraw-Hill; **5.6** Booher JM, Thibodeau GA; *Athletic injury assessment*, ed. 4, Dubuque, IA, 2000, McGraw-Hill; **5.10, 5.11** Shier D, Butler J, Lewis R: *Hole's human anatomy and physiology*, ed. 11, New York, 2007, McGraw-Hill; **5.14, 5.15, 5.17** Ernest W. Beck; **5.12, 5.13** Van de Graaff KM: *Human anatomy*, ed. 6, Dubuque, IA. 2002, McGraw-Hill; **5.16** Shier D, Butler J, Lewis R: *Hole's human anatomy and physiology*, ed. 12, New York, 2010, McGraw-Hill; **5.21** Seeley RR, Stephens TD, Tate P: *Anatomy and physiology*, ed. 6, Dubuque, IA, 2003, McGraw-Hill; **5.22, 5.23** Ernest W. Beck com detalhes de Linda Kimbrough; **pp. 129, 131-132, 134, 136-139** Modificado por R.T. Floyd a partir de Exercise Pro by BioEx Systems Inc, Smithville, TX; **Capítulo 6:** **6.1, 6.3B, 6.17-6.24** Linda Kimbrough; **6.2A-B** Saladin KS: *Anatomy & Physiology*, ed. 4, New York, 2007, McGraw-Hill; **6.2C** Seeley RR, Stephens TD, Tate P: *Anatomy & physiology*, ed. 7, New York, 2006, McGraw-Hill; **6.2D** Shier D, Butler J, Lewis R: *Hole's human anatomy and physiology*, ed. 9, New York, 2002, McGraw-Hill; **6.3A-C, 6.15, 6.16** Van De Graaff KM: *Human anatomy*, ed. 6, New York, 2002, McGraw-Hill; **6.3D** Jason Alexander; **6.5, 6.6** Booher JM, Thibodeau GA: *Athletic injury assessment*, ed. 4, Dubuque, IA, 2000, McGraw-Hill; **6.8** Dail NW, Agnew TA, Floyd RT: *Kinesiology for manual therapies*, ed. 1, New York, 2011, McGraw-Hill; **6.9** Saladin KS: *Anatomy & physiology: the unity of form and function*, ed. 4, New York, 2007, McGraw-Hill; **6.11, 6.13** Lisa Floyd com sobreposição a partir de Thibodeau GA: *Anatomy and physiology*, St. Louis, 1987, Mosby; **6.14A-B** Seeley RR, Stephens TD, Tate P: *Anatomy and physiology*, ed. 6, Dubuque, IA, 2003, McGraw-Hill; **p. 152, pp. 159, 161-165** Modificado por R.T. Floyd a partir de Exercise Pro by BioEx Systems Inc, Smithville, TX; **Capítulo 7:** **7.1** Shier D, Butler J, Lewis R: *Hole's human anatomy & physiology*, ed. 11, New York, 2007, McGraw-Hill; **7.2, 7.11-7.25 e ilustrações da ficha de exercícios** Linda Kimbrough; **7.3-7.5** Booher JM, Thibodeau GA: *Athletic injury assessment*, ed. 4, Dubuque, IA, 2000, McGraw-Hill; **7.6, 7.10, 7.26** Van de Graaff KM: *Human anatomy*, ed. 6, Dubuque, IA. 2002, McGraw-Hill; **7.8** Saladin KS: *Anatomy & physiology: the unity of form and function*, ed. 4, New York, 2007, McGraw-Hill; **7.9** Seeley RR Stephens TD, Tate P: *Anatomy and physiology*, ed. 6, Dubuque, IA, 2003, McGraw-Hill; **pp. 188-192, 194-200, 202-203 e ilustrações da ficha de exercícios** Modificado por R.T. Floyd a partir de Exercise Pro by BioEx Systems Inc, Smithville, TX; **Capítulo 8:** **8.1** R.T. Floyd; **ilustrações da ficha de exercícios** Modificado por R.T. Floyd a partir de Exercise Pro by BioEx Systems Inc, Smithville, TX; **Capítulo 9:** **9.1, 9.3, 9.14, 9.23-9.38** Linda Kimbrough; **9.2, 9.6** Saladin KS: *Anatomy & physiology: the unity of form and function*, ed. 4, New York, 2007, McGraw-Hill; **9.4, 9.5** Saladin KS: *Anatomy & physiology*, ed. 5, New York, 2010, McGraw-Hill; **9.7, 9.18** McKinley M, O'Loughlin VD: *Human anatomy*, ed. 2, New York, 2008, McGraw-

-Hill; **9.8** Booher JM, Thibodeau GA: *Athletic injury assessment*, ed. 4, Dubuque, IA, 2000, McGraw-Hill; **9.11** R.T. Floyd; **9.12** Jurch SE: *Clinical massage therapy: assessment and treatment of orthopaedic conditions*, ed. 1, New York, 2009, McGraw-Hill; **9.13** Ernest W. Beck; **9.15-9.17, 9.20-9.22** Van de Graaff KM: *Human anatomy*, ed. 6, New York, 2002, McGraw-Hill; **9.19** Shier D, Butler J, Lewis R: *Hole's human anatomy and physiology*, ed. 12, New York, 2010, McGraw-Hill; **p. 237, p. 251, pp. 254-264, 266-267** Modificado por R.T. Floyd a partir de Exercise Pro by BioEx Systems Inc, Smithville, TX; **Capítulo 10: 10.1** Prentice WE: *Arnheim's principles of athletic training*, ed. 12, New York, 2006, McGraw-Hill; **10.2A-B** Anthony CP, Kolthoff NJ: *Textbook of anatomy and physiology*, ed. 9, St. Louis, 1975, Mosby; **10.2C** Saladin KS: *Anatomy & physiology: the unity of form and function*, ed. 4, New York, 2007, McGraw-Hill; **10.3** Van de Graaff KM: *Human anatomy*, ed. 6, Dubuque, IA, 2002, McGraw-Hill; **10.4** Hamilton N, Weimar W, Luttgens K: *Kinesiology: scientific basis of human motion*, ed. 11, New York, 2008, McGraw-Hill; **10.6-10.12** Linda Kimbrough; **pp. 284-287** Modificado por R.T. Floyd a partir de Exercise Pro by BioEx Systems Inc, Smithville, TX; **Capítulo 11: 11.1** Prentice WE: *Arnheim's principles of athletic training*, ed. 12, New York, 2006, McGraw-Hill; **11.2, 11.3** Saladin KS: *Anatomy & physiology*, ed. 5, New York, 2010, McGraw-Hill; **11.4, 11.6A, C, 11.8A-D, 11.10, 11.22, 11.23** Van de Graaff KM: *Human anatomy*, ed. 6, Dubuque, IA, 2002, McGraw-Hill; **11.5** Booher JM, Thibodeau GA: *Athletic injury assessment*, ed. 4, Dubuque, IA, 2000, McGraw-Hill; **11.6B** Saladin KS: *Anatomy & physiology: the unity of form and function*, ed. 4, New York, 2007, McGraw-Hill; **11.9** Seeley RR, Stephens TD, Tate P: *Anatomy & physiology*, ed. 8, New York, 2008, McGraw-Hill; **11.11-11.14, 11.16-11.21** Ernest W. Beck; **11.15** Linda Kimbrough; **pp. 300-301, pp. 309-315, 317-320** Modificado por R.T. Floyd a partir de Exercise Pro by BioEx Systems Inc, Smithville, TX; **Capítulo 12: 12.1, 12.2A-B** Seeley RR, Stephens TD, Tate P: *Anatomy & physiology*, ed. 8, New York, 2008, McGraw-Hill; **12.2C-F, 12.11, 12.12, 12.17, 12.19-12.22, 12.24-12.26, ficha de exercícios (ilustração pequena)** Linda Kimbrough; **12.2 G-H** Anthony CP, Kolthoff NJ: *Textbook of anatomy and physiology*, ed. 9, St. Louis, 1975, Mosby; **12.3, 12.18** Shier D, Butler J, Lewis R: *Hole's human anatomy and physiology*, ed. 9, Dubuque, IA, 2002, McGraw-Hill; **12.4A-C, 12.9** Lindsay DT: *Functional anatomy*, ed. 1, St. Louis, 1996, Mosby; **12.4D** Mckinley M, O'Loughlin VD: *Human anatomy*, ed. 2, New York, 2008; **12.5A-B** Thibodeau GA, Patton KT: *Anatomy and physiology*, ed. 9, St. Louis, 1993, Mosby; **12.5C, 12.14** Seeley RR, Stephens TD, Tate P: *Anatomy & physiology*, ed. 7, New York, 2006, McGraw-Hill; **12.6, 12.7** Booher JM, Thibodeau GA: *Athletic injury assessment*, ed. 4, Dubuque, IA, 2000, McGraw-Hill; **12.10, 12.15** Van de Graaff KM: *Human anatomy*, ed. 6, Dubuque, IA, 2002, McGraw-Hill; **12.13** Seeley RR, Stephens TD, Tate P: *Anatomy and physiology*, ed. 6, Dubuque, IA, 2003, McGraw-Hill; **12.16** Saladin KS: *Anatomy & physiology*, ed. 5, New York, 2010, McGraw-Hill; **12.23** Ernest W. Beck; **p. 342, pp. 345-347, p. 351, pp. 353-356** Modificado por R.T. Floyd a partir de Exercise Pro by BioEx Systems Inc, Smithville, TX.

Índice remissivo

A

Abaixamento, definição 24
Abdominal modificado com flexão parcial do tronco (*curl-up*) 362-363
Abdução
   definição 24
   diagonal, 24
   horizontal, 25
Ação(ões) 41
   articulares 26
   dos músculos rotadores do antebraço 151
   dos músculos sobre a escápula 97
Ação muscular
   agregada 36
   determinação da 48
Aceleração 83
Acetábulo 232
Adução, definição 24
   diagonal, 24
   horizontal, 25
Agachamento 364-365
Agonistas 44
Agrupamento das funções musculares 47
Alamento escapular 98
Alavancas 72
   anatômicas, fatores atuantes 75
   classificação 74
   comprimento 79
   de primeira classe 73, 77
   de segunda classe 73, 75, 77
   de terceira classe 74-75, 78
   princípio 75
Amplitude 41

Amplitude de movimento (ADM) 22
   ativa, da região cervical da coluna vertebral 333
   ativa, das regiões torácica e lombar da coluna vertebral 333
   das articulações diartrodiais da coluna vertebral e do membro inferior 374
   das articulações diartrodiais do membro superior 372-373
   do antebraço 149
   do cotovelo 149
   do ombro 117
   do polegar 174
   do punho 173
   dos dedos 173
Análise
   dos exercícios dos membros superiores 216
   dos movimentos 210
   muscular, dos exercícios do membro superior 209
      conceitos 210
Anatomia neuronal 52
Anel fibroso 332
Ângulo
   de carregamento 149
   de tração 63-64
   de transporte 148
   do quadríceps 277
   Q 277-278
Antagonistas 46
Antebraço
   ações dos músculos rotadores do 151
   amplitude de movimento do 149
Anterior, definição 4
Anteroinferior, definição 4
Anterolateral, definição 4
Anteromedial, definição 4
Anteroposterior, definição 4

Anterossuperior, definição 4
Anteversão, definição 5
Aplicação funcional 86
   das raízes nervosas espinais 53
Apoio 292
Apoio médio 292
Aponeurose 41
   plantar 297
Arco transverso 297-298
Arcos longitudinais 298
   lateral 297
   medial 297
Arremesso de beisebol, fases de análise de habilidades 211
Articulação(ões)
   ações articulares 26
   anfiartrodiais 17
   anfiartrodiais 17
   artrodial 19
   atlantoaxial 331
   atlantoccipital 330
   bola e soquete biaxial 19-20
   cartilaginosas 16
   condilar 19
   do cotovelo 146
   elipsóidea 19
   enartrodial 20
   esferóidea 20
   fibrosas 16
   gínglimo (dobradiça) 20
   glenoumeral 114-116
   imóveis 16
   interfalângica (IF) 175, 295
   interfalângicas distais (IFD) 295
   interfalângicas proximais (IFP) 295
   intervertebrais 331
   ligeiramente móveis 17
   metacarpofalângica (MCF) 175
   metatarsofalângica (MTF) 295
   multiaxial 20
   ovoide 19
   radioulnar 147
   selar (em sela) 20
   sinartrodiais 17
   sincondrose 17
   sindesmose 17
   sínfise 17
   sinoviais 16
   sinovial diartrodial 18
   talocrural 295
   tibiofibular 295
   tipos de 16
   totalmente móveis 18
   trocóidea (pivô, parafuso) 20
Articulação do joelho 272
   ligamentos 274

   mecanismo de travamento 276
   movimentos 277
      extensão 277
      flexão 277
      rotação lateral 277
      rotação medial 277
   músculos 277-278
      localização 278
   nervos 281
   ossos 272-273
Articulação do ombro 112, 114
   correlação com os movimentos do cíngulo do membro superior 113
   lesões 116
   movimentos 117-119
      abdução 117
      abdução diagonal 119
      abdução horizontal (extensão) 119
      adução 117
      adução diagonal 119
      adução horizontal (flexão) 119
      extensão 117
      flexão 117
      rotação lateral 119
      rotação medial 119
   músculos 119
      localização 122
   nervos 126
   ossos 113
Articulação do quadril 229, 233-234
   identificação dos músculos 240
   movimentos 233
      abdução 235
      adução 235
      extensão 235
      flexão 235
      rotação lateral 235
      rotação medial 235
   músculos 238
      localização 239
   nervos 241
   ossos 229
Articulação do tornozelo 295-296
   movimentos 298
      dorsiflexão (flexão) 298
      eversão 298
      flexão plantar (extensão) 298
      inversão 298
      pronação 298
      supinação 298
   músculos 298
   nervos 305
   ossos 293
Articulações diartrodiais 18, 20
   classificação 17

estabilidade e mobilidade 20
    fatores que afetam a estabilidade 21
Articulações dos punhos e das mãos 170, 172
    músculos 177
    nervos 183
    ossos 171
Articulações dos tornozelos e dos pés 292
    músculos 298
        por compartimento 302
        por função 302
    nervos 305
    ossos 293
Articulações radioulnares e do cotovelo 145-146
    movimentos 150
        extensão 150
        flexão 150
        pronação 150-151
        supinação 150-151
    músculos 152
        localização 152
    nervos 156
    ossos 145
Artrocinemática 25, 28
    das articulações do joelho 29
Atlas 329
Atrito 83-84
    cinético 83-84
    coeficiente de 84
    de rolamento 84
    estático 83-84
Áxis 329
Axônio 51

B

Balanço 84
Base de apoio 84
Bilateral, definição 4
Biomecânica 71
    fatores e conceitos biomecânicos básicos 71
Braço de força 76, 78
Braço de resistência 76, 78
Bulbos terminais de Krause 57

C

Cadeia cinética 212
    aberta 212
        atividades de 212-213
    conceito 212
    diferença entre exercícios de cadeia aberta e fechada 214
    fechada 213
        atividades de 212-213
Caixa torácica 330
Canelite 302, 316

Cápsula articular 18
Características ósseas típicas 11
Carga mecânica 86
    forças 86
    princípios básicos 86
Cartilagem(ns)
    articulares 331
    costais 330
    hialina 12, 18
Caudal, definição 4
Cavidade articular 18
Cavidades 15
Cefálico, definição 4
Centro de gravidade 84
Centro de rotação 81
    instantâneo 81
Cerebelo 50
Ciclo alongamento-encurtamento 62
Ciclo da marcha 293
Cifose 328
    definição 5
    lombar 328
Cinemática 72
Cinesiologia
    fundamentos 1
    termos usados em 380
Cinestesia 51, 55
Cinética 72
Cíngulo do membro inferior 229
    articulações 231
    identificação dos músculos 240
    movimentos 233
        rotação anterior da pelve 236
        rotação lateral direita da pelve 236
        rotação lateral esquerda da pelve 236
        rotação posterior da pelve 236
        rotação transversal direita da pelve 236
        rotação transversal esquerda da pelve 236
    músculos 238
        localização 239
    nervos 241
    ossos 229
Cíngulo do membro superior 91-92
    anatomia de superfície 93
    articulações 91
        acromioclavicular (AC) 92
        escapulotorácica 92
        esternoclavicular (EC) 92
    correlação com os movimentos da articulação do ombro 113
    movimentos 94
        abaixamento 95
        abdução (protração) 95
        adução (retração) 95
        elevação 95

inclinação anterior (inclinação para cima) 96
inclinação lateral (inclinação para fora) 95
inclinação medial (inclinação para dentro) 95
inclinação posterior (inclinação para baixo) 96
rotação ascendente 95
rotação descendente 95
sinergia com os músculos da articulação do ombro 96
músculos 96
ossos 91
Circundução, definição 24
Cirurgia Tommy John 147
Cóccix 327
Coeficiente de atrito 84
Coluna vertebral 327-329
articulações 330
curvaturas 328
movimentos 334
extensão 335
flexão 334
flexão lateral 335
redução 335
rotação 335
músculos 344
nervos 340
ossos 327
postura 96
problemas na parte inferior das costas 332
região cervical 333
Componente(s)
de força 64
deslocador 63
estabilizador 63
não rotatório 63
rotatório 63
Conceitos neuromusculares 58
Condicionamento, considerações sobre 213
Contato do calcanhar com o solo 292
Contração 384
abdominal 367
concêntrica 42
dinâmicas 42
estáticas 42
excêntrica (ação muscular) 44
fluxograma para determinar 384
isométricas 43
isotônicas 43
muscular 42
simples 60
Contralateral, definição 4
Contratilidade 39
Controle motor 21
Controle neural de movimentos voluntários 50
Core 339, 340
Corpo celular do neurônio 51

Corpúsculos
de Meissner 57
de Pacini 55, 57
de Ruffini 57
Correlação de movimentos do cíngulo do membro superior e da articulação do ombro 113
Córtex 12
Córtex cerebral 50
Costelas 328, 330
Cotovelo 148, 151
movimentos 150
extensão 150
flexão 150
músculos 152
localização 152
nervos 156
ossos 145
Coxa
compartimentos anterior, posterior e medial 239
corte transversal da seção média 239
Cronograma de fechamento epifisário 13
Crunches 353
Curl-up (abdominal modificado com flexão parcial do tronco) 362-363

D

Decúbito dorsal, definição 4
Decúbito ventral, definição 4
Déficit de rotação medial glenoumeral 116
Dendritos 51
Dermátomos 51, 53
Desenvolvimento e crescimento ósseo 12
Desenvolvimento muscular 216
Deslizamento 25, 28
Deslocamento 81
angular 82
linear 82
Diáfise 11
Diafragma 344
Diferenciação dos movimentos 44
Direções anatômicas 2
Discos herniados 332
Discos intervertebrais 331-332
Distal, definição 4
Distância (trajetória) do movimento 81
Dorsal, definição 4
Dorsiflexão 24-25
Duração 214

E

Efeito de escada (*treppe*) 60

Eixo
　coronal 7
　de rotação 6-7, 72
　diagonal ou oblíquo 7
　frontal 7
　lateral 7
　mediolateral 7
　sagital ou anteroposterior 7
　vertical ou longitudinal 7
Elasticidade 39
Eletromiografia (EMG) 48
Elevação, definição 24
Elevação frontal com barra 219-220
Endósteo 12
Entorse de tornozelo 295
Epicondilite
　lateral 152
　medial 152
Epífise 12
Equilíbrio
　dinâmico 84
　estático 84
Escápula 93
Escoliose 328
　definição 5
Escorregamento 28
Especificidade 215
Esqueleto 11
　apendicular 9
　axial 330
Estabilidade 84
Estabilizadores 46
Esterno 330
Estímulo(s)
　limiar 59
　máximo 59
　sublimiar 59
　submáximos 59
Etimologia de termos de cinesiologia 380
Eversão 295
　definição 24
Excitabilidade 39
Exercício(s)
　cadeia aberta e cadeia fechada 212-214
　com aparelhos 44
　de fortalecimento 375
　do tronco e do membro inferior, análise 361
　dos membros superiores, análise 216
　isométricos 366
　para o membro superior
　　elevação frontal com barra 219-220
　　extensão do tríceps 218-219
　　flexão de braço 223-225
　　puxada de ombros 216-217
　　puxada na frente com polia alta 221, 223-224
　　remada curvada com peso 223, 225-226
　　rosca direta 217-218
　　supino reto 219-221
　　tração na barra fixa 221-222
　para o tronco e membro inferior
　　abdominal modificado com flexão parcial do tronco (*curl-up*) 362-363
　　agachamento 364-365
　　contração abdominal 367
　　extensões alternadas em decúbito ventral 363-364
　　levantamento-terra 365-366
　　remada 367-369
Extensão, definição 24
Extensão do punho 175
Extensão do tríceps 218-219
Extensibilidade 39
Extensões alternadas em decúbito ventral (exercício super-homem) 363-364

F

Facetas articulares das vértebras 331
Fáscia 41
　plantar 297
Fascite plantar 297
Fase
　de apoio 210
　de balanço 292
　de contração 60
　de finalização 211
　de movimento 211
　de preparação 211
　de recuperação 211
　de relaxamento 60
Fêmur 230, 232
Fases de análise de habilidades, arremesso de beisebol 211
Fechamento epifisário, cronograma 13
Fenômeno do déficit de rotação medial glenoumeral, ou GIRD 116
Fibras musculares
　disposição 40
　tipos 58
Fíbula 294-295
Fibular, definição 4
Flexão 24
　dorsal (dorsiflexão) 24-25
　lateral 25
　palmar 25
　plantar 24
　radial (desvio radial) 25
　ulnar (desvio ulnar) 25
Flexão de braço 223-225
Flexão do punho 175
Força 72, 85
　excêntrica 76

Forças 85
Forma dos músculos 40
    e disposição das fibras 38
Frequência 214
Fulcro 72
Funções dos músculos 44
    agrupamento das funções musculares 47
Funções esqueléticas 10
Fundamentos neuromusculares 36
Fuso muscular 55, 62

G

Giro 25, 28
    definição 28
Gonfose 17
Goniometria 22
Goniômetro 22

H

Hálux 293, 298, 305, 312, 317
Hérnia discal 332
Herniação do núcleo pulposo 332, 357
Hiperextensão 23
    da coluna 333
    do cotovelo 149
    do joelho 276
    do ombro 117
    do punho 171

I

Impulso 85
Inércia 82
Inervação 41
Inferior (infra), definição 4
Inferolateral, definição 4
Inferomedial, definição 4
Inibição recíproca 62-63
Inserção 42
Insuficiência
    ativa 65-66
    passiva 65-66
Intensidade 214
Interneurônios 51-52
Intersecções tendíneas 353
Inversão 295, 297
    da função muscular 48
    definição 24
Ipsilateral, definição 4
Irritabilidade 39
Isocinética 44
Isometria 366

J

Joelho 272
    articulação 273, 276
    ligamentos 274
    mecanismo de travamento 276
    movimentos 277
        extensão 277
        flexão 277
        rotação lateral 277
        rotação medial 277
    músculos 277-278
        localização 278
    nervos 281
    ossos 272-273
Junção neuromuscular 58

L

Lateral, definição 4
Lei(s)
    da aceleração 83, 86
    da inércia 82
    da reação 83, 86
    de Davis 21
    de Wolff 14
    do movimento, relação com atividades físicas 81
    primeira lei do movimento de Newton, exemplo 82
Levantamento-terra 349, 365-366
Ligamento(s) 18
    acromioclavicular 92
    amarelo 331
    anular 148
    bifurcado 296
    calcaneocubóideo dorsal 296
    calcaneofibular 296
    calcaneonavicular plantar 296
    capsular 116
    capsulares posteriores 114
    colateral 175
        radial 148
        ulnar (LCU) 147
    colateral lateral (LCL) 147
        fibular 274-275
        ulnar 148
    colateral medial (LCM) 147
        tibial 275
    conoide 92
    coracoumeral 115
    costoclaviculares 92
    cruzado anterior (LCA) 274-275
    cruzado posterior (LCP) 274-275
    cuneonaviculares 296
    da cabeça do fêmur 234

do deltoide 296
do joelho 275
esternoclavicular 92
glenoumerais 114-115
iliofemoral 233
inguinais 352, 354-356
interclavicular 92
interespinal 331
interósseo 296
isquiofemoral 233
longitudinal
   anterior 331
   posterior 331
meniscofemoral posterior 275
metacarpal transverso profundo 175
nucal 331, 343
oblíquo posterior 275
palmar 175
plantares 297, 319
   longo 296, 319
posteriores do pescoço 101
pubofemoral 233
sacroespinal 240
supraespinal 331
talocalcâneo
   interósseo 296
   medial 296
   posterior 296
talofibular 296
talonavicular dorsal 296
tarsometatarsal dorsal 296
tibiofibular posterior 296
transverso 275
   do acetábulo 233
trapezoide 92
Linha(s)
  alba 353
  de referência 2-3
    axilar anterior 3
    axilar média 3
    axilar posterior 3
    escapular 3
    medioclavicular 3
    medioesternal 3
    ponto médio inguinal 3
    vertebral 3
  de tração 49
  semilunar 353
Lordose 328

M

Magnitude da força 76
Maléolo lateral 81
Manguito rotador 116

Manobra de Valsalva 216
Mão 171
  articulações 172
  movimentos 175-175
    extensão (dorsiflexão) 175
    flexão (flexão palmar) 175
    oposição 177
    reposição 177
  músculos 177
  nervos 183
  ossos 171
Mapa dos dermátomos 52
Massa 83
Matriz de contrações 45
Mecânica 71
  dinâmica 71
  estática 71
Medial, definição 4
Mediano, definição 4
Medição goniométrica 22
Medições quantitativas, escalares *versus* vetoriais 81
Medula espinal 50, 52
Membros inferiores
  articulações 229-233, 272-277, 292-298
  exercícios para 362-368
  movimentos 233-237, 277, 298-299
  músculos 238-267, 277-287, 298-322
Membros superiores
  análise dos exercícios para 216
  articulações 91-94
  atividades para 209
  exercícios para 209-226
  movimentos 94-96
  músculos 96-107
Meniscos 274-275
Miótomos 51, 53
Movimentadores primários 46
Movimento
  acessório 25, 29
  angular 81
  articular 22-23
  ativo
    do joelho 276
    do quadril 234
    do tornozelo, pé e artelhos 297
  concorrente 65
  contracorrente 65
  curvilíneo 81
  fisiológico 25
  linear 81
  muscular 45
  osteocinemático 25
  retilíneo 81
Músculo(s)
  abdutor

curto do polegar 202-203
do dedo mínimo 202-203
do hálux 318-321
longo do polegar 201-202
adutor
curto 254-255
do hálux 318-321
do polegar 185, 202-203
longo 255-256
magno 256-257
agonistas
da articulação do joelho 279-280
da articulação do quadril 242-243
da articulação glenoumeral 120-121
da coluna vertebral 336-337
das articulações do tornozelo e do pé 303-304
das articulações dos punhos e das mãos 178-179
das articulações radioulnares e do cotovelo 154-155
do cíngulo do membro superior 99
ancôneo 161-162
antagonistas 46
anteriores
da articulação do ombro e do cíngulo
do membro superior 123
do membro superior 152
do ombro 124
do pescoço 340
biarticulares 64
bíceps braquial 157
bíceps femoral 261
bipeniformes 39
braquial 158
braquiorradial 159
circulares 39
coracobraquial 133
da coluna vertebral 345-346
da parede abdominal 339, 351
da parte anterior direita da pelve e regiões da coxa 240
da parte inferior da perna, do tornozelo e do pé 300
da parte lateral direita da coxa 241
da parte medial direita da coxa 240
da parte posterior direita da coxa 241
da respiração 347
das articulações glenoumeral, radioulnar e do cotovelo 149
das costas e do pescoço 350
deltoide 126-127
do abdome 352
do antebraço 184
do braço 153
do cíngulo do membro superior 96
localização e ação 98
do *core* 339
treinamento 339
do manguito rotador 134
do quadríceps 281

do tórax 339, 344, 348
do tronco e da coluna vertebral 335
dos punhos e das mãos 183
localização 183
eretores da espinha 346, 349
esfíncteres 39
espinal 346
esplênios do pescoço e da cabeça 343
estabilizadores 46
esternocleidomastóideo 341-342
estriados 39
extensor
curto do polegar 200
do dedo mínimo 198
do indicador 196-197
dos dedos 195-196
longo do hálux 312-313
longo do polegar 199
longo dos dedos 311-312
radial curto do carpo 190
radial longo do carpo 191
ulnar do carpo 188-189
extrínseco 41
fibular
curto 309-310
longo 308-309
terceiro 310-311
flexor
longo do hálux 317-318
longo do polegar 194-195
longo dos dedos 316-317
profundo dos dedos 193-194
radial do carpo 185-186
superficial dos dedos 192
ulnar do carpo 187-188
funções musculares 47
fusiformes 39
gastrocnêmio 306
gêmeo inferior 266-267
gêmeo superior 266-267
glenoumerais 129
glúteo
máximo 262
médio 263
mínimo 264
grácil 257-258
iliocostais 346
iliopsoas 250
infraespinal 137-138
intrínsecos 41
da mão 201, 203-204
do pé 318
latíssimo do dorso 130-131
levantador da escápula 102
lisos 39

longuíssimo 346
multipeniformes 39
neutralizadores 46
oblíquo
    externo do abdome 352-354
    interno do abdome 352, 355
obturador externo 266-267
obturador interno 266-267
palmar longo 186-187
paralelos 39
pectíneo 253-254
peitoral
    maior 128
    menor 105-106
peniformes 39
poplíteo 286-287
posteriores
    da articulação do ombro e do cíngulo do membro superior 123
    da coxa 285-286
    do membro superior 153
    do ombro 125
profundos
    associados às vértebras 346
    das costas 345
    das regiões posterior do pescoço e superior das costas 341
    do corpo humano 37-38
    do membro inferior 238
    que atuam na coluna vertebral e no tórax 347
pronador
    quadrado 163-164
    redondo 162-163
quadrado do lombo 350-351
quadríceps 281
radiados 39
redondo
    maior 132
    menor 139
responsáveis pelos movimentos da cabeça 339-340, 342
reto
    do abdome 351, 353
    femoral 251, 282
romboides 103-104
rotadores
    do antebraço 151
    laterais profundos 266-267
sacroespinais 346, 349
sartório 252
semimembranáceo 260
semitendíneo 258-259
serrátil anterior 104-105
sóleo 307
subclávio 107
subescapular 135-136
superficiais
    do corpo humano 37-38
    do membro inferior 238
supinador 164-165
supraespinal 136-137
tensor da fáscia lata 265-266
tibial
    anterior 314
    posterior 315
transverso do abdome 356-357
trapézio 98, 101
tríceps
    braquial 160-161
    sural 298, 306
uniarticulares 64
unipeniformes 39
vasto
    intermédio 283-284
    lateral 283
    medial 285

N

Nervo(s)
    aferentes 50
    axilar, distribuição muscular e cutânea 126
    craniano XI 340
    do plexo lombossacral 247
    e funções da medula espinal 52
    eferentes 50
    espinais 241, 340
    femoral 241, 281
        distribuição muscular e cutânea 248
    fibular 281, 305
        distribuição muscular e cutânea 305
    ílio-hipogástrico 340
    ilioinguinal 340
    intercostais 340
    interósseo anterior 183
    isquiático 247, 281, 305
    mediano 177, 183
        distribuição muscular e cutânea 156
    musculocutâneo, distribuição muscular e cutânea 126
    obturatório 241, 247
        distribuição muscular e cutânea 248
    plantar 305
    radial 183
        distribuição muscular e cutânea 156
    tibial, distribuição muscular e cutânea 249
    ulnar 183
        distribuição muscular e cutânea 185
    vertebrais 50
Neurônio(s) 51
    motores 51-52
    sensoriais 51-52
Neutralizadores 46

Nomenclatura muscular 36
Núcleo(s)
  da base 50
  pulposo 332

O

Ombro 112, 114
  lesões 116
  movimentos 117-119
    abdução 117
    abdução diagonal 119
    abdução horizontal (extensão) 119
    adução 117
    adução diagonal 119
    adução horizontal (flexão) 119
    extensão 117
    flexão 117
    rotação lateral 119
    rotação medial 119
  músculos 119
    localização 122
  nervos 126
  ossos 113
Oposição do polegar 25
Órgãos tendinosos de Golgi (OTG) 55-56, 62
Origem 42
Osso(s)
  chatos 11
  classificação 12
  curtos 10
  endocondrais 12
    desenvolvimento 13
  esponjoso 12
  irregulares 11
  longos 10, 12
    remodelação 14
  propriedades 14
  sesamoides 11
  tipos 10
  trabecular 12
Osteoblastos 14
Osteoclastos 14
Osteologia 9

P

Padrão de movimento concorrente 65
Palmar, definição 4
Palpação 48
Parede abdominal 352
Pares de forças 47
Pata de ganso 278
Pé 294, 320
  articulações 295
  camadas musculotendíneas da face plantar 319
  músculos intrínsecos 319, 321-322
Pé e tornozelo
  movimentos 298-299
    dorsiflexão (flexão) 298
    eversão 298
    extensão dos artelhos 298
    flexão dos artelhos 298
    flexão plantar (extensão) 298
    inversão 298
    pronação 298
    supinação 298
  músculos 298
    por compartimento 302
    por função 302
  nervos 305
  ossos 293
Pelve 230-232
  movimentos 233
    que acompanham a rotação pélvica 234
    rotação anterior 236
    rotação lateral direita 236
    rotação lateral esquerda 236
    rotação posterior 236
    rotação transversal direita 236
    rotação transversal esquerda 236
Periodização 215
Período latente 60
Periósteo 12
Perna, corte transversal 302
Piriforme 266-267
Placas epifisárias 12-13
Planos de movimento 5-7
  cardinais 5
  diagonal ou oblíquo 6-7
  escapular 4
  frontal, coronal ou lateral 5
  parassagitais 5
  sagital mediano 5
  sagital, anteroposterior ou AP 5
  transverso, axial ou horizontal 6
Plantar, definição 5
Plexo
  braquial 100
  cervical 100
Plica 276
Polegar, reposição 25
Polia 80-81
  móvel composta 80
  simples 80
Posições de referência
  anatômica 2
  fundamental 2
Posterior, definição 5

Posteroinferior, definição 5
Posterolateral, definição 5
Posteromedial, definição 5
Posterossuperior, definição 5
Potencial de ação 59
Princípio
   AEDI 215
   da sobrecarga 214
   do tudo ou nada 58
Processos 15
Profundo, definição 5
Pronação 24
Propriedades dos ossos 14
Propriedades dos tecidos musculares 39
   contratilidade 39
   elasticidade 39
   excitabilidade 39
   extensibilidade 39
   irritabilidade 39
Propriocepção 21, 55
   e cinestesia 51
Protração (abdução) 24
Proximal, definição 5
Punho 183
   articulações 172
   movimentos 175-176
      extensão (dorsiflexão) 175
      flexão (flexão palmar) 175
   músculos 177
   nervos 183
   ossos 171
Puxada de ombros 216-217
Puxada na frente com polia alta 221, 223-224

Q

Quadrado femoral 266-267
Quadril 229, 233-234
   articulações 231
   identificação dos músculos 240
   movimentos 233
      abdução 235
      abdução diagonal 236
      abdução horizontal 236
      adução 235
      adução diagonal 236
      adução horizontal 236
      extensão 235
      flexão 235
      rotação lateral 235
      rotação medial 235
   músculos 238
      localização 239
   nervos 241
   ossos 229

Quantidades
   escalares 81
   vetoriais 81

R

Radial, definição 5
Raízes e plexos dos nervos espinais 51
Receptores sensoriais 57
Recurvado 5
Redução 25
Referências ósseas 14-15
Reflexos 53
   de alongamento 55
   do joelho 56
   do tendão patelar 56
   miotático 55
Regiões do corpo 8-10
Relação
   agonista-antagonista, com contrações isotônicas
      e isométricas 43
   força-velocidade muscular 62
   tensão-comprimento muscular 60-61
      aplicação prática 61
   velocidade-força muscular 62
Remada curvada com peso 223, 225-226
Remodelação de um osso longo 14
Reposição do polegar 25
Resistência 72, 78
Retináculo 42
Retirada da ponta do pé do solo 292
Retração (adução) 24
Retroversão 5
Ritmo escapuloumeral 116
Roda e eixo 79
Rolamento 25, 28
Rosca direta 217-218
Rotação
   ascendente 25
   da pelve 237
   descendente
   lateral 24
   medial 24
   pélvica 234

S

Sacro 327
Scaption (movimento do úmero no plano
   da escápula) 25
Sincondrose 18
Sindesmose 18
Síndrome
   compartimental 301
   do impacto do manguito rotador 135

Sinergia entre os músculos das articulações glenoumeral,
    radioulnar e do cotovelo 149
Sinergistas
  auxiliares 46
  verdadeiros 46
Sínfise 18
Sistema(s)
  de alavancas 87
  esqueléticos 8
  nervoso central (SNC) 50
  nervoso periférico (SNP) 50
Sit-ups 353
Somação 60
Superficial, definição 5
Superior (supra), definição 5
Superolateral, definição 5
Superomedial, definição 5
Supinação, definição 24
Supino reto 219-221
Sutura 17

T

Tendão 41
Tensão
  ativa 61
  muscular 59
  passiva 61
Terminologia
  da variação de alinhamento 5
  direcional anatômica 3-4
  muscular 41
Termos descritivos
  de movimentos gerais 24
  dos movimentos da articulação do ombro (glenoumeral) 25
  dos movimentos das articulações radioulnares 24
  dos movimentos do cíngulo do membro superior
      (escapulotorácicos) 24
  dos movimentos dos punhos e das mãos 25
  dos movimentos do tornozelo e do pé 24
Tetania 60
Tíbia 294-295
Tibial, definição 5
Tórax 328, 330
Tornozelo 295
  articulações 295
  entorses 295
  movimentos 298
    dorsiflexão (flexão) 298
    eversão 298
    flexão plantar (extensão) 298
    inversão 298
    pronação 298
    supinação 298
  músculos 298
    por compartimento 302
    por função 302
  nervos 305
  ossos 293
Torque 76
  cálculos de 78
  e comprimento dos braços de alavanca 76
Tração na barra fixa 221-222
Translação 28
Treinamento
  de força 215, 375
  de resistência 362
  dos músculos do *core* 339
  em circuito 362
  pliométrico 62
Tronco 327
Tronco encefálico 50
Túnel do carpo 171

U

Ulnar, definição 5
Úmero 115
Unidade motora 58

V

Valgo 5
Vantagem mecânica 72, 79-80
Varo 5
Velocidade
  escalar 82
  vetorial 82
Ventral, definição 5
Ventre muscular (ou corpo) 41
Vértebra(s)
  articuladas 327
  cervicais 327, 329
  facetas articulares 331
  fundidas 327
  lombares 327, 329
  torácicas 327, 329-330
Volar, definição 5

Ficha de exercícios – Capítulo 1

Para tarefas em sala de aula ou extraclasse, ou para testes, utilize esta ficha avulsa destacável.

Esqueleto – vista anterior

Nesta ficha referente à vista anterior do esqueleto, identifique os ossos e suas principais características.

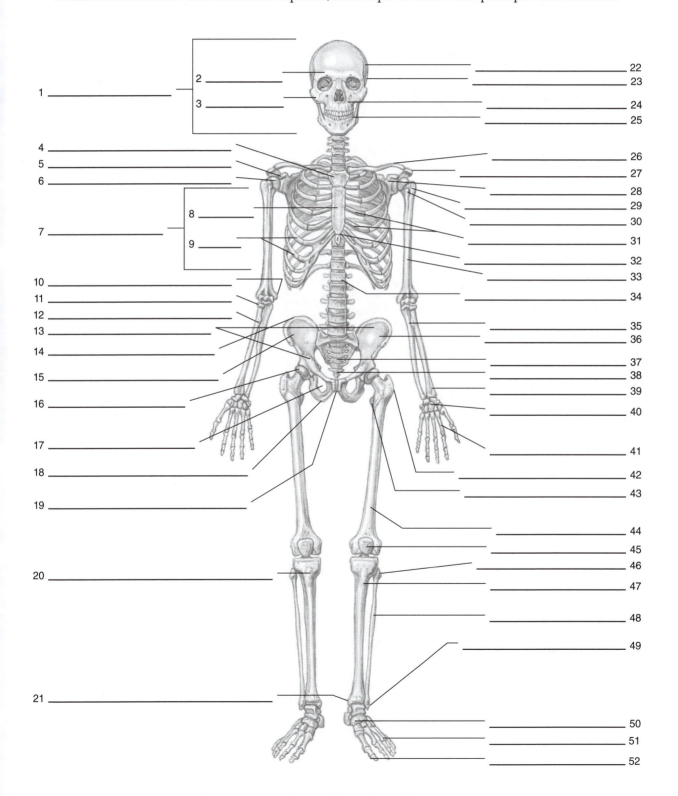

Esqueleto – vista posterior

Nesta ficha referente à vista posterior do esqueleto, identifique os ossos e suas principais características.

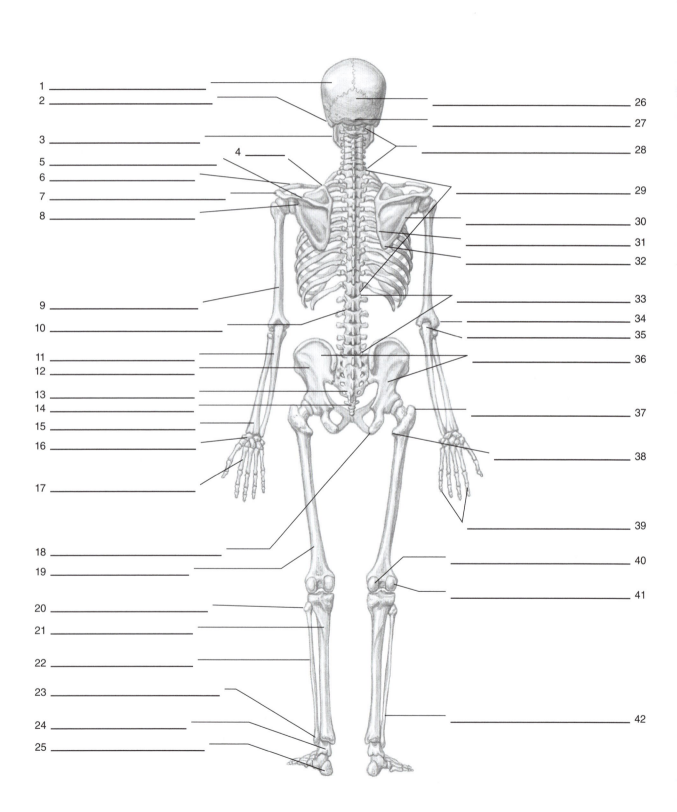

1 _____
2 _____
3 _____
4 _____
5 _____
6 _____
7 _____
8 _____
9 _____
10 _____
11 _____
12 _____
13 _____
14 _____
15 _____
16 _____
17 _____
18 _____
19 _____
20 _____
21 _____
22 _____
23 _____
24 _____
25 _____

26 _____
27 _____
28 _____
29 _____
30 _____
31 _____
32 _____
33 _____
34 _____
35 _____
36 _____
37 _____
38 _____
39 _____
40 _____
41 _____
42 _____

Ficha de exercícios – Capítulo 2

Para tarefas em sala de aula ou extraclasse, ou para testes, utilize esta ficha avulsa destacável.

Sistema muscular da parte anterior do corpo

Nesta ficha do sistema muscular da parte anterior do corpo, identifique os principais músculos superficiais à direita, e os músculos mais profundos à esquerda.

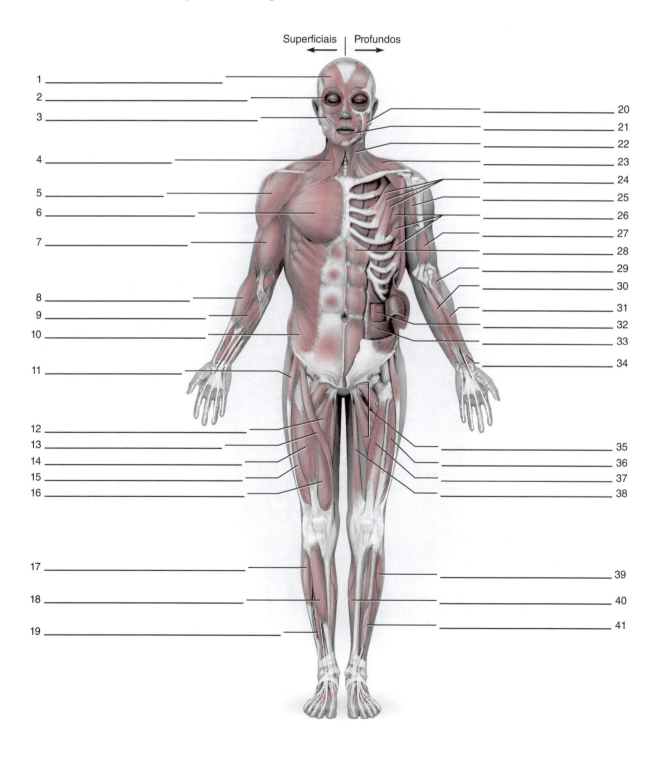

Sistema muscular da parte posterior do corpo

Nesta ficha do sistema muscular da parte posterior do corpo, identifique os principais músculos superficiais à direita, e os músculos mais profundos à esquerda.

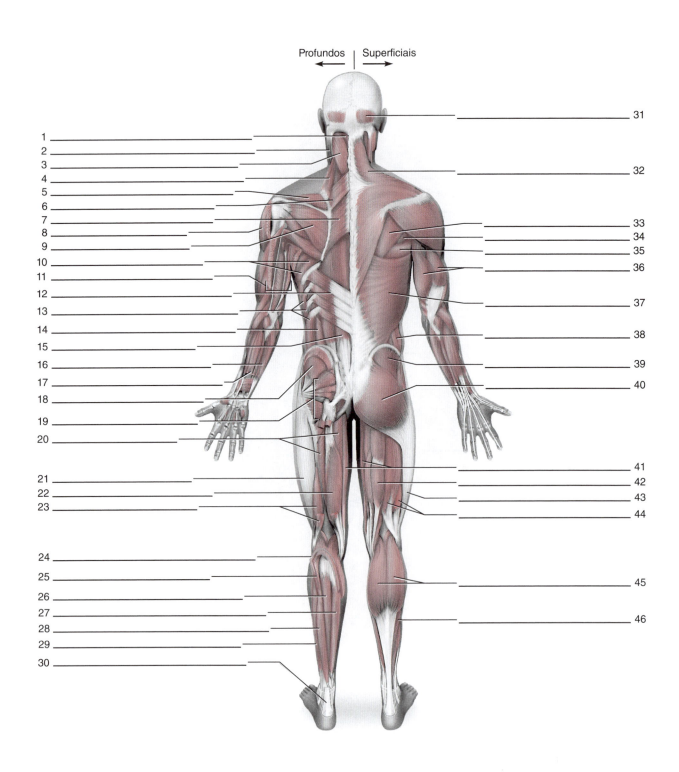

Profundos | Superficiais

1 _____
2 _____
3 _____
4 _____
5 _____
6 _____
7 _____
8 _____
9 _____
10 _____
11 _____
12 _____
13 _____
14 _____
15 _____
16 _____
17 _____
18 _____
19 _____
20 _____

21 _____
22 _____
23 _____

24 _____
25 _____
26 _____
27 _____
28 _____
29 _____
30 _____

31 _____
32 _____
33 _____
34 _____
35 _____
36 _____
37 _____
38 _____
39 _____
40 _____
41 _____
42 _____
43 _____
44 _____
45 _____
46 _____

Ficha de exercícios – Capítulo 4

Para tarefas em sala de aula ou extraclasse, ou para testes, utilize esta ficha avulsa destacável.

Ficha 1

Com lápis de cor ou marcadores coloridos, desenhe e identifique no diagrama os músculos a seguir. Indique a origem e a inserção de cada músculo com um "O" ou um "I", respectivamente, ilustrando a origem e a inserção no lado contralateral do esqueleto.

a. Trapézio
b. Romboides maior e menor
c. Serrátil anterior
d. Levantador da escápula
e. Peitoral menor

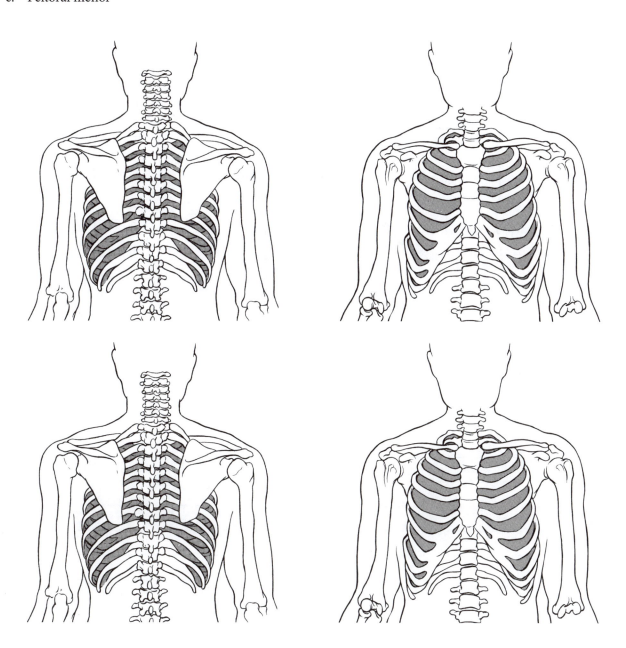

Ficha 2

Identifique cada uma das linhas de 1 a 6 do desenho com a letra da lista a seguir que corresponda aos movimentos do cíngulo do membro superior indicados pela seta.

a. Adução (retração)
b. Abdução (protração)
c. Rotação ascendente
d. Rotação descendente
e. Elevação
f. Abaixamento

Nas linhas a seguir, que correspondem aos números das setas indicadas no desenho anterior, cite o(s) músculo(s) ou as partes dos músculos responsáveis primariamente pela execução de cada movimento.

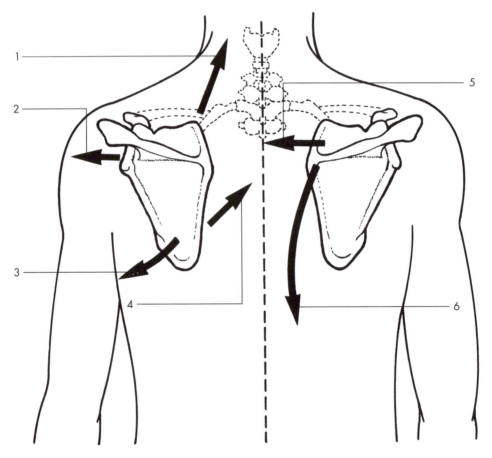

1. _____
2. _____
3. _____
4. _____
5. _____
6. _____

Ficha de exercícios – Capítulo 5

Para tarefas em sala de aula ou extraclasse, ou para testes, utilize esta ficha avulsa destacável.

Ficha 1

Com lápis de cor ou marcadores coloridos, desenhe e identifique na ficha os músculos a seguir. Indique a origem e a inserção de cada músculo com um "O" ou um "I", respectivamente, desenhando-as no lado contralateral do esqueleto.

a. Deltoide
b. Supraespinal
c. Subescapular
d. Redondo maior
e. Infraespinal
f. Redondo menor
g. Latíssimo do dorso
h. Peitoral maior
i. Coracobraquial

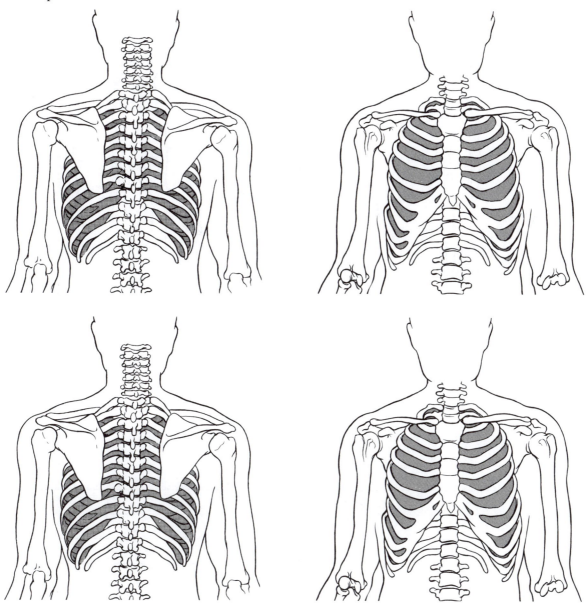

Ficha 2

Identifique e indique com setas os seguintes movimentos da articulação do ombro. Para cada movimento, complete a frase acrescentando o plano em que o movimento ocorre e o seu eixo de rotação.

a. A abdução ocorre no plano _____ em torno do eixo _____.
b. A adução ocorre no plano _____ em torno do eixo _____.
c. A flexão ocorre no plano _____ em torno do eixo _____.
d. A extensão ocorre no plano _____ em torno do eixo _____.
e. A adução horizontal ocorre no plano _____ em torno do eixo _____.
f. A abdução horizontal ocorre no plano _____ em torno do eixo _____.

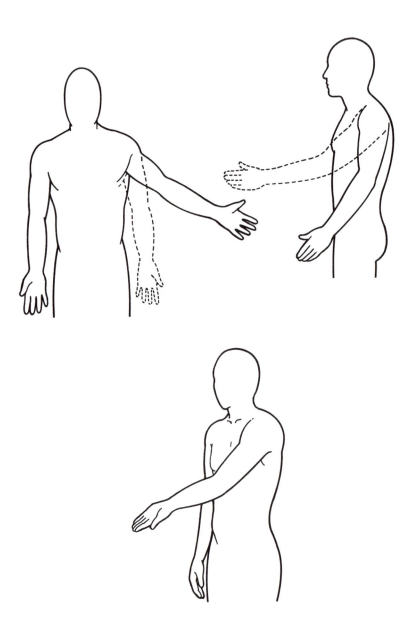

Ficha de exercícios – Capítulo 6

Para tarefas em sala de aula ou extraclasse, ou para testes, utilize esta ficha avulsa destacável.

Ficha 1

Com lápis de cor ou marcadores coloridos, desenhe ou identifique no diagrama os músculos a seguir. Indique a origem e a inserção de cada músculo com um "O" ou um "I", respectivamente.

a. Bíceps braquial
b. Braquiorradial
c. Braquial
d. Pronador redondo
e. Supinador
f. Tríceps braquial
g. Pronador quadrado
h. Ancôneo

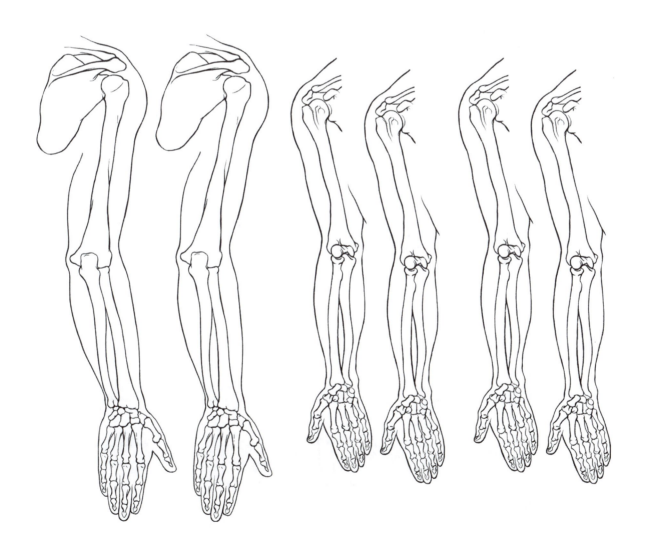

Ficha 2

Identifique e indique com setas os seguintes movimentos das articulações radioulnares e do cotovelo. Em seguida, para cada movimento, relacione o(s) músculo(s) agonista(s), o plano em que o movimento ocorre e o seu eixo de rotação.

1. Articulações do cotovelo

    a. Flexão
    b. Extensão

2. Articulações radioulnares

    a. Pronação
    b. Supinação

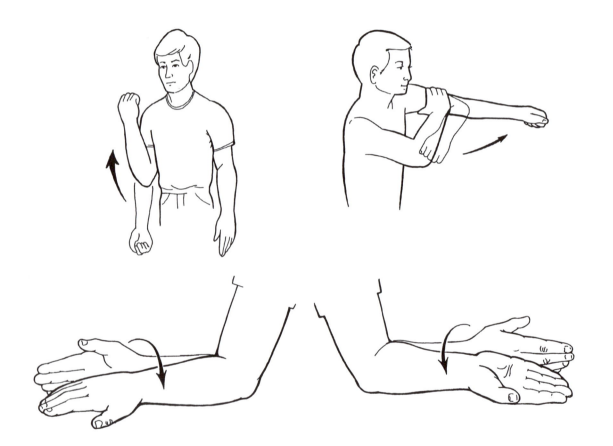

1. a. O(s) músculo(s) _____ produz(em) _____ no plano _____ em torno do eixo _____.

    b. O(s) músculo(s) _____ produz(em) _____ no plano _____ em torno do eixo _____.

2. a. O(s) músculo(s) _____ produz(em) _____ no plano _____ em torno do eixo _____.

    b. O(s) músculo(s) _____ produz(em) _____ no plano _____ em torno do eixo _____.

Ficha de exercícios – Capítulo 7

Para tarefas em sala de aula ou extraclasse, ou para testes, utilize esta ficha avulsa destacável.

Ficha 1

Com lápis de cor ou marcadores coloridos, desenhe e identifique na ficha os músculos a seguir. Indique a origem e a inserção de cada músculo com um "O" ou um "I", respectivamente.

a. Flexor longo do polegar
b. Flexor radial do carpo
c. Flexor ulnar do carpo
d. Extensor dos dedos
e. Extensor longo do polegar
f. Extensor ulnar do carpo
g. Extensor curto do polegar
h. Palmar longo
i. Extensor radial longo do carpo
j. Extensor radial curto do carpo
k. Extensor do dedo mínimo
l. Extensor do indicador
m. Flexor superficial dos dedos
n. Flexor profundo dos dedos
o. Abdutor longo do polegar

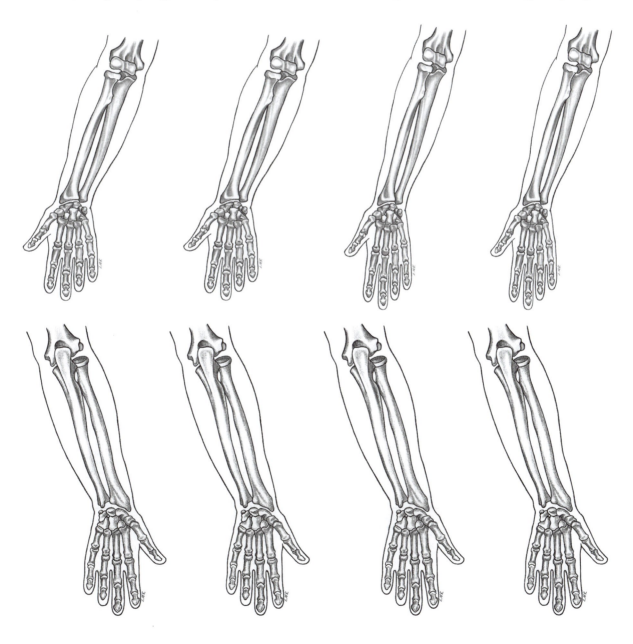

Ficha 2

Identifique e indique com setas os seguintes movimentos das articulações dos punhos e das mãos. Para cada movimento, relacione o(s) músculo(s) agonista(s), o plano em que o movimento ocorre e o seu eixo de rotação.

a. Flexão
b. Extensão
c. Abdução (flexão ulnar)
d. Adução (flexão radial)

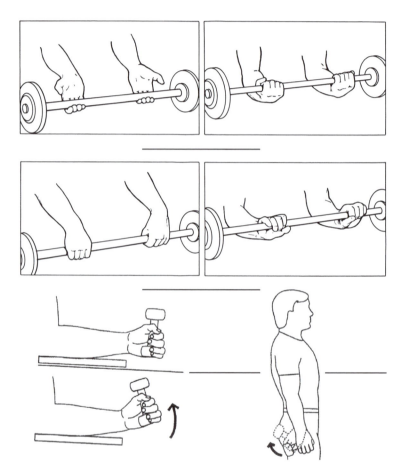

a. O(s) músculo(s) _____ produz(em) _____
   no plano _____ em torno do eixo _____ .

b. O(s) músculo(s) _____ produz(em) _____
   no plano _____ em torno do eixo _____ .

c. O(s) músculo(s) _____ produz(em) _____
   no plano _____ em torno do eixo _____ .

d. O(s) músculo(s) _____ produz(em) _____
   no plano _____ em torno do eixo _____ .

Ficha de exercícios – Capítulo 8

Para tarefas em sala de aula ou extraclasse, ou para testes, utilize esta ficha avulsa destacável.

Exercício de remada alta

Cite os movimentos que ocorrem em cada articulação quando a pessoa levanta o peso durante a execução do exercício de remada alta e depois o abaixa. Relacione os músculos primariamente responsáveis por cada movimento das articulações, indicando com "C" se a contração for concêntrica ou "E" se for excêntrica.

Fase de levantamento		
Articulação	Movimento	Músculos
Punhos		
Cotovelos		
Articulações dos ombros		
Cíngulos dos membros superiores		
Fase de abaixamento		
Punhos		
Cotovelos		
Articulações dos ombros		
Cíngulos dos membros superiores		

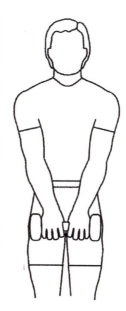
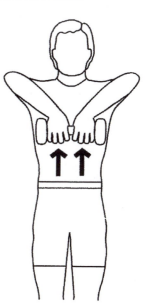

Exercício de mergulho nas barras paralelas

Cite os movimentos que ocorrem em cada articulação quando a pessoa movimenta o corpo para cima e para baixo durante a execução do exercício de mergulho nas barras paralelas. Relacione os músculos primariamente responsáveis por cada movimento das articulações, indicando com "C" se a contração for concêntrica ou com "E" se for excêntrica.

Fase de subida (ou levantamento) do corpo		
Articulação	Movimento	Músculos
Punhos		
Cotovelos		
Articulações dos ombros		
Cíngulos dos membros superiores		
Fase de descida (ou abaixamento) do corpo		
Punhos		
Cotovelos		
Articulações dos ombros		
Cíngulos dos membros superiores		

Análise de habilidades esportivas relacionadas ao membro superior

Escolha uma habilidade na coluna da esquerda para analisar e assinale-a. Em sua análise, relacione os movimentos de cada articulação em cada fase da habilidade. Talvez você prefira relacionar as posições iniciais em que as articulações se encontram na fase de apoio. Após cada movimento, identifique o(s) músculo(s) primariamente responsável(eis) por produzir/controlar o movimento. Ao lado de cada músculo em cada movimento, indique o tipo de contração da seguinte maneira: I – isométrica; C – concêntrica; E – excêntrica. Talvez seja recomendável rever os Capítulos 4-7.

Habilidade		Articulação	Fase de apoio	Fase preparatória	Fase de movimento	Fase de finalização
Arremesso de beisebol	(D)	Cíngulo do membro superior				
		Articulação do ombro				
		Cotovelo				
Saque de voleibol		Radioulnar				
Saque de tênis		Punho				
Arremesso de softbol		Dedos				
Backhand de tênis	(E)	Cíngulo do membro superior				
Tacada do beisebol		Articulação do ombro				
		Cotovelo				
Boliche		Radioulnar				
Lance livre de basquete		Punho				
		Dedos				

Ficha de exercícios – Capítulo 9

Para tarefas em sala de aula ou extraclasse, ou para testes, utilize esta ficha avulsa destacável.

Ficha 1

Com lápis de cor ou marcadores coloridos, desenhe e identifique na ficha os músculos a seguir. Indique a origem e a inserção de cada músculo com "O" ou "I", respectivamente, desenhando-as no lado contralateral do esqueleto.

a. Iliopsoas
b. Reto femoral
c. Sartório
d. Pectíneo
e. Adutor curto
f. Adutor longo
g. Adutor magno
h. Grácil

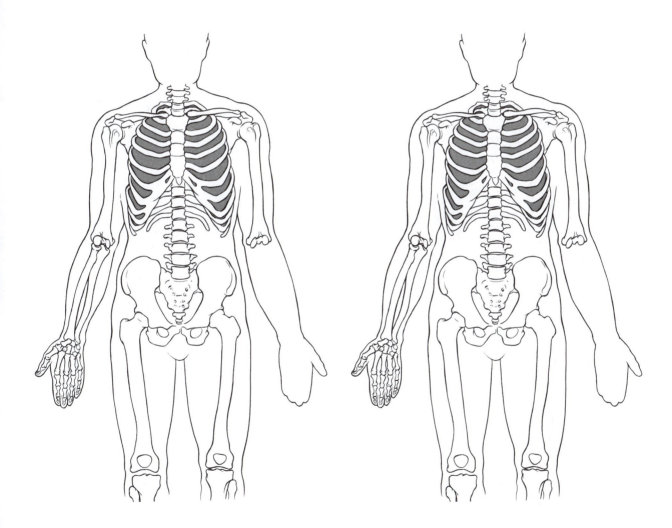

Ficha 2

Com lápis de cor ou marcadores coloridos, desenhe e identifique na ficha os músculos a seguir. Indique a origem e a inserção de cada músculo com "O" ou "I", respectivamente, desenhando-as no lado contralateral do esqueleto.

a. Semitendíneo
b. Semimembranáceo
c. Bíceps femoral
d. Glúteo máximo
e. Glúteo médio
f. Glúteo mínimo
g. Tensor da fáscia lata

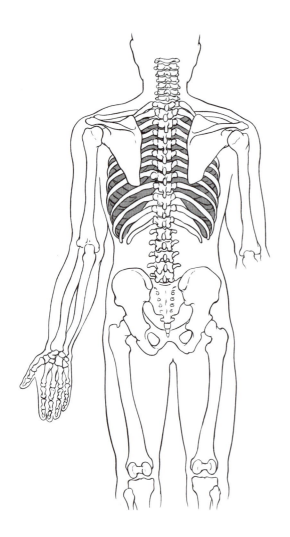
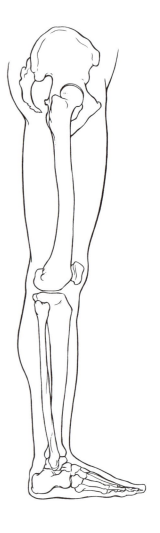

Ficha de exercícios – Capítulo 10

Para tarefas em sala de aula ou extraclasse, ou para testes, utilize esta ficha avulsa destacável.

Ficha 1

Com lápis de cor ou marcadores coloridos, desenhe e identifique na ficha os músculos a seguir. Indique a origem e a inserção de cada músculo com "O" ou "I", respectivamente, desenhando-as no lado contralateral do esqueleto.

a. Reto femoral
b. Vasto lateral
c. Vasto intermédio
d. Vasto medial
e. Bíceps femoral
f. Semitendíneo
g. Semimembranáceo
h. Poplíteo

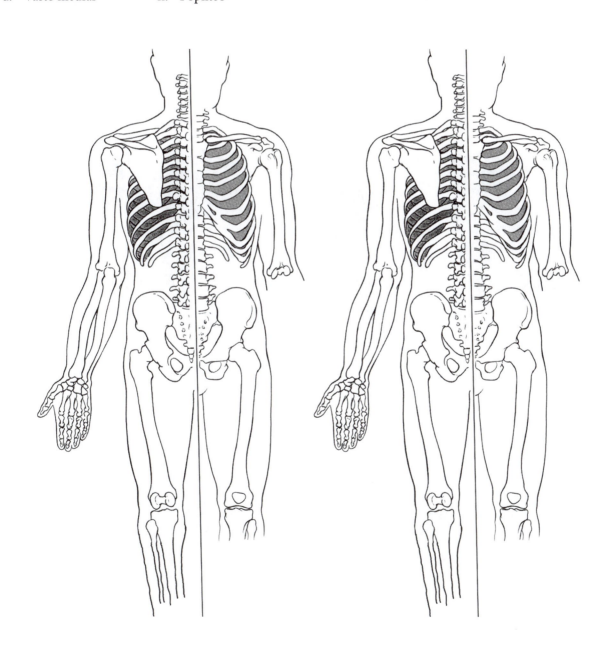

Ficha 2

Identifique e indique com setas os seguintes movimentos das articulações do joelho. Para cada movimento, complete a frase indicando o plano em que o movimento ocorre e o seu eixo de rotação, bem como os músculos que produzem o movimento.

a. A flexão ocorre no plano _____ em torno do eixo _____ e é produzida por contrações concêntricas dos músculos_____.

b. A extensão ocorre no plano _____ em torno do eixo _____ e é produzida por contrações concêntricas dos músculos_____.

c. A rotação medial ocorre no plano _____ em torno do eixo _____ e é produzida por contrações concêntricas dos músculos_____.

d. A rotação lateral ocorre no plano _____ em torno do eixo _____ e é produzida por contrações concêntricas dos músculos_____.

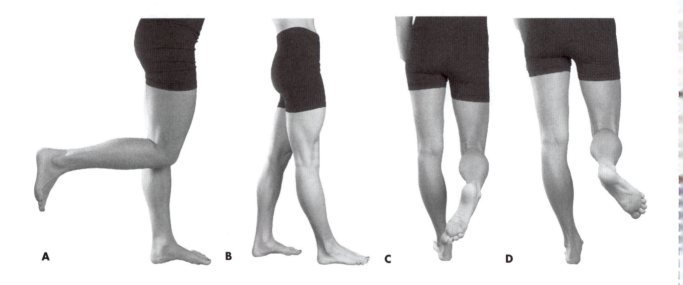

A   B   C   D

Ficha de exercícios – Capítulo 11

Para tarefas em sala de aula ou extraclasse, ou para testes, utilize esta ficha avulsa destacável.

Ficha 1

Com lápis de cor ou marcadores coloridos, desenhe e identifique na ficha os músculos a seguir. Indique a origem e a inserção de cada músculo com "O" ou "I", respectivamente, desenhando-as nos pontos de origem e inserção na vista anterior ou posterior, conforme o caso.

a. Tibial anterior
b. Extensor longo dos dedos
c. Fibular longo
d. Fibular curto
e. Fibular terceiro
f. Sóleo
g. Gastrocnêmio
h. Extensor longo do hálux
i. Tibial posterior
j. Flexor longo dos dedos
k. Flexor longo do hálux

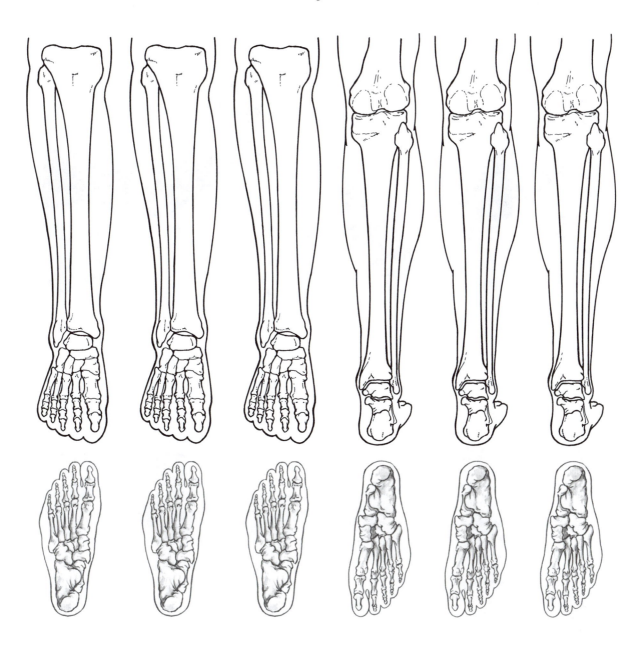

Ficha 2

Identifique e indique com setas os seguintes movimentos das articulações talocrural, transversa do tarso e talocalcânea. Para cada movimento, complete a frase indicando o plano em que o movimento ocorre e o seu eixo de rotação, bem como os músculos que produzem o movimento.

a. A dorsiflexão ocorre no plano _____ em torno do eixo _____ e é produzida por contrações concêntricas dos músculos_____.

b. A flexão plantar ocorre no plano _____ em torno do eixo _____ e é produzida por contrações concêntricas dos músculos_____.

c. A eversão ocorre no plano _____ em torno do eixo _____ e é produzida por contrações concêntricas dos músculos_____.

d. A inversão ocorre no plano _____ em torno do eixo _____ e é produzida por contrações concêntricas dos músculos _____.

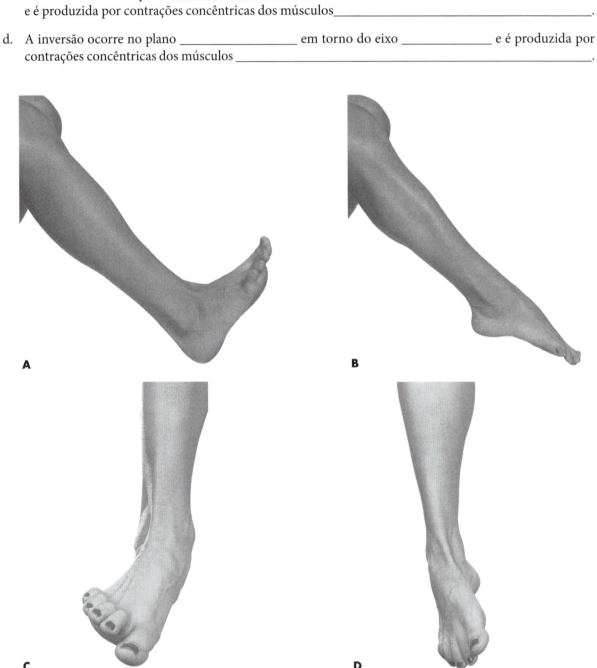

A B C D

Ficha de exercícios – Capítulo 12

Para tarefas em sala de aula ou extraclasse, ou para testes, utilize esta ficha avulsa destacável.

Ficha 1

Com lápis de cor ou marcadores coloridos, desenhe e identifique na ficha os músculos a seguir. Indique a origem e a inserção de cada músculo com "O" ou "I", respectivamente, desenhando-as nos pontos de origem e inserção na vista anterior, conforme o caso.

a. Reto do abdome
b. Oblíquo externo do abdome
c. Oblíquo interno do abdome
d. Esternocleidomastóideo

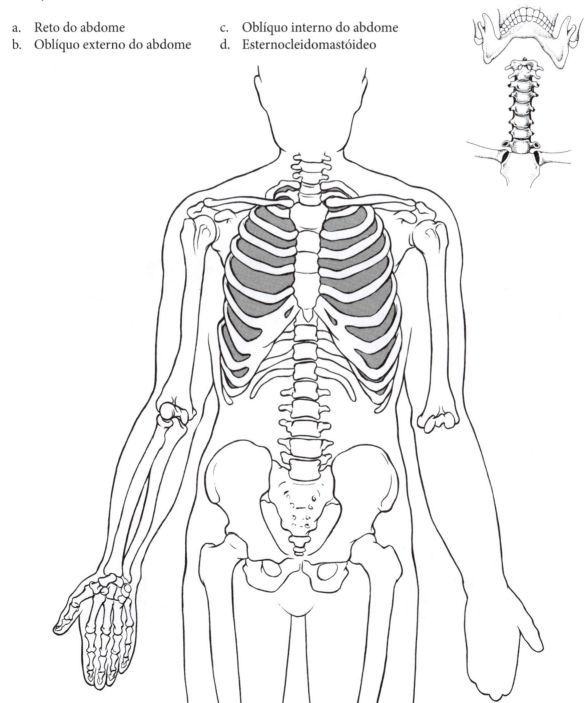

Ficha 2

Com lápis de cor ou marcadores coloridos, desenhe e identifique na ficha os músculos a seguir. Indique a origem e a inserção de cada músculo com "O" ou "I", respectivamente, desenhando-as nos pontos de origem e inserção na vista posterior, conforme o caso.

a. Eretor da espinha
b. Quadrado do lombo
c. Esplênio – do pescoço e da cabeça

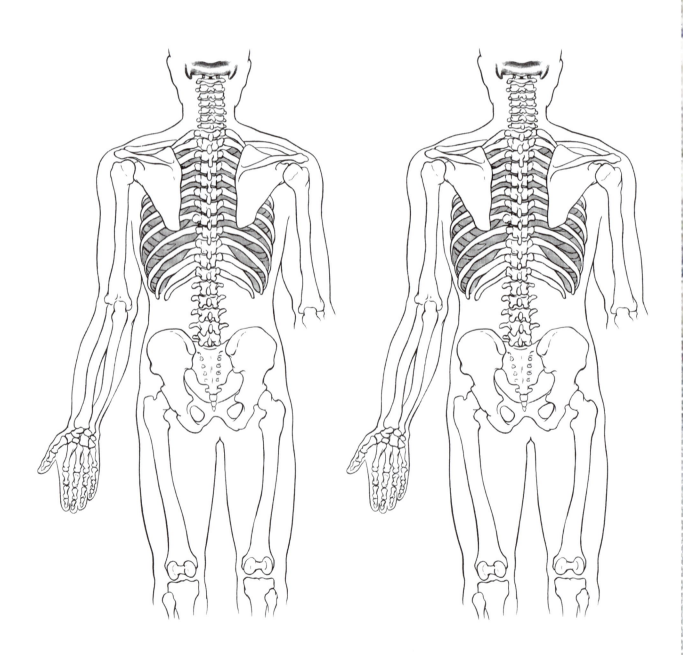

Ficha de exercícios – Capítulo 13

Para tarefas em sala de aula ou extraclasse, ou para testes, utilize esta ficha avulsa destacável.

Ficha de análise de habilidades

Utilizando as técnicas ensinadas neste capítulo e no Capítulo 8, analise os movimentos articulares e os músculos utilizados em cada fase de movimento para as habilidades específicas de um determinado esporte ou atividade física. Para cada fase, relacione as posições inicial e subsequente da articulação e o movimento articular que ocorre com os ângulos aproximados de movimento. Indique na célula correspondente os músculos utilizados de acordo com o tipo de contração ocorrido, isto é, concêntrica para *produzir* movimentos, excêntrica para *controlar* movimentos ou isométrica para *evitar* movimentos ou manter a posição. No caso de movimentos passivos que possam ocorrer, preencha com um travessão as células correspondentes aos três tipos de contração.

Tabela de análise de habilidades em cinesiologia

Fase		Artelhos	TT/ST	Tornozelo	Joelho	Quadril	Reg. lombar	Reg. cervical	Cíngulo do membro superior	Cotovelo	Rádio/ulna	Punho	Dedos
	Posição												
	Movimento/graus												
	Concêntrica												
	Excêntrica												
	Isométrica												
	Posição												
	Graus/movimento												
	Ago./concênt.												
	Excêntrica												
	Isométrica												
	Posição												
	Graus/movimento												
	Ago./concênt.												
	Excêntrica												
	Isométrica												

TT = articulação tibiotalar; ST = articulação subtalar

Ficha de análise de habilidades

Utilizando as técnicas ensinadas neste capítulo e no Capítulo 8, analise os movimentos articulares e os músculos utilizados em cada fase de movimento para as habilidades específicas de um determinado esporte ou atividade física. Para cada fase, relacione as posições inicial e subsequente da articulação e o movimento articular que ocorre com os ângulos aproximados de movimento. Indique na célula correspondente os músculos utilizados de acordo com o tipo de contração ocorrido, isto é, concêntrica para *produzir* movimentos, excêntrica para *controlar* movimentos ou isométrica para *evitar* movimentos ou manter a posição. No caso de movimentos passivos que possam ocorrer, preencha com um travessão as células correspondentes aos três tipos de contração.

Tabela de análise de habilidades em cinesiologia

Fase		Artelhos	TT/ST	Tornozelo	Joelho	Quadril	Reg. lombar	Reg. cervical	Cíngulo do membro superior	Cotovelo	Rádio/ulna	Punho	Dedos
	Posição												
	Movimento/graus												
	Concêntrica												
	Excêntrica												
	Isométrica												
	Posição												
	Graus/movimento												
	Ago./concênt.												
	Excêntrica												
	Isométrica												
	Posição												
	Graus/movimento												
	Ago./concênt.												
	Excêntrica												
	Isométrica												

Anotações

Anotações

Anotações

Anotações